LES PARENTHÈSES DANS L'ÉVANGILE DE JEAN

STUDIORUM NOVI TESTAMENTI AUXILIA

EDITA CURA

FRANS NEIRYNCK

XI

LES PARENTHÈSES DANS L'ÉVANGILE DE JEAN

LES PARENTHÈSES
DANS L'ÉVANGILE DE JEAN

APERÇU HISTORIQUE ET CLASSIFICATION

TEXTE GREC DE JEAN

PAR

GILBERT VAN BELLE

LEUVEN
UNIVERSITY PRESS

UITGEVERIJ PEETERS
LEUVEN

1985

C.I.P. BIBLIOTHÈQUE ROYALE ALBERT Ier

Les parenthèses dans l'Évangile de Jean: aperçu historique et classification texte grec de Jean / par Gilbert Van Belle. – Leuven: University Press: Peeters, 1985. – xii, 382 p.; 24 cm. – (Studiorum novi testamenti auxilia; XI).

ISBN 90-6186-179-9 : 1.500 F.
CDU 225.
Mot(s) sujet(s): Bible – Nouveau Testament – Jean

© 1985 by Leuven University Press, Krakenstraat 3, B-3000 Leuven
Uitgeverij Peeters, Bondgenotenlaan 153, B-3000 Leuven
D. 1985/0602/24

All rights reserved, including the right to translate or to reproduce this book or parts thereof in any form.

AVANT-PROPOS

La présente étude a pour objet les parenthèses dans l'évangile de Jean. Nous donnons, dans une première partie, un aperçu historique. Après une analyse de la présence des parenthèses et des tirets dans les principales éditions du texte du Nouveau Testament et une synthèse des théories sur la parenthèse dans les grammaires, nous présentons, dans l'ordre chronologique, un dossier de ce que les commentaires et les autres études consacrées à l'évangile de Jean contiennent sur le phénomène de la parenthèse.

Dans la deuxième partie, les résultats de cette enquête historique sont synthétisés dans une double classification des parenthèses : l'une, selon le contenu, et l'autre, grammaticale. Nous y adjoignons une liste des caractéristiques stylistiques qui apparaissent dans les parenthèses. Puis, nous étudions les auteurs de la critique littéraire qui ont accordé une attention spéciale aux parenthèses, pour mentionner ensuite des principales réactions. Nous concluons cette partie par l'étude d'un cas particulier, celui de la parenthèse en 4,9 : οὐ γὰρ συγχρῶνται Ἰουδαῖοι Σαμαρίταις.

La troisième partie contient une reproduction du texte grec de Jean selon la 26ᵉ édition de Nestle-Aland (= N^{26}). Compte tenu du style propre de l'évangile de Jean, nous avons disposé le texte de telle manière que la construction des phrases et la structure des pericopes deviennent visibles d'un seul coup d'œil. Les versets et les phrases que l'on peut considérer de type parenthétique, y sont placés entre parenthèses. Dans un appendice, on trouvera les variantes de N^{26} vis-à-vis de N^{25}, comparées avec le *Textus Receptus* et les éditions modernes.

Notre étude se termine avec la bibliographie et l'index des auteurs cités. Pour l'index des références à l'évangile de Jean, le lecteur consultera la Table III (p. 61-104); l'encart avec le tableau des signes et abréviations qui y sont utilisés facilitera la lecture.

Il nous est agréable d'exprimer notre reconnaissance à Monsieur l'abbé Johan Konings, dont le mémoire de licence «De bemerkingsstof in het evangelie volgens Johannes» (1967), dirigé par le Professeur F. Neirynck, fut au point de départ de notre étude. Nos remerciements s'adressent également à Monsieur Thierry Snoy, qui prit en charge la traduction française de la première partie (sections I-III). Notre profonde gratitude va surtout au Professeur Frans Neirynck, qui a guidé et encouragé notre recherche et qui a bien voulu accepter de publier ce livre dans la collection «Studiorum Novi Testamenti Auxilia».

G. VAN BELLE

TABLE DES MATIÈRES

Avant-propos VII

PREMIÈRE PARTIE
LES PARENTHÈSES DANS L'ÉVANGILE DE JEAN

I. Les éditions du texte 3
   Table I: Les éditions du texte, 8-9.

II. Les grammaires 10
   A. B. Spitzner (1773), 10. — G. B. Winer (^{5}1844; ^{6}1855), 10. — C. G. Wilke (1843-1844), 11. — F. Blass (1896), 11. — A. Debrunner (1913), 11. — E. Schwyzer (1939), 11. — G. Rudberg (1940), 11. — F. Rehkopf (1976), 11.
   1. Subordonnées, 12. — 2. Expressions appositionnelles, 13. — 3. Phrases indépendantes, 14. — Fonction de la parenthèse, 16.
   Table II: Les grammaires, 17.

III. Commentaires et autres études 19
   J. A. Bengel (1742), 19. — H. P. C. Henke (1798), 19. — J. D. Schulze (1803), 20. — J. A. L. Wegscheider (1806), 22. — E. Wassenbergh (1815), 23. — M. Weber (1823), 24. — K. A. Credner (1836), 24. — T. P. C. Kaiser (1842), 25. — C. E. Luthardt (1852), 25. — J. Knabenbauer (1898), 26. — E. A. Abbott (1906), 26. — E. Stange (1915), 27. — J. M. Thompson (1917), 29. — H. J. Flowers (1921), 29. — A. E. Garvie (1922), 30. — M.-J. Lagrange (1925), 30. — T. Bromboszcz (1927), 32. — J. H. Bernard (1928), 34. — R. Bultmann (1941), 35. — M. C. Tenney & J. J. O'Rourke (1960 & 1979), 42. — R. Schnackenburg (1965, 1971, 1975), 47. — R. E. Brown (1966, 1972), 50. — J. Konings (1967), 51. — B. Olsson (1974), 56.

DEUXIÈME PARTIE
LES PARENTHÈSES ET LE STYLE JOHANNIQUE

IV. Liste cumulative des parenthèses (Table III) 61

V. Classification des parenthèses 105
   A. Classification des parenthèses selon le contenu 106
   1. Traduction des mots hébreux ou araméens, 106. — 2. Explication des usages juifs, 107. — 3. Indication ou description des personnages, 107. — 4. Indication ou description du lieu, 108. — 5. Indication du temps, 108. — 6. Explication des mots

de Jésus ou d'un autre personnage, 109. — 7. Explication des actes de Jésus ou d'autres personnages, 109. — 8. Incompréhension des disciples (ou d'autres personnes), 109. — 9. Compréhension tardive des disciples, 110. — 10. Accomplissement de l'Écriture ou des paroles de Jésus, 110. — 11. Référence à un passage qui précède ou qui suit, 110. — 12. Correction, 111. — 13. Notice de conclusion, 111. — 14. Réflexion insérée «après coup» dans la narration, 112. — 15. Réflexion théologique plus longue, 112. — 16. «Référence» à l'auteur de l'évangile, 112. — 17. Connaissance surnaturelle de Jésus, 112.

B. Classification grammaticale des parenthèses 113

Particules et conjonctions:
1. γάρ, 113. — 2. δέ, 113. — 3. καί, 114. — 4. καίτοιγε, 114. — 5. μέν, 114. — 6. μέντοι, 114. — 7. οὖν, 114. — 8. τέ, 114. — 9. ἤδη, 114. — 10. εἰ, 115. — 11. ἵνα, 115. — 12. ἐπεί, 115. — 13. ὅτι, causal ou explicatif, 115.

Pronoms:
14. αὐτός, 115. — 15. ἐκεῖνος, 116. — 16. οὗτος, 116. — 17. καθώς, 116. — 18. οὕτως, 117. — 19. τοσοῦτος, 117. — 20. ὅς, 117. — 21. ὅπου, 117.

Autres éléments de syntaxe:
22. Asyndète, 117. — 23. Apposition, 118. — 24. Génitif absolu, 118. — 25. Ellipse et anacoluthe, 118. — 26. Reprise après une parenthèse, 119. — 27. οὖν resumptivum, 119. — 28. Parenthèse double et parenthèse dans une réflexion plus longue, 120. — 29. οὐ/μὴ... ἀλλά, 120.

Appendice:
23. Apposition, 120. — 26. Reprise après une parenthèse, 122. — 27. Parenthèse double et parenthèse dans une réflexion plus longue, 123.

C. Les caractéristiques stylistiques 124

VI. L'étude des parenthèses et l'interprétation de l'évangile de Jean 156

A. Les parenthèses et la critique littéraire 156
A. Schweizer (1841), 156. — J. H. Scholten (1864), 157. — H. Delff (1890), 158. — H. H. Wendt (1896, 1900, 1910), 158. — F. W. Lewis (1909-1911), 158. — J. Wellhausen (1907-1908), 159. — E. Schwartz (1907-1908), 161. — W. Bousset (1909, 1912), 164. — F. Spitta (1910), 165. — A. Meyer (1910, 1912), 167. — G. H. MacGregor (1928), 168. — B. W. Bacon (1933), 168. — E. Hirsch (1936), 170. — J. Jeremias (1941), 170. — W. F. Howard (1952), 171. — W. Wilkens (1958), 172. — R. T. Fortna (1970), 174. — A. Dauer (1972), 176. — H. M. Teeple (1974), 178. — M. Roberge (1975), 179. — M.-É. Boismard (1977), 179. — J. Becker (1979, 1981), 185. — C. A. Evans (1982), 187.

B. La parenthèse comme caractéristique du quatrième évangile . 187
1. A. Schwegler (1842), 187. — A. Hilgenfeld (1868), 188. — A. Jülicher (1894), 189. — W. Wrede (1903), 189. — C. F. G. Heinrici (1908), 190. — A. Wright (1916), 190. — E. Jacquier (³1908), 190. — M.-J. Lagrange (1924), 191. — M. Dibelius (1926, 1927, 1929), 191. — G. Hoffmann (1933), 192. — R. H. Strachan (1941), 193. — E. Schweizer (1939), 194. — E. Ruckstuhl (1951), 195. — C. K. Barrett (1955, ²1978), 195. — E. Cothenet (1978), 197. — D. A. Carson (1982), 197.
2. D. W. Wead (1970), 198. — R. A. Culpepper (1982, 1983), 200. — G. C. Nicholson (1983), 204.

C. Conclusion 206

VII. La parenthèse en 4,9: οὐ γὰρ συγχρῶνται Ἰουδαῖοι Σαμαρίταις. 211
1. La critique externe, 211. — 2. «Transcriptional probability», 216. — 3. La critique interne, 219. — Conclusion, 235.

TROISIÈME PARTIE
TEXTE GREC DE L'ÉVANGILE DE JEAN

Introduction 239
ΚΑΤΑ ΙΩΑΝΝΗΝ 243

Appendix: The Text of John in N^{26} 331
Additional Note: The Text of John in Greeven's Synopsis . . . 340

BIBLIOGRAPHIE 345
I. Éditions du texte, 345. — II. Grammaires, 350. — III. Commentaires, 353. — IV. Autres études, 359.

INDEX DES AUTEURS CITÉS 375

PREMIÈRE PARTIE

LES PARENTHÈSES DANS L'ÉVANGILE DE JEAN

I. Les éditions du texte

Une simple lecture des éditions du Nouveau Testament permet de constater qu'un certain nombre de phrases sont mises soit entre parenthèses, soit entre tirets. Les éditeurs ne donnent que peu d'informations sur l'emploi de ces signes typographiques. J.J. Griesbach (^{2}1796) se contente dans ses *Prolegomena* d'une brève explication : «Parentheses, ubi opus videtur ad tollendam ambiguitatem, indicentur signis ( )»[1]. Sans expliquer l'utilisation qu'il en fait dans son propre texte, Erwin Nestle (1927) note à propos des signes intervenant dans l'apparat : «Mit kursiven Klammern (...) oder Gedankenstrichen — — schliessen die Herausgeber manchmal einen Zwischensatz ein : J 1, 15. A 10,36.37. 2K 12,3»[2]. Dans le paragraphe de l'introduction portant sur l'apparat de la ponctuation, *The Greek New Testament* est plus précis : «Dashes and parenthesis marks indicate breaks in structure. A dash is generally employed to indicate a break in the syntax of the sentence, while parenthesis marks are used to enclose explanatory or supplementary material»[3].

À notre connaissance, G.C. Knapp est le seul éditeur du texte qui, dans la *Commentatio isagogica* de sa première édition (1797), s'efforce de justifier le recours aux parenthèses et aux tirets. Il réagit contre J.A. Bengel (1753) qui exclut l'emploi de signes spécifiques pour la parenthèse : «parentheses per commata, et magis per cola (sine novo signo...) notari possunt»[4]. Knapp affirme l'utilité pour la compréhension du texte de signes marquant la parenthèse : «Signum *parentheseos*, seu semicirculos illos, quibus circumdare solemus, quae ordine exemta volumus, textu abesse nolui»[5]. Sans doute convient-il de ne pas les multiplier abusivement. Knapp dit en avoir placés soit pour prévenir certaines erreurs d'interprétation[6], soit pour mieux mettre en évidence entre des phrases un lien qui pourrait passer inaperçu[7]. Là où l'emploi des parenthèses ne convient pas et où la ponctuation habituelle ne suffit pas à marquer le lien entre certains membres de phrases, il introduit

---

1. ^{2}1796, p. LXXXV; ^{3}1827 (D. Schulz), p. LXXX.
2. ^{13}1927; ^{25}1963, p. 27*. Jn 1,15 est le seul cas en Jn mentionné dans l'apparat, en référence à Westcott-Hort (voir aussi p. 9*). Les autres parenthèses de WH sont reprises dans le texte (cf. *infra*, n. 21).
3. 1966; ^{2}1968, p. xxxvii; ^{3}1975, p. xliii.
4. Cf. *infra*, n. 17.
5. 1797; ^{5}1840, p. xxxviii.
6. Ainsi en Mt 1,22-23; 21,4-5; Lc 7,29-30; Jn 4,9; 19,5. Sur la parenthèse en 4,9, voir T. DE BÈZE (cf. *infra*, n. 13) et notre exposé dans la section VII.
7. Mt 16,26; 1 Co 16,22; 1 Jn 4,17-19 etc.

le recours aux tirets: «Quippe *duas lineolas transversas*, quae mutuo sibi responderent, ideo interposui, ut indicarem, verba his interiecta lineis seiungenda esse; ea vero, quae primam lineolam antecedant, cum verbis, quae alteram sequantur, artissime cohaerere.» Il les qualifie de «*lineae* διαζευκτικαί s. *disiunctivae*»[8]. Les mêmes tirets ne semblent pas inutiles là où les signes de ponctuation (*cola*), ne distinguent pas suffisamment ce qui doit l'être, surtout quand ils sont séparés par un intervalle trop long et que d'autres signes de ponctuation ont été insérés entre eux[9]. Enfin, les tirets servent à signaler une parenthèse à l'intérieur de la parenthèse[10].

Les signes typographiques qui visualisent les parenthèses n'apparaissent qu'avec l'invention de l'imprimerie[11] et dès les incunables, ils sont d'un emploi fréquent. Dans la troisième édition (1550) de R. Stephanus (ς) 18 passages en Jn sont mis entre parenthèses[12] et 23 dans les éditions de Elzevier (ς^e)[13]. On en trouve 25 dans la 3e édition de

ς
ς^e

---

8. *Ibid.*, p. XXXIX. En 1 P 2,7, elles indiquent que ἀπειθοῦσι δέ et καὶ λίθος κτλ. doivent être reliés (après ἀπειθοῦσι δέ, Knapp lit λίθον ὅν ς); de même en Lc 19,25, «admissis iisdem, obscurum non erit, servos loquentes introduci, quorum sermonem (*domine, habet decem minas*!) adeo non curandum putet dominus, ut pergat in dicendo, perinde ac si illi nihil essent oblocuti.» Voir encore Mt 27,9; Ep 4,8-10; Ph 1,4; He 1,3; 7,1-3; 2 P 2,12; Ap 16,15; 17,14 etc.

9. Les tirets complètent avantageusement la ponctuation normale en Mc 1,2-3; Jn 10,18; 17,12 (ς); Ac 5,14; 10,41; 2 Co 10,10. En d'autres passages, deux *cola* indiquent assez clairement l'énoncé inséré: cf. Jn 5,39-40; 17,6; 1 Co 11,34; Ga 2,4.

10. Ainsi en He 12,21 οὕτω φοβερὸν ἦν τὸ φανταζόμενον à l'intérieur de la parenthèse constituée par les vv. 20-21. (Cf. *infra*, WH, sur Jn 1,15.)

11. E. SCHWYZER, *Die Parenthese*, 1939, p. 30 et n. 1. Ces mêmes signes ne sont pas encore utilisés dans les manuscrits pour désigner des parenthèses. K. A. H. LIPSIUS, *Grammatische Untersuchungen. Über die Lesezeichen*, 1863, n'en fait nulle mention.

12. La première édition de 1546 n'a pas de parenthèses.

13. En plus des parenthèses notées par Stephanus: 2,9; 4,8; 9,7; 11,30; 14,22; 15, 26; 19,39; pas de parenthèses en 17,6 et 20,17. En 19,31, Stephanus met les trois propositions entre parenthèses (ἵνα μὴ... σαββάτῳ, ἐπεὶ... ἦν, ἦν γὰρ... σαββάτου) et les éditions de Elzevier seulement la dernière. Nous nous référons aux éditions de Elzevier de 1624, 1633, 1641, 1670 et 1678. La parenthèse de 4,8 n'est imprimée que dans les éditions de 1633 et 1641. Cf. H.J. DE JONGE, *Jeremias Hoelzlin: Editor of the «Textus Receptus» Printed by Elzeviers Leiden 1633*, dans T. BAARDA, A.F.J. KLIJN, W.C. VAN UNNIK (éd.), *Miscellanea Neotestamentica*, t. 1, 1978, p. 105-128, spéc. p. 120 et 127. Le verset est déjà présenté entre crochets dans les éditions antérieures de H. Stephanus (1576 et 1587), Beza (1580), Harsyana (1600 et 1611) et Stoerius (1625).

Notons encore que la Polyglotte d'Alcala (mai 1514) ne contenait pas de signes parenthétiques en Jn, tandis que les éditions d'Érasme les imprimaient seulement en 19,31c (d'après l'édition parue dans *Opera Omnia*, t. VI, 1541 et 1705; mais 19,31c et 21,7 dans le texte latin du *Testamentum Novum totum ex graecorum codicum fide iuxta tertiam aeditionem*, 1522; la première version du Nouveau Testament copiée par Pierre Menghen 1506-1509, éd. H. GIBAUD, 1982, n'avait pas de parenthèses). Dans l'édition de Théodore de Bèze, les signes parenthétiques sont ceux de ς^e, sauf 4,8; 11,18; 14,22 (nous avons utilisé l'*editio minor* de 1565; l'édition de 1642 donne des parenthèses également en 4,8; 11,18; 14,22).

Sc J.J. Griesbach par D. SCHULZ (1827)[14], 28 et un passage entre tirets
Bl chez S.T. BLOOMFIELD ([3]1839)[15], 28 et deux passages entre tirets chez
Kn Vg G.C. KNAPP ([5]1840). La VULGATE, qui fut le texte le plus communément utilisé en Occident, en compte 18[16].

Dans ses *Annotationes maiores* (la *nova editio* de 1594), Théodore de Bèze explique l'utilisation des signes parenthétiques. Voir 1,14 (p. 347); 1,38(39*) (p. 354); 9,7 (p. 407-408); 11,2 (p. 413). En plus, il souligne le style parenthétique dans ses notes sur 1,10b (p. 344); 4,9 (p. 368); 4,25 (p. 370); 6,23 (p. 384). Mais il n'accepte pas de parenthèse en 17,6 (p. 432).

14. Schulz reprend toutes les parenthèses de la 2ᵉ édition de Griesbach sauf 19,38 (cf. *infra*, n. 17) et en ajoute d'autres.

15. Dans la préface de la 2ᵉ édition (1832), il déclare avoir mis un soin particulier à l'établissement des parenthèses. Il utilise aussi les tirets et parle à ce propos de «*Hypo*-parenthesis» (p. xxi).

16. Cf. M. Hetzenauer, 1906. 13 passages coïncident avec ceux de ς; il y en a 9 en moins et 5 autres en plus.

Les 18 parenthèses de Hetzenauer sont celles de la *Vulgata Clementina* (1592) et de la *Vulgata Sixtina* (1590), mais cette dernière mettait également des parenthèses en 1,42 (ὅ... Πέτρος). La Bible sixtine suivait la Bible de Louvain de 1583, qui a servi aux correcteurs romains (voir l'exemplaire annoté à la Bibliothèque Vaticane, le *Codex Caraffianus*). Il n'y a que trois différences: la Bible de Louvain n'a pas de parenthèses en 4,8 et 19,5, mais elle met 7,39 entre parenthèses. Le texte de 1583 remonte à l'édition de F. LUCAS DE BRUGES, publiée en 1574 (une édition améliorée de la Bible de Louvain publiée en 1547 par Jean Henten). Celle-ci contenait déjà 13 parenthèses: 1,14.38; 4,2; 7,39; 12,33; 19,23.31a.31c; 19,38; 20,16.17; 21,7.8. (Noter que les parenthèses en 1,14 et 20,17 ne sont pas reprises dans les autres éditions de la Vulgate, mais voir ς.)

Lucas de Bruges est donc le responsable des signes parenthétiques de la Vulgate en Jn. On notera pourtant qu'il n'a pas mis les mêmes phrases entre parenthèses dans son commentaire sur Jn (1616; nous avons utilisé l'édition de 1712). Dans le texte latin, les parenthèses s'accordent en 12 cas avec celles des éditions de la Bible de Louvain de 1574 et 1583, c'est-à-dire en 1,38.41; 4,2.25; 9,7; 19,23.31a.31c.38; 20,16; 21,7.8; il ne reprend pas 1,42; 7,22. 39; 11,2.18; 12,33, mais il ajoute des parenthèses en 2,9 (voir ς), en 4,8 (voir la Bible sixtine et clémentine), et en 6 autres cas, qu'on ne retrouve dans aucune autre édition citée dans la Table I: 6,10 (ἦν δὲ... τόπῳ); 10,15 (καθὼς... τὸν πατέρα); 11,5 (ἠγάπα... Λάζαρον); 16,13 (οὐ γὰρ... λαλήσει[2]); 17,10 (καὶ τὰ ἐμά... καὶ τὰ σὰ ἐμά); 17,12 (εἰ μὴ..., ἵνα... πληρωθῇ). Dans son texte grec il ne met de parenthèses qu'en 4,2; 10,15; 11,5; 19,23. Plusieurs fois il souligne le caractère parenthétique de ces phrases dans son commentaire. Voir 1,38 (p. 36a); 1,41 (p. 38b); 2,9 (p. 50a); 4,2 (p. 77a); 4,8 (p. 79b); 4,25 (p. 88a); 9,7 (p. 199a); 10,15 (p. 217a); 11,5 (p. 213a); 16,13 (p. 324a); 17,10 (p. 339a); 21,8 (p. 412a). En plus, Lucas de Bruges souligne à plusieurs endroits, sans qu'il utilise des signes parenthétiques, que l'évangéliste explique quelque chose. Voir 1,14 (p. 20a); 1,24 (p. 28a); 4,44 (p. 95a); 5,13 (p. 104a); 6,27 (p. 128a); 7,5 (p. 150a); 7,39 (p. 163a); 9,22-23 (p. 204a); 10,22 (p. 222b); 11,30 (p. 240a); 12,6 (p. 254a); 13,30 (p. 283b); 18,9 (p. 351a); 18,13 (p. 352b); 18,32 (p. 364b); 19,14 (p. 372a); 20,9 (p. 394a); 20,17 (p. 398a).

Mentionnons encore que l'édition moderne de la Vulgate de A.C. FILLION ([7]1911; [9]1925) ne donne des parenthèses que dans 9 cas (1,38.41.42; 4,2.25; 7,22; 9,7; 20,16; 21,8). R. WEBER (1969) n'a pas de signes parenthétiques; d'ailleurs, cette édition ne donne pas de signes de ponctuation. La *Nova Vulgata* (1979) n'utilise que les tirets (en 5 cas: 1,38; 4,2.25; 7,22; 10,12; cf. NESTLE-ALAND, *Novum Testamentum Graece et Latine*, 1984).

Les éditions plus récentes réduisent nettement le nombre de passages entre parenthèses ou entre tirets. Déjà, J. A. Bengel (1753) refuse tout autre signe de ponctuation que les virgules et les points [17]. K. Lach-
La Ti mann (1842) ne retient que 12 parenthèses en Jn; C. Tischendorf utilise 9 fois les tirets dans sa première édition (1841), mais y renonce dans les suivantes [18]; H. von Soden (1913) se passe tout à fait des
WH parenthèses et des tirets. B.F. Westcott et F.J.A. Hort (1881), soucieux de simplifier la ponctuation à l'exemple de Lachmann [19], ne recourent que 6 fois aux parenthèses et 4 fois aux tirets. Pour la plupart, il s'agit de passages déjà signalés dans les éditions précédentes; les seuls cas nouveaux sont 1,15, verset mis entre parenthèses et à l'intérieur duquel des tirets encadrent οὗτος ἦν ὃν εἶπον, et 10, 12 entre tirets [20]. Sauf 1,15, la même disposition sera reprise par E. Nestle tout au long de ses éditions [21], par M.-J. Lagrange (1925), J. H. Bernard (1928), J. M. Bover (1943), G. D. Kilpatrick (1960) [22] et, depuis 1966, par *The Greek New Testament* [23].

17. 1753, p. 15: «Magnum hodie quidem studium a literatis hominibus in parentheses impenditur: neque mediocris earum est utilitas, si veros sententiarum limites designent: sed eaedem, alienis locis intrusae, multa turbant. Porro parentheses per commata, et magis per cola (sine novo signo, Graecum textum non melius, quam Hebraeum decente, quod praesentem hanc interpositionem Latinam sibi inclusam habet,) notari possunt: id quod mihi pridem curae fuit.» On notera que la 2ᵉ édition de Griesbach (1796) n'a que 7 passages entre parenthèses: 1,38; 4,8.9; 6,23; 7,22; 19,38; 21,8.

18. [7]1859; [8]1869. Cf. G. B. Winer, *Grammatik*, [5]1844, p. 610: «Es ist daher beifallswerth, dass Tischendorf so sparsam mit Parenthesenzeichen gewesen ist». La remarque de Winer sur le fait que Tischendorf éviterait absolument les *Parenthesenzeichen* ([6]1855, p. 57) n'est pas exacte: même dans les éditions postérieures, il maintient encore les tirets en de rares passages (en dehors de Jn; ainsi Mc 7,3-4). Nestle lui aussi généralise à tort: «T lässt die Gedankenstriche weg» ([25]1963, p. 27*). Cf. S. C. Schirlitz, *Grundzüge der neutestamentlichen Gräcität*, 1861, p. 200.

19. Cf. t. II, *Introduction*, 1896, p. 319. Sur l'exemple de Lachmann, voir aussi C. R. Gregory (t. III, 1894), p. 115: «In hac editione Tischendorfius pariter atque in septima raritati interpunctionis studuit, quod Lachmannius etiam fecit.» La réserve vis-à-vis des signes parenthétiques se manifeste également dans les éditions anglaises antérieures: J. H. Alford, 1849: 1,38.41.42; 9,7; 19,31; 20,16; 21,7.8; S. P. Tregelles, 1870: les mêmes huit passages et 2,9; 4,2.25; 7,22; C. Wordsworth, 1874: 1,38; 4,25.

20. Ajouter la leçon marginale en 13,1a: — ἀγαπήσας... αὐτούς, — καί.

21. 1898; [3]1901; [10]1914 (Erwin Nestle); [13] 1927 («neubearbeitet»); [22]1956 (E. Nestle et K. Aland); [25]1963. Voir aussi la *Synopsis Quattuor Evangeliorum* de K. Aland, 1964-[8]1973. La dépendance de N envers WH ne fait pas de doute; sur ce point, il ne s'est pas conformé à la majorité de T (aucune parenthèse) et de W (B. Weiss: 2,9; 4,2; 7,22; 19,31; 21,7.8).

22. Lagrange (1925; [7]1947) omet les parenthèses en 20,16. Bover (1943; [5]1968) et G. D. Kilpatrick (*John. A Greek English Diglot*, 1960) sont identiques à N. (Dans la traduction anglaise, Kilpatrick utilise encore des parenthèses en 4,25; 14,2 εἰ δὲ μή, εἶπον ἂν ὑμῖν; 21,20 ὃς καὶ ἀνέπεσεν... παραδιδούς σε). Seuls des tirets sont utilisés et de façon encore plus parcimonieuse par H. J. Vogels (1922; [3]1949): 4,2; 7,22; et par A. Merk (1933; [9]1964, C.M. Martini): 1,38.41.42; 4,2.

23. 1966; [2]1968; [3]1975. En plus de Nestle: 4,9 entre parenthèses, verset mis entre

RSV

Le tableau ci-joint signale la présence de parenthèses (+) et de tirets (—) dans huit éditions du texte grec de Jn : le *Textus Receptus* (ς et ς^e), Schulz (Sc), Bloomfield (Bl), Knapp (Kn), Lachmann (La), Tischendorf (Ti 1841), Westcott-Hort (WH). Nous y avons joint les passages retenus par la Vulgate (Vg) et, parmi les traductions modernes, la *Revised Standard Version* (RSV)[24]. L'exposant (^{v}) indique que la parenthèse inclut l'ensemble du verset; quand elle ne s'étend que sur une partie du verset, l'on inscrit les mots par lesquels elle se termine.

Ce tableau met en évidence une grande diversité dans le choix des passages mis entre parenthèses ou entre tirets dans le seul évangile de Jn. Quelle que soit leur manière de procéder à chacun, les éditeurs ont dû rencontrer au moins deux questions : où y a-t-il réellement parenthèse? Et où l'emploi de signes particuliers (parenthèses ou tirets) est-il nécessaire pour la désigner? Les réponses différentes qu'ils y ont apportées relèvent du domaine de l'exégèse : «At bottom the parenthesis in the text is a matter of exegesis»[25]. Des grammairiens du grec du Nouveau Testament reprocheront aux éditeurs la trop grande part de subjectivité dans le choix des signes de parenthèse. Ils chercheront à définir la notion de parenthèse indépendamment des éditions du texte[26].

---

crochets par WH et N pour des raisons de critique textuelle, les autres éditions ne mettant ni crochets ni parenthèses. Comp. la *Synopsis* de Aland, ^{9}1976 («ad textum editionum [26]Nestle-Aland et ^{3}Greek New Testament aptata») et N^{26} (1979), qui impriment les tirets aux mêmes passages, mais ne retiennent les parenthèses qu'en 9,7 et 20,16 (il y a donc divergence d'avec GNT en 1,38.41.42; 4,9).

24. 1946; ^{2}1971. Elle a été publiée en regard du texte grec par K. Aland, *Synopsis of the Four Gospels*, 1970 (= RSV, 1946); ^{2}1976 (= RSV, ^{2}1971). La 2e édition de RSV ne comporte aucun changement dans les parenthèses en Jn. On notera qu'elle suit WH en 1,15^v. Elle fait cavalier seul en 12,4; 19,28; 19,35 (*BJ*); 21,19. Voir aussi l'apparat de GNT aux passages cités (et 7,22; 19,35). Noter qu'au verset 2,9 la RSV ne met entre parenthèses que la phrase «though the servants who had drawn the water knew». La RSV (^{2}1971) est également publiée dans *Greek-English New Testament* (1981) de K. Aland.

25. A.T. Robertson, *A Grammar*, ^{5}1931, p. 435.

26. C.G. Wilke, *Hermeneutik*, t. II, 1844, p. 113 : «... ohne sich durch die, in den Ausgaben des N.T. an den Texttheilen hie und da angebrachten, Parenthesenzeichen stören zu lassen».

TABLE I : LES ÉDITIONS

	Vg	ς	ςe	Sc	Bl	Kn	La	Ti	WH	RSV	
1,14		+	+		+						καὶ ἐθεασάμεθα... πατρός
1,15^V									+	+	Ἰωάννης...
1,15								—			οὗτος... εἶπον
1,38(39*)	+	+	+	+	+	+	+	—	+	+	ὅ... διδάσκαλε
1,41(42*)	+			+	+	+	+	—	+	+	ὅ... Χριστός
1,42(43*)				+	+	+	+	—	+	+	ὅ... Πέτρος
2,9			+		+	+	+			+	καὶ οὐκ... ὕδωρ
3,24^V			+								οὔπω γὰρ...
4,2^V		+	+	+	+	+	+	—	—	+	καίτοιγε...
4,8^V		+		+	+	+					οἱ γὰρ...
4,9				+		+		[ ]			οὐ γὰρ... Σαμαρίταις
4,25	+				+	+	+			+	ὁ... Χριστός
6,6^V			+	+	+	+	+				τοῦτο δὲ ἔλεγεν...
6,23^V				+	+	+					ἄλλα (δὲ)...
6,64						+					ἤδει γὰρ... αὐτόν
7,5^V				+	+						οὐδὲ γὰρ...
7,22	+	+	+	+	+	+	+	—	—	+	οὐχ ὅτι... πατέρων
7,39^V		+	+	+							τοῦτο δὲ εἶπεν...
7,50*					+						ὁ ἐλθὼν... αὐτόν (ς)
9,7	+			+	+	+	+	—	+	+	ὅ... ἀπεσταλμένος
10,12								—			καὶ ὁ λύκος... σκορπίζει
10,18							—				οὐδεὶς... λαβεῖν αὐτήν
10,35				+	+					+	καὶ οὐ... γραφή
11,2^V	+	+	+	+		+					ἦν δὲ...
11,15		+	+								ἵνα πιστεύσητε
11,18^V	+	+	+								ἦν δὲ...
11,30^V				+		+					οὔπω δὲ...
11,51-52^{VV}				+							τοῦτο δὲ... οὐκ εἶπεν...
12,4										+	ὁ μέλλων... παραδιδόναι
12,33^V	+	+	+	+							τοῦτο δὲ ἔλεγεν...
13,2		+	+		+	+					τοῦ διαβόλου... (παραδῷ)

	Vg	ς	ς^e	Sc	Bl	Kn	La	Ti	WH	RSV	
14,22			+	+	+				+		οὐχ ὁ Ἰσκαριώτης
15,26			+		+						τὸ πνεῦμα... ἐκπορεύεται
16,13				+							τὸ πνεῦμα τῆς ἀληθείας
17,6*		+									σοὶ ἦσαν... δέδωκας (ς)
17,12									—		οὓς δέδωκας... πληρωθῇ
17,23					+						ἐγὼ... ἐμοί
18,5					+						εἱστήκει δὲ... αὐτῶν
18,18				+							ἀνθρακιὰν... ψύχος ἦν
18,26				+							συγγενὴς ὤν... τὸ ὠτίον
19,5	+			+	+	+					ἐξῆλθεν οὖν... ἱμάτιον
19,14				+	+	+					ἦν δὲ... ἕκτη
19,23	+	+	+	+	+	+					καὶ ἐποίησεν... μέρος
19,28									+		ἵνα... γραφή
19,31*		+									ἵνα μὴ... σαββάτῳ, ἐπεὶ... ἦν, ἦν γὰρ... σαββάτου (ς)
19,31a	+										ἐπεὶ... ἦν
19,31c	+		+	+		+	+	—		+	ἦν γὰρ... σαββάτου
19,35									—		καὶ ἀληθινὴ... λέγει
19,38	+	+	+		+	+					ὤν... Ἰουδαίων
19,39			+		+	+					ὁ ἐλθών... πρῶτον
20,2					—						ὄν... ὁ Ἰησοῦς
20,16	+			+	+		+		+	+	ὅ... διδάσκαλε
20,17*		+									οὔπω γὰρ... πατέρα μου (ς)
20,24					+						ὁ... Δίδυμος
21,7	+	+	+	+	+		+	—			ἦν γὰρ γυμνός
21,8	+	+	+	+	+		+	+	—		οὐ γὰρ ἦσαν... διακοσίων
21,14^v				+							τοῦτο ἤδη...
21,19									+		τοῦτο δὲ εἶπεν... θεόν
21,20					+						ὅς... σε;
59	18	18	23	25	29	30	12	9	10	17	

II. Les grammaires

Au 18ᵉ siècle, plusieurs ouvrages[27] ont traité de la parenthèse dans les écrits bibliques en rapport avec le texte imprimé dans les éditions. La définition de Quintilien semble au point de départ de la discussion : « Illa quoque ex eodem genere possunt videri : unum quod interpositionem, vel interclusionem dicimus, Graeci παρένθεσιν, παρέμπτωσιν vocant, dum continuationi sermonis medius aliqui sensus

Sp intervenit» (*Inst. Orat.*, IX,3,23). A.B. Spitzner, dans son ouvrage de 1773 sur les parenthèses de l'Ancien et du Nouveau Testament, résume d'une certaine façon la discussion. Il distingue plusieurs catégories. À l'intérieur de chacune, il détermine les cas vrais ou faux. Nous indiquons ici les références à Jn. On y compte 28 passages dont certains ne sont pas mentionnés dans notre liste des éditions (7,38; 16,26; 18,24) :

Parenthèse	*vraie*	*douteuse ou fausse*
« Intra duas periodos »	11,2.18.30; 12,33; 18,24[28]	4,8; 6,6; 7,39[29]
« Intra membra periodi »	2,9; 4,2; 7,38; 11,15; 17,6; 21,7.8[30]	7,22; 9,7; 13,2; 19,38.39; 20,17[31]
« In media propositione »	1,14.38; 19,31[32]	16,26; 19,23[33].
« Conceptus in media propositione »		14,22; 15,26[34].

Win G.B. Winer, dont la grammaire a fait autorité au 19ᵉ siècle[35], donne la définition suivante : « Parenthetische Einschaltungen, durch welche der grammatische Zusammenhang eines Satzes auf einige Zeit

---

27. G.B. Winer, *Grammatik*, ⁵1844, p. 609; ⁶1855, p. 495, n. 3, fait référence à C. Wolle, *Commentatio de parenthesi sacra*, 1726 (parenthèses en Jn : 1,14 et 20,17, cf. Wilke); J.F. Hirt, *Dissertatio de parenthesi et generatim et speciatim sacra*, 1745; J.G. Lindner, *Commentatio de parenthesibus johanneis*, 1765; A.B. Spitzner, *Commentatio philologica de parenthesi libris sacris Veteris et Novi Testamenti accommodata*, 1773.
28. A.B. Spitzner, *Commentatio*, p. 79.
29. *Ibid.*, p. 87.
30. *Ibid.*, p. 162-163. 2,9 : seulement οἱ δέ... τὸ ὕδωρ (cf. *infra*, n. 68); 7,38 καθὼς εἶπεν ἡ γραφή. Cf. aussi 1 Jn 1,2 (p. 169).
31. *Ibid.*, p. 171. Cf. aussi 2 Jn 5 οὐχ ὡς... ἀπ' ἀρχῆς.
32. *Ibid.*, p. 232-233. 19,31 : comp. Stephanus.
33. *Ibid.*, p. 239-240. 16,26 λέγω ὑμῖν.
34. *Ibid.*, p. 253; cf. p. 247.
35. G.B. Winer, *Grammatik*, ⁵1844, § 64, p. 608-615; ⁶1855, § 62, p. 495-500. Nous nous référons à ces deux éditions. On y trouve fondamentalement la même position, mais sous une présentation différente. Dans notre exposé, nous retiendrons les éléments de l'une et de l'autre.
La traduction anglaise de W.F. Moulton, *A Treatise*, 1870; ⁴1882, suit le texte de la 6ᵉ édition allemande. Elle n'y ajoute sur le sujet qui nous occupe que de rares et courtes remarques critiques en notes.

unterbrochen wird»³⁶. Cette interruption est provoquée «durch Dazwischentreten eines in sich vollständigen Satzes»³⁷. Une telle définition assez restrictive aboutit à ne considérer comme de vraies parenthèses que³⁸ : (*1*) une phrase que le narrateur introduit dans le discours direct d'une autre personne (1,38); (*2*) une phrase qui s'insère, sans relatif (ὅς, καθώς), dans une autre phrase dont elle interrompt le déroulement syntaxique³⁹. Il discute plusieurs exemples de l'évangile de Jean dont la plupart imprimés dans l'édition de Knapp (les cas suivants ne sont pas dans notre liste : 3,1 ; 4,6 ; 6,22 ; 13,11). Il ne retient comme véritables parenthèses en Jn que : 1,38 ; 3,1 ; 19,31 ; 21,8⁴⁰.

Wil Dans ses ouvrages plus ou moins contemporains de Winer, C.G. WILKE traite également de la parenthèse, de façon parfois contradictoire⁴¹. Admettant une définition assez large dans sa *Rhetorik* (1843), il la délimite de façon beaucoup plus stricte dans le deuxième tome de l'*Hermeneutik* (1844). Il ne retient plus que les *Zwischenbemerkungen* du narrateur dans un discours direct et quelques autres tournures, mais seulement dans la mesure où elles s'insèrent entre deux parties d'une phrase strictement dépendantes l'une de l'autre : 1,14.38.

Bl Dans les grammaires plus récentes, l'exposé de F. BLASS (1896) mérite surtout d'être cité⁴². A. DEBRUNNER le reprendra en ⁴1913, non sans quelques modifications⁴³. La parenthèse a été étudiée sous ses différents aspects dans la littérature grecque et autre par E. SCHWYZER en 1939⁴⁴. L'étude de la parenthèse dans le Nouveau Testament est
Ru reprise par G. RUDBERG⁴⁵, et plus récemment F. REHKOPF a retra-

---

36. ⁵1844, p. 609.
37. ⁶1855, p. 495.
38. Cette classification est de la 5ᵉ édition (1844), p. 609.
39. ⁵1844, p. 609, n. 2; ⁶1855, p. 495, n. 2, approuve la définition de Rudimannus : «Parenthesis est sentenia sermoni, antequam absolvatur, interiecta»; il trouve par contre trop large celle de Wilke (*Rhetorik*, p. 227; cf. *infra*, n. 47).
40. 1,38 cité par la 5ᵉ et la 6ᵉ édition; 3,1 et 19,31 par la 6ᵉ; 21,8 par la 5ᵉ.
41. C.G. WILKE, *Die neutestamentliche Rhetorik*, 1843, p. 226-232; *Die Hermeneutik des Neuen Testaments*, t. I : *Grundlehre*, 1843, p. 269-273; t. II : *Methodenlehre*, 1844, p. 113-121.
42. F. BLASS, *Grammatik*, 1896, §79,7, p. 275-276; ²1902, p. 287-288.
43. A. DEBRUNNER, *Grammatik*, ⁴1913, §465, p. 273-274; ⁵1921, p. 268-269; ⁷1943, p. 213-214 (*Anhang*, 1950, p. 77); ⁹1954, p. 293-294; ¹²1965 (D. TABACHOWITZ, *Ergänzungsheft*, 1965, p. 48 : référence à G. Rudberg.). Nous renvoyons à ⁴1913.
44. E. SCHWYZER, *Die Parenthese*, 1939; voir aussi E. SCHWYZER, *Griechische Grammatik*, t. I : *Syntax und syntaktische Stylistik* (A. DEBRUNNER), 1950; ²1959, p. 705-706; R. KÜHNER-B. GERTH, *Ausführliche Grammatik der griechischen Sprachlehre. Satzlehre*, ⁴1955 (= ³1904), t. II, p. 353-354 et 602; E. MAYSER, *Grammatik der griechischen Papyri aus der Ptolemäerzeit*, t. II/3 : *Satzlehre. Synthetischer Teil*, 1934, § 168, p. 186-189.
45. G. RUDBERG, *Parenthesen i Nya Testamentet*, dans *Svensk Exegetisk Årsbok* 5 (1940) 126-138.

vaillé l'exposé sur la parenthèse dans la nouvelle édition de la grammaire de Blass-Debrunner[46].

1. Subordonnées

Selon les grammaires, une subordonnée ne peut être considérée comme une vraie parenthèse. Ainsi Winer exclut les *Nebensätze*, même longs, s'ils sont rattachés à la phrase principale par un relatif : 21,20, ou s'il s'agit d'un génitif absolu[47]. Pour Blass, si l'interruption de la phrase se fait pour expliquer un élément qui «zum Verweilen nöthigt», mais sans modifier l'unité de la construction, il ne s'agit pas à proprement parler d'une parenthèse : ainsi la relative ὅ ἐστιν κρανίου τόπος en Mt 27,33[48].

Cependant certaines de ces relatives explicatives font exception à la règle et sont parfois retenues en tant que parenthèses. Winer et Wilke s'accordent sur le cas de la parenthèse en 1,38 qui est d'ailleurs noté aussi par Spitzner et qu'on trouve marqué dans toutes les éditions. La parenthèse y est insérée à l'intérieur du discours direct. Winer prend soin de mettre ce cas à part d'autres où une remarque similaire est ajoutée à la fin du discours direct : 1,41.42 ; 4,9 ; 9,7[49]. Pour Wilke, aussi les *nachträgliche Bemerkungen* de 4,9 ; 9,7 ne sont pas des vraies parenthèses. Quant à 1,38, il fait même observer que la traduction de *rabbi* ne constitue pas une véritable interruption de la phrase[50]. F. Blass fait sienne la distinction de Winer entre d'une part 1,41 ; 9,7 e.a. et d'autre part 1,38. Quoique dans ce cas la relative ne puisse être considérée comme parenthèse (la construction reste *einheitlich*), il n'exclut pas l'emploi de *Klammern*[51]. La formule de Blass : «so muss man es doch wohl in Klammern schliessen» devient chez Debrunner : «so kann man trotz grammatischer Einheitlichkeit der Konstruktion von Parenthese reden»[52] ; et dans la traduction de Funk : «it becomes a parenthesis»[53]. G. Rudberg traite de ces formules de traduction parmi les vraies parenthèses (la catégorie de *relativa parentesen*) ; il indique les variations dans leur emploi en 1,38 (dans la citation) ;

46. F. REHKOPF, *Grammatik*, [14]1976, § 465, p. 393-394.
47. [5]1844, p. 609 ; [6]1855, p. 496. 21,20 n'est cité que par la 5ᵉ éd. Cf. encore la relative en Lc 1,70 (καθώς) ; 2,23 (καθώς) ; Ac 4,36 (ὅ ἐστιν μεθερμηνευόμενον υἱὸς παρακλήσεως).
48. § 79,7, p. 275.
49. G.B. WINER, [5]1844, p. 610, n. 2 (4,9 ; 9,7) ; [6]1855, p. 497, n. 2.
50. *Hermeneutik*, t. II, p. 116 : il cite 1,38 (ainsi que 1,14) parmi les *Zwischenbemerkungen* introduites par le narrateur dans un discours direct et qui sont de vraies parenthèses, mais, p. 115, il remarque : «Die Dolmetschung fängt hier weder einen neuen Satz an, noch unterbricht sie Worte zwischen denen nicht etwas innegehalten werden könnte.»
51. F. BLASS, *Grammatik*, 1896, p. 275, n. 1.
52. A. DEBRUNNER, *Grammatik*, [4]1913, p. 274.
53. R.W. FUNK, *A Greek Grammar*, 1961, p. 243, § 465.

20,16 (après l'exclamation); 1,41.42 (en conclusion); 9,7; 19,13.17; voir aussi 5,2[54]. F. Rehkopf se contente de les mentionner avec les explications introduites par ὅ ἐστιν... et ne distingue plus entre 1,42; 9,7 et 1,38. Selon lui, il ne s'agit pas de parenthèses : « Etwas anderes... »[55].

2. Expressions appositionnelles

Pas plus que les subordonnées, les expressions appositionnelles ne sont généralement reconnues comme parenthèses par les grammaires. Spitzner considère déjà que ce qu'il appelle un *conceptus*, c'est-à-dire un ou plusieurs mots qui interviennent « in media propositione » mais ne constituent pas eux-mêmes une proposition, ne forme pas une parenthèse : 14,22; 15,26[56]. Winer exclut les *Appositionssätze* : 6,22; 14,22; 15,26; 19,38.39[57]. Wilke semble leur assimiler les cas où la tournure insérée ne marque pas un nouveau début et où il y a pause (*Ruhepunct*) entre les mots qui précèdent et ceux qui suivent : 1,38; 19,23.38[58].

Les nominatifs absolus sont rejetés par Blass, Debrunner, Rudberg, soit qu'il s'agisse de données chronologiques (pas d'exemple cité en Jn)[59], soit de précisions concernant l'identité d'un personnage : 1,6; 3,1; 18,10[60]. Notons cependant que Winer cite 3,1 parmi le type de parenthèses explicatives introduites dans les livres historiques afin de faciliter la compréhension du lecteur[61].

Les participes ou expressions participiales en apposition au sujet sont assimilés aux exemples précédents qui ne font pas partie des

---

54. G. RUDBERG, *art. cit.*, p. 135-136. Il en rapproche d'autres expressions avec ὁ καλούμενος, surtout en Lc-Ac. Sur les relatives, comparer A. T. ROBERTSON, *Grammar*, p. 433.
55. *Grammatik*, [14]1976, p. 394, n. 4.
56. Cf. p. 247 et 253.
57. [5]1844, p. 609; [6]1855, p. 496. Il s'agit d'expressions participiales en 6,22; 19, 38.39.
58. *Hermeneutik*, t. II, p. 115. 19,38 : « das ὢν μαθητής – τῶν Ἰουδαίων ist nur Apposition zu einem Casus, der in den Satz gehört, und in den sich die Apposition selbst verliehrt, ohne dass die Construction gestört wird » (p. 115). Pour 1,38, voir *supra*, n. 50.
59. Cf. Mt 15,32; Lc 9,28; 13,16; Ac 5,7. Wilke rejette également ce type d'expressions en renvoyant à Lc 9,28; Ac 5,7 (*Hermeneutik*, t. II, p. 116). Par contre, E. Mayser inclut parmi les parenthèses sans particules la « parenthetische Zeitangabe (vgl. französisch il y a deux mois, italienisch due mesi fa) » et cite deux exemples dans les papyri qui s'apparentent à des nominatifs absolus (t. II/3, p. 188).
60. La raison en est selon Blass : « weil sie einen wesentlichen und an seine Stelle gebrachten Theil des Hauptgedankens bilden » (p. 276). Sur le nominatif absolu, voir F. BLASS, § 33,2, p. 84-85; A. DEBRUNNER, § 144, p. 89; F. REHKOPF, § 144, 1, p. 119; G. RUDBERG, p. 131.
61. [6]1855, p. 496; de même les expressions temporelles au nominatif rejetées par les précédents : Mt 15,32; Lc 9,28; Ac 5,7.

parenthèses (cf. 6,22; 19,38.39 cités plus haut). Rudberg les exclut expressément[62]. Par contre, Rehkopf les rapproche des «Parenthesen in weiterem Sinn"[63].

3. Phrases indépendantes

De ce qui précède il ressort que la parenthèse doit être une phrase indépendante grammaticalement des éléments entre lesquels elle s'insère, même si elle conserve avec eux un rapport logique[64]. Mais l'insertion peut se faire de deux façons différentes : il s'agit soit d'une incise qui interrompt le déroulement d'une autre phrase, soit d'une phrase qui intervient entre deux autres phrases complètes sans affecter leur déroulement. C'est la distinction opérée par Spitzner entre des parenthèses d'une part «intra duas periodos», d'autre part «intra membra periodi», ou «in media propositione»[65].

Winer ne semble retenir comme parenthèses que les phrases qui s'insèrent (sans relatif) dans une autre phrase dont elles interrompent le déroulement syntaxique[66]. Il exclut les phrases qui viennent après coup expliquer ou justifier une autre déjà achevée : 4,6.8.9; 11,2.51-52; 13,11; 18,5; 19,23 ou sur lesquelles s'appuie la suite de l'énoncé : 21,8[67], et d'autres encore comme 6,6.23; 11,30; 19,5 et même, plus curieusement, 1,14; 2,9, dans la mesure où il n'y voit pas d'interruption de la construction[68].

Assez large dans *Rhetorik* où il admettait encore des *Nachträge* insérés en appendice dans la narration (2,9; 4,8.9; 11,2)[69], Wilke ne compte plus comme parenthèses en *Hermeneutik* que les tournures insérées entre deux parties d'une même phrase strictement dépendantes

---

62. Cf. p. 131 : Mt 5,40 D; 17,14 D.
63. «Parenthetisch wirken Ptz.-Konstruktionen wie Apg 12,19 ἐπιζητήσας αὐτὸν καὶ μὴ εὑρών, 2 Kor 2,12 καὶ θύρας μοι ἀνεῳγμένης ἐν κυρίῳ, 10,2 παρών» (p. 394).
64. Cf. R. Kühner : «Von den Nebensätzen müssen die Parenthesen unterschieden werden, d.h. Sätze oder einzelne Ausdrücke, welche in den Satz so eingeschoben sind, dass sie in grammatischer Hinsicht mit demselben nicht zusammenhängen. Ihrem Inhalte nach gehören sie zur Einheit des ganzen Gedankens, ihrer Form nach aber stehen sie selbständig da und sind als grammatische Hauptsätze anzusehen» (t. II, § 548, p. 353).
65. Cf. *supra*, n. 28-34.
66. [5]1844, p. 609. Winer ne cite là aucun exemple.
67. [6]1855, p. 496. Exclu par la 6ᵉ éd., 21,8 est cité par la 5ᵉ, p. 610, comme un cas de parenthèse explicative.
68. [5]1844, p. 611-612; 6ᵉ éd., p. 497-498. À propos de 2,9, Winer remarque : «Auch Joh. 2,9, finde ich keine Unterbrechung der Construction... [n. 2 Lachm. stellt sie wieder her, dagegen hat Tischendorf alle Parenthesezeichen aus diesem Verse entfernt] oder höchstens könnte man οἱ δὲ διάκονοι ... τὸ ὕδωρ einschliessen» ([5]1855, p. 611). Cette délimitation rejoint celle de Spitzner (*supra*, n. 30) et de Wilke (*infra*, n. 69). Notons que 19,31 retenu par la 6ᵉ éd. comme un cas de parenthèse introduite par γάρ (p. 496), est rejeté avec 6,23; 11,2; 19,23 par la 5ᵉ, p. 610, n. 3.
69. Cf. *Rhetorik*, p. 228. En 2,9, même délimitation de la parenthèse que Spitzner et Winer.

l'une de l'autre : 1,14[70]. Au niveau de la définition, il semble encore plus limitatif que Winer et s'en tenir aux seuls cas que Spitzner classerait « in media propositione ». Il rejette ainsi des *Nebensätze* qui ne sont pas vraiment indépendants et n'interviennent pas entre des éléments de la phrase principale qui sont en connexion directe du point de vue du sens : 4,2 ; 6,6.23 ; 11,2.30[71], de même que les *Nebenbemerkungen* qui expliquent ce qui va suivre ou précisent quelque chose dont il a été déjà question[72].

Cette conception plutôt restrictive se retrouve dans les grammaires plus récentes qui ne retiennent comme parenthèses au sens propre que les incises[73]. Mais des divergences se manifestent quant à l'extension à donner à la notion de parenthèse en fonction de la longueur de celle-ci et de son mode d'insertion. Blass estime que les signes parenthétiques ne s'appliquent à un simple verbe fini, comme οἶδα, ὁρᾶς, οἶμαι chez les classiques, « wo die Einfügung in die Construction überall sehr leicht war »[74], et il exclut aussi les tournures introduites dans un discours direct comme φασίν, ἔφη[75]. À côté des « härtere Parenthesen » reconnues par Blass, Debrunner accepte quant à lui des cas de « ganz leichte Parenthese », incluant les courtes incises[76]. Rehkopf adopte le même point de vue, tout en ajoutant encore une troisième catégorie, les « Parenthesen in weiterem Sinn » ; il y reprend plusieurs exemples de la seconde catégorie de Debrunner où l'insertion est un peu plus longue[77]. Rudberg délimite assez étroitement les cas de « vraies parenthèses » ; il en exclut les courtes phrases du type οἶδα, οἶμαι, ὁρᾶς et φησίν, ἔφη, leur assimilant diverses catégories d'incises[78]. Parmi les « vraies parenthèses », outre quelques relatives[79], il ne compte

---

70. *Hermeneutik*, t. II, p. 117. Voir aussi Lc 23,51.
71. *Ibid.*, p. 114-115.
72. *Ibid.*, p. 116. Pas d'exemple en Jn, mais cf. Mc 7,26. Cette catégorie des *Nebenbemerkungen* recoupe les cas exclus par Winer comme expliquant ce qui précède ou préparant ce qui va suivre.
73. Cf. E. Schwyzer : « Von der Parenthese im engern Sinne oder Mesothese sind die Prosthothese, die dem Gastsatz vorangeht, und die Opisthothese, die ihm folgt, zu scheiden » (*Grammatik*, p. 706 ; voir aussi *Die Parenthese*, p. 33-34) ; E. Mayser : «... wird selbständig... mit einem anderen verbunden, aber nicht vorausgeschickt oder nachgeführt, sondern dazwischen gestellt » (t. II/3, p. 186-187).
74. Cf. p. 276. Pas d'exemple en Jn, mais Lc 13,24 λέγω ὑμῖν et surtout chez Paul.
75. *Ibid.*, p. 276 : « da nur die Stellung verschoben ist ».
76. Cf. p. 273. Il rejette comme Blass φασίν, ἔφη etc.
77. Cf. p. 393.
78. Cf. p. 130. Ainsi entre une subordonnée et la principale : Mt 24,15 ὅταν..., ὁ ἀναγινώσκων νοείτω, τότε... (exemple retenu par Blass, p. 275) ; au milieu de la phrase : Lc 13,24 ὅτι πολλοί, λέγω ὑμῖν, ζητήσουσιν ; avec liaison paratactique : Ac 21,39 δέομαι δέ σου, ἐπίστρεψον. De même les cas où la parenthèse n'est qu'apparente et où il s'agit en fait de parataxe : Mc 10,36 τί θέλετέ με ποιήσω ὑμῖν ; cf. aussi Mc 10,51 parr. ; les tournures comme ἔφη, φασίν.
79. Cf. *supra*, p. 12.

que certaines incises introduites par γάρ[80] ; introduites par δέ, καί ou de façon asyndétique, qui ont pour fonction de compléter ce qui vient d'être dit : 4,2 ; 10,12 ; 15,5 (κἀγὼ ἐν αὐτῷ)[81] ; des incises qui constituent des remarques détachées du contexte : 1,39 (ὥρα ἦν ὡς δεκάτη) et 4,2 ; 10,12 ; 15,5[82].

Fonction de la parenthèse

Nous nous sommes attachés jusqu'ici à cerner ce qui avait rapport à la forme, à l'extension et à la situation des parenthèses. D'autres observations peuvent être faites quant à la fonction qu'elles jouent dans la phrase et à leur relation au contexte.

Comme l'écrit E. Schwyzer, «gedanklich enthält die Parenthese einen Begleitgedanken»[83]. Mais la portée de ce *Begleitgedanken* peut différer d'après les passages et influencer plus ou moins la construction du contexte. Tout en les excluant des parenthèses proprement dites, Winer opère une distinction entre les phrases qui viennent après coup expliquer ou justifier une autre déjà achevée (4,6.8.9 ; 11,2.51-52 ; 13,11 ; 18,5 ; 19,23) de celles sur lesquelles s'appuie la suite de l'énoncé (21,8)[84]. Par ailleurs, alors qu'elles visent souvent chez Paul à un effet rhétorique, les parenthèses dans les livres historiques servent à expliquer au lecteur le lieu, le moment, l'occasion (3,1 ; 19,31 ; 21,8)[85]. Sans les compter non plus parmi les parenthèses, Wilke évoque les «digressions» où l'*Einschub* fait partie intégrante du discours de l'auteur et a une influence sur la suite de sa pensée[86] et les *Nebenbemerkungen* qui expliquent ce qui va suivre ou ce qui précède[87]. De son côté, Blass semble distinguer des parenthèses appelées par un élément de la phrase principale qui «zum Verweilen nöthigt»[88] et d'autres qui constituent un *Nebengedanke* dont la mention n'est pas nécessairement commandée par un élément de la phrase principale[89].

80. Cf. p. 132. Mc 6,14 ; 7,3-4 ; Ac 4,3 ; 5,26 ; 13,8 (ce dernier cas étant une variante de la parenthèse relative).
81. *Ibid.*, p. 133. 4,2 : entre la subordonnée et la principale ; 10,12 : entre la principale et la subordonnée ; 15,5 : «en icke okänd frihet». Cf. encore Ac 1,15 ; 4,13 ; 12,3 ; 22,2 ; 27,37.
82. *Ibid.*, p. 133-134.
83. E. Schwyzer, *Grammatik*, p. 706 ; voir aussi *Die Parenthese*, p. 32 : «Die Parenthese ist also gedanklich ein beliebiger Zwischengedanke oder Nebengedanke, der sich in einem vor sich gehenden Gedankenablauf eindrängt».
84. ⁶1855, p. 496. Explication de ce qui précède : cf. encore Mt 1,22-23 ; Mc 7,3-4 ; Lc 1,55 ; Ac 1,15 ; 8,16 ; de ce qui suit : Mc 5,13 ; 7,26.
85. *Ibid.*, p. 496. Cf. encore les indications chronologiques en Mt 15,32 ; Lc 9,28 ; Ac 1,15 ; 5,7 ; 12,3 ; 13,8 ; voir aussi Lc 23,51.
86. *Hermeneutik*, t. II, p. 116. Cf. Mc 7,3-4 ; Ac 10,36-37.
87. *Ibid.*, p. 116. Cf. Mc 7,26.
88. Cf. p. 275 : Mt 24,15. Voir aussi E. Mayser : «Zweck der Parenthese ist im allgemeinen Erklärung, Begründung, Einschränkung des ausgesprochenen Satzteils» (p. 187).
89. *Ibid.*, p. 275. Ac 1,15 ; 4,13 ; 5,14 ; 12,3.

L'on remarque généralement que les parenthèses sont introduites de façon asyndétique, ou par καί, δέ, γάρ, mais sans préciser les nuances que comporterait l'emploi de chaque particule[90]. Seul Rudberg semble faire une distinction entre les parenthèses en γάρ et d'autre part celles en δέ, καί ou asyndétiques qui ont pour fonction de compléter la phrase principale[91]. Par ailleurs, l'insertion de la parenthèse peut ne pas modifier la construction qu'elle a interrompue et qui ensuite se poursuit normalement, ou au contraire entraîner la répétition d'un mot de la phrase principale, avec ou sans conjonction[92]. Wilke cite 1,14.38; 2,9; 18,23.31 dans la première catégorie et 6,23 dans la seconde: «durch die Einschaltung ward die *resumtio* nöthig gemacht V. 24»[93]. La parenthèse diffère de l'anacoluthe en ce que, malgré l'interruption qu'elle provoque, elle ne détruit pas l'ordonnance générale de la phrase[94].

TABLE II : LES GRAMMAIRES

Cas de parenthèses discutés dans les grammaires et non signalés par les éditeurs

	Sp	Win	Wil	Bl	Ru	
1,6	—	—	—	Bl	Ru	ὄνομα... Ἰωάννης
1,39	—	—	—	—	Ru	ὥρα... δεκάτη
2,9	Sp	Win	Wil	—	—	οἱ δὲ διάκονοι... ὕδωρ
3,1	—	Win	—	Bl	Ru	Νικόδημος... αὐτῷ
4,6	—	Win	—	—	—	ὥρα... ἕκτη
5,2	—	—	—	—	Ru	ἡ ἐπιλεγομένη... Βηθζαθά
6,22	—	Win	—	—	—	ὁ ἑστηκὼς... θαλάσσης
7,38	Sp	—	—	—	—	καθὼς... γραφή
13,11ᵛ	—	Win	—	—	—	ᾔδει γάρ...
15,5	—	—	—	—	Ru	κἀγὼ ἐν αὐτῷ
16,26	Sp	—	—	—	—	λέγω ὑμῖν
18,10	—	—	—	Bl	Ru	ἦν δὲ... Μάλχος
18,24ᵛ	Sp	—	—	—	—	ἀπέστειλεν οὖν...
19,13	—	—	—	—	Ru	Ἑβραϊστὶ δὲ Γαββαθά
19,17	—	—	—	—	Ru	ὃ... Γολγοθᾶ

90. G. B. Winer, ⁶1855, p. 496; F. Blass, § 77,12 et 14, p. 262 (δέ) et 264 (καίτοι); A. Debrunner, § 447,7, p. 260-261 (δέ); § 450,3, p. 262-263 (καίτοι); F. Rehkopf, § 442,6,c, p. 368 (καί); § 447,1,b, p. 376 (δέ); § 450,3, p. 380 (καίτοι). Voir aussi E. Mayser, t. II/3, p. 187-189; il range les parenthèses en deux catégories : sans particules ou asyndétiques et avec particules : «gewöhnlicher γάρ» et «seltener δέ». E. Schwyzer, *Die Parenthese*, p. 17-18, signale la nette prédominance de γάρ sur δέ chez Hérodote (*Hist.*, 1 : plus de 50 parenthèses, 35 γάρ, 6 δέ) et chez Xénophon (*An.*, I-IV,5 : moins de 20 parenthèses, 14 γάρ, 3 δέ).
91. Cf. p. 132-133.
92. Cf. G. B. Winer, ⁶1855, p. 496; pour la deuxième hypothèse, il renvoie à 1 Jn 1,3.
93. *Rhetorik*, p. 229-230.
94. Cf. F. Blass, p. 275; A. Debrunner, p. 269; F. Rehkopf, p. 394 : ainsi selon lui en Mc 7,3-4.

Cette enquête dans les grammaires montre que la notion de parenthèse n'est pas très fermement établie et qu'elle est susceptible d'une extension plus ou moins large. Néanmoins, une tendance générale apparaît qui retient en Jn un nombre de parenthèses nettement plus restreint que dans les éditions. Sans nous laisser enfermer dans une définition grammaticale qui serait ou non applicable à plusieurs passages de Jn, nous retiendrons des grammaires quelques concepts et catégories qui pourront nous aider à cerner un phénomène important du style de l'auteur du quatrième évangile : sa manière particulière qu'il a d'entrecouper son récit de remarques de type parenthétique. J. A. Bengel (1742) faisait déjà à ce propos une observation judicieuse en commentant 1,24 (καὶ ἀπεσταλμένοι ἦσαν ἐκ τῶν Φαρισαίων) : «Solet evangelista quasdam quasi parentheses, de causis, de loco, de occasionibus, de finibus, de effectibus, de impedimentis, rerum, actionum et sermonum, et similes epicrises ponere, ex quibus liquidius intelligantur ea quae sub manu sunt»[95]. Et E. A. Abbott consacre quelques paragraphes de sa *Johannine Grammar* (1906) aux parenthèses en Jn[96], sans compter plusieurs notes tout au long de son ouvrage où se manifeste son attention à un trait assez spécifiquement johannique : «John does not accumulate his description of scenery and circumstance at the beginning of a scene as in a stage direction, but prefers to give them in parentheses, each in its turn as it is wanted»[97].

---

95. J. A. BENGEL, *Gnomon Novi Testamenti*, 1862 (= ³1773), p. 292 (1742; ²1759). Il combine la notion de parenthèse avec celle d'*epicrisis*. Voir l'*Index terminorum technicorum* de J. A. Burkius, imprimé dans *Gnomon* : «PARENTHESIS, *Interpositio*, est quando flumen orationis per interjectam sententiam aliam, vel plures, ita dirimitur, ut interjacentes sententiae seorsim considerandae veniant», avec référence à Mc 7,3-4; Jn 1,24; Ac 1,15; 2,8-11; 1 Tm 5,22-23 (p. 1101); «EPICRISIS est enunciatio quaedam sermoni addita ex qua liquidius intelligi potest id quod sub manu est. Desumitur ea fere a causis, locis, occasionibus, finibus, affectibus, impedimentis, rerum actionum et sermonum» (p. 1095). Burkius donne la même référence à 1,24, mais aussi à 5,39 («additur Epicrisis quae Judaeorum scrutinium et spem approbat»).40 («sequitur altera Epicrisis defectum eorum ostendens»); 12,37 : «h.l. posset vulgari termino dici : Eine Remarque des Evangelisten».
96. E. A. ABBOTT, *Johannine Grammar*, 1906, § 2631-2635, p. 470-476.
97. *Ibid.*, § 2632, p. 471.

III. COMMENTAIRES ET AUTRES ÉTUDES

Nous croyons utile de présenter un dossier de ce que contiennent les commentaires et autres études consacrées à l'évangile de Jn sur le phénomène de la parenthèse. Nous suivrons l'ordre chronologique des auteurs et nous synthétiserons ensuite dans un tableau les données résultant de cet examen.

Bengel   Dans *Gnomon* (1742), J. A. BENGEL renvoie au sujet de 1,24 à toute
1   une série de cas de «quasi parentheses... et similes epicrises» : 1,28.44; 3,24; 4,8; 6,4; 7,5.39; 8,20.27; 9,14.22; 10,22-23; 11,13.30; 12,33[98]. Cette liste peut être complétée par des remarques qu'il fait à propos
2   d'autres passages : 1,32; 4,9; 6,46; 7,22.50; 12,37. En ce qui concerne les traductions, Bengel, sans parler de parenthèses, semble implicitement les reconnaître comme telles, en y voyant des explications ajou-
3   tées par l'évangéliste dont la langue est le grec : 1,38.41; 5,2; 9,7; 11,16; 19,13; 20,24; de même, pour l'explication d'usages juifs à des
4   lecteurs païens : 2,6. À propos de 18,24 qui explique après coup le transfert de Jésus de chez Anne chez Caïphe, Bengel note : « Interdum in narratione ponitur aliquid extra seriem temporis, et connectitur
5   cum iis, quae lucem inde accipiunt». Ainsi encore en 5,9; 9,14; 11,30[99].

Henke   D'après H.P.C. HENKE (1798)[100] les «animadversiones interiectae» constituent un trait caractéristique du style du quatrième évangile[101]. Henke distingue deux catégories[102].
1. La première contient toutes sortes de remarques qui se rapportent aux événements de la vie de Jésus : «Prioris illa sunt generis, quae de natura et situ locorum, de ingenio et moribus temporis et hominum observat, vel quibus causas aperit, propter quas Iesus laudem, adsensionem, auctoritatem vel magnam vel parvam et nullam ferret, aut cur sic potissimum, non aliter, ageret, vel etiam quibus corrigit ante dicta, aut male forsan accepta a lectoribus, vel speciem veri maiorem addit

---

98. *Gnomon*, p. 292. Pour les autres références, voir *ad loc.*
99. *Ibid.*, p. 374.
100. H.P.C. HENKE, *Ioannes Apostolus nonnullorum Iesu apophthegmatum in evangelio suo et ipse interpres*, 1798, dans D. I. POTT-G. A. RUPERTI (éd.), *Sylloge Commentationum Theologicarum*, t. I, 1800, 1-22.
101. *Ibid.*, p. 1 : «ipse solet, interiectis persaepe suis quibusdam animadversionibus, rebus a se relatis aut fidem aut lucem addere, legentes varia monere cognitu digna, ad ea, quae maioris momenti sunt, intendere, sinistra interpretamenta vel iudicia antevertere».
102. *Ibid.*, p. 1-2 : «Duplex vero potissimum genus est harum animadversionum. Alterum enim ad *res* pertinet, quas refert vel a Iesu gestas esse, vel ei accidisse, alterum ad *sermones*, quos ore magistri sui acceptos tradit».

narratis, aut ea confirmat »¹⁰³. Henke accepte qu'on trouve aussi de telles remarques chez les autres évangélistes¹⁰⁴, mais il insiste : « longe plura in uno Ioanneo »¹⁰⁵. Il se contente de relever en passant les exemples suivants : 2,17.23-25; 3,24; 4,2(cf. 3,22-26).9.44; 7,5; 8,27; 9,23; 10,6.22; 11,49-52; 12,5-6.16.37-43; 13,3.23-33; 18,2.9.32; 19,35; 20,9.

2. La seconde catégorie, qui comprend les remarques concernant les paroles de Jésus, est encore plus caractéristique de Jn : « Sed gravioris momenti, et minus adhuc diligenter observatum, itemque magis proprium Ioannis, est alterum notationis genus, quo scriptor hic *sermonum Iesu* quorumdam, a se susceptorum, ac sententiarum potissimum altioris indaginis, quae vel obscuritatis, vel offensionis aliquid, vel pondus magnum et omen habere videbantur, et ipse quodam modo interpretem agit »¹⁰⁶. Dans cette catégorie, Henke discute les versets suivants¹⁰⁷ : 7,39; 12,33; 2,21-22 (comp. 2,17; 6,6.64.70-71; 11,12-13; 13,1-3.11; 21,18-19.22-23).

Henke considère ces remarques comme un indice de l'authenticité des récits et des discours de l'évangile de Jean¹⁰⁸. Elles confirment que le quatrième évangéliste fut un témoin oculaire (αὐτόπτης), comme nous pouvons lire dans 1,14; 19,35; 21,24; (comp. 1 Jn 1,1.3), et dans les allusions au disciple que Jésus aimait (13,23; 18,15; 19,26; 20,2; 21,20).

Se référant entre autres à l'exposé de Henke, J. D. SCHULZE (1803)¹⁰⁹ propose plusieurs groupes de remarques.
1. En premier lieu, il observe : « Johannes kommt den Lesern durch allerhand *eigene Bemerkungen* zu Hülfe »¹¹⁰. Ces « observations » concernent :
a) le lieu : 1,28; 4,5; 5,2ss.; 6,10.59; 10,23; 11,18.30.38; 21,8;
b) le temps : 4,6; 5,9; 6,4; 7,2.37; 9,14; 10,22; 11,55; 13,30; 19,14;
c) les personnages : 4,2; 12,20; 18,10; 19,24; comp. 1,44; 11,2;

---

103. *Ibid.*, p. 2.
104. Cf. par ex. Mt 7,29; Mc 7,2-3.
105. *Ibid.*, p. 2.
106. *Ibid.*, p. 3.
107. *Ibid.*, p. 3-19.
108. *Ibid.*, p. 19-22, voir surtout p. 20-21.
109. J. D. SCHULZE, *Der schriftstellerische Charakter und Werth des Johannes*, 1803, p. 221-224, n. 1. Nous n'avons pas eu l'occasion de consulter la deuxième édition de 1811, citée par Luthardt (*Das johanneische Evangelium*, 1852, p. 21).
Dans la même note, Schulze signale encore des contributions que nous n'avons pas pu consulter : J. DE RHOER, *Anidmadversiones ad sermones Domini Christi et aliorum, in Evangeliis obvios, utque eos interpretati sint Scriptores sacri*, 1782; A. H. NIEMEYER, *Charakteristik der Bibel*, t. I, 1775, 468-469; J. P. GABLER, *Die Einschränkung der kanonischen Autorität der Apostel auf wesentliche Religionswahrheiten*, dans *Neuestes theologisches Journal* 2 (1797), 1. Stück.
110. J. D. SCHULZE, *op. cit.*, p. 221-226.

COMMENTAIRES ET AUTRES ÉTUDES

d   d) les rites juifs : 2,6; 4,9; 18,39; 19,31.39.42;
e   e) les circonstances, ajoutant de l'intérêt au récit : 11,5; 19,23; 21,7; comp. 9,6[111].

2. Souvent, le quatrième évangéliste est l'interprète de ses propres paroles et de celles des autres[112].

     a) Il donne la traduction grecque de mots ou tournures sémitiques :
2a   1,38.41.42; 4,5 (comp. 11,54; 9,11); 4,25; 5,2; 9,7; 11,16 (comp. 20, 24; 21,2); 12,13; 19,13.17; 20,16[113].

     b) Il insère des remarques concernant la signification des mots de Jésus. Très souvent, ces remarques sont des «geheime Deutungen und pro-
b   phetische Winke» : 2,21-22; 7,3⁰ ; 8,27; 11,13; 12,16.33; 21,19; comp. 11,52 et les remarques concernant Judas : 6,64.71; 12,4; 13,2.10-11. 18.28; 14,22; 17,12; comp. 13,21.26ss.

     c) Il interprète l'intention des paroles de Jésus (ou d'autres personnages)
c   par des remarques prononcées par Jésus lui-même : 13,19; 14,29; 16, 1.4.33, ou données par l'évangéliste : 6,6; [8,6]; 9,22-23 (comp. 9,21); 12,6.41.

3. Dans son exposé sur la répétition en Jn[114], Schulze signale encore : «Johannes lässt auch theils Jesum und andere Personen bey Veranlassung ähnlicher Vorfälle, sich auf ähnliche Art äussern, theils macht er (Johannes) selbst ähnliche Anmerkungen darüber»[115]. Ici, on peut noter les catégories suivantes[116] :

3a   a) Les notices concernant la crainte des Juifs : 7,13; 9,22; 19,38; 20,19.
b   b) L'heure précise de la mort de Jésus : 7,6.8.30; 8,20; 9,4; 12,23; 13,1; comp. 7,33; 13,33; 12,35; 16,16.
c   c) L'impression des actes ou des mots de Jésus sur le peuple : 2,23; 4,39; 4,53; 5,16.18; 6,66; 7,1.32; 8,30.59; 10,31.39.42; 12,11.37.47.

---

    111. Schulze ajoute : «Selbst *Stellungen, Mienen* und *Bewegungen* sind ihm nicht unwichtig, am wenigsten bey der Hauptperson seines Evangeliums» (p. 226); cf. par ex. 8,6.8; 11,35.38 (comp. v. 33; 12,27; 13,21).
    112. *Ibid.*, p. 227-232.
    113. Schulze n'accepte pas de considérer ces traductions comme insérées par un interprète ou un glossateur de l'évangile de Jean (voir par ex. J. A. BOLTEN, *Der Bericht des Johannis von Jesu dem Messia*, 1797, p. XIVss. [Vorrede]). C'est l'évangéliste lui-même qui donnerait ces explications. Pour prouver sa thèse Schulze avance trois arguments : «*erstens...*, der Verfasser gebraucht nemlich fast immer wieder eine andere Formel, als die er vorher hatte, ... Ein Fremder wurde sich hierin mehr gleich geblieben seyn. Auch würden dann diese Erklärungen abgerissener und unzusammenhängender aussehen. *Zweitens* sind sie so ganz im Geiste des Johannes, welcher dem Leser überall mit solchen Bemerkungen, die das Verstehen seiner Schrift erleichtern, entgegenkommt, dass sie auch deswegen nicht von einem Fremden herzurühren scheinen. *Endlich* lagen sie in dem Plane der Schrift selbst, welche den Nichtjuden bestimmt war, für welche Vieles eine nähere Bestimmung oder eine Erklärung erforderte, was bey Juden als bekannt vorausgesetzt werden konnte» (p. 228-229).
    114. *Ibid.*, p. 63-90 : «Die häufigen *Wiederholungen* derselben Worte und Ideen».
    115. *Ibid.*, p. 70.
    116. *Ibid.*, p. 71 (a); 71 (b); 72 (c); 75 (d); 78-84 (e).

d   d) La connaissance surnaturelle de Jésus : 2,24.25; 6,6.64; 13,18; 16, 30; 18,4.

e   e) Les résumés ou renvois formels («eigentliche und förmliche Rekapitulationen oder Zurückweisungen»)[117] : 3,28 (cf. 1,20.30); 3,(27).32 (cf. 3,11); 4,45 (cf. 2,13ss.); 4,46 (cf. 2,1-9); 5,33 (cf. 1,19ss.); 6,23 (cf. 6,10-13); 6,49 (cf. 6,31); 6,65 (cf. 6,44); 7,50 (cf. 3,1); 8,21 (cf. 7,34); 8,24 (cf. 8,21); 9,11.15 (cf. 9,7); 9,23 (cf. 9,21); 10,21 (cf. 10, 6.7); 10,26-27 (cf. 10,4.14); 10,40 (cf. 1,28); 10,42 (cf. 1,27.30ss.); 11,31 (cf. 11,19.29); 11,37 (cf. 9,6-7); 11,40 (cf. 11,4); 12,1 (cf. 11,1ss.); 12,2 (cf. 11,1ss.); 12,9 (cf. 11,43ss.); 12,17 (cf. 11,43ss.); 13,29 (cf. 12, 6); 13,33 (cf. 7,34; 8,21); 14,9 (cf. 14,8); 15,20 (cf. 13,16); 16,15 (cf. 16,14); 16,19 (cf. 16,16.17); 18,8 (cf. 18,6); 18,9 (cf. 17,12); 18,14 (cf. 11,50); 18,16 (cf. 18,15); 18,26 (cf. 18,10); 18,32 (cf. 12,32s.); 19,39 (cf. 3,1-2); 21,20 (cf. 13,23-25).

4. Se référant à Tzschucke, Schulze attire aussi l'attention sur les définitions : «Noch eine Eigenheit des Johanneischen Styls, ..., ist dass er *viele seiner Ideen in die Form der Definitionen einkleidet*»[118] :

4   1,19; 3,19; 6,29.39.40.58 (comp. v. 50); 9,30; 15,8.12; 17,3; 1 Jn 1,5; 2,3.7.22.25; 3,10.11.16.19.23.24; 4,3.9.10.13.17; 5,2.5.11.14; comp. 2 Jn 6 (bis).

5. Enfin, il insiste sur la fréquence des parenthèses, «welche man aus dem Bemühen des Schriftstellers, so deutlich, als möglich, zu werden,

5   herleiten muss»[119]. Voir à côté de 1,38.41.42; 6,6; 9,14; 11,18, exemples déjà notés, aussi 1,14; 2,9 (καὶ οὐκ ᾔδει, ... τὸ ὕδωρ); 4,2; [8,9]; 10,35; 13,2; 18,9; 19,23 (ἑκάστῳ στρατιώτῃ μέρος).31 (ἦν γὰρ ... τοῦ σαββάτου).39; 21,7; comp. 1 Jn 1,2; Ap 2,9.24.

Wegscheider   À plusieurs reprises, J.A.L. WEGSCHEIDER (1806)[120] relève la présence de remarques de type parenthétique dans le quatrième évangile.

1. Se référant à Henke, il note que Jean explique les paroles obscures

1   de Jésus (ou d'autres personnages) par des «Erläuterungen» : 2,21-22; 7,39; 8,27; 11,13; 12,16.33[121].

2. Les remarques explicatives, telles que la notation du lieu et du temps et d'autres «kleine erklärende Notizen zur Belebung und Verdeutlichung des Ganzen» font l'objet d'une autre série de remarques[122] :

---

117. Comp. l'utilisation de πάλιν dans 10,31 (cf. 8,59); 10,39 (cf. 7,32); 20,26 (cf. v. 19).

118. *Ibid.*, p. 119-120. Cf. K.H. TZSCHUCKE, *Commentarius logico-rhetoricus de sermonibus Iesu Christi*, 1781.

119. *Ibid.*, p. 120-121.

120. J.A.L. WEGSCHEIDER, *Versuch einer vollständigen Einleitung in das Evangelium des Johannes*, 1806.

121. *Ibid.*, p. 288-289.

122. *Ibid.*, p. 297.

a) 18,1; 19,13.14.17; b) 18,18.28; 19,8.12.15.16.20.25ss.31.40.

3. En dépendance de Schulze, Wegscheider reprend la catégorie des «eigentliche *Rekapitulationen*, wo der Evangelist auf früher erwähnte Gegenstände oder Fakta zurückweiset»[123] : 4,46 (cf. 2,1-9); 5,33 (cf. 1,19ss.); 7,50 (cf. 3,1).

4. Wegscheider relève aussi les additions rectificatives ou «correctiones»[124] : 1,8; 4,2; 6,45ss.; 7,22; etc.

5. Souvent Jean présente ses remarques sous la forme d'une définition[125] : 3,19; 6,29.58; 15,8.12; 17,3.

6. Les parenthèses strictes sont typiques de Jean[126] : 1,14; 2,9; 4,2; [8,9]; etc.

E. WASSENBERGH (1815) considère comme des «gloses» les traductions d'expressions étrangères : 1,38.41.42; 4,25; 9,7; 20,16[127]; de même encore : 3,24; 4,9; 6,8 (εἷς ἐκ τῶν μαθητῶν αὐτοῦ).22 (εἰς τὸ πλοιάριον); 7,8 (εἰς τὴν ἑορτὴν ταύτην); 9,13 (τόν ποτε τυφλόν).18 (τοῦ ἀναβλέψαντος); 10,12 (αὐτά); 14,22.26 (τὸ πνεῦμα τὸ ἅγιον; comp. 15,26; 16,13); 19,14.31c; 21,12 (τῶν μαθητῶν)[128].

---

123. *Ibid.*, p. 302.
124. *Ibid.*, p. 303-304.
125. *Ibid.*, p. 304, se référant à Tzschucke (cf. *supra*, n. 118) et de nouveau à Schulze.
126. *Ibid.*, p. 304-305.
127. E. WASSENBERGH, *Dissertatio de glossis Novi Testamenti*, dans *Selecta e scholis Lud. Casp. Valckenarii*..., t. 1, 1815, p. 47-49.

Pour la définition du terme «glose», voir le premier chapitre (p. 1-12) : «Operae susceptae commendatio», surtout p. 11 : «At veri demum nominis *glossas* dicimus, quae aut *interpretandi* gratia, aut *illustrandi* animo adiectae sunt». Dans le deuxième chapitre (p. 12-25 : «De glossis N.T. universis»), Wassenbergh décrit les différentes formes des gloses. Il y mentionne la glose de Jn 9,7 sous le n° 6 : «Inter Glossas simplicissimae sunt, satisque manifestae, quae verba explicant vicina, et proxime praecedentia, sive illa peregrina sint, seu rariora, aut Hellenistica» (p. 15-16); voir également Jn 7,7 sous n° 8 : «Aliae sensum implent» (p. 18) et Jn 3,24; 19,31c; 9,13.28 et 14,22 sous n° 9 : «Dubia subinde tollere, ipsisque ita Scriptoribus sacris opitulari voluerunt Glossatores» (p. 18-19).

128. *Ibid.*, p. 47-50. Nous ne connaissons que Wassenbergh qui, avant Tischendorf, considérait la parenthèse en 4,9 comme une note tardive (cf. *infra*, p. 211).

Signalons ici la sévère réaction de Fredericus Augustinus BORNEMANN, *De glossematis Novi Testamenti caute diiudicandis*, dans *Scholia in Lucae Evangelium*, 1830, p. IX-LXVIII. Bornemann écrivit sa «dissertatio de glossematis» parce qu'il estimait intolérable «ut integerrima quaeque levissimis, ne dicam nullis rationibus impugnata attrectarentur textisque exsulare iuberentur» (p. VIII). Il passe en revue les prétendues «gloses» de Wassenbergh en cinq chapitres, dont chacun est consacré à un phénomène du style de l'Écriture Sainte comparé avec celui des auteurs classiques (l'astérisque indique des cas non discutés par Wassenbergh) :

1. «Simillimae significationis verba a sacris scriptoribus vel copulantur vel brevi post iterantur» (p. XXV-XLII) : 2,23*; 6,22; 7,8; 10,12; 21,12.

2. «Interposita aliqua sententia naturalis sermonis cursus interpellari visus est» (p. XLII-L) : 3,24; 4,9; 6,8 (comp. 1,40.44; 12,21; 6,71; 12,4; 13,2; 18,2.5)*; 14,22; 19,14.31c.

Weber   M. WEBER (1823), dans son petit ouvrage sur l'authenticité du chap. 21, repère un certain nombre de tournures typiques du style de Jn.
1 1. «Parentheses». Il note à propos de 21,7 (ἦν γὰρ γυμνός) : «Amat Johannes parentheses»; il renvoie en outre à 1,14.38.41.42; 2,9; 4,2.25; 6,10; 7,5; [8,6]; 10,35; 11,51.52; 12,6; 13,1.2; 18,24; 19,14.31; 20,16[129].
2 2. «Epexegeses». Ainsi en 21,19 (τοῦτο δὲ εἶπεν...) : «Amat Johannes epexegeses»; il se réfère à 2,21; 6,6.71; 7,4.39; [8,6]; 11,13.51; 12,6.33; 13,11.28.29; 18,9[130].
3 3. «Epicrises», à distinguer de «epexegeses». Ainsi en 21,23; 2,24.25; 3,19-21; 12,37-40; 21,25[131].
4 4. «Solet evangelii auctor lectores ad narrationes superiores relegare» : 21,20 (cf. 13,23); 4,46.54 (cf. 2,11); 6,23 (cf. vv. 10-15); 7,50 (cf. 3,2); 10,40 (cf. 1,28); 18,9 (cf. 17,11); 18,14 (cf. 11,50); 18,26 (cf. v. 10); 19,39 (cf. 3,1); 21,14 (cf. 20,19.26); 21,20 (cf. 13,23); 19,26; 20,2; 21,7 : ὃν ἠγάπα/ἐφίλει)[132].
5 5. «Nominum interpretationes» : 21,2 et 11,16; ainsi que 1,38.42; 4,25; 19,13.17[133].
6 6. «Additamenta» : 21,2 (ὁ ἀπὸ Κανὰ τῆς Γαλιλαίας); voir aussi 1,44 (ἀπό).45 (τὸν ἀπό); 7,42 (καὶ ἀπό); 11,1 (ἀπό); 12,21 (τῷ ἀπό); 19,38 (ὁ ἀπό)[134].

Credner   Dans sa liste des caractéristiques stylistiques de Jn, K.A. CREDNER (1836)[135] mentionne sous deux numéros de nombreux passages qui offrent une étroite ressemblance avec les parenthèses signalées par d'autres : au n° 32, «Rückweisungen auf früher schon Dagewesenes» :

3 3. «Recensentur, quae appositionis causa ab scriptoribus sacris adiecta sunt» (p. L-LVI) : 1,12c-13*; 9,13.18; 14,26; 15,26; 16,13.
4 4. «Ad explicanda insolentiora et peregrina vocabula hebraeae maxime originis ab ipsis scriptoribus addita esse videntur...» (p. LVI-LXI) : 1,38.41.42; 4,25; 9,7; 20,16.
5. Dans le cinquième chapitre, Bornemann estime que Wassenbergh a eu tort de mettre en doute certaines «gloses» sous le prétexte qu'elles n'aideront guère à comprendre des passages difficiles (p. LXII-LXVIII).
129. M. WEBER, *Authentia capitis ultimi evangelii Johannei*, 1823, p. 25-26.
130. *Ibid.*, p. 27.
131. *Ibid.*, p. 28.
132. *Ibid.*, p. 27-28.
133. *Ibid.*, p. 22.
134. *Ibid.*, p. 22.
135. K.A. CREDNER, *Einleitung in das Neue Testament*, 1836, p. 226-227.
Credner présente une liste, numérotée de 1 à 78, de caractéristiques stylistiques de Jean. Il se réfère à des précurseurs comme Schulze, Wegscheider et Weber (cf. *supra*, n. 109, 120, 129). La liste de Credner est reproduite intégralement par S. DAVIDSON, *An Introduction to the New Testament*, t. II, 1849, p. 341-346, et sous une forme abrégée par H.E.F. GUERICKE, *Historisch-kritische Einleitung in das Neue Testament*, 1843, p. 310, n. 3; W.M.L. DE WETTE, *Lehrbuch der historisch-kritischen Einleitung in die kanonischen Bücher des Neuen Testaments*, [6]1860 (éd. H. MESSNER et G. LÜNEMANN), p. 213.

4,54; 6,23.71; 7,50; 10,40; 18,9.14.26; 19,39; 21,14.20 (voir aussi 11,2 en rapport avec 12,1ss.); au n° 33, «häufige Hinzufügung erläuternder Bemerkungen von Seiten des Verfassers»: 1,38.41.42; 2,6.9.21.24.25; 3,19-21.24; 4,2.6.9.25.45; 6,6.10.22.33.64.71; 7,5.22.39; 8,27; 9,7; 10,6; 11,13.30.51-52; 12,6.16.33.38-41; 13,2.11.28-29; 14,22; 15,26; 17,22(?); 18,5.9; 19,5.30(?).31.38; 20,16; 21,7.8.11.19.23.25, et avec hésitation 1,14; 3,16(?).

Kaiser T.P.C. KAISER (1842)[136] énumère la parenthèse parmi les particularités de syntaxe caractéristiques du quatrième évangile et il en donne les exemples suivants: 1,14.38; 2,9; 4,2.9; 6,23.24; [8,9]; 9,7; 11,2; 19,23.31.

Luthardt Observant que le manque de périodes caractérise la syntaxe johannique, C. E. LUTHARDT (1852)[137] remarque: «Diese Lockerheit periodologischer Schreibweise ist dann auch der Grund davon, dass einzelne untergeordnete Sätze, statt in die Struktur einzufügen, äusserlich als *Zwischensätze* in den Fortgang der Erzählung hineingesetzt werden»[138]. Il passe en revue une série de parenthèses du genre de 6,23 (ἄλλα δὲ ἦλθεν πλοιάρια), qui sont très fréquentes en Jn[139]:

1. «die kurzen Zeit- oder Ortsangaben»: 1,39.44; 4,6; 5,9; 6,4; 9,14; 10,22; 18,28; 19,14;
2. «Namensangaben»: 3,1; 18,10;
3. «nähere Bestimmungen»: 5,2; 6,10; 11,5; 18,5.10.18.

Dans les discours de style plus lié, on ne trouve que des «deutende Sätze» semblables aux «Zwischenbemerkungen» des récits. Luthardt distingue les catégories suivantes[140]:

4. les interprétations de paroles obscures de Jésus («die Deutungen

---

136. T.P.C. KAISER, *Dissertationes de speciali Joannis apostoli grammatica culpa negligentiae liberanda*, 1842, p. 6-19: «Cap. III. De peculiari Joannis grammatica in scriptis diversi generis conspicua», cf. p. 7.
137. C.E. LUTHARDT, *Das johanneische Evangelium nach seiner Eigentümlichkeit geschildert und erklärt*, 1852. Dans l'introduction au «Zweiter Abschnitt: Die Sprache» (p. 21-69, spéc. p. 21-23), il se réfère surtout à l'ouvrage de Schulze (voir aussi *supra*, n. 109): «Zum Gegenstand spezieller Behandlung ist ausser der Schrift von Schulze... die Sprache unsres Evangeliums in der neueren Zeit nicht gemacht worden» (p. 21). Peut-être son jugement sur le livre de Schulze est-il trop sévère: «Was Schulze gethan hat, ist eine oft sehr unkritische Sammlung einzelner Stellen aus den joh. Schriften unter besondere, ziemlich willkürliche Rubriken gestellt». En effet, il doit ajouter à propos de ces «rubriques»: «welche aber immerhin bei einer Untersuchung der Spracheigenthümlichkeit des vierten Evangeliums ihre Dienste thun kann» (p. 22-23). Luthardt donne aussi un résumé de la contribution de Kaiser (p. 20, n. *), dont il ne prit connaissance qu'après la rédaction du deuxième chapitre.
138. *Ibid.*, p. 43.
139. *Ibid.*, p. 43.
140. *Ibid.*, p. 43-44.

dunklerer Aussprüche Jesu») : 2,21 ; 7,39 ; 8,27 ; 11,13 ; 12,16.33 ; 21,19 ;
5. les explications des mots hébreux («die Erklärungen hebräischer Wörte») : 1,38.41.42 ; 4,25 ; 5,2 ; 9,7 ; 19,13.17 ; 20,16 ;
6. les remarques concrètes indiquant pourquoi Jésus ou un autre a dit ceci ou cela («die pragmatischen Bemerkungen, warum Jesus oder wer sonst das oder jenes gesagt hat») : 6,6 ; [8,6] ; 9,22 ; 12,6.41 ;
7. les assurances répétées que Jésus a bien connu ceci ou cela («die wiederholten Versicherungen das Jesus dies oder jenes... wohl gewusst habe») : 2,24.25 ; 6,6.64.

Knabenbauer

J. KNABENBAUER (1898), dans l'introduction de son commentaire, signale parmi les traits qui révèlent la fidélité de l'évangéliste aux événements historiques :
1. des explications ajoutées par lui, «quibus praecavet ne quid minus recte intelligatur» : 2,21.22.24 ; 6,71 ; 7,39 ; 8,[6].27 ; 10,6 ; 11,13.51 ; 12,6.16.33.41 ; 13,11.28 ; 19,36.37 ; 20,9.31 ; 21,14.19 [141].
2. «Saepius quoque legentem remittere solet ad ea quae iam antea narrata sunt» : 4,45 (cf. 2,23) ; 4,54 (cf. 2,11) ; 5,33 (cf. 1,19) ; 6,36 (cf. v. 26.30) ; 7,23 (cf. 5,9) ; 7,50 (cf. 3,1) ; 10,40 (cf. 1,28) ; 10,41 (cf. 1,15.27) ; 11,40 (cf. vv. 22.27) ; 12,1 (cf. 11,1ss.) ; 12,42 (cf. 9,22) ; 13,33 (cf. 7,34) ; 18,14 (cf. 11,49) [142].

Abbott

E. A. ABBOTT (1906) traite essentiellement de la parenthèse en rapport avec l'usage de la particule οὖν [143]. Celui-ci est qualifié de *resumptive* lorsque la particule «ought to look back beyond the parenthesis to some preceding statement». Ainsi οὖν en 4,9 se rapporte à la demande de Jésus au v. 7, le v. 8 constituant une parenthèse [144]. Le même type de parenthèse suivie de οὖν et le plus souvent introduite par δέ se retrouve en 2,17 (asynd.) ; 3,24 (γάρ) ; 4,27 (καὶ ἐπὶ τούτῳ) ; 6,10 (δέ) ; 7,5 (γάρ).39 (δέ) ; 11,2 (δέ).13 (δέ bis).30 (δέ).51-52 (δέ) ; 12,6 (δέ).33 (δέ) ; 18,5 (δέ).10 (δέ).40 (δέ) ; 19,29 (asynd.) [145]. Par contre, il n'y a pas vraiment parenthèse en 6,4 (δέ) ; 11,57 (δέ) ; 18,2 (δέ), lorsque le οὖν qui suit n'est pas *merely resumptive* mais se rattache au contenu de la phrase en δέ [146]. On peut hésiter à propos de 11,5 (δέ) [147].

Abbott note par ailleurs la manière dont δέ est utilisé par Jn «to introduce that which comes second *not in point of time but in point*

---

141. J. KNABENBAUER, *Evangelium secundum Ioannem*, 1898, p. 50.
142. *Ibid.*, p. 50-51 ; pour 11,40, voir p. 363.
143. E. A. ABBOTT, *Johannine Grammar*, 1906, § 2631-2635, p. 470-476.
144. § 2631, p. 470. Abbott mentionne aussi «the detached or parenthetical 'it was about the sixth hour'» in 4,6.
145. § 2632-2634, p. 471-474 ; pour 2,17, voir aussi § 2639, p. 478.
146. 6,4 : § 2633, p. 472 ; 11,57 : § 2635, p. 474 ; 18,2 : § 2634, p. 473.
147. § 2633, p. 473.

of thought, as being the next point to note», usage qu'il qualifie de «parenthetic or supplementary» en renvoyant à 2,6; 6,10; 18,40[148].

Il identifie encore d'autres passages comportant des parenthèses : 1,14-18; 2,9; 7,37; 17,25; 21,7.8[149] et évoque un cas éventuel de «parenthesis on a very large scale» : 4,4-44[150].

Stange

En réaction contre les démembrements opérés par Wendt, Wellhausen, Schwartz et Spitta, E. STANGE (1915) met en évidence deux procédés qui caractérisent la «production» johannique[151] et qui attestent selon lui l'unité littéraire de l'œuvre : il s'agit des répétitions dans les discours et, en second lieu, de ce qu'il appelle «die Einwirkungen des Stagnierens innerhalb fortschreitender Produktion»[152]. Il identifie plusieurs types ou «groupes» de phrases qui s'apparentent aux parenthèses.

1. Le «groupe III» : les cas où, à la suite de l'insertion d'un autre élément, l'idée principale est répétée : 6,50.(51a). = 51b; 6,54.(55). = 56; 12,49.(50a). = 50b; dans la narration, 11,4 ἀκούσας.(5).6 ἤκουσεν; 20,5 βλέπει.(6-7).8 εἶδεν[153].

2. Le «groupe XVII» : des passages où se produit une interruption dans le déroulement de la pensée provoquée par un *Zwischenstück* ou *Zwischengedanke*. Il peut s'agir de :

17a

a) une courte explication sous la forme d'une définition : 17,3; sous la forme d'un énoncé de celui qui parle sur le but ou la forme de son

---

148. § 2070, p. 104; pour 2,6, voir aussi § 2632, p. 471.

149. 1,14-18 : § 2180, p. 157-158; dans ce passage compliqué, «in which connexions of thought are broken by interventions of parentheses, ὅτι occurs thrice, and in each case seems to base a new statement on some preceding similar one, with a curious mannerism frequent in the Fourth Gospel but particularly noticeable here. Ὅτι seems to mean in each case '[I say *this*] because of *that*'»; 2,9: «Now when the master of the feast tasted the water — [*now*] *become wine* (and he knew... the water) — ...», § 2018, p. 78; 7,37 : § 2168, p. 151; 17,25 : § 2164, p. 148; 21,7.8 : § 2632a, p. 471.

150. § 2635, p. 474-476.

151. E. STANGE, *Die Eigenart der johanneischen Produktion*, 1915. Le mot *Produktion* vise chez Stange, par opposition à *Reproduktion*, les parties composées par l'évangéliste lui-même. C'est le cas essentiellement dans les *Redestücke*. La question de savoir si les pensées maîtresses en remontent à la tradition est laissée en suspens, mais on peut supposer «dass jedenfalls die äussere Verknüpfung, die Zusammenstellung und die Auswahl der Gedankenmaterials im einzelnen Fall wesentlich Komposition des Evangelisten ist» (p. 11). Dans une moindre mesure, ces considérations valent aussi pour les parties narratives : ce qui fait partie de la *Reproduktion* (directe ou indirecte) de données antérieures reste sujet à discussion, mais de toute façon, pour le distinguer des additions de l'évangéliste, «wird gerade die Kenntnis der Eigenart johanneischer Produktionsweise ein wesentlicher Faktor sein. Von da aus empfiehlt es sich mit letzterer zu beginnen... Denn es gibt ja psychologisch angesehen keine Reproduktion, die nicht neue Vorstellungen dem Erinnerungsbild assoziierte» (p. 11). Voir le compte-rendu de R. Bultmann, dans *TLZ* 41 (1916) 532-534.

152. *Ibid.*, p. 12.

153. *Ibid.*, p. 14-15.

discours : 15,11 ; 16,25 ; 17,13 ; sous la forme d'une *Situationsangabe* : 6,64b ; 10,22-23[154].

b b) une pensée nouvelle différente de ce qui précède immédiatement : 6,44 ; 10,9 ; 13,34-35 ; 15,16b-17.23.26-27 ; 17,5.18. À cette catégorie appartient également le rappel de données synoptiques en 13,16.20 et le *Selbstzitat* en 6,36[155].

c c) l'intervalle entre une réponse et la question ou l'objection laissée jusqu'alors en suspens : 6,26-27.(28-29).30-31 ; 8,25a.(25b-27).28 ; 8,33a. (33b-36).37[156] ; de même lorsqu'une idée est reprise, qui n'a été qu'évoquée précédemment : 8,50.(51-53).54 ; 10,15b.(16).17 ; 12,25.(26). 27 ou 12,24.(25-26).27 ; 17,23.(24).25[157]. Court dans ces derniers passages, l'intervalle («das übersprungene Gedankenstück») peut s'étendre sur plusieurs versets : 6,41.(42-47).48 ; 10,16.(17-25).26-27 ; 12.36a.(36b-45).46 ; 15,8.(9-15).16[158].

24 3. Le «groupe XXIV» : des passages où l'auteur, en plein milieu d'un discours, met en garde le lecteur contre un malentendu possible «gewissermassen parenthetisch» : 6,46 ; 7,22 ; 14,22 ; 16,26[159].

26 4. Le «groupe XXVI» : des mots d'explication que, à la suite d'expressions à double sens, l'auteur insère après ou avant le malentendu : 2,21 ; 11,13.51-52[160].

27 5. Le «groupe XXVII» : des passages où l'évangéliste s'adresse au lecteur pour éclairer des allusions, expliquer des noms, caractériser des comportements, indiquer des états d'âme : 2,11 ; 4,54 ; 21,14 : «Numerierung von Handlungen» ; 6,64.71 ; 7,39 ; 9,7 (cf. aussi 1,38. 41.42) ; 11,2.51 ; 12,16[161].

28 6. Le «groupe XXVIII» : dans la bouche de la personne qui parle, des interprétations sur le contenu, la forme, l'effet de son discours : 8,26 ; 14,30 ; 16,6.7.12.25[162].

29 7. Le «groupe XXIX» : des énoncés sur l'intention ou la raison de certaines paroles de Jésus, soit sous la forme de réflexions de l'auteur : 6,6 ; 12,6.18.33 ; 13,11 ; 18,9.32 ; 19,24.36 ; 20,31 ; 21,19b, soit dans la bouche même des personnes qui agissent : 5,34 ; 14,25.29 ; 15,11.

---

154. *Ibid.*, p. 31.
155. *Ibid.*, p. 31-32.
156. «So liegt es wohl bei dem Zürückschlagen von 6,30f. auf 6,26f. ; vielleicht auch bei 8,28, falls dies die Antwort auf 25a darstellt ; deutlicher bei 8,37 neben v. 33a» (p. 32).
157. «So wenn 8,54 auf 8,50, oder 10,17 auf 15b zurückgreift» ; «so wenn 12,27 auf 25 (oder je nach der Exegese auf v. 24) zurückspringt, oder wenn 17,25 den v. 23 fortsetzt» (p. 32).
158. «Daneben steht aber das Zurückgreifen von 6,48 auf v. 41 und das Vorhergehende...» (p. 32).
159. *Ibid.*, p. 51.
160. *Ibid.*, p. 54.
161. *Ibid.*, p. 54.
162. *Ibid.*, p. 54.

15; 16,1.4.15.25.33; 17,13, notamment dans l'expression stéréotypée ταῦτα λελάληκα ὑμῖν ἵνα...[163].

De tout cela ressort l'impression que «das Evangelium von einer beständigen Interpretation seiner einzelnen Stücke oder ganzer Partieen durchzogen ist.». L'interprétation peut d'ailleurs s'étendre à l'ensemble de l'œuvre : 19,35; 20,31; 21,25[164].

8. Stange évoque en dernier lieu le «groupe XXXI» : des énoncés avec εἶναι et un nom-prédicat qui surviennent dans le développement de la pensée «also gleichsam parenthetisch» : 1,4b.8a; 3,19; 6,50.51; 15,12; 17,3.17[165].

J. M. THOMPSON (1917), à côté des vv. 24-25 du chap. 21 qui sont «certainly editorial», identifie une autre sorte de *footnotes* : «not notes upon his sources by the author of the Gospel, but comments upon the author's work by an editor who misunderstands his meaning»[166]. Il se réfère à 2,21-22; 7,39; 12,33; 18,9.32; 21,19a[167].

H. J. FLOWERS (1921) part du fait admis que 5,4 et 7,53-8,11 ne font pas partie du texte original de l'évangile. Lui-même s'attache à démontrer qu'il en va de même pour le chap. 21[168]. Il envisage ensuite l'existence d'autres *interpolations* dans les chap. 1-20, concentrant son attention sur les passages «without any external evidence to support the hypothesis»[169]. En voici la liste dans l'ordre adopté par Flowers : 1. 5,28-29; 2. 6,39.40.44.54 : «the references to the last day»[170]; 3. 4,2[171]; 4. 2,21-22; 7,39; 12,33; 18,9.32[172]; 5. 19,35[173].

---

163. *Ibid.*, p. 54-55.
164. *Ibid.*, p. 55.
165. *Ibid.*, p. 56.
166. J. M. THOMPSON, *Some Editorial Elements in the Fourth Gospel*, dans *Exp.*, 8th ser., 14 (1917) 214-231, voir p. 217. Il évoque Mc 7,19 (καθαρίζων πάντα τὰ βρώματα) : «The point is that the footnote narrows down a spiritual principle into an ecclesiastical rule, and so loses the real meaning of Christ's teaching» (p. 217-218).
167. *Ibid.*, p. 218-229.
168. H. J. FLOWERS, *Interpolations in the Fourth Gospel*, dans *JBL* 40 (1921) 146-158, voir p. 146-152.
169. *Ibid.*, p. 152. Ainsi Flowers ne s'occupe pas de 4,9, puisqu'il y a «external evidence» en faveur de l'interpolation.
170. *Ibid.*, p. 152.
171. Peut-être une note marginale pour expliquer une difficulté du texte et qui ensuite «slipped into the text» (p. 154).
172. Ces passages trahissent la même *misinterpretation* des paroles de Jésus : celles-ci visent des réalités spirituelles et intemporelles, mais l'interpolateur les rapporte à des événements temporels : «All reveal the mind of the man or men responsible for the appendix, with the material interpretation of the Parousia, and the attitude to the death. The conclusion therefore is that the author of 21,21-23 interpolated 12,33; 18,9; 2,21-22; 7,39 and 18,32 into the Gospel» (p. 156).
173. 19,35 est de la même main que 21,24-25, les deux passages émanant «from a body of men to authenticate the whole Gospel» (p. 158).

Garvie   A.E. GARVIE (1922) distingue entre les *reminiscences* du témoin (W = *Witness*) et les *reflexions* ajoutées par l'évangéliste (E = *Evangelist*). Mais comme les premières ont aussi passé par la main de l'évangéliste, il n'est pas souvent possible de les distinguer adéquatement[174].

Dans un chapitre intitulé *Comments by the Evangelist*, Garvie répartit les exemples en six catégories :

1   1. Les citations d'accomplissement pour lesquelles le quatrième évangile montre autant d'intérêt que les Synoptiques et le reste du Nouveau Testament : 2,17 ; 12,14-15.37-41 ; 13,18 ; 15,25 ; 17,12 ; 19,24.28.36.37[175].

2   2. Les passages concernant la signification de paroles de Jésus qui ne sont pas comprises au moment même mais seulement après : 2,21-22 ; 7,39 ; 8,27[176].

3   3. Les explications de paroles ou d'actes de Jésus : 1,48 ; 2,24-25 ; 4,18.44 ; 5,18c (ἴσον ἑαυτὸν ποιῶν τῷ θεῷ) ; 13,1-3 ; 18,4.9[177].

4   4. Les explications de ses paroles et de ses actes mises dans la bouche de Jésus lui-même : 11,42 ; 13,19 ; 14,29[178].

5   5. D'autres *comments* difficiles à classifier : 11,51-52 ; 17,3 ; 18,32[179].

6   6. De plus longs passages qui sont plus probablement des commentaires de l'évangéliste que des réflexions du témoin sur ses propres souvenirs : 3,31-36 ; 5,19-29[180].

Lagrange   M.-J. LAGRANGE (1925) relève dans l'introduction de son commentaire un certain nombre de traits stylistiques qui ont rapport avec la parenthèse :

1. Des notations où « nous n'apprenons qu'après coup ce qu'un narra-

---

Signalons en passant l'article de H.M. FOSTON, *Two Johannine Parentheses*, dans *ExpT* 32 (1920-21) 520-523. Observant que Jn 2,14-22 et 12,2-8 ont une autre place dans les évangiles synoptiques, Foston considère les deux péricopes comme des parenthèses, encadrées par les versets 2,13.23-25 et 12,1.9-11. Après les parenthèses les versets 2,23-25 et 12,9-11 reprennent le fil de la narration. D'après Foston, il s'agit d'une technique de composition du quatrième évangéliste : « Such clearly witnessed and parallel parentheses have the marks, not of coincidence, but of method » (p. 522).

174. A.E. GARVIE, *The Beloved Disciple*, 1922, p. xxi-xxii, 14-15 (voir les articles, parus dans *The Expositor* [1914-15] dans la bibliographie). Il donne une liste des passages qu'il attribue à l'évangéliste (p. xxvii) : 1,1-18.48 ; 2,17.21-22.24-25 ; 3,31-36 ; 4,18.44 ; 5,18?.19-29 ; 7,39 ; 8,27 ; 11,42.51-52 ; 12,33.38-41 ; 13,1-3.18-19 ; 14,29 ; 15,25 ; 17,3.12 ; 18,4.9.32 ; 19,24.28.36.37 ; 20,30.31, en spécifiant : « Some of the comments of the Evangelist may come from the Witness. »

175. *Ibid.*, p. 15-16. Notons que 12,14-15 mentionné ici ne figure pas dans la liste de la p. xxvii, ni le v. 37 inclus ici dans le *comment* avec les vv. 38-41.

176. *Ibid.*, p. 16.

177. *Ibid.*, p. 16-18.

178. *Ibid.*, p. 18-19. 13,19, et non 13,18-19 comme dans la liste, p. xxvii.

179. *Ibid.*, p. 19-20.

180. *Ibid.*, p. 20-25. En 3,16-21, nous avons « the witness's reflexions » sur lesquelles porte le *comment* de l'évangéliste aux vv. 31-36.

teur plus soigneux aurait mis en tête» : 1,28.44; 4,8; 6,6.17.59; 11,1ss. 5.17; 18,12; 19,14.23.26; 21,8[181]; voir aussi dans le commentaire 6,4; 8,20.

2. Certains au moins des passages où Jn «atténue ou corrige lui-même ce qu'il avait dit précédemment» : 4,2, cf. 3,22; 3,33, cf. v. 32b; 8,16, cf. v. 15b; 12,42, cf. v. 37[182]. Voir aussi dans le commentaire 4,23; 5,25 (καὶ νῦν ἐστιν); 7,22; 14,22.

3. «Plusieurs traits qui ressemblent à des parenthèses et qui sont destinés à compléter un tableau» : 4,6; 6,10; 10,22; 13,30; 18,40[183]. En commentant le texte, Lagrange parle aussi de «parenthèse» en 4,44; 6,64; 7,22; 15,7; d'«incise» en 4,22; voir aussi 8,15b-16; 10,35 où il adopte en fin de compte une autre interprétation. Sans les désigner comme des parenthèses, Lagrange semble considérer dans le commentaire certaines remarques après des paroles de Jésus comme des constatations, explications ou précisions ajoutées par l'évangéliste : 6,6; 7,39; 12,33; 13,11; voir aussi 12,6.

Tout au long de l'ouvrage, on trouve encore d'autres remarques que nous regroupons de la manière suivante :

4. Les traductions en 1,38.41.42; 9,7 sont mises entre parenthèses dans le texte grec. À propos de 1,38, Lagrange note «l'explication littérale» donnée par l'évangéliste[184]. Ainsi encore en 1,41; 4,25; voir aussi 9,7; 11,16. On peut en rapprocher 2,13 : «Jo. ajoute 'des Juifs', parce qu'il écrit pour les gentils, mais aussi parce qu'il a conscience d'appartenir à un groupe religieux qui n'est pas celui des Juifs»[185]; 4,9.

5. «Des réflexions de l'évangéliste»[186], d'allure plus générale, sur la mission de Jésus et les réactions des hommes : 3,16-21.31-36; 12,37-50.

6. Des tournures que Lagrange, en opposition à d'autres, refuse de considérer comme des «gloses» d'un rédacteur postérieur, mais dont il admet au moins implicitement qu'elles marquent une certaine interruption dans le texte ou constituent des insertions de l'évangéliste : 1,6-8.15; 6,23; voir aussi 19,34-35.37 (?). En 17,3, Lagrange évoque pour la rejeter l'éventualité d'«une glose de l'évangéliste» : l'«explication théologique» contenue dans ce verset est de Jésus, sauf l'attribut Χριστόν ajouté après coup[187]. En 13,10, il retient la leçon courte qui omet «l'incise» εἰ μὴ (ἢ) τοὺς πόδας.

---

181. M.-J. LAGRANGE, *Évangile de Jean*, 1925, p. XCIV.
182. *Ibid.*, p. XCIV.
183. *Ibid.*, p. XCVI.
184. *Ibid.*, p. 45.
185. *Ibid.*, p. 65.
186. *Ibid.*, p. 86 et 96.
187. *Ibid.*, p. 440.

Bromboszcz   T. BROMBOSZCZ (1927) estime que les défenseurs de l'unité de l'évangile se sont limités jusqu'alors à réfuter les objections de la critique; lui-même entend « besonders auch die *positiven für die Einheit sprechenden Momente* im Ev. aufzuzeigen »[188]. Il connaît le livre de Stange[189], et on peut dire qu'il se situe globalement dans la même perspective, sans toutefois présenter une classification aussi systématique des données du style de Jn.

Dans un paragraphe intitulé *Die Einheit zwischen Erzählung, Rede und Reflexion*[190], il prend position contre les auteurs qui considèrent les *Reflexionen und Zwischenbemerkungen* comme des additions d'un rédacteur postérieur et qui opposent *Reden* et *Erzählungen*, donnant la priorité tantôt aux unes, tantôt aux autres. Ces trois catégories ne se laissent pas délimiter de façon stricte[191]; en fait, c'est la même main qui les rédige et les combine[192]. Parmi les *Reflexionen und Zwischenbemerkungen*, Bromboszcz distingue plusieurs types que nous énumérons :

1   1. «*Reflexionen*» : 1,1-18; 12,37-50 ou 37-43; plusieurs y incluent 3,16-21.31-36.

2a   2. «kleinere *erklärende* oder *abschliessende* Bemerkungen innerhalb der Reden und Erzählungen »[193] : a) 2,17.21-22; 4,9c; 6,6.64b.71; 7, 22.39; 8,27; 10,6; 11,13b.51-52; 12,6.16.33; 13,11; 19,35; 20,9.30-31;
b   21,24-25; b) 2,11.23-25; 3,24; 4,2.54; 5,16.18; 6,14; 7,1b.5.30-31.43-44; 8,20.59; 9,16d.22; 10,19.31.39.42; 11,45-46.57; 12,18.36b; 18,9; 19,
c   36-37; 21,14.23. Nous ajoutons sous ce n° 2 : 6,46; 12,9-11; 13,29; 19,24; 21,19 que Bromboszcz cite ailleurs[194].

3   3. «den Zusammenhang *unterbrechende...* Bemerkungen» : 1,6-8.15.24; 6,41-42; 13,20 etc.

---

188. T. BROMBOSZCZ, *Die Einheit des Johannes-Evangeliums*, 1927, p. 19.
189. Cf. p. 18.
190. *Ibid.*, p. 56-69.
191. *Ibid.*, p. 56. Voir aussi n. 1 : «Eine genaue Trennung des ganzen Ev in die drei oben genannten Arten lässt sich nicht streng durchführen, weil sie ineinander verflochten sind, so dass man z.B. bei manchen Abschnitten (vgl. 3,13-21.31-36; 12,44-50) schwankt, in welche Kategorie sie einzureihen sind. Zum *erzählenden* Stoff gehören ebensogut die *Gespräche*, die er einschliesst, so z.B. in der Samariterperikope, bei der Blindenheilung und Lazaruserweckung, während die Reden hinwiederum eine Bestimmung ihrer Situation fordern, so die Reden des Täufers, die Abschiedsreden u.a. Darum lassen sich nicht ohne weiteres ganze Glieder vom Ev. amputieren».
192. «Die selbe ordnende Hand... offenbart sich auch in den *Reflexionen* und *kritischen Bemerkungen*, welche Erzählung und Rede begleiten und verflechten» (p. 64).
193. Bromboszcz donne ces deux listes de références en les séparant par «oder» (p. 64). Nous avons cru comprendre que, dans la première, il rangeait les remarques survenant «innerhalb der Reden» et, dans la seconde, celles survenant «innerhalb der... Erzählungen», mais, à l'examen des références, surtout dans la seconde liste, cette répartition peut être contestée à plusieurs reprises.
194. Cf. *infra*, n. 197, pour 19,24; n. 203, pour 6,46; 12,9-11; 13,29; 21,19.

4. «*Ort und Zeit* angebende Bemerkungen» : 1,28.44; 3,23; 4,46a (ὅπου κτλ.); 5,9c; 6,59; 11,18; 12,1; 13,30b etc.[195].

Le grand nombre de ces remarques oblige à s'interroger «ob sie nicht eine Eigenart der Darstellungsweise des Evst sind»[196]. Elles correspondent à une intention de l'évangéliste de mettre en relief certaines idées (par ex. 2,11.17.21-22; 5,18; 6,6.64; 7,39; 8,27; 9,22; 11,51-52; 12,33; 13,11; 18,9; 19,24.35-37; 20,9.30-31; 21,24-25) ou sont nécessaires pour la poursuite de l'action (1,24; 2,24-25; 4,9d; 5,9c; 7,1b; 11,18.45-46.57; 13,18-19)[197]. Bromboszcz entreprend ensuite de montrer, exemples à l'appui, un lien interne entre ces remarques et réflexions et le contexte où elles s'insèrent. Il aboutit à la conclusion : «Ebenso zeigten sich die *Reflexionen* und kleineren *Zwischenbemerkungen* des Evst als *Knotenpunkte zwischen Rede und Erzählung*, in die sie nicht nur keine fremde Missdeutungen hineintragen, sondern sogar zu ihrem besseren Verstehen, genau so wie 20,30f zum Ganzen, als *Schlüssel* dienen»[198].

Dans le paragraphe intitulé *Der einheitliche Sprachcharakter*[199], Bromboszcz relève encore un certain nombre de tournures qui ont à voir avec les parenthèses :

5. «die zahlreichen *Rückblicke und Erinnerungen*»

a) «an bereits Gesagte», où la formule ὅν εἶπον est devenue si stéréotypée qu'elle ne semble pas à sa place dans cette catégorie (cf. 1,15.30; 6,36) : 3,12.26.28; 4,29.39.44.50; 5,11; 6,41-42.65; 7,36. 46.50; 8,24.54; 9,22.27; 10,25.36; 11,40.42; 12,38; 13,33; 14,26.28; 15,3.20; 16,1.4.6.15.17.19; 18,8.9.14.21.32; 20,18; 21,23.

b) «... wo auf Taten verwiesen wird» : 4,45.46.54; 6,23.26; 7,19.20. 23.25; 10,21.32.37.40.41; 11,8; 12,9; 21,14[200].

6. les nombreuses tournures «wo der Evst Personen und Orte näherbestimmt», même s'ils sont déjà connus, et souvent avec les mêmes mots : 1,40; 4,46.54 (= 47 ἐκ τ. Ἰουδ. εἰς τ. Γαλ.); 6,8 (= 1,40.41).23; 7,50; 12,1.4.9.21; 14,22; 18,2.5.14.16.26; 19,26.38.39; 20,2.24; 21,2.7.20; de même des allusions à des personnes «von denen erst später Näheres gesagt wird» : 1,6-8; 6,64.71; 11,1-2; 13,2[201]. Nous y rattachons 18,15 que Bromboszcz mentionne plus loin[202].

---

195. *Ibid.*, p. 64. Bromboszcz signale encore les traductions de mots hébreux, mais sans donner à cet endroit aucune référence. Ce groupe sera repris dans une catégorie dont il traite plus loin (voir n° 7).
196. *Ibid.*, p. 65.
197. Dans ces dernières références, seul 19,24 ne figure pas parmi les précédentes (n° 1-4); nous y lisons 19,35-37, alors que 19,35 et 36-37 sont mentionnés plus haut séparément (n° 2,a et b); 2,24-25, au lieu de 2,23-25 (n° 2,b); 4,9d, au lieu de 4,9c (n° 2,a).
198. *Ibid.*, p. 69.
199. *Ibid.*, p. 76-106.
200. *Ibid.*, p. 99.
201. *Ibid.*, p. 99.
202. Cf. *infra*, n. 203.

7. les phrases où son souci de précision amène l'évangéliste à donner «die Erläuterung jüdischer Zustände und die Übersetzung jüdischer Ausdrücke» : 1,38.41.42; 4,9.25; 5,2; 6,4; 7,2.42; 9,7; 11,18.55; 18, 13.28; 19,13.17.20; 20,16²⁰³.

De toutes ces données, Bromboszcz retire une nouvelle confirmation de l'unité de l'œuvre johannique, dans la mesure où s'y manifeste la maîtrise d'un seul et même auteur sur l'ensemble de la matière traitée²⁰⁴.

Bernard   J. H. BERNARD (1928), dans l'introduction de son commentaire, établit une distinction entre :

1   1. «Non-Johannine glosses» : 4,1-2; 5,4; 6,23; 7,53-8,11 et peut-être 11,2; 12,16(?)²⁰⁵; dans le commentaire, voir aussi 7,50; 11,5; 12,1; 17,12 (ἵνα ἡ γραφὴ πληρωθῇ).

2. «Evangelistic comments ... which Jn. makes, as he proceeds, on his narrative, and on the words which he records»²⁰⁶. Bernard cite de nombreux exemples que nous regroupons sous les catégories suivantes :
a) des explications de paroles de Jésus dont le sens pourrait échapper ou être mal compris : 2,21; 6,61.64.71; 7,39; 12,33; 17,3; 21,19; cf.
2a   aussi 2,24.25²⁰⁷ dans le commentaire, voir encore 6,6; 13,11; 21,23.
b) des remarques concernant l'attitude ou les paroles d'autres personnes et marquant leur incompréhension (au moins sur le moment) ou leur
b   hostilité à l'égard de Jésus : 7,5.22; 8,27; 11,13.51; 12,16(?).43; 18,32²⁰⁸; dans le commentaire, voir encore 2,22; 12,16; 20,9.
c) des commentaires théologiques à propos de l'ensemble du ministère
c   de Jésus et de l'incroyance des Juifs : 3,16-21.31-36; 5,20-29; 12,36b-43²⁰⁹; de même à propos de l'accomplissement (ἵνα πληρωθῇ) de

---

203. Bromboszcz évoque encore «die *erklärenden oder abwehrenden Bemerkungen und Zwischengedanken* (vgl S. 64f.)» (p. 100) et donne une liste de références dont la plupart se retrouvent déjà dans la liste que nous avons placée sous le n° 2 et quelques-unes dans les autres listes. Certaines références pourraient cependant signifier une autre délimitation de la *Bemerkung* : 6,14s. au lieu de 6,14 (n° 2,b); 6,64 au lieu de 6,64b (n° 2,a); 6,71b au lieu de 6,71 (n° 2,a); 7,22b au lieu de 7,22 (n° 2,a); 7,30 au lieu de 7,30s. (n° 2,b); 11,51-53 au lieu de 11,51-52 (n° 2,a); en plus cinq nouvelles références: 6,46; 12,9-11; 13,29; 18,15; 21,19. Nous les avons rattachées à la liste du n° 2, sauf 18,15 qui nous a paru plus proche de la liste du n° 6.

204. «Diese durch das ganze Ev sich hindurchziehenden gegenseitigen *Rückbeziehungen und Hinweise* legen Zeugnis für die Einh der Schrift ab, denn sie zeigen, dass ihr *Vf seinen Stoff klar vor Augen hatte*, während ein Bearbeiter oder Interpolator nicht nur den fremden Stoff weniger beherrscht hätte — diese Eigenschaft der Bearbeiter muss ja immer herhalten, wenn die Kritik eine scheinbare Unebenheit erklären will — sondern auch kein erkennbares Interesse daran gehabt hätte» (p. 100).

205. J. H. BERNARD, *John*, 1928, p. xxxiii.
206. *Ibid.*, p. xxxiii-xxxiv.
207. *Ibid.*, p. xxxiv.
208. *Ibid.*, p. xxxiv.
209. «It is not always easy to disentangle Jn.'s commentary from his report of the Lord's word; *e.g.* in 5,20-29 commentary and quotation are intermingled. The most

certaines citations de l'Ancien Testament : 12,37-38 ; 19,24.28.36 ou de paroles de Jésus : 18,9.32 ; le même type de formulation se retrouve dans des paroles attribuées à Jésus : 13,18 ; 15,25 ; 17,12[210].

d) les traductions des mots hébreux ou araméens pour ses lecteurs grecs : 1,38.41.42 ; 4,25 ; 5,2 ; 9,7 ; 11,16 ; 19,13.17 ; 20,16.24 ; 21,2[211] ; de même, les explications de coutumes juives : 2,6 ; 19,21.40 et l'addition τῶν Ἰουδαίων à la mention des fêtes juives : 2,13 ; 5,1 ; 6,4 ; 7,2 ; 11,55 ; 19,42[212] ; voir aussi 4,9.

Au cours du commentaire, Bernard semble encore imputer à l'évangéliste :

e) toute une série d'autres *parenthetical* ou *editorial comments* :
— dans le prologue : 1,6-9.12-13.14.15.16-17[213] ;
— des précisions, explications ou rappels dans la narration : 1,44 ; 3,24 ; 4,8.23(?).44.45 (cf. 2,23).46 (cf. 2,1ss.) ; 5,13.25(?) ; 6,1 ; 7,50 (cf. 3,1 ?) ; 10,40 (cf. 1,28) ; 14,22 ; dans les paroles : 10,35 ; 11,15 ; 17,25[214] ;
— des affirmations sur la véracité du témoignage du disciple auteur de l'évangile : 19,35 ; 21,24.25 («editorial reflection or colophon»).

À plusieurs reprises, Bernard relève certaines constructions typiques des *comments* : l'emploi de γάρ : 2,25 ; 3,16 ; 4,8.44 ; 5,13.20.21.26 ; 6,6.64 ; 7,39 ; 13,11 ; 20,9[215] ; de δέ : 2,6 ; 6,10 ; 18,40[216] ; de la formule τοῦτο δὲ ἔλεγεν/εἶπεν : 2,21 ; 6,6 ; 12,33 ; 21,19[217].

R. BULTMANN (1941) relève à de multiples reprises au cours de son commentaire[218] les «remarques» ou *Anmerkungen* que l'évangéliste compose en retravaillant le texte de ses sources. Il exprime clairement son point de vue dans l'analyse du prologue : «Diese Einfügungen [1,6-8.15] sind nun nicht etwa als 'Interpolationen' zu beseitigen, sondern sie sind Erläuterungen des Evangelisten — die Antike kennt ja keine unter den Text gesetzten Anmerkungen —, wie seine Arbeitsweise im ganzen Evangelium bestätigt»[219]. Bultmann compare cette

---

striking exemple of an evangelical commentary, elucidating and enforcing the teaching of Jesus, is in 3,16-21.31-36» (p. cxvi ; voir aussi p. 117, 123 et 239). Sur 12,36b-43, cf. p. xxxiii, xxxiv et 449.

210. *Ibid.*, p. cliv-clv.
211. Voir surtout p. lxxix-lxxx et 54.
212. Voir surtout p. lxxxi et 89.
213. Voir aussi p. cxlv.
214. «It is a question whether καὶ νῦν ἐστίν, both here and at 5,25, should not be treated as an editorial comment on the words of Jesus. But probably the words 'and now' are appended to 'an hour is coming', to obviate any misunderstanding» (p. 149).
215. *Ibid.*, p. 117, 164-165, 239, 661.
216. *Ibid.*, p. 76.
217. *Ibid.*, p. 442, 710.
218. R. BULTMANN, *Das Evangelium des Johannes*, 1941. Notons que les premiers fascicules (p. 1-320) ont déjà paru en 1937.
219. *Ibid.*, p. 4. Voir aussi p. 3, n. 4 : «Man hat sich vorzustellen, dass beim mündlichen Vortrag die 'Anmerkungen' durch den Ton des Redners kenntlich werden.»

façon de rédiger qu'a l'évangéliste avec la technique homilétique mise en œuvre dans la première épître johannique [220]. Dans le commentaire, il recourt à plusieurs autres termes plus ou moins synonymes pour la caractériser : «Bermerkung», «Erläuterung», «Glosse», «Ausdeutung», «Interpretament», «Interpretation», «Parenthese», «Reflexion», «Zusatz», ainsi que les adjectifs : «erläuternd», «exegesierend», «exegetisch», «glossatorisch», «kommentierend».

Les «Anmerkungen zur Vorlage» [221] constituent pour lui un critère de critique littéraire par lequel on peut départager les interventions de l'évangéliste par rapport au texte de ses sources. Ainsi à propos des «kommentierende Zusätze» que l'évangéliste apporte aux *Offenbarungsreden*, Bultmann remarque dans l'introduction de son analyse du chap. 3 : «Diese nehmen hier (wie auch später oft) grösseren Umfang an, sodass die Quelle gleichsam den Text für die Predigt des Evglisten liefert» [222]. Bultmann s'attache de la même manière à discerner les «redaktionelle Einfügungen» dans la σημεῖα-*Quelle* [223] et les «Zusätze» à la source écrite de la passion [224]. Cependant, le critère offert par les *Anmerkungen* n'apparaît pas toujours très sûr, et Bultmann hésite assez souvent à se prononcer. En effet, le même type de remarques, d'additions ou d'insertions pourrait déjà se ren-

220. Bultmann renvoie (p. 4, n. 1) à son analyse stylistique de 1 Jn : *Analyse des ersten Johannesbriefes*, dans *Festgabe für Adolf Jülicher zum 70. Geburtstag*, 1927, p. 138-158; = *Exegetica* (éd. E. DINKLER), 1967, p. 105-123. L'auteur de l'épître a utilisé aussi la source des *Offenbarungsreden* : «Erschwert wird die Analyse aber dadurch, dass der Verfasser seine Vorlage nicht immer einfach zitiert, sondern sie nicht nur manchmal glossiert, sondern gelegentlich auch für seinen Zusammenhang umgestaltet» (*Exegetica*, p. 105-106). Après avoir présenté quelques constructions typiques, Bultmann conclut : «Alle diese Wendungen... sind charakteristisch sowohl für den Stil des Verfassers wie für den Stil der erklärenden, explizierenden homiletischen Darlegung» (p. 109). Même point de vue dans *Die drei Johannesbriefe*, 1967, voir p. 10 : «Ich bin der Meinung, dass dem Text von 1 Joh. eine Vorlage (Quelle) zugrunde liegt, die vom Verfasser kommentiert worden ist.»

221. L'expression est de B. NOACK, *Zur johanneischen Tradition*, 1954, p. 17, qui en parle à propos des caractéristiques stylistiques de Jn d'après Bultmann.

222. Cf. p. 93. On trouve dans le commentaire d'autres considérations du même genre. Ainsi à propos des discours qui suivent la guérison du paralytique au chap. 5 : «Der Rede liegt hier wieder ein Text aus den 'Offenbarungsreden' zugrunde, von dem sich die kommentierenden Sätze des Evglisten abheben» (p. 177); à propos du chap. 10 : «Zugrunde liegt ein Stück der Offenbarungsreden, ... wie es durch die kommentierenden Zusätze V. 6.7-10.15b-18 erwiesen wird» (p. 276, n. 5); à propos du chap. 14 : «V. 16-19 stammt aus der Quelle, die nur von erläuternden Zusätzen des Evglisten unterbrochen wird» (p. 474).

223. «Dass der Evglist in 6,1-26 wieder das Stück einer Quellenschrift zugrunde legt, zeigen seine redaktionellen Einfügungen V. 4, V. 6, V. 14f., V. 23f...» (p. 155).

224. «Dass er einer schriftlichen Quelle folgt, ergibt sich... daraus, dass sich seine Zusätze von einer zugrunde liegenden Vorlage manchmal deutlich abheben» (p. 491). Sur la façon dont Bultmann apprécie ce travail de l'évangéliste sur ces sources, cf. aussi E. RUCKSTUHL, *Die literarische Einheit*, 1951, p. 54-56, qui traite de «das Kriterium der Erläuterungstechnik» chez Bultmann.

contrer dans la source utilisée par l'évangéliste, ou encore provenir de la rédaction ecclésiastique : ainsi en 12,14-15[225] ; 13,16.20[226] ; 14, 14[227].

Dans le *Register*, sous «Anmerkungen (des Evglisten oder der Red.)»[228], nous trouvons des références aux pages du commentaire où
A des *Anmerkungen* sont attribuées à l'évangéliste : 1,6-8.15 ; 2,21-22. 25 ; 4,44 ; 6,2.6.46.64b ; 7,22.39 ; 11,13.51 ; 12,16.33 ; 13,10b-11.18-19.
B 28-29 ; 16,15[229], et d'autres à la rédaction ecclésiastique : 6,27b ; 7,39b? ; 12,33 ; 18,9.32 ; 21,19[230]. En fait, cette liste est loin d'être complète comme nous allons le voir.

De la même manière, le *Register* renvoie sous «tertiäre Redaktion (Glossen)»[231] à des phrases ou des mots qui, dans le commentaire du texte, sont considérés comme postérieurs à la rédaction ecclé-

---

225. «Fraglich ist, wem V. 14f. zuzuschreiben ist. Standen diese Verse in der Quelle, so waren sie schon in dieser ein sekundärer Zusatz, der den Bericht nach den Synoptikern ergänzte, wie der Nachtragscharakter verrät. Aber auch der Evglist könnte die Ergänzung vorgenommen haben, um den Gedanken von V. 16 — denn dieser ist ihm zuzuschreiben — zum Ausdruck zu bringen» (p. 319). «Wollte man annehmen, dass V. 14f. als Ergänzung nach den Synoptikern von der kirchlichen Redaktion stammt, so würde dieser auch V. 16 angehören. Dann wäre die Folge, dass man auch 2,17.22 dieser Redaktion zuschreiben müsste... und ebenso, was weniger bedenklich wäre, 7,39b» (p. 319, n. 4).

226. «Da beide Verse Varianten synoptischer Herrenworte sind und in ihrer Formulierung nicht (wie etwa 12,25f.) joh. Charakter zeigen, sind sie nicht vom Evglisten hinzugefügt, wie sich auch schon daraus ergibt, dass sein eigener Zusatz V. 18f. die beiden zusammengehörigen Logien auseinanderreisst. Es ist also nur die Frage, ob diese Verse von der kirchlichen Red. als Ergänzung aus synoptischer Tradition hinzugefügt sind oder ob sie sich nicht schon in der dem Evglisten vorliegenden Quelle an das Apophthegma von der Fusswaschung angeheftet hatten. Das Letztere, ein in der Überlieferung häufiges Vorkommnis, dürfte der Fall sein ; man begriffe sonst nicht, warum der Red. die Verse getrennt eingefügt hätte» (p. 352).

227. «Freilich könnte man fragen, ob V. 14 redakt. Glosse ist. Aber kein Motiv für die Einschiebung ist ersichtlich... Möglich aber ist, dass V. 14 aus der Quelle stammt... Denn auch bei den Mandäern gibt der scheidende Gesandte den Seinen die Verheissung der Gebetserhörung» (p. 473, n. 1). Notons encore que la «nachklappende Zeitangabe» en 5,9b et 9,14 est l'indice d'une combinaison du récit de la guérison avec la controverse dans la source de l'évangéliste (p. 178 ; cf. p. 253).

228. Cf. p. 559.

229. 1,6-8 (p. 3-4, 29, cf. n. 1) ; 1,15 (p. 3-4, 50) ; 4,44 (p. 150) ; 6,2b (p. 156 : en fait, Bultmann n'emploie pas là le mot *Anmerkung*, mais parle de «Begründung» et, à la n. 3, de «Zusatz des Evglisten» à propos de 6,2b) ; 6,4 (p. 156, n. 6) ; 6,6 (p. 157, n. 1 ; cf. 2,25 ; 4,44 ; 6,64 ; 7,39 ; 11,51 ; 12,33 ; 13,11) ; 6,46 (p. 172-173) ; 6,64b (p. 343) ; 7,22 (p. 209, n. 3 et 4) ; 7,39 (p. 229, n. 2 ; cf. 2,21s. ; 11,13 ; 12,16.33) ; 13, 10b-11 (p. 352 ; cf. p. 361, n. 1) ; 13,18-19 (p. 364 ; cf. p. 352) ; 13,28-29 (p. 366) ; 16,15 (p. 444 ; cf. aussi n. 2).

230. 6,27b (p. 166, n. 10) ; 7,39b (p. 229, n. 2 ; cf. aussi p. 124, n. 7) ; 12,33 (p. 331 : «Anmerkung des Evglisten», mais, p. 495, Bultmann se corrige : «Anmerkung der Redaktion») ; 18,9 (p. 495) ; 18,32 (p. 505) ; 21,19 (p. 157, n. 1).

231. Cf. p. 560 ; voir aussi p. 86, n. 10 : pour qualifier ces gloses, Bultmann parle aussi de «ganz sekundärer Zusatz» (à propos de 2,15, cf. note suivante).

siastique et dont parfois Bultmann estime l'attestation textuelle douteuse[232] :

C 2,15   τά τε πρόβατα καὶ τοὺς βόας
   2,15b-16? καὶ τῶν ... τοῖς τὰς περιστερὰς πωλοῦσιν
   4,1   ἔγνω ὁ κύριος ὅτι
   4,2ᵛ?   καίτοιγε ...
   4,11   οὔτε ἄντλημα ... βαθύ
   (10,9ᵛ) ἐγώ εἰμι ἡ θύρα ...
   13,10   εἰ μὴ τοὺς πόδας (v.l. om.)
   (14,14ᵛ) ἐάν τι ... ποιήσω (v.l. -σει)
   14,30   πολλά (v.l. om.)
   16,17? καὶ ὅτι ὑπάγω πρὸς τὸν πατέρα
   21,15   πλέον τούτων
   21,20   ὃς καὶ ... ὁ παραδιδούς σε
   21,23ᵛ ἐξῆλθεν οὖν ...
   21,24   καὶ ὁ γράψας ταῦτα

On peut y ajouter d'après le commentaire (chaque fois, il cite les témoins de l'omission)[233] :

   4,9c   οὐ γὰρ ... Σαμαρίταις
   6,23   εὐχαριστήσαντος τοῦ κυρίου
   7,50   ὁ ἐλθὼν πρὸς αὐτὸν τὸ πρότερον
   8,34   τῆς ἁμαρτίας
   12,8ᵛ   τοὺς|πτωχοὺς γὰρ ...

Bultmann ne procède nulle part à une présentation exhaustive et systématique de l'ensemble des données contenues dans les *Anmerkungen*. Les différents termes qu'il emploie et que nous avons énumérés plus haut ne semblent aucun viser une catégorie bien déterminée de tournures. Il opère cependant certains regroupements, et nous appuyons sur ceux-ci pour proposer la classification suivante[234] :

---

232. 2,15 : ajouter peut-être toute la fin du verset et, au v. 16, τοῖς τὰς περιστερὰς πωλοῦσιν (p. 86, n. 10); 4,1 (p. 128, n. 4); 4,2 : dans le *Register*, Bultmann renvoie à la p. 122, n. 2 avec un point d'interrogation; dans son commentaire, il écrit à cet endroit : «Vielleicht will er [der Evglist] in 4,2 das 3,22 Gesagte korrigieren. Doch steht 4,2 unter dem Verdacht, redakt. Glosse zu sein. Man sollte freilich erwarten, dass ein Red., wenn er korrigieren wollte, dies 3,22 getan hätte»; plus loin, il fait aussi valoir en faveur d'une «redakt. Glosse» le fait que καίτοιγε n'apparaisse pas ailleurs en Jn ni dans le reste du Nouveau Testament (cf. p. 128, n. 4); 4,11 (p. 132, n. 5); 10,9 : d'après Wellhausen; Bultmann considère les vv. 7 et 9 comme «Glossen des Evglisten» (p. 273, n. 1); 13,10 (p. 357, n. 5); 14,14 : d'après Wellhausen et Spitta (p. 472, n. 4; *v.l.*|-σει), mais «kein Motiv für die Einschiebung» (p. 473, cf. n. 1); 14,30 (p. 487, n. 7); 16,17 (p. 444, n. 3); 21,15 (p. 551, n. 1, et non 5); 21,20 (p. 553, n. 5); 21,23.24 : Bultmann rejette en fin de compte l'hypothèse d'une «sekundäre Interpolation» du v. 23 et du v. 24 en entier, ou au moins καὶ (ὁ) γράψας ταῦτα (p. 554).

233. 4,9c : «Die Glosse fehlt bei ℵ* D und den alten Latt.; ist sie ursprünglich im Text, so stammt sie natürlich vom Evglisten» (p. 130, n. 5); 6,23 (p. 160, n. 5; cf. p. 128, n. 4); 7,50 (p. 235, n. 1); 8,34 (p. 335, n. 7); 12,8 : «wahrscheinlich» (p. 318).

234. S'il y a lieu, nous ajoutons le sigle R (rédaction ecclésiastique) ou Q (= *Quelle*).

COMMENTAIRES ET AUTRES ÉTUDES 39

1. «Rückverweisungen», seule catégorie mentionnée dans le *Register*[235] : 1,30 (cf. v. 15); 4,46a (cf. 2,1-11); 6,36 (cf. v. 26); 6,65 (cf. v. 44); 8,24 (cf. v. 21); 13,11 (cf. v. 10); 13,33 (cf. 7,33s.); 14,28; 15,20 (cf. 13,16); 16,15 (cf. v. 14); 18,9 R (cf. 6,39); 18,32 R (cf. 12, 33)[236].

2. Tournures qui se rapportent à des paroles prononcées juste auparavant :

a) τοῦτο δὲ ἔλεγεν : 6,6; 7,39 (εἶπεν); 11,51 (εἶπεν); 12,33 R; 21,19 (εἶπεν) R[237].

b) (ἐκεῖνος) δὲ ἔλεγεν περί : 2,21; 7,39 (εἶπεν) R; 11,13a (εἰρήκει); 12,33 R[238].

c) ταῦτα (τοῦτο) εἶπεν : 6,59; 7,9 (εἰπών).39; 8,20 (τὰ ῥήματα ἐλάλησεν).30 (αὐτοῦ λαλοῦντος); 9,22; 12,36b (ἐλάλησεν)[239].

d) ταῦτα λέγω ἵνα : 5,34; λέγω ἵνα : 11,42 (εἶπον); 13,19; 14,29 (εἴρηκα); ταῦτα λελάληκα ἵνα : 14,25; 15,11; 16,1.4.33; 17,13[240].

e) ταῦτα εἰπών : 7,9; 9,6; 11,28 (τοῦτο).43; 13,21; 18,1.38; 20,14.20 (τοῦτο).22 (τοῦτο); 21,19b (τοῦτο) R[241].

3. Remarques concernant la compréhension ou l'incompréhension des personnages par rapport à des paroles ou des événements :

a) à propos de la connaissance de Jésus :
ᾔδει γάρ : 2,25 (αὐτὸς γὰρ ἐγίνωσκεν); 4,44 (αὐτὸς γὰρ... ἐμαρτύρησεν); 6,6 (αὐτὸς γὰρ ᾔδει).64; 13,11[242].
εἰδώς : 13,1.3; 18,4; 19,28[243].

b) à propos de l'incompréhension des gens ou de leur compréhension *a posteriori* : «Die Technik des Missverständnisses zieht sich durch

---

235. Cf. p. 560.
236. Voir surtout p. 151, n. 11 (à propos de 4,46a); p. 214, n. 7 (à propos de 6,65) et p. 265, n. 2 (à propos de 8,24); cf. encore p. 67 (1,30); p. 173, n. 4 (6,36); p. 342, n. 5 (6,65); p. 422, n. 8 (15,20); p. 444, n. 2 (16,15); p. 495 (18,9.32); p. 505 (18,32). Notons à propos de 14,28 : «nicht auf ein einzelnes Wort verwiesen, sondern auf den Grundgedanken der vorausgehenden Rede (14,3f.18)» (p. 214, n. 7). On y ajoutera 18,14 (cf. 11,49-51, voir p. 499); 19,39 (cf. 3,1; voir p. 527), dont on rapprochera 7,50 (cf. *supra*, n. 233).
237. Cf. p. 157, n. 1 (à propos de 6,6). Bultmann attribue également à l'évangéliste 10,6 (ταύτην τὴν παροιμίαν εἶπεν) (p. 285); 12,6 (εἶπεν δὲ τοῦτο) (p. 318, n. 1).
238. Cf. p. 89, n. 1 (à propos de 2,21). Sur 12,33, cf. *supra*, n. 230.
239. Nous récapitulons p. 254, n. 10 (à propos de 9,22) et p. 174, n. 5 (à propos de 6,59). Bultmann attribue également à l'évangéliste 12,41 (p. 346, n. 6).
240. Cf. p. 198, n. 8 (à propos de 5,34); en 1 Jn : 1,3.4; 2,1.26; 5,13. Ajouter Jn 14,25 (et 1 Jn 2,26), cf. p. 254, n. 10 (à propos de 9,22).
241. Cf. p. 493, n. 5 (à propos de 18,1).
242. Cf. p. 361, n. 1 (à propos de 13,11).
243. Cf. p. 522, n. 1 (à propos de 19,28); 13,1 serait initialement l'introduction au chap. 17 et a été transposé à sa place actuelle par R (p. 352-353). On rapprochera de ces passages 6,61, attribué à l'évangéliste, comme d'ailleurs l'ensemble de 6,60-71 (p. 340, n. 1).

das ganze Evg»[244]. On la rencontre dans les *Anmerkungen* de l'évangé-
b liste : 2,9.17.20-22 ; 10,6b ; 11,13b.31 ; 12,16 ; 13,28-29 ; 20,14.15[245].
4 4. Remarques sur la foi de «beaucoup» en Jésus : 2,23 ; 7,31 ; 8,30 ; 10,42 ; 11,45 ; 12,42[246].
5 5. Références aux «signes» en général accomplis par Jésus : 2,23 ; 3,2 Q? ; 6,2 ; 7,31 ; 11,47 ; 12,37 Q? et «indirekt auch» 10,41[247].
6. Introductions rédactionnelles à propos d'une *Festreise* à Jérusalem :
6 2,13 ; 5,1 ; 6,4 ; 7,1-2 ; 10,22-23 ; 11,55-57[248].
7. Données diverses insérées *a posteriori* (*nachträglich*) dans la narration et concernant :
7a a) les personnages : Bultmann mentionne formellement deux exemples, 4,8 et 20,24[249].
b b) le lieu : 1,28 ; 6,59 ; 8,20[250].
c c) le temps : ainsi la «nachklappende Zeitangabe» en 5,9b Q ; 9,14 Q[251].
8 8. Traductions : 1,38.41.42 ; 4,25 ; 9,7 ; 11,16 ; 19,13.17 ; 20,16. Elles

---

244. Cf. p. 89, n. 2 : Bultmann y renvoie à 2,20 ; 3,3s. ; 4,10ss.32s. ; 6,32ss. ; 7,34ss. ; 14,4s.7ss.22ss.

245. Cf. p. 82, n. 9 et p. 85 (2,9) ; p. 87 (à propos de 2,17) ; p. 89, n. 1 et p. 90, et n. 7 (à propos de 2,20-22) ; p. 285, n. 4 (10,6b) ; p. 304 (à propos de 11,13) ; p. 320, et n. 4 (à propos de 12,16) ; p. 366, n. 4 (à propos de τινὲς γὰρ ἐδόκουν en 13,29, avec renvoi à 11,13.31 ; 16,2 ; 20,15 ; voir aussi p. 368) ; p. 531 (à propos de 20,14-15, avec renvoi à 2,9 ; 7,35 ; 8,22). On peut en rapprocher 20,9 (p. 530) ; 21,4b (p. 545), attribués à R.

246. Cf. p. 91, n. 3 (à propos de 2,23).

247. Cf. p. 91, n. 3 (à propos de 2,23). En ce qui concerne 3,2, Bultmann ne précise pas si le verset fait partie de la source des *Offenbarungsreden* ou des «Zusätze» de l'évangéliste (p. 93) ; par contre, à l'instar de 20,30-31, 12,37-38 pourrait avoir été emprunté à la σημεῖα-*Quelle* (p. 346 ; voir aussi p. 541, n. 2). On y ajoutera 4,45 (p. 150).

248. À propos de 2,13 : «Dass die joh. Festreisen redakt. Motivierungen sind, ist hier deutlich» (p. 86, n. 2). Leur signification est symbolique. La mention de la Pâque en 6,4 sert à préparer le voyage de Jésus à Jérusalem qui suit en 5,1. Bultmann fait encore référence à 7,2 ; 10,22. Cependant : «Das Paschah von 11,55 ist das durch die Tradition gegebene Paschah der Passion (12,1 ; 13,1).» Voir encore p. 156, n. 6 (6,4) ; p. 179, n. 2 (5,1) ; p. 217, n. 2 et p. 218, n. 5 (7,1-2) ; p. 274 (10,22-23) ; p. 316, n. 2 (11,55-57).

249. 4,8 : «Was zur eigentlichen Situationsangabe noch gehören würde, dass nämlich die Jünger nicht zugegen sind, bringt der Evglist erst V. 8 nach» (p. 130) ; 20,24 : «Thomas, so wird jetzt nachtragend berichtet...» (p. 538). On peut en rapprocher 1,24 R (p. 62, n. 6) ; 1,44 Q (p. 72, n. 5) ; 3,24 R (p. 124, n. 7) ; 18,5b Q (p. 495), où se reconnaît le même procédé.

250. À propos de 6,59 : «Auch sonst trägt der Evglist die Ortsangabe manchmal nach : 1,28 ; 8,20» (p. 174, n. 5) ; 1,28 (p. 58, n. 1) ; 8,20 : «analog 6,59» (p. 213). Bultmann y associe la conclusion de 12,36b (p. 58, n. 1 et p. 174, n. 5).

251. 5,9 (p. 178 ; cf. n. 4) et 9,14 : «nachträglich wie 5,9» (p. 253). Voir encore 1,39 : «vom Evglisten vielleicht erst hinzugefügte Stundenangabe» (p. 70) ; 10,22 (p. 274) ; 13,30 (p. 366) ; 18,28 (p. 503-504).

peuvent provenir soit de l'évangéliste, soit de la rédaction²⁵². Logiquement, on devrait y joindre : 5,2; 20,24; 21,2²⁵³.
9. Quatre constructions typiques du style de l'évangéliste :
9a a) «Definitionssätze» : 3,16.19; 4,34; 6,29.39.40.50; 15,12.13; 17,3²⁵⁴.
b b) «Identifikationssätze» : 1,15.33; 4,42; 6,14; 7,25.26.40.41; 21,24 R²⁵⁵.
c c) «Bestimmungssätze» : ἐν τούτῳ ὅτι 13,35; 16,30; — ἵνα 15,8²⁵⁶.
d d) Phrases négatives précédant leur contre-partie positive (*introduite par ἀλλά) : 1,8.31*; 2,25; 3,17*; 5,22*; 6,46; 7,22*; 8,42*; 10,18*; 11,4*; 12,6*.47*; 15,15; 16,13*; 17,9*²⁵⁷.
10 10. Passages rédactionnels plus étendus: 2,23-25; 4,43-45; 7,1-13; 10,19-21.40-42; 11,55-57; 12,17-19.41-43²⁵⁸. Le commentaire mentionne encore beaucoup d'autres «redaktionelle Bildungen»; ainsi par exemple

252. À propos de 4,25 : «Es fällt dann aber auf, dass als das λεγόμενον nicht das Fremdwort charakterisiert wird (vgl. 5,2), sondern die Übersetzung. Das ist freilich 11,16; 20,16 auch der Fall (anders liegen 19,13.17); λέγεσθαι kann also den Sinn von 'bedeuten' haben (scil. μεθερμηνευόμενον, s. 1,38)» (p. 141, n. 5).

253. 5,2 (p. 179, n. 5); 20,24 (p. 538, n. 1); 21,2 : «wie 20,24 wird Thomas durch seinen Beinamen charakterisiert» (p. 547).

254. 3,16.19 (p. 110, n. 3); 4,34 (p. 164, n. 1); 6,29 (p. 164, n. 1); 6,39 (p. 174, n. 1); 6,40 (p. 164, n. 1 et p. 174, n. 3); 6,50 (p. 170, n. 3); 15,12.13 (p. 164, n. 1 et p. 417, n. 1); 17,3 (p. 378, n. 1). Bultmann relève la construction οὕτως ... ὥστε en 3,16; 1 Jn 4,9.10 (p. 110, n. 3) et τοῦτό ἐστιν ... ἵνα en 4,34 (ἐμὸν βρῶμα); 6,29.40; 15,12 (μείζονα ταύτης ἀγάπην οὐδεὶς ἔχει ἵνα...).13; 1 Jn 3,8 (p. 164, n. 1; cf. Analyse, p. 109); voir encore 6,39.50 (p. 170, n. 2 et 3); 17,3. À propos de 17,17, Bultmann remarque : «Auch V. 17 stammt aus der Quelle; das zweite Glied unterscheidet sich charakteristisch von den Definitionssätzen des Evglisten, der etwa gesagt haben würde : αὕτη δέ ἐστιν ἡ ἀλ., ὁ λόγος σου, ὃν ἐλάλησα» (p. 389, n. 4). On peut y ajouter 1,19 (p. 58, n. 2).

255. Cf. p. 50, n. 2 (à propos de 1,15), avec référence aussi à 1 Jn 2,22; 5,6.20; 2 Jn 7.9.

256. Cf. p. 403, n. 2, à propos de 13,35 : ἐν τούτῳ ὅτι, avec référence aussi à 16,30; 1 Jn 2,3.5; 3,16.19.24; 4,9.13; 5,2 (sans ὅτι : 1 Jn 3,10; 4,2); avec ἵνα : 15,8 (cf. p. 414, n. 7); 1 Jn 4,17 (cf. Analyse, p. 109). Ici, ἐν τούτῳ équivaut à ἐκ ou διὰ τούτου (non en 4,37; 9,30). Sur 15,8 : «das ἵνα expliziert das ἐν τούτῳ und dieses ist nicht auf das Vorhergehende bezogen» (p. 414, n. 7). 15,8 est aussi mentionné, sans doute à tort, parmi les «Definitionssätze», p. 164, n. 1. D'autre part, Bultmann remarque encore à propos de 1,7 : «Das οὗτος ἦλθεν εἰς μ. wird durch den ἵνα-Satz expliziert, vgl. 11,4 und ähnliche Explikationen eines Demonstr. durch einen ἵνα-Satz wie 6,29.40; 15,8; 12f. ... Der Evglist liebt den epexeget. ἵνα-Satz (z.B. auch 4,34), der in der Koine den Inf. zurückdrängt» (p. 29, n. 1).

257. Cf. p. 29, n. 1 : «die Erläuterung (wird) dadurch gegeben, dass dem positiven Satz das negierte Gegenteil vorausgeschickt wird» (à propos de 1,8); p. 110, n. 3 (à propos de 3,17); voir encore p. 173, n. 1 (6,46); p. 318, n. 1 (12,6). Cf. également Analyse, p. 109 : «der Verfasser liebt (es), einen Begriff dadurch zu erklären, dass er das negierte Gegenteil vorausschickt» (1 Jn 2,2.7.21.27; 3,18; 4,10; 2 Jn 5).

258. À propos de 2,23-25: «Redakt. Stücke dieser Art...» (p. 91, n. 3). 7,1-13: «nicht sicher gegen hier verwendete Tradition abzugrenzen» (sur ces versets, cf. p. 217, n. 2). À l'endroit où il commente le passage, Bultmann attribue à l'évangéliste 12, 17-18 et non 19 (p. 319); de même, 12,39-43, les vv. 37-38 pouvant provenir de la σημεῖα-Quelle (p. 346, n. 4).

3,16-21[259], mais il n'apparaît pas clairement qu'on doive selon Bultmann les assimiler aux *Anmerkungen* dont elles semblent déborder le contenu relativement bref.

11. Tournures récurrentes caractéristiques du style de l'évangéliste, qui, sans être exclusives aux *Anmerkungen*, les caractérisent assez fréquemment :

11a   a) αὐτὸς δέ : 2,24 ; αὐτὸς γάρ : 2,25 ; 4,44 ; 6,6 ; αὐτοὶ γάρ : 4,42.45[260].

b   b) οὐ γάρ (*= suivi de ἀλλά) : 3,17*.34b ; 4,9c ; 5,22* (οὐδέ) ; 7,1.5 (οὐδέ).39b (οὔπω) R ? ; 8,42* (οὐδέ) ; 12,47b* ; 16,13* ; 20,9 (οὐδέπω) R. 17[261].

c   c) Phrases explicatives en ὅτι : 3,18 ; 14,17bis.19 ; 15,5[262] ; οὐχ ὅτι : 6,46 ; 7,22[263].

d   d) Phrases elliptiques en ἀλλ᾽ ἵνα : 1,8.31 ; 9,3 ; 13,18 ; 14,31 ; 15,25[264].

e   e) διὰ τοῦτο (* = «auf das folgende ὅτι bezogene») : 1,31 ; 5,16*.18* ; 6,65 ; 7,22 ; 8,47* ; 9,23 ; 10,17* ; 12,18*.27.39* ; 13,11 ; 15,19* ; 16,15 ; 19,11[265].

Tenney & O'Rourke   M.C. TENNEY (1960) part de la constatation que l'évangile de Jn contient «a great deal of explanatory material which is not directly involved in the progress of the narrative. This material is by no means irrelevant to the main thrust of the Gospel, but is parenthetical»[266]. Plus étendu et varié que les notes qu'on trouve occasionnellement chez les Synoptiques, ce matériel mérite une attention

---

259. Cf. p. 110, n. 3.

260. Cf. p. 91, n. 3 (liste à propos de 2,24.25) ; voir aussi p. 150, n. 3 (4,44.45) ; p. 157, n. 1 (6,6). Comp. encore αὐτὸς γάρ en 16,27 (Q ?, p. 453).

261. Cf. p. 110, n. 3 (liste à propos de 3,17) ; voir aussi p. 119, n. 1 (à propos de 3,34) ; p. 218, n. 6 (7,5) ; p. 239, n. 4 (8,42) ; p. 262, n. 7 (12,47). Comp. aussi 3,2 οὐδείς (Q ?, p. 93-94) ; 3,24 οὔπω (R, p. 124, n. 7) ; 7,4a οὐδείς (Q ?, p. 217, n. 2 : Bultmann semble plutôt attribuer le v. 4b à l'évangéliste qui a retravaillé les vv. 4-8 de la source) ; 21,8 (p. 545 : R a inséré les vv. 7-8a après le v. 6 et remplacé δέ par γάρ au v. 8b).

262. Cf. p. 110, n. 3 (liste à propos de 3,18) ; en 1 Jn : 2,11 ; 4,18 ; 5,10 ; p. 413, n. 1 (15,5). Voir encore 1,17 : «exegetische Glosse» (p. 4) ; 4,22 R (p. 139, n. 6) ; 5,27 R (p. 196, n. 2) ; 6,2 (p. 156, n. 3) ; 6,38 (p. 173, n. 7) ; 7,29 (p. 224, n. 1) ; 10,13 (p. 282, n. 3).

263. Cf. p. 173, n. 1 (à propos de 6,46) ; en 1 Jn 4,10. Voir aussi 12,6 (p. 318, n. 1).

264. Cf. p. 29, n. 1 (liste à propos de 1,8) ; voir aussi p. 63, n. 6 (1,31) ; p. 251, n. 4 (9,3) ; p. 364, n. 9 (13,18) ; p. 424, n. 9 (15,25) ; p. 488, n. 3 (14,31).

265. Cf. p. 63, n. 6 (liste à propos de 1,31) ; en 1 Jn : 3,1 ; 4,5 ; 3 Jn 10 ; ajouter 16,15. Voir encore p. 208, n. 10 (7,22) ; p. 254, n. 10 (à propos de 9,23) ; p. 245, n. 4 (8,47) ; p. 327, n. 3 (12,27) ; p. 342, n. 5 (6,65) ; p. 361, n. 1 (13,11) ; p. 422, n. 3 (15,19) ; p. 444, n. 2 (16,15). Pour les cas où διὰ τοῦτο est «auf das folgende ὅτι bezogen», cf. p. 177, n. 5 (à propos de 5,16.18) ; voir aussi p. 422, n. 3 (15,19 : ὅτι δὲ... διὰ τοῦτο).

266. M.C. TENNEY, *The Footnotes of John's Gospel*, dans *Bibliotheca Sacra* 117 (1960) 350-364, voir p. 350. Dans son commentaire, *John : The Gospel of Belief*, 1948, et dans ses articles de 1963, 1964 et 1965, publiés également dans *Bibliotheca Sacra* (voir la bibliographie) Tenney ne fait aucune observation sur le sujet qu'il traite dans son article de 1960.

particulière dans l'interprétation du quatrième évangile. Pour le désigner, Tenney recourt au terme de *footnotes*, en tant qu'il s'agit de «'glosses' or 'asides' which the writer introduced to make his story more lucid, or to explain the cause or motive for some act»[267]. Il en dénombre 59 cas, tout en reconnaissant qu'il y a matière à discussion : certaines de ces *footnotes* pourraient être omises en tant que parties intégrantes du récit, d'autres au contraire incluses[268]. Cependant, même en excluant les passages douteux, il en reste encore assez pour constituer «a recognizable body of footnotes»[269]. Celles-ci apparaissent réparties de façon égale à travers tout l'évangile (sauf en 13,31-17,26 où il n'y en a aucune[270]); elles ne jouent pas un rôle direct dans la structure de l'œuvre. Tenney les groupe en 10 catégories[271]. Ce classement est repris par J.J. O'ROURKE (1979)[272]. Après la présentation de chaque

---

267. *Ibid.*, p. 350. La notion de *footnote* appliquée à certains passages de Jn n'est pas nouvelle. R. Bultmann l'évoque au sujet des insertions opérées dans ses sources par l'évangéliste : il faut les comprendre non comme des interpolations, mais comme des explications données dans le texte lui-même, l'Antiquité ne connaissant pas les notes placées en bas de page (*Johannes*, p. 4). E. Ruckstuhl lui objecte que tout auteur ajoute habituellement des remarques à son propre texte; quand quelqu'un édite le texte d'une source, ses considérations personnelles ou critiques se distinguent clairement du texte édité. Ceci n'est pas du tout le cas en Jn où on ne peut discerner aucune différence «zwischen dem Anliegen einer Quelle und dem des Evglisten» (*Die literarische Einheit*, p. 55).

Déjà avant Bultmann, J. Wellhausen a comparé les explications de l'évangéliste avec des *Fussnoten* (cf. *infra*, p. 159).

Signalons que E.V. RIEU, *The Four Gospels. A New Translation from the Greek*, 1952, met en *footnotes* (cf. p. xxiv) les traductions de 1,38.41.42; 4,25; 9,7, ainsi que 4,2 et 6,1 (τῆς Τιβεριάδος), tout en recourant aux parenthèses en 2,9; 7,22; 14,22; 21,7 et aux tirets en 10,35; 15,24.26. R.E. Brown se réfère à l'article de Tenney et remarque à propos des «explanatory notes»: «if it would not lead to confusion, they might well be placed at the bottom of the page as footnotes, as E.V. Rieu does in his NT translations» (p. CXXXVI). Il préfère quant à lui recourir aux parenthèses.

268. «Not all of these are indisputably clear; for in a few cases there is doubt whether the author is interjecting an observation, or whether the narrative itself is diffuse. If the Fourth Gospel represents the oral style of its author, the latter alternative is possible» (p. 351).

269. Cf. p. 351.

270. «Perhaps the writer thought that the discourse of Jesus and His prayer should not be interrupted, or else that His words were sufficiently self-explanatory» (p. 351).

271. Tenney donne un tableau des 10 catégories de *footnotes* (p. 364) dont les références diffèrent parfois de celles de son article. Dans notre exposé, nous marquerons d'un astérisque les références qui ne figurent que dans le tableau et d'un obèle celles qui ne se rencontrent que dans le corps de l'article.

272. J.J. O'ROURKE, *Asides in the Gospel of John*, dans *NT* 21 (1979) 210-219. D'après l'auteur, on peut reconnaître les parenthèses («asides», «editorial elements») à l'aide du critère suivant : «Their omission would not affect greatly the flow of the narrative, but it should be noted that some asides may be important for the achievement of an important goal of the evangelist, as, for example, his remarks about fulfillment» (p. 211). Cf. J.J. O'ROURKE, *John's Fulfillment Texts*, dans *Sciences ecclesiastiques* 19 (1967) 433-443.

catégorie, proposée par Tenney, nous adjoignons les cas que O'Rourke ajoute, ou rejette, ou place dans une autre catégorie[273].

1. 1. «Footnotes of translation» : 1,38.41.42; 4,25; 9,7; 19,13.17; 20,16.24†. Elles donnent la signification en grec de termes hébreux ou araméens ou l'équivalent hébreu d'un nom de lieu connu en grec[274]. — O'Rourke ajoute 5,2. Il omet 20,24 (mais voir le tableau).

2. «Footnotes of time and place». Chaque référence géographique ou chronologique dans l'évangile ne correspond pas à une *footnote* : certaines sont tout à fait intégrées à la texture de la narration, «but others which are seemingly added as subsequent comments fall into
2. this classification» : 6,59; 7,2; 8,20; 9,14; 10,22-23; 11,18.30; 19,14*.31.42; 21,8†[275]. Malgré sa forme de «superimposed comment», 7,2 est difficilement isolable du récit et peut être omis de la liste. Mais dans chacun de ces exemples, «some point important to the understanding of the narrative is enlarged»[276]. — O'Rourke ajoute 1,28; 6,4. Il rejette 11,30[277]. Il classe 8,20 et 13,30 (pas signalé par Tenney) dans n° 10 et 21,8 dans n° 6. (Noter que 19,42 n'est pas signalé dans le tableau.)

3. «Customs». L'évangéliste fait fréquemment allusion à des coutumes juives qu'il explique (ainsi 2,6). Mais ces passages font partie

---

273. O'Rourke donne la même classification que Tenney, avec à peu près les mêmes titres : «1) translations, 2) asides indicating time and place, 3) indications of customs, 4) reflections showing the identity of the author, 5) memories of the disciples, 6) explanations of situations or actions, 7) enumerations or summaries, 8) identifications of persons, 9) notes on the knowledge of Jesus, 10) theological discussions» (*Asides*, p. 210-211). Il insiste sur le fait que certaines parenthèses peuvent être classées dans différentes catégories (cf. p. 217-218). Il indique avec un point d'interrogation les parenthèses «which appear as doubtful asides» (voir le tableau p. 216-217); cf. 1,2.9.24.28.44; 6,4.23; 7,2; 13,2.3; 18,5b.10b.13.15.26; 19,20; 21,8.12.

274. «These translation footnotes presuppose a bilingual environment for the writer of John. He stood halfway between the Aramaic-speaking group of Palestine and the Greek-speaking mission of the Gentile world. The footnotes locate the Gospel in a period of the transition from one to the other» (p. 352).

275. Cf. p. 353. Tenney cite en premier lieu 6,23; en fait, il s'agit de 6,59, comme cela ressort de son texte quelques lignes plus bas (voir *infra*, n. 278), 6,23 étant d'ailleurs rattaché à la catégorie 6. Notons encore que le tableau signale 21,8 également dans la catégorie 6.

276. Cf. p. 353. Tenney explicite son point de vue à propos de trois passages : le discours sur le pain de vie est localisé dans la synagogue de Capharnaüm (6,59); la guérison de l'aveugle a lieu un sabbat (9,14), ce qui explique l'agressivité des pharisiens envers Jésus; et la note sur la proximité de Béthanie par rapport à Jérusalem (11,18) explique comment tant de gens de la ville étaient présents à la résurrection de Lazare. Ces notes indiquent : a) la familiarité de l'auteur avec la topographie de la Palestine, spécialement les environs de Jérusalem; b) l'absence de cette information dans la tradition commune, ou de ses lecteurs; c) l'importance de ces facteurs apparemment accessoires dans le déroulement de la narration.

277. Cf. p. 211 : «xi 30's ἀλλ' ἦν ... ἡ Μάρθα does not seem to be an aside because it heightens the narrative».

COMMENTAIRES ET AUTRES ÉTUDES   45

3   du récit. Seul 4,9c peut être considéré comme une *footnote* destinée
    au lecteur ignorant la mésentente entre les deux peuples[278]. — O'Rourke
    ajoute 19,40.
    4. «Footnotes reflecting the author». Il s'agit d'allusions à la person-
4   nalité, à l'expérience et à la pensée de l'auteur : 1,14 καὶ ἐθεασάμεθα
    τὴν δόξαν αὐτοῦ. 16; 13,23-27?; 19,35; 21,23.24.25*[279]. Par ces notes,
    l'auteur révèle à ses lecteurs sa relation privilégiée avec Jésus et prétend
    à une connaissance de première main des faits qu'il rapporte. —
    O'Rourke identifie la parenthèse en 13,23-27 comme ὃν ἠγάπα ὁ
    Ἰησοῦς (13,23), à classer dans n° 8. La parenthèse de 19,35 est καὶ
    ἀληθινὴ... πιστεύσητε (Tenney: καὶ ἐκεῖνος... λέγει), à classer
    dans n° 6 (ou n° 10). Il met 1,14b.16 dans n° 10.
    5. «Recollections of the disciples». Cette catégorie est très proche
    de la précédente et groupe des passages où l'auteur commente les
    réactions immédiates des disciples à des paroles ou des faits du point
5   de vue de la compréhension ultérieure qu'ils en auront: 2,22; 8,27*;
    10,6; 12,16; 13,28; 20,9[280]. Toutes ces *footnotes* sur l'ignorance des
    disciples sont en rapport avec la mort et la résurrection de Jésus;
    elles illustrent sa parole sur le rôle de l'esprit qui éclairera plus tard
    les disciples. — O'Rourke ajoute 2,17. Il classe 2,21 (avec v. 22) et
    12,16 (avec vv. 14b-15) dans n° 10 (cf. le tableau), 8,27 et 10,6 (tout
    le verset) dans n° 6, et 13,28 (avec v. 29) dans n° 7 (dans le tableau :
    n° 5).
    6. «Notes explanatory of situations or actions». Sans connotation
    doctrinale, elles ajoutent à la couleur ou à la compréhension de ce qui
6   est raconté: 2,9 (οἱ δὲ ...).24-25*; 4,2; 6,23.71; 7,5.39; 11,51; 12,6;
    19,36; 20,20-31; 21,7*.8*.19[281]. — O'Rourke ajoute 3,24; 4,44; 7,22;
    8,27 (Tenney n° 5); 9,22-23; 10,6 (Tenney n° 5); 11,3.5.13; 12,33;
    13,2; 18,5b.28 (καὶ αὐτοὶ... τὸ πάσχα, peut-être aussi ἦν δὲ πρωΐ);
    19,20.35 (Tenney n° 4).38 (voir le tableau); 21,8 (Tenney n° 2).12.
    Il classe 2,24-25 (avec v. 23); 7,39; 11,51 (avec v. 52) et 19,36 (avec
    v. 37) dans n° 10; 20,30-31 dans n° 7. La parenthèse en 4,9 est καὶ
    οὐκ ᾔδει ...τὸ ὕδωρ.

---

278. Cf. p. 354. Nouvel indice que l'auteur de l'évangile connaît le contexte palestinien et écrit pour des gens qui vivent ailleurs.
279. Cf. p. 354-355. Dans le texte, Tenney renvoie à 13,23-27: «The passage is fairly long and is clearly integrated with the main thread of thought»; dans le tableau, il ne s'agit que de 13,23. À propos de 19,35, il note fautivement: «where Jesus committed His mother to this man» (p. 355), confondant avec 19,26-27.
280. Cf. p. 355-356. Tenney ajoute dans le tableau 8,27; mais là, comme d'ailleurs en 10,6, il ne s'agit pas des disciples mais des interlocuteurs juifs en général de Jésus.
281. Cf. p. 357-358. Tenney remarque à propos de 20,30-31: «The fullest note of explanation..., where the purpose of the whole Gospel is definitely stated» (p. 358). En 4,2 et 6,23, la raison de l'insertion est uniquement un souci de «verbal» ou «historical accuracy» (p. 357).

7. « Enumeration or summary ». L'auteur de l'évangile attache une certaine importance à « the cumulative listing of certain types of events », même s'il ne procède pas à leur énumération systématique. Deux *footnotes* marquent la série des signes ou miracles : 2,11 ; 4,54[282] ; une autre celle des apparitions du ressuscité : 21,14[283]. Elles sont tout à fait conformes à la structure de l'évangile : « Few though they are, they show that the author was methodical, and that he intended to treat his subject matter in orderly and climactic fashion »[284]. — O'Rourke ajoute 13,28 (avec v. 29) (Tenney n° 5 ; comp. O'Rourke dans le tableau) et 20,30-31 (Tenney n° 6).

8. « Identification of persons ». Parallèles aux traductions, ces notes montrent le soin qu'a l'auteur de l'évangile « to connect individual personalities with previous references to them, or to other well known circumstances in which they appeared » : 7,50 ; 11,2 ; 18,10.14 (cf. 11, 50).40 ; 19,39[285]. — O'Rourke ajoute 1,24.44 ; 11,5 (cf. le tableau).16 ; 12,4 ; 13,23 (Tenney n° 4) ; 14,22 ; 18,13.15.16.26 ; 19,38 (voir aussi n° 6) ; 20,2 (ὃν ἐφίλει ὁ Ἰ.).24 (voir aussi n° 1) ; 21,2 (ὁ λεγόμενος Δίδυμος et ὁ ἀπὸ Κ.τ.Γ.).7.20 (ὃν ἠγάπα ὁ Ἰησοῦς et ὃς καὶ ἀνέπεσεν ... ὁ παραδιδούς σε).

9. « Knowledge of Jesus ». En trois passages au moins, une *footnote* met l'accent sur la qualité surnaturelle de la connaissance de Jésus : 6,6.64 ; 13,11[286] ; cf. aussi 12,37-43*. — O'Rourke classe 12,37-43 dans n° 10 (Tenney n° 9 et 10).

10. « Long theological notes ». Trois passages méritent surtout considération du fait de l'importance du sujet traité et de leur longueur qui peut les exclure des *footnotes* : 3,16-21.31-36 ; 12,37-43[287]. — O'Rourke ajoute 1,2.6-8.9.12b-13.14b (Tenney n° 4).15.16 (Tenney n° 4).17-18 ; 2,21-22 (Tenney n° 5).23-25 (Tenney n° 6) ; 4,23 ; 5,25 ; 7,30.39 (Tenney n° 6) ; 8,20 (Tenney n° 2) ; 8,35 ; 11,51-52 (Tenney n° 6) ; 12,14b-16 (Tenney n° 5) ; 13,1.3.27.30 (Tenney n° 2) ; 18,9 ; 19,24.28. 36-37 (Tenney n° 6).

Tenney tire quelques conclusions de cette étude des *footnotes*. Leur caractère peu systématique et leur diversité donnent l'impression

---

282. Cf. p. 358. La raison pour laquelle l'évangéliste ne continue pas à mentionner l'ordre de signes n'est pas claire. Après avoir indiqué la portée particulière des deux premiers signes, peut-être a-t-il pensé « that... it would be the reader's responsibility to pursue the line of thought to its conclusion ».

283. Contrairement à l'énumération des deux premiers signes, l'évangéliste se borne à signaler la troisième apparition du ressuscité devant les disciples, après 20,19.26.

284. Cf. p. 359.

285. Cf. p. 359. L'épisode de l'onction n'étant rapporté qu'au chapitre suivant, Tenney remarque au sujet de 11,2 que l'évangéliste suppose l'histoire connue par ailleurs de ses lecteurs : « The obvious conclusion is that the Fourth Gospel was composed as a conscious supplement to the Synoptic tradition » (p. 360).

286. Cf. p. 360-361.

287. Cf. p. 361-362.

qu'elles ont pu être des parenthèses orales dans un récit souvent répété en public. Ceci s'accorderait bien avec l'hypothèse selon laquelle l'évangile proviendrait de l'enseignement oral d'un disciple très proche de Jésus. En tant que théologien, il présente son évangile «as an interpretation record of the person and work of Jesus»[288]. Il semble bien connaître la tradition concernant la vie de Jésus, même s'il ne choisit d'en rapporter que certains aspects en fonction de son propos didactique. Il est également soucieux de se faire comprendre de son public: il lui explique les termes et notions propres aux Juifs et l'éclaire sur les grandes lignes de sa pensée «by the use of cross references... so that the message might be unhindered»[289].

Constatant que le chapitre 21 contient un plus grand pourcentage de parenthèses par verset que le reste de l'évangile, O'Rourke conclut: «This is another argument to be added to those for holding that the last chapter was not written by the one who gave most of the form to the preceding chapters», mais aussitôt il ajoute: «However, the criterion of asides per verse has to be used cautiously, since the asides differ from one another at times considerably by their length»[289a]. D'ailleurs, du point de vue de la critique littéraire, O'Rourke est très réticent. Il présume qu'il est impossible de déterminer si l'une ou l'autre parenthèse existait déjà dans une source. Mais il attribue καὶ νῦν ἐστιν en 4,23 et 5,25 à la dernière couche littéraire de l'évangile.

R. SCHNACKENBURG signale tout au long de son commentaire (1965, 1971, 1975)[290] les nombreuses remarques qui caractérisent le style du quatrième évangile. Comme Bultmann, il utilise toute une série de termes pour qualifier le phénomène. Les plus fréquents sont: *Kommentar* et *Bemerkung* (*Zwischen-, Schluss-, Abschluss-, Rahmenbemerkung*), mais l'on rencontre aussi *Parenthese, Erklärung, Erläuterung, Abschweifung, Reflexion, Rückverweis, Interpretament, Einfügung, Hinzufügung, Zufügung, Zusatz.* Voici la liste de ces passages[291]:

1,2ᵛ.5ᵛ.9 (ἐρχόμενον εἰς τὸν κόσμον).10b (καὶ ὁ κόσμος... ἐγένετο). 12-13ᵛᵛ.18ᵛ.24ᵛ.28ᵛ.38.41.42; 2,6ᵛ.9 (καὶ οὐκ ᾔδει... τὸ ὕδωρ).11ᵛ.13 (τῶν Ἰουδαίων).17ᵛ.21ᵛ.22ᵛ.23-25ᵛᵛ; 3,23 (ὅτι ὕδατα πολλὰ ἦν ἐκεῖ). 24ᵛ; 4,(1-)2ᵛ.8ᵛ.9c.22ᵛ.25.27b.33ᵛ.44ᵛ.46a.54ᵛ; 5,1ᵛ.9c; 6,1 (τῆς Τιβεριάδος).2ᵛ.4ᵛ.6ᵛ.22b.23ᵛ.24 (ἐνέβησαν... τὰ πλοιάρια).25 (πέραν τῆς

---

288. Cf. p. 362.
289. Cf. p. 363.
289a. J.J. O'ROURKE, *Asides*, p. 218-219, spéc. p. 219.
290. R. SCHNACKENBURG, *Das Johannesevangelium*, 3 vol., 1965, 1971, 1975.
291. Contrairement à R.E. Brown, Schnackenburg fait peu usage dans sa traduction des parenthèses. On les trouve seulement dans les formules de traduction: 1,38.41.42; 9,7; 20,16. Il recourt aux tirets en 2,9; 4,2; 6,22b-23; 7,22b; 10,12b; 13,2b-3; 14,22; 19,31; 21,7.8b.

θαλάσσης).39 (ἀλλὰ ἀναστήσω... ἡμέρᾳ).40 (καὶ ἀναστήσω ... ἡμέρᾳ). 44 (κἀγὼ ἀναστήσω... ἡμέρᾳ).45b.54 (κἀγὼ ἀναστήσω... ἡμέρᾳ). 59ᵛ.64b.71ᵛ; 7,1ᵛ.2 (τῶν Ἰουδαίων).5ᵛ.20ᵛ.22b.39ᵛ.50; 8,[6a].20ᵛ. 27ᵛ.30ᵛ; 9,7.14ᵛ.22-23ᵛᵛ; 10,12b.22ᵛ.40ᵛ; 11,2ᵛ.13ᵛ.16ᵛ.16 (ὁ λεγόμενος Δίδυμος).20b.31ᵛ.32ᵛ.39b-40ᵛ.51-52ᵛᵛ.55ᵛ; 12,1b (ὅπου... Ἰησοῦς).2bc (καὶ ἡ Μάρθα ... σὺν αὐτῷ).4 (ὁ μέλλων αὐτὸν παραδιδόναι). 6ᵛ.16ᵛ.17-18ᵛᵛ.33ᵛ; 13,2b-3ᵛ.11ᵛ.28-29ᵛᵛ; 14,22; 15,3ᵛ; 16,17-18ᵛᵛ; 17,3ᵛ.10a.12 (εἰ μὴ... πληρωθῇ); 18,2ᵛ.5b.9ᵛ.13b-14ᵛ.28 (ἀπὸ τοῦ Καϊάφα et καὶ αὐτοὶ... τὸ πάσχα).32ᵛ; 19,20ᵛ.24b.31 (ἦν γὰρ ... τοῦ σαββάτου).35ᵛ.37ᵛ.39.40b.42 (διὰ τὴν παρασκευήν... τὸ μνημεῖον); 20,2 (ὃν ἐφίλει ὁ Ἰησοῦς).9ᵛ.16.24; 21,1ᵛ.2.4b.7.8a (οἱ δὲ... ἦλθον). 8b (οὐ γὰρ... διακοσίων).14ᵛ.19a.20b.23ᵛ.24-25ᵛᵛ.

Schnackenburg attribue la plupart des remarques à l'évangéliste. Mais plusieurs d'entre elles peuvent provenir selon lui d'une autre main. Dans le paragraphe de l'introduction où il synthétise sa conception de la composition de l'évangile, il estime que, outre le chap. 21 et un certain nombre de déplacements de textes, reviennent à la rédaction

2a finale «nur kleinere Glossen und Beifügungen» : 4,2 ou 1-2.44; 6,22b-23; 7,39b; 11,2; peut-être 12,16 [292]. Au cours de son commentaire, Schnackenburg modifie ou nuance son point de vue sur plusieurs de ces passages [293]. Il en mentionne aussi d'autres, mais non sans

b hésitations, comme provenant probablement de la rédaction : 6,1 τῆς Τιβεριάδος; 13,2b-3.11.28-29; 15,3; 17,3.12b; 19,35, sans compter les remarques du chap. 21 [294]. Pour l'un ou l'autre cas, il s'agirait d'addi-

c tions postérieures à la rédaction : 4,9c; 5,3b-4; 6,23 εὐχαριστήσαντος

---

292. Cf. t. 1, p. 60. Ailleurs dans l'introduction, après avoir présenté les arguments stylistiques, mais surtout «sachkritisch» qui l'amènent à considérer 4,44; 6,22b-23 comme non-johanniques (p. 45), Schnackenburg envisage la même possibilité pour d'autres brèves remarques, mais il est plutôt restrictif : «doch wird man dazu nur dort seine Zuflucht nehmen, wo sprachliche und sachliche Gründe dazu drängen, da auch der Evangelist selbst kurzen Kommentaren nicht abgeneigt ist (vgl. 3,24; 4,9c; in 4,46 den Rückverweis auf Kana, 'wo er das Wasser in Wein verwandelt hatte', u.a.)»; de même 2,23-25 (p. 45-46). Il faut montrer une plus grande circonspection encore lorsqu'on entend dénier à l'évangéliste un certain nombre d'énoncés pour des raisons purement théologiques : ainsi par exemple les assertions sur la résurrection corporelle future (5,28; 6,39.40.44.54) et le jugement au «dernier jour» (12,48; cf. 5,29). «Gewiss klingt die viermalige stereotype Bemerkung im 6. Kap. formelhaft; aber warum sollte sie nicht auch der Evangelist schon formelhaft gebrauchen?» (p. 46).

293. Si 4,2 provient selon toute vraisemblance de la rédaction, 4,1 fait partie du récit évangélique (t. 1, p. 457, n. 1 et p. 458, n. 2); 4,44 peut être «eine redaktionelle Glosse», mais avoir aussi été composé par l'évangéliste, en l'absence d'indices linguistiques qui permettent de trancher (p. 495 et n. 2); en 6,22b-23, seul le v. 23 apparaît assez certainement comme non-johannique (t. 2, p. 44-45); 7,39 est considéré dans son ensemble comme «Kommentar des Evangelisten», à l'instar d'autres remarques explicatives du même type (2,11.22; 12,16.33) (p. 217); de même, 12,16 (p. 473).

294. Cf. t. 2, p. 17 (6,1); t. 3, p. 14-15 et 17-18 (13,2b-3); p. 26 (13,11); p. 37 (13,28-29); p. 111 (15,3); p. 195 (17,3); p. 207 (17,12b); p. 335 et 339-341 (19,35).

τοῦ κυρίου²⁹⁵. Par ailleurs, quelques remarques peuvent déjà avoir
d figuré dans les sources de l'évangéliste : 11,18; 12,1b; 18,2; 19,24b.40;
20,9; 21,8b²⁹⁶.

Schnackenburg ne procède pas lui non plus à une classification systématique des remarques et réflexions de l'évangéliste. À propos de certains passages, il lui arrive de citer une série de références à d'autres passages, mais sans prétendre, semble-t-il, établir des catégories bien définies²⁹⁷. Ailleurs, il rapproche cependant des tournures qui offrent entre elles un parenté formelle.

a) Il emploie les termes *Abschlussbemerkung, Rahmenbemerkung* ou *Schlussbemerkung* à propos de 1,28; 6,59 et 8,20²⁹⁸; de même, pour
3a 2,11 et 4,54²⁹⁹.

b) Les allusions aux usages juifs paraissent constituer un groupe
b particulier. À propos de 19,40 καθὼς ἔθος ἐστὶν τοῖς Ἰουδαίοις ἐνταφιάζειν, Schnackenburg motive l'attribution de la phrase à l'évangé-

---

295. Schnackenburg l'évoque comme une éventualité à propos de 4,9c : «Da die Bemerkung in manchen Handschriften fehlt, könnte sie auch ein späterer Zusatz sein» (t. 1, p. 461); 6,23 εὐχ. τ. κ. : «Da die Bemerkung aber wie ein Zusatz klingt, ausserdem in wichtigen Hss fehlt, könnte sie auch erst eine spätere Glosse sein» (t. 2, p. 45). Le caractère postérieur de 5,3b-4 («frühe Glosse»), qui manque dans les meilleurs manuscrits, ne fait pas de doute (t. 2, p. 120).

296. Ici encore, Schnackenburg n'est pas très affirmatif pour certains passages. Il admet sans plus ou n'exclut pas la possibilité que 11,18 (t. 2, p. 412); 12,1b (p. 458); 18,2 (t. 3, p. 250); 19,40 (p. 350-351) aient figuré dans la source, mais l'intervention de l'évangéliste reste tout aussi probable (et même plus probable en 19,40). En 19,24b, même si la formule d'introduction est johannique elle pourrait avoir été modifiée par l'évangéliste, et cela ne constitue pas un argument pour dire que le commentaire de l'évangéliste commence avec ἵνα : «denn die vorausgehende Schilderung verlangt geradezu einen solchen Schrifthinweis, wenn sie nicht belanglos sein soll, und gibt sich als Fortbildung der syn. Tradition zu erkennen... Die Art solcher historisierender Anwendung, die sich am Wortlaut orientiert, findet eine Parallele in Mt 21,2-7 (Esel und Füllen), entspricht aber nicht dem sonstigen Verfahren des vierten Evangelisten» (p. 317). En ce qui concerne 20,9, Schnackenburg est formel : le verset est repris par l'évangéliste «aus der Quelle..., die auch hier Lukas nahesteht» (p. 370). δεῖ ἀναστῆναι ne se retrouve pas ailleurs chez Jn, mais fait partie des annonces de la passion (Mc 8,31 etc.) et se rencontre en Lc 24,7.46. Après l'insertion par le rédacteur du v. 8a, 21,8b apparaît comme une parenthèse, mais peut se rattacher sans difficulté à la fin du v. 7 et faisait partie du récit primitif de la pêche (p. 423-424).

297. Ainsi, à propos de 2,17, il écarte l'hypothèse d'une addition de la rédaction : «Der Aufbau der ganzen Perikope..., das 'Sich-Erinnern' der Jünger an ein Schriftwort (vgl. 12,16) und das Einfügen einer solchen Zwischenbemerkung (vgl. 4,27.33; 11,16; 12,16.17f.; 13,28f.; 16,17f.) sprechen eher für den Erzählungsstil des Evangelisten selbst» (t. 1, p. 363); à propos de 2,21 : «Solche erklärenden Bemerkungen des Evangelisten sind nicht selten. [n. 5:] Vgl. 2,24b-25 ; 6,6.64.71 ; 7,5.39 ; 9,7 ; 11,13.51f. ; 12,6.33 ; 20,9» (p. 366); à propos de 7,39, il renvoie à 2,11.22; 12,16.33 (t. 2, p. 217); à propos de 12,33, à 2,21; 6,6.64.71 etc. (p. 494); à propos de 18,9; à 2,22; 11,13.51; 12,16 etc. (t. 3, p. 255).

298. Cf. t. 1, p. 283 (1,28); t. 2, p. 96 (6,59); p. 248 (8,20, avec référence à 1,28; 6,59).

299. Cf. t. 1, p. 338 (2,11); p. 500 (4,54).

liste : «er gibt seinen Lesern mehrfach Hinweise auf jüdische Gewohnheiten (vgl. 2,6; 4,9; 11,55; 18,28)»[300]. De même, l'expression τῶν Ἰουδαίων, notamment dans les mentions des fêtes (2,13; 5,1; 6,4; 7,2; 11,55; 19,42), est ajoutée par l'évangéliste pour signifier la distance prise par rapport au judaïsme[301].

c) En ce qui concerne les traductions, Schnackenburg met entre parenthèses 1,38.41.42; 9,7 et 20,16. Dans le commentaire, sans le spécifier pour chaque cas, il semble bien considérer qu'il s'agit d'une intervention de l'évangéliste qui traduit à l'intention de ses lecteurs grecs (1,38.41.42; 4,25; 9,7; 11,16; 20,16.24; 21,2)[302], du moins quand le terme grec suit le terme hébreu ou araméen; quand c'est le contraire, il y a là une indication que Jn suit sa source (5,2; 19,13.17)[303].

d) À propos de 21,15, Schnackenburg note: «Über V 14 greift der Erzähler auf V 12f zurück. Das οὖν dient der Wiederaufnahme des Erzählungsfadens wie in 4,45; 6,24; 11,3; 13,30, wo es nach redaktionellen Zwischenbemerkungen eine ähnliche Funktion erfüllt»[304]. Le même phénomène est encore signalé en 11,41; 12,3; 13,12; 21,21[305].

Brown   R.E. Brown (1966, 1972)[306] accorde une attention particulière aux commentaires et réflexions dans l'évangile de Jn. Dans son introduction, parmi les *Notable Characteristics in Johannine Style*, il compte les *explanatory notes* : «In the Gospel we often find explanatory comments, inserted into the running narrative of the story. They explain names (i 38, 42), and symbols (ii 21, xii 33, xviii 9); they correct possible misapprehensions (iv 2, vi 6); they remind the reader of related events (iii 24, xi 2) and reidentify for him the characters of the plot (vii 50, xxi 20). ... These notes are often indicative of the editing process at work in the composition of the Gospel»[307].

300. Cf. t. 3, p. 350; voir encore t. 1, p. 336-337 (2,6); p. 461 (4,9); t. 2, p. 456 (11,55); t. 3, p. 278 (18,28).
301. Cf. t. 1, p. 275; voir également p. 361 : «Der Ausdruck 'Passah *der Juden*' beweist nur, dass der Evangelist am jüdischen Passah keinen Teil (mehr) hat» (2,13); t. 2, p. 18 (6,4); p. 118 (5,1); p. 192 (7,2); p. 456 (11,55); t. 3, p. 352 (19,42). Sur l'attitude critique de l'évangéliste à l'égard des pratiques religieuses juives, cf. encore t. 1, p. 252 (1,17).
302. Cf. t. 1, p. 311 (1,41.42); p. 476 (4,25); t. 2, p. 308 (9,7); p. 411 (11,16); t. 3, p. 375 (20,16, cf. 1,38); p. 392 (20,24, cf. 11,16); p. 419 (21,2, cf. 11,16).
303. Cf. t. 3, p. 313 (19,13.17); voir aussi p. 306 (5,2; 19,13.17).
304. Cf. t. 3, p. 431; voir aussi t. 1, p. 45 (4,45 et 6,24); p. 495, n. 2 (4,45); t. 2, p. 44-45 (6,24).
305. Cf. t. 2, p. 425 (11,41); p. 459 (12,3); t. 3, p. 26 (13,12); p. 440 (21,21).
306. R.E. BROWN, *John*, 2 vol., 1966, 1972.
307. Cf. p. CXXXVI. Il renvoie à l'article de M.C. Tenney (cf. *supra*, n. 266) et à la traduction de E.V. Rieu (*supra*, n. 267) qui met en *footnotes* quelques-unes de ces *explanatory notes*. Pour éviter toute complication dans la numérotation des versets, lui-même préfère habituellement recourir aux parenthèses, «except for the occasional note that we have been able to work smoothly into the narrative» (*ibid.*).

Dans sa traduction, Brown signale un grand nombre de ces *explanatory notes*, les mettant toutes entre parenthèses, sauf trois entre tirets : 10,35b; 15,16; 16,32. En voici la liste, à laquelle nous adjoignons cinq passages qu'on peut rapprocher des précédents d'après le commentaire du texte : 1,12c-13 («that is»).17-18; 8,27; 10,13; 17,3[308] :

1   1,6-9^{vv}.12c-13^v.15^v.17-18^{vv}.38.39.41.42; 2,9 (καὶ οὐκ ᾔδει... τὸ ὕδωρ); 3,24^v; 4,2^v.8^v.9c.25.44^v; 5,34^v; 6,6^v.64b.71^v; 7,5^v.22b.39^v.50 (ὁ ἐλθὼν πρὸς αὐτόν); 8,[6a].27^v.35^v; 9,7.14^v.22-23^{vv}; 10,13^v.35b; 11,2^v.5^v.13^v.16.30^v.51-52^{vv}; 12,4 (ὁ μέλλων αὐτὸν παραδιδόναι).6^v. 16^v.33^v; 13,11^v.28-29^{vv}; 14,22; 15,16 (καὶ ὁ καρπὸς... μένῃ); 16,32 (καὶ ἐλήλυθεν); 17,3^v.10a (καὶ τὰ ἐμὰ... ἐμά).25 (ἐγὼ δέ σε ἔγνων); 18,5b.9^v.10b.14^v.16 (ὁ γνωστὸς τοῦ ἀρχιερέως).32^v.40b; 19,13.14a. 17.24b (ἵνα... κλῆρον).35^v.38.39; 20,2 (ὃν ἐφίλει ὁ Ἰησοῦς).9^v.16. 24; 21,2.2 (ὁ ἀπὸ Κανὰ τῆς Γαλιλαίας).7.14^v.19a.20b.

Le commentaire du texte n'opère aucune classification. Souvent, il évoque sans plus le caractère parenthétique de telle «addition», «insertion», «explanation», «comment», «sentence», «clause», «reminder», etc. Il les qualifie d'*editorial*, presque toujours sans autre précision, mais on peut supposer qu'il s'agit de l'évangéliste dans la seconde édition de son œuvre (*stage* 4). L'intervention du dernier
2   *redactor* (*stage* 5) n'est explicitement signalée que pour 3,24; 4,2.44; 18,16?; 21,14.20[309].

Konings   J. KONINGS (1967)[310] répartit «commentaar- en reflectiestof» dans le quatrième évangile en deux groupes principaux : «toelichtingen bij het relaas» (I) et «eigenlijke interpretamenten» (II). Il traite ensuite

---

On trouve d'autres remarques à ce sujet dans l'introduction. Ainsi au paragraphe qui évoque les cinq niveaux de la composition de l'évangile : «We suggest that the adaptation of the Gospel to different goals meant the introduction of new material designed to meet new problems. For instance, the parenthetical passage ix 22-23 seems to represent an adaptation of the story of the blind man to the new situation in the late 80s or early 90s which involved the excommunication from the Synagogue of Jews who believed in Jesus as the Messiah» (p. XXXVI). 9,22-23 est rattaché au niveau 4 (deuxième édition par l'évangéliste). Le niveau 5 (édition finale ou rédaction par un autre que l'évangéliste) contient aussi des «editorial remarks» comme 3,24 (p. XXXVIII). Voir encore p. XCIII, à propos de 19,35 : «a parenthesis probably added in the editing of the Gospel.»

308. Cf. p. 11 (1,12c-13); p. 35-36 (1,17-18); p. 350 (8,27); p. 387 (10,13); p. 741 (17,3). En 7,50 εἷς ὢν ἐξ αὐτῶν, qui a une autre place dans certains manuscrits et qui manque dans quelques témoins syriaques, «may be a clarifying gloss» (p. 325).

309. Cf. *supra*, n. 307.

310. J. KONINGS, *De bemerkingsstof in het evangelie volgens Johannes* (Diss. lic.), Leuven, 1967. La première partie présente un état de la question (p. 1-24); la seconde une description des données (p. 25-66). Cette dernière a été reprise (avec quelques corrections) dans la thèse de doctorat : *Het johanneïsche verhaal in de literaire kritiek*, Leuven, 1972, t. IIIc, p. 6*-67*.

les cas analogues qu'il trouve dans le prologue et le chap. 21 (III)[311].
Il reconnaît au départ que la distinction qu'il établit entre les deux groupes principaux et les catégories à l'intérieur de ceux-ci n'est pas absolument adéquate : en effet, des exemples signalés dans une catégorie peuvent être repris dans une autre comme analogiques. On constate donc un certain «overlapping» qui indirectement constitue un argument en faveur de l'unité de la matière traitée.

I. «Toelichtingen bij het relaas»[312] :

1 1. Traductions : 1,38.41.42; 9,7; 19,13.17; 20,16[313].

2. Identifications :
2a a) renvoyant à d'autres passages de l'évangile de Jn : 11,2; 18,13-14.
b b) mentions parenthétiques de noms de personnes : 1,6; 3,1; 18,10.
c c) autres cas : 1,24; 18,40[314].

3 3. Allusions à des usages juifs : 4,9c[315].

4. Explications *a posteriori* d'une situation, d'une cause ou d'une
4 conséquence : 2,9 (οἱ δὲ...); 4,8; 9,22; 11,30; 19,27b [?][316].

5. Indications de lieu ou de temps inattendues :
5a a) mention du sabbat : 5,9c; 9,14.
b b) localisation du discours de Jésus : 6,59; 8,20; 10,22-23.
c c) mention de la préparation de la Pâque : 19,14.31.42.
d d) autres cas : 1,28; 3,24; 6,10b.23; 11,18[317].

311. Cf. *Het johanneïsche verhaal*, t. IIIc, p. 6*. Konings justifie ce traitement à part par le fait que le prologue constitue un genre littéraire particulier et que le chap. 21 est généralement attribué à une rédaction plus tardive (n. 1).

312. Cf. p. 7*-33*. Pour chaque cas considéré, Konings signale s'il figure dans les listes les plus importantes antérieurement dressées (J.H. Thompson, J.H. Bernard, R. Bultmann, F.M. Braun, R. Schnackenburg, M.C. Tenney); il présente également les opinions de la critique littéraire et les indications en faveur du caractère johannique et de la structure parenthétique du passage.

313. Cas analogues : 4,25; 11,16; 20,24; 21,2.

314. Cas analogues : a) avec noms de personnes : 7,50; 19,39 (Nicodème); 6,71; 12,4 (Judas); 1,40; 6,8 (André); 1,44; 12,21 (Philippe); 12,1.9 (Lazare); 21,2 (Nathanaël); 1,45; 6,42 (Jésus); 13,23; 19,26; 21,7.20 (le disciple que Jésus aimait; on peut ajouter 20,2); un cas d'identification négative : 14,22. b) avec noms de lieux : 10,40; 12,1. c) le participe attributif (ἐπι)λεγόμενος avec des noms de personnes : 11,16; 20,24; 21,2 (Thomas surnommé Didyme); 4,25; des noms de lieux : 5,2; 11,54; 19,13.17. Ces expressions avec λεγόμενος sont à rattacher au «reflectiestof», mais on ne peut dire qu'elles soient caractéristiques de Jn, les Synoptiques, surtout Mt, en faisant également usage.

315. Cas analogues : 2,6; 18,28; 19,31.40.42; notices concernant les fêtes : 2,13; 5,1; 6,4; 7,2; 10,22; 12,1; 13,1 [ces deux mentions de la proximité de la Pâque ne sont pas dans le style du «commentaarstof»; par ailleurs, on pourrait ajouter 11,55]; théologoumènes juifs : 6,46?; 7,22; 10,35.

316. Cas analogues : Konings note que Bernard compare 4,8 et 2,6 où les données nécessaires à la suite du récit sont mentionnées au dernier moment. Comp. 5,9c et 9,14 au point suivant; voir des notices similaires, formulées au dernier moment ou après coup : 2,22; 3,24; 4,45; 7,39; 10,22; 11,5 (prolepse).18.51-52; 12,18.33; 13,11a; 19,23b.

317. Cas analogues : 1,39; 4,6 (comp. 19,14 ὥρα ἦν ὡς); 7,2.30 (comp. 8,20). À rapprocher des «Erzählungsschlüsse» avec pronom déterminatif sur lesquels Ruck-

6   6. Sommaires et versets de transition : 2,11 et 4,54; 2,24-25[318].
    II. «Eigenlijke interpretamenten»[319] :
7   1. Explications d'expressions ou d'actions à double sens : 2,21; 6,6.71; 11,13; 12,6.33[320].
    2. Mentions de l'incompréhension des gens :
8a a) compréhension tardive des disciples : 2,17.22; 12,16.
b   b) incompréhension des Juifs ou des disciples : 7,5; 8,27; 10,6; 13,28-29; 20,9.
c   c) prophétie inconsciente : 11,51-52[321].
9   3. Observations sur la connaissance de Jésus : 6,64b; 13,11a[322].
10 4. Accomplissement de l'Écriture ou de paroles de Jésus : 4,44; 7,38-39; 18,9.32; 19,24.28.36-37[323].
11 5. Corrections : 4,2; 6,46; 7,22b[324].
12 6. Autres remarques et réflexions de portée théologique : 10,35b; 17,3; 19,35[325].

stuhl (p. 110) attire l'attention : en asyndète, 1,28; 2,11; 6,59; 8,20.30; 10,6; 12,36b; 21,24; avec particule de liaison : 4,54; 7,9; 12,37; comp. 20,30-31; 21,25.

318. Cas analogues : à côté des passages déjà cités qui jouent un rôle dans la structuration du récit : 1,24.28; 5,9; 6,59; 8,20; 9,14; 10,22-23, on tiendra compte de 4,44 et du développement récapitulatif de 12,37-43. On comparera 21,14 avec 2,11; 4,54. Voir aussi 20,30-31 et 21,24-25.

319. Cf. p. 34*-60*.

320. Cas analogues : 18,9.32; 21,19.23.

321. Cas analogues : pour le thème de la compréhension tardive des disciples, cf. la promesse du paraclet en 14,26; 16,13. Au sujet de l'incompréhension des disciples, voir encore : 2,9; 6,6; 11,13; (21,4b); en ce qui concerne l'incompréhension des Juifs, Jn vise sans doute l'endurcissement dont il est question en 12,37-43 dans les notations de 2,25; 4,44; 7,5 et dans les controverses; avec la prophétie inconsciente de 11,51-52, comp. 7,35; (8,22); 11,11-13.

322. Cas analogues : 2,24-25 a été recensé plus haut pour son rôle dans la structuration du récit (I,6); 6,6b.71, en tant qu'explication d'une parole ambiguë (II,1), mais nous avons là aussi l'expression de la connaissance de Jésus. On comparera encore les appositions avec εἰδώς en 6,61; 13,1.3; 18,4; 19,28. Peut-être 4,44 jette-t-il également une lumière sur l'arrière-plan traditionnel et l'intention rédactionnelle de semblables remarques.

323. Ces passages appartiennent au contexte narratif et rappellent les «Reflexionszitate» de Mt. Autres citations de l'Écriture à l'occasion de paroles de Jésus : 2,17; 6,45; 7,38; 10,34; 13,18; 15,25; 17,12; dans le témoignage du Baptiste : 1,23; comme objections des opposants à Jésus : 6,31; 7,42; dans la bouche du peuple : 12,13-15; dans un développement théologique de l'évangéliste : 12,38-40. Autres allusions à l'Écriture : 1,51; 2,4-5; 8,17; 10,16; 12,34.37 [?]; 16,22; réflexions suscitées par le recours à l'Écriture : 2,17.21-22; 12,16; 19,35. Les lemmes sont en partie les mêmes dans les paroles que dans le récit : καθώς en 1,23; 6,31; ἀλλ᾽ἵνα en 13,18; 15,25; 17,12. Γραφή peut avoir un sens général : 2,22; 7,38; 10,35; 17,12; 19,28; 20,9; γραφαί : 5,39.

324. Pas d'autres corrections en οὐχ ὅτι dans les évangiles, mais bien dans les épîtres : 1 Jn 4,10; Rm 9,6; 2 Co 1,24; 3,5; 7,9; 2 Th 3,9. On peut discerner un aspect correctif en 11,5; 12,6; 14,22.

325. Cas analogues : presque tous les exemples de l'article II; en particulier 2,24-25 et les autres remarques sur la connaissance de Jésus; en outre : 6,46; 7,22; 10,35; voir aussi 11,52 (comp. 10,16; chap. 17; 1 Jn 2,2).

III. Autres commentaires et réflexions en Jn[326] :
1. Développements théologiques et première conclusion : 3,13 ou 16-21.31-36; 12,37-43; 20,30-31[327].
2. Prologue : 1,6-8.12c-13.14.15.16.
3. Épilogue : 21,2 (cf. 11,16; 20,24); 21,7 (cf. 13,23); 21,8 (cf. 6,19; 11,18); 21,14 (cf. 2,11; 4,54); 21,19 (cf. 12,33; 18,32).24-25[328].

Konings présente ensuite un relevé de quelques traits stylistiques qui surviennent dans le «commentaar- en reflectiestof» :
a) γάρ, αὐτὸς γάρ, οὐ γάρ dans les réflexions et le contexte narratif en général : 2,25; 3,24; 4,8.9c.44.45b; 6,6.64b.71b; 7,5.39; 9,22; 12,43; 13,11.29; 18,13; 19,31.36; 20,9 (19 sur 27 emplois narratifs de γάρ).

b) τοῦτο δὲ ἔλεγεν/εἶπεν, ἔλεγεν περί, ἔλεγεν + accusatif prédicat, λέγω/λαλῶ et λόγος récapitulatifs, ὃ λέγεται, ὁ λεγόμενος : 1,38; 2,21.22; 4,25; 6,6.59.71; 7,39; 8,20.27; 9,22; 10,6; 11,13.16; 12,6.33; 18,9.32; 19,13.17; 20,16 (comp. 5,2).

c) ἦν δέ dans des mentions parenthétiques : 2,6; 5,(2).9; 6,10; (7,2); 9,14; 11,2; 18,10.14.40.

d) «het wederopnemende οὖν historicum» : 2,18.22; 3,25; 4,1.9.45; 5,10; 6,10c.24.60; 7,(3).40; 8,28; 9,15; 10,7.24; 11,3.14.31.53; 12,7.17.34; 13,12.24.30; 18,10.11.33; 19,1.26.42.

e) reprise et répétition après une parenthèse : 2,25b; 4,45; 6,10c; 9,15 [?].23; 11,3; 13,11b.30 [plutôt que 28?]; 19,23 [plutôt que 25?].

f) asyndète : 1,28; 2,11.17; 4,54 (N[26] : [δέ]); 6,(23).59; 8,20.27; 10,6. 22b; 12,16.36; (13,23).

g) anacoluthe et ellipse avec ἵνα, καθώς, οὐχ ὅτι : 6,46; 7,22.38; 18,9.32; 19,24.

h) réflexion double où la deuxième partie explique la première : 2,(9). 24-25; (3,23-24); 4,1-2; 6,6.71; 7,38-39; 9,22; 13,28-29; 18,13-14; 19,(28).42.

Konings fait encore valoir que certaines de ces catégories entrent en ligne de compte pour l'étude de la tradition et de la rédaction :
a) les remarques qui, à l'évidence, transmettent un matériel traditionnel et qu'on peut comparer dans la plupart des cas avec des données des

---

326. Cf. p. 60*-64*.
327. À l'intérieur de ces morceaux, explications de type parenthétique : 3,19c.34c; 12,43.
328. Konings ajoute ici dans son exposé (p. 64*-65*) une note sur 1 Jn. γάρ y apparaît trois fois, dont deux pour expliquer une expression qui précède par son contraire : 2,19 (avec reprise chiastique) et 4,20; le troisième exemple est 5,3, cas typique de *Definitionssatz*. Ce type de phrases est fréquent en 1 Jn, bien qu'on ne doive pas les séparer des autres explications. Il s'agit plutôt d'une technique d'association que d'une «Technik der Anmerkungen». Les expressions récapitulatives ταῦτα ἔγραψα en 2,26; 5,13 (comp. 1,4; 2,1) et surtout la structure du chap. 2 avec le triple γράφω/ἔγραψα (vv. 12-14) sont à rapprocher des expressions ταῦτα ἐλάλησεν etc. dans l'évangile et de ταῦτα δὲ γέγραπται en Jn 20,20-31.

COMMENTAIRES ET AUTRES ÉTUDES 55

24 évangiles synoptiques : 1,42 ; 4,44 ; 6,10.61.71 ; 11,2.51 ; 12,6 ; 18,40 ; 19,13.17.(24).(28) ; 20,9[329].

b) la réutilisation de motifs qui apparaissent ailleurs en Jn ou chez les
25 Synoptiques : 1,24 ; 4,8.(54) ; 5,9 ; 6,23.46.59.(61) ; 7,50 ; 9,14 ; 11,2 ; 13, 11.29 ; 18,9.14.32 ; 19,31.42 ; 20,16.24.

c) les compléments ou corrections par rapport au récit synoptique :
26 3,24 ; 4,2 ; (6,59) ; 19,14 etc.

27 d) le rôle structurant de versets-charnières : 1,(24).28 ; 2,11.24-25 ; 4, 54 ; 5,9 ; 6,59 ; 8,20 ; 9,14 ; 10,22-23 ; 12,36b.

28 e) la parenté tant formelle que thématique avec le «redestof» : 2,24-25 ; 7,39 ; 12,43 ; de même, les remarques liées structurellement à des paroles : 6,46 ; 7,22.38.

29 f) la parenté de Jn avec Mc en ce qui concerne le contenu et la technique des réflexions[330].

Konings attire également l'attention sur le fait qu'il faut éclairer le «bemerkingstof» par le contenu global du quatrième évangile. On y retrouve en effet les principaux théologoumènes de l'évangile :

30 a) l'incompréhension et l'incroyance du monde : 2,9 ; (6,6) ; 7,5 ; 8,27 ; 10,6 ; 11,13 ; 12,16 ; 13,28-29 ; 20,9.

31 b) le don de l'esprit et de la compréhension après coup : 2,(17).22 ; 7,39 ; 12,16 ; (20,9).

32 c) la connaissance surnaturelle de Jésus : 2,24-25 ; 6,6.61.64.71 ; 13,11. 28-29.

33 d) l'anticipation de la passion et de la glorification de Jésus : 2,17.22 ; 6,64.71 ; 7,39 ; 11,13.51 ; 12,33 ; (18,9.14.32).

34 e) l'accomplissement de l'Écriture : 2,17 ; 7,38 ; (10,35) ; (12,37-43) ; 19,24.28.36-37 ; 20,9.

35 f) la typologie pascale : 19,14.17.31.36.

36 g) la foi comme projet de l'évangile : (1,41) ; 2,11.24-25 ; (6,64) ; 17,3 ; 19,35 ; 20,30-31.

Konings conclut son exposé par quelques remarques sur l'unité littéraire du quatrième évangile. Alors qu'une étude du détail de ces passages amène certains auteurs à les considérer presque tous comme secondaires, une étude globale aboutit à l'orientation contraire. La présence des caractéristiques johanniques, la convenance au style narratif, la correspondance avec les paroles (fonds et forme), l'intégration dans l'évangile et la connexion mutuelle des brefs commentaires et réflexions obligent à prendre en considération l'homogénéité littéraire en tant qu'hypothèse de travail aussi longtemps que le contraire n'aura

---

329. Konings inclut dans cette liste des passages qu'on attribue à une tradition johannique propre, inconnue par ailleurs.

330. Au cours de son exposé, Konings relève le parallélisme entre Jn 6,61 et Mc 2,6-8 (p. 45*) ; Jn 6,71 et Mc 3,19 (p. 16*).

pas été établi³³¹. La «Technik der Anmerkungen» (cf. Bultmann) peut même servir d'argument en faveur de la rédaction par l'évangéliste, même si l'on doit rester attentif à d'éventuelles gloses post-johanniques, dont la ressemblance avec les réflexions et commentaires johanniques serait assez naturelle.

Olsson   Dans son chapitre intitulé *The Interpretative Character of the Text and the Paraclete*, B. OLSSON (1974) consacre un paragraphe aux nombreuses *remarks*³³² où s'exprime l'évangéliste lui-même³³³, bien que, pour plusieurs de ces phrases et expressions, il soit difficile de trancher s'il s'agit de remarques ou de parties intégrantes de la narration³³⁴. Sur ces *footnotes*, Olsson ne connaît que l'étude de M.C. Tenney³³⁵; il veut en examiner quelques-unes, dans la mesure où elles éclairent «the interpretative character of the text»³³⁶.

Les remarques apparaissent à travers tout l'évangile, mais sont rares dans les sections de discours; cela peut indiquer que les discours eux-mêmes seraient à considérer comme «interpretative comments» de l'évangéliste: ainsi 3,16-21.31-36; 5,19-47; 12,44-50, même si rien ne les lui attribue formellement³³⁷. Du point de vue du contenu, Olsson distingue plusieurs catégories de *footnotes*:

1   1. «Translations of words»: 1,38.41.42; 4,25; 9,7; 19,13.17; 20,16.
2   2. «Identifications of individuals»: 7,50; 11,2; 18,10.14.40.
3   3. «Data of time, place and customs»: 4,9; 6,4.59; 7,2; 8,20; 9,14; 10,22-23; 11,18.30; 19,14.31.42³³⁸.
4   4. «Summarizing comments»: 2,11; 4,54; 21,14.
5   5. «Explanations of speeches and events»: 2,9.25; 4,2; 6,6.23.64.71; 7,5.39.50; 11,2.51; 12,6; 13,11; 19,36; 20,30-31; 21,7.8.19.
6   6. «Longer theological expositions»: par exemple 12,37ss.

Bien qu'elles n'aient pas de forme spécifique, on trouve couramment dans les *footnotes* un certain nombre de formules:

7   a) «clauses with γάρ», négatives: 3,24; 4,9; 7,5; 11,30[?]; 20,9. positives: 4,8; 5,4; 19,36-37.
8   b) «clauses beginning with ταῦτα (τοῦτο)»: 1,28; 2,11; 4,54; 6,6.59;

---

331. Ce qui n'est possible que pour quelques petites gloses (4,2?), non pour la technique de composition comme telle.
332. B. OLSSON, *Structure and Meaning in the Fourth Gospel*, 1974, p. 262-266.
333. 1,28.38.39.40.41.42.44; 2,11.21-22; 3,24; 4,2.9c.25.54; 5,2; 6,1.6.39.64.71; 7,5.39.50; 8,[6].20.27; 9,7.22-23; 10,6; 11,2.5.13.16.30.51-52; 12,6.16.21.33.37ss.; 13,11.28; 14,22; 18,2.5.9.13-14.32.40; 19,13.17.35.36-37.38.39; 20,9.16.24.30-31; 21,2.14.19.20.23.24-25.
334. 1,23.24; 2,6.9.17.25; 3,14.23b; 4,44; 5,9; 6,4.10.31; 7,22.38; 9,8.14 etc.
335. Cf. *supra*, n. 266.
336. Cf. p. 262.
337. *Ibid.*
338. Ces remarques sont souvent intégrées dans la narration.

7,39; 8,20; 9,22-23; 10,6; 11,51-52; 12,6.16.33; 13,28-29; 19,36-37; 21,19.

9 c) «clauses with ἦν as the verb»: 1,44; 11,2; 18,13-14.40; 19,31; 21,7[339].

10 d) «expressions as 'that the Scriptures/Jesus' words should be fulfilled'»: 12,37ss.; 13,18b; 15,25; 18,9.32; 19,24b.28.36-37. Les phrases relatives avec καθώς s'apparentent aux remarques: 1,23; 6,31; 7,38; 12,14.

11 e) «expressions as 'this he/they said'»: 2,21-22; 6,6.71; 7,39; 9,22-23; 11,13.51-52; 12,6.33; 21,19.

12 f) «expressions as 'he/they knew/did not know'»: 2,9; 6,64; 10,6; 12,16; 13,11.28-29; 20,9.

13 g) «expressions as 'that is, in translation'»: 1,38.41.42; 9,7; 11,16 (= 20,24; 21,2); 19,13.17; 20,16.

L'abondance et la variété de ces remarques dépendent jusqu'à un certain point du fait que le texte de Jn a une longue préhistoire et que les notes ont été ajoutées à différentes occasions.

---

339. Même observation qu'à la note précédente.

DEUXIÈME PARTIE

LES PARENTHÈSES ET LE STYLE JOHANNIQUE

IV. LISTE CUMULATIVE DES PARENTHESES (TABLE III)

La table III contient les versets signalés comme parenthétiques dans les ouvrages qui viennent d'être analysés. L'obèle (†) signale les versets que nous retenons comme des 'remarques'[340] et qui sont mis entre parenthèses dans le texte grec de l'évangile de Jean reproduit dans la troisième partie. Une ligne verticale joint les phrases qui font partie d'une parenthèse plus longue (voir par ex. 1,6-8). Le sigle N marque les textes narratifs et le sigle P les paroles. La lettre ^{V} qui suit la référence indique qu'il s'agit du verset entier et les lettres a, b, etc. indiquent des parties du verset (voir les lignes du texte dans notre texte grec).

Après la référence nous énumérons les auteurs qui considèrent le verset ou la phrase comme parenthétique. S'il y a lieu, cette énumération est précédée d'une référence aux tables I (Editions) et II (Grammaires). Nous utilisons les abréviations qui suivent :

Ab	= Abbott	Kn	= Knabenbauer
Ben	= Bengel	Ko	= Konings
Ber	= Bernard	La	= Lagrange
Bor	= Bornemann	Lu	= Luthardt
Br	= Brown	Ol	= Olsson
Brom	= Bromboszcz	O'R	= O'Rourke
Bu	= Bultmann	Schn	= Schnackenburg
Cr	= Credner	Schu	= Schulze
EDIT	= Editions (Table I)	St	= Stange
Fl	= Flowers	Te	= Tenney
Ga	= Garvie	Th	= Thompson
GRAM	= Grammaires (Table II)	Wa	= Wassenbergh
He	= Henke	Web	= Weber
Ka	= Kaiser	Weg	= Wegscheider

L'énumération des auteurs se fait dans l'ordre chronologique de l'aperçu historique : (EDIT GRAM) Ben He Schu Weg Wa Bor Web Cr Ka Lu Kn Ab St Th Fl Ga La Brom Ber Bu Te O'R Schn Br Ko Ol. Les chiffres et

---

340. Voir l'introduction de la section V.

lettres qui accompagnent ces abréviations renvoient à la classification de l'auteur (voir les indications en marge des pages de notre aperçu historique). Ils sont mis entre parenthèses quand il s'agit d'un cas analogue (voir Konings). Une deuxième indication pour les parenthèses que nous avons retenues (les lettres A, B et C suivies d'un numéro) renvoie à nos classifications des parenthèses dans la section V.

EN BAS DE LA PAGE on trouvera de références aux auteurs qui sont étudiés dans la section VI : **L'étude des parenthèses et l'interprétation de l'évangile de Jean** dans l'ordre suivante :
a) En premier lieu, nous indiquons le niveau rédactionel auquel la parenthèse appartient d'après Wellhausen, Schwartz, Spitta, Bacon, Hirsch, Bultmann, Wilkens, Fortna, Teeple, Boismard et Becker (dans l'ordre chronologique)[341]. Voici les abréviations et sigles que nous utilisons :

niveaux littéraires

Ba	= Bacon	E = Evangelist; R = Redactor
Bec	= Becker	SQ = Semeia-Quelle; PB = Passionsbericht;
		E = Evangelist; KR = Kirchliche Redaktion
Boi	= Boismard	Doc C; Jn II-A; Jn II-B; Jn III
Bu	= Bultmann	SQ = σημεῖα-Quelle"; OR = Offenbarungsreden;
		PB = Passionsbericht; E = Evangelist;
		KR = Kirchliche Redaktion
Fo	= Fortna	GS = Gospel of Signs; E = Evangelist
Hi	= Hirsch	E = Evangelist; R = Redaktor
Schw	= Schwartz	A = Grundschrift; B = Bearbeiter ou Interpolator
Sp	= Spitta	A = Grundschrift; B = des emprunts faits à la tradition, ajoutés par le Bearbeiter; C = les additions du Bearbeiter lui-même
Tee	= Teeple	S = Signs Source; G = Semi-Gnostic Source; E = Editor; R = Redactor

---

341. Sur la théorie littéraire de ces auteurs, voir supra, n. 218-265 (Bultmann) et infra, n. 366-390 (Wellhausen), 391-412 (Schwartz), 420-430 (Spitta), 440-449 (Bacon), 450-459 (Hirsch), 469-484 (Wilkens), 485-504 (Fortna), 513-515 (Teeple), 520-558 (Boismard), 559-578 (Becker). Pour les ouvrages dans lesquels le commentaire sur la remarque est plus difficile à trouver nous indiquons la page (cf. Wellhausen, Schwartz, Bultmann, Wilkens, Becker). Noter: Wel I = **Erweiterungen und Änderungen im vierten Evangelium**, 1907; Wel II = **Das Evangelium Johannis**, 1908.

LISTE CUMULATIVE 63

We = Wellhausen   A = Grundschrift; B = Bearbeiter ou Interpolation

Wi = Wilkens   A = Das johanneische Grundevangelium; B = Der Ausbau des Grundevangeliums durch Redepartien; C = Die Umgestaltung zum Passionsevangelium.

Rien est indiqué quand l'auteur ne commente pas la parenthèse. Pour les théories littéraires depuis Spitta, le point d'exclamation (!) après le niveau rédactionnel marque qu'il s'agit d'une insertion qui se limite à la parenthèse telle que nous l'avons déterminée.

b) Puis nous notons également d'autres partisans de la critique littéraire qui ont signalé le caractère parenthétique du verset ou de la phrase avec, s'il y a lieu, les chiffres et les lettres de leur classification. L'énumération est donnée dans l'ordre de notre exposé : Schweizer Scholten Delff Wendt Lewis Wellhausen Schwartz Bousset Spitta Meyer MacGregor Bacon Hirsch Jeremias Howard Wilkens Fortna Dauer Teeple Roberge Boismard Becker Evans.

c) En dernier lieu, nous donnons les auteurs qui ont traité la parenthèse comme caractéristique de l'évangéliste avec l'indication de leur classification. Ils sont également cités dans l'ordre de notre exposé : Schwegler Hilgenfeld Jülicher Wrede Wright Jacquier Lagrange Dibelius Hoffmann Strachan Barrett Cothenet Carson Wead Culpepper Nicholson.

```
  P   1,1-18^VV       Brom 1
  P   1,2^V           O'R 10   Schn 1
  P   1,4b            St 31
  P   1,5^V           Schn 1
  NP  1,6-9^VV        Ber 2e   Br 1
† N   1,6-8^VV        La 6   Brom 3 6   Bu A   O'R 10   Ko 14 -- A3 11 15|  B28
  N   1,6^V           B22 23|  C278 312
```

1,1-18^VV   b) Delff (vv. 1-5, 9-18).
† 1,6-8^VV a) Wel: B (II, p. 7-8, 103). Schw: B (IV, p. 527-528, 533). Sp: vv. 6-7 = A; v. 8 = C. Ba: R!. Hi: E!. Bu: E! (p. 3-4, 29, spéc. n. 1). Wi: vv. 6-7a.c = A (inséré dans l'hymne primitif); v. 7b.8 = B (p. 92, 118-119). Fo: vv. 6-7a.c = GS; vv. 7b.8 = E. Tee: E!. Boi: vv. 6-7a.c = Jn II-A; vv. 7b.8 = Jn II-B. Bec: E (p. 69-71, 90). c) Barrett.

LES PARENTHÈSES ET LE STYLE JOHANNIQUE

† N	1,6b	GRAM Ko 2b -- **A**3| **B**14 23| **C**278
N	1,7^V	**B**11 14 16| **C**174I 175 176 238 240 242 307Ic 328 331 397 398
N	1,8^V	Weg 4 Bu 9d 11d -- **A**12| **B**11 15 25 29| **C**28 28Ia 29Ia 124 173I 238 240 397 398
N	1,8a	St 31
P	1,9c	O'R 10 Schn 1
† P	1,10b	Schn 1 -- **B**3 14| **C**191
P	1,12-13^{VV}	Schn 1
† P	1,12c-13^V	Bor 3 Ber 2e O'R 10 Br 1 Ko 14 -- **A**3| **B**14 20 23 29| **C**72 328 332 333 335 362
P	1,14-18^{VV}	Ab 3
† P	1,14bc	EDIT Schu 5 Weg 6 Web 1 Cr 2 Ka Ber 2e Te 4 O'R 10 Ko 14 -- **A**16| **B**3 14 23| **C**93 93I 260 313 321
† NP	1,15^V	EDIT La 6 Brom 3 5a Ber 2e Bu A 9b O'R 10 Br 1 Ko 14 -- **A**3 11 15| **B**13 14 16 20| **C**238 240 287Ib 307If
P	1,15b	EDIT
P	1,16-17^{VV}	Ber 2e
P	1,16^V	Te 4 O'R 10 Ko 14
P	1,17-18^{VV}	O'R 10 Br 1
P	1,18^V	Schn 1 Ko (14)
N	1,19^V	Schu 4

---

† 1,6b   **a)** Pour la critique littéraire, voir sous 1,6-8. **b)** Fortna d Boismard 3. **c)** Barrett.

† 1,10b   **a)** Wel: B (II, p. 7-8, 103). Schw: B (IV, p. 533). Sp: C! (avec le v. 10a). Ba: E. Hi: E. Bu: OR (p. 4, 33). Wi: "Hymnus" (inséré par B) (p. 119). Tee: E. Boi: Jn II-B. Bec: E (p. 69-70, 82).

† 1,12c-13^V **a)** Wel: B (II, p. 7-8, 103). Schw: B (IV, p. 532). Sp: v. 12c = A; v. 13 = C. Ba: R!. Hi: E. Bu: E! (p. 4, 37, spéc. n. 4 et 5). Wi: B! (p. 119). Tee: v. 12c = E; v. 13 = "Christian Gnostic Hymn". Boi: Jn II-B!. Bec: E! (p. 69-70, 80-81, 83).

† 1,14bc   **a)** Wel: B (II, p. 7-8). Schw: B (I, p. 367; IV, p. 533-534). Sp: C! (avec le v. 14aα). Ba: R!. Hi: E. Bu: OR (p. 4, 43-49, spéc. p. 49 n. 1). Wi: "Hymnus" (inséré par B) (p. 118-120, spéc. p. 119). Tee: "Christian Gnostic Hymn". Boi: Jn II-B. Bec: v. 14b = "Logoslied"; v. 14c = E (p. 69-70). **b)** Bacon 1.

† 1,15^V **a)** Wel: B (II, p. 7-8). Schw: B (IV, p. 528-530). Sp: A. Ba: R!. Hi: R! (avec ὅτι du v. 16). Bu: E! (p. 3-5, 50, spéc. n. 2). Wi: B! (inséré dans l'hymne primitif) (p. 119). Tee: E!. Boi: Jn II-B. Bec: E! (p. 70, 83, 90). **b)** Bousset Meyer. **c)** Dibelius Barrett.

LISTE CUMULATIVE 65

† NP?	1,23d	Ko (10) O1 10 -- **A**10| **B**17 23| **C**183Ia
† N	1,24^V	Ben 1 Brom 3 O'R 8 Schn 1 Ko 2c (6) 25 27 -- **A**3 11 14| **B**3
† N	1,28^V	Ben 1 Schu 1a La 1 Brom 4 Bu 7b O'R 2 Schn 1 3a Ko 5d (6) 21 27 O1 8 -- **A**4 13 14| **B**16 21| **C**282 284 307Id 325
P	1,30^V	Brom 5a Bu 1
P	1,31^V	Bu 9d 11d 11e
NP	1,32^V	Ben 2
P	1,33^V	Bu 9b
† NP?	1,38g	EDIT Ben 3 Schu 2a 5 Wa Bor 4 Web 1 5 Cr 2 Ka Lu 5 St 27 La 4 Brom 7 Ber 2d Bu 8 Te 1 O'R 1 Schn 1 3c Br 1 Ko 1 17 O1 1 13 -- **A**1| **B**20| **C**144 220 243I (360)
† N	1,39e	GRAM Lu 1 Br 1 Ko (5) O1 -- **A**5| **B**2 22| **C**81Ix 408
† N	1,40^V	Brom 6 Ko (2) -- **A**3 11 14| **B**14 22 23| **C**15 121 365

---

† 1,23d **a)** Wel: B (II, p. 9-10, 101, 106). Sp: B. Ba: E. Hi: E. Bu: KR (p. 57-58, 62 n. 6). Wi: C (p. 33-34, 126). Fo: (GS). Tee: E. Boi: Jn II-B. Bec: SQ (p. 90). **b)** Evans. **c)** Nicholson 6.

† 1,24^V **a)** Wel: B (II, p. 9-10, 101). Schw: B (IV, p. 523-524). Sp: A. Ba: E. Hi: R!. Bu: KR (p. 57-58, spéc. p. 62 n. 6). Wi: C (p. 33, 126). Fo: E. Tee: S. Boi: Jn II-B. Bec: SQ (p. 90). **b)** Wellhausen 5   Bousset   Meyer   Hirsch 2   Dauer 5. **c)** Dibelius   Barrett   Nicholson 2.

† 1,28^V **a)** Wel: A (II, p. 9-10, 101). Schw: B (IV, p. 521, 523-524, 527). Sp: B. Ba: E. Hi: E. Bu: E! (p. 58, spéc. n. 1). Wi: A! (p. 34, 92, 126). Fo: E. Tee: R. Boi: Jn II-B. Bec: SQ (p. 90, 92). **b)** Wellhausen 5   Bousset   Meyer   Fortna 1   Roberge   Boismard 4   Becker 1. **c)** Dibelius   Wead 1   Nicholson 3.

† 1,38g **a)** Wel: A (I, p. 37; II, p. 102, 103). Sp: C!. Ba: E. Hi: E. Bu: E! ou R! (p. 68 n. 6). Wi: A (p. 33-36, 92). Fo: E!. Tee: S. Boi: Jn II-B!. Bec: E! (p. 101). **b)** Bacon 1   Fortna 2   Boismard 1   Becker 2. **c)** Jacquier   Nicholson 1.

† 1,39e **a)** Wel: A (II, p. 11-13). Schw: B (IV, p. 511 n. 1). Sp: A. Ba: E. Hi: E. Bu: SQ ou E! (p. 68 n. 5). Wi: A (p. 33-36, 92). Fo: GS. Tee: S. Boi: Jn II-B!. Bec: SQ (p. 101). **b)** Fortna c   Boismard 2a. **c)** Nicholson 3.

† 1,40^V **a)** Wel: A, sauf ἀκουσάντων παρὰ ’Ιωάννου καὶ = B (II, p. 12-13). Schw: B (IV, p. 515, 517). Sp: A, sauf ὁ ἀδελ-φὸς Σίμωνος Πέτρου = B. Ba: E. Hi: E. Bu: SQ (p. 68, 70). Wi: A (p. 33-36, 92). Fo: GS. Tee: S (εἷς ἐκ τῶν δύο) et E (le reste du v. 40 avec οὗτος du v. 41). Boi: Jn II-A. Bec: SQ (p. 101,102). **b)** Boismard 3. **c)** Jacquier   Nicholson 2.

N	1,40bc	Bor 2
† NP?	1,41d	EDIT Ben 3 Schu 2a 5 Wa Bor 4 Web 1 Cr 2 Lu 5 St 27 La 4 Brom 7 Ber 2d Bu 8 Te 1 O'R 1 Schn 1 3c Br 1 Ko 1 36 Ol 1 13 -- **A**1| **B**20| **C**243I (250) 287Ij
† NP?	1,42e	EDIT Schu 2a 5 Wa Bor 4 Web 1 5 Cr 2 Lu 5 St 27 La 4 Brom 7 Ber 2d Bu 8 Te 1 O'R 1 Schn 1 3c Br 1 Ko 1 24 Ol 1 13 -- **A**1 3| **B**20| **C**144
† N	1,44^V	Ben 1 Schu 1c Web 6 Lu 1 La 1 Brom 4 Ber 2e O'R 8 Ko (2) Ol 9 -- **A**3 14| **B**2 23| **C**50I 116 117
N	1,44b	Bor 2
N	1,45g	We 6 Ko (2)
P	1,48de	Ga 3
NP	1,51^V	Ko (10)
NP	2,4-5^{VV}	Ko (10)
† N	2,6^V	Ben 4 Schu 1d Cr 2 Ab 2 Be 2d 3b Schn 1 3b Ko (3) 18 Ol -- **A**2 14| **B**2 23| **C**118I 186I 386

---

† 1,41d **a)** Wel: A (I, p. 37; II, p. 102). Schw: B (IV, p. 515, 517). Sp: C!. Ba: E. Hi: E. Bu: E! ou R! (p. 68 n. 6). Wi: A (p. 33-36, 92). Fo: E!. Tee: S. Boi: Jn II-B!. Bec: E! (p. 101). **b)** Bacon 1 Fortna 2 Boismard 1 Becker 2. **c)** Jacquier Nicholson 1.

† 1,42e **a)** Wel: A (I, p. 37; II, p. 102). Schw: B (IV, p. 517). Sp: C!. Ba: E. Hi: E. Bu: E! ou R! (p. 68 n. 6). Wi: A (p. 33-36, 92). Fo: E!. Tee: S. Boi: Jn II-B. Bec: E! (p. 101). **b)** Bacon 1 Fortna 2 Boismard 1 Becker 2. **c)** Jacquier Nicholson 1.

† 1,44^V **a)** Wel: A (II, p. 12-13, 103). Schw: B (III, p. 181, spéc. n. 2; IV, p. 515, 517). Sp: A. Ba: E. Hi: E. Bu: SQ (p. 68, 72 n. 5). Wi: A (p. 34-35, 92). Fo: GS. Tee: v. 44a = S; v. 44b = E. Boi: Jn II-B!. Bec: SQ (p. 101, 103). **b)** Meyer Boismard 3. **c)** Jacquier Nicholson 2.

1,51^V **c)** Nicholson 8.

† 2,6^V **a)** Wel: A, sauf κατὰ τὸν καθαρισμὸν τῶν ᾽Ιουδαίων = B (II, p. 17). Sp: B, sauf κατὰ τὸν κ. τ. ᾽Ι. = C. Ba: E. Hi: E. Bu: SQ, mais il note qu'on doit peut-être éliminer κείμεναι comme "Zusatz" avec ℵ al (p. 79, 82 n. 3; corriger D.M. SMITH, **The Composition and Order**, 1965, p. 39). Wi: A (p. 38-41, 92). Fo: SQ, sauf κατὰ τὸν κ. τ. ᾽Ι. = E. Tee: S, sauf κατὰ τὸν κ. τ. ᾽Ι. = E. Boi: Doc C, sauf ἐξ et κατὰ τὸν κ. τ. ᾽Ι. = Jn II-B. Bec: SQ, sauf κατὰ τὸν κ. τ. ᾽Ι.= E (p. 107). **c)** Wead 1 Nicholson 8.

LISTE CUMULATIVE 67

†	N	2,9cde	EDIT Schu 5 Weg 6 Web 1 Cr 2 Ka Ab 3 Bu 3b O'R 6 Schn 1 Br 1 Ko 23 30 01 5 12 -- **A**8| **B**3 28| **C**44 271 273 341 342
	N	2,9de	GRAM Te 6 Ko 4 (8) 30 -- **B**2 23
†	N	$2,11^V$	St 27 Brom 2b Te 7 O'R 7 Schn 1 3a Ko (5) 6 21 27 36 01 4 8 -- **A**4 13| **B**14 16| **C**70II 93I 186 307Id 307Ik 328 332 346 393
	N	$2,13^V$	Bu 6 Ko (3)
	N	2,13a	La 4 Ber 2d Schn 1 3b (τῶν Ἰουδαίων)
	N	2,15c	Bu C
	N	2,15d-16a	Bu C (καὶ τῶν κολλυβιστῶν... περιστερὰς πωλοῦσιν)
†	N	$2,17^V$	He 1 2 Ab 1 Ga 1 Brom 2a Bu 3b O'R 5 Schn 1 Ko 8a (10) 19 21 31 33 34 -- **A**9 10| **B**2 14 22 27| **C**80 81Iβ 253Ia

† 2,9cde **a)** Wel: A? (II, p. 13-14). Schw: v. 9c = A; v. 9de = B
(IV, p. 512). Sp: v. 9c = B; v. 9de = C! (avec ὁ ἀρχιτρί-
κλινος du v. 9f). Ba: E. Hi: E. Bu: E! (p. 79, 82 n. 9).
Wi: A (p. 40 n. 138, 92). Fo: E!. Tee: R. Boi: Jn II-B!
(avec ὁ ἀρχιτρίκλινος du v. 9f). Bec: E! (p. 107). **b)**
Bacon 1 Fortna 3 Becker 3. **c)** Carson (vv. 9-10)
Nicholson 5.

† $2,11^V$ **a)** Wel: B! (II, p. 24, 102). Schw: B (II, p. 116-117,
121; IV, p. 510). Sp: B. Ba: E. Hi: E. Bu: v. 11a = SQ;
v. 11b.c (ou seulement οἱ μαθηταὶ αὐτοῦ) = E (p. 79, 83
n. 7; **Ergänzungsheft**, p. 20). Wi: A (p. 39, 40-41, 92).
Fo: v. 11a.c = GS (dans la source on lisait τοῦτο πρῶτον
ἐποίησεν σημεῖον ὁ Ἰησοῦς ; c'est l'évangéliste,
"wishing to emphasize the first sign as the chief
one of all", qui aurait changé cette formule en ταύτην
πρώτην ἀρχὴν ἐποίησεν τῶν σημ. ὁ Ἰ. : voir P^{66*} ; comp.
א*); v. 11b = E. Tee: v. 11a.c = S; v. 11b = E. Boi:
dans le Doc C on lisait un texte assez comparable à
celui du GS d'après Fortna: τοῦτο πρῶτον σημεῖον ἐποίησεν
ὁ Ἰ. C'est encore le texte de Jn II-B. En plus, le
Doc C contenait la localisation ἐν Κανὰ τῆς Γαλιλαίας.
Boismard hésite à propos du v. 11b: "il est possible
que, dans le Document C, on aurait aussi au v. 11b 'et
il se manifesta', expression que Jean II-A aurait changé
en 'il manifesta sa gloire'" (p. 102b), mais il ne tient
pas compte de cette suggestion dans son commentaire, où
il attribue le v. 11b comme le v. 11c à Jn II-A. Bec: SQ
(p. 106, 107, 114). **b)** Wellhausen 2 Meyer Fortna a
Roberge Becker 1. **c)** Wead 2 Culpepper 1.

$2,13^V$ **c)** Barrett.

† $2,17^V$ **a)** Wel: B (II, p. 16, 106). Schw: B (II, p. 118). Sp: A.
Ba: R. Hi: R!. Bu: E! (p. 86, 87). Wi: A (p. 15-18,
27-28, 74, 92, 125). Fo: E!. Tee: E. Boi: Jn II-B!. Bec:
KR! (p. 124). **b)** Delff Bousset (?) Hirsch 3 Fortna 4
Dauer 1 Boismard 6 7 Evans. **c)** Hoffmann 2a Culpepper 1
Nicholson 8.

NP	2,20-22^{VV}	Bu 3b
†N	2,21-22^{VV}	He 2 Schu 2b Weg 1 Th Fl Ga 2 Brom 2a Bu A O'R 10 Ko (10) Ol 11 -- **B**28| **C**414
N	2,21^V	Web 2 Cre 2 Lu 4 Kn 1 St 26 Ber 2a 3c Bu 2b Schn 1 Ko 7 17 19 -- **A**6| **B**2 14 15 27| **C**124 126 128Ib 218I 227
N	2,22^V	Kn 1 Ber 2b Te 5 Schn 1 Ko (4) 8a (10) 17 31 33 -- **A**9 11| **B**7 14 16 20| **C**78 103 221 222 253I 299 304Ia 328 330
N	2,23-25^{VV}	He 1 Brom 2b Bu 10 O'R 10 Schn 1
N	2,23^V	Schu 3c Bu 4 5
N̄	2,23b	Bor 1
†N	2,24-25^{VV}	Ga 3 Te 6 Ko 6 (9) (12) 23 27 28 32 36 -- **A**17| **B**28
N	2,24^V	Schu 3d Web 3 Cr 2 Lu 7 Kn 1 Ber 2a Bu 11a -- **B**2 14| **C**68Ib (328)
N	2,25^V	Schu 3d Web 3 Cr 2 Lu 7 Ber 2a 3a Bu A 3a 9d 11a Ko (8) 16 20 Ol 5 -- **A**17| **B**1 11 13 14| **C**68Ia 155 174I 178Ic 238 240 276Ia
†N	3,1b	GRAM Lu 2 Ko 2b -- **A**3| **B**14 23| **C**263 278
P	3,2efg	Bu 5

---

† 2,21-22^{VV} **a)** Wel: B (II, p. 16). Schw: B (II, p. 118; IV, p. 514 n. 3). Sp: C!. Ba: R. Hi: E, sauf τῇ γραφῇ καί du v. 22 = R. Bu: E! (p. 86, 89, spéc. n. 2). Wi: A (p. 15-18, spéc. p. 18, 27-28, 57 n. 214, 72 n. 271, 74, 92). Tee: vv. 21-22b: E; v. 22c.d = R. Boi: Jn II-B. Bec: E (p. 125-126). **b)** Schweizer Scholten Delff Wendt Lewis Wellhausen 6 (v. 22) Bousset Spitta 1 Meyer MacGregor (v. 21) Bacon 1 2 (v. 21) Howard 2 Fortna 4 (v. 22) Dauer 1 4 Boismard 6 7 (v. 22) Becker 4. **c)** Hilgenfeld Jülicher 2 Wrede Wright 1 2 Jacquier (v. 21) Hoffmann 2a (v. 21) Carson (v. 19-21) Wead 3 (v. 22) Culpepper 1 2 (v. 22) 3 (v. 21) Nicholson 7.

2,23-25^{VV} **b)** Wellhausen 2 Becker 5.

† 2,24-25^{VV} **a)** Wel: B (II, p. 16, 23, 102). Schw: B (I, p. 352 n. 3; 365 n. 6; II, p. 115-118). Sp: A. Ba: R. Hi: v. 24 = E; v. 25 = R!. Bu: E (p. 86, 91-92, spéc. p. 91 n. 3). Wi: C (p. 127, 133). Tee: E. Boi: Jn II-B!. Bec: E (p. 129-131). **b)** Bousset (v. 25) Hirsch 4 Fortna 5b (v. 25) Boismard 10a. **c)** Jülicher 2 Culpepper 1 (v. 24) Nicholson 5 (v. 25).

† 3,1b   **a)** Wel: B (II, p. 18, 88). Sp: A. Ba: (R). Hi: E. Bu: E (p. 92-93). Wi: C (p. 127, 133). Fo: (GS). Tee: E. Boi: Jn II-A. Bec: "das E vorliegende Material" (p. 130-131). **b)** Fortna d Boismard 3. **c)** Barrett.

3,2efg   **b)** Bousset.

LISTE CUMULATIVE   69

P	3,12c	Brom 5a
P	3,13-21^{VV}	Ko 13
P	3,14^V	Ol
†P	3,16-21^{VV}	La 5 Brom 1 Ber 2c Bu 10 Te 10 O'R 10 Ko 13 -- **A**15| **B**28
P	3,16^V	Cr 2 Ber 3a Bu 9a -- **B**1 11 14 18 29| **C**1 2 28Ib 70IIIl 91 158 159 161 174I 176Ia 191 260 307IIa 328 332 335 387
P	3,17^V	Bu 9d 11b -- **B**1 11 14 29| **C**28Ia 29Ia 57 58 70IIIg 174I 176 191 200 387
P	3,18c	Bu 11c -- 3,18^V : **B**2 13 14| **C**81Iv 161Ib 200 260 328 332 333 335
P	3,19^V	Schu 4 Weg 5 St 31 Bu 9a Ko (13) -- **B**2 13 14 16| **C**1 115Ib 143 147 191 307Ie 307Ii 397 398 413
P	3,19-21^{VV}	Web 3 Cr 2
†P	3,19e	**A**7| **B**1
P	3,20^V	**B**1 11 14| **C**70IIId 174I 176Ia 258 395 397 398
P	3,21^V	**B**2 11 13 14| **C**16 22 81Iv 142 174I 393 397 398
N	3,23-24^{VV}	Ko 23
†N	3,23c	Brom 4 Schn 1 -- **A**4 7| **B**13
†N	3,24^V	EDIT Ben 1 He 1 Wa Bor 2 Cr 2 Ab 1 Brom 2b Ber 2e O'R 6 Schn 1 Br 1 2 Ko (4) 5d 16 19 26 Ol 7 -- **A**5 7 14| **B**1 27| **C**302 303

3,14^V
† 3,16-21^{VV} **c)** Nicholson 8.
a) Wel: B (II, p. 18, 101). Schw: B (I, p. 364 n. 4; 365 n. 2 et 6; III, p. 150-152, 170 n. 1). Sp: C! (avec les vv. 14-15). Ba: (R). Hi: E, sauf ἀλλ' ἔχῃ ζωὴν αἰώνιον du v. 16 = R. Bu: vv. 16-17.18c.19.20d.21c.d = E; vv. 18a.b.20a.b.c.21a.b = OR (p. 93, 111-115, 110 n. 3, 111 n. 3, 113 n. 7). Wi: C (p. 133-134). Tee: vv. 16.19-21 = G?; vv. 17-18 = E. Boi: vv. 16c.d.e.18a.b = Jn II-A; vv. 19-21 = Jn II-B; vv. 16a.b.17.18c = Jn III. Bec: E (dans les vv. 19-21, l'évangéliste a utilisé une tradition) (p. 130-131, 143-147).

† 3,23c   **a)** Wel: B (II, p. 18-20). Schw: B? (IV, p. 504, n. 2, 520, spéc. n. 3). Sp: A. Ba: E. Hi: E. Bu: "Tradition" (p. 123-127, spéc. p. 124 n. 5). Wi: C (p. 127-129). Fo: GS. Tee: R. Boi: Jn II-B!. Bec: SQ (p. 153). **b)** Boismard 1. **c)** Nicholson 8.

† 3,24^V **a)** Wel: "Glossator" (II, p. 18-19). Schw: B (IV, p. 520). Sp: C!. Ba: E. Hi: R!. Bu: KR! (p. 124, spéc. n. 7). Wi: "redaktionelle Glosse" (p. 128, 174). Fo: GS. Tee: R. Boi: Jn II-B!. Bec: SQ (p. 153). **b)** Wellhausen 7 Bousset   Meyer   Hirsch 2   Dauer 4   Boismard 9   Becker 1. **c)** Nicholson 5.

† P	3,26d	Brom 5a -- **A**3 11| **B**20 25| **C**238 287Ib
P	3,28^V	Schu 3e Brom 5a
† |P	3,31-36^{VV}	Ga 6 La 5 Brom 1 Ber 2c Te 10 O'R 10 Ko 13 19 -- **A**15| **B**27 28
|P	3,31^V	**B**22| **C**46 108 204
|P	3,32	Schu 3e -- **B**14 16 20 25| **C**238 242 243 285 286 287Ib 287Ig 307Ib 410I
|P	3,33^V	La 2 -- **A**12| **B**14| **C**23 238 242 243 369
|P	3,34^V	**A**20| **C**287Ig
† |P	3,34c	Bu 11b Ko (13) -- **B**1| **C**57 70IIIb 70IIIg 361
|P	3,35^V	**B**14| **C**1 2 90 321 387
|P	3,36^V	**B**2 14 29| **C**28Ia 81Iv 158 159 161 249 328 332 335 387
N	4,1-2^{VV}	Ber 1 Schn 1 2a Ko 23
N	4,1a	Bu C (ἔγνω ὁ κύριος ὅτι)
† N	4,2^V	EDIT He 1 Schu 1c 5 Weg 4 6 Web 1 Cr 2 Ka Fl La 2 Brom 2b Bu C Te 6 O'R 6 Br 1 2 Ko 11 26 Ol 5 -- **A**3 11 12| **B**4 14 29| **C**28Ia 185I
NP	4,4-44^{VV}	Ab 3

---

† 3,26d   **a)** Wel: B (II, p. 18-20). Schw: B (IV, p. 519-520). Sp: C!. Ba: E. Hi: E. Bu: E (p. 123 n. 4). Wi: C (p. 127-128). Tee: E. Boi: Jn II-B. Bec: E! (p. 154). **b)** Becker 6.

† 3,31-36^{VV} **a)** Wel: B (II, p. 19-20, 101). Schw: B (p. 364 n. 3, 365 n. 3 et 4, 367 n. 1; III, p. 150-152; IV, p. 519). Sp: C!. Ba: R!. Hi: E, sauf 31aβ.b.c.d.32c et αἰώνιον du v. 36 = R. Bu: vv. 31b.d.32-33.34a.b.35-36 = OR; vv. 31a.c.34c = E (p. 116-121, spéc. p. 116 n. 1, 117 n. 1, 119 n. 1). Wi: C! (p. 128-129, 133-134). Tee: v. 31a.b.c = G; vv. 35-36 = G?; vv. 31dα-34 = E. Boi: vv. 31b-34 = Jn II-A; vv. 35-36 = Jn II-B; v. 31a = Jn III. Bec: KR! (p. 35, 129-130, 156).

4,1a   **b)** Wellhausen 2 (vv. 1-3) 8 Howard 1. **c)** Strachan (vv. 1-2) Culpepper 1.

† 4,2^V **a)** Wel: B (I, p. 32-33; II, p. 16, 20, 23, 102). Schw: B (I, p. 345 n. 4; II, p. 119-120; IV, p. 519 n. 1). Sp: C!. Ba: E. Hi: R!. Bu: KR! (p. 122 n. 2, 128 n. 4). Wi: "eine schlechte Glosse"! (p. 129). Fo: "gloss"! (p. 180 n. 1). Tee: "Later Gloss"!. Boi: Jn III!. Bec: KR! (p. 166). **b)** Wellhausen 1 2 8 Bousset Spitta 3 Meyer Bacon 1 Hirsch 2 5 Jeremias Howard 1 Boismard 9. **c)** Lagrange Dibelius Strachan (vv. 1-2) Barrett Cothenet Nicholson 5.

LISTE CUMULATIVE   71

N	4,5bcd	Schu 1a 2b
N	4,6a	Cr 2? La 3
† N	4,6d	GRAM Schu 1b Cr 2? Lu 1 Ko (5) -- **A**5| **B**22| **C**408
† N	4,8^V	EDIT Ben 1 Ab 1 La 1 Ber 2e 3a Bu 7a Schn 1 Br 1 Ko 4 16 19 25 Ol 7 -- **A**6 14| **B**1 11 14 27| **C**70IIIo 174I 175
† N	4,9f	EDIT Ben 2 He 1 Schu 1d Wa Bor 2 Cr 2 Ka Ab 1 La 4 Brom 2a 7 Ber 2d Bu C 11b Te 3 O'R 3 Schn 1 2c 3b Br 1 Ko 3 16 Ol 3 7 -- **A**2 6| **B**1| **C**70IIIg
P	4,11cd	Bu C
P	4,18^V	Ga 3
† P	4,22^V	La 3 Schn 1 -- **B**13 20 22 26| **C**108 271 287Ig
÷ P	4,23aβ	La 2 Ber 2e O'R 10 -- **A**12| **B**3 14
† P	4,23d	**A**5| **B**1 3 22| **C**321

---

† 4,6d   **a)** Wel: A (II, p. 21-22, 107). Schw: B (IV, p. 506, 511 n. 1). Sp: A. Ba: E. Hi: E. Bu: SQ (p. 127-128). Wi: C (le v. 6d se lisait déjà dans la "Grundperikope", insérée par C) (p. 136). Fo: GS. Tee: S. Boi: Jn II-B!. Bec: SQ (p. 166, 167). **b)** Fortna c Boismard 2a.

÷ 4,8^V **a)** Wel: B (II, p. 21, 107-108). Schw: B (IV, p. 506, 509). Sp: C!. Ba: E. Hi: E. Bu: E! (p. 128, 130). Wi: C! (p. 135-136). Fo: E!. Tee: R. Boi: Jn II-A!. Bec: SQ (p. 166-167). **b)** Bousset Dauer 5 Becker 1. **c)** Nicholson 8.

† 4,9f   **a)** Wel: B (II, p. 108, 128). Sp: "Glosse"!. Ba: E. Hi: "Glosse"!. Bu: E ou "Glosse"! (p. 130 n. 5). Wi: "Glosse"! (p. 136 n. 500a). Fo: E ou "post Johannine addition"!. Tee: E. Boi: "une glose de scribe"!. Bec: KR! (p. 166-167). **b)** Meyer Bacon 1 Howard 2. **c)** Hoffmann 3a Barrett Cothenet Wead 1 Nicholson 3.

† 4,22^V **a)** Wel: B (II, p. 23, 108). Schw: B (I, p. 367 n. 1; IV, p. 506, spéc. n. 2). Sp: v. 22a.b = A; v. 22c = C!. Ba: E. Hi: R. Bu: KR! (ou seulement le v. 22c) (p. 139 n. 6). Wi: C (le v. 22 se lisait déjà dans la "Grundperikope", insérée par C) (p. 135-136). Fo: E. Tee: G?. Boi: Jn III. Bec: KR! (p. 167, 174-176). **b)** Meyer Hirsch 1 Boismard 11. **c)** Cothenet.

† 4,23aβ   **a)** Wel: B (II, p. 23, 108). Schw: B (IV, p. 506). Sp: A. Ba: E. Hi: R. Bu: OR? (p. 139 n. 7, 141 n. 1). Wi: C (le v. 23aβ se lisait déjà dans la "Grundperikope", insérée par C) (p. 136). Fo: E. Tee: E!. Boi: Jn III. Bec: E (p. 168, 174, 176).

† 4,23d   **a)** Wel: B (II, p. 23, 108). Schw: B (IV, p. 506, spéc. n. 2). Sp: A. Ba: E. Hi: R. Bu: E (p. 141 n. 1). Wi: C (le v. 23d se lisait déjà dans la "Grundperikope", insérée par C) (p. 136). Fo: E. Tee: G?. Boi: Jn III. Bec: E (p. 166-167).

† NP?	4,25c	EDIT Schu 2a Wa Bor 4 Web 1 5 Cr 2 Lu 5 La 4
		Brom 7 Ber 2d Bu 8 Te 1 O'R 1 Schn 1 3c Br 1 Ko
		(1) (2) 17 Ol 1 -- **A**1| **B**23| **C**219I (250)
† N	4,27^V	Ab 1 -- **B**3 6 14 16 27 28| **C**157 205 244 307Ia
N	4,27cde	Schn 1
P	4,29b	Brom 5a
NP	4,33^V	Schn 1
P	4,34bcd	Bu 9a
N	4,39cd	Schu 3c Brom 5a
P	4,42c	Bu 11a
P	4,42d	Bu 9b
N	4,43-45^{VV}	Bu 10
† N	4,44^V	He 1 Ga 3 La 3 Brom 5a Ber 2e 3a Bu A 3a 11a O'R 6
		Schn 1 2a 3d Br 1 2 Ko (6) (8) (9) 10 16 19 20 24 --
		A7 10| **B**1 14 26 27| **C**68Ia 238 239 (276Ia)
† N	4,45d	Schu 3e Cr 2 Kn 2 Brom 5b Ber 2e Bu 11a Ko (4) 16
		-- **A**3 11| **B**1 3 7 14| **C**68Ia (70IIIk) 138 146
† N	4,46b	Schu 3e Weg 3 Web 4 Brom 4 5b 6 Ber 2e Bu 1 Schn 1
		-- **A**4 11| **B**21| **C**(186) 282

---

† 4,25c **a)** Wel: B (II, p. 22-23, 108). Schw: B (IV, p. 506, 516 n. 1). Sp: C!. Ba: E. Hi: E. Bu: E! ou KR! (p. 145 n. 5). Wi: C (le v. 25c se lisait déjà dans la "Grundperikope", insérée par C) (p. 136). Fo: GS. Tee: S. Boi: Jn II-B. Bec: E (p. 166-167). **b)** Bacon 1 Boismard 1 Becker 2. **c)** Nicholson 1.

† 4,27^V **a)** Wel: B (II, p. 21, 108). Schw: B (IV, p. 506). Sp: C! (avec le v. 26). Ba: E. Hi: E. Bu: E! (p. 128, 142 n. 5 et 6). Wi: C! (p. 136). Fo: E. Tee: S. Boi: v. 27a = Jn II-A; v. 27b.c.d.e = Jn II-B. Bec: SQ (p. 166-167). **b)** Fortna 5c Becker 1. **c)** Culpepper 1.

4,43-45^{VV} **b)** Wellhausen 2 Becker 5.

† 4,44^V **a)** Wel: B (I, p. 33; II, p. 16, 23). Schw: "Randglosse" (II, p. 120). Sp: A. Ba: E. Hi: R! (avec le v. 45a). Bu: E (p. 91 n. 3, 150, spéc. n. 4). Wi: C (p. 129-130). Tee: E!. Boi: Jn II-B! (avec le v. 45a). Bec: "eine Randnotiz"! (p. 185). **b)** Schweizer (vv. 44-54) Delff (vv. 44.46-54) Wellhausen 1 Bousset Meyer (ou vv. 43-45 ou vv. 44-46a) Hirsch 1 2 Jeremias Fortna 5b Boismard 9 10a 11. **c)** Nicholson 8.

† 4,45d **a)** Wel: B (II, p. 16, 23). Schw: B (II, p. 120). Sp: A. Ba: R. Hi: E. Bu: E (p. 91 n. 3, 150, spéc. n. 3). Wi: C (p. 129-130). Tee: R. Boi: Jn II-B. Bec: E (p. 185). **b)** Fortna 5b Boismard 5 10a. **c)** Jülicher 1 Nicholson 8.

† 4,46b **a)** Wel: B (p. 24). Sp: C! (avec le v. 46a). Ba: E. Hi: E. Bu: E (p. 151 n. 10, 152). Wi: C (p. 130). Fo: E. Tee: R. Boi: Jn II-B. Bec: SQ (p. 185-186). **b)** Dauer 2 Boismard 5. **c)** Jülicher 1.

LISTE CUMULATIVE 73

N	4,50e	Brom 5a
N	4,53^V	Schu 3c
† N	4,54^V	Web 4 Cr 1 Kn 2 St 27 Brom 2b 5b 6 Te 7 O'R 7
		Schn 1 3a Ko (5) 6 21 25 27 Ol 4 8 -- **A**4 11 13| **B**2 16
		23| **C**307Id 307Ii 346
N	5,1^V	Bu 6 Schn 1 Ko (3)
N	5,1a	Ber 2d Schn 3b (τῶν 'Ιουδαίων)
N	5,2ss.	Schu 1a Ko 18
† N	5,2c	GRAM Ben 3 Schu 2a Lu 3 5 Brom 7 Ber 2d Bu 8 O'R
		1 Schn 3c Ko (2) 17 -- **A**1 4| **B**23| **C**100
N	[5,3c-4^V]	Schn 2c
† N	[5,4^V]	Fl Ber 1 Ol 7 -- **B**1 7 28| **C**70IIIq 190 385
† N	5,9d	Ben 5 Schu 1b Lu 1 Brom 4 Bu 7c Schn 1 Ko (4) 5a
		(6) 18 19 25 27 -- **A**5 14| **B**2 15 27| **C**116 118 128Ia
P	5,11bcd	Brom 5a
† N	5,13b	Ber 2e 3a -- **A**7| **B**1 24| **C**70IIIo 381
N	5,16^V	Schu 3c Brom 2b Bu 11e
† N	5,18^V	Schu 3c Brom 2b Bu 11e

4,53^V **c)** Culpepper 1.
† 4,54^V **a)** Wel: B (II, p. 24, 102). Schw: B (II, p. 116-117,
121; IV, p. 510). Sp: B. Hi: E. Ba: E. Bu: v. 54a = SQ;
v. 54b = E (p. 78, 154, spéc. n. 6). Wi: A (p. 41-42, 41
n. 142, 92). Fo: v. 54a = GS (Fortna omet δέ et lit
ἐποίησεν σημεῖον);v. 54b = E. Tee: S, sauf πάλιν = E.
Boi: v. 54a = Doc C; v. 54b = Jn II-B. Bec: v. 54a = SQ;
v. 54b = E (p. 114, 186). **b)** Wellhausen 2 Meyer Roberge
Fortna a Becker 1. **c)** Jülicher 1 Nicholson 4.
† 5,2c **a)** Wel: A (II, p. 24-25). Schw: B (III, p. 152, 154,
156). Sp: B. Ba: E. Hi: E. Bu: SQ (p. 177, 179). Wi: A
(p. 50, 92). Fo: GS. Tee: R. Boi: Jn II-B. Bec: SQ
(p. 229-230). **b)** Boismard 1 Becker 2. **c)** Nicholson 8.
[5,3c-4^V] **b)** Lewis Bacon 1.
†[5,4^V] **b)** Delff. **c)** Nicholson 8.
† 5,9d **a)** Wel: B (II, p. 25). Sp: A. Ba: E. Hi: E. Bu: SQ
(p. 178 n. 4). Wi: [A] (p. 50, 63-64, 92). Fo: E. Tee:
E. Boi: Jn II-B. Bec: SQ (p. 230, 232). **b)** Spitta 4
Boismard 2c Becker 1. **c)** Jacquier Nicholson 8.
† 5,13b **a)** Wel: B (II, p. 25). Schw: B (III, p. 156-157). Sp: A.
Ba: E. Hi: E. Bu: SQ (p. 177-178, 181). Wi: [A] (p. 50,
63-64, 92). Fo: E. Tee: R! (avec μετὰ ταῦτα du v. 14).
Bo: Jn II-B. Bec: SQ (p. 230, 232). **b)** Boismard 4.
c) Culpepper 1.
5,16^V **c)** Culpepper 1 Nicholson 5.
5,18^V **c)** Culpepper 1 Nicholson 5.

N	5,18d	Ga 3 -- **A**7| **B**23| **C**343
P	5,19-29^{vv}	Ga 6
P	5,20-29^{vv}	Ber 2c
P	5,20^V	Ber 3a
P	5,21^V	Ber 3a
P	5,22^V	Bu 9d 11b
† P	5,25bβ	La 2 Ber 2e O'R 10 -- **A**5 12| **B**3
P	5,26^V	Ber 3a
P	5,28-29^{vv}	F1
P	5,33^V	Schu 3e Weg 3 Kn 2
P	5,34^V	Br 1
P	5,34cd	St 29 Bu 2d
P	5,39a	Ko (10)
N	6,1b	Ber 2e Schn 1 2b Ol
N	6,2^V	Bu A 5 Schn 1
† N	6,4^V	Ben 1 Schu 1b Lu 1 (Ab 1) La 1 Brom 7 Bu 6 O'R 2 Schn 1 Ko (3) Ol 3 -- **A**5 14| **B**2 23 27| **C**102 118 138 139 179I 319
N	6,4	Ber 2d Schn 3b (τῶν 'Ιουδαίων)
† N	6,6^V	EDIT He 2 Schu 2c 3d 5 Web 2 Cr 2 Lu 6 7 St 29 La 1 3 Brom 2a Ber 2a 3a 3c Bu A 2a 3a 11a Te 9 O'R 9 Schn 1 Br 1 Ko 7 (8) (9) 16 17 23 30 32 Ol 6 8 11 -- **A**6 17| **B**1 2 14 16 23 28| **C**68Ia 226 271 276Ia 304Ia 307Ii

† 5,18d	**a)** Wel: B (II, p. 25). Schw: B (III, p. 155, spéc. n. 3). Sp: C. Ba: E. Hi: E. Bu: E (p. 177, spéc. n. 5, 182). Wi: C (p. 50, 103, 104). Tee: R. Boi: Jn III. Bec: E (p. 229, 233).
5,19-29^{vv}	**b)** Delff.
† 5,25bβ	**a)** Wel: "Glosse" (II, p. 26). Schw: B (III, p. 155 n. 1, 155 n. 3). Sp: B. Ba: E. Hi: E. Bu: OR (p. 194, 239 n. 7). Wi: B (p. 103-104). Tee: E. Boi: Jn III!. Bec: E! (p. 237, 241-242).
5,34^V	**c)** Hoffmann 2b.
6,1b	**c)** Barrett Nicholson 8.
† 6,4^V	**a)** Wel: B (I, p. 15-19, spéc. p. 17; II, p. 26, 102, 105 n. 1). Schw: B (II, p. 115, 121). Sp: B. Ba: E. Hi: E, sauf τὸ πάσχα = R. Bu: E! (p. 155, 156 n. 6, 157 n. 8). Wi: C! (p. 9, 10, 43). Fo: E!. Tee: R!. Boi: Jn II-B. Bec: KR! (p. 191). **b)** Wellhausen 2 Spitta 3 Meyer Boismard 2c. **c)** Nicholson 3.
† 6,6^V	**a)** Wel: B (II, p. 28-29). Schw: "eine törichte Glosse" (III, p. 182 n. 1). Sp: B. Ba: E. Hi: E. Bu: E! (p, 155, 157 n. 1). Wi: A (p. 43 n. 150, 72 n. 271, 92). Fo: E!. Tee: E!. Boi: Jn II-B. Bec: E! (p. 191-192). **b)** Lewis Fortna 3 5a 5b Boismard 10a Becker 3 4. **c)** Hilgenfeld Hoffmann 2a Culpepper 1 3 Nicholson 5.

N	6,8a	Wa Bor 2 Brom 6 Ko (2) (εἷς ἐκ τῶν μαθητῶν αὐτοῦ)
† N	6,10c	Schu 1a Web 1 Cr 2 Lu 3 Ab 1 2 La 3 Ber 3b Ko 5d 18 19 20 24 Ol. Voir également Lucas de Bruges (cf. supra, n. 16) -- **A**4 14| **B**2 26 27| **C**116 381
N	6,14a	Brom 2b
P	6,14cd	Bu 9b
† N	6,17c-18^V	**A**27 28| **B**14
N	6,17cd	La 1 -- **A**5| **B**2 3 9 14| **C**81Iβ 161Ib 302 304 367
N	6,18^V	**A**8 24| **B**4| **C**369Ia
† N	6,22a	GRAM Cr 2 -- **A**3| **B**23| **C**181I 325
N	6,22d	Wa Bor 1 (εἰς τὸ πλοιάριον)
N	6,22d-23^V	Schn 1 2a
† N	6,23^V	EDIT Schu 3e Web 4 Cr 1 Ka (Lu) La 6 Brom 5b 6 Ber 1 Te 6 O'R 6 Schn 1 3d Ko 5d 19 21 25 Ol 5 -- **A**4 11 14| **B**2 21 22 24 26 27| **C**81If 101 282 340 379 380
N	6,23c	Bu C Schn 2c
N	6,24^V	Ka?
N	6,24c	Schn 1
N	6,25a	Schn 1 (πέραν τῆς θαλάσσης)
P	6,26cde	Brom 5b
† P	6,27d	Bu B -- **B**1 16| **C**307Id 307Ih 321 369

---

† 6,10c **a)** Wel: A (II, p. 28-29). Sp: B. Ba: E. Hi: E. Bu: SQ (p. 155, 157). Wi: A (p. 43-45, 92). Fo: GS. Tee: S. Boi: Jn II-B!. Bec: SQ (p. 189-190, 192). **b)** Fortna c Boismard 4. **c)** Nicholson 8.

† 6,17c-18^V **a)** Wel: v. 17c.d = A; v. 18 = B (II, p. 29). Schw: B (IV, p. 501-504). Sp: B. Ba: E. Hi: E. Bu: SQ (p. 155, 158 n. 8 et 9). Wi: A (p. 17 n. 59, 46, 92). Fo: v. 17c.d = E; v. 18 = GS. Tee: S. Boi: Jn II-B. Bec: SQ (p. 194-195). **b)** Wellhausen 8 (v. 17) Boismard 9 (v. 18).

† 6,22aβ **a)** Wel: B (II, p. 29-30, 102). Schw: B (IV, p. 503-504). Sp: B. Ba: E. Hi: R. Bu: SQ (p. 155, 160). Wi: v. 22 = "Randglosse" (p. 46 n. 156). Fo: (GS). Tee: E!. Boi: Jn II-B. Bec: E (p. 200-201).

† 6,23^V **a)** Wel: B (II, p. 29-30, 102). Schw: B (II, p. 121; IV, p. 501-504). Sp: B. Ba: R!. Hi: E, sauf ἀλλά et εὐχαριστήσαντος τοῦ κυρίου = R. Bu: E, sauf εὐχ. τ. κ. = KR (p. 155, 160-161). Wi: A (il lit τῇ ἐπαύριον au lieu de ἄλλα (p. 45-46, 92). Fo: "It is possible that the verse is a late gloss"! (p. 68). Tee: "Later Gloss"!. Boi: Jn II-B. Bec: KR (p. 200-201, 203). **b)** Wellhausen 2 (vv. 22-24) 8 (v. 23) Meyer (vv. 23-25) Bacon 1 Howard 1 Boismard 4. **c)** Strachan Barrett Nicholson 5.

† 6,27d **a)** Wel: A? (II, p. 30-33). Sp: A. Ba: E. Hi: E, sauf ὁ θεός = R. Bu: KR (p. 163 n. 3, 164 n. 5, 166 n. 10). Wi: A (p. 92). Tee: G. Boi: Jn III. Bec: KR (p. 200-201, 204).

P	6,28-29^{vv}	St 17c
P	6,29bc	Schu 4 Weg 5 Bu 9a
† P	6,31bc	Ko (10) Ol 10 -- **A**10| **B**14 17| **C**80 81
† P	6,33^{v}	Cr 2 -- **B**1| **C**70IIIo 158 160 188 191 414
P	6,36^{v}	Kn 2 St 17b Brom 5a Bu 1
† P	6,39-40^{vv}	Schu 4 Bu 9a -- **B**28
P	6,39^{v}	**B**2 11 14 16 20 25 29| **C**68 90 162 174 176Ia 287Ii 307Ie 307Ii 318 323 324 410I 413
P	6,39d	Fl Schn 1
P	6,40^{v}	**B**1 2 11 14 16| **C**158 159 161 162 174 307Ie 307Ih 307Ii 328 332 335 387 413
P	6,40d	Fl Schn 1
NP	6,41-42^{vv}	Brom 3
NP	6,41bc	Brom 5a
NP	6,42-47^{vv}	St 17c
P	6,42b	Brom 5a Ko (2)
P	6,44^{v}	St 17b
P	6,44c	Fl Schn 1
P	6,45ss.	Weg 4
P	6,45ab	Ko (10)
P	6,45cd	Schn 1

---

† 6,31bc **a**) Wel: B (II, p. 30-33, 106). Sp: A. Ba: R. Hi: R!. Bu: E (p. 161, 163, 168 n. 1, 169). Wi: B (p. 95-96). Tee: E. Boi: Jn II-A. Bec: E (p. 200-201, 204-205). **b**) Boismard 7 Evans. **c**) Nicholson 6.

† 6,33^{v} **a**) Wel: B! (II, p. 30-33). Sp: C!. Ba: R. Hi: E. Bu: OR (p. 163, 168 n. 1). Wi: B (p. 95-96). Tee: E!. Boi: Jn II-B. Bec: E (p. 200-201, 205).

6,36^{v} **b**) Bousset Dauer 3.

† 6,39-40^{vv} **a**) Wel: B (II, p. 33). Schw: B? (I, p. 354 n. 1, 364 n. 3, 365 n. 6; III, p. 151 n. 1; sur les vv. 39d et 40d = B, voir spéc. III, p. 170 n. 1). Sp: v. 39a.b.c = A; vv. 39d.40 = C. Ba: R. Hi: v. 39a.b.c = E; vv. 39d-40 = R; Bu: vv. 39a.b.c.40a.b.c = E; vv. 39d.40d = KR (p. 162-164, 171 n. 5, 173-174, 174 n. 1-3). Wi: B (p. 96-97). Tee: v.39 = G; v. 40 = E. Boi: v. 39a.b.c = Jn II-A; v. 40a.b.c = Jn II-B; vv. 39d.40d = Jn III. Bec: v. 40a.b.c = E; vv. 39.40d = KR (p. 200-201, 211, 213). **b**) Delff (vv. 37-40) Bousset (vv. 39d.40). **c**) Lagrange (vv. 39d.40d) Dibelius (vv. 39d.40d) Nicholson 8 (v. 39).

6,44c **b**) Delff Bousset. **c**) Lagrange Dibelius.

6,45ab **b**) Evans.

LISTE CUMULATIVE 77

† P	6,46^V	Ben 2 St 24 Brom 2c Bu A 9d 11c Ko (3) 11 (12) 22 25 28 -- **A**12| **B**13 16 25| **C**285 287 288I 307Ib 410I 312 314 321
P	6,49^V	Schu 3e
P	6,50^V	Schu 4 St 31 Bu 9a
P	6,51^V	St 31
P	6,51a	St 3
P	6,54d	Fl Schn 1
P	6,55^V	St 3
P	6,58^V	Schu 4 Weg 5
† N	6,59^V	Schu 1a La 1 Brom 4 Bu 2c 7b Te 2 O'R 2 Schn 1 3a Ko 5b (6) 17 19 21 25 26 27 Ol 3 8 -- **A**4 5 13 14| **B**16 23 27| **C**221 224 304Ia 307Id
NP	6,61^V	Ber 2a Ko (9) 24 25 29 32
† N	6,64bcd	EDIT He 2 Schu 2b 3d Cr 2 Lu 7 St 17a 27 La 3 Brom 2a 6 Ber 2a 3a Bu A 3a Te 9 O'R 9 Schn 1 Br 1 Ko 9 16 32 33 36 Ol 5 12 -- **A**6 11 17| **B**1 14| **C**65 271 276Ia 328 335
P	6,65bcd	Schu 3e Brom 5a Bu 1 11e
N	6,66^V	Schu 3c

---

† 6,46^V **a)** Wel: B (II, p. 31-32, 101). Schw: "eine Randglosse" (I, p. 365 n. 4; II, p. 119 n. 1; III, p. 151 n. 1). Sp: C!. Ba: R. Hi: E. Bu: E (p. 163, 172-173, 173 n. 1). Wi: B (p. 96-97). Tee: E. Boi: Jn II-B. Bec: E (p. 200-201, 213). **b)** Bousset Spitta 3 Meyer MacGregor. **c)** Dibelius.
6,51^V **b)** Jeremias (vv. 51c-58).
6,54d   **b)** Delff. **c)** Lagrange.
† 6,59^V **a)** Wel: B (II, p. 32, 49, 101). Schw: B (II, p. 115, 122 n. 1; IV, p. 503). Sp: B. Ba: E. Hi: E. Bu: E! (p. 174, spéc. n. 5). Wi: B! (p. 97, 138). Tee: R! (avec le v. 58c). Boi: Jn II-B. Bec: E (p. 200-201, 214). **b)** Delff Wellhausen 3 Spitta 4 Meyer Fortna 1 Roberge. **c)** Nicholson 3.
6,61^V **b)** Howard 2. **c)** Culpepper 1.
† 6,64bcd   **a)** Wel: B (I, p. 34-35; II, p. 32-33, 58, 101). Schw: B (I, p. 352 n. 3, 363 n. 2; IV, p. 499 n. 1). Sp: B. Ba: E. Hi: R! (avec καὶ ἔλεγεν du v. 65). Bu: E (p. 340 n. 1, 343, spéc. n. 2 et 3). Wi: C (p. 140). Tee: R!. Boi: v. 64b.d = Jn II-B; v. 64c = "glose". Bec: KR (p. 200-201, 214, 216-217). **b)** Schweizer Lewis Wellhausen 1 7 Bousset Meyer Hirsch 4 Howard 2 Dauer .1. **c)** Hilgenfeld Hoffmann 2a Culpepper 1 Nicholson 5 7.

† N	6,71^V		He 2 Schu 2b Bor 2 Web 2 Cr 1 2 Kn 1 St 27
			Brom 2a 6 Ber 2a Te 6 O'R 6 Schn 1 Br 1 Ko (2) 7
			(9) 16 17 23 24 29 32 33 Ol 5 11 -- **A**3 6 11| **B**1 2 14 16
			23 28| **C**81Iβ 121 213I 307Ic 307Ih 364
NP	7,1-13^{VV}		Bu 10
N	7,1-2^{VV}		Bu 6
N	7,1^V		Schn 1
† N	7,1bc		Schu 3c Brom 1b Bu 11b -- **A**7| **B**1 13 14| **C**56 70IIIg 179
			326
N	7,2^V		Schu 1b Brom 7 Te 2 O'R 2 Ko (3) (5) 18 19 Ol 3
N	7,2		Ber 2d Schn 1 3b (τῶν 'Ιουδαίων)
† P	7,4ab		Web 2 -- **A**7| **B**1 14| **C**70IIIc 201
† N	7,5^V		EDIT Ben 1 He 1 Web 1 Cr 2 Ab 1 Brom 2b Ber 2b
			Bu 11b Te 6 O'R 6 Schn 1 Br 1 Ko 8b 16 30 Ol 5
			7 -- **A**6 8| **B**1 14 27| **C**70IIIg 328 332
P	7,6bc		Schu 3b
P	7,8a		Wa Bor 1 (εἰς τὴν ἑορτὴν ταύτην)
P	7,8c		Schu 3b
† N	7,9^V		Bu 2c 2e Ko (5) -- **A**4 13| **B**2 14 16| **C**221 225 304Ia
			307Id 307Ii

---

† 6,71^V **a)** Wel: B (II, p. 33, 58, 101). Schw: B (I, p. 352 n. 3; IV, p. 499 n. 1). Sp: A. Ba: E. Hi: R. Bu: E (p. 340 n. 1, 345-346). Wi: C (p. 138-141). Tee: v. 71a.c = S; v. 71b = E. Boi: Jn II-B. Bec: E (p. 200-201, 218-219). **b)** Schweizer Bousset (vv. 70-71?) Hirsch 4 (vv. 70-71) Howard 2 Dauer 1 Boismard 3. **c)** Hoffmann 2a Culpepper 3 Nicholson 2.

7,1-13^{VV} **b)** Becker 5.

† 7,1bc **a)** Wel: B (II, p. 34-36, 101). Schw: B (II, p. 115, 116, 118, 121). Sp: A. Ba: R. Hi: E. Bu: E (p. 216-217, 217 n. 2, 218). Wi: C (p. 10 n. 30, 48, 98-99). Tee: E!. Boi: Jn II-B!. Bec: E (p. 259). **c)** Hoffmann 2a Nicholson 5.

7,2^V **c)** Nicholson 3.

† 7,4ab **a)** Wel: A (II, p. 34-36, 101, 103). Schw: A (II, p. 117; III, p. 165). Sp: A. Ba: E. Hi: E. Bu: SQ (p. 217 n. 2, 219 n. 2). Wi: A (p. 48, 92). Tee: S. Boi: Doc C. Bec: SQ (p. 262).

† 7,5^V **a)** Wel: B (II, p. 34-36, 101). Schw: A (I, p. 117). Sp: C! (avec le v. 4cd). Ba: E. Hi: E. Bu: E (p. 217 n. 2, 218 n. 6). Wi: A (p. 48, 92). Tee: E!. Boi: Jn II-B!. Bec: E (p. 262, 263). **b)** Meyer. **c)** Hoffmann 3a Barrett Culpepper 1 Nicholson 5.

† 7,9^V **a)** Wel: B (II, p. 34-36, 101). Sp: A. Ba: E. Hi: E. Bu: SQ (p. 217 n. 2, 221). Wi: A (p. 48-49, 92). Tee: S. Boi: Doc C, sauf ταῦτα δὲ εἰπών = Jn II-B. Bec: SQ (p. 262).

LISTE CUMULATIVE 79

N	7,13^V	Schu 3a
P	7,19^V	Brom 5b
NP	7,20^V	Brom 5b Schn 1
† P	7,22bc	EDIT Ben 2 Weg 4 Cr 2 St 24 La 2 3 Brom 2a Ber 2b
		Bu A 9d 11c 11e O'R 6 Schn 1 Br 1 Ko (3) 11 (12) 22
		28 -- **A**12| **B**13 25 29| **C**28Ia 108 288I
P	7,23d	Kn 2 Brom 5b
P	7,25b	Brom 5b Bu 9b
P	7,26d	Bu 9b
NP	7,30-31^{VV}	Brom 2b
N	7,30^V	Schu 3b O'R 10 Ko (5)
NP	7,31^V	Bu 4 5
N	7,32^V	Schu 3c
P	7,33bc	Schu 3b
NP	7,35^V	Ko (8)
P	7,36^V	Brom 5a
N	7,37b	Schu 1b Ab 3
NP	7,38-39^{VV}	Ko 10 23
† P	7,38b	GRAM Ko 22 28 34 Ol 10 -- **A**10| **B**17 25| **C**78 183Ia
† N	7,39^V	EDIT Ben 1 He 2 Schu 2b Weg 1 Web 2 Cr 2 Lu 4 Kn
		1 Ab 1 St 27 Th Fl Ga 2 La 3 Brom 2a Ber 2a 3a
		Bu A B 2a 2b 2c 11b Te 6 O'R 10 Schn 1 2a (v. 39b)
		Br 1 Ko (4) 16 17 19 28 31 33 Ol 5 8 11 -- **A**3 6| **B**1 2

† 7,22bc	**a)** Wel: B (II, p. 37, 100). Schw: "die corrigierende Glosse" (II, p. 119 n. 1; III, p. 158). Sp: C!. Ba: E. Hi: R!. Bu: E! (p. 178, 209, spéc. n. 9). Wi: B! (p. 100: "Die Parenthese in 7,22 ist wohl vom Evangelisten nachträglich eingefügt"). Tee: R!. Boi: Jn III. Bec: E (p. 251, 259). **b)** Wellhausen 7 Spitta 3 Bacon 1 Hirsch 5 Jeremias Howard 2 Boismard 9. **c)** Hilgenfeld Nicholson 8.
7,23d	**c)** Jülicher 1.
7,30^V	**c)** Hoffmann 3a Culpepper 4.
7,33bc	**c)** Carson (vv. 33-36).
† 7,38b	**a)** Wel: B (II, p. 38, 106). Sp: A. Ba: R. Hi: R. Bu: KR (p. 229 n. 2). Wi: B (p. 101, 103, 131). Tee: G. Boi: Jn II-A. Bec: E ou KR (p. 272-276). **b)** Boismard 7. **c)** Nicholson 6.
† 7,39^V	**a)** Wel: B (II, p. 38, 118). Schw: B (III, p. 183). Sp: C!. Ba: R. Hi: R!. Bu: E (p. 124 n. 7, 229, spéc. n. 2). Wi: B (p. 72 n. 271, 101, 103, 131). Tee: E!. Boi: Jn II-B. Bec: E ou KR (p. 272-276). **b)** Scholten Delff Wendt Lewis Wellhausen 7 Bousset Spitta 1 Meyer Jeremias (v. 39b) Howard 2 Fortna 5a Dauer 1 4 Boismard 8 Becker 4.

		13 14 16 20 27 28| **C**94 221 226 227 290 302 303 304Ia 307Ii 328 332
P	7,40c	Bu 9b
P	7,41b	Bu 9b
P	7,42d	We 6 Brom 7 Ko (10)
N	7,43-44^{VV}	Brom 2b
P	7,46b	Brom 5a
† N	7,50b	EDIT Ben 2 Schu 3e Weg 3 Web 4 Cr 1 Kn 2 Brom 5a 6 Ber 1 2e Bu C Te 8 O'R 8 Schn 1 Br 1 Ko (2) 25 Ol 2 5 -- **A**3 11| **B**14 23| **C**145 (263) 356
	NP [7,53-8,11]	Fl Ber 1
† N	[8,6^V]	Schu 2c Web 1 2 Lu 6 Kn 1 Schn 1 Br 1 Ol -- **A**6| **B**2 11 14 16 23| **C**174I 226 304Ia 307Ii
N	[8,9d]	Schu 5 Weg 6 Ka
P	8,16^V	La 2 3
P	8,17^V	Ko (10)
† N	8,20^V	Ben 1 Sch 3b La 1 Brom 2b Bu 2c 7b Te 2 O'R 10 Schn 1 3a Ko 5b (6) 17 21 27 Ol 3 8 -- **A**4 5 13 14| **B**13 14 16 23 27| **C**302 304 304Ia 307Id 307Ik 327 405 406 407
NP	8,21^V	Schu 3e
P	8,22cde	Ko (8)
NP	8,24^V	Schu 3e Brom 5a Bu 1
NP	8,25c-27^{VV}	St 17c
P	8,26a	St 28

---

	c) Jülicher 2 Jacquier Dibelius Hoffmann 2a Wead 3 Culpepper 2 3 Nicholson 5.
7,42d	**b**) Evans (v. 42).
† 7,50b	**a**) Wel: B? (II, p. 39, 101). Sp: "Glosse". Ba: E. Hi: "Glosse"!. Bu: E? (p. 235 n. 1). Wi: C (p. 101, 142). Tee: E. Boi: Jn II-B. Bec: E? (p. 278). **b**) Bacon 1 Dauer 2 Boismard 5 Becker 6. **c**) Barrett Nicholson 2 5.
[7,53-8,11^{VV}]	**b**) Delff.
†[8,6^V]	**c**) Nicholson 8.
† 8,20^V	**a**) Wel: B (II, p. 40, 49, 101). Schw: B (II, p. 118 n. 1, 122 n. 1; III, p. 160). Sp: C!. Ba: E. Hi: E. Bu: E (p. 213, spéc. n. 2). Wi: B (p. 102-103). Tee: E. Boi: v. 20a = Jn III; v. 20bc = Jn II-A. Bec: E (p. 286, 291). **b**) Wellhausen 3 Spitta 4 Fortna 1 Roberge. **c**) Hoffmann 3a Carson (vv. 18-20) Culpepper 4 Nicholson 3.
8,24^V	**b**) Dauer 3.

LISTE CUMULATIVE 81

† N	$8,27^V$	Ben 1 He 1 Schu 2b Weg 1 Cr 2 Lu 4 Kn 1 Ga 2
		Brom 2a Ber 2b Te 5 O'R 6 Schn 1 Br 1 Ko 8b 17 19
		21 30 Ol -- **A**8| **B**14 22 27| **C**321
† N	$8,30^V$	Schu 3c Bu 2c 4 Schn 1 Ko (5) -- **A**13| **B**14 16 24 27|
		C207 304Ia 328 332 336
NP	$8,33c-36^{VV}$	St 17c
P	8,34d	Bu C (τῆς ἁμαρτίας)
† P	$8,35^V$	O'R 10 Br 1 -- **B**2| **C**11 12 81Iv
P	8,42def	Bu 11b
P	8,42ef	Bu 9d
P	8,47cd	Bu 11e
NP	$8,51-53^{VV}$	St 17c
P	8,54ef	Brom 5a
N	$8,59^V$	Schu 3c Brom 2b
P	9, 3c	Bu 11d
P	$9,4^V$	Schu 3b
N	$9,6^V$	Schu 1e
N	9,6a	Bu 2e
† NP?	9,7c	EDIT Ben 3 Schu 2a Wa Bor 4 Cr 2 Ka Lu 5 St 27
		La 4 Brom 7 Ber 2d Bu 8 Te 1 O'R 1 Schn 1 3c Br 1
		Ko 1 Ol 1 13 -- **A**1 4| **B**20 27| **C**144
† N	9,8b	Ol -- **A**3| **B**13

---

† $8,27^V$ **a)** Wel: B (II, p. 41, 109). Schw: B (I, p. 360 n. 1; III, p. 160, 162). Sp: C. Ba: E. Hi: E. Bu: KR (p. 266-267). Wi: B (p. 108-110). Tee: E. Boi: Jn III!. Bec: E (p. 292, 295). **b)** MacGregor Howard 2. **c)** Jacquier Hoffmann 3a Culpepper 1 3 Nicholson 7.

† $8,30^V$ **a)** Wel: B (II, p. 41-42, 59, 109). Schw: B (I, p. 360 n. 1; III, p. 162). Sp: C!. Ba: E. Hi: E. Bu: E (p. 321, 332). Wi: C (p. 142-143). Tee: E!. Boi: Jn II-B. Bec: E (p. 292, 296). **c)** Culpepper 1.

† $8,35^V$ **a)** Wel: B (II, p. 41-42, 109). Schw: A (III, p. 151 n. 1, 162). Sp: A. Ba: E. Hi: E. Bu: OR (p. 337, spéc. n. 2). Wi: C (p. 142-143). Tee: E. Boi: Jn II-B. Bec: E (p. 303).

† 9,7c   **a)** Wel: B (I, p. 45-46, 47). Sp: C! (avec εἰς τὴν κολυμβήθραν). Ba: E. Hi: E. Bu: E! ou R! (p. 253). Wi: A (p. 51-54, 92). Fo: E!. Tee: S. Boi: Jn II-B!. Bec: E (p. 316). **b)** Bacon 1 Fortna 2 Boismard 1 Becker 2. **c)** Schwegler Nicholson 1.

† 9,8b   **a)** Wel: B (II, p. 46-47). Sp: A. Ba: E. Hi: E. Bu: SQ (p. 250, 253 n. 6). Wi: [A] (p. 51-54, 63-64, 92). Fo: (GS). Tee: E. Boi: Jn II-B. Bec: SQ (p. 315). **c)** Nicholson 8.

NP	9,11^V	Schu 3e
N	9,11b	Schu 2a (ὁ λεγόμενος Ἰησοῦς)
† N	9,13b	Wa Bor 3 -- **A**3 11| **B**23
† N	9,14^V	Ben 1 5 Schu 1b 5 Lu 1 Bu 7c Te 2 O'R 2 Schn 1 Br 1 Ko (4) 5a (6) 18 19 20 25 27 Ol 3 -- **A**5 14| **B**2 14 20 27| **C**43 116 118 344
P	9,15def	Schu 3e
N	9,16f	Brom 2b
† N	9,18cβ	Wa Bor 3 -- **A**3 11| **B**23
† N	9,22-23^{VV}	Schu 2c O'R 6 Schn 1 Br 1 Ol 8 11 -- **A**6| **B**27 28
N	9,22^V	Ben 1 Schu 3a Lu 6 Brom 2b 5a Bu 2c Ko 4 16 17 20 23 -- **B**1 9 11 13 14 16 26| **C**59 70IIIj 99 173 174I 179 221 224 304Ia
N	9,23^V	He 1 Schu 3e Bu 11e -- **A**11| **B**14 16| **C**86 153
† N	9,24b	**A**3 11| **B**20| **C**287Ij
P	9,27bc	Brom 5a
P	9,30bcd	Schu 4
† N	10,6^V	He 1 Cr 2 Kn 1 Brom 2a Bu 3b Te 5 O'R 6 Ko (5) 8b 17 19 21 30 Ol 8 12 -- **A**6 8 13| **B**2 14 15 16 20 27 28| **C**124 128Ib 221 287Id 307Id 307Ik 316

---

† 9,13b   a) Wel: B (II, p. 46-47). Schw: B (II, p. 146 n. 2). Sp: A. Ba: E. Hi: R!. Bu: SQ (p. 250, 253 n. 8). Wi: [A] (p. 51-54, 63-64, 92). Tee: S. Boi: Jn II-B. Bec: SQ (p. 315, 316).

† 9,14b   a) Wel: B (II, p. 46-47). Schw: B (II, p. 146 n. 2). Sp: C!. Ba: E. Hi: E. Bu: SQ (p. 250, 253). Wi: [A] (p. 51-54, 63-64, 92). Tee: S. Boi: Jn II-B. Bec: SQ (p. 315). b) Spitta 4 Boismard 2c Becker 1. c) Nicholson 3.

† 9,18cβ   a) Wel: B (II, p. 46-47). Sp: B. Ba: E. Hi: R!. Bu: SQ (p. 250, 254). Wi: [A] (p. 51-54, 63-64, 92). Tee: E. Boi: Jn II-A. Bec: SQ (p. 315).

† 9,22-23^{VV} a) Wel: B (II, p. 46-47, 101). Schw: B (II, p. 146 n. 2). Sp: B. Ba: E. Hi: E. Bu: E! (p. 250, spéc. p. 254 n. 10). Wi: [A] (p. 51-54, 63-64, 92). Tee: E. Boi: Jn II-B!. Bec: E (p. 316, 320). b) Boismard 11 (v. 22) Becker 4. c) Hoffmann 3a (v.23) Culpepper 1 3 (v. 22) Nicholson 5 (vv. 22-23).

† 9,24b   a) Wel: B (II, p. 46-47). Sp: A. Ba: E. Hi: E. Bu: E (p. 250, 255). Wi: [A] (p. 51-54, 63-64, 92). Tee: R. Boi: Jn II-A. Bec: SQ (p. 315).

† 10,6^V a) Wel: B (II, p. 48, 102). Sp: C! (avec les vv. 7-10). Ba: R! (avec les vv. 7-10). Hi: E. Bu: E! (p. 272-274, 285). Wi: C (p. 145-147). Tee: G. Boi: Jn II-B. Bec: KR (p. 35, 324-327). b) Wellhausen 2 Bousset (?) Meyer (?) Clemen Roberge. c) Jülicher 2 Hoffmann 3a Nicholson 7.

P	10,9^V	St 17b Bu C
† P	10,12fg	EDIT Schn 1 -- **B**3 14 25
P	10,12f	Wa Bor 1 (αὐτά)
P	10,13^V	Br 1
P	10,15ab	Lucas de Bruges (cf. supra, n. 16)
P	10,16^V	St 17c Ko (10) (12)
NP	10,17-25^{VV}	St 17c
P	10,17^V	Bu 11e
P	10,18abcd	EDIT Bu 9d
NP	10,19-21^{VV}	Bu 10
N	10,19^V	Brom 2b
P	10,21c	Schu 3e Brom 5b
N	10,22-23^{VV}	Ben 1 St 17a Bu 6 Te 2 O'R 2 Ko 5b (6) 19 27 Ol 3
N	10,22^V	Schn 1 Ko (3)
† N	10,22b	He 1 Schu 1b Lu 1 La 3 Ko (3) (4) 21 -- **A**5| **B**22
N	10,23^V	Schu 1a Ko 19
P	10,25bcd	Brom 5a
P	10,26-27^{VV}	Schu 3e
† P	10,27b	**B**3 14
N	10,31^V	Schu 3c Brom 2b
P	10,32bc	Brom 5b
P	10,34b	Ko (10)
† P	10,35b	EDIT Schu 5 Web 1 La 3 Ber 2e Br 1 Ko (3) (10) 12 34 -- **A**10| **B**3| **C**78

10,9^V		**b**) Wellhausen 1.
† 10,12fg		**a**) Wel: B (II, p. 47-49, 101). Sp: A. Ba: E. Hi: R. Bu: OR (p. 274, 282). Wi: C (p. 145-147). Tee: R!. Boi: Jn II-A. Bec: KR (p. 35, 324-327). **c**) Barrett.
10,16^V		**b**) Wellhausen 1.
† 10,22b		**a**) Wel: B (II, p. 49, 105 n. 1). Schw: B (II, p. 115, 122). Sp: A. Ba: E. Hi: E. Bu: E (p. 274); Wi: C (p. 148-150, spéc. p. 148 n. 541). Tee: R. Boi: Jn II-B. Bec: E (p. 336). **b**) Wellhausen 2 (vv. 22-23) Boismard 2b. **c**) Nicholson 3 (vv. 22-23).
† 10,27b		**a**) Wel: B (II, p. 49-50). Sp: C. Ba: E. Hi: E. Bu: OR (p. 274, 294 n. 1). Wi: C (p. 148-150). Tee: G. Boi: Jn II-B. Bec: KR (p. 338).
10,34b		**b**) Evans.
† 10,35b		**a**) Wel: B (II, p. 49-50, 101). Sp: A. Ba: E. Hi: R. Bu: KR (p. 274, 296-297, spéc. p. 297 n. 2). Wi: C (p. 148-150). Tee: R!. Boi: Jn II-B. Bec: E ou KR (p. 339). **b**) Bacon 1 Boismard 7. **c**) Barrett.

P	10,36ef	Brom 5a
P	10,37^V	Brom 5b
N	10,39^V	Schu 3c Brom 2b
NP	10,40-42^{VV}	Bu 10
N	10,40^V	Schn 1
† N	10,40b	Schu 3e Web 4 Cr 1 Kn 2 Brom 5b Ber 2e Ko (2) -- **A**4 11| **B**21| **C**282 284 357 380
NP	10,41^V	Kn 2 Brom 5b Bu 5
N	10,42^V	Schu 3c 3e Brom 2b Bu 4
N	11,1ss.	La 1
N	11,1-2^{VV}	Brom 6
N	11,1cd	Web 6
† N	11,2^V	EDIT Schu 1c Cr 1 Ka Ab 1 St 27 Ber 1 Te 8 O'R 8 Schn 1 2a 3d Br 1 Ko 2a 18 19 20 24 25 Ol 2 5 9 -- **A**3 11| **B**2 14 26 27| **C**67 116 117 202 237
NP	11,3^V	O'R 6 Ko 20
P	11,4bcd	Bu 9d
† N	11,5^V	Schu 1e Lu 3 Ab (1) St 3 La 1 Ber 1 O'R 6 8 Br 1 Ko (4) (11). Voir également Lucas de Bruges (cf. supra, n. 16). -- **A**3 6 14| **B**2 14 26 27| **C**1 3 81Iß 202 236
P	11,8c	Brom 5b
NP	11,11-13^{VV}	Ko (8)

10,36ef	**b**) Dauer 3.
† 10,40b	**a**) Wel: A (II, p. 50). Schw: A? (II, p. 115; III, p. 173 n. 1; IV, p. 520 n. 2, 527). Sp: A. Ba: E. Hi: E. Bu: SQ ou E (p. 299 n. 2, 300). Wi: A (p. 55, 92). Tee: E!. Boi: Jn II-B. Bec: SQ (p. 340). **b**) Boismard 4 5.
† 11,2^V	**a**) Wel: "Glosse" (I, p. 35-36; II, p. 52). Schw: B (II, p. 120 n. 1; III, p. 166). Sp: C. Ba: R!. Hi: E. Bu: KR! (p. 301 n. 4, 302 n. 1). Wi: "Randglosse"! (p. 56 n. 206, 129 n. 470). Fo: GS. Tee: R!. Boi: v. 2ab = Jn II-B; v. 2c = Doc C. Bec: "eine späte Leserglosse"! (p. 345). **b**) Wellhausen 1 7 Bousset Meyer Howard 1 Fortna b Boismard 3 5. **c**) Jülicher 3 Dibelius (vv. 1-5) Strachan Wead 4 Nicholson 2 5.
† 11,5^V	**a**) Wel: B (II, p. 52-53). Schw: A (III, p. 166). Sp: A. Ba: E. Hi: E. Bu: SQ (p. 301 n. 4, 302 n. 7). Wi: B (p. 56, 111). Fo: E. Tee: R!. Boi: Jn II-B. Bec: SQ (inséré dans la "Urform") (p. 344, 348, 351). **b**) Boismard 11. **c**) Dibelius (vv. 1-5) Hoffmann 2a Culpepper 1 Nicholson 8.
11,8c	**b**) Dauer 2.

LISTE CUMULATIVE 85

† N	11,13^V		Ben 1 He 2 Schu 2b Weg 1 Web 2 Cr 2 Lu 4 Kn 1 Ab 1 St 26 Brom 2a Ber 2b Bu A 2b 3b O'R 6 Schn 1 Br 1 Ko 7 (8) 17 19 30 33 Ol 11 -- **A**6 8| **B**2 14 15 27 28| **C**81Iß 91I 124 128Ib 216I 227 414
† P	11,15b		EDIT Ber 2e -- **B**11| **C**174I 328
NP	11,16^V		Schn 1
† N	11,16b		Ben 3 Schu 2a Web 5 La 4 Ber 2d Bu 8 O'R 8 Schn 1 3c Br 1 Ko (1) (2) 15 17 Ol 13 -- **A**1 3| **B**23| **C**89 (166) 219I
N	11,17^V		La 1
÷| N	11,18-19^{VV}		**A**14| **B**27 28
| N	11,18^V		EDIT Schu 1a 5 Brom 4 7 Te 2 O'R 2 Schn 2d Ko (4) 5d Ol 3 -- **A**4 14| **B**2 23| **C**101 102 116 117 171
| N	11,19^V		**B**2 11 14| **C**81Ik 174I 175 236 237 349
† N	11,20d		Schn 1 -- **B**2 27| **C**81Iw 237
N	11,28a		Bu 2e

---

† 11,13^V **a)** Wel: B (II, p. 52-53). Schw: B (III, p. 167 n. 2). Sp: C. Ba: E. Hi: R!. Bu: E! (p. 301 n. 4, 304, spéc. n. 7; corriger D.M. SMITH, **Composition and Order**, 1965, p. 44). Wi: A (p. 57, 72 n. 271, 92). Fo: E. Tee: S. Boi: Jn III!. Bec: E (p. 356-357). **b)** Howard 2. **c)** Jülicher 2 Jacquier Hoffmann 2a Wead 3 Culpepper 3 Nicholson 8.

† 11,15b **a)** Wel: B (II, p. 52-53). Sp: B. Ba: E. Hi: E. Bu: SQ ou E! (p. 301 n. 4, 305 n. 1). Wi: A (p. 57, 92). Fo: E. Tee: S. Boi: Jn III!. Bec: SQ (inséré dans la "Urform").

† 11,16b **a)** Wel: A (II, p. 52-53). Schw: A? (III, p. 169, 173; IV, p. 513). Sp: A. Ba: E. Hi: E. Bu: E (p. 301 n. 4, 305 n. 4). Wi: B? (p. 57). Fo: E. Tee: R!. Boi: Jn II-B. Bec: E (p. 348, 352). **b)** Boismard 1 Becker 2. **c)** Nicholson 1.

† 11,18-19^{VV} **a)** Wel: B (II, p. 51-52, 101). Schw: B (II, p. 115; III, p. 170-171). Sp: v. 18 = A; v. 19 = B. Ba: E. Hi: E. Bu: SQ! (les vv. 18-19 sont insérés dans le récit traditionnel) (p. 301 n. 4, 305 n. 9). Wi: B (p. 57-58, 111). Fo: GS. Tee: v. 18 = R!; v. 19 = S. Boi: Jn II-B. Bec: SQ (inséré dans la "Urform"), sauf ἐκ τῶν Ἰουδαίων = E (p. 349, 351). **b)** Bousset (v. 18?) Meyer (v. 18?) Fortna b c (v. 18) Boismard 4. **c)** Nicholson 3 (v. 18).

† 11,20d **a)** Wel: B (II, p. 51-52, 101). Schw: B (III, p. 170-171). Sp: B!. Ba: E. Hi: E. Bu: E (p. 301 n. 4, 305 n. 9). Wi: B (p. 57-58, 111). Fo: GS. Tee: E! (avec le v. 20b). Boi: Jn II-B. Bec: SQ (inséré dans la "Urform") (p. 349).

† N	11,30^V	EDIT Ben 1 5 Schu 1a Cr 2 Ab 1 Te 2 Br 1 Ko 4 19 Ol 3 7 -- **A**4 7 14| **B**2 14 21 27 29| **C**31Ib 81Im 236 282 302 304 380 381
N	11,31^V	Bu 3b Schn 1
† N	11,31bc	Schu 3e -- **A**3 11| **B**14 23
N	11,31gh	Schn 1
NP	11,32^V	Schn 1
N	11,33bc	Schu 3e
P	11,37bc	Schu 3e
† N	11,38cd	Schu 1a -- **A**4| **B**2 14| **C**116
NP	11,39c-40^V	Schn 1
P	11,40bcd	Schu 3e Kn 2 Brom 5a Schn 3d
P	11,42^V	Ga 4 Brom 5a Bu 2d
N	11,43a	Bu 2e
N	11,45-46^{VV}	Brom 2b
N	11,45^V	Bu 4
P	11,47d	Bu 5
† N	11,49b	**A**3| **B**15 23| **C**128Ia

---

† 11,30^V	**a**) Wel: B (II, p. 51, 101). Schw: B (III, p. 170 n. 2). Sp: C!. Ba: E. Hi: E. Bu: E (p. 301 n. 4, 305 n. 9, 309 n. 2). Wi: B (p. 57-58, 111). Fo: E. Tee: R. Boi: Jn II-B! (avec le v. 31a). Bec: SQ (inséré dans la "Urform") (p. 349, 354). **b**) Bacon 1 Boismard 4. **c**) Hoffmann 3a Nicholson 3.
† 11,31bc	**a**) Wel: B (II, p. 51, 101). Schw: B (III, p. 170-171). Sp: B. Ba: E. Hi: E. Bu: E (p. 301 n. 4, 305 n. 9, 309 n. 2). Wi: B (p. 57-58, 111). Fo: E. Tee: R. Boi: Jn II-A!. Bec: E (p. 349, 354). **b**) Boismard 5.
11,33bc	**c**) Culpepper 1.
† 11,38cd	**a**) Wel: A? (II, p. 52). Schw: B (III, p. 171). Sp: B. Ba: E. Hi: E. Bu: SQ (p. 301 n. 4, 311). Wi: A (p. 58, 92). Fo: GS. Tee: R! (avec εἰς τὸ μνημεῖον). Boi: Doc C. Bec: E (p. 349, 354). **c**) Culpepper 1 (v. 38a).
11,40bcd	**b**) Dauer 3.
11,42^V	**c**) Hoffmann 2b.
11,45^V	**c**) Culpepper 1.
† 11,49b	**a**) Wel: B (I, p. 25; II, p. 54, 101). Schw: B (III, p. 172). Sp: C!. Ba: E. Hi: R!. Bu: E (p. 313 n. 2, 314). Wi: A (p. 63, 92). Fo: E. Tee: E! (avec Καϊάφας). Boi: Jn II-B. Bec: PB (p. 365).

LISTE CUMULATIVE   87

† N   11,51-52^{VV} EDIT   He 1   Cr 2   Ab 1   St 26   Ga 5   Brom 2a   O'R 10
                       Schn 1   Br 1   Ko (4)   8c 19   Ol 8 11 -- **A**6| **B**27 28
  N   11,51^V Web 1 2   Kn 1   St 27   Ber 2b   Bu A 2a   Te 6   Ko 24 33
                       Ol 5 -- **A**3| **B**2 15 16 23 29| **C**28Ia 50 51 52 128Ia 221 226
                       304Ia 307Ii 391
  N   11,52^V Schu 2b   Web 1   Ko (12) -- **B**2 3 11 25 29| **C**28 28Ia 29Ia
                       29Id 81Iγ 120 173I 177 373 391
  N   11,54c   Schu 2a   Ko (2)
  NP 11,55-57   Bu 6 10
  N   11,55^V Schu 1b   Brom 7   Schn 1 3b
  N   11,55a   Ber 2d   Schn 3b   (τῶν 'Ιουδαίων)
† N   11,57^V Ab (1)   Brom 2b -- **B**2 11 14 27| **C**66 81Iβ 91 99 135 173
                       174I 327 352
  N   12,1a   Ko (3)
† N   12,1bc   Schu 3e   Kn 2   Brom 4 6   Ber 1   Schn 1 2d   Ko 2 -- **A**3 4|
                       B20 21 27| **C**103 202 282 284
† N   12,2bc   Schu 3e   Schn 1 3d -- **A**3 11| **B**2 3 14 27| **C**81Iv 121 202
                       236
  N   12,4b   Ko (2)

---

† 11,51-52^{VV} a) Wel: B (I, p. 26; II, p. 54). Schw: B (I, p. 365 n.
                   6; III, p. 172). Sp: C!. Ba: E. Hi: v. 51 = E, sauf ἀρχ.
                   ὧν τοῦ ἐνιαυτοῦ ἐκείνου = R; v. 52 = R!. Bu: E (p. 313
                   n. 2, 314 n. 4). Wi: A (p. 57 n. 214, 63, 72 n. 271,
                   92). Fo: E. Tee: E! (avec le v. 53). Boi: Jn II-B. Bec:
                   KR! (p. 369-370). b) Lewis Spitta 1 Howard 2 (v. 51)
                   Fortna 4 5a (v. 51) Dauer 1 4 Boismard 8. c) Hilgenfeld
                   Wrede Hoffmann 3a Carson (vv. 49-53) Wead 4 Culpepper 3
                   Nicholson 5.
† 11,57^V a) Wel: B (II, p. 54). Schw: B (III, p. 173, 180). Sp:
                   A. Ba: E. Hi: E. Bu: E (p. 315, 316 n. 2). Wi: A (p. 64,
                   92). Fo: E. Tee: S. Boi: Jn II-B. Bec: PB (p. 371).
                   b) Becker 5 (vv. 55-57).
† 12,1bβc   a) Wel: B (II, p. 55). Schw: B (III, p. 177-178). Sp:
                   C!. Ba: E. Hi: E. Bu: E! (p. 315, 316 n. 8). Wi: A (p.
                   18-19, 28, 74-75, 92). Fo: GS, après Λάζαρος Fortna
                   ajoute (ὁ τεθνηκώς). Tee: E!. Boi: Jn II-B. Bec: E (p.
                   372). b) Meyer Dauer 2 Boismard 4 5 Becker 6. c)
                   Barrett.
† 12,2bc   a) Wel: B (II, p. 55). Schw: B (III, p. 177-178). Sp:
                   C!. Ba: E. Hi: E. Bu: v. 2b = "eine schriftliche
                   Quelle"; v. 2c = E! (p. 315, 316 n. 8). Wi: A (p. 18-19,
                   74-75, 92). Fo: GS. Tee: R!. Boi: Jn II-B!. Bec: E! (p.
                   373). b) Meyer Boismard 3 Becker 6.

† N	12,4c	EDIT Schu 2b Bor 2 Brom 6 O'R 8 Schn 1 Br 1 -- **A**3 11| **B**14 23| **C**364
† N	12,6^V	He 1 Schu 2c Web 1 2 Cr 2 Lu 6 Kn 1 Ab 1 St 29 La 3 Brom 2a Bu 9d Te 6 O'R 6 Schn 1 Br 1 Ko 7 (11) 17 19 24 01 5 8 11 -- **A**6| **B**2 13 14 16 27 29| **C**28Ia 31 76 221 226 288I 304Ia 307Ii
P	12,8^V	Bu C
N	12,9-11^{VV}	Brom 2c
N	12,9^V	Brom 6
† N	12,9e	Schu 3e Brom 5b Ko (2) -- **A**3 11| **B**20| **C**103
N	12,11^V	Schu 3c
NP	12,13-15^{VV}	Ko (10)
P	12,13e	Schu 2a
N	12,14-15^{VV}	Ga 1 01 10
÷|N	12,14c-16^{VV}	O'R 10 -- **A**7 10| **B**27 28
|N	12,14c	**A**7 10| **B**17| **C**80 81
|N	12,15^V	**B**23

---

† 12,4c **a)** Wel: B (II, p. 55). Sp: C! (avec Ἰούδας ὁ Ἰσκαριώτης). Ba: E. Hi: E. Bu: "eine schriftliche Quelle" (p. 315). Wi: A (p. 18-19, 74-75, 92). Fo: (GS). Tee: R! (avec Ἰούδας ὁ Ἰσκαριώτης). Boi: Jn II-B. Bec: KR (p. 374). **c)** Culpepper 1 Nicholson 2.

† 12,6^V **a)** Wel: B (II, p. 55). Schw: A (III, p. 178). Sp: C!. Ba: E. Bu: E! (p. 315, 318 n. 1). Wi: A (p. 18-19, 74-75, 92). Fo: E!. Tee: R!. Boi: Jn II-B!. Bec: KR! (p. 374). **b)** Schweizer Lewis Wellhausen 6 Bousset Meyer Howard 2 Fortna 4 Boismard 8. **c)** Hilgenfeld Jacquier Hoffmann 3a Wead 4 Culpepper 3 Nicholson 5.

† 12,9e **a)** Wel: B (II, p. 55). Schw: B (III, p. 177-178). Sp: C. Ba: E. Hi: E. Bu: E (p. 318 n. 5). Wi: C (p. 18-19, 74-75, 93). Tee: R. Boi: Jn-B. Bec: E (p. 375). **c)** Culpepper 1 (v. 9).

12,11^V **c)** Culpepper 1.

† 12,14c-16^{VV} **a)** Wel: B (II, p. 56, 106). Schw: vv. 14c-15 = B (III, p. 174-176); v. 16 = "Interpolator" (III, p. 175, 176 n. 1, 183; IV, p. 514 n. 3). Sp: vv. 14c-15 = A; v. 16 = C!. Ba: E. Hi: R! (avec le v. 14ab). Bu: vv. 14c-15 = "eine Quelle" ou E; v. 16 = E! (p. 319, spéc. n. 4, 320 n. 2 et 4). Wi: A (p. 57 n. 214, 64-66, 72 n. 271, 92). Fo: vv. 14c-15 = GS; v. 16 = E. Tee: E! (avec le v. 17c). Boi: vv. 14c-15 = Jn II-A; v. 16 = Jn II-B. Bec: vv. 14c-15 = PB; v. 16 = E (p. 376, 378). **b)** 12,16: Delff Lewis Bousset Jeremias Fortna 3 4 Dauer 1 Boismard 6 7 Becker 3 4; 12,14-16: Hirsch 2 Boismard 7 (v. 14) Evans (v. 14). **c)** 12,16: Hilgenfeld Jülicher Jacquier Hoffmann 3a Culpepper 1 2 4 Nicholson 7; 12,14-16: Hoffmann 2a Carson (12,12-17) Nicholson 6 (v. 14).

|N	12,16^V	He 1 Schu 2b Weg 1 CR 2 Lu 4 Kn 1 St 27 Brom 2a
		Ber 1 2b Bu A 3b Te 5 Schn 1 2a Br 1 Ko 8a (10) 19
		21 30 31 01 8 12 -- **A**8 9| **B**2 14 16 29| **C**28Ia 80 94 253I
		307Id 307If 307Ii 357 409
NP	12,17-19^{VV}	Bu 10
†|N	12,17-18^{VV}	Schn 1 -- **B**28
|N	12,17^V	Schu 3e -- **A**3 11| **B**7 14 23| **C**103 202 238 239
|N	12,18^V	St 29 Brom 2b Bu 11e Ko (4) -- **B**13 14 16| **C**85 307Ik
		346
N	12,20^V	Schu 1c
† N	12,21b	Bor 2 Web 6 Brom 6 Ko (2) 01 -- **A**3| **B**23| **C**50I
P	12,23bc	Schu 3c
P	12,25-26^{VV}	St 17c
P	12,26^V	St 17c
P	12,27e	Bu 11e
† N	12,33^V	EDIT Ben 1 He 2 Schu 2b Weg 1 Web 2 Cr 2 Lu 4 Kn
		1 Ab 1 St 29 Th Fl Ga La 3 Brom 2a Ber 2a 3c Bu
		A B 2a 2b O'R 6 Schn 1 Br 1 Ko (4) 7 17 19 33 01 8
		11 -- **A**6| **B**2 16 23 27| **C**51 52 226 304Ia 307Ii 363
P	12,34bc	Ko (10)
P	12,35b	Schu 3b
NP	12,36d-45^{VV}	St 17c
NP	12,36d-43^{VV}	Ber 2c

† 12,17-18^{VV} **a)** Wel: B (II, p. 56). Schw: v. 17 (et 18?) = B (III, p. 177, 180). Sp: C!. Ba: E. Hi: E. Bu: E! (p. 319, 320). Wi: A (p. 65, 92; noter qu'au v. 17, A lisait ὅτι au lieu de ὅτε, cf. p. 65 n. 241). Tee: v. 17a = E; vv. 17b.c.18a (avec ὅτι du v. 18b) = R; v. 18 = S. Boi: Jn II-B. Bec: E (p. 376, 378-379). **b)** Boismard 5 (v. 17). **c)** Hoffmann 3a (v. 18) Culpepper 1 (v. 18).

† 12,21b **a)** Wel: B (II, p. 56, 58). Sp: B. Ba: E. Hi: E. Bu: "eine Quelle" ou E (p. 321, 321 n. 6, 324). Wi: B (p. 112-113). Tee: R!. Boi: Jn II-B!. Bec: E (p. 381). **c)** Nicholson 8.

12,25-26^{VV} **b)** Delff (vv. 25-30).

12,27a **c)** Hoffmann 2b.

† 12,33^V **a)** Wel: B (II, p. 57-58). Schw: "Glosse" (III, p. 183). Sp: C. Ba: E. Hi: E. Bu: E! (p. 237 n. 5, 335), mais voir p. 495: KR!. Wi: C!? (p. 113). Tee: E. Boi: Jn II-B. Bec: E (p. 397). **b)** Scholten Delff Wendt Lewis Bousset Spitta 1 Meyer Howard 2 Fortna 4 5a Dauer 1 Becker 4. **c)** Hilgenfeld Jülicher 2 Wrede Wright 1 Jacquier Dibelius Hoffmann 2a Carson (vv. 32-33) Wead 3 Culpepper 3 Nicholson 8.

† N	12,36de	Brom 2b Bu 2c Ko (5) 21 27 -- **A**13| **B**14 16| **C**207 304Ia 307Id
NP	12,37-50^{vv}	La 5 Brom 1
† NP	12,37-43^{vv}	He 1 Brom 1 Te 9 10 O'R 10 Ko (6) (8) 13 34 Ol 6 10 -- **A**13 15
NP	12,37-41^{vv}	Ga 1
NP	12,37-40^{vv}	Web 3
NP	12,37-38^{vv}	Ber 2c
N	12,37^{v}	Ben 2 Schu 3c Bu 5 Ko (5) (10) -- **B**2 14 19 24| **C**328 332 346 382
NP	12,38-41^{vv}	Cr 2
NP	12,38-40^{vv}	Ko (10)
NP	12,38^{v}	Brom 5a -- **A**10| **B**11 20 25| **C**173I 174I 221 222 339
N	12,39^{v}	Bu 11e -- **B**13 16| **C**85 328
P	12,40^{v}	**B**11 14| **C**174I 176Ia 384
NP	12,41-43^{vv}	Bu 10
N	12,41^{v}	Schu 2c Lu 6 Kn 1 -- **A**6| **B**13 14 16| **C**93 221 224 304Ia
N	12,42^{v}	Kn 2 La 2 Bu 4 -- **B**6 11 14| **C**59 174I 176Ia 244 328 332 336 349
N	12,43^{v}	Ber 2b Ko (13) 16 28 -- **B**1| **C**1 70IIIr 93Ia
P	12,47de	Schu 3c Bu 9d 11b
† P	12,50a	St 3 -- **B**3 14| **C**158 159 271

---

† 12,36de   **a)** Wel: B (II, p. 57). Sp: A. Ba: E. Hi: E. Bu: E! (p. 174 n. 5, 237, 264, 272). Wi: [A] (p. 54, 92). Tee: E. Boi: Jn II-B. Bec: E (p. 381, 383, 399).

† 12,37-43^{vv} **a)** Wel: B (II, p. 57-58, 101, 102, 107). Schw: B (III, p. 152, 184). Sp: vv. 37-38.41-43 = A; vv. 39-40 = C. Ba: E. Hi: E. Bu: vv. 37-38 = SQ; vv. 39-43 = E (p. 346-348, spéc. p. 346 n. 4 et 6; comp. p. 78 n. 4). Wi: vv. 37-41 = A (p. 65-66, 92); vv. 42-43 = C (p. 142). Tee: vv. 37.39b (sans πάλιν)-43 = E; vv. 38.39a et πάλιν du v. 39b = R. Boi: vv. 37.39b (sans πάλιν).40 = Jn II-A; vv. 38.39a (et πάλιν du v. 39b).41-43 = Jn II-B. Bec: vv. 37-38 = SQ; vv. 39-43 = E (p. 408-409). **b)** Delff (vv. 38-41) Wellhausen 2 (vv. 37-43) Howard 2 (v. 43) Boismard 7 (v. 38) Evans (v. 38-39). **c)** Hilgenfeld (vv. 37-38) Jülicher 2 (v. 41) Hoffmann 3a (vv. 37-43) Barrett (vv. 37-50) Carson (vv. 37-43) Wead 1 (vv. 42-43) Culpepper 1 (vv. 42-43) 3 (v. 41) Nicholson 6 (v. 37ss.).

† 12,50a   **a)** Wel: B (II, p. 58). Schw: B? (IV, p. 184). Sp: A. Ba: R. Hi: R!. Bu: E (p. 263 n. 4). Wi: B (p. 108-110). Tee: G. Boi: Jn II-B. Bec: KR (p. 35, 413).

LISTE CUMULATIVE   91

N   13,1-3^{VV} He 2   Ga 3
N   13,1^V Schu 3b   Web 1   Bu 3a   O'R 10   Ko (3) (9)
N   13,2b-3^{VV} Schn 1 2b
† N 13,2bc   EDIT   Schu 2b 5   Bor 2   Web 1   Cr 2   Brom 6   O'R 6 --
                         A11| **B**9 11 14 24| **C**161Ia 174I 364
N   13,3^V He 1   Bu 3a   O'R 10   Ko (9)
NP   13,10d-11^V Schu 2b   Bu A
† P 13,10cα   La 6   Bu C -- **A**12| **B**10| **C**107Ia
† N 13,11^V GRAM   He 2   Web 2   Cr 2   Kn 1   St 29   La 3   Brom 2a   Ber
                         2a 3a   Bu 1 3a 11e   Te 9   O'R 9   Schn 1 2b 3d   Br 1   Ko
                         (4) 9 16 19 20 25 32   Ol 5 12 -- **A**6 11 17| **B**1 14 16 26
                         27 28| **C**86 271 276Ia
P   13,16^V St 17b
P   13,18-19^{VV} Bu A
P   13,18^V Schu 2b 3d   Ga 1   Ber 2c   Bu 11d   Ko (10)   Ol 10
P   13,19^V Schu 2c   Ga 4   Bu 2d
P   13,20^V St 17b   Brom 3
P   13,21a   Bu 2e
P   13,21e   Schu 2b
NP   13,23-33^{VV} He 1
NP   13,23-27^{VV} Te 4

13,1^V **c)** Barrett.
† 13,2bc   **a)** Wel: B (II, p. 59). Schw: A (I, p. 342-343, 344,
                352). Sp: C. Ba: E. Hi: R. Bu: KR (p. 351, 352, 353,
                spéc. n. 3 et 4). Wi: C (p. 68-70). Tee: E. Boi: Jn
                II-B. Bec: KR (p. 420). **c)** Dibelius (vv. 2-5) Culpepper
                1.
† 13,10cα   **a)** Wel: B (II, p. 109). Schw: "Der sehr alte... Zusatz"
                (I, p. 345). Sp: "Glosse"!. Ba: E. Hi: E. Bu: "Glosse"!
                (p. 357 n. 5). Wi: C (p. 71, 151-152). Tee: "gloss"!.
                Boi: "une glose du copiste"!. Bec: "Glosse" (p. 418,
                424).
† 13,11^V **a)** Wel: B (II, p. 59-60, 109). Schw: B (III, p. 167 n.
                1). Sp: C!. Ba: E. Hi: R! (avec le v. 10f). Bu: E! (avec
                le v. 10f) (p. 352, 361, spéc. n. 1). Wi: C (p. 69, 71,
                151-152). Tee: R. Boi: Jn II-B! (avec le v. 10f). Bec:
                KR (p. 425). **b)** Bousset Spitta 2 Meyer Hirsch 4 Fortna
                5b. **c)** Dibelius Hoffmann 2a Barrett Wead 3 Culpepper 1 3
                Nicholson 5 7.
13,18-19^{VV} **b)** Bousset Evans (v. 18). **c)** Hoffmann 2b (v. 18)
                Nicholson 6 (v. 18).
13,20^V **b)** Delff.
13,21^V **c)** Culpepper 1.
13,23a   **b)** Boismard 3.

N	13,23b	Web 4 O'R 8 Ko (2) 19 21
NP	13,26ss.	Schu 2b
N	13,27b	O'R 10
† | N	13,28-29^{VV}	Bu A 3b O'R 7 Schn 1 2b Br 1 Ko 8b 19 23 30 32 Ol 8 12 -- **A**8| **B**28
| N	13,28^{V}	Schu 2b Web 2 Cr 2 Kn 1 Te 5 -- **A**8| **B**2 14 16| **C**307Id 307Ii
| N	13,29^{V}	Schu 3e Web 2 Cr 2 Brom 2c Schn 3d Ko 16 25 -- **A**8| **B**1 11 12 14 20| **C**70IIIe 76 91I 138 139I 174I 178Ic 211 287Ig
† N	13,30c	Schu 1b La 3 Brom 4 O'R 10 Ko 19 20 -- **A**5| **B**2 26 27| **C**116 118
P	13,33b	Schu 3b
P	13,33def	Schu 3e Kn 2 Brom 5a Bu 1
P	13,34-35^{VV}	St 17b
P	13,35^{V}	Bu 9c
P	14,9fg	Schu 3e
P	14,14^{V}	Bu C
P	14,17c	Bu 11c
P	14,17ef	Bu 11c
P	14,19cd	Bu 11c
† N	14,22b	EDIT Schu 2b Wa Bor 2 Cr 2 St 24 La 2 Brom 6 Ber 2e O'R 8 Schn 1 Br 1 Ko (2) (11) Ol -- **A**3 12| **B**23
P	14,25^{V}	St 29 Bu 2d

---

† 13,28-29^{VV} **a)** Wel: B (II, p. 61, 106). Schw: A, sauf τῶν ἀνακειμένων = B (I, p. 342-343, 346 n. 1; III, p. 178; IV, p. 519). Sp: A. Ba: E. Hi: R!. Bu: E! (p. 366, spéc. n. 4, 368). Wi: A (p. 72, 93). Tee: R. Boi: vv. 28.29a.b.c.e (sans ἤ = Jn II-A; v. 29d = Jn II-B; ἤ au v. 29e = Jn III. Bec: E (p. 433-434). **b)** Wellhausen 6 Meyer. **c)** Carson (vv. 27-30) Wead 2 Culpepper 1 Nicholson 5 (v. 28) 7 (v. 28).

† 13,30c **a)** Wel: B (II, p. 61, 106). Schw: B (I, p. 346 n. 1). Sp: A. Ba: E. Hi: E. Bu: E (p. 366, 368 n. 9). Wi: A (p. 72, 93). Tee: E. Boi: Jn II-B!. Bec: PB (p. 431, 432). **b)** Boismard 2b 2c. **c)** Barrett.

13,33def **b)** Dauer 3 4. **c)** Jülicher 1.

13,34-35^{VV} **a)** Bousset Meyer(?).

14,14^{V} **b)** Bacon 1.

† 14,22c **a)** Wel: B (II, p. 67, 109). Schw: B (III, p. 185-186; IV, p. 514). Sp: C!. Ba: E. Hi: R. Bu: E (p. 459, 481). Wi: B (p. 114-117). Tee: R!. Boi: Jn III!. Bec: E (p. 467-468). **b)** Bacon 1. **c)** Barrett Nicholson 2.

14,25^{V} **c)** Hoffmann 2b.

LISTE CUMULATIVE 93

† P	14,26bc	Wa Bor 3 Ko (8) -- **A**3| **B**20 23 25| **C**279 280 (315) 321
P	14,26e	Brom 5a
† P	14,27c	**B**17| **C**184 191
P	14,28ab	Brom 5a Bu 1
P	14,29^V	Schu 2c St 29 Ga 4 Bu 2d
P	14,30a	St 28
P	14,30a	Bu C (πολλά)
P	14,31^V	Bu 11d
P	15,3^V	Brom 5a Schn 1 2b
P	15,5c	Bu 11c
† P	15,5d	GRAM -- **B**3 25| **C**415
P	15,7^V	La 3
P	15,8^V	Schu 4 Weg 5 Bu 9c
P	15,9-15^{VV}	St 17c
P	15,11^V	St 17a 29 Bu 2d
P	15,12^V	Schu 4 Weg 5 St 31 Bu 9a
P	15,13^V	Bu 9a
P	15,15^V	St 29 Bu 9d
P	15,16c-17^V	St 17b
P	15,16f	Br 1
P	15,19cde	Bu 11e
P	15,20ab	Schu 3e Brom 5a Bu 1
P	15,23^V	St 17b
P	15,25^V	Ga 1 Ber 2c Bu 11d Ko (10) Ol 10
P	15,26-27^{VV}	St 17b

---

†	14,26bc	**a)** Wel: B (II, p. 67, 109). Schw: B (I, p. 364 n. 4; III, p. 186-188). Sp: C. Ba: E. Hi: E. Bu: E! (p. 484 n. 7). Wi: B (p. 114-117). Tee: G. Boi: Jn II-B. Bec: E (p. 469).
†	14,27c	**a)** Wel: B (II, p. 68). Sp: C!. Ba: E. Hi: E. Bu: OR (p. 485). Wi: B (p. 114-117). Tee: G. Boi: Jn II-A. Bec: E (p. 469).
	14,28ab	**b)** Dauer 3.
	14,29^V	**c)** Hoffmann 2b.
	14,31^V	**c)** Hoffmann 2b.
†	15,5d	**a)** Wel: B (I, p. 75; II, p. 68-69, 77-80). Sp: C. Ba: (R). Hi: E. Bu: OR (p. 412-413). Wi: C (p. 152-153). Tee: E. Boi: Jn II-B! (avec οὗτος du v. 5a). Bec: KR (p. 35, 477-478, 483).
	15,11^V	**c)** Hoffmann 2b.
	15,15^V	**c)** Dibelius (v. 15c.d) Hoffmann 2b (v. 15c.d).
	15,20ab	**b)** Bousset Dauer 3. **c)** Jülicher 1 Dibelius.
	15,25^V	**b)** Evans. **c)** Hoffmann 2b Nicholson 6.

94   LES PARENTHÈSES ET LE STYLE JOHANNIQUE

† P	15,26bc	EDIT Wa Bor 3 Cr 2 —	**A**3| **B**20 23| **C**16 17 313 (315)
P	16,1^V	Schu 2c St 29 Brom 5a Bu 2d	
P	16,4de	Schu 2c St 29 Brom 5a Bu 2d	
P	16,6a	St 28 Brom 5a	
P	16,7a	St 28	
P	16,12a	St 28	
† P	16,13aβ	EDIT Wa Bo 3 Ko (8) —	**A**3| **B**23| **C**16 17
P	16,13cde	Bu 9d 11b	
P	16,13	Lucas de Bruges (cf. supra, n. 16)	
P	16,15bcd	Schu 3e St 29 Brom 5a Bu A 1 11e	
P	16,16^V	Schu 3b	
NP	16,17-18^{VV}	Schn 1	
P	16,17a	Brom 5a	
P	16,17ef	Bu C	
P	16,19def	Schu 3e Brom 5a	
P	16,22^V	Ko (10)	
P	16,25a	St 17a 28 29	
P	16,26bc	St 24	
P	16,26b	GRAM (λέγω ὑμῖν)	
P	16,30c	Schu 3d Bu 9c	
† P	16,32aβ	Br 1 (καὶ ἐλήλυθεν) —	**A**5 12| **B**3
† P	16,32de	**A**3 13| **C**321	

---

† 15,26bc	**a**) Wel: B (I, p. 7-15; II, p. 70-71, 77-80). Schw: B (I, p. 364 n. 4, 365 n. 3; III, p. 186-188). Sp: C. Ba: (R). Hi: R. Bu: v. 26b = E; v. 26c = OR (p. 425 n. 4). Wi: C (p. 153-156). Tee: E. Boi: Jn II-B. Bec: KR (p. 35, 477-478, 492).
16,1^V	**c**) Hoffmann 2b.
16,4de	**c**) Hoffmann 2b.
† 16,13b	**a**) Wel: B (I, p. 7-15; II, 71, 77-80). Schw: B (I, p. 349, 368 n. 5; III, p. 184, 186-188). Sp: C!. Ba: (R). Hi: E. Bu: E! (p. 442 n. 1). Wi: C (p. 153-156). Tee: G. Boi: Jn II-B. Bec: KR (p. 35, 477-478, 498).
16,15bcd	**a**) Dauer 3.
16,16^V	**b**) Hoffmann 2b.
16,19def	**b**) Dauer 3. **c**) Culpepper 1.
16,25a	**c**) Hoffmann 2b.
16,30c	**b**) Schweizer.
† 16,32aα	**a**) Wel: B (I, p. 7-15; II, p. 74, 77-80). Sp: A. Ba: (R). Hi: R. Bu: E (p. 452 n. 1, 456). Wi: C (p. 152-156). Tee: R. Boi: Jn II-B. Bec: KR (p. 35, 477-478, 506).
† 16,32de	**a**) Wel: B (I, p. 7-15; II, p. 74, 77-80). Sp: A. Ba: (R). Hi: R. Bu: E (p. 452 n. 1, 456). Wi: C (p. 152-156). Tee: G. Boi: Jn II-B. Bec: KR (p. 35, 477-478, 506).

LISTE CUMULATIVE   95

P	16,33a	Schu 2c St 29 Bu 2d
† P	17,3^V	Schu 4 Weg 5 St 17a 31 Ga 5 La 6 Ber 2a Bu 9a
		Schn 1 2b Br 1 Ko 12 36 -- **B**2 11 16 20| **C**25 27 74 158
		159 174 307Ie 307Ii 413
P	17,5^V	St 17b
† P	17,6cd	EDIT -- **B**14 22| **C**90
P	17,9bcd	Bu 9d
† P	17,10ab	Schn 1 Br 1. Voir également Lucas de Bruges (cf. supra,
		n. 16). -- **B**3| **C**132
P	17,12cdefg	EDIT Schu 2b Ga 1 Ber 1 2c Schn 1 2b Ko (10)
P	17,12fg	Lucas de Bruges (cf. supra, n. 16)
P	17,13^V	St 17a 29 Bu 2d
P	17,17b	St 31
P	17,18^V	St 17b
P	17,22	Cr 2?
† P	17,23ab	EDIT -- **B**14 22
P	17,24^V	St 17c
P	17,25c	Ab 3 Ber 2e Br 1
N	18,1^V	Weg 2 Bu 2e
† N	18,2^V	He 1 Bor 2 Ab 1 Brom 6 Schn 1 2d Ol -- **A**3 4| **B**2 13
		14 23 27| **C**271 276Ib

---

† 17,3^V **a)** Wel: B (I, p. 7-15; II, p. 75-77, 110). Schw: B (I, p. 365 n. 6). Sp: C. Ba: E. Hi: R! (avec ζωὴν αἰώνιον du v. 2c). Bu: E (p. 374, 378 n. 1). Wi: C (p. 156). Tee: "Later Gloss"!. Boi: Jn III!. Bec: "nachträgliche Erläuterung"! (p. 514). **b)** Howard 2. **c)** Barrett.

† 17,6cde **a)** Wel: B (I, p. 7-15; II, p. 75-77, 110). Schw: B (I, p. 365 n. 6). Sp: C. Ba: E. Hi: E. Bu: OR (p. 374, 380). Wi: C (p. 156). Tee: E. Boi: Jn II-B. Bec: KR (p. 35, 477-478, 511, 520-523).

† 17,10ab **a)** Wel: B (I, p. 7-15; II, p. 75-77, 110). Sp: C. Ba: E. Hi: E. Bu: OR! ou E! (p. 374, 382 n. 6). Wi: C (p. 156). Tee: E. Boi: Jn II-B. Bec: KR (p. 35, 47, 522). **c)** Dibelius Barrett.

17,12cdefg **b)** Bousset.
17,13^V **c)** Hoffmann 2b.

† 17,23ab **a)** Wel: B (I, p. 7-15; II, p. 75-77). Sp: A. Ba: E. Hi: E. Bu: OR? (p. 374, 392 n. 6). Wi: C (p. 156). Tee: G. Boi: Jn II-B. Bec: KR (p. 35, 477-478, 527).

† 18,2^V **a)** Wel: B (II, p. 80). Sp: A, sauf ὁ παραδιδοὺς αὐτόν = C. Ba: E. Hi: E. Bu: PB (p. 493, 494). Wi: A (p. 77, 93). Fo: GS. Tee: E!. Boi: Jn II-B. Bec: PB (p. 540, 543). **b)** Dauer 6. **c)** Culpepper 1 Nicholson 2.

N	18,4^V	Schu 3d Ga 3 Bu 3a Ko (9)
† N	18,5e	EDIT Bor 2 Cr 2 Lu 3 Ab 1 Brom 6 O'R 6 Schn 1 Br 1 -- **A**3 14| **B**2 14 23 26 27| **C**81Iβ 181
P	18,8	Schu 3e
† N	18,9^V	He 1 Schu 3e 5 Web 2 4 Cr 1 2 St 29 Th Fl Ga 3 Brom 2b 5a Ber 2c Bu B 1 O'R 10 Schn 1 Br 1 Ko (7) 10 17 19 22 25 33 Ol 10 -- **A**10 11| **B**11 20 25 27| **C**68 90 173I 221 222 287Ia 287Ii 289 339 410I
† N	18,10e	GRAM Schu 1c Lu 2 3 Ab 1 Te 8 O'R 8 Br 1 Ko 2b 18 19 Ol 2 -- **A**3| **B**2 27| **C**116 (278)
N	18,12^V	La 1
† N	18,13b-14^V	Schn 1 Ko 2a 23 Ol 9 -- **B**28
N	18,13bc	Brom 7 O'R 8 Ko 16 -- **A**3| **B**1 15 20| **C**115Ib 128Ia
N	18,14^V	Schu 3e Web 4 Cr 1 Kn 2 Brom 5a 6 Te 8 O'R 8 Br 1 Ko 18 25 33 Ol 2 -- **A**3 11| **B**2| **C**51 116 117 179 391
N	18,15bc	Brom 6 O'R 8
† N	18,16c	Schu 3e Brom 6 O'R 8 Br 1 2 -- **A**3| **B**23| **C**287Ij

---

18,4^V **a**) Howard 2. **c**) Wright 2 Culpepper 1.

† 18,5e   **b**) Wel: B (II, p. 80). Schw: A (I, p. 352). Sp: A, sauf ὁ παραδιδοὺς αὐτόν = C. Ba: E. Hi: R! (avec v. 6ab). Bu: PB? (p. 493, 495). Wi: A (p. 77-78, 93). Fo: E!. Tee: E!. Boi: Jn II-B. Bec: E (p. 540, 542). **b**) Bousset (?) Meyer Hirsch 1 Dauer 5. **c**) Nicholson 2.

† 18,9^V **a**) Wel: B (I, p. 36; II, p. 80, 106). Schw: B (I, p. 354; II, p. 167 n. 1). Sp: C!. Ba: R!. Hi: R!. Bu: KR! (p. 495). Wi: C (p. 78, spéc. n. 292, 81). Fo: E. Tee: R!. Boi: Jn II-B!. Bec: KR! (p. 540, 544). **b**) Schweizer Scholten Wendt Lewis Wellhausen 1 4 Bousset Spitta 1 Meyer Bacon 2 Dauer 1 Boismard 5 7. **c**) Schwegler Wright 1 Dibelius Hoffmann 1 2a Nicholson 6.

† 18,10e   **a**) Wel: B (II, p. 80-81). Schw: B (I, p. 354; IV, p. 514). Sp: B. Ba: E. Hi: E. Bu: PB (p. 493, 495). Wi: A (p. 78, 93). Fo: GS. Tee: E!. Boi: Jn II-B. Bec: PB? (p. 540, 544). **b**) Fortna b d Boismard 3. **c**) Nicholson 8.

† 18,13b-14^V **a**) Wel: B (II, p. 81). Schw: B (I, p. 350-351; IV, p. 514). Sp: C! (avec πρῶτον). Ba: R!. Hi: v. 13b (avec πρῶτον) 14 = R; 13c = E. Bu: E! (p. 497, 499). Wi: A (p. 79, 93). Fo: v. 13b.c = GS; v. 14 = E. Tee: vv. 13b.14 = E; v. 13c = S. Boi: Jn II-B! (avec πρῶτον du v. 13a). Bec: PB (p. 548-550). **b**) Spitta 4 (v. 14) Fortna b (v. 13.14) Dauer 2 (v. 14) 6 (v. 13) Boismard 3 (v. 14) 5 (vv. 13b-14). **c**) Jülicher 1 (v. 14) Hoffmann 1 (v. 14) Wead 4 (v. 14) Nicholson 2 (vv. 13b-14).

† 18,16c   **a**) Wel: B (II, p. 81-83, 106). Schw: B (I, p. 349-351, 354; IV, p. 514). Sp: C. Ba: E. Hi: E. Bu: E (p. 498, 499 n. 8). Wi: A (p. 79-80, 93). Fo: GS. Tee: E!. Boi: Jn II-A. Bec: KR (p. 549-550).

LISTE CUMULATIVE 97

	N	18,18bc	EDIT Weg 2 Lu 3
†	N	18,18c	**A**13 B7
	P	18,21c	Brom 5a
	N	18,24^V	GRAM Ben 5 Web 1
†	N	18,26b	EDIT Schu 3e Web 4 Cr 1 Brom 6 O'R 8 — **A**3 11| **B**20 23| **C**287Ig
†	N	18,28bcde	Weg 2 Lu 1 Brom 7 O'R 6 Schn 1 3b Ko (3) — **A**2| **B**2 3 11 14 28 29| **C**28Ib 29Ib 116 118 174I 176Ia 319
†	N	18,32^V	He 1 Schu 3e St 29 Th Fl Ga 5 Brom 5a Ber 2b 2c Bu B 1 Schn 1 Br 1 Ko (7) 10 17 19 22 25 33 01 10 — **A**10 11| **B**11 20 23 25 27| **C**51 52 173I 221 222 339 363
	N	18,38c	Bu 2e
†	N	18,40d	Ab 1 2 La 3 Ber 3b Te 8 O'R 8 Br 1 Ko 2c 18 19 24 01 2 9 — **A**3| **B**2 27| **C**116 117
	N	19,5ab	EDIT Cr 2
	N	19,8^V	Weg 2
	P	19,11d	Bu 11c
	N	19,12a	Weg 2

---

† 18,18c **a)** Wel: B (II, p. 81-83, 106). Schw: B (I, p. 349-351; IV, p. 514). Sp: B. Ba: E. Hi: E. Bu: PB (p. 497-499). Wi: A (p. 79-80, 93). Fo: GS. Tee: G. Boi: Jn II-B!. Bec: PB? (p. 551). **b)** Dauer 6 Boismard 2b.

† 18,26b **a)** Wel: B (II, p. 81-83, 106). Schw: B (I, p. 354; IV, p. 514). Sp: B. Ba: E. Hi: E. Bu: PB (p. 496-497, 501). Wi: A (p. 79-80, 93). Fo: GS. Tee: E!. Boi: Jn II-B. Bec: PB? (p. 554). **b)** Boismard 5.

† 18,28bcde **a)** Wel: A? (II, p. 83-84). Sp: A, sauf αὐτοί du v. 28c = C. Ba: E. Hi: E. Bu: v. 28b = PB (p. 503); v. 28cde = E (p. 503-504). Wi: A (p. 11, 81-83, 93, 124). Fo: v. 28b = GS; v. 28cd = (GS); v. 28e = E. Tee: G. Boi: Jn II-B!. Bec: PB? (p. 557, 561). **b)** Fortna b Dauer 6 Boismard 2b 2c. **c)** Cothenet.

† 18,32^V **a)** Wel: B (I, p. 36-37; II, p. 81, 106). Schw: B (I, p. 356; III, p. 167 n. 1). Sp: C!. Ba: E. Hi: R!. Bu: KR (p. 495, 503, 505). Wi: C (p. 78 n. 292, 81). Fo: E. Tee: R!. Boi: Jn II-B. Bec: KR! (p. 564). **b)** Scholten Wendt Lewis Wellhausen 1 4 Bousset Meyer Dauer 1 2 Boismard 7. **c)** Dibelius Hoffmann 1 3a Culpepper 3 Nicholson 6.

† 18,40d **a)** Wel: B (II, p. 85, 106). Schw: B (I, p. 356). Sp: C!. Ba: E. Hi: R. Bu: PB (p. 503, 509). Wi: [A] (p. 81-83, 93). Fo: GS. Tee: R. Boi: Jn II-B. Bec: PB? (p. 570-571). **b)** Fortna b Boismard 3. **c)** Nicholson 2.

19,8^V **c)** Culpepper 1.

19,11d **c)** Bousset.

† N	19,13d	GRAM Ben 3 Schu 2a Weg 2 Web 5 Lu 5 Brom 7 Ber 2d Bu 8 Te 1 O'R 1 Schn 3c Br 1 Ko 1 (2) 17 24 Ol 1 13 -- **A**1 4| **B**2 23| **C**81Iz 100
† N	19,14ab	EDIT Schu 1b Weg 2 Wa Bor 2 Web 1 Lu 1 La 1 Te 2 O'R 2 Br 1 Ko 5c 26 35 Ol 3 -- **A**5 14| **B**2 22 28| **C**81Ix 116 118 319 408
NP	19,15de	Weg 2
N	19,16^V	Weg 2
† N	19,17b	GRAM Schu 2a Weg 2 Web 5 Lu 5 Brom 7 Ber 2d Bu 8 Te 1 O'R 1 Schn 3c Br 1 Ko 1 (2) 17 24 35 Ol 1 13 -- **A**1 4| **B**20| **C**100 220
N	19,20^V	Schn 1
N	19,20b	Brom 7
† N	19,20c	Weg 2 O'R 6 -- **A**1| **B**3 27| **C**80 100
P	19,21ce	Ber 2d (τῶν Ἰουδαίων)
N	19,23a	La 1
†|N	19,23de	EDIT Schu 1e -- **B**3 23
| N	19,23e	Schu 5
† N	19,23gh	Ka Ko (4) 20 -- **B**2 27| **C**46 116 122

† 19,13b	**a**) Wel: A? (II, p. 85-86). Sp: A. Ba: E. Hi: E. Bu: PB? (p. 503). Wi: A (p. 81-83, 93). Fo: GS. Tee: R!. Boi: Jn II-B!. Bec: PB (p. 578-579). **b**) Boismard 1 Becker 2. **c**) Nicholson 1.
† 19,14ab	**a**) Wel: A? (II, p. 85-86). Schw: A? (I, p. 357; IV, p. 511 n. 1). Sp: A. Ba: E. Hi: E. Bu: E (p. 502, 514). Wi: C (p. 11, 26, 81, 93, 124). Fo: v. 14aα (ἦν δὲ παρασκευή = GS; v. 14aβ τοῦ πάσχα).b = E. Tee: v. 14a = R!; v. 14b = S. Boi: Jn II-B!. Bec: PB (p. 579). **b**) Fortna b c Boismard 2a 2b 2c. **c**) Barrett Nicholson 3.
† 19,17b	**a**) Wel: A? (II, p. 86-87). Schw: B (I, p. 356, 360; II, p. 141). Sp: B. Ba: E. Hi: E. Bu: PB (p. 515-516, 517 n. 7). Wi: A (p. 84-85, 93). Fo: GS. Tee: R!. Boi: Jn II-B!. Bec: PB (p. 585). **b**) Boismard 1 Becker 2. **c**) Nicholson 1.
† 19,20c	**a**) Wel: A? (II, p. 86-87). Schw: B (I, p. 358). Sp: A ou C. Ba: E. Hi: E. Bu: E (p. 515, 518). Wi: A (p. 84-85, 93). Fo: (GS). Tee: R. Boi: Jn II-B. Bec: E (p. 587). **b**) Delff Boismard 7.
† 19,23de	**a**) Wel: B? (II, p. 87). Schw: B (I, p. 358). Sp: A?. Ba: E. Hi: R. Bu: PB (p. 515, 519). Wi: A (p. 84-85, 93). Fo: GS. Tee: S. Boi: Jn II-B!. Bec: PB (p. 588-589). **b**) Dauer 6.
† 19,23gh	**a**) Wel: B? (II, p. 87). Schw: B (I, p. 358). Sp: C. Ba: E. Hi: R. Bu: PB (p. 515, 519). Wi: A (p. 84, 92). Fo: GS. Tee: S. Boi: Jn II-B. Bec: PB (p. 588-589, 593). **b**) Fortna b.

LISTE CUMULATIVE   99

† N	19,24def	St 29 Ga 1 Brom 2c Ber 2c O'R 10 Schn 1 2d Br 1
		Ko 10 20 22 24 34 Ol 10 -- **A**10| **B**11 25| **C**78 79 173I
N	19,24g	Schu 1c
NP	19,25ss.	Weg 2
N	19,26b	Web 4 La 1 Brom 6 Ko (2)
† N	19,27c	Ko 4 -- **A**5| **B**3 14 15| **C**128Ia 169 170
N	19,28a	Bu 3a
† N	19,28b	EDIT Ga 1 Ber 2c O'R 10 Ko (9) 10 23 24 34 Ol 10 --
		A10| **B**11| **C**78 79Ia 174I 374
† N	19,29a	Ab 1 -- **A**14| **B**22 27| **C**251
NP	19,30cd	Cr 2?
N	19,31bcd	EDIT
† N	19,31b	Ko (3) 5c 25 35 -- **A**5 7 14| **B**11| **C**139I
† N	19,31d	Schu 1d 5 Weg 2 Wa Bo 2 We 1 Cr 2 Ka ? Te 2 O'R
		2 Schn 1 Ko (3) 16 25 35 Ol 3 9 -- **A**5 7 14| **B**1 15|
		C115Ib 128Ia
N	19,34-35^{vv}	La 6

---

† 19,24def   **a)** Wel: B (II, p. 87, 104). Schw: B (I, p. 358-359). Sp: C. Ba: E. Hi: R. Bu: PB (p. 515-516, 519). Wi: A (p. 84-85, 93). Fo: GS. Tee: R. Boi: Jn II-B. Bec: PB (p. 588-589). **b)** Boismard 7 Evans. **c)** Hoffmann 3a Nicholson 6.

† 19,27c   **a)** Wel: B (II, p. 87). Schw: B (I, p. 354, 361). Sp: C!. Ba: E. Hi: R. Bu: E (p. 515-516, 520-521). Wi: A (p. 84-85, 93). Fo: E. Tee: E. Boi: Jn II-B. Bec: KR (p. 583-584, 589-590). **b)** Dauer 4 (vv. 26-27).

† 19,28b   **a)** Wel: B (II, p. 88, 106). Schw: B (I, p. 358-359). Sp: C. Ba: E. Hi: R!. Bu: PB (p. 516, 522). Wi: A (p. 84-85, 93). Fo: GS. Tee: R!. Boi: Jn II-B. Bec: PB (p. 592). **b)** Boismard 7 Evans. **c)** Hoffmann 2a Culpepper 1 Nicholson 6.

† 19,29a   **a)** Wel: A? (II, p. 88). Schw: B (I, p. 358-359). Sp: A. Ba: E. Hi: E. Bu: PB (p. 516, 522). Wi: A (p. 84-85, 93). Fo: GS. Tee: S. Boi: Doc C. Bec: PB (p. 592-593).

† 19,31b   **a)** Wel: A? (II, p. 88-89). Schw: B (I, p. 356, 358-359) Sp: C!. Ba: E. Hi: E. Bu: PB (p. 516, 524). Wi: C (repris de la tradition) (p. 11, 12, 13-14, 26, 84, 124). Fo: GS. Tee: R. Boi: Jn II-B!. Bec: PB (p. 597). **b)** Dauer 6. **c)** Nicholson 3.

† 19,31d   **a)** Wel: A? (II, p. 88-89). Schw: B (I, p. 356, 358-359). Sp: A. Ba: E. Hi: E. Bu: PB (p. 516, 524). Wi: C (p. 11, 13-14, 26, 84, 124). Fo: E!. Tee: R. Boi: Jn II-B! (avec ἐν τῷ σαββάτῳ du v. 31c). Bec: E (p. 597). **b)** Bacon 1.

† N	19,35^V	EDIT He 1 St 29 Fl Brom 2a Ber 2e Te 4 O'R 6 10 Schn 1 2b Br 1 Ko (10) 12 36 -- **A**16| **B**3 11 14 15 28| **C**23 25 124 174I 177 238 242 271 285 286 328
† |N	19,36-37^{VV}	Brom 2b O'R 10 Ko 10 34 Ol 7 8 10 -- **A**10| **B**28
|N	19,36^V	Kn 1 St 29 Ga 1 Ber 2c Te 6 Ko 16 35 Ol 5 -- **B**1 11 14 16| **C**78 79 307Id 307Ih
|N	19,37^V	Kn 1 Ga 1 La 6 Schn 1 -- **A**10 20| **B**3| **C**78
N	19,38a	Web 6 Brom 6 (ὁ ἀπὸ Ἀριμαθαίας)
N	19,38bc	EDIT
† N	19,38c	Schu 3a Cr 2 O'R 6 8 Br 1 -- **A**3| **B**2 23| **C**81Iβ 179 180
† N	19,39b	EDIT Schu 3e 5 Web 4 Cr 1 Brom 6 Te 8 O'R 8 Schn 1 Br 1 Ko (2) -- **A**3 11| **B**14 23| **C**145 (263) 357
N	19,39c	Schu 1d
† N	19,40c	Weg 2 Ber 2d O'R 3 Schn 1 2d 3b Ko (3) 19 -- **A**2 7| **B**17| **C**103I 179I
N	19,42bc	Schu 1d Te 2 O'R 2 Schn 1 Ko (3) 5c 23 25 Ol 3

† 19,35^V **a**) Wel: B (I, p. 27-32; II, p. 89). Schw: B (I, p. 359, 362, 370 n. 3; III, p. 159 n. 2). Sp: C!. Ba: R!. Hi: R!. Bu: KR (p. 516, 525). Wi: C (p. 13-15, 26, 84, 124). Fo: E ou "Editor". Tee: R. Boi: v. 35a.d = Jn II-B; v. 35b.c = Jn III. Bec: KR (p. 598-600). **b**) Schweizer Delff Wellhausen 2 Meyer Jeremias. **c**) Schwegler Hilgenfeld Nicholson 8.

† 19,36-37^{VV} **a**) Wel: v. 36 = A?; v. 37 = B (I, p. 27-32; II, p. 89). Schw: B (I, p. 358-360). Sp: C!. Ba: E. Hi: R!. Bu: PB (p. 516, 524-525). Wi: C (repris de la tradition) (p. 13-14, 26, 84, 124). Fo: GS. Tee: R. Boi: vv. 36b.37b = Jn II-A; vv. 36a.c.37a: Jn II-B. Bec: PB (p. 600). **b**) Schweizer Delff Boismard 7 Evans. **c**) Schwegler Hilgenfeld (v. 36) Wright 1 Hoffmann 2a Nicholson 6.

† 19,38c **a**) Wel: B (II, p. 90, 106). Schw: B (I, p. 358-359). Sp: B. Ba: E. Hi: E. Bu: PB? (p. 516-517, 526-527). Wi: A (p. 85, 93). Fo: E. Tee: E! (avec le v. 38b). Boi: Jn II-B. Bec: PB (p. 602). **c**) Culpepper 1 Nicholson 8.

† 19,39b **a**) Wel: B (II, p. 90, 106). Sp: B. Ba: R! (avec le v. 39a.c). Hi: E. Bu: E (p. 516-517, 527 n. 1). Wi: C (p. 85). Fo: E!. Tee: E! (avec le v. 39a.c). Boi: Jn II-B. Bec: E (p. 601). **b**) Dauer 2 Boismard 5 Becker 6. **c**) Barrett Nicholson 8.

† 19,40c **a**) Wel: B (II, p. 90). Sp: B. Ba: R! (avec μετὰ τῶν ἀρωμάτων). Hi: E. Bu: PB (p. 516-517, 527). Wi: C (p. 85). Fo: E!. Tee: S. Boi: Jn II-B. Bec: E (p. 602). **c**) Wead 1.

19,42bc **b**) Dauer 6. **c**) Nicholson 3.

LISTE CUMULATIVE   101

N	19,42b	Ber 2d Schn 3b (τῶν 'Ιουδαίων)
N	20,2bβ	EDIT Web 4 Brom 6 O'R 8 Schn 1 Br 1 Ko (2) (ὃν ἐφίλει ὁ 'Ιησοῦς)
N	20,6-7^{vv}	St 3
† N	20,8b	A3 4| B23| C145
† N	20,9^V	He 1 Kn 1 Brom 2a Ber 2b 3a Bu 11b Te 5 O'R 5 Schn 1 2d Br 1 Kon 8b (10) 16 24 30 31 34 Ol 7 12 -- A7 8 10| B1 14 27| C78 271 290
N	20,14a	Bu 2e
N	20,14c	Bu 3b
N	20,15e	Bu 3b
† P	20,16e	EDIT Schu 2a Wa Bor 4 Web 1 Cr 2 Lu 5 Brom 7 Ber 2d Bu 8 Te 1 O'R 1 Schn 1 3c Br 1 Ko 1 17 25 Ol 1 13 -- A1| B20| C100 220 (360I)
† NP?	20,17c	EDIT Bu 11b -- B1| C302 303 321
NP	20,18^V	Brom 5a
N	20,19c	Schu 3a
N	20,20a	Bu 2e
N	20,22a	Bu 2e
N	20,24^V	Bu 7a

---

† 20,8b   a) Wel: B (II, p. 91, 101). Schw: B (IV, p. 514). Sp: C. Ba: E. Hi: R. Bu: E (p. 528-529, 530). Wi: C (p. 87-88, 156-157). Fo: E. Tee: R!. Boi: Jn II-A. Bec: PB (p. 611-612, 614). c) Culpepper 1.

† 20,9^V a) Wel: B (II, p. 91-92, 101). Schw: B (I, p. 347; IV, p. 514). Sp: A. Ba: E. Hi: R. Bu: KR (p. 528-529, 530-531). Wi: "redaktionnelle Glosse" (p. 87-88, 156-157). Fo: GS. Tee: R!. Boi: Jn II-B!. Bec: KR (p. 611-612). b) Delff (vv. 9-10) Lewis Fortna 3 Boismard 7 Becker 3. c) Hoffmann 3a Carson (vv. 3-9) Wead 2 Culpepper 1 2 Nicholson 7.

20,14a   c) Culpepper 1 (vv. 14-15).

† 20,16e   a) Wel: A? (II, p. 92). Sp: C! (avec ‛Εβραϊστί du v. 16b). Ba: E. Hi: E. Bu: E (p. 528-529, 532). Wi: A (p. 87-88, 93). Fo: E!. Tee: P^2?. Boi: Jn II-B! (avec ‛Εβραϊστί du v. 16b). Bec: E! (p. 617). b) Fortna 2 Boismard 1 Becker 2. c) Nicholson 1.

† 20,17c   a) Wel: A? (II, p. 92). Schw: B (I, p. 348). Sp: A. Ba: E. Hi: E. Bu: E (p. 528-529, 532 n. 7). Wi: A (p. 87-88, 93). Fo: E!. Tee: P^2?. Boi: Jn II-A. Bec: E? (p. 617-618).

20,19c   b) Schweizer (vv. 19-29).
20,20a   b) Bousset (?) Meyer (v. 20a.b).

† N	20,24b	EDIT Be 3 Schu 2a Brom 6 Ber 2d Bu 8 Te 1 O'R 1 8 Schn 1 3c Br 1 Ko (1) (2) 25 Ol 13 -- **A**1 3 24| **B**23| **C**89 (166) 219I
† |N	20,30-31^{vv}	Ga Brom 2a Te 6 O'R 7 Ko (5) (6) 13 36 Ol 5 -- **A**13 15| **B**28
|N	20,30^V	**B**5 7 14 16 20| **C**80 243IIa 243IIb 243IId 287Ij 307Ik 346
|N	20,31^V	Kn 1 St 29 -- **B**2 11 14 16 23| **C**158 161 174I 178Ie 279 307Id 307Ii 328 334
† N	21,1^V	Schn 1 -- **B**2 16 18| **C**81Iβ 252 307Id 307IId 379 393 394
† N	21,2c	Schu 1e 2a Web 5 Ber 2d Bu. 8 O'R 8 Schn 1 3c Br 1 Ko (1) (2) 15 Ol 13 -- **A**1 3| **B**23| **C**89 (166) 219I
† N	21,2e	Web 6 Brom 6 O'R 8 Br 1 Ko (2) Ol -- **A**3| **B**23| **C**50I 186
† N	21,4c	Schn 1 Ko (8) -- **A**8| **B**6 27| **C**244 271

---

† 20,24b **a)** Wel: B (I, p. 27; II, p. 93, 94-95, 101). Schw: B (I, p. 348-349, 352 n. 3, 360). Sp: B. Ba: E. Hi: E. Bu: PB? (p. 537-538). Wi: A (p. 89, 93). Tee: R!. Boi: Jn II-B. Bec: E (p. 628). **b)** Boismard 1 Becker 2. **c)** Nicholson 1.

† 20,30-31^{vv} **a)** Wel: A (II, p. 95, 102). Schw: B (I, p. 348-349, 362, 364 n. 3, 365 n. 6; III, p. 151 n. 1). Sp: v. 30 = B; v. 31 = C. Ba: E. Hi: E. Bu: vv. 30-31d = SQ; v. 31e = SQ ou E (p. 540-542, spéc. p. 541 n. 2; comp. p. 78). Wi: A (p. 90-91, 93). Fo: vv. 30.31a.b.c.d = SQ, sauf οὖν et αὐτοῦ du v. 30a; v. 31e = E. Tee: v. 30 = S; v. 31 = E!. Boi: Jn II-B. Bec: vv. 30.31a.b.c.d = SQ; v. 31e = E (p. 632-633). **b)** Wellhausen 2 Boismard 7 (v. 30) Becker 1. **c)** Hilgenfeld Hoffmann 4 Nicholson 5.

† 21,1^V **a)** Wel: B (p. 96-98, 101). Schw: B (I, p. 367). Sp: B. Ba: R. Hi: R. Bu: KR (p. 542-547, spéc. p. 547). Wi: "Redaktionell" (p. 159 n. 586, 162-163). Fo: E!. Tee: R!. Boi: v. 1a (sans μετὰ ταῦτα et τοῖς μαθηταῖς). b = Doc C (le récit de pêche miraculeuse); v. 1c (et μετὰ τ. et τ. μαθ. du v. 1a) = Jn II-B. Bec: KR (p. 637). **b)** Sur le chapitre 21: Schweizer Scholten Delff. **c)** Schwegler.

† 21,2c **a)** Wel: B (II, p. 96-98, 101). Schw: B (I, p. 367; III, p. 181 n. 1). Sp: B. Hi: R. Bu: "Ostergeschichte" (p. 542-547, spéc. p. 547). Wi: C (p. 158-163). Fo: (GS). Tee: R!. Boi: Jn II-B. Bec: KR? (p. 638, 639). **b)** Boismard 1 Becker 2. **c)** Nicholson 1.

† 21,2e **a)** Wel: B (II, p. 96-98, 101). Schw: B (I, p. 367). Sp: B. Ba: R. Hi: R. Bu: "Ostergeschichte" (p. 542-547). Wi: C (p. 158-163); Fo: GS (il met τῆς Γαλιλαίας entre parenthèses). Tee: R! (avec le v. 2f). Boi: Jn II-B. Bec: KR (p. 638, 639).

† 21,4c **a)** Wel: B (II, p. 96-98, 101). Schw: B (I, p. 367). Sp: B. Ba: R. Hi: R. Bu: KR (p. 543-544, 545, 546 n. 5). Wi: C (p. 158- 163). Fo: E!. Tee: "Source: Story of Meal". Boi: Jn II-B. Bec: "der Rest der Einleitung der Ostergeschichte" (p. 640). **b)** Fortna 3 5c. **c)** Culpepper 1.

LISTE CUMULATIVE

† N   21,7g   EDIT   Schu 1e 5   Web 1 4   Cr 2   Ab 3   Brom 6   Te 6   O'R
                   6 8   Schn 1   Br 1   Ko (2)   15   Ol 5 9 -- **A**3| **B**1| **C**115Ib

  N   21,8a   Schn 1

† N   21,8bc   EDIT   Schu 1a   Cr 2   Ab 3   La 1   Te 2 6   O'R 6   Schn 1
                   2d   Ko 15   Ol 5 -- **A**4 14| **B**1 29| **C**28Ia 70IIIg 115Ib

† N   21,11d   Cr 2 -- **B**3 19 24| **C**382

  N   21,12c   Wa   Bor 1 (τῶν μαθητῶν)

† N   21,12cde   Te 6 -- **B**2 14 23 25 28| **C**81Ii 271 274 368

† N   21,14^V EDIT   Web 4   Cr 1   Kn 1   St 27   Brom 2b 5b   Te 7   O'R 7
                   Schn 1 3d   Br 1 2   Ko (6)   15   Ol 4 -- **A**11 13| **B**9 16 23
                   27| **C**103 161Ib 307Id 393

  P   21,15d   Bu C (πλέον τούτων)

† N   21,19ab   EDIT   He 2   Schu 2b   Web 2   Cr 2   Lu 4   Kn 1   St 29   Th
                   Brom 2c   Ber 2a 3c   Bu B 2a 2e   Te 6   O'R 6   Schn 1   Br
                   1   Ko (7)   15   Ol 5 8 11 -- **A**6| **B**2 16 23| **C**94I 226 304Ia
                   307Ii 363

---

† 21,7g   **a)** Wel: B (II, p. 96-98, 101). Schw: B (I, p. 367). Sp:
              B. Ba: R. Hi: R. Bu: KR (p. 544-545, 548). Wi: C (p. 158
              n. 585, 158-163). Fo: (GS). Tee: R!. Boi: Jn II-B. Bec:
              KR (p. 640). **b)** Bacon 1. **c)** Nicholson 5.

† 21,8bc   **a)** Wel: B (II, p. 96-98, 101). Schw: B (I, p. 367). Sp:
              B. Ba: R. Hi: R. Bu: "Ostergeschichte" (p. 544-545,
              548). Wi: C (repris de la tradition) (p. 158 n. 585,
              160). Fo: GS. Tee: R! (avec τῷ πλοιαρίῳ). Boi: Jn II-B.
              Bec: "Speisungswunder"? (p. 638, 641). **b)** Fortna c. **c)**
              Nicholson 5.

† 21,11d   **a)** Wel: B (II, p. 96-98, 101). Schw: B (I, p. 367). Sp:
              B. Ba: R. Hi: R. Bu "Ostergeschichte" (p. 545-547,
              548-549). Wi: C (repris de la tradition) (p. 159-161,
              158 n. 585). Fo: GS. Tee: "Story of Catching Fish". Boi:
              Jn II-B. Bec: "Fischfangwunder" (p. 638, 642).

† 21,12cde   **a)** Wel: B (II, p. 96-98, 101). Schw: B (I, p. 367; II,
              p. 119-120). Sp: B. Ba: R. Hi: R. Bu: "Ostergeschichte"
              (p. 543-544, 549). Wi: C (repris de la tradition) (p.
              158 n. 585). Fo: E. Tee: "Source: Story of Meal". Boi:
              Doc C (le récit de repas post-paschal), sauf τῶν μαθητῶν
              = Jn II-B. Bec: "Speisungswunder" (p. 638, 643).

† 21,14^V **a)** Wel: B (II, p. 96-98, 101). Schw: B (I, p. 367). Sp:
              v. 14a = B; v. 14b = C. Ba: R. Hi: R. Bu: KR (p.
              342-347, 550). Wi: "redaktionell"! (p. 159 n. 586, 162).
              Fo: GS lisait τοῦτο ἤδη τρίτον ἐποίησεν σημεῖον Ἰησοῦς.
              v. 14b = E. Tee: R. Boi: Doc C (le récit de pêche
              miraculeuse), sauf τοῖς μαθηταῖς ἐγερθεὶς ἐκ νεκρῶν;
              Jn II-B. Bec: KR (p. 637, 643). **b)** Fortna a. **c)** Wead 2
              Nicholson 4.

† 21,19ab   **a)** Wel: B (II, p. 98-101). Schw: B (I, p. 367). Sp: C!.
              Ba: R. Hi: R. Bu: KR (p. 546-547, 552-553). Wi: C
              (p. 161). Tee: R. Boi: Jn II-B. Bec: KR (p. 647).
              b) Lewis Spitta 1 Fortna 5a Boismard 8. **c)** Wright 1
              Hoffmann 2a Carson (vv. 18-19) Culpepper 3 Nicholson 5.

N	21,20c	Ko (2)
† N	21,20efg	EDIT Schu 3e Web 4 Cr 1 Brom 6 Bu C O'R 8 Schn 1 3d Br 1 2 -- **A**3 11 16| **B**3 14 20 26 27
N	21,23^V	Bu C Schn 1
† N	21,23cdefg	He 2 Web 3 Cr 2 Brom 3b 5a Ber 2a Te 4 O'R 4 Ko (7) -- **A**6 11 16| **B**2 14 29| **C**28Ia 51 214I 307Ik
† | N	21,24-25^{VV}	Th Brom 2a Schn 1 Ko (6) 15 - **A**13 15| **B**28
| N	21,24^V	Schu 2a Ber 2e Bu C (καὶ ὁ γράψας ταῦτα) 9b Te 4 O'R 4 Ko (5) -- **A**3 16| **B**3 14 16 23| **C**23 24 238 240 242 271 272 307Id 307Ie
| N	21,25^V	Web 3 Cr 2 St 29 Ber 2e Te 4 O'R 4 -- **B**2 14 20| **C**115Ia 191

---

† 21,20efg **a)** Wel: B (II, 98-101). Schw: B (I, p. 367). Sp: C. Ba: R. Hi: R. Bu: KR (p. 546-547, 553). Wi: "eine Interpolation der Redaktion" (p. 162 n. 600). Tee: R. Boi: Jn II-B. Bec: KR (p. 647). **b)** Boismard 5. **c)** Hoffmann 1 Barrett Carson (vv. 20-23) Nicholson 8.

† 21,23cdefg **a)** Wel: B (II, 98-101) Schw: v. 23 = "Einschaltung" (I, p. 368 n. 6; II, p. 120 n. 2). Sp: C! (avec le v. 23a.b). Ba: R. Hi: R. Bu: KR (p. 546-547, 554-555). Wi: C (p. 162). Tee: R. Boi: Jn III. Bec: KR (p. 649-650). **b)** Spitta 1. **c)** Barrett Carson (vv. 20-23) Wead 3 Culpepper 3 Nicholson 8.

† 21,24-25^{VV} **a)** Wel: B (II, p. 100-101). Schw: B (I, p. 367, 368 n. 6). Sp: C. Ba: R. Hi: v. 24 = R; v. 25 = "eine alte Schlussglosse"!. Bu: KR (p. 554 n. 2, 555-556). Wi: "Redaktionell"! (p. 159 n. 586, 162-163, 172). Tee: v. 24 = R; v. 25 = "Later Gloss". Boi: v. 24 = Jn II-B; v. 25 = Doc C. Bec: KR (p. 650-651). **b)** Meyer Jeremias (v. 24) Howard 1 (v. 24) Roberge (v. 24). **c)** Hilgenfeld Barrett (v. 24) Nicholson 8.

V. CLASSIFICATION DES PARENTHESES

A l'encontre de la plupart des auteurs qui ne donnent qu'une classification selon le contenu, nous présentons, à la suite de Bernard, Bultmann, Konings et Olsson, une classification double des parenthèses de l'évangile de Jean, l'une selon le contenu (A) et l'autre grammaticale (B). A ces deux classifications, nous adjoignons une troisième liste contenant les caractéristiques stylistiques (C), qui doit mettre en évidence le style johannique dans les parenthèses.

Cette classification des parenthèses est en même temps une justification de notre choix des versets ou des phrases que nous retenons comme "remarques" et qui sont mis entre parenthèses dans le texte grec de l'évangile de Jean (voir la troisième partie). Sans nous laisser enfermer dans une définition grammaticale de la parenthèse, nous sommes parti des phrases qu'on considère communément comme "remarques". Analysant leur style, leur contenu et leur fonction dans le contexte, nous avons déterminé des cas analogues.

En 1,38, par exemple, on accepte communément que ὃ λέγεται μεθερμηνευόμενον διδάσκαλε, la traduction du vocatif ῥαββί, est une parenthèse stricte. En effet, comme explication de l'évangéliste, elle est insérée dans le discours direct d'André (ῥαββί,... ποῦ μένεις;). Mais ce n'est pas le seul cas d'une traduction d'un mot hébreu ou araméen. Par analogie du contenu, on peut dresser la liste suivante (voir **A**1) : 1,38.41.42; 4,25; 5,2; 9,7; 11,16; 19,13.17; 20,16.24; 21,2. L'homogénéité du style est apparente : Ἑβραϊστί (5,2; 19,13.17; 20,16 : voir **C**100); ἑρμηνεύω (1,42; 9,7 : voir **C**144); μεθερμηνεύω (1,38.41 : voir **C**243I); ὃ λέγεται (1,38; 19,17; 20,16 : voir **C**220); ὁ λεγόμενος (4,25; 11,16; 20,24; 21,2 : voir **C**219I). En plus, les remarques de l'évangéliste sont insérées d'une manière analogue : il s'agit soit d'une phrase relative (1,38.41.42; 9,7; 19,17; 20,16 : voir **B**20), soit d'une apposition (4,25; 5,2; 11,16; 19,13; 20,24; 21,2 : voir **B**23).

A partir de cette première catégorie on peut dresser d'autres listes. En effet, du point de vue du contenu, les formules des traductions ne sont pas les seuls exemples où l'évangéliste explique quelque chose pour ses lecteurs non-juifs : en 2,6; 4,9; 18,28 et 19,40, il explique d'une manière analogue les coutumes juives (voir **A**2). En

plus, les tournures stylistiques qu'on rencontre dans les formules de
traduction, nous aident à cerner d'autres phrases, qu'on peut également
considérer comme des remarques. Comme dans les formules de traduction,
l'évangéliste explique quelque chose ou ajoute une information après
coup dans une phrase relative (voir B20) ou dans une apposition (voir
B23).

A. CLASSIFICATION DES PARENTHESES SELON LE CONTENU

Les listes A et B sont dressées de la façon suivante. Après le numéro
et la citation de la catégorie, nous donnons en premier lieu les
références. Puis sont cités les auteurs qui font mention de la catégorie
(les chiffres et les lettres indiquent leur classification, notée en
marge des pages de notre aperçu historique). En troisième lieu, on
trouve les tournures principales de la catégorie, avec les références
aux autres listes. Pour l'énumération complète des références d'une
tournure dans l'évangile de Jean, on consultera la liste C. Les notes
donnent une information supplémentaire[342]. Nous y renvoyons également
aux auteurs qui sont traités dans la section VI.

1 Traduction des mots hébreux ou araméens
1,38.41.42; 4,25; 5,2; 9,7; 11,16; 19,13.17; 20,16.24; 21,2. Comp. 19,20.
Bengel 3 Schulze 2a Weber 5 Luthardt 5 Stange 27 Lagrange 4 Bromboszcz 7 Bernard 2d Bultmann 8 Tenney 1 O'Rourke 1 Schnackenburg 3c
Konings 1 17 Olsson 1 13
→ ὃ λέγεται (B20, C220) → (ὃ) λεγόμενος (B23, C219I) → Ἑβραϊστί (B23, C100) → ἑρμηνεύω (B20, C144) → μεθερμηνεύω (C243I)

---

342. Les parenthèses suivantes que nous retenons ne sont pas classées
dans une des catégories de notre classification selon le contenu: 1,10b;
4,22ᵛ.27ᵛ; [5,4ᵛ]; 6,27d.33ᵛ.39-40ᵛᵛ; 8,35ᵛ; 10,12fg.27b; 11,15b.20d;
12,18ᵛ; 12,50a; 14,27c; 15,5d.26bc; 17,6cd.10ab.23ab; 19,23de.23gh;
20,17c; 21,1ᵛ.11d.12cde.

1 Voir également Wellhausen Fortna 2 Boismard 1 Becker 2; Jacquier
Barrett Nicholson 1. — La traduction grecque suit le mot hébreu ou
araméen: 1,38.41.42; 4,25; 9,7; 11,16; 20,16.24; 21,2; le terme hébreu
ou araméen suit le mot grec: 5,2; 19,13.17. — Les mots traduits sont:
Θωμᾶς (cf. C166) = Δίδυμος (cf. C89): 11,16; 20,24; 21,2; Κηφᾶς = Πέτρος:
1,42; Μεσσίας (Cf. C250) = χριστός: 1,41; 4,25; ῥαββί (cf. C360) = διδάσκαλε: 1,38; comp. ῥαββουνί (cf. C360I): 20,16; Σιλωάμ = ἀπεσταλμένος: 9,7;
comparer les termes grecs: τῇ προβατικῇ κολυμβήθρα (cf. C190) = Βηθζαθά:
5,2; Λιθόστρωτος = Γαββαθά: 19,13; Κρανίου Τόπος = Γολγοθα: 19,17.

2   Explication des usages juifs

2,6; 4,9; 18,28; 19,40.

Bengel 4   Schulze 1d   Lagrange 4   Bromboszcz 7   Bernard 2d   Tenney 3
O'Rourke 3   Schnackenburg 3b   Konings 3   Olsson 3

→ καθὼς ἔθος ἐστίν (B17, C103I)   → κατά (C186I)   →τῶν Ἰουδαίων (C139, 179I, 180)

3   Indication ou description des personnages

1,6-8.6.12c-13.15.24.40.42.44; 3,1.26; 4,2.45; 6,22.71; 7,39.50; 9,8.13. 18.24; 11,2.5.16.31.49.51; 12,1.2.4.9.17.21; 14,22.26; 15,26; 16,13; 18,2. 5.10.13.14.16.26.40; 19,38.39; 20,8.24; 21,2c.e.7.20.24.

Schulze 1c   Weber 5 6   Luthardt 2   Bromboszcz 6   Bultmann 7a   Tenney 8
O'Rourke 8   Konings 2   Olsson 2

→ εἷς/δύο ἐκ (C121)   → ἦν δέ suivi immédiatement du sujet (B2, C116)

→ ἦν δέ + nom propre (B2, C117)   → ὄνομα αὐτῷ (B14, B23, C278)   → nom propre + (ὁ) ἀπό + nom de ville (B23, C50I)

---

2   Voir également Becker 2; Wead 1   Nicholson 3. — Voir encore 18,39; 19,31. 42.
3   Voir également Boismard 3; Wead 4   Culpepper 1   Nicholson 1. — Les personnages identifiés ou décrits sont: Ἀνδρέας: 1,40; Ἄννας: 18,13; Βαραββᾶς: 18,40; Θωμᾶς (cf. C166): 11,16; 20,24; 21,2; Ἰούδας Σίμωνος Ἰσκαριώτου (cf. C364): 6,71; Ἰούδας ὁ Ἰσκαριώτης: 12,4; Ἰούδας ὁ παραδιδοὺς αὐτόν: 18,2.5; Ἰούδας, οὐχ ὁ Ἰσκαριώτης: 14,22; Ἰωάννης (Jean-Baptiste): 1,6-8.6. 15; Ἰωσὴφ [ὁ] Ἀριμαθαίας: 19,38; Καϊάφας: 11,49.51; 18,14; Λάζαρος (cf. C202): 11,5; 12,1.2.9; Μάλχος:18,10;Μάρθα, soeur de Lazare (cf. C236): 11,5; Μαριάμ, soeur de Marthe: 11,2; Ναθαναήλ (cf. C261): 21,2; Νικόδημος: (cf. C263): 3,1; 7,50; 19,39; Πέτρος (comp. C365): 1,42; 21,7; Κηφᾶς: 1,42; Φίλιππος: 1,44; 12,21. Dans les autres parenthèses, il s'agit de: Jésus-Christ: 1,15; 3,26; 4,2; l'Esprit-Saint: 7,39; 14,26; 15,26; 16,13; l'autre disciple (cf. C33): 18,16; 20,8; le disciple que Jésus aimait (cf. C3, 396I): 21,20.24; l'aveugle-né: 9,8.13.18.24; un serviteur du grand-prêtre: 18,26; la délégation de Jérusalem; 1,24; les croyants: 1,12c-13; la foule (ὁ ὄχλος): 6,22; 12,17; οἱ Γαλιλαῖοι: 4,45; οἱ Ἰουδαῖοι: 11,31. — L'indication (ou la description) est donnée par: le nom (cf. C278): 1,6; 3,1; 18,10; une référence à un passage qui précède (cf. A11): 1,24; 3,26; 4,45; 6,22; 7,50; 9,13.18.24; 11,31; 12,1.9.17; 18,14.26; 19,39; 20,8; 21,20; à un passage qui suit (cf. A11): 1,6-8.15; 6,71; 11,2; 12,4; la traduction du nom (cf. A1): 1,42; 11,16; 20,24; 21,2c; l'activité ou le métier: βαπτίζω: 4,2; γράφω: 21,24; μαρτυρέω (cf. C238): 1,6-8.15; comp. 3,26; 21,24; παραδίδωμι: 6,71; 12,4; 18,2.5; ἀρχιερεύς: 11,49.51; 18,13; λῃστής: 18,40; προσαίτης: 9,8; l'origine: 1,12c-13 (les croyants); 1,24 (la délégation de Jérusalem); l'indication de la ville natale: (ὁ) ἀπό (cf. C50I): 1,44; 12,21; 21,2e; ἐκ: 1,44; εἷς ἐκ + génitif (cf. C121): 1,40; 6,71; 11,49; 12,2; le lien familial: ἀδελφός: 1,40; 11,2; ἀδελφή: 11,5; πενθερός: 18,13; συγγενής: 18,26; comp. γνωστός: 18,16; voir aussi le génitif Σίμωνος Ἰσκαριώτου après Ἰούδας (cf. supra); un trait spécifique: 19,38; 21,7; une description négative: 14,22 (οὐχ ὁ Ἰσκαριώτης); voir encore la description de l'Esprit-Saint: 7,39; 14,26; 15,26; 16,13. — Identification donnée après coup (cf. A14): 1,24.40.44; 11,5; 18,5.

4   Indication ou description du lieu

1,28; 2,11; 3,23; 4,46.54; 5,2; 6,10.18.23.59; 7,9; 8,20; 9,7; 10,40; 11,18.
30.38; 12,1; 18,2; 19,13.17; 21,8.

Schulze 1a   Wegscheider 2   Luthardt 1   Bromboszcz 4 6   Bultmann 7b   Tenney 2
O'Rourke 2   Konings 5   Olsson 3

→ τῆς Γαλιλαίας (C70II)   → ἐγγύς + génitif (C101)   → ἐγγὺς ἦν (C102)
→ ὅπου (B21, C282)   → ὅπου ἦν/ἦσαν (B21, C284)   → πέραν + génitif (C325)
→ ὁ τόπος ὅπου (B21, C380)   → εἰμὶ ἐν τῷ τόπῳ (C381)

5   Indication du temps

1,39; 3,24; 4,6.23; 5,9.25; 6,4.17.59*; 8,20; 9,14; 10,22; 13,30; 16,32;
18,28b; 19,14a.b.27.31b.d.

Schulze 1b   Wegscheider 2   Luthardt 1   Bromboszcz 4   Bultmann 6 7c   Tenney 2
O'Rourke 2   Konings 5   Olsson 3

→ ἡ ἑορτή (C138)   → ἡ ἑορτὴ τῶν Ἰουδαίων (A2, C139)   → ἔρχομαι εἰς τὴν
ἑορτήν (C146)   → ὥρα, dit du Christ (C405)   → ὥρα + possessif (C406)
→ ἔρχεται + ὥρα + ἵνα/ὅτε/ἐν ᾗ/absolu (C407)   → ὥρα ἦν ὡς + chiffre (C408)
→ ἦν δέ + note temporelle (B2, C118)

---

4   Voir également Wellhausen 3   Spitta 4   Boismard 4   Becker 1; Jacquier
Nicholson. — Les lieux indiqués ou décrits sont: Αἰνών: 3,23; Βηθανία
(πέραν τοῦ Ἰορδάνου): 1,28 (Βηθαβαρᾷ: ς); Βηθανία (apud Hierosolymam): 11,18;
12,1; voir aussi 11,30 (κώμη). 38 (σπήλαιον). Γαλιλαία: 7,9; Κανᾶ τῆς
Γαλιλαίας (Cf. C186): 2,11; 4,46; voir aussi 4,54: ἐλθὼν ἐκ τῆς Ἰουδαίας
εἰς τὴν Γαλιλαίαν (cf. 4,3.43.45.47); Καφαρναούμ: 6,59 (ἐν τῇ συναγωγῇ);
θάλασσα τῆς Γαλιλαίας τῆς Τιβεριάδος: 6,18 (cf. 6,1.16); 21,8 (cf. 21,1);
πέραν τῆς θαλάσσης τῆς Γαλιλαίας τῆς Τιβεριάδος: 6,10 (cf. 6,1); comp.
6,23 (cf. C379: Τιβεριάς); πέραν τοῦ Ἰορδάνου: 10,40†; πέραν τοῦ
χειμάρρου τοῦ Κέδρων: 18,2 (cf. v. 1); τόπος λεγόμενος Λιθόστρωτος: 19,13;
ὁ λεγόμενος Κρανίου Τόπος: 19,17; ἐν τῷ γαζοφυλακίῳ... ἐν τῷ ἱερῷ: 8,20;
ἐπὶ τῇ προβατικῇ κολυμβήθρα: 5,2; Σιλωάμ: 9,7. — La description est
indiquée par: une référence à un passage qui précède (cf. A11): 4,46.54;
6,23; 10,40; 12,1; une traduction (cf. A1): 5,2; 9,7; 19,13.17; un trait
spécifique qui caractérise le lieu: 3,23; 6,10.18; 18,2; la distance:
11,18; 21,8. — Indication de lieu insérée après coup: 1,28; 6,10.18.23.
59; 8,20; 11,18.30; 21,8 (cf. A14).

5   Voir également Boismard 2; Jacquier Nicholson 3. — Il s'agit de l'indication: a) de l'heure: ὥρα ἦν ὡς + chiffre (cf. C408): 1,39; 4,6; 19,14a;
ὥρα, dit du Christ (cf. C405): 8,20; 16,32; ὥρα + possessif (cf. C406):
8,20; ἔρχεται + ὥρα (absolu) (cf. C407): 8,20; l'heure eschatologique:
4,23; 5,25: καὶ νῦν ἐστιν; 16,32: καὶ ἐλήλυθεν; voir encore 19,27: καὶ
ἀπ' ἐκείνης τῆς ὥρας;   b) les fêtes juives: σάββατον: 5,9; 6,59* (ἐν
Καφαρναούμ: + σαββάτῳ: D a aur ff² r¹); 9,14; 19,31b.31d; τὸ πάσχα
(cf. C319): 6,4;   18,28; 19,14 (παρασκευὴ τοῦ πάσχα); pour παρασκευή,
voir encore 19,31; ἑορτή (cf. C138): 6,4 (+ τῶν Ἰουδαίων, cf. C139);
c) autres indications du temps: ἡμέρα: 5,9; 9,14; 19,31; πρωΐ: 18,28;
νύξ: 7,50* (+ ὁ ἐλθὼν νύκτος: ς); 13,30; σκοτία: 6,17; χειμών: 10,22;
voir encore 3,24: οὔπω γὰρ ἦν βεβλημένος εἰς τὴν φυλακὴν ὁ Ἰωάννης. — Indication du temps insérée après coup (cf. A14): 3,24; 5,9; 6,4.17.59* (cf.
supra); 8,20; 9,14; 19,14a.b.31b.d.

6 Explication des mots de Jésus ou d'un autre personnage
   2,21-22; 4,8.9; 6,6.64.71; 7,5.39: [8,6]; 9,22-23; 10,6; 11,5.13.51-52;
   12,6.33.41; 13,11; 21,19.23.
   Henke 2 Schulze 2b 2c Wegscheider 1 Luthardt 4 6 Knabenbauer 1 Stange 24
   26 27 28 29 Garvie 3 4 Lagrange 3 Bromboszcz 2 Bernard 2a 2b Bultmann 2
   Konings 7 Olsson 5
   → Verbe de dire + δέ (B2, C81Iβ) → τοῦτο δὲ εἶπεν/ἔλεγεν (B2, B16, C226)
   → διὰ τοῦτο + λέγω + ὅτι (B13, B16, C85) → ταῦτα εἶπεν/εἶπον (B16, C224)
   → ἐκεῖνος δὲ ἔλεγεν (B2, B15, C128Ib) → λέγω/εἶπον περί (C227) → ᾔδει
   γάρ (A17, B1, C276Ia) → οὐ(δὲ) γάρ (B1, C70IIIg)

7 Explication des actes de Jésus ou d'autres personnages
   3,19.23.24; 4,44.45; 5,13.18; 7,1.4; 11,30; 18,18; 19,31b.d.40; 20,9.
   Henke 1 Garvie 3 4 Tenney 6 O'Rourke 6 Konings 7 Olsson 5

8 Incompréhension des disciples ou d'autres personnes
   2,9; 7,5; 8,27; 10,6; 11,13; 12,16; 13,28-29. Comp. 20,9; 21,4.
   Bernard 2b Bultmann 3b Konings 8a 8b 8c 30
   → γινώσκω → δοκέω (C91I) → οἶδα → πιστεύω

---

6 Voir également Wendt Lewis Wellhausen 4 Spitta 1 MacGregor Fortna 4
   Dauer 1 Boismard 8; Wrede Hoffmann 2 3 Wead 2 Culpepper 3 4 Nicholson 5.
   — La remarque explique un mot de Jésus: 2,21-22; 4,8; 6,6.64.71; 7,39;
   10,6; 11,5.13; 12,6.33; 13,11; 21,19.23; de la femme samaritaine: 4,9; des
   frères de Jésus: 7,5; des scribes et des Phariséens: [8,6]; des parents de
   l'aveugle-né: 9,22-23; de Caïphe: 11,51-52; du prophète Isaïe: 12,41.
   — Contenu de la remarque: la mort et la glorification de Jésus: 2,21-22;
   11,51-52; 12,33; comp. la mort de Lazare, de Pierre et du disciple que Jésus
   aimait: 11,13; 21,19.23; noter les caractéristiques σημαίνων ποίῳ θανάτῳ
   (cf. C363): 12,33; 21,19; ἤμελλεν ἀποθνῄσκειν (Cf. C52); 11,51; 12,33;
   comp. δοξάσει τὸν θεόν: 21,19; l'incompréhension des disciples (cf. A8):
   11,13; comp. 7,5; l'incroyance d'autres personnes: 10,6; la compréhension
   tardive (cf. A9): 2,21-22; la connaissance de Jésus (cf. A17): 6,64; 13,11;
   comp. 6,6; l'amour de Jésus pour Lazare et ses soeurs: 11,5; l'annonce
   de la trahison de Judas: 6,64.71; 13,11; sur Judas, voir aussi 12,6; l'absence de l'Esprit-Saint: 7,39; explication d'une coutume juive: 4,9; la
   crainte pour les juifs (comp. C180); 9,22-23; πειράζων/οντες αὐτόν: 6,6;
   [8,6] (pas d'autres cas en Jn); l'absence des disciples explique la demande
   de Jésus en 4,8.
7 Voir également Hoffmann 2 3 Nicholson 5. — Explications des actes de
   Jésus: 4,44; 5,18; 7,1; des actes d'autres personnages: 3,19.23.24; 5,13;
   (7,4); 11,30; 18,18; 19,31a.31d.40; 20,9.
8 Voir également Wellhausen 6 Fortna 3 Boismard 6; Wead 2 Culpepper 2.
   — Les verbes pour exprimer l'incompréhension sont: a) γινώσκω (comp.
   C18, 73-75I, 192, 307): 8,27; 10,6; 12,16; 13,28; δοκέω (cf. C91I): 11,13;
   13,29; comp. surtout 20,15; οἶδα (comp. C271-276Ib): 2,9; 20,9; 21,4; comp.
   20,14; voir aussi 20,9; d) πιστεύω (comp. C328-337): 7,5. — Il s'agit de
   l'incompréhension des disciples: 11,13; 12,16; 13,28-29; comp. 20,9; 21,4;
   des frères de Jésus: 7,5; des juifs: 8,27; 10,6; du maître du repas: 2,9.
   — La remarque sur la prophétie inconsciente de Caïphe en 11,51-52 est
   à comparer avec les exemples de cette catégorie (cf. Konings 8c).

9 Compréhension tardive des disciples
2,21-22; 12,16. Comp. 2,17.
Garvie 2 Tenney 5 O'Rourke 5 Konings 8a 31
→ μιμνῄσκομαι (C253I)

10 Accomplissement de l'Ecriture ou des paroles de Jésus
1,23; 2,17; 6,31; 7,38; 12,14-16; 18,9.32; 19,24.28; 19,36-37. Comp. 4,44; 10,35; 12,38; 20,9.
Garvie 1 Bernard 2c Konings 10 34 Olsson 10
→ γραφή, singulier (C78) → ἵνα ἡ γραφὴ πληρωθῇ (B11, C79) → ἵνα ὁ λόγος πληρωθῇ (B11, C339) → ἵνα τελειωθῇ ἡ γραφή (B11, C79Ia) → ἔστιν γεγραμμένον (C80) → καθώς ἐστιν γεγραμμένον (B17, C81) → καθὼς εἶπεν (B17, C183Ia).

11 Référence à un passage qui précède ou qui suit
a) à un passage qui précède: 1,24 (cf. v. 19); 1,40 (cf. v. 37); 2,22 (cf. v. 19); 3,26 (cf. 1,19ss.); 4,2 (cf. 3,22); 4,45 (cf. 2,13-23); 4,46 (cf. 2,1-11); 4,54 (cf. 2,1-11); 6,23 (cf. vv. 1-15); 7,50 (cf. 3,1-2; 19,39); 9,13 (cf. vv. 1-7); 9,18 (cf. vv. 1-7); 9,23 (cf. v. 21); 9,24 (cf. vv. 1-7); 10,40 (cf. 1,28); 11,31 (cf. v. 29), 12,1 (cf. 11,1-44);

---

9 Voir également Boismard 6; Culpepper 2. — La citation de l'Ecriture (cf. A10) est donnée dans la parenthèse: 2,17; précède la parenthèse sur la compréhension tardive: 2,21-22; 12,16; dans ces deux cas on trouve les formules: 2,22: καὶ ἐπίστευσαν τῇ γραφῇ καὶ τῷ λόγῳ ὃν εἶπεν ὁ Ἰησοῦς; 12,16: ὅτι ταῦτα ἦν ἐπ' αὐτῷ γεγραμμένα. — Le temps de la compréhension est la glorification du Christ. Ce temps est décrit par ἐγείρω ἐκ νεκρῶν (cf. C103): 2,22 (comp. 21,14 et la description de Lazare: 12,1.9.17); ὅτε ἐδοξάσθη Ἰησοῦς (comp. C94, 388): 12,16.
10 Voir également Wellhausen 4 Hirsch 3 Boismard 7 Evans; Nicholson 6. — Accomplissement de l'Ecriture: 1,23; 2,17; 6,31; 7,38; (10,35); 12,14-16; (12,38); 19,24.28; 19,36-37; (20,9); d'un mot de Jésus: 18,9.32; comp. 4,44.
11 Voir également Spitta 4 Dauer 2 3 Boismard 3 Becker 6; Jülicher 1 Hoffmann 1 Wead 4. — Autres cas de références dans l'évangile de Jn: 1,30 (cf. v. 15); 1,50 (cf. v. 48); 3,7 (cf. v. 3); 3,12 (cf. vv. 3ss.); 3,28 (cf. 1,20); 3,32 (cf. v. 11); 4,10 (cf. v. 7); 4,29 (cf. vv. 16ss.); 4,39 (cf. v. 29); 4,50de (cf. v. 50bc); 4,53 (cf. v. 50); 5,11 (cf. v. 8); 5,33 (cf. 1,19ss.); 6,26 (cf. vv. 11-12); 6,36 (cf. v. 26); 6,41-42 (cf. vv. 33.35.51.58); 6,49 (cf. v. 31.58); 6,65 (cf. vv. 37.44); 7,1 (cf. 5,18); 7,19-20 (cf. 5,18; 7,1); 7,23 (cf. 5,1-9a); 7,25 (cf. 5,18; 7,19-20); 7,36 (cf. v. 34); 7,46 (cf. le discours précédent); 8,21 (cf. 7,34.36); 8,24 (cf. v. 21); 8,37 (cf. 5,18; 7,1.19.25); 8,52 (cf. v. 51); 9,11 (cf. vv. 1-7); 9,15 (cf. vv. 1-7); 9,27 (cf. vv. 1-7.11.15); 10,21 (cf. 9,1-7); 10,25 (cf. 4,26); 10,26-27 (cf. 10,4.14); 10,32 (référence générale); 10,36 (cf. 5,17-20; 10,30); 10,37 (cf. 5,36); 10,41 (cf. 1,6-8.15.27.29.30.34); 11,8 (cf. 8,59; 10,31); 11,37 (cf. 9,1-7); 11,40 (cf. vv. 4.23.25-26); 11,42 (cf. v. 33); 11,50 (cf. 18,13-14);

12,2 (cf. 11,1-44); 12,9 (cf. 11,1-44); 12,17 (cf. 11,1-44), 13,11b (cf. v. 10); 18,9 (cf. 6,39; 10,28; 17,12); 18,14 (cf. 11,49-51); 18,26 (cf. v. 10); 18,32 (cf. 3,14; 8,28; 12,33); 19,39 (cf. 3,1-2; 7,50); 20,8 (cf. v. 4); 21,14 (cf. 20,19.26); 21,20 (cf. 13,23-25); 21,23d (cf. 21,22). b) à un passage qui suit: 1,6-8 (cf. v. 19ss.); 1,15 (cf. v. 19ss.); 6,64 (cf. 13,21-31; 18,1-11); 6,71 (cf. 13,21-31; 18,1-11); 11,2 (cf. 12,1-8); 12,4 (cf. 13,21-31; 18,1-11); 13,2 (cf. 13,21-31; 18,1-11).
Schulze 3e Wegscheider 3 Weber 4 Credner 1 Knabenbauer 2 Bromboszcz 5 Bernard 2e Bultmann 1 Brown Konings 2a 25

→ ὁ λόγος ὃν εἶπεν (B20, C222)

12 Correction

1,8 (cf. v. 7); 3,33 (cf. v. 32c); 4,2 (cf. 3,22); 4,23aβ (cf. 4,23aα); 5,25bβ (cf. v. 25bα); 6,46 (cf. v. 45); 7,22bc (cf. v. 22a); 16,32aβ (cf. v. 32aα). Comp. 13,10; 14,22.

Wegscheider 4 Lagrange 2 Konings 11 24

→ οὐχ ὅτι (B13, C288I)

13 Notice de conclusion

1,28; 2,11; 4,54; 6,59; 7,9; 8,20.30; 10,6; 12,36; 12,37-43; 20,30-31; 21,14; 21,24-25.
Stange 27 Tenney 7 O'Rourke 7 Schnackenburg 3a Konings 6 27 Olsson 4 8. Voir surtout M. ROBERGE, *Notices de conclusion et rédaction du quatrième évangile*, dans *Laval théologique et philosophique* 31 (1975) 49-53 (sa liste: 1,28; 2,11; 4,54; 6,59; 8,20; 10,6; 21,14).

→ οὗτος reprenant le récit dans les notices de conclusion (B16, C307Id)

12,34 (cf. v. 32); 12,42 (cf. 9,22); 13,29 (cf. 12,6); 13,33 (cf. 7,33-34; 8,21); 14,9 (cf. v. 7; 12,45); 14,26 (référence générale); 14,28 (cf. v. 3); 15,3-4 (cf. 13,10); 15,20 (cf. 13,16); 16,1 (cf. le discours précédent); 16,4 (cf. le discours précédent); 16,6 (cf. le discours précédent); 16,15 (cf. v. 14); 16,17 (cf. v. 16); 16,19 (cf. vv. 16.17); 18,6 (cf. v. 5); 18,8 (cf. vv. 5.6); 18,16 (cf. v. 15); 18,20-21 (référence générale); 20,18 (cf. 20,11-17).

12 Voir également Wellhausen 7 Hirsch 5 Boismard 9; Dibelius. — Correction d'un énoncé éloigné: 4,2; dans les autres cas il s'agit d'une correction dans le contexte immédiat.
13 Voir également Wellhausen 2 5 Fortna 1 Becker 1; Nicholson 4. Sur Roberge, cf. *infra*, n. 516-519. — Les phrases commencent chaque fois par un pronom démonstratif: οὗτος, absolu: ταῦτα: 1,28 (ἐν Βηθανίᾳ ἐγένετο); 6,59 (εἶπεν); 7,9 (δὲ εἰπών); 8,30 (αὐτοῦ λαλοῦντος); 12,36 (ἐλάλησεν); 20,31 (δὲ γέγραπται); οὗτος: 21,24 (ἔστιν); τοῦτο: 21,14 (ἤδη τρίτον ἐφανερώθη); οὗτος, attributif: ταύτην: 2,11 (ἐποίησεν ἀρχήν); 10,6 (τὴν παροιμίαν εἶπεν): τοῦτο: 4,54 ([δὲ] πάλιν δεύτερον σημεῖον ἐποίησεν); ταῦτα: 8,20 (τὰ ῥήματα ἐλάλησεν). Autres pronoms: τοσαῦτα (attributif):

14 Réflexion insérée "après coup" dans la narration
    1,24.28.40.44; 2,6; 3,24; 4,8; 5,9; 6,4.10.17-18.23.59; 8,20; 9,14; 11,5.
    18.30; 18,5; 19,14a.b.29a.31b.d; 21,8.
    Bengel 5   Abbott 2   Lagrange 1   Bromboszcz 3   Bultmann 7   Konings 5

15 Réflexion théologique plus longue
    Dans le prologue: 1,6-8.15. — Dans l'évangile: 3,16-21.31-36; 12,37-42.
    — Les deux conclusions de l'évangile: 20,30-31; 21,24-25.
    Voir aussi la catégorie B28.
    Garvie 6   Lagrange 5   Bromboszcz 1   Bernard 2c   Bultmann 10   Tenney 10
    O'Rourke 10   Konings 13 14   Olsson 6

16 "Référence" à l'auteur de l'évangile
    1,14; 19,35; 21,20.23.24.
    Stange 29   Bernard 2e   Tenney 4   O'Rourke 4

17 Connaissance surnaturelle de Jésus
    2,24-25; 6,6.64; 13,11.
    Schulze 3d   Luthardt 7   Bultmann 3a   Tenney 9   O'Rourke 9   Konings 9 32
    Olsson 12
    → ᾔδει γάρ (A6, B1, C276Ia)

12,37 (δὲ αὐτοῦ σημεῖα πεποιηκότος): πολλά (attributif): 20,31 (μὲν οὖν καὶ ἄλλα); comp. 21,25 (ἔστιν δὲ καὶ ἄλλα πολλά). — Génitif absolu (cf. B24) en 8,30; 12,37. — Asyndètes (pas notées sous la catégorie B22; voir la définition de Schweizer): 1,28; 2,11; 6,59; 8,20.30; 10,6; 12,36; 21,24. — Avec particule de liaison ou mot de temps: 4,54 (δέ: [N²⁶NVH]; - δέ: Tς); 7,9 (δέ); 12,37 (δέ); 20,30-31 (μὲν οὖν); 21,14 (ἤδη); 21,25 (δὲ καί). — Enumération des signes: 2,11; 4,54; comp. 21,14 (apparitions); cf. Stange 27   Tenney 7   O'Rourke 7   Konings 6   Olsson 4.

14 Voir également Wellhausen 3   Spitta 4; Boismard 2c. — Indication ou description du lieu (cf. A4): a) localisation du discours de Jésus (cf. Bultmann 7b   Konings 5b): 6,59; 8,20; b) autres cas: 1,28; 6,10. 17-18.23; 11,18.30; 21,8. — Indication du temps (cf. A5): le sabbat (cf. Bultmann 7c   Konings 5a): 5,9; 6,59* (ς); 9,14; 19,31d; la Pâque et la préparation de la Pâque (cf. Konings 5c): 6,4; 19,14a.31b.d; comp. 19,42. Autres cas: 3,24; 6,17-18; 19,14b. — Indication ou description des personnages (cf. Bultmann 7b; voir aussi A3): 1,24.40. 44; 4,8; 11,5; 18,5; comp. 4,8. — Autres cas: 2,6; 19,29.
15 Voir également Wellhausen 2   Becker 1.
17 Voir également Hirsch 4   Wright 2;   Culpepper 1   Nicholson 7.

B. CLASSIFICATION GRAMMATICALE DES PARENTHESES

La Liste B, qui est dressée de la même manière que la liste A, contient la classification grammaticale des parenthèses d'après l'ordre suivant : 1) Particules et conjonctions (où nous insérons la particule de temps ἤδη : n°s 1-8, 9, 10-13); 2) Pronoms (avec καθώς, οὕτως et ὅπου : n°s 14-16, 17-18, 19-20, 21); 3) Autres éléments de syntaxe (n°s 22-29). L'**Appendice** donne le texte grec des parenthèses qu'on retrouve dans les catégories suivantes : Apposition (n° 23), Reprise après la parenthèse (n° 26), Parenthèse double et parenthèse dans une réflexion plus longue (n° 28).

Particules et conjonctions

1 γάρ

2,25; 3,16-21.24; 4,8.9.23d.44.45; 5,[4].13; 6,6b.27.33.40.64.71b; 7,1.4. 5.39c; 9,22c; 13,11.29; 18,13b-14; 19,31d.36; 20,9.17; 21,7.8. — A l'intérieur des réflexions plus longues: 3,17.19.20.34a.c; 12,43.
Bernard 3a   Bultmann 3a 11a 11b   Konings 16   Olsson 7
→ αὐτὸς γάρ (B14, C68Ia) → οὗτος γάρ (B16, C307Ih) → οὕτως γάρ (B18, C70III1) → τινὲς γάρ (C70IIIe) → ὅς γάρ (B20, C70IIIb) → πᾶς γάρ (C70IIId) → ᾔδει γάρ (A6, A17, C276Ia) → ἦν γάρ (C115Ib) → autre verbe + γάρ (C70IIIr) → καὶ γάρ (B3, C70IIIk) → οὐ(δὲ) γάρ (A6, C70IIIg) → οὐδέπω γάρ (C290) → οὔπω γάρ (C303) → οὐδεὶς γάρ (C70IIIc) → ἤδη γάρ (B9, C70IIIj) → ὁ γάρ + substantif ou nom propre (C70IIIo) → substantif + γάρ (C70IIIq)

2 δέ

L'astérisque signale l'omission de δέ dans N^26.
1,39*.44; 2,6.9d.17*.21-22.24-25; 4,54; 5,9; 6,4.6.10.17*.23*.39.40*.71; 7,9.39; 8,[6].35; 9,14; 10,6; 11,2.5.13a.b.18.19.20.30.38.51.52*.57; 12,6. 16*.33.37-43; 13,28-29.30; 17,3; 18,2.5.10.14.28.40; 19,13.14a.b*.23g.38; 20,31; 21,12.19.23.25. — A l'intérieur d'une parenthèse: 3,18.19.21.36; 12,2c; 21,1.
Abbott 2   Bernard 3b 3c   Bultmann 2a 2b 11a   Konings 18
→ αὐτὸς δέ (B14, C68Ib) → ἐκεῖνος δέ (A6, B15, C128Ib) → οὗτος δέ (B16,

---

1   Voir également Fortna 5b   Boismard 10 (αὐτὸς γάρ).

C307Ii) → τοῦτο δέ εἶπεν/ἔλεγεν (A6, B16, C226) → τοιαῦτα δέ (B19, C382) → ἄλλα δέ (C81If) → πολλοῖ δέ (C81Ik) → οὐδεῖς δέ (C81Ii) → ἔστιν δέ (C115Ia) → ἦν δέ (C118I) → ἦν δέ suivi immédiatement du sujet (A3, C116) → ἦν δέ + nom propre (A3, C117) → ἦν δέ + note temporelle (A5, C118) → verbe de dire + δέ (A6, C81Iβa, C213I, C214I, C216I, C218I) → verbe de mouvement + δέ (C81Iβb) → autres verbes + δέ (C81Iβc) → οὔπω δέ (C81Im) → nom propre + δέ (C81Iw) → substantif + δέ (C81Ix) → adverbe + δέ (C81Iz) → ὁ δέ (C81Iu,v) → δέ à la troisième, quatrième ou cinquième place (C81Iγ)

3 καί
1,10.14.24; 2,9; 4,23aβ.d.27.45; 5,25; 6,17; 10,12.27 (κἀγώ).35; 11,52; 12,2.50; 15,5 (κἀγώ); 16,32a.d; 17,10; 18,28c; 19,20.23d.27c.35a.b.c.37; 21,11.20 (ὅς καί).24c.
→ καὶ γάρ (B1, C70IIIk)

4 καίτοιγε
4,2.
Voir C185I

5 μέν
20,30.
→ μὲν οὖν (B7, C243IIa) → μέν suivi de δέ (C243IIb) → pronom + μέν (C243IId)

6 μέντοι
4,27c; 21,4. — A l'intérieur d'une réflexion plus longue: 12,42.
→ οὐ μέντοι (C244) → ὅμως μέντοι (C244) → οὐδεῖς μέντοι (C244)

7 οὖν
2,22; [5,4c.d]; 12,17; 20,30.
→ ὅτε οὖν (B26, B27, C299) → μὲν οὖν (B5, C243IIa)

8 τέ
6,18.
→ τέ, pas suivi d'une autre conjonction (C369Ia)

9 ἤδη
6,17; 9,22; 13,2; 21,14.
→ ἤδη γάρ (B1, C70IIIj) → ἤδη dans un génitif absolu (B24, C161Ia)
→ autres cas (C161Ib)

---

6   Voir également Fortna 5c.
8   Voir également Wellhausen 8.

10 εἰ

   13,10.

   → εἰ μή (C107Ia)

11 ἵνα

   11,15; 18,9.32; 19,24.28. — A l'intérieur de la parenthèse: 1,7b.c.8;
   2,25; 3,16.17b.c.20.21; 4,8; 6,39.40; [8,6]; 9,22; 11,19.52.57; 12,38.40.42;
   13,2.29; 17,3; 18,28d.e*(ς); 19,35.36; 20,31b.e.
   Bultmann 11d Konings 22 Olsson 10
   → ἵνα elliptique (B25, C173I) → ἀλλ' ἵνα elliptique (B25, C28) → ἵνα
   épexégétique (C174) → Définitions (τοῦτό ἐστιν... ἵνα) (B16, C413)
   → ἵνα ἡ γραφὴ πληρωθῇ (A10, C79) → ἵνα ὁ λόγος πληρωθῇ (A10, C339)
   → ἵνα τελειωθῇ ἡ γραφή (A10, C79Ia) → δίδωμι ἵνα (C91) → verbe de mouvement + ἵνα (même sujet dans les deux propositions) (C175) → οὐκ ἔχω χρείαν
   (ou autre substantif) + ἵνα (C155) → autre verbe + ἵνα (C174I) → Proposition avec ἵνα, coupée (C173) → ἵνα... καί (C177) → ἵνα... δι' αὐτοῦ (C176)
   → ἵνα... μή (C176Ia) → ἵνα τις (C178Ic)

12 ἐπεί

   13,29; 19,31.
   Voir C139I

13 ὅτι causal ou explicatif

   3,23; 6,46; 7,22; 9,8?; 18,18. — A l'intérieur de la parenthèse: 1,15;
   2,25; 3,18.19.21; 4,22; 7,1.39; 8,20; 9,22; 12,6b.c.18.39.41; 16,32; 18,2.
   Bultmann 11c 11e Konings 22
   → διὰ τοῦτο... ὅτι (A6, B16, C85) → οὐχ ὅτι (A12, C288I) → οὐχ ὅτι...
   ἀλλ' ὅτι (B29, C31)

Pronoms

14 αὐτός

   1,6b; 2,24a.25; 3,1; 4,44.45; 6,6; 18,28. — A l'intérieur de la parenthèse:
   1,7.10.12c.14.15.40; 2,11b.c.17.21.22.24a.b; 3,16.17.18.19.20.21.32.33.35.36;

---

13 Autres cas de ὅτι causal ou explicatif (cf. Bruder*; Moulton 1; H.K. Moul-
    ton 1): 1,16.17.30.50; 2,3*.18; 4,35; 5,16.18.27.28.30.38.39.42; 6,2.26c.d.
    38.41; 7,7.8.23.29.30; 8,14.16.22.29.37.43.44e.h.45.47; 9,16.17.30; 10,4.
    5.13.17.26.33.36; 11,9.10.15.41.47; 12,11.49; 14,2.12.17c.e.19.28d.e; 15,5.
    15b.d.c.19.21.27; 16,3.4c.e.6.9.10.11.14.16.17.19d.21c.f.27b; 17,8a.9.14.
    24; 19,7.20.42; 20,13.29; 21,17. — Pas mentionnés par a) Bruder: 2,3*.18;
    3,19.21; 4,35; 5,28.42; 6,46; 7,23; 8,45; 9,8.17.30; 10,26; 11,15.41;
    14,2.17e.28d; 16,4e.17.19d.21f; 21,17; b) Moulton: 2,18; 3,19.21; 4,35;
    5,42; 6,46; 7,22; 8,22; 9,8.17.30; 11,15.41; 12,6a; 14,28; 16,4c.16.19d.
    21f; 20,13; 21,17; c) H.K. Moulton: 16,16.

4,2a.b.8.23.27a.e; 6,17.31.39c.d.40b.d.64.71; 7,1.4.5 (bis); 7,9.39.50; 8,[6a.b].20b.c.27.30 (bis); 9,14.22a.d.23a.c; 10,6a.b.12.27; 11,2b (bis).5.13. 19.30.31b.c.38.57; 12,2.4.6.16a.d.e.17.18a.b.36e.37a.a.b.40a.b.f.41b.c.42. 50; 13,2.11.28.29; 17,6.23; 18,2a.b.5 (bis); 19,27.35.36.39; 20,9.30.31; 21,12.20.23c.f.24.25.

Bultmann 11a   Konings 16

→ αὐτὸς γάρ (B1, C68Ia)   → αὐτὸς δέ (B2, C68Ib)   → ὄνομα αὐτῷ (A3, B23, C278)   → αὐτὸς supportant un casus pendens (B25, C68)   → λέγει/λέγουσιν αὐτῷ + un tel (C211)

15 ἐκεῖνος

2,21-22; 10,6; 11,13; 19,35. — A l'intérieur de la parenthèse: 1,8; 5,9; 11,49.51; 18,13; 19,27.31.

→ ἐκεῖνος absolu (C124)   → ἐκεῖνος, dit du Christ (C126)   → ἐκεῖνος attributif (C128Ia)   → ἐκεῖνος δέ (A6, B2, C128Ib)   → ἐκεῖνος δὲ ἔλεγεν (A6, B2, C218I)

16 οὗτος

1,28; 2,11; 4,27.54; 6,6.27.39.40.59.71; 7,9.39; 8,[6].20.30; 9,22.23; 10,6; 11,51; 12,6.16a.18a.33.36; 13,11.28; 17,3; 19,36; 20,31; 21,1.14.19.24.

— A l'intérieur de la parenthèse: 1,7.15; 2,22; 3,19.32; 6,46; 12,16d.e. 18b.39.41; 20,30; 21,24αβ.b.

Bultmann 2a 2c 2d 2e 9a 9b 9c 11e   Konings 17   Olsson 8 11

→ οὗτος γάρ (B1, C307Ih)   → οὗτος δέ (B2, C307Ii)   → ταῦτα λαλέω (C207)
→ ταῦτα εἶπεν/εἶπον (A6, C224)   → ταῦτα εἰπών (C225)   → τοῦτο δὲ εἶπεν/ ἔλεγεν (A6, B2, C226)   → autres cas de τοῦτο/ταῦτα + verbe de dire (A6, C304Ia)   → Définitions (τοῦτό ἐστιν... ἵνα/ὅτι) (B11, C413)   → οὗτός ἐστιν/ἦν (C307Ie,f)   → οὗτος, supportant un casus pendens (B25, C307Ib)
→ οὗτος en tête de phrase, reprenant la présentation d'un personnage (ou une description d'un lieu) introduite par ἦν (ou une expression semblable) (C307Ic)   → οὗτος reprenant le récit dans les notices de conclusion (A13, C307Id)   → διὰ τοῦτο... ὅτι (A6, B13, C85)   → διὰ τοῦτο + λέγω + ὅτι (B26, C86)   → ἐπὶ τούτῳ (C307Ia)   → μετὰ τοῦτο/ταῦτα (C252, C253)

17 καθώς

1,23; 6,31; 7,38; 12,14c-16; 14,27; 19,40.

Konings 22   Olsson 10

→ καθώς ἐστιν γεγραμμένον (A10, C81)   → καθὼς ἔθος ἐστίν (A2, C103I)
→ καθὼς εἶπεν (A10, C183Ia)   → οὐ καθώς (C184)

18 οὕτως

3,16-21. — A la fin d'une parenthèse: 21,1.

→ οὕτως γάρ (B1, C70III1) → οὕτως... ὥστε (C307IIa)

19 τοσοῦτος

12,37-43; 21,11.

→ τοσαῦτα δέ (B2, C382)

20 ὅς

1,38.41.42; 3,26; 9,7.24; 12,9; 19,17; 20,16; 21,20. — A l'intérieur de la parenthèse: 1,13.15; 2,22; 3,32.34; 4,22a.b; 6,39; 7,39; 9,14; 10,6; 12,1.38; 13,29; 14,26; 15,26; 17,3; 18,9a.b.13.26.32; 19,37; 20,30; 21,25.

→ ὅς γάρ (B1, C70IIIb) → ὅ ἑρμηνεύεται (A1, C144 note) → ὅ λέγεται (A1, C220) → ὁ λόγος ὅν εἶπον (A11, C222)

21 ὅπου

4,46; 10,40; 12,1. — A l'intérieur de la parenthèse: 1,28; 6,23; 11,30.

→ ὅπου (A4, C282) → ὅπου ἦν/ἦσαν (A4, C284) → ὁ τόπος ὅπου (A4, C380)

Autres éléments de syntaxe

22 Asyndète

1,6-8.39.40; 2,17; 3,31-36; 4,6.22; 6,23; 8,27; 10,22; 17,6.23; 19,14b.29. Konings 21

---

22 Asyndètes signalées par E. SCHWEIZER, *Ego Eimi*, 1939, p. 91-92, 104 (n° 10): 1,40†.42.45.47; 2,17†; 4,6†.7.30; 5,12.15; 6,23†; 7,32.41; 8,27†; 9,9a.c.e. 13.16.35.40; 10,21.22†; 11,35.44; 12,22a.b.29; 13,22.23; 16,19; 19,29†; 20,18.26; 21,3.11.12.13.17 (39 fois). Il donne la définition suivante: "Wir zählen aber (anders als Blass) die Beispiele nicht mit, die diese Einführung mildern durch ein voranstehendes Partizipium oder ein νῦν, οὗτος, ὑμεῖς usw., die den vorigen Satz einigermassen wieder aufnehmend weiter führen, ferner auch nicht die häufigen und gut griechischen Asyndeta mit ἔφη, λέγει u.a." (p. 91). — Construction de l'asyndète: a) verbe comme premier mot: 1,6-8 (ἐγένετο ἄνθρωπος); 1,40 (ἦν Ἀνδρέας); 2,17 (ἐμνήσθησαν οἱ μαθηταὶ αὐτοῦ); b) asyndètes avec ἦν: ἦν Ἀνδρέας: 1,40; ὥρα ἦν (cf. C408): 1,39; 4,6; 19,14; χειμὼν ἦν: 10,22; voir aussi 3,31-36 (ὁ ἄνωθεν ἐρχόμενος ἐπάνω πάντων ἐστίν); 17,6 (σοὶ ἦσαν); c) sujet comme premier mot: ὥρα: 1,39; 4,6; 19,14; χειμών: 10,22; σκεῦος: 19,29; voir encore 3,31-36 (cf. sous b); 4,22; 6,23 (cf. sous d); 17,23 (cf. sous f); d) pronom: 4,22 (ὑμεῖς..., ἡμεῖς); 6,23 (ἄλλα ἦλθεν πλοι|άρι]α); 17,6 (σοὶ ἦσαν); 17,23 (ἐγὼ ἐν αὐτοῖς); e) négation comme premier mot: 8,27 (οὐκ ἔγνωσαν); f) sans verbe: 17,23 (ἐγὼ ἐν αὐτοῖς καὶ σὺ ἐν ἐμοί).

23 Apposition

Les références entre parenthèses signalent les appositions à l'intérieur d'une remarque.

1,(6a.b).12c-13.14.(23).(40).(44); (2,6.9); 3,1; 4,25.54; 5,2.18; 6,(4).
(6).22.(59.71); 7,50; (8,[6].20); 9,13.18; 11,16.(18).31.49.(51); 12,4c.
(15.17.21.33); 14,22.26; 15,26; 16,13; 18,(2.5.)16.26.(32); 19,13.23.38.
39; 20,8.24.(31); 21,2c.e.12.(14.19.24).

Voir *Appendice* (n° 23).

→ Ἑβραϊστί (A1, C100) → ὁ ἐλθών/οἱ ἐλθόντες (C145) → (ὁ) λεγόμενος (A1, C219Ia) → ὁ λεγόμενος Δίδυμος (A3, C89 note) → ὄνομα αὐτῷ (A3, B14, C278) → τὸ πνεῦμα τῆς ἀληθείας (C17) → σημαίνων ποίῳ θανάτῳ (A6, C363) → ἤμελλεν ἀποθνῄσκειν (A6, C52) → nom propre + (ὁ) ἀπό + nom de ville (A3, C50I)

24 Génitif absolu

Au commencement de la parenthèse: 8,30; 12,37; 13,2bc; 21,11. — A l'intérieur de la parenthèse: 6,18. — A la fin de la parenthèse: 5,13; 6,23.

→ ἤδη, dans un génitif absolu (B9, C161Ia)

25 Ellipse et anacoluthe

1,8; 3,26.32; 6,39.46; 7,22.38; 10,12; 11,52; 12,38; 14,26; 15,5; 18,9.32; 19,24; 21,12d.

Konings 22

→ Casus pendens avec αὐτός (B14, C68), ἐκεῖνος (B15, C128), οὗτος (B16, C307Ib), autres cas (C410I) → ἵνα elliptique (B11, C173I) → ἀλλ' ἵνα elliptique (B11, C28)

---

23 L'apposition est liée à a) un nom propre: Ἀνδρέας: 1,40; Ἡσαΐας: 1,23; Θωμᾶς (cf. C166): 11,16; 20,24; 21,2c; Ἰησοῦς: 4,54; 21,14; οἱ Ἰουδαῖοι: 11,31; Ἰούδας: 14,22; 18,2.5; Ἰούδας ὁ Ἰσκαριώτης: 12,4c; Ἰωσὴφ [ὁ] ἀπὸ Ἀριμαθαίας: 19,38; Καϊάφας: 11,49; Μεσσίας: 4,25; Ναθαναήλ (cf. C261): 21,2e; Νικόδημος (cf. C263): 7,50; 19,39; Φίλιππος: 12,21; χριστός: 20,31; b) un substantif: ἄνθρωπος: 1,6a.b; 3,1; βασιλεύς: 12,15; διάκονοι: 2,9; δόξα: 1,14; κολυμβήθρα (cf. C190): 5,2; μαθητής (comp. C33): 18,16 (ὁ μ. ὁ ἄλλος); 20,8 (ὁ ἄλλος μ.); 21,14 (ὁ μ.); ὄχλος: 6,22; 12,17; παράκλητος (cf. C315): 14,26; 15,26; πάσχα: 6,4; τόπος: 19,13; ὑδρίαι ἕξ: 2,6; c) un pronom: αὐτός: 1,12c-13 (αὐτοῖς); 9,13 (αὐτόν).18 (αὐτοῦ); ἐκεῖνος: 16,13; οὗτος: 6,71; εἷς: 18,26; οὐδείς: 21,12; d) un sujet du verbe, pas exprimé: εἶπεν: 6,59; 18,32; 21,19; ἔλεγεν: 5,18; 6,6; 12,33; ἔλεγον: [8,6]; ἐλάλησεν: 8,20; ἐπροφήτευσεν: 11,55; e) un adjectif: ἄραφος: 19,23; ἐγγύς: 11,18; f) une préposition et nom propre: ἀπό (cf. C50I): 1,44 (Βηθσαϊδά); comp. 6,59; 8,20.

24 Autres cas de génitif absolu en Jn: 2,3 (T: οἶνον οὐκ εἶχον, ὅτι συνετελέσθη ὁ οἶνος τοῦ γάμου, εἶτα au lieu de ὑστερήσαντος οἴνου); 4,51; 7,14; 13,2a; 18,22; 20,1.19.26; 21,4.11. — Conjonctions utilisées: a) δέ: 4,51; 7,14; 12,37; 18,22; 21,4; b) οὖν: 20,19; c) καί: 2,3; 21,11; 13,2a. Avec ἤδη: 4,51; 7,14; 13,2bc; 21,4 (cf. B9, C161Ia); comp. ἔτι: 20,1.

26 Reprise après une parenthèse

4,21.(22).23a; 4,43.(44).45a; 6,10b.(10c).10d; 6,22abα.(23).24a; 9,21cde.
(22).23; 11,1.(2).3a; 11,3c.(5).6a; 13,10ef.(11a).11bc; 13,30b.(30c).31a;
18,5cd.(5e).6ab; 21,20abcd.(20efg).21a.

Voir *Appendice* (n° 24).

Stange 3 Konings 20. Cf. U.C. VON WAHLDE, *A Redactional Technique in the Fourth Gospel*, dans *CBQ* 38 (1976) 520-533; ID., Wiederaufnahme *as a Marker of Redaction in Jn 6,51-58*, dans *Biblica* 64 (1983) 542-549; M.-E. BOISMARD, *Un procédé rédactionnel dans le quatrième évangile: la* Wiederaufnahme, dans M. DE JONGE (éd.), *L'évangile de Jean*, 1977, p. 235-241; voir surtout F. NEIRYNCK, *L'*epanalepsis *et la critique littéraire. A propos de l'évangile de Jean*, dans *ETL* 56 (1980) 303-338; = *Evangelica*, 1982, p. 143-178.

→ διὰ τοῦτο + λέγω + ὅτι (B16, C86) → οὖν resumptivum (B27) → Ordre suivi de son exécution, reprise du même verbe avec οὖν (B27, C293) → ὅτε οὖν (B7, B27, C299) → ὡς οὖν (B27, C300)

27 οὖν resumptivum

2,(17).18; 2,(21).22; 3,(24).25; (3,31-36) 4,1; 4,(8).9; 4,(27).28; 4,(44).45; 5,(9d).10; 6,(4).5; 6,(10c).10d; 6,(17c-18).19; 6,(23).24; 6,(59).60; 7,(5).6; 7,(39).40; 8,(20).21; 8,(27).28; 8,(30).31; 9,(7c).7d; 9,(14).15; 9,(22-23).24; 10,(6).7; 11,(2).3; 11,(5).6; 11,(13).14; 11,(18-19).20; 11,(20d).21; 11,(30).31; 11,(51-52).53; (11,57) 12,1; 12,(1bc).2; 12,(2bc).3; 12,(6).7; 12,(14cd-16).17; 12,(33).34; 13,(11).12; 13,(28-29).30; 13,(30c).31; 18,(2).3; 18,(5e).6; 18,(9).10; 18,(10e).11; 18,(32).33; (18,40d) 19,1; 19,(20c).21; 19,(23gh).24; 19,(29a).29b; 20,(9).10; 21,(4c).5; 21,(14).15; 21,(20efg).21.

Abbott 1 Schnackenburg 3d Konings 19. Voir surtout F. NEIRYNCK, *Jean et les Synoptiques*, 1979, p. 266-283, spéc. p. 280-281.

Caractéristiques stylistiques avec οὖν:

1. La particule est suivie d'une double construction paratactique: → οὖν... καί... καί, sans changement de sujet (C295)

2. La particule suit le verbe et précède le plus souvent une construction paratactique avec καί: → ordre suivi de son exécution, reprise du même verbe avec οὖν (B26, C293) → οὖν καί, liés (C296) → verbe + οὖν... καί + verbe "dire" (C294)

---

26 Voir également Hirsch 1.
27 Autres cas de οὖν resumptivum: 4,5.6.40; 7,3; 8,12; 10,24; 11,17.32.36.41.56; 12,21; 13,24; 18,16.19.25.28.37; 19,20.23.26.31.42; 20,25.

3. La particule suit le verbe λέγω:

a) → λέγει/λέγουσιν οὖν (C213) → εἶπεν/εἶπον οὖν (C215) → ἔλεγεν/ἔλεγον οὖν (C214)

b) → εἶπεν/εἶπον οὖν πρὸς αὐτόν (C216)

4. La particule suit le sujet: → Ἰησοῦς οὖν + participe + verbe fini (C172)

5. La particule est jointe à une autre conjonction ou adverbe de temps:

a) → ὅτε οὖν (B7, B26, C299) → ὡς οὖν (B26, C300) → τότε οὖν (C301)

b) → οὖν πάλιν (C297) → πάλιν οὖν (C298)

28 Parenthèse double et parenthèse dans une réflexion plus longue

1,6-8^{vv}; 2,9cde.21-22^{vv}.24-25^{vv}; 3,16-31^{vv}.31-36^{vv}; 4,27^{v}; [5,4^{v}]; 6,6^{v}. 17c-18^{v}.39-40^{vv}.71^{v}; 7,39^{v}; 9,22-23^{vv}; 10,6^{v}; 11,13^{v}.18-19^{vv}.51-52^{vv}; 12,14c-16^{vv}; 12,17-18^{vv}; 13,11^{v}.28-29^{vv}; 18,13b-14^{v}.28bcde; 19,14ab.35^{v}. 36-37^{vv}; 20,30-31^{vv}; 21,12cde.24-25^{vv}.

Voir *Appendice* (n° 28)

Konings 23

29 οὐ/μή... ἀλλά

4,2; 7,22; 11,30.51.52; 12,6.16; 18,28; 21,8; 21,23. — A l'intérieur d'une parenthèse: 1,8.13; 3,16.17.36; 6,39; 18,28.

→ οὐ(δὲ)... ἀλλά (C28Ia) → μή... ἀλλά (C28Ib) → οὐ... ἀλλ' ἵνα (C29Ia) → μή... ἀλλ' ἵνα (C29Ib) → οὐ μόνον... ἀλλὰ καί (C29Id) → οὐχ ὅτι... ἀλλ' ὅτι (B13, C31) → οὔπω... ἀλλά... ἔτι (C31Ib)

Appendice

23 Apposition

La parenthèse constitue une simple apposition:

1,12c-13 ὅσοι..., ... αὐτοῖς...,| τοῖς πιστεύουσιν εἰς τὸ ὄνομα αὐτοῦ, 13 οἳ οὐκ...

28 Parenthèse à l'intérieur d'une réflexion plus longue: 1,6-8 (v. 6b); 3,16-21 (v. 19e); 3,31-36 (v. 34c); 9,22-23 (v. 22cde); 19,35 (v. 35b); 21,24-25 (v. 24c). — Deux parenthèses se suivent: a) la deuxième parenthèse explique un élément de la première: 2,24-25; 6,6.39-40.71; 7,39; 11,51-52; 13,28-29; 18,13b-14; 21,12cde; b) la première parenthèse donne une explication qui est nécessaire pour comprendre l'énoncé de la deuxième parenthèse: [5,4] ; 11,18-19; 12,17-18 (διὰ τοῦτο); 13,11 (διὰ τοῦτο); comp. 9,22-23 (διὰ τοῦτο); c) la première parenthèse contient une description de l'activité de Jésus et la deuxième donne la réaction des disciples: 2,21-22; 4,27; 11,13; 12,14c-16; d) la première parenthèse est négative, la deuxième positive: 2,9cde; e) deux indications de temps se suivent: 19,14ab; la description du temps est suivie d'une description de lieu: 6,17c-18; f) autres cas: 10,6; 18,28bcd; 19,36-37; 20,30-31.

CLASSIFICATION

3,1   ἄνθρωπος...| Νικόδημος ὄνομα αὐτῷ
4,25   Μεσσίας...| ὁ λεγόμενος χριστός
5,2   κολυμβήθρα| ἡ ἐπιλεγομένη Ἑβραϊστὶ Βηθζαθά
5,18   ἔλεγεν...| ἴσον ἑαυτὸν ποιῶν τῷ θεῷ
6,22   ὁ ὄχλος| ὁ ἑστηκὼς πέραν τῆς θαλάσσης
7,50   Νικόδημος...| ὁ ἐλθὼν πρὸς αὐτὸν [τὸ] πρότερον
9,13   αὐτὸν...| τὸν ποτε τυφλόν
9,18   αὐτοῦ| τοῦ ἀναβλέψαντος
11,16 Θωμᾶς| ὁ λεγόμενος Δίδυμος
11,31 οἱ οὖν Ἰουδαῖοι| οἱ ὄντες μετ' αὐτῆς ἐν τῇ οἰκίᾳ καὶ παραμυθούμενοι αὐτήν
11,49 Καϊάφας| ἀρχιερεὺς ὢν τοῦ ἐνιαυτοῦ ἐκείνου
12,4c Ἰούδας ὁ Ἰσκαριώτης εἷς [ἐκ] τῶν μαθητῶν αὐτοῦ| ὁ μέλλων αὐτὸν παραδιδόναι
12,21 Φιλίππῳ| τῷ ἀπὸ Βηθσαϊδὰ τῆς Γαλιλαίας
14,22 Ἰούδας| οὐχ ὁ Ἰσκαριώτης
14,26 ὁ δὲ παράκλητος| τὸ πνεῦμα τὸ ἅγιον ὃ...
15,26 ὁ παράκλητος ὅν...| τὸ πνεῦμα τῆς ἀληθείας ὃ...
16,13 ἐκεῖνος| τὸ πνεῦμα τῆς ἀληθείας
18,16 ὁ μαθητὴς ὁ ἄλλος| ὁ γνωστὸς τοῦ ἀρχιερέως
18,26 εἷς ἐκ τῶν δούλων τοῦ ἀρχιερέως| συγγενὴς ὢν οὗ...
19,13 τόπον λεγόμενον Λιθόστρωτον| Ἑβραϊστὶ δὲ Γαββαθά
19,23 ἄραφος| ἐκ τῶν ἄνωθεν ὑφαντὸς δι' ὅλου
19,38 Ἰωσὴφ [ὁ] ἀπὸ Ἁριμαθαίας ὢν μαθητὴς τοῦ Ἰησοῦ| κεκρυμμένος δὲ διὰ τὸν φόβον τῶν Ἰουδαίων
19,39 Νικόδημος| ὁ ἐλθὼν πρὸς αὐτὸν νυκτὸς τὸ πρῶτον
20,8   ὁ ἄλλος μαθητής| ὁ ἐλθὼν πρῶτος εἰς τὸ μνημεῖον
20,24 Θωμᾶς...| ὁ λεγόμενος Δίδυμος
21,2c Θωμᾶς| ὁ λεγόμενος Δίδυμος
21,2e Ναθαναὴλ| ὁ ἀπὸ Κανὰ τῆς Γαλιλαίας

La parenthèse comprend, outre l'apposition, d'autres éléments:

1,6a   ἄνθρωπος| ἀπεσταλμένος παρὰ θεοῦ
1,6b   ἄνθρωπος...| ὄνομα αὐτῷ Ἰωάννης
1,14   δόξαν...| δόξαν ὡς μονογενοῦς παρὰ πατρός
1,23   Ἡσαΐας| ὁ προφήτης
1,40   Ἀνδρέας| ὁ ἀδελφὸς Σίμωνος Πέτρου
1,44   ἀπὸ Βηθσαϊδά,| ἐκ τῆς πόλεως Ἀνδρέου καὶ Πέτρου

2,6   ὑδρίαι ἕξ...| χωροῦσαι ἀνὰ μετρητὰς δύο ἢ τρεῖς
2,9   οἱ δὲ διάκονοι...| οἱ ἠντληκότες τὸ ὕδωρ
4,54   ὁ Ἰησοῦς| ἐλθὼν ἐκ τῆς Ἰουδαίας εἰς τὴν Γαλιλαίαν
6,4   τὸ πάσχα| ἡ ἑορτὴ τῶν Ἰουδαίων
6,6   ἔλεγεν| πειράζων αὐτόν
6,59   εἶπεν ἐν συναγωγῇ| διδάσκων ἐν Καφαρναούμ
6,71   οὗτος...| εἷς ἐκ τῶν δώδεκα
[8,6] ἔλεγον| πειράζοντες αὐτόν
8,20   ἐλάλησεν ἐν τῷ γαζοφυλακίῳ| διδάσκων ἐν τῷ ἱερῷ
11,18 ἐγγὺς...| ὡς ἀπὸ σταδίων δεκαπέντε
11,51 ἀρχιερεὺς ὢν τοῦ ἐνιαυτοῦ ἐκείνου| ἐπροφήτευσεν
12,15 ὁ βασιλεὺς...| καθήμενος ἐπὶ πῶλον ὄνου
12,17 ὁ ὄχλος| ὁ ὢν μετ' αὐτοῦ ὅτε...
12,33 ἔλεγεν| σημαίνων ποίῳ θανάτῳ ἤμελλεν ἀποθνῄσκειν
18,2   Ἰούδας| ὁ παραδιδοὺς αὐτόν
18,5   Ἰούδας| ὁ παραδιδοὺς αὐτόν
18,32 ὃν εἶπεν| σημαίνων ποίῳ θανάτῳ ἤμελλεν ἀποθνῄσκειν
20,31 ὁ χριστὸς| ὁ υἱὸς τοῦ θεοῦ
21,12 οὐδεὶς...| εἰδότες ὅτι ὁ κύριός ἐστιν
21,14 Ἰησοῦς...| ἐγερθεὶς ἐκ νεκρῶν
21,19 εἶπεν| σημαίνων ποίῳ θανάτῳ δοξάσει τὸν θεόν
21,24 ὁ μαθητὴς| ὁ μαρτυρῶν περὶ τούτων καὶ ὁ γράψας ταῦτα

26 Reprise après une parenthèse

4,21   ... ἔρχεται ὥρα ὅτε... προσκυνήσετε τῷ πατρί. (22^V) 23a ἀλλὰ ἔρχεται ὥρα καὶ νῦν ἐστιν, ὅτε...
4,43   ... ἐξῆλθεν ἐκεῖθεν εἰς τὴν Γαλιλαίαν. (44^V) 45a ὅτε οὖν ἦλθεν εἰς τὴν Γαλιλαίαν, ...
6,10b ποιήσατε τοὺς ἀνθρώπους ἀνακεσεῖν. (10c) 10d ἀνέπεσαν οὖν οἱ ἄνδρες...
6,22aba τῇ ἐπαύριον ὁ ὄχλος... εἶδον... (23^V) 24a ὅτε οὖν εἶδεν ὁ ὄχλος...
9,21cde αὐτὸν ἐρωτήσατε, ἡλικίαν ἔχει, αὐτὸς περὶ ἑαυτοῦ λαλήσει. (22^V) 23 διὰ τοῦτο οἱ γονεῖς αὐτοῦ εἶπαν ὅτι ἡλικίαν ἔχει, αὐτὸν ἐπερωτήσατε.
11,1   ἦν δέ τις ἀσθενῶν, Λάζαρος ἀπὸ τῆς Βηθανίας, ἐκ τῆς κώμης Μαρίας καὶ Μάρθας τῆς ἀδελφῆς αὐτῆς. (2^V ... ἧς ὁ ἀδελφὸς Λάζαρος ἠσθένει.) 3a ἀπέστειλαν οὖν αἱ ἀδελφαὶ πρὸς αὐτὸν λέγουσαι· κύριε, ἴδε ὃν φιλεῖς ἀσθενεῖ.
11,3c ἴδε ὃν φιλεῖς ἀσθενεῖ. 4a ἀκούσας δὲ ὁ Ἰησοῦς... (5^V) 6a ὡς οὖν ἤκουσεν ὅτι ἀσθενεῖ, ...

13,10ef καὶ ὑμεῖς καθαροί ἐστε, ἀλλ' οὐχὶ πάντες. (11a) 11bc διὰ τοῦτο εἶπεν ὅτι οὐχὶ πάντες καθαροί ἐστε.

13,30b ἐκεῖνος ἐξῆλθεν εὐθύς. (30c) 31a ὅτε οὖν ἐξῆλθεν, ...

18,5 λέγει αὐτοῖς· ἐγώ εἰμι. (5e) 6ab ὡς οὖν εἶπεν αὐτοῖς· ἐγώ εἰμι, ...

21,20abcd ἐπιστραφεὶς ὁ Πέτρος βλέπει τὸν μαθητὴν ὃν ἠγάπα ὁ Ἰησοῦς ἀκολουθοῦντα, ... (20efg) 21a τοῦτον οὖν ἰδὼν ὁ Πέτρος...

28   Parenthèse double et parenthèse dans une réflexion plus longue
Dans le texte grec de l'évangile de Jean reproduit dans la troisième partie, nous indiquons par deux tirets les parenthèses à l'intérieur d'une réflexion plus longue. Quand deux remarques se suivent, elles sont séparées par un tiret.

1,6-8^{VV} 6a ἐγένετο ἄνθρωπος, ... — 6b ὄνομα αὐτῷ Ἰωάννης· — 7a οὗτος ἦλθεν...

2,9cde 9c καὶ οὐκ ᾔδει... — 9d οἱ δὲ διάκονοι ᾔδεισαν...

2,21-22^{VV} 21a ἐκεῖνος δὲ ἔλεγεν... — 22a ὅτε οὖν ἠγέρθη...

2,24-25^{VV} 24a αὐτὸς δὲ Ἰησοῦς οὐκ ἐπίστευεν αὐτὸν... — 25c αὐτὸς γὰρ ἐγίνωσκεν...

3,16-21^{VV} 16a οὕτως γὰρ ἠγάπησεν... — 19e ἦν γάρ... — 20a πᾶς γάρ...

3,31-36^{VV} 31a ὁ ἄνωθεν ἐρχόμενος... — 34c οὐ γάρ... — 35 ὁ πατὴρ ἀγαπᾷ...

4,27^V 27a καὶ ἐπὶ τούτῳ ἦλθαν... — 27c οὐδεὶς μέντοι εἶπεν· ...

[5,4^V] 4a ἄγγελος γὰρ κυρίου... — 4c ὁ οὖν πρῶτος ἐμβάς...

6,6^V 6a τοῦτο δὲ ἔλεγεν... — 6b αὐτὸς γὰρ ᾔδει...

6,17c-18^V 17c καὶ σκοτία ἤδη ἐγεγόνει... — 18a ἥ τε θάλασσα...

6,39-40^{VV} 39a τοῦτο δέ ἐστιν... — 40a τοῦτο γάρ ἐστιν...

6,71^V 71a ἔλεγεν δὲ... — 71b οὗτος γάρ...

7,39^V 39a τοῦτο δὲ εἶπεν... — 39c οὔπω γὰρ ἦν...

9,22-23^{VV} 22a ταῦτα εἶπαν... — 22c ἤδη γὰρ συνετέθειντο... — 23 διὰ τοῦτο... εἶπαν ὅτι...

10,6^V 6a ταύτην τὴν παροιμίαν εἶπεν... — 6b ἐκεῖνοι δὲ οὐκ ἔγνωσαν...

11,13^V 13a εἰρήκει δὲ ὁ Ἰησοῦς... — 13b ἐκεῖνοι δὲ ἔδοξαν...

11,18-19^{VV} 18a ἦν δὲ ἡ Βηθανία... — 19a πολλοὶ δὲ ἐκ...

11,51-52^{VV} 51a τοῦτο δὲ ἀφ' ἑαυτοῦ οὐκ εἶπεν... — 52a καὶ οὐχ ὑπὲρ τοῦ ἔθνους μόνον...

12,14c-16^{VV} 14c καθὼς ἐστιν γεγραμμένον... — 16a ταῦτα οὐκ ἔγνωσαν...

12,17-18^{VV} 17a ἐμαρτύρει οὖν ὁ ὄχλος... — 18a διὰ τοῦτο [καὶ] ὑπήντησεν...

13,11^V 11a ᾔδει γάρ... — 11b διὰ τοῦτο εἶπεν...

13,28-29^{VV} 28a τοῦτο [δὲ] οὐδεὶς ἔγνω... — 29a τινὲς γὰρ ἐδόκουν...

18,13b-14^V 13b ἦν γάρ... — 14a ἦν δὲ...

18,28bcde 28b ἦν δὲ πρωΐ· — 28c καὶ αὐτοὶ οὐκ εἰσῆλθον...

19,14ab 14a ἦν δὲ παρασκευή... — 14b ὥρα ἦν...
19,35^V 35a καὶ ὁ ἑωρακὼς μεμαρτύρηκεν, — 35b καὶ ἀληθινὴ αὐτοῦ ἐστιν ἡ μαρτυρία, — 35c καὶ ἐκεῖνος οἶδεν...
19,36-37^{VV} 36a ἐγένετο γὰρ ταῦτα... — 37a καὶ πάλιν ἑτέρα γραφὴ λέγει...
20,30-31^{VV} 30a πολλὰ μὲν οὖν καὶ ἄλλα σημεῖα ἐποίησεν... — 31a ταῦτα δὲ γέγραπται...
21,12cde 12b οὐδεὶς δὲ ἐτόλμα... — 12d εἰδότες ὅτι...
21,24-25^{VV} 24a οὗτός ἐστιν ὁ μαθητὴς... — 24c καὶ οἴδαμεν ὅτι... — 25a ἔστιν δὲ καὶ ἄλλα πολλά...

C. LES CARACTERISTIQUES STYLISTIQUES

La liste C présente, dans l'ordre alphabétique, les caractéristiques johanniques qu'on trouve dans les parenthèses. Nous avons suivi la méthode, l'ordre et la numérotation de la liste publiée dans **Jean et les Synoptiques**[343]. Quand nous ajoutons une tournure, nous utilisons le numéro qui précède et les indications Ia, Ib, Ic, etc. Par exemple αὐτὸς

---

343. Dans la liste de M.-E. BOISMARD & A. LAMOUILLE, **L'évangile de Jean**, 1977, p. 491-514 (Appendice I) les caractéristiques stylistiques sont classées en six catégories. Aux lettres A, B, C, évangile et épîtres johanniques sont comparés au reste du N.T. Aux lettres D, E et F, l'évangile seul est comparé aux évangiles synoptiques et aux Actes des Apôtres. Les lettres A et D contiennent les caractéristiques absolues, dont la proportion est de 100 %; elles sont classées d'après la fréquence (évangile et épîtres johanniques), allant de 30 + 1 à 1 + 1. Aux lettres B et E, la proportion est de 99,9 à 75 % et aux lettres C en F, de 74,9 à 50 % (cf. p. 491).
La liste de Boismard et Lamouille n'indique pas tous les rapprochements possibles entre les caractéristiques individuelles. En plus, la nomenclature des caractéristiques est formulée en français, avec le texte grec en translittération ajouté entre parenthèses. Pour remédier à ces deux inconvénients, nous avons reproduit la liste des caractéristiques de Boismard en grec et dans un ordre alphabétique dans F. NEIRYNCK, **Jean et les Synoptiques**, 1979, p. 41-66, spéc. p. 45-66. Les expressions connexes y sont groupées, mais puisque l'indication complète de chaque caractéristique n'est donnée qu'une seule fois, il était nécessaire aussi de faire appel à des renvois (→), dans la liste même et dans le notes en bas de la page.
Dans la liste que nous donnons ici nous ne répétons plus après le mot ou l'expression le sigle de la caractéristique dans la liste de Boismard, ni la formule de fréquence, ni la référence au vocabulaire johannique de Abbott, et aux listes de Schweizer, Ruckstuhl et Nicol, mais nous ajoutons les références à l'évangile de Jean pour chaque caractéristique.

γάρ porte le n° 68Ia et suit le n° 68 (αὐτός/αὐτοῦ supportant un **casus pendens**). Le signe • en marge du numéro signale les tournures principales des parenthèses des listes A et B. De chaque catégorie, nous énumérons toutes les références. (Les lettres a, b, etc. après la réference indiquent des parties du verset; voir les lignes du texte dans notre texte grec de l'évangile de Jean.) Placé après la référence, l'obèle (†) indique qu'il s'agit d'une parenthèse que nous avons retenue, tandis que l'astérisque (*) signifie que la lecture de la caractéristique est absente dans N^{26}, mais se trouve dans une des éditions ζ T H N S V M B (cf. la **Vollständige Konkordanz** de Aland)[344] ou dans le texte de l'évangile de Jean d'après le commentaire de M.-E. Boismard[345]. En note nous renvoyons aux auteurs signalés dans l'aperçu historique et à la classification des parenthèses dans les listes A et B.

1   ἀγαπάω, ajouter aux cas signalés dans les n°s 2-4: 3,19†; 8,42; 12,43†; 14,15.21c.d.23b.24.28; 21,15.16.
2   — Dieu comme sujet: 3,16†.35†; 10,17; 14,21e.23d; 15,9a; 17,23f.g.24.26.
3   — Jésus comme sujet: 11,5†; 13,1e.f.23.34c; 14,21f.31; 15,9b.12c; 17,23f*; 19,26; 21,7.20. Noter la formule ὃν ἠγάπα, dit du disciple que Jésus aimait: 13,23 (après εἷς ἐκ τῶν μαθητῶν αὐτοῦ); 19,26 (après τὸν μαθητὴν παρεστῶτα); 21,7 (après ὁ μαθητὴς ἐκεῖνος).
4   — ἀγαπᾶν ἀλλήλους: 13,34b.d; 15,12b.17.

ἄγω → ἵνα

11   αἰών: εἰς τὸν αἰῶνα, cf. n°s 12-13, ajouter: 6,51.58; 14,16.
12   — μένω εἰς τὸν αἰῶνα: 8,35a†.b†; 12,34.
13   — οὐ μὴ... εἰς τὸν αἰῶνα: 4,14; 8,51.52; 10,28; 11,26; 13,8.

αἰώνιος → ζωή

14   ἀκούω τῆς φωνῆς: 5,25c.28; 10,3.16.27; 18,37; ἀκούω τὴν φωνήν: 3,8; 5,37.
15   — ἀκούω παρά: 1,40†; 6,45; 7,51; 8,26.38.40; 15,15.

---

344. Les éditions employées dans la **Vollständige Konkordanz** sont: B = Bover, ^{5}1968; H = Westcott-Hort, 1881; M = Merk, ^{9}1964; N = Nestle - Aland, ^{25}1963; V = Vogels, ^{3}1949/1950; S = von Soden, 1913; T = Tischendorf, ^{8}1869/1872; ζ = Textus receptus, Oxford, 1873.
345. Cf. M.-E. BOISMARD & A. LAMOUILLE, **L'évangile de Jean**, 1977. Voir F. NEIRYNCK, **Jean et les Synoptiques**, 1979, p. 23-39, spéc. p. 24-27.

1   Voir le synonyme φιλέω (C396).
15   Cf. C312 313 314 (παρά).

16   ἀλήθεια, cf. n°s 17-22, ajouter: 1,14.17; 4,23.24; 8,32b.44d.e; 14,6; 16,13b; 17,17a.b.19; 18,38.
• 17   — τὸ πνεῦμα τῆς ἀληθείας: 14,17; 15,26†; 16,13a†.
18   — γινώσκω τὴν ἀλήθειαν: 8,32a.
19   — εἰμὶ ἐκ τῆς ἀληθείας: 18,37i.
20   — λέγω/λαλέω τὴν ἀλήθειαν: λέγω: 8,45.46; 16,7; λαλέω: 8,40.
21   — μαρτυρέω τῇ ἀληθείᾳ: 5,33; 18,37h.
22   — ποιέω τὴν ἀλήθειαν: 3,21†.
23   ἀληθής, cf. n° 24, ajouter: 3,33†; 4,18; 6,55a.b; 7,18; 8,16*.26; 10,41; 19,35†.
24   — μαρτυρία + ἀληθής: 5,31.32; 8,13.14.17; 21,24†.
25   ἀληθινός, cf. n° 399, ajouter: 4,23.37; 6,32; 7,28; 8,16; 15,1; 17,3†; 19,35†.
      → φῶς
26   ἀληθῶς: 1,47; 4,42; 6,14.55a*.b*; 7,26c.26d*.40; 8,31; 17,8.
27   ἀλλά: ἀλλά + pronom: 8,16; 10,18.26; 15,16.19; 16,7.
• 28   — ἀλλ' ἵνα (elliptique): 1,8†; 9,3; 11,52†; 13,18; 14,31; 15,25.
• 28Ia   — οὐ(δὲ)... ἀλλά, cf. n°s 29, 29Ia, 29Id, 30-31, ajouter: 1,13.33; 3,28.36†; 4,2†; 5,22.24.30.34.(41-)42; 6,22.32.38; 7,10.16.22†.28; 8,16.42.49; 9,31; 11,4.51†; 12,16†.30.44.49; 13,10bd; 14,24; 15,16.19; 16,13; 19,(33-)34; 20,7; 21,8†.23†.
• 28Ib   — μὴ... ἀλλά, cf. n°s 29, 29Ib, 29Ic, ajouter: 3,15*.16†; 6,27.39; 7,24.(48-)49; 10,1; 18,28†.40; 19,21.24; 20,27.
29   — οὐ μὴ... ἀλλά: 4,14; 8,12; 10,5.
• 29Ia   — οὐ... ἀλλ' ἵνα: 1,8†.31; 3,17†; 11,52†; 12,9.47; 17,15.
• 29Ib   — μὴ... ἀλλ' ἵνα: 18,28*†.
29Ic   — οὔτε... ἀλλ' ἵνα: 9,3.
• 29Id   — οὐ μόνον... ἀλλὰ καί: 5,18; 11,52†; 12,9.
29Ie   — μὴ μόνον... ἀλλὰ καί: 13,9.

---

17   Cf. B23.
19   Cf. C108.
21   Cf. C24 238.
24   Cf. C21 242.
25   Cf. C399 (1,9).
28   Voir Bultmann 11d Konings 22. Cf. B11 25 C173I.
28Ia   Cf. B29.
28Ib   Cf. B29.
29Ia   Cf. B29 C28 28Ib.
29Ib   Cf. B29 C28 28Ia.
29Id   Cf. B29.

30   — οὐ περὶ... ἀλλὰ περί: 10,33; 17,9.20.
31   — οὐχ ὅτι... ἀλλ' ὅτι: 6,26; 12,6†.
31Ia   — οὐκέτι... ἀλλά: 11,54; 16,25cd.
31Ib   — οὔπω... ἀλλὰ... ἔτι: 11,30†.
31Ic   — οὔ, ἀλλά: 7,12; οὐχί, ἀλλά: 9,9.
31Id   — οὐδείς... ἀλλά: 8,28; 10,18.
        → γάρ
        ἀλλήλων → ἀγαπάω
33   ἄλλος: ὁ ἄλλος μαθητής: singulier: 18,16 (ὁ μαθητὴς ὁ ἄλλος); 20,2.3.4.8; pluriel: 20,25; 21,8.
        → δέ → λέγω (ἔλεγον)
        ἀλλότριος → δέ
39   ἄν: εἰ..., ἄν: 4,10; 5,46; 8,19.42; 9,41; 11,21.32; 14,28; 15,19; 18,30.36.
        ἀναβαίνω → ἵνα → (ὁ) υἱός (τοῦ ἀνθρώπου)
42   ἄνθρωπος: οὗτος ὁ ἄνθρωπος (dit du Christ): 7,46*; 9,16.24; 11,47; 18,17.29.
        → υἱός
43   ἀνοίγω τοὺς ὀφθαλμούς: 9,10.14†.17.21.26.30.32; 10,21; 11,37.
44   ἀντλέω: 2,8.9†; 4,7.15. Comp. ἄντλημα: 4,11.
45   ἄνω: 2,7; 8,23; 11,41.
46   ἄνωθεν: 3,3.7.31†; 19,11.23†.
        ἀπέρχομαι → ἵνα
49   ἀπό: ἀπ' ἐμαυτοῦ: 5,30, 7,17.28; 8,28.42; 10,18; 14,10.
50   — ἀφ' ἑαυτοῦ: 5,19; 7,18; 11,51†; 15,4; 16,13; 18,34*.
50I   — nom propre + (ὁ) ἀπό + nom de ville: 1,44† (ἦν δὲ ὁ Φίλιππος ἀπὸ Βηθσαϊδά). 45 (Ἰησοῦν υἱὸν τοῦ Ἰωσὴφ τὸν ἀπὸ Ναζαρέτ); 11,1 (Λάζαρος ἀπὸ Βηθανίας); 12,21† (Φιλίππῳ τῷ ἀπὸ Βηθσαϊδὰ τῆς Γαλιλαίας); 19,38 (Ἰωσὴφ [ὁ] ἀπὸ Ἀριμαθαίας); 21,2† (Ναθαναὴλ ὁ ἀπὸ Κανὰ τῆς Γαλιλαίας).
        → ἀρχή → καταβαίνω → λαλέω
51   ἀποθνῄσκω, cf. n° 52, ajouter: 4,49; 6,49.50.58; 8,21.24b.d.52.53b.c; 11,14.16.21.25.26.32.37.50; 12,24b.d; 18,14†; 19,7; 21,23b.d†.

31   Cf. B13 29 C288I.
31b   Cf. B29.
33   Ajouter: 18,15 ἄλλος μαθητής; 21,2 ἄλλοι ἐκ τῶν μαθητῶν αὐτοῦ δύο.
42   Cf. C307Ik.
49   Cf. C130.
50I   Voir Weber 6 (il cite encore 7,42). Cf. A3 B23.

- 52   — ἤμελλεν ἀποθνῄσκειν: 4,47; 11,51†; 12,33†; 18,32†.
  56   ἀποκτείνω: ζητέω ἀποκτεῖναι: 5,16*.18; 7,1†.19.20.25; 8,37.40.
  57   ἀποστέλλω: Dieu envoie le Christ, cf. n° 58, ajouter: 3,34†; 5,36.38; 6,29.57; 7,29; 8,42; 11,42; 17,3†.8.21.23.25; 20,21.
  58   — ἀποστέλλω εἰς τὸν κόσμον: 3,17†; 10,36; 17,18a.b.
  59   ἀποσυνάγωγος: 9,22†; 12,42†; 16,2.
  64   ἀρχή: ἀπ' ἀρχῆς: 8,44; 15,27.
  65   — ἐξ ἀρχῆς: 6,64†; 16,4.
  66   ἀρχιερεύς: οἱ ἀρχιερεῖς καὶ οἱ Φαρισαῖοι: 7,32.45; 11,47.57†; 18,3.
         ἄρχων → κόσμος
  67   ἀσθενέω: 4,46; 5,3.7.13*; 6,2; 11,1.2†.3.6.
- 68   αὐτός: αὐτός/αὐτοῦ supportant un *casus pendens*: 1,12; 4,14; 5,36; 6,39†; 7,38; 12,49; 15,2b.d; 17,2; 18,9†.11.
- 68Ia — αὐτὸς γάρ: 2,25†; 4,42 (αὐτοῦ).44†.45† (καὶ αὐτοῦ); 6,6†; 16,27.
- 68Ib — αὐτὸς δέ: 2,24†.
         → ἵνα → λέγω → ὄνομα → ὅς
  70   βασιλεύς, du Christ: 1,49; 6,15; 12,13; 18,37b.e; 19,12.14.15.
  70Ia — βασιλεὺς τῶν Ἰουδαίων: 18,33.39; 19,3.19.21c.e; comp. 19,14.15e (ὁ βασιλεὺς ὑμῶν).
  70Ib — βασιλεὺς τοῦ Ἰσραήλ: 1,49; 12,13; comp. 12,15 (ὁ βασιλεύς σου).
- 70II Γαλιλαία: τῆς Γαλιλαίας: 2,1.11†; 4,46; 21,2 (Κανά); 6,1 (θάλασσα); 12,21 (Βηθσαϊδά).
  70IIIa γάρ: ἐγὼ γάρ: 8,42a; 19,6; comp. 5,46c (περὶ γὰρ ἐμοῦ).

---

52   De Jésus en 11,51; 12,33; 18,32. Noter en 12,33 et 18,32 la formule σημαίνων ποίῳ θανάτῳ ἤμελλεν ἀποθνῄσκειν (cf. C363). Cf. B23.
56   Sur ζητέω, voir aussi C92 156 157.
57   Comp. C323. Autres cas de ἀποστέλλω: 1,6†.19.24†; 3,28; 4,38; 5,33; 7,32; 9,7†; 11,3; 18,24. Noter le participe ἀπεσταλμένος en 1,6†.24†; 3,28; 9,7†.
58   Comp. C147. Cf. C191.
59   Avec γίνομαι en 9,22; 12,42; avec ποιέω en 16,2.
65   Autres cas de ἀρχή: 1,1.2; 2,11; 8,25.
66   Cf. F. NEIRYNCK, *Jean et les Synoptiques*, 1979, p. 76, n. 121.
68   Boismard ne compte pas 5,36; 7,38; 18,9. Sur le *casus pendens*, voir encore C128 307Ib 410I. Cf. B14 25.
68Ia Voir Bultmann 11a Konings 16 Fortna 5b Boismard 10a. Cf. B1 14.
68Ib Voir Bultmann 11a. Cf. B2 14.
70Ia Cf. C179I.
70II Cf. A4.

70IIIb — ὃς γάρ: 3,34a† (ὅν); 5,19 (ἅ).
70IIIc — οὐδεὶς γάρ: 3,2; 7,4†.
70IIId — πᾶς γάρ: 3,20†.
70IIIe — τινὲς γάρ: 13,29†.
→ αὐτός → οὗτος
70IIIf — μή (interrogatif) γάρ: 7,41.
70IIIg — οὐ(δὲ) γάρ, suivi de ἀλλά: 3,17†; 5,22; 8,42e; 12,47; 16,13; 21,8†; autres cas: 3,34c†; 4,9†; 7,1†.5†; 10,26*.
→ οὐδέπω → οὔπω
70IIIh — ἐὰν γάρ: 8,24; 16,7.
70IIIi — εἰ γάρ: 5,46.
70IIIj — ἤδη γάρ: 9,22†.
70IIIk — καὶ γάρ: 4,23.(45†).
70III1 — οὕτως γάρ: 3,16†.
70IIIm — ὥσπερ γάρ: 5,21.26.
70IIIn — περὶ γάρ: 5,46c.
70IIIo — ὁ γάρ + substantif ou nom propre: 4,8†; 5,13†.20.36; 6,33†.55.
70IIIp — Nombre + γάρ: 4,18 (πέντε); 11,39 (τεταρταῖος).
70IIIq — Substantif + γάρ: 12,8 (τοὺς πτωχούς); [5,4]† (ἄγγελος); 13,15 (ὑπόδειγμα).
70IIIr — Verbe + γάρ: 4,47 (ἤμελλεν); 12,43† (ἠγάπησαν); 14,30 (ἔρχεται); 19,36 (ἐγένετο).
→ οἶδα (ᾔδει) → εἰμί (ἦν)

72   γεννάω: γεννάομαι ἐκ, au sens métaphysique: 1,13†; 3,5.6a.b.8.
       γίνομαι → μαθητής

73   γινώσκω: ἔγνωκα (au parfait): 5,42; 6,69; 8,52.55; 14,9; 17,7.
74   — γινώσκω τὸν θεόν: 17,3†.

70IIIb Cf. B1 20.
70IIIc Cf. B1.
70IIId Cf. B1.
70IIIe Cf. B1.
70IIIg Voir Bultmann 11b Konings 16 Olsson 7. Cf. A6 B1.
70IIIj Cf. B1 9.
70IIIk Cf. B1 3.
70III1 Cf. B1 18. Comp. C370Ih.
70IIIo Cf. B1.
70IIIq Cf. B1.
70IIIr Cf. B1.
72   Comp. γ. ἄνωθεν en 3,3.7 (Cf. C46).
73   Comp. le parfait ἑώρακα (C285). Voir le synonyme οἶδα (C271).

75	— γινώσκω τὸν πατέρα: 10,15b; 14,7b.c; 16,3.
75I	— γνοῦς: 5,6; 6,15.
	→ ἀλήθεια → κόσμος → οὗτος (ἐν τούτῳ)
76	γλωσσόκομον: 12,6†; 13,29†.
• 78	γραφή: singulier: 2,22†; 7,38†.42; 10,35†; 13,18; 17,12; 19,24†.28†.36†. 37†; 20,9†.
• 79	— ἵνα ἡ γραφὴ πληρωθῇ: avec citation explicite: 13,18; 19,24†.36†; sans citation: 17,12.
• 79Ia	— ἵνα τελειωθῇ ἡ γραφή: 19,28†.
79Ib	— αἱ γραφαί: 5,39.
• 80	γράφω: ἔστιν γεγραμμένον, cf. n° 81, ajouter: 2,17†; 6,45; 10,34; 12,16†; 19,19.20†; 20,30†.
• 81	— καθώς ἐστιν γεγραμμένον: 6,31†; 12,14†.
81Ia	δέ: ἐγὼ δέ: 5,34.36; 7,29*; 8,45.50.55; 11,42; 17,25; ἐμὲ δέ: 3,30; 7,7; 12,8.
81Ib	— ἡμεῖς δέ: 9,28c.
81Ic	— ὑμεῖς δέ: 5,35; 8,14; 14,17*.19; 15,27 (καὶ ὑμεῖς δέ); 16,20d*; ὑμᾶς δέ: 15,15.
81Id	— ὅσοι δέ: 1,12.
81Ie	— ὅς δέ: 4,14; 5,7 (ἐν ᾧ δέ).11*.
• 81If	— ἄλλος δέ: 6,23*†; ἄλλοι δέ: 7,12; 9,9c*.16.
81Ig	— ἀλλοτρίῳ δέ: 10,5.
81Ih	— εἷς δέ τις: 11,49.
• 81Ii	— οὐδεὶς δέ: 21,12†.
81Ij	— πάντα δὲ ὅσα: 10,41.
• 81Ik	— πολλοὶ δέ: 11,19†.
81Il	— τινὲς δέ: 7,44; 11,37.46.
	→ αὐτός → ἐκεῖνος → οὗτος → τοσοῦτος

75	Ajouter 17,25 (cf. C192) en 17,25c. Cf. C74 321.
78	Cf. A10.
79	Voir Bernard 1 2c Olsson 10. Cf. A10 B11. Pour ἡ γραφή + λέγω, voir encore 7,38†.42; 19,37†.
79Ia	Voir Olsson 10. Cf. A10 B11.
80	Cf. A10.
81	Voir Olsson 10. Cf. A10 B17. Comp. C183Ia.
81If	Cf. B2.
81Ii	Cf. B2.
81Ik	Cf. B2.

81Im	— οὔπω δέ: 11,30†.
81In	— ἐὰν δέ: 11,10; 12,24; 16,7.
81Io	— εἰ δέ: 5,47; 8,46*; 10,38; 18,23; εἰ δὲ μή: 14,2.11.
81Ip	— πῶς δέ: 9,21.
81Iq	— ὅτι δέ: 15,19.
81Ir	— ἤδη δέ: 4,51; 7,14; πάλιν δέ: 16,22.
81Is	— ὅταν δέ: 15,26*; 16,13.21; 21,18.
81It	— ὡς δέ: 2,9a.23; 6,12.16; 7,10; [8,7].
	→ καί → μέν → νῦν
81Iu	— ὁ δέ, comme pronom: 4,32; 5,11.17*; 6,20; [8,11b*]; 9,15.17.38; 20,25; 21,6; ἡ δέ: [8,11a]; οἱ δέ: 1,38e; 2,8, 7,41; 9,28*; 18,7; 19,15*; 29,29*.
81Iv	— ὁ δέ, autres cas: a) 3,18†.21†.29.36†; 5,13; 7,6.18.27; 8,[6c].35†; 10,2.13*; 11,41; 12,2†.23; 13,20; 14,10.21.26; 16,20c; 18,15b.16; 19,9; b) ἡ δέ: 12,3; 20,1; c) οἱ δέ: 2,9; 5,29; 6,11*; [8,9]; 19,12; 21,8.
81Iw	— Nom propre + δέ: [8,1]; 8,59; 11,20†; 12,44; 20,11.24.
81Ix	— Substantif + δέ: 1,39*†; 10,12*; 19,14*†; 21,4.
81Iy	— Adjectif + δέ: 1,26*; 19,18.
81Iz	— Adverbe + δέ: [8,2] (ὄρθρου); 19,13† (Ἑβραϊστί).
81Iα	— Préposition + δέ: ἐκ: 4,39; ἐν: 4,31*; 5,7 (ἐν ᾧ δέ); 7,37; [8,5]; ἐπί: 19,33; μετά: 4,43; 19,38; περί: 6,10 (περὶ δικαιοσύνης δέ); 16,11; πρό: 13,1.
81Iβ	— Verbe + δέ: a) verbe de dire: 9,20* (ἀπεκρίθησαν); 2,2 (ἐκλήθη); 12,4 (λέγει); 6,71† (ἔλεγεν); 10,20 (ἔλεγον); 11,13a† (εἰρήκει); εἶπεν: 6,10*. 35*; [8,11]; 9,37*; 11,25*; 21,23 (οὐκ εἶπεν δέ); εἶπον: 9,26*; b) verbe de mouvement: [8,3] (ἄγουσιν); 6,3 (ἀνῆλθεν); [8,10] (ἀνακύψας); 6,2 (ἠκολούθει); 13,36 (ἀκολουθήσεις); 18,15 (ἠκολούθει); 9,11* (ἀπελθών); 18,5† (εἱστήκει); 18,18; 19,25 (εἱστήκεισαν); 21,20* (ἐπιστραφείς); 1,38 (στραφείς); 20,17 (πορεύου); 19,39 (ἦλθεν); 20,4 (ἔτρεχον); c) autres verbes: 1,42* (ἐμβλέψας); 2,17*† (ἐμνήσθησαν); 4,4 (ἔδει); 6,11* (ἔλαβεν); 6,17*† (κατέλαβεν); 10,22* (ἐγένετο); 11,4 (ἀκούσας); 5† (ἠγάπα).57† (δεδώκεισαν); 12,10 (ἐβουλεύσαντο). 14 (εὑρών); 13,7 (γνώσῃ). 25* (ἀναπεσών); 19,16* (παρέλαβον). 19 (ἔγραψεν). 38† (κεκρυμ-

81Im	Cf. B2.
81Iv	Cf. B2.
81Iw	Cf. B2.
81Ix	Cf. B2.
81Iy	Dans les deux cas μέσος.
81Iz	Cf. B2.
81Iβ	Cf. A6 B2.

μένος); 21,1† (ἐφανέρωσεν); d) participe + δέ: 1,38 (στραφείς). 42*
(ἐμβλέψας); 6,61 (εἰδώς); [8,10] (ἀνακύψας); 9,11* (ἀπελθών); 11,4
(ἀκούσας); 12,14 (εὑρών); 13,25* (ἀναπεσών).

→ εἰμί (ἦν, ἔστιν) → λέγω → οἶδα

- 81Iγ — δέ à la (a) troisième, (b) quatrième ou (c) cinquième place d'une phrase: a) 5,7; 10,12*; 15,27; 16,10; 21,23; b) 6,51; 7,31; 8,16; 17,20; c) 8,17; 11,52*†.

- 85 διά: διὰ τοῦτο... ὅτι: 5,16.18; 8,47; 10,17; 12,18†.39†; 15,19.
- 86 — διὰ τοῦτο + λέγω + ὅτι: 6,65; 9,23†; 13,11†; 16,15.
- 86I — Autres cas de διὰ τοῦτο: 1,31 (ἵνα..., διὰ τοῦτο); 7,22; 12,27; 19,11.

→ ἵνα → Ἰουδαῖος → πιστεύω

- 89 Δίδυμος: 11,16†; 20,24†; 21,2†.

- 90 δίδωμι, Dieu donne les disciples à Jésus: 3,35†; 6,37.39†; 10,29; 13,3; 17,2.6b.d†.9.24; 18,9†.

- 91 — δίδωμι... ἵνα: 3,16†; 4,15; 5,22-23.36; 11,57†; 13,15.34; 14,16; 17,4.22.

→ ἐντολή → ζωή → ὅς

- 91I δοκέω: 5,39.45; 11,13† (ἐκεῖνοι δὲ ἔδοξαν).31.56; 13,29† (τινὲς γὰρ ἐδόκουν); 16,2; 20,15 (ἐκείνη δοκοῦσα).

- 92 δόξα: δόξαν ζητέω: 5,44b; 7,18b.c; 8,50.

- 93 — Voir la gloire du Christ: 1,14b† (ἐθεασάμεθα); 12,41† (εἶδεν); 17,24 (θεωρῶσιν).

- 93I — Autres cas de δόξα: 1,14c†; 2,11†; 5,41.44a; 8,54; 9,24; 11,4.40; 12,43a†.b†; 17,5; 17,22.

- 94 δοξάζω: dit du Christ, au sens eschatologique: 7,39†; 11,4; 12,16†.23; 13,31c.32b.c; 17,1g.5; au sens non-eschatologique: 8,54b.d; 16,14; 17,10.

→ υἱός

- 94I — Autres cas de δοξάζω: 12,28b.d.e; 13,31d.32a; 14,13; 15,8; 17,1f.4; 21,19†.

δύναμαι → ἐάν
δύο → ἐκ

81Iγ Cf. B2.
85 Voir Bultmann 11e. Cf. **A6 B**13 16 C307Ij. Noter en 15,19: ὅτι... διὰ τοῦτο.
86 Voir Bultmann 11e. Cf. **B**16 26 C307Ij.
86I Cf. C307Ij.
89 Dans les trois cas θωμᾶς (...) ὁ λεγόμενος Δίδυμος; cf. C166 219I; comp. C220. En 20,24 avec l'apposition εἷς ἐκ τῶν δώδεκα. Cf. A1 3 B23.
90 Noter en 6,37.39; 17,2.24 la caractéristique C318.
91 Cf. B11 C174I.
91I Cf. A8.
94 Noter en 17,5: δόξασόν με... τῇ δόξῃ.

97	ἐάν: ἐὰν μή... οὐ/οὐδείς, cf. n° 98, ajouter: 3,3.5; 4,48; 5,19; 6,53; 12,47; 13,8; 16,7; 20,25.
98	— οὐ/οὐδεὶς δύναται... ἐὰν μή: 3,2.27; 6,44.65; 15,4a.b.
99	— ἐάν τις dans le récit: 9,22†; 11,57†; dans le discours: 3,3.5; 6,51; 7,17.37; 8,51.52; 9,31; 10,9; 11,9.10; 12,26a.e.47; 14,23; 15,6.
	→ γάρ → δέ
	ἑαυτοῦ → ἀπό → ἐμαυτοῦ → ποιέω
100	Ἑβραϊστί: 5,2†; 19,13†.17†.20†; 20,16.
101	ἐγγύς: + génitif: 3,23; 6,19.23†; 11,18†.54; 19,20.
102	— ἐγγὺς ἦν: 2,13; 6,4†; 7,2; 11,18†.55; 19,20.42.
103	ἐγείρω ἐκ νεκρῶν, de Jésus: 2,22†; 21,14†; de Lazare: 12,1†.9†.17†.
	ἐγώ → γάρ → δέ → εἰμί → ἔρχομαι → λόγος → ὄνομα → ὅπου → πατήρ → πέμπω → ὑπάγω
103I	ἔθος: 19,40† (καθὼς ἔθος ἐστὶν τοῖς Ἰουδαίοις ἐνταφιάζειν); pas d'autres exemples en Jn, mais comp. 18,39 (ἔστιν δὲ συνήθεια ὑμῖν).
107	εἰ: εἰ + verbe... καί... même verbe: 8,19; 13,14.32; 14,7; 15,20cd.ef.
107Ia	— εἰ μή: 3,13, 6,22.46; 9,33; 10,10 (εἰ μὴ ἵνα); 13,10†; 14,2.6.11; 15,22. (24) (εἰ τὰ ἔργα μὴ ἐποίησα); 17,12; 18,30; 19,11.15.
	→ ἄν → γάρ → δέ → ἵνα → νῦν → οὖν
107Ib	— Autres cas: 1,25 (εἰ σὺ οὐκ); 3,12; 7,4.23; 8,46; 9,25; 10,24.35.37 (εἰ οὐ); 11,12; 13,17; 15,18; 18,23b; 20,15.
108	εἰμί: εἰμὶ ἐκ, cf. n°s 19, 109, 110, ajouter; 1,46; 3,1.31ba†.bβ†; 4,22†; 7,22†.52; 8,23b.c.44; 10,16.26; 18,17.25.
109	— εἰμὶ ἐκ τοῦ θεοῦ: 7,17; 8,47a.d.
110	— εἰμὶ ἐκ τοῦ κόσμου τούτου: 8,23d.e; 18,36b.c; sans τούτου: 15,19a.c; 17,14c.d.16a.b.
	→ ἀλήθεια
	εἰμὶ ἐν → τόπος
111	— εἰμὶ μετά, dit de Jésus: 3,26; 7,33; 13,33; 14,9; 16,4; 17,12.

95	Voir encore 13,20*.
100	Cf. A1 B23.
101	Cf. A4.
102	Cf. A4.
103	Comp. 20,9: ἐκ τῶν νεκρῶν ἀναστῆναι.
103I	Cf. A2 B17.
107Ia	Noter en 14,2.11: εἰ δὲ μή (cf. C81Io). Cf. B10.
109	Comp. γεννάομαι ἐκ τοῦ θεοῦ: 1,13 (cf. C72).
110	Cf. C191 194 307Ik.

112	— ἐγώ εἰμι, cf. n°s 113, 114, ajouter: 1,20; 3,28; 4,26; 6,20; 8,18.23c.e; 9,9; 18,5.6.8.35.
113	— ἐγώ εἰμι, évoque le Nom divin: 8,24.28.58; 13,19.
114	— ἐγώ εἰμι + prédicat: 6,35.41.48.51; 8,12; 10,7.9.11.14; 11,25; 14,6; 15,1.5.
	→ ὅπου
115	— οὐκ ἔστιν ἐν + pronom: 1,47; 7,18; 8,44; 11,10.
• 115Ia	— ἔστιν δέ: 5,2; 18,39; 21,25†.
	→ γράφω → Définitions (n° 413)
• 115Ib	— ἦν γάρ: 3,19†; 18,13†; 19,31†; 21,7†; comp. 13,13 (εἰμὶ γάρ); 21,8† (οὐ γὰρ ἦσαν).
• 116	— ἦν δέ suivi immédiatement du sujet, cf. n° 117, ajouter: 3,1; 4,46*; 5,5.9†; 6,10†; 9,14†; 11,1.38†; 12,20; 13,30†; 18,10†.28†; 19,14†.23†.
• 117	— ἦν δέ + nom propre: 1,44†; 3,23; 11,2†.18†; 18,14†.18.25.40†.
• 118	— ἦν δέ + note temporelle: 5,9†; 6,4†; 7,2; 9,14†; 11,55; 13,30†; 18,28†; 19,14†.
• 118I	— Autres cas de ἦν δέ: 2,6†; 4,6; 13,23*; 19,19c.41.
	→ ἐγγύς → εἷς → λέγω → μαθητής → ὅπου → ὅς → οὗτος → οὕτως → παρά → πόθεν → σύ → ὥρα
	εἰς → αἰών → εἷς → ἴδιος → ἀποστέλλω → ἔρχομαι → οὗτος → πιστεύω
119	εἷς: εἶναι ἕν: 10,30; 17,11.21a.d*.22c.d.
120	— εἰς (τὸ) ἕν: 11,52†; 17,23 (chaque fois sans τό).
	→ δέ → ἐκ
	εἶτα → λέγω
• 121	ἐκ: εἷς/δύο ἐκ + génitif: εἷς: 1,40†; 6,8.70.71†; 7,50; 11,49; 12,2†.4; 13,21.23; 18,26; 20,24; δύο: 1,35; 21,2.
	→ οὐδείς → πολύς
122	— ἐκ τῶν + adverbe de lieu: 8,23b.c; 19,23†.

115Ia	Cf. B2.
115Ib	Voir Boismard 10b. Cf. B1.
116	Comp. Konings 18 Fortna b (ἦν δέ). Cf. A3 B2.
117	Cf. A3 B2.
118	Cf. A5 B2.
118Ia	Cf. B2.
121	6,71; 20,24: ἐκ τῶν δώδεκα; 1,35; 6,8; 12,4; 13,23: ἐκ τῶν μαθητῶν. Cf. A3. Comp. C289 349.
122	8,23b: κάτω; 8,23c: ἄνω (cf. C45); 19,23: ἄνωθεν (cf. C46).

123 — ἐκ τούτου, dès ce moment: 6,66; 19,12.
→ ἀλήθεια → ἀρχή → γεννάω → ἐγείρω → εἰμί → καταβαίνω → λαλέω
→ λαμβάνω

ἐκεῖ → ὅπου

124 ἐκεῖνος, absolu, cf. n°s 125-128, ajouter, 1,8†; 5,35.39.43.46.47; 6,22*;
7,45; 8,44; 9,9.11.25.36; 10,6†.16 (κἀκεῖνα).35; 11,13†.29; 13,6*.25.26.
27.30; 17,24 (κἀκεῖνοι); 18,17.25; 19,15.35†; 20,13.15.16.

125 — Dit de Dieu: 1,33; 5,19.37.38; 6,29; 7,29 (κἀκεῖνος); 8,42.
126 — Dit du Christ: 1,18; 2,21†; 3,28.30; 4,25; 5,11; 7,11; 9,12.28.37; 19,21.
127 — Désignant l'Esprit: 14,26; 15,26; 16,8.13.14.
128 — Supportant un *casus pendens*: 1,18.33; 5,11.37; 6,57 (κἀκεῖνος); 9,37;
10,1; 12,48; 14,12 (κἀκεῖνος).21.26.

128Ia — ἐκεῖνος, attributif: avec ἡμέρα: ἐν ἐκείνῃ τῇ ἡμέρᾳ: 5,9*; 14,20; 16,23.
26; τῇ ἡμέρᾳ ἐκείνῃ: 20,19; ἀπ' ἐκείνης... τῆς ἡμέρας: 11,53; τὴν ἡμέραν
ἐκείνην: 1,39; avec νύξ: 21,3 (ἐν ἐκείνῃ τῇ νυκτί); avec ὥρα: [ἐν]
ἐκείνῃ τῇ ὥρᾳ: 4,53; ἀπ' ἐκείνης τῆς ὥρας: 19,27†; avec σάββατον: 19,31†
(ἡ ἡμέρα ἐκείνου τοῦ σαββάτου); avec ἐνιαυτός: ἀρχιερεὺς ὢν τοῦ ἐνιαυτοῦ ἐκείνου: 11,49†.51†; ὃς ἦν ἀρχιερεὺς τοῦ ἐνιαυτοῦ ἐκείνου: 18,13†;
avec κατήγοροι: [8,12*]; avec μαθητής: ὁ μαθητὴς ἐκεῖνος: 18,15; 21,7.
23; avec πόλις: 4,39 (ἐκ τῆς πόλεως ἐκείνης).

128Ib — ἐκεῖνος δέ: ἐκεῖνος: 2,21†; 9,9*; ἐκείνη: 11,29; ἐκεῖνοι: 10,6†; 11,13b†.
→ ὅς → λέγω

130 ἐμαυτοῦ, cf. n°s 49, 131, ajouter: 5,31; 8,14.18.54; 12,49; 14,21; 17,19.
131 — πρὸς ἐμαυτόν: 12,32; 14,3.
→ ἀπό → ἔχω ἐν → ποιέω → φανερόω

132 ἐμός: τὸ ἐμόν/τὰ ἐμά, pronom: 10,14b.c; 16,14.15; 17,10†.
→ λόγος
ἐν → δέ → εἰμί → ἔχω → ἡμέρα → κόσμος → κρυπτός → μένω → ὄνομα
→ οὗτος (ἐν τούτῳ) → περιπατέω → ποιέω → τόπος → ὥρα

134 ἐντολή, du Christ: 13,34; 14,15.21; 15,10.12.

---

123 Cf. C307Ij.
124 Cf. B15.
126 Cf. B15.
128 Cf. B15 25. Sur le *casus pendens*, voir encore C68 307Ib 410I.
128Ia Cf. B15.
128Ib Cf. A6 B2 15.
130 Cf. C49 (ἀπό); C131 (πρός); voir aussi ἐξ: 12,49; περί: 5,31; 8,14.18.

135	— δίδωμι ἐντολήν: 11,57†; 12,49; 13,34; 14,31*.
136	— λαμβάνω ἐντολήν: 10,18.
• 138	ἑορτή, cf. n°s 139, 146, ajouter: 2,23; 4,45c†; 7,8a.b.10.11.14.37; 12,20; 13,1.29†.
• 139	— (ἡ) ἑορτὴ τῶν Ἰουδαίων: 5,1; 6,4†; 7,2. → ἔρχομαι εἰς
• 139I	ἐπεί: 13,29†; 19,31†; pas d'autres cas en Jn. ἐπί → δέ → μένω → οὗτος ἐργάζομαι → ἔργον
141	ἔργον/ἔργα = miracle(s), au singulier: 7,21; 10,32c.33; au pluriel: 5,20. 36b.d; 7,3; 9,3.4; 10,25.32b.37.38; 14,10.11.12; 15,24.
142	— ἐργάζομαι τὰ ἔργα: 3,21†; 6,28; 9,4.
143	— ἔργα πονηρά: 3,19†; 7,7. → ποιέω → τελειόω
• 144	ἑρμηνεύω: 1,38*†.42†; 9,7†.
• 145	ἔρχομαι: ὁ ἐλθών, singulier: 7,50†; 12,12; 19,39†; 20,8†; pluriel: 11,45.
• 146	— ἔρχομαι εἰς τὴν ἑορτήν: 4,45d†; 11,56; 12,12.
147	— ἔρχομαι εἰς τὸν κόσμον: 1,9; 3,19†; 6,14; 9,39; 11,27; 12,46; 16,28; 18,37.
148	— ἔρχεσθαι πρός με (discours de Jésus): 5,40; 6,35.37.44.45.65; 7,37.
149	— ἔρχομαι... ὑπάγω: 3,8; 8,14de.fg.21.22; 13,33; 14,28. → ἵνα → οὔπω → ὥρα ἔσχατος → ἡμέρα ἔτι → ἀλλά
153	ἔχω + accusatif de temps: 5,5.6; 8,57; 9,21.23†; 11,17.
154	— ἔχω ἐν ἐμαυτῷ: 5,26a.b.42; 6,53; 17,13.

138	Cf. A5.
139	Cf. A2 5 C179I.
139I	Cf. B12.
141	Cf. C142 345.
142	Comp. C222 241.
144	Voir Olsson 13. Cf. A1 B20. Comp. C243I. Noter en 1,42 et 9,7: ὃ ἑρμηνεύεται; comp. C220.
145	7,50 et 19,39 (cf. 3,1-2); 11,45 (cf. v. 19); 12,12 (cf. 11,55); 20,8 (cf. v. 4). Cf. B23.
146	Cf. A5 C138.
147	Comp. C58. Cf. C191.
149	Comp. C353.
154	5,26a.b; 6,53: ζωήν.

CLASSIFICATION

155 — οὐκ ἔχω χρείαν (ou autre substantif) + ἵνα (τις): χρείαν: 2,25†; 16,30; ἄνθρωπον: 5,7; ἀγάπην: 15,13.
→ ζωή

156 ζητέω: chercher Jésus: 6,24.26; 7,11.34.36; 8,21; 11,56; 13,33; 18,4.7.8; 20,15.

157 — τί ζητεῖς/ζητεῖτε: 1,38; 4,27†; 18,4.7; 20,15.
→ ἀποκτείνω → δόξα

158 ζωή, cf. n°s 159-161, ajouter: 1,4a.b; 3,36d†; 5,24e.29; 6,35.48.51.63; 8,12; 11,25; 14,6.

159 — ζωὴ αἰώνιος: 3,15.16†.36b†; 4,14.36; 5,24c.39; 6,27.40†.47.54.68; 10,28; 12,25.50†; 17,2.3†.

160 — ζωὴν δίδωμι: 6,33†; 10,28; 17,2.

161 — ζωὴν ἔχω: 3,15.16†.36b†; 5,24c.26a.b.39.40; 6,40†.47.53.54; 10,10; 20,31†.

161Ia ἤδη: dans un génitif absolu: 4,51; 7,14; 13,2†; 21,4.
→ γάρ → δέ

161Ib — Autres cas de ἤδη: 3,18†; 4,35; 5,6; 6,17†; 9,27; 11,17.39; 15,3; 19,28.33; 21,14†.

ἡμεῖς → δέ → οἶδα

162 ἡμέρα: ἐν τῇ ἐσχάτῃ ἡμέρᾳ: 6,39†.40†.44.54; 7,37; 11,24; 12,48.

θάνατος → σημαίνω
θεάομαι → ὁράω
θέλημα → πέμπω → ποιέω
θεός → γινώσκω → εἰμὶ ἐκ → παρά → ῥῆμα → τέκνον
θεωρέω → ὁράω

166 Θωμᾶς: 11,16; 14,5; 20,24.26.27.28.29*; 21,2.

168 ἴδιος: ὁ + substantif + ὁ ἴδιος: 1,41; 5,43; 7,18.

169 — τὸ ἴδιον, τὰ ἴδια: singulier: 15,19; pluriel: cf. n° 170, ajouter: 8,44; 10,4.

170 — εἰς τὰ ἴδια: 1,11; 16,32; 19,27†.

171 Ἱεροσόλυμα: τὰ Ἱεροσόλυμα: 2,23; 5,2; 10,22; 11,18†.

---

155   Cf. B11 C174I 178Ic.
159   πιστεύω + ἔχω ζωὴν αἰώνιον: 3,15.16.36; 5,24; 6,40.47; sans πιστεύω: 6,54 (cf. C161); δίδωμι ζωὴν αἰώνιον: 10,28; 17,2 (cf. C160).
160   Cf. C159.
161Ia Cf. B9 24.
161Ib Cf. B9.
166   Cf. C89 (note).

- 172   Ἰησοῦς οὖν + participe + verbe fini: 6,15; 11,38; 18,4; 19,26.
- 173   ἵνα: proposition avec ἵνα, coupée: 5,7; 9,22†; 11,57†; 13,15; 14,29; 15,16; 16,4.
- 173I — ἵνα elliptique, cf. n° 28, ajouter: 1,22; 9,36; 12,38†; 18,9†.32†; 19,24†.
  → ἀλλ' ἵνα
- 174   — ἵνα épexégétique, cf. n°s 407, 413, ajouter: 4,34; 13,34b; 15,8.13.17; 18,39.
  → Définitions (n° 413: τοῦτό ἐστιν... ἵνα) → ὥρα (ἔρχεται + ὥρα + ἵνα)
- 174I — Verbe + ἵνα, cf. n°s 91, 155, 175, ajouter: ἀγαλλιάω: 8,56; ἁγιάζω: 17,19; ἀγοράζω: 6,5; ἄγω: 19,4; ἀγωνίζομαι: 18,36; αἴρω (λίθους): 8,59; αἰτέω (καὶ λαμβάνω):16,24; ἁμαρτάνω: 5,14; 9,2.(3); ἀποστέλλω: 1,19; 3,17b†.c†; 7,32; ἀπόλλυμι: 17,12; ἀρκέω: 6,7; ἀφίημι: 12,7; βάλλω: 13,2†; βαστάζω (λίθους): 10,31; βουλεύομαι: 11,53; 12,10; γίνομαι:19,36; γνωρίζω:17,26; γράφω: 20,31b†.e†;δεῖ (ὑψωθῆναι): 3,14-15; δείκνυμι: 5,20; δοξάζω: 17,1; εἰμί: 1,27 (ἄξιος); 17,21e.23c.d.24e; 11,4; 18,39 (συνηθεία); εἰσέρχομαι: 18,28d†.e*†; ἔρχομαι: 1,31 (ἀλλ' ἵνα..., διὰ τοῦτο ἦλθον); 3,20†.21†; 9,39; 10,10d; 12,46; ἐρωτάω: 4,47; 17,15b.c. 21a.d; 19,31c.f.38; θέλω: 17,24c; καθαίρω: 15,2; λαλέω: 15,11; 16,1.4. 33; 17,13; (περιτομὴν) λαμβάνω: 7,23; λέγω: 5,34; [8,6]†; 11,42; 13,19. 29†; 14,29; 19,28†.35†; μαρτυρέω: 1,7c†; μένω: 15,16g; ὁμολογέω: 12,42†; παραδίδωμι: 19,16; παραλαμβάνω: 14,3; περιπατέω:12,35; πιστεύω: 10,38; 12,36†; ποιέω: 6,28.30; 11,37 (οὐκ ἐδύνατο... ποιῆσαι ἵνα); 14,13; συμφέρει: 11,50; 16,7; συνάγω: 4,36; 6,12; συντίθημι: 9,22†; τηρέω: 17,11; τίθημι: 10,17 (τὴν ψυχήν); 15,16a; τυφλόω: 12,40†; ὑπάγω: 7,3; χαίρω: 11,15†.
- 175   — Verbe de mouvement suivi de ἵνα (même sujet dans les deux propositions): ἄγω: 11,16; ἀναβαίνω: 11,55; 12,20; ἀπέρχομαι: 4,8†; ἔρχομαι: 1,7†; 5,40; 6,15; 10,10b; 11,19†; 12,9.47d.e; 18,37; καταβαίνω: 6,38; πορεύομαι: 11,11; ὑπάγω: 11,31.
- 176   — ἵνα... δι' αὐτοῦ (en fin de phrase): 1,7c†; 3,17c†; 11,4.

172   Voir F. NEIRYNCK, Jean et les Synoptiques, 1979, p. 235-239. Cf. B27.
173   Suivi de ὅταν: 5,7; 14,29; 16,4; ἐάν τις: 9,22; 11,57; καθώς: 13,15; ὅ τι ἄν: 15,16. Cf. B11.
173I Voir Konings 22. Cf. B11 25.
174   Cf. B11.
174I Cf. B11.
175   Cf. B11 C174I.
176   Cf. B11.

CLASSIFICATION   139

176Ia   — ἵνα (...) μή: 3,15*.16†.20†; 4,15; 5,14; 6,12.39†.50; 7,23; 11,37.50;
        12,35.40†.42†.46; 16,1; 18,28d†.36; 19,31c.
176Ib   — ἵνα καθώς: 13,15.
177   — ἵνα καί, cf. n° 178, ajouter: 4,36*; 7,3; 11,37.52†; 12,9.10; 17,1*;
        19,35†.
178   — καθὼς... ἵνα καί: 13,34; 17,21.
178Ia   — ἵνα ὅ τι: 15,16g.
178Ib   — ἵνα ὅπου: 14,3; 17,24c.
178Ic   — ἵνα τις: 2,25†; 6,50; 13,29†; 15,13; 16,30.
178Id   — εἰ μὴ ἵνα: 10,10bc.
178Ie   — καὶ ἵνα: 17,23d*; 20,31e†.
178If   — οὐχ ἵνα: 6,38; comp. 12,47.
        → γραφή → πληρόω → δίδωμι → ἔχω → καθώς → ὥρα

179   Ἰουδαῖος: οἱ Ἰουδαῖοι, autorités de Jérusalem, cf. n° 180, ajouter: 1,19;
        2,18.20; 5,10.15.16.18; 7,1†.15.35; 8,22.31.48.52.57; 9,18.22b†.c†;
        10,24.31.33; 11,8; 13,33; 18,14†.31.36.38; 19,7.12.14.31†.
179I   — τῶν Ἰουδαίων, cf. n°s 70Ia, 139, 180, ajouter: avec ἄρχων: 3,1; ἀρχιε-
        ρεῖς: 19,21; καθαρισμός: 2,6; παρασκευή: 19,42; πάσχα: 2,13; 11,55;
        οἱ ὑπηρέται: 18,12; comp. 19,40†.
180   — διὰ τὸν φόβον τῶν Ἰουδαίων: 7,13; 19,38†; 20,19.
        → βασιλεύς → ἑορτή

        Ἰσκαριώτης → Σίμων
        Ἰσραήλ → βασιλεύς

181   ἵστημι: εἱστήκει: 1,35; 7,37; 18,5†.16.18; 19,25; 20,11.
181I   — ἑστώς, ἑστηκώς: 3,29; 6,22†; [8,9]*; 11,56; 12,29; 18,18.25; 20,14.

        Ἰωάννης → Σίμων

181II   καθώς: καθὼς... καί, cf. n° 182, ajouter: 6,57; 13,33.
182   — καθὼς... καί + pronom: 10,15; 13,15; 15,9; 17,18; 20,21.

176Ia   Cf. B11.
176Ib   Cf. C173.
177   Cf. B11.
178Ia   Cf. C173.
178Ic   Cf. B11.
179   Voir Lagrange 4 Bernard 2d. Cf. A2.
180   Voir Schulze 3a. Cf. A2.
181I   Voir Konings 22.
182   Avec la répétition du même verbe: 10,15; 13,15; 15,9; 17,18; comp. 20,21:
        ἀποστέλλω/πέμπω.

182I — ἵνα... καθώς: 5,23; 15,12; 17,1-2.11.22.

183 — καθώς... οὕτως: 3,14; 12,50; 14,31; 15,4.

• 183Ia — καθὼς εἶπεν: 1,23† (Ἡσαΐας ὁ προφήτης); 7,38† (ἡ γραφή). Comp. 10,26* (καθὼς εἶπον ὑμῖν); 12,50 (καθὼς εἴρηκέν μοι ὁ πατήρ); 13,33 (καὶ καθὼς εἶπον τοῖς Ἰουδαίοις).

183Ib — καὶ καθώς: 3,14; 13,33; 14,31.

• 184 — οὐ καθώς: 6,58; 14,27†.

→ γράφω → ἔθος → ἵνα (καθώς, καί)

184I — Autres cas: 5,30; 8,28; 15,10; 17,14.16.23.

185 καί: καὶ... δέ: 6,51; 8,16.17; 15,27.

→ ἀλλά → ἀρχιερεύς → γάρ → ἐγώ → εἰ → ἵνα → καθώς → λέγω → οὖν → τέ

• 185I καίτοιγε: 4,2†.

186 Κανά: 2,1.11†; 4,46; 21,2†.

• 186I κατά: κατὰ τὸν καθαρισμόν: 2,6†; comp. κατὰ τὸν νόμον: 18,31 (ὑμῶν); 19,7.

→ ὄνομα

188 καταβαίνω ἐκ τοῦ/ἐξ/ἀπὸ τοῦ οὐρανοῦ: ἐκ τοῦ: 3,13; 6,33†.41.42.50.51; ἐξ: 1,32; 6,58; ἀπὸ τοῦ: 6,38.

→ ἵνα

190 κολυμβήθρα: 5,2.[4]†.7; 9,7.11*.

191 κόσμος, cf. n°s 58, 110, 147, 192-198, 400, ajouter: 1,10†.29; 3,16†.17b†.c†; 6,33†.51; 7,4; 8,26; 12,19.47d.e; 14,19.22.27†.31; 15,19b.d; 16,8.20.21.28c.33c; 17,5.6.9.13.15.21.23.24; 18,20; 21,25†.

192 — ὁ κόσμος οὐ γινώσκει: 1,10c; 14,17; 17,25.

193 — ὁ κόσμος μισεῖ: 7,7a.b; 15,18a.c.19e; 17,14b.

194 — ὁ κόσμος οὗτος, cf. n° 195, ajouter: 8,23d.e; 9,39; 11,9; 12,25.31a; 13,1d; 18,36b.c.

195 — ὁ ἄρχων τοῦ κόσμου τούτου: 12,31b; 14,30*; 16,11.

→ εἰμὶ ἐκ

182I Comp. C178.
183Ia Voir Olsson 10. Cf. A10 B17 C81.
184 Cf. B17.
186 Chaque fois avec τῆς Γαλιλαίας (cf. C70II). Cf. A2.
185I Cf. B4.
186I Cf. A2.
193 En 7,7 et 15,18: ὁ κόσμος avec deux emplois de μισέω. Cf. C258.
194 Cf. C110 (8,23d.e; 18,36b.c), C147 (9,39), C400 (11,19). Voir également C307Ik.
195 Cf. C307Ik.

196 — ὁ σωτὴρ τοῦ κόσμου: 4,42.
197 — νικάω τὸν κόσμον: 16,33e.
198 — ἐν τῷ κόσμῳ: 1,10a; 9,5; 13,1e; 17,11a.b.12*.
→ ἀποστέλλω εἰς → ἔρχομαι εἰς → φῶς

200 κρίνω, eschatologique: 3,17†.18a†.b†; 5,22.30; 8,15b.16; 12,47c.d.48b.d; 16,11.
201 κρυπτός: ἐν κρυπτῷ: 7,4†.10; 18,20.
κύριος → ναί → λέγω
202 Λάζαρος: 11,1.2†.5†.11.14.43; 12,1†.2†.9.10.17†.

203 λαλέω: λαλέω ἀπό: 7,17.18; 14,10; 16,13.
204 — λαλέω ἐκ: 3,31†; 8,44; 12,49.
205 — λαλέω μετά: 4,27b†.e†; 9,37; 14,30.
206 — λελάληκα ὑμῖν: 6,63; 8,40; 14,25; 15,3.11; 16,1.4.6.25.33.
207 — ταῦτα λαλέω: 8,26.28.30†; 12,36†; 14,25; 15,11; 16,1.4.6.25.33; 17,1.13.
→ ἀλήθεια → λέγω
208 λαλιά: 4,42; 8,43.

209 λαμβάνω τινά: 1,12; 5,43b.d; 13,20b.c.d.e.
210 — λαμβάνω ἐκ: 1,16; 16,14.15.
→ ἐντολή → μαρτυρία
211 λέγω: λέγει/λέγουσιν αὐτῷ + un tel, cf. n° 212, ajouter: 1,43.46.48; 2,4.7; 4,7.9.16*.17.21.25.26.34.50; 5,8; 6,8; 7,6; 8,39; 11,8.23. 24.40.44; 13,8.10.27.29⁺; 14,6.9; 18,(17).38; 19,6.10.15; 20,13.15. 16.17.29; 21,3.5.10.12.(15).22.
212 — λέγει αὐτῷ...· κύριε: 4,11.19; 11,39; 13,9.36.37; 14,5.8.22.
212I — λέγει δέ: 12,4.
213 — λέγει/λέγουσιν οὖν: 4,9; 7,6; 9,17; 12,4*; 13,27; 18,17; 19,10; 21,5.7.
213I — ἔλεγεν/ἔλεγον δέ: 6,71†; 10,20.
214 — ἔλεγεν/ἔλεγον οὖν: 4,33; 5,10; 7,25; 8,19.22.25.31; 9,10.16; 11,36; 16,18; 19,21; 20,25.

---

197 Seul emploi de νικάω.
201 Cf. C317.
202 Cf. C236 237.
206 Voir Stange 29.
207 Cf. B16 C304Ia 307Ij. Comp. C224 225.
208 8,43, cf. C233.
211 Au lieu de αὐτῷ on lit τῷ Πέτρῳ en 18,17 et τῷ Σίμωνι Πέτρῳ en 21,15. Cf. B14.
212 Comp. 4,15.49 (πρὸς αὐτόν) et 11,18 (ῥαββί).
213 Voir F. NEIRYNCK, *Jean et les Synoptiques*, 1979, p. 233-234. Cf. B27.
213I Cf. B2.
214 Voir F. NEIRYNCK, *op. cit.*, p. 233-234. Cf. B27.

- 214I — εἶπεν/εἶπον δέ: 6,10*.35*; [8,11]; 9,26*.37*; 11,25*; 21,23† (οὐκ εἶπεν δέ).
- 215 — εἶπεν/εἶπον οὖν, cf. n° 216, ajouter: 1,22; 2,20; 4,52; 6,30.32.35*. 53.67; 7,33.35; 8,13.21.24.28.41.52; 9,12*.26; 10,7; 11,12.16; 12,7. 35; 16,17; 18,11.35.31a.d*.37; 19,24; 20,21.
- 216 — εἶπεν/εἶπον οὖν πρὸς αὐτόν: 4,48; 6,28.34; 7,3; 8,57; 11,21.
- 216I — εἰρήκει δέ: 11,13a†.
- 217 — εἶτα λέγει: 2,3*; 19,27; 20,27.
- 218 — ἄλλοι ἔλεγον: 7,12.41a.c*; 9,9a.c.16; 10,21; 12,29.
- 218I — ἐκεῖνος δὲ ἔλεγεν: 2,21†.
- 219 — ὁ λέγων/λαλῶν/εἰπών σοι: 4,10 (λέγων); 4,26 (λαλῶν); 5,12 (εἰπών).
- 219I — (ὁ) λεγόμενος: 4,5.25†; 5,2*; 9,11; 11,16†.54; 19,13.17; 20,24†; 21,2†.
- 220 — ὃ λέγεται: 1,38† (+ μεθερμηνευόμενον); 19,17† (Ἑβραϊστί); 20,16†.
- 221 — εἶπον + accusatif de la chose, cf. n°s 222-226, ajouter: 3,12a.c; 4,29.39; 10,6†.41; 11,46; 12,27.49; 14,26; 16,4; 18,21.
- 222 — ὁ λόγος ὃν εἶπεν: 2,22†; 4,50; 7,36; 12,38†; 18,9†.32†; τοῦ λόγου οὗ ἐγὼ εἶπον: 15,20.
- 223 — καὶ τοῦτο εἰπών: 11,28; 18,38; 20,20.22; 21,19.
- 224 — ταῦτα εἶπεν/εἶπον: 6,59†; 9,22†; 11,11; 12,41†; 20,18.
- 225 — ταῦτα εἰπών: 7,9†; 9,6; 11,43; 13,21; 18,1.22; 20,14.
- 226 — τοῦτο δὲ εἶπεν: 7,39†; 11,51†; 12,6*†; 21,19†; τοῦτο δὲ ἔλεγεν: 6,6†; [8,6]†; 12,33†.
- 227 — λέγω/εἶπον περί, cf. n° 228, ajouter: 1,30*.47; 2,21†; 7,39†; 10,41; 11,13a†.b†; 13,18.22.24; 18,34.
- 228 — τί λέγεις περί: 1,22; 9,17.

214I Cf. B2.
215 Voir F. NEIRYNCK, op. cit., p. 233-234. Cf. B27.
216 Voir F. NEIRYNCK, op. cit., p. 234-235. Cf. B27.
216I Cf. B2.
218I Cf. A6 B2 15.
219I Voir Konings 17 Olsson 13. Cf. A1 B23 C89 (note).
220 Voir Konings 17 Olsson 13. Cf. A1 B20. Comp. C144.
221 Voir Konings 17.
222 Voir Bromboszcz 5a (ὃν εἶπεν) Konings 17. Cf. A11 B20. Comp. C142 241.
223 Voir Bultmann 2c 2d 2e. Cf. C304Ia 307Ij.
224 Voir Bultmann 2c Konings 17. Cf. A6 B16 C207 304Ia 307Ij. Comp. C207.
225 Voir Bultmann 2c 2e. Cf. B16 C304Ia 307Ij. Comp. C207.
226 Voir Bernard 3c Bultmann 2a Konings 17 Olsson 11. Cf. A6 B2 16 C304Ia 307Ii 307Ij.
227 Voir Bultmann 2b Konings 17. Cf. A6.

229 — ὑμεῖς λέγετε ὅτι, cf. n° 230, ajouter; 4,20.35.
230 — ὃν ὑμεῖς λέγετε ὅτι: 8,54; 9,19; 10,36.
→ ἀλήθεια → διὰ τοῦτο → καθώς → πῶς
233 — λόγος: ὁ λόγος μοῦ (du Christ): 5,24; 8,52; 14,23; 15,20; ὁ λόγος ὁ ἐμός: 8,31.37.43.51*; 14,24*.
→ λέγω (εἶπον) → πληρόω → τηρέω
235 μαθητής: εἰμὶ/γίνομαι μαθητής: 8,31; 9,27.28b.c; 13,35; 15,8; 19,38.
→ ἄλλος
236 Μάρθα: 11,1.5†.19†.20.21.24.30†.39; 12,2†.
237 Μαρία, soeur de Marthe: 11,1.2†.19†.20†.28.31.32.45; 12,3.
238 μαρτυρέω, cf. n°s 21, 239-241, 286, ajouter: 3,26†; 12,17†; 13,21; 15,27.
239 — μαρτυρέω ὅτι: 1,34; 3,28; 4,39.44†; 5,36; 7,7; 12,17*†.
240 — μαρτυρέω περί: 1,7†.8†.15†; 2,25†; 5,31.32a.b.36.37.39; 7,7; 8,13.14.18a.b; 10,25; 15,26; 18,23; 21,24†.
241 — μαρτυρέω μαρτυρίαν: 5,32.
→ ἀλήθεια → ὁράω
242 μαρτυρία, cf. n°s 24, 241, 243, ajouter: 1,7†.19; 5,36; 19,35†.
243 — λαμβάνω τὴν μαρτυρίαν: 3,11.32†.33†; 5,34.
→ ἀληθής → μαρτυρέω
243I μεθερμηνεύω: 1,38†.41†.
μέλλω → ἀποθνῄσκω
243IIa μέν: μὲν οὖν: 19,24; 20,30†; comp. 16,22 (ὑμεῖς οὖν νῦν μὲν λύπην).
243IIb — Suivi de δέ: 7,12; 10,41; 16,9.22; 19,24.32; 20,30†.
243IIc — Pas suivi de δέ, ἀλλά, πλήν: 11,6.
243IId — Pronom + μέν: 16,22; 20,30† (πολλά); nom + μέν: 10,41 (Ἰωάννης); préposition + μέν: 16,9 (περὶ ἁμαρτίας μέν); τότε μέν: 11,6; ὁ μέν, comme pronom: 7,12; autres cas: 19,24 (οἱ μὲν οὖν στρατιῶται). 32 (τοῦ μὲν πρώτου).
244 μέντοι: οὐ μέντοι: 20,5; 21,4†; οὐδεὶς μέντοι: 4,27†; 7,13; ὅμως μέντοι: 12,42†.
245 μένω: μένω ἐν, au sens métaphorique: 12,46.

---

241 Comp. C142 222. Cf. C242.
243I Voir Olsson 13. Cf. A1.
243IIa Cf. B5 7.
243IIb Cf. B5.
243IId Cf. B5.
244 Voir Fortna 5c. Cf. B6.

246 — μένω ἐν, dit de la parole, etc.: 5,38; 8,31; 15,7b; de l'amour: 15,9. 10b.d.

247 — μένω ἐν, dit de Dieu, du Christ: 14,10; 15,4b.5.

248 — μένω ἐν, dit du chrétien: dans le Christ ou en Dieu: 6,56; 15,4a.d.f. 5.6.7a.

249 — μένω ἐπί: 1,32.33; 3,36†.

→ αἰών

250 Μεσσίας: 1,41; 4,25.

251 μεστός: 19,29a†.b; 21,11.

• 252 μετά: μετὰ ταῦτα, en début de phrase, sans conjonction: 3,22; 5,1.14; 6,1; 7,1*; 21,1†.

252I — Autres cas de μετὰ ταῦτα: 13,7 (γνώσῃ δὲ μετὰ ταῦτα); 19,38 (μετὰ δὲ ταῦτα).

253 — μετὰ τοῦτο: 2,12; 11,7.11; 19,28.

→ εἰμί → λαλέω

μή → αἰών → ἀλλά → γάρ → δέ → ἐάν → εἰ → ἵνα

• 253I μιμνῄσκομαι: 2,17†.22†; 12,16†(pas d'autres cas en Jn).

258 μισέω, cf. n° 193, ajouter: 3,20†; 12,25; 15,23b.c.24.25.

→ κόσμος

260 μονογενής, Fils Unique: 1,14.18; 3,16†.18†.

μόνον → ἀλλά

261 Ναθαναήλ: 1,45.46.47.48.49; 21,2.

262 ναὶ κύριε: 11,27; 21,15.16.

νεκρός → ἐγείρω

νικάω → κόσμος

263 Νικόδημος: 3,1†.4.9; 7,50; 19,39.

267 νῦν: en début de phrase, sans particule de liaison: 8,52; 11,8; 12,27.31a. b; 13,31, 16,30; 17,7.

268 — νῦν δέ, cf. n° 269, ajouter: 16,5; 17,13.

---

250 Chaque fois accompagnée d'une formule de traduction: 1,41: τὸν Μεσσίαν, ὅ ἐστιν μεθερμηνευόμενον χριστός (cf. C243I); 4,25: Μεσσίας..., ὁ λεγόμενος χριστός (cf. C219I).
252 Cf. B16 C307Ij.
253 11,17: ἔπειτα μ. τ.; 11,11: καὶ μ. τ. Cf. B16 C307Ij.
253I Cf. A9.
263 Cf. C145.
266 Voir Fortna 5a.
268 Autres cas de νῦν pas mentionnés sous les n°s 267-269: 2,8; 4,18.43†; 5,25†; 6,42; [8,11]; 9,21†; 11,22; 13,36; 14,29; 16,22.29.32†; 17,5; 21,20.

269 — εἰ... νῦν δέ: 8,39-40; 9,41; 15,22.24; 18,36.

271   οἶδα, cf. n°s 272-276Ib, ajouter; 1,31.33; 2,9d†; 3,11; 4,10.22a.b.25;
       5,13.32; 6,42; 7,15.28b.29; 8,19d.f.g.37.55b.d.f; 9,12.21a.25c.d;
       10,4.5; 11,22.24.42; 12,50†; 13,7.17.18; 14,4.5d.7*; 15,15.21; 16,18.
       30αβ; 18,4.21; 19,10.35†; 20,9†.14; 21,4†.15.16.17.

272 — οἴδαμεν ὅτι: 3,2; 4,42; 9,20.24.29a.31; 16,30aα; 21,24†.

273 — οἶδα ποῦ/πόθεν: 2,9c†; 3,8; 7,27.28c; 8,14de.fg; 9,29b.30; 12,35;
       14,4.5c; 20,2.13.

274 — εἰδὼς ὅτι: 6,61; 13,1.3; 19,28; 21,12†.

275 — ὑμεῖς οὐκ οἴδατε, cf. n° 276, ajouter: 8,14f; 9,30; 11,49; ἡμεῖς οὐκ
       οἴδαμεν: 9,21b.

276 — ὃν ὑμεῖς οὐκ οἴδατε: 1,26; 4,32; 7,28.

276Ia — ᾔδει γάρ: 6,64†; 13,11†; comp. 2,25†: αὐτὸς γὰρ ἐγίνωσκεν; 4,44†: αὐτὸς
       γὰρ Ἰησοῦς ἐμαρτύρησεν; 6,6†: αὐτὸς γὰρ ᾔδει.

276Ib — ᾔδει δέ: 18,2†; comp. 6,61 (εἰδὼς); 9,31* (οἴδαμεν).

       οἰκία/οἶκος → πατήρ

278   ὄνομα αὐτῷ: 1,6†; 3,1†; comp. 18,10†: ἦν δὲ ὄνομα τῷ δούλῳ Μάλχος.

279 — ἐν τῷ ὀνόματι, cf. n° 280, ajouter: 5,43a.c; 10,25; 17,11.12; 20,31†.

280 — ἐν τῷ ὀνόματί μου: 14,13.14.26†; 15,16; 16,23.24.26.

281 — κατ' ὄνομα: 10,3.

       → πιστεύω εἰς

282   ὅπου, cf. n°s 283, 284, 380, 390, ajouter: 3,8; 4,46†; 6,42; 18,20; 20,12;
       21,18d.h.

283 — ὅπου εἰμὶ ἐγώ: 7,34.36; 12,26; 14,3; 17,24.

284 — ὅπου ἦν/ἦσαν: 1,28†; 6,62; 7,42; 10,40†; 11,32; 12,1†; 18,1; 20,19.

284I — ὅπου... ἐκεῖ: 12,26.

       → ἵνα → τόπος → ὑπάγω

285   ὁράω: ἑώρακα (au parfait): 1,18.34; 3,11.32†; 4,45; 5,37; 6,36.46a†.c†;
       8,38.57; 9,37; 14,7.9d.e; 15,24; 19,35†; 20,18.25.29.

286 — ὁράω/θεάομαι + μαρτυρέω: ἑώρακα: 1,34; 3,11.32†; 19,35†; τεθέαμαι: 1,32.

271   Voir le synonyme γινώσκω (C73).
273   Cf. C275 (8,14; 9,30).
274   Voir Bultmann 3a Olsson 12.
276Ia Voir Bultmann 3a Olsson 12. Cf. A6 17 B1.
278   Voir Luthardt 2 Konings 2 Fortna d. Cf. A3 B14 23.
282   Cf. A4 B21.
284   Cf. A4 B21 C380 (10,40).
285   Cf. C286 (1,34; 3,11.32; 19,35), C287 (1,18; 6,46a.c; 14,7.9).
286   Cf. C238.

287 — ὁράω/θεωρέω/θεάομαι (Dieu, le Père): ὁράω: 1,18; 6,46a†.c†; 14,7.9; θεωρέω: 12,45.

→ πιστεύω

ὅς → ἀγαπάω → γάρ → δέ → ἵνα → λέγω → λόγος → οἶδα → πᾶς → φιλέω → ὥρα

287Ia — αὐτός..., ὅς: 1,27a*.c; 2,23; 5,36; 6,2*; 17,11.12; ὅς..., αὐτός: 5,36; 18,9†.

287Ib — οὗτος..., ὅς: 1,15†.30; 3,2; 7,25.31*.36; 9,19; 16,17.18; ὅς..., οὗτος: 1,33; 3,26†.32†; 5,19.38; 8,26; 10,25.

287Ic — ἐκεῖνος..., ὅς: 4,53; 6,22*; 10,35; 13,26; 21,7; ὅς..., ἐκεῖνος: 17,24.

287Id — τίς..., ὅς: 7,36; 10,6†; 13,24; 16,17.18.

287Ie — τις..., ὅς: 4,46; 6,64.

287If — ὅς suivi d'un pronom pléonastique: 1,27.33; 13,26.

287Ig — Construction de ὅς sans antécedent (le pronom démonstratif est supprimé): 1,3-4.26.45; 3,11b.c.32†.34†; 4,18.22a†.b†.38; 5,21; 6,29; 8,38a.c; 10,29.36; 11,3.6.45.46; 12,50; 13,7.18*.27.29†; 15,14; 17,12; 18,21.26†; 19,22.37.

287Ih — Nombre + ὅς: 1,3*; 6,9*.22*; 13,23.

287Ii — ὅς + δίδωμι: 4,5.12.14a.c; 5,36; 6,27.39.51cα.cβ*; 10,29; 13,26; 17,2. 4.6.8.9.11.12.22.24b.f; 18,9†.11.

287Ij — ὅς suivi du verbe εἰμί: ἔστιν: 1,41†; 10,16; 14,24; 20,30†; ἦν: 9,24†; 13,5; 18,16*†; 20,7.

ὅσος → δέ
ὅταν → δέ → ὡς
ὅτε → οὖν → ὥρα → ὡς
ὅτι → ἀλλά → δέ → διὰ τοῦτο → λέγω → μαρτυρέω → οἶδα → πιστεύω
→ Définitions (n° 413)

• 288I — οὐχ ὅτι, cf. n° 31, ajouter: 6,46†; 7,22†.

οὐ → αἰών → ἀλλά → γάρ → ἐάν → εἰμί → ἔχω → ἵνα → καθώς → κόσμος → οἶδα → ὅτι → πώποτε
οὐ(δέ) → ἀλλά → γάρ

289 οὐδείς: οὐδεὶς ἐκ + génitif: 7,19; 16,5; 17,12; 18,9†.
→ ἀλλά → γάρ → δέ → ἐάν

288I Voir Bultmann 11c Konings 22. Cf. A12 B13.
289 Comp. C121 349.

CLASSIFICATION 147

290 οὐδέπω: οὐδέπω γάρ: 20,9†; autres cas: 7,39*†; 19,41.
     οὐκέτι → ἀλλά

293 οὖν: Ordre suivi de son exécution, reprise du même verbe avec οὖν (sauf en 9,7.11): 1,39; 6,10.(12-)13; 9,(6-)7.11; 11,(39-)41; 21,6.
294 — Verbe + οὖν... καί + verbe "dire": 2,18; 5,19; 7,16; 9,20.24; 10,24; 11,47.56; 18,16.29.
295 — οὖν... καί... καί, sans changement du sujet: 1,39; 4,28; 9,7; 11,33(-34); 13,12; 18,10.12(-13).16.33; 20,2.6.8.
296 — οὖν καί, liés: 1,39; 6,13; 9,7.11; 19,38; 20,2.
297 — οὖν πάλιν: 4,46; 8,21; 9,17; 10,7.39; 11,38; 18,33.40; 20,10.21.
298 — πάλιν οὖν: 8,12; 9,15; 18,7.27.
299 — ὅτε οὖν: 2,22†; 4,45; 6,24; 13,12.31; 19,6.8.30; 21,15.
300 — ὡς οὖν: 4,1.40.45*; 11,6; 18,6; 20,11; 21,9.
301 — τότε οὖν: 11,14; 19,1.16; 20,8.
301I — εἰ οὖν: 13,14; 18,8.

→ Ἰησοῦς → λέγω (λέγει/λέγουσιν, ἔλεγεν/ἔλεγον, εἶπεν/εἶπον) → μέν

302 οὔπω, cf. n°s 303, 304, ajouter: 7,6.8b*.c.39d*; 8,57.
303 — οὔπω γάρ: 3,24†; 7,39c†; 20,17†.
304 — οὔπω ἐληλύθει: 6,17†; 7,30; 8,20†; 11,30†; οὔπω ἥκει: 2,4.
     → ἀλλά → δέ

οὐρανός → καταβαίνω ἐκ/ἀπό
οὔτε → ἀλλά

οὗτος → ἄνθρωπος → ἄρχων → εἰμί ἐκ → κόσμος
ταῦτα → μετά → λαλέω → λέγω → ὅς
τοῦτο → διά → ἐκ → μετά → λέγω → Définitions (n° 413)

---

290 Voir Bultmann 11b. Cf. B1. Comp. C303.
293 Voir F. NEIRYNCK, *Jean et les Synoptiques*, 1979, p. 231. Cf. B26 27.
294 Cf. *ibid.*, p. 232-233. Cf. B27.
295 Cf. *ibid.*, p. 231. Cf. B27.
296 Cf. *ibid.*, p. 231-232. Cf. B27.
297 Cf. *ibid.*, p. 241-242. Cf. B27.
298 Cf. *ibid.*, p. 241-242. Cf. B27.
299 Cf. *ibid.*, p. 239-240. Cf. B7 26 27.
300 Cf. *ibid.*, p. 239-240. Cf. B26 27.
301 Cf. *ibid.*, p. 239-240. Cf. B27.
303 Voir Bultmann 11b. Cf. B1. Comp. C290.

- 304Ia — τοῦτο/ταῦτα + verbum dicendi, cf. nᵒˢ 207, 223-226, ajouter: ταῦτα: 5,34 (ταῦτα λέγω ἵνα); comp. 8,20† (ταῦτα τὰ ῥήματα ἐλάλησεν); 16,4d (ταῦτα δὲ ὑμῖν ἐξ ἀρχῆς οὐκ εἶπον); τοῦτο: 2,22† (τοῦτο ἔλεγεν); 4,18 (τοῦτο ἀληθὲς εἴρηκας).
- 304Ib — εἰς τοῦτο: 18,37f.g.
- 305 — ἐν τούτῳ, cf. nᵒˢ 306, 307, ajouter: 4,37; 16,30.
- 306 — ἐν τούτῳ + proposition explicative: 9,30; 13,35; 15,8.
- 307 — ἐν τούτῳ + γινώσκω: 13,35.
- 307Ia — ἐπὶ τούτῳ: 4,27†.
- 307Ib — οὗτος supportant un *casus pendens*: 1,33; 3,26.32†; 5,19.38; 6,46†; 7,18; 8,26.28; 9,31; 10,25; 14,13.14*; 15,5.19.
- 307Ic — οὗτος, en tête de phrase, reprenant la présentation d'un personnage (ou d'une description de lieu) introduite par ἦν ou une expression semblable: 1,2.7†.30.41; 3,2a; 4,47; 6,71†; 12,21; τοῦτον: 5,6; 19,20; voir encore: 5,3 (ἐν ταύταις); 10,3 (τούτῳ); 13,24 (τούτῳ); 21,21a (τοῦτον).
- 307Id — οὗτος reprenant le récit dans les notices de conclusion: 1,28†; 2,11†; 4,54†; 6,59†; 7,9†; 8,20†; 10,6†; 12,16a†.d†.e†; 12,36†; 13,28†; 19,24. 36†; 20,31†; 21,14†.24aβ†.b†. Comp. 6,27†.61b.c. Opposer 1,19 (αὕτη ἐστὶν ἡ μαρτυρία τοῦ Ἰωάννου) et 21,1† (ἐφανέρωσεν δὲ οὕτως) au commencement du récit.
- 307Ie — οὗτός ἐστιν, cf. n° 413, ajouter: 1,19 (αὕτη).30.33.34; 4,29.42; 6,14.42. 58a; 7,18.25.26.27 (τοῦτον οἴδαμεν πόθεν ἐστίν).40c.41; 9,8.9.16.19. 20.24.29 (τοῦτον δὲ οὐκ οἴδαμεν πόθεν ἐστίν); 21,24aa†.
- 307If — οὗτος ἦν: 1,2.15†; 9,33 (εἰ μὴ ἦν οὗτος παρὰ θεοῦ); 12,16† (ταῦτα ἦν ἐπ' αὐτῷ γεγραμμένα); 18,30 (εἰ μὴ ἦν οὗτος κακὸν ποιῶν).
- 307Ig — τί ἐστιν τοῦτο: 16,17.18; comp. 6,9 (ἀλλὰ ταῦτα τί ἐστιν εἰς τοσούτους); 21,21 (οὗτος δὲ τί);
- 307Ih — οὗτος γάρ: 6,71†; 6,27† (τοῦτον); 6,40† (τοῦτο); comp. 19,36† (ἐγένετο γὰρ ταῦτα); 4,37 (ἐν γὰρ τούτῳ); 9,30 (ἐν τούτῳ γάρ).

304Ia	Cf. A6 B16.
305	Voir Bultmann 9c.
306	Voir Schulze 4 Wegscheider 5 Bultmann 9c. Cf. C307 (13,35).
307Ia	Cf. B16.
307Ib	Cf. B16 25. Sur le *casus pendens*, voir encore C68 128 410I.
307Ic	Voir F. NEIRYNCK, *op. cit.*, p. 96-97, spéc. p. 96, n. 153. Cf. B16.
307Id	Voir Olsson 8. Cf. A13 B16.
307Ie	Voir Bultmann 9b. Cf. A13 B16. Comp. C307IIc.
307If	Voir Bultmann 9b. Cf. B16.
307Ih	Cf. B1 16. Comp. C70III1.

307Ii — οὗτος δέ, cf. n° 226, ajouter: τοῦτο δέ: 4,54†; 6,39†.40*†; 13,28†; ταῦτα δέ: 7,9†; 12,16*†; 16,4; 18,22; 20,31†; οὗτος δέ: 21,21; τοῦτον: 9,29; αὕτη: 3,19†; 17,3†.

307Ij — Autres cas de οὗτος non attributif, pas mentionnés dans les n°s 85, 86, 86I, 123, 207, 223-226, 252, 253, 413: 1,50; 2,16.18; 3,9.10; 5,16b.20.28; 6,5.42*.52; 7,4.15.31d*.e.32.35; 8,40; 9,2.3.40; 10,41; 11,26.37b.c; 13,17; 14,12; 15,17; 16,3.19; 17,11*.20.25; 18,8.21.34.40; 19,12; 21,15.

307Ik — οὗτος attributif, cf. n°s 42, 110, 194, 195, ajouter: ἀγάπη: 15,13; ἄρτος: 6,34.51.58; ἀρχή: 2,11†; ἀσθένεια: 11,4; αὐλή: 10,16; βιβλίον: 20,30†; γυνή: [8,4]; ἐντολή: 10,18; ἑορτή: 7,8a*.b; λόγος: 6,60; 7,36.40; 10,19; 19,8.13; 21,23†; μύρον: 12,5; ναός: 2,19.20; ὄρος: 4,20.21; ὄχλος: 7,49; παροιμία: 10,6†; πάντα: 15,21; ῥῆμα: 8,20†; 10,21; σημεῖον: 3,2; 12,18†; ὕδωρ: 4,13.15; ὁ υἱὸς τοῦ ἀνθρώπου: 12,34; φωνή: 12,30; χαρά: 3,29; ὥρα: 12,27d.e.

307IIa οὕτως: οὕτως... ὥστε: 3,16†.

307IIb — ὥσπερ... οὕτως: 5,21.26.

307IIc — οὕτως ἐστίν: 3,8.

→ γάρ → καθώς

307IId — Autres cas de οὕτως: 4,6; 7,46; 8,59*; 11,48; 13,25; 18,22 (dans une question); 21,1†.

οὐχί → ἀλλά

ὀφθαλμός → ἀνοίγω → τυφλόω

πάλιν → δέ → οὖν

312   παρὰ (τοῦ) θεοῦ: 1,6†; 5,44; 6,46†; 7,29; 8,26.40; 9,16.33; 16,27*.
313   — παρὰ (τοῦ) πατρός: 1,14†; 6,45; 8,26; 10,18; 15,15.26a.c†; 17,7.8.
314   — (εἰμί) παρά, de Jésus: εἰμὶ παρά: 6,46†; 7,29; 9,16.33; παρά: 16,27; 17,8.

→ ἀκούω

315   παράκλητος: 14,16.26; 15,26; 16,7.
316   παροιμία: 10,6†; 16,25a.c.29.

307Ii   Cf. B2 16.
307IIa Cf. B18.
307IIc Comp. C307Ie.
312   παρ' αὐτοῦ en 7,29; 8,26 (cf. v. 27: τὸν πατέρα).
314   Cf. C312 (6,46; 7,29; 9,16.33; 16,27), C313 (17,8).

318 πᾶς: (πᾶν) ὅ, neutre collectif au singulier: 6,37.39†; 17,2.24 (sans (πᾶν).
318I — πᾶς ὅς: 4,29b*.39.45*; 5,20; 14,26e; 15,15.
→ γάρ → δέ → ποιέω

319 πάσχα, cf. n° 320, ajouter: 2,13.23, 6,4†; 11,55a; 18,28†.39; 19,14†.
320 — πρὸ (...) τοῦ πάσχα: 11,55c; 12,1; 13,1.

321 πατήρ, le Père, sans déterminatif, cf. n° 351, ajouter: 1,14†.18; 3,35†; 4,21.23b.d†; 5,19.20.21.22.23b.d.26.36b.e.37.45; 6,27†.37.44.45.46a†. c†.57a.b.65; 8,16.18.27†.28.38a.c; 10,15.17.29b.30.32.36.38e.f; 12,26. 49.50; 13,1.3; 14,6.8.9e.g.10b.c.f.11b.c.12.13.16.24.26†.28e.31b.c; 15,9.10*.16.26a.c; 16,3.10.15.17.23.25.26.27.28a.32†; 18,11; 20,17c†. 21.

322 — ἡ οἰκία/ὁ οἶκος τοῦ πατρός μου: 2,16 (οἶκος); 14,2 (οἰκία).
→ γινώσκω → παρά → πορεύομαι πρός

323 πέμπω: ὁ πέμψας με, dit de Dieu, cf. n° 324, ajouter: 1,33; 5,23.24.37; 6,44; 7,16.18.28.33; 8,16.18.26.29; 12,44.45.49; 13,20; 14,24; 15,21; 16,5.

324 — τὸ θέλημα τοῦ πέμψαντός με: 4,34; 5,30; 6,38.39†.

• 325 πέραν + génitif: 1,28†; 3,26; 6,1.17.22†.25; 10,40; 18,1.
περί → ἀλλά → γάρ → δέ → λέγω → μαρτυρέω

326 περιπατέω ἐν: au sens littéral: 7,1a.b†; 10,23; 11,54; au sens métaphorique: 8,12; 11,9.10; 12,35.
Πέτρος → Σίμων

327 πιάζω: "prendre": 21,3.10; "prendre Jésus"; 7,30.32.44; 8,20†; 10,39; 11,57†.

328 πιστεύω, cf. n°s 329-337, ajouter: 1,50; 3,12b.d; 4,53; 5,44; 6,64; 10,25. 26; 11,15†.26d; 12,39†; 14,29; 16,31; 19,35†; 20,31†.

---

318 Chaque fois avec δίδωμι.
319 Avec ἐγγὺς ἦν (cf. C102) en 2,13; 6,4; 11,55; avec ἑορτή (cf. C138) en 2,23 (ἐν τῷ πάσχα ἐν τῇ ἑορτῇ); 6,4 (τὸ πάσχα, ἡ ἑορτὴ τῶν Ἰουδαίων); 13,1 (πρὸ δὲ τῆς ἑορτῆς τοῦ πάσχα); avec τῶν Ἰουδαίων (cf. C179I): 2,13; 11,15; comp. 6,4.
321 "Le père celui qui m'envoie" est compté ici (5,23.37; 6,44; 8,16.18; 12,49; 14,24), cf. C323. Voir encore 5,30*; 6,39*. Ajouter également 8,29*; 10,29a*; 15,10*; 16,16*.27b*.
323 Voir encore 9,4.
324 Voir encore 6,40*. Avec ποιέω en 4,34; 6,38 (C347). Voir encore 7,17 (cf. v. 16).
325 Cf. A4.
328 Boismard ne compte pas 2,24. Voir encore 9,38.

329 — πιστεύω + datif de la personne: 4,21; 5,24.38.46a.b; 6,30; 8,31.45.46; 10,37.38b; 14,11a.e*.

330 — πιστεύω + datif de la chose: 2,22†; 4,50; 5,47a.b; 10,38c; 12,38.

331 — πιστεύω διά: avec accusatif: 4,39.41.42; 14,11e; avec génitif: 1,7†; 17,20.

332 — πιστεύω εἰς, cf. n° 333, ajouter: 2,11†; 3,16†.18a†.36†; 4,39; 6,29.35.40†; 7,5†.31.38.39†.48; 8,30†; 9,35.36; 10,42; 11,25.26b.45.48; 12,11.36.37†.42†.44b.c.46; 14,1b.c.12; 16,9; 17,20.

333 — πιστεύω εἰς τὸ ὄνομα: 1,12†; 2,23; 3,18c†.

334 — πιστεύω ὅτι: 6,69; 8,24; 9,18; 11,27.42; 13,19; 14,10.11a; 16,27.30; 17,8.21; 20,31b†.

335 — ὁ πιστεύων: 1,12†; 3,15.16†.18a†.b†.36†; 5,24; 6,35.40†.47.64c†; 7,38; 11,25.26b; 12,44b.46; 14,12; 17,20.

336 — πολλοὶ ἐπίστευσαν: 2,23; 4,39; 7,31; 8,30†; 10,42; 11,45; 12,11.42†.

337 — ὁράω + πιστεύω, même objet: dans un sens favorable: 20,8; dans un sens défavorable: 4,48; 6,30.36; 20,25.29b.c; πιστεύω + ὁράω: 11,40.

339 πληρόω: ἵνα ὁ λόγος πληρωθῇ: 12,38†; 15,25 (ἵνα πληρωθῇ ὁ λόγος): 18,9†.32†.
→ γραφή → χαρά

340 πλοιάριον: 6,22b.d*.23†.24; 21,8.

πνεῦμα → ἀλήθεια → ἐκεῖνος

341 πόθεν, cf. n° 342, ajouter: 1,48; 3,8; 4,11; 6,5; 8,14d.f.

342 — πόθεν + εἰμί: 2,9†; 7,27b.d.28; 9,29.30; 19,9.
→ οἶδα

343 ποιέω ἐμαυτόν + attribut: substantif: 8,53; 10,33; 19,7.12; adjectif: 5,18†.

344 — ποιέω ἐν + note temporelle: 4,45; 5,16; 7,23; 9,14†.

---

329 Cf. C335 (5,24), C334 (14,11).
331 Cf. C332 (4,39; 17,20), C335 (17,20), C336 (4,39).
332 Cf. C335 (1,12; 7,38; 11,25.26; 12,44.46; 14,12; 17,20), C336 (2,23; 4,39; 7,31; 10,42; 11,45; 12,11.42). Ajouter 3,15*; 6,47*.
333 Cf. C332 (1,12; 2,23).
334 Cf. C329 (14,11). Ajouter 10,38d*.
335 Cf. C329 331 332.
336 Cf. C329 (14,11). Voir Bultmann 4.
337 Cf. C329 (6,30).
339 Voir Olsson 10. Cf. A10 B11. De l'Ecriture Sainte: 12,38; 15,25; des paroles de Jésus: 18,9.32.
342 Prolepse du pronom en 7,27; 9,29.
344 Pendant le sabbat: 5,16; 7,23; 9,14; pendant la fête: 4,45.

345 — ποιέω τὰ ἔργα: 5,36; 7,3.21; 8,39.41; 10,25.37; 14,10.12; 15,24; 17,4.

346 — ποιέω σημεῖα: σημεῖον: 2,11*†; 4,54†; 6,14.30; 10,41; 12,18*†; σημεῖα: 2,23; 3,2; 6,2; 7,31; 9,16; 11,47; 12,37†; 20,30†.

347 — ποιέω τὸ θέλημα: 4,34; 6,38; 7,17; 9,31.

348 — πᾶς ὁ ποιῶν: 8,34; 19,12.

→ ἀλήθεια → δύναμαι

ποῖος → σημαίνω

349 πολύς: πολλοὶ ἐκ + génitif: 6,60.66; 7,31.40*; 10,20; 11,19†.45; 12,42†.

→ δέ → πιστεύω

πονηρός → ἔργον

350 πορεύομαι: de la mort du Christ, cf. n° 351, ajouter: 14,2.3; 16,7.

351 — πορεύομαι πρὸς τὸν πατέρα: 14,12.28; 16,28.

→ ἵνα

352 ποῦ, cf. n° 353, ajouter: 1,38.39; 7,11.35; [8,10].19; 9,12; 11,34.57†; 20,3.13.15.

353 — ποῦ ὑπάγω: 3,8; 8,14e.g; 12,35; 13,36; 14,5; 16,5.

→ οἶδα

πρό → δέ → πάσχα

355 πρός: + datif: 18,16; 20,11.12b.c.

→ ἐμαυτοῦ → ἔρχομαι → λέγω → πορεύομαι

356 πρότερον: 6,62; 7,50†; 9,8.

357 πρῶτος: τὸ πρῶτον: 10,40†; 12,16†; 19,39†.

358 πώποτε: οὐ... πώποτε: 1,18; 5,37; 6,35; 8,33.

359 πῶς: πῶς + λέγω: 6,42; 8,33; 12,34; 14,9.

→ δέ → δύναμαι

360 ῥαββί, vocatif: 1,38.49; 3,2.26; 4,31; 6,25; 9,2; 11,8.

360I ῥαββουνί : 20,16.

---

345 Comp. C375.
347 Cf. C324 (4,34; 7,17, cf. v. 16).
348 Cf. C343 (19,12).
349 Comp. C121 289.
351 Comp. ὑπάγω πρὸς τὸν πατέρα: 16,10.17; πρὸς τὸν πέμψαντά με: 7,33; 16,5 (cf. v. 7: ἀπέρχομαι, πορεύομαι); πρὸς τὸν θεόν: 13,3. Cf. C321.
352 Cf. C273 (8,14a.b; 14,5; 20,2.13).
353 De la mort de Jésus, cf. C389 (8,14a.b; 13,36; 14,5; 16,5).
356 Noter la variation: 7,50: [τὸ] πρότερον; 19,39: τὸ πρῶτον.
358 οὐδείς... πώποτε: 1,18; 8,33; οὔτε... πώποτε: 5,37; 6,36; οὐ μὴ... πώποτε: 6,36.

CLASSIFICATION

361 ῥῆμα: τὰ ῥήματα τοῦ θεοῦ: 3,34†; 8,47.
362 σάρξ, chair: 1,13†.14; 3,6a.b; 6,51.52.53.54.55.56.63; 8,15; 17,2.
363 σημαίνω: σημαίνων ποίῳ θανάτῳ: 12,33†; 18,32†; 21,19†.
   σημεῖον → ποιέω

364 Σίμων: Σίμων Ἰσκαριώτης: 6,71†; 12,4*†; 13,2†.26;
365 — Σίμων Πέτρος: 1,40†; 6,8.68; 13,6.9.24.36; 18,10.15.25; 20,2.6; 21,2.
     3.7.11.15.
366 — Σίμων ὁ υἱὸς Ἰωάννου: 1,42; Σίμων Ἰωάννου: 21,15.16.17.

367 σκοτία: 1,5a.b; 6,17†; 8,12; 12,35b.c.46; 20,1.
368 σύ: σὺ τίς εἶ: 1,19; 8,25; 21,12†.
   → λέγω
369 σφραγίζω: 3,33†; 6,27†.
   σωτήρ → κόσμος

369Ia τέ: τέ pas suivi d'une autre conjonction: 4,42; 6,18†.
369Ib — τὲ... καί: 2,15.

372 τεκνίον: τεκνία: 13,33.
373 τέκνον: τέκνα θεοῦ: 1,12; 11,52†.

374 τελειόω, cf. n° 375, ajouter: 5,36; 17,23; 19,28†.
375 — τελειόω τὸ ἔργον: 4,34; 17,4.
   → γραφή

379 Τιβεριάς: 6,1.23†; 21,1†.
   τίθημι → ψυχή
   τίς → ζητέω → λέγω → ὅς → οὗτος → σύ
   τις → ἄν → γάρ → δέ → ἐάν → ἔχω → ἵνα → λαμβάνω → ὅς

380 τόπος: ὁ τόπος ὅπου: 4,20; 6,23†; 10,40†; 11,30†; 19,20*.41; comp. 19,17-18.
381 — εἰμὶ ἐν τῷ τόπῳ: 5,13†; 6,10†; 11,30†; 19,41.

382 τοσοῦτος: 6,9; 12,37† (δέ); 14,9; 21,11†.
   τότε → οὖν → ὡς

---

363 Cf. B23 C52 (note).
365 Autres mentions de Pierre: Πέτρος en 1,42.44; 13,8.37; 18,11.16a.e.17.
     18.26.27; 20,3.4; 21,7c.17.20.21; Κηφᾶς en 1,42.
369Ia Voir Fortna 8. Cf. B8.
374 19,28, cf. τελέω en 19,18.30. Cf. C79.
375 Comp. C345.
379 6,1: περᾶν τῆς θαλάσσης τῆς Γαλιλαίας (cf. C70II) τῆς Τιβεριάδος; 6,23:
     ἐκ Τιβεριάδος; 21,2: ἐπὶ τῆς θαλάσσης τῆς Τιβεριάδος.
380 Cf. A4 B21 C282.
381 Cf. A4.
382 Cf. B2 19.

384 τυφλόω ὀφθαλμούς: 12,40†.
385 ὑγιής: [5,4]†.6.9.11.14.15; 7,23.
386 ὑδρία: 2,6†.7; 4,28.

387 υἱός: le Fils (absolu): 3,16†.17†.35†.36a†.d†; 5,19c.f.20.21.22.23a.c.26; 6,40†; 8,36; 14,13; 17,1f.g.
388 — ὁ υἱὸς τοῦ ἀνθρώπου + ὑψόω: 3,14; 8,28; 12,34; + δοξάζω: 12,23; 13,31; + ἀναβαίνω: 3,13; 6,62.
→ μονογενής → Σίμων

ὑμεῖς → δέ → λαλέω → λέγω → οἶδα

389 ὑπάγω, dit de la mort de Jésus, cf. n° 390, ajouter: 7,33; 8,14e.g.21b; 13,3.36c; 14,5.28; 16,5a.c.10.16.17.
390 — ὅπου ἐγὼ ὑπάγω: 8,21e.22; 13,33.36*; 14,4.
→ ἔρχομαι → ἵνα → ποῦ

391 ὑπέρ + génitif: 1,30; 6,51; 10,11.15; 11,4.50.51†.52†; 13,37.38; 15,13; 17,19; 18,14†.

ὑψόω → υἱός

393 φανερόω, cf. n° 394, ajouter: 1,31; 2,11†; 3,21†; 9,3; 17,6; 21,1c†.14†.
394 — φανερόω ἐμαυτόν: 7,6; 21,1a†.

Φαρισαῖος → ἀρχιερεύς
395 φαῦλος: 3,20†; 5,29.

396 φιλέω, cf. n° 396I, ajouter: 5,20; 11,3.36; 12,25; 15,19; 16,27a.b; 21,15. 16.17c.f.j.
396I — ὃν ἐφίλει dit du disciple que Jésus aimait: 20,2 (après τὸν ἄλλον μαθητήν).

φόβος → Ἰουδαῖος
φωνή → ἀκούω

397 φῶς, cf. n°s 398-400, ajouter: 5,35; 11,10.
398 — Dit du Christ: 1,4.5.7†.8a†.b†.9; 3,19b†.d†.20b†.21†; 8,12b.d; 9,5; 12,35b.c.36a.b.46.
399 — τὸ φῶς τὸ ἀληθινόν: 1,9.

---

90 Cf. C282.
96 Dieu comme sujet: 5,20; 16,27a; Jésus comme sujet: 11,3.36 (cf. ἀγαπάω: 11,5); 20,2. Cf. 21,15.16.17(ter) (ἀγαπάω en 21,15a.16a); cf. C1-3 (ἀγαπάω).
96I Comp. ὃν ἠγάπα (cf. C3).
99 Cf. C25.

CLASSIFICATION

400 — τὸ φῶς τοῦ κόσμου: 8,12b; 9,5; 11,9.

402 χαρά, sujet de πληροῦσθαι: 3,29; 15,11; 16,24; 17,13.
χρεία → ἔχω

404 ψυχή: τίθημι τὴν ψυχήν: 10,11.15.17.18b.c; 13,37.38; 15,13.

405 ὥρα, dit du Christ: 2,4; 7,30; 8,20†; 12,23.27d.e; 13,1; 16,4.32; 17,1.

406 — ὥρα + possessif: 2,4; 7,30; 8,20†; 13,1; 16,4.21.

407 — ἔρχεται + ὥρα + ἵνα: 12,23; 13,1; 16,2.32; + ὅτε: 4,21.23; 5,25; 16,25; + ἐν ᾗ: 5,28; absolu: 7,30; 8,20†; 16,4.21; 17,1.

408 — ὥρα ἦν ὡς + chiffre: 1,39†; 4,6†; 19,14†.

409 ὡς: ὅταν/ὅτε/ὡς... τότε, cf. n° 410, ajouter: 8,28 (ὅταν); 12,16† (ὅτε).

410 — ὡς... τότε: 7,10; 11,6.
→ δέ → οὖν → ὥρα
ὥστε → οὕτως
ὥσπερ → γάρ → οὕτως

410I *Casus pendens*, cf. n°s 68, 128, 307Ib, ajouter: 7,27; 8,45; 10,36; 12,50.

413 Définitions: τοῦτό ἐστιν... ἵνα/ὅτι/substantif: ἵνα: 6,29.39†.40†.50; 15,12; 17,3†; ὅτι: 3,19†.

414 Incompréhension des interlocuteurs: 2,19-21†; 3,3-5; 4,10-14.32-34; 6,33-35†; 7,33-36; 8,21-23.56-57; 11,11-14†.23-26; 12,34; 13,8-10; 14,4-6.

415 Immanence réciproque: le Père et le Christ: 10,38; 14,10.11; 17,21; le Christ et les disciples: 6,56; 14,10; 15,4.5†.

---

400   Cf. C191.
402   Au parfait: 3,29; 16,24; 17,13; ἵνα... πληρωθῇ: 15,11 (cf. C79 339).
405   Voir Schulze 3b. Cf. A5.
406   Cf. A5.
407   Cf. A5 C174.
408   Voir Fortna c. Cf. A5.
410I   Cf. B25.
413   Voir Schulze 4 Wegscheider 5 Bultmann 3a. Cf. B11 16 C174 307Ie 307Ij.
414   Voir Bultmann 3b.

VI. L'ETUDE DES PARENTHESES ET L'INTERPRETATION DE L'EVANGILE DE JEAN

A. LES PARENTHESES ET LA CRITIQUE LITTERAIRE

La plupart des auteurs anciens que nous avons étudiés[346], ont traité la parenthèse comme caractéristique du style johannique. Acceptant l'unité littéraire de l'évangile de Jean, ils attribuent les phrases explicatives à l'évangéliste lui-même: c'est l'évangéliste qui explique son propre texte en ajoutant des éclaircissements à l'intention de ces lecteurs. Mais la position change avec l'avènement de la critique littéraire[347]. Notre propos n'est pas de parcourir ici toute la critique littéraire. Dans notre aperçu historique, nous avons déjà parlé de la critique littéraire de J.M. Thompson, H.J. Flowers, A.E. Garvie, J.H. Bernard, R. Bultmann, R. Schnackenburg et de R.E. Brown[348] et nous voudrions seulement présenter ici quelques autres auteurs qui ont accordé une attention spéciale aux parenthèses.

Déjà A. SCHWEIZER (1841)[349] a traité quelques parenthèses comme des interpolations. Non seulement le chapitre 21, les péricopes galiléennes

---

346. Cf. supra, n. 98-99 (J.A. Bengel), 100-108 (H.P.C. Henke), 109-119 (J.D. Schulze), 120-126 (J.A.L. Wegscheider), 129-134 (M. Weber), 135 (K.A. Credner), 136 (T.P.C. Kaiser), 137-140 (C.E. Luthardt), 141-142 (J. Knabenbauer).

347. En effet, comme l'indiquent M.-E. Boismard et A. Lamouille, "les gloses d'un texte" peuvent être comptées parmi "les clefs de la critique littéraire": "Lorsqu'un texte présente un certain nombre de gloses explicatives, on peut toujours se demander si ces gloses proviennent de l'auteur même du texte ou d'un éditeur éventuel"; cf. **La vie des évangiles. Initiation à la critique des textes**, 1980, p. 14-15, spéc. p. 14; traduction allemande : **Aus der Werkstatt der Evangelisten**, 1980, p. 27-29, spéc. p. 27; voir également ID., **L'évangile de Jean**, 1977, p. 12a-13b. Comp. E. COTHENET, **Le quatrième évangile**, dans A. GEORGE et P. GRELOT (éd.), **Introduction à la Bible. Nouvelle édition**, t. III, Vol. IV, 1977, p. 174, qui mentionne "les annotations de l'évangéliste" parmi "les données à examiner" dans la recherche des sources du quatrième évangile. -- Pour la réaction de Cothenet sur le commentaire de Boismard, cf. infra, n. 641-643.

348. Cf. supra, n. 166 (J.M. Thompson), 168-173 (H.J. Flowers), 174-180 (A.E. Garvie), 205-217 (J.H. Bernard), 218-265 (R. Bultmann), 290-305 (R. Schnackenburg), 306-309 (R.E. Brown).

349. A. SCHWEIZER, **Das Evangelium Johannes**, 1841, p. 46-96 : "Positive Nachweisung unächter Bestandtheile im Evangelium".

L'INTERPRÉTATION DE L'ÉVANGILE DE JEAN 157

(2,1-12; 4,44-54; 6,1-26)[350] et peut-être 20,19-29[351], mais aussi quelques "kleinere Einschaltungen" comme 19,35-37; 18,9; 16,30; 2,21-22 et 6,64.71; 12,6[352] seraient insérées par une main secondaire dans l'évangile primitif. La méthode de Schweizer est claire: "Ist nun ausgemachter Weise von späterer Hand ein Anhang zum sonst fertigen Buche 'des Jüngers' hinzugefügt worden: so drängt sich die Frage auf, ob der Spätere nicht auch sonst noch hie und da im Buche Überarbeitung und Zusätze angebracht habe"[353]. Pour attribuer les versets à un **Überarbeiter**, Schweizer donne les arguments suivants: 1. ces versets interrompent le fil de la narration[354]; 2. ils sont d'un style non johannique[355]; 3. leur contenu s'oppose au reste de l'évangile[356].

olten   L'hypothèse des "kleinere Einschaltungen" de Schweizer a été reprise par J.H. SCHOLTEN (1864)[357] avec quelques modifications: "Moeten wij aan **Schweizer**, wat de hoofdzaken betreft, onzen bijval weigeren, zoo blijft de verdienste zijner kritiek bestaan in de aanwijzing, dat, wanneer de latere oorsprong van Hdst. XXI wordt toegestemd, de mogelijkheid van latere interpolatie ook elders in dit evangelie niet kan geloochend worden, en dat dus voor den criticus het regt en de verpligting bestaan, hiernaar opzettelijk onderzoek te doen"[358]. Scholten s'oppose à Schweizer en ce qui concerne 19,35-37; 16,30; 12,6 et 6,64[359], mais il accepte avec Schweizer l'inauthenticité de 18,9 (comp. 17,12) et

---

350. Ibid., p. 55-60 (c. 21), 65-95 (2,1-12; 4,44-54; 6,1-26).
351. Ibid., p. 95-96 (20,19-29).
352. Ibid., p. 60-65 (19,35-37; 18,9; 16,30; 2,21-22), 65 (6,64.71; 12,6). Sur 2,25 Schweizer remarque : "Eine ähnliche Reflexion [wie XVI, 30] ist vielleicht II.25 eingeschaltet, doch dort so gehalten, dass Johannes selbst sie gemacht haben kann" (p. 63).
353. Ibid., p. 60.
354. Voir 19,35-37 : "Mitten im Zusammenhang wird dort, ..., plötzlich bemerkt" (p. 60).
355. Ainsi 19,35-37, ἀληθινός dans le sens de ἀληθής (p. 60-61), ἵνα καὶ ὑμεῖς πιστεύ[σ]ητε sans complément (p. 61).
356. Voir 2,21-22 : "Dergleichen dem entscheiden erkennbaren Geist und Standpunkt unsers Evangelisten (heisse er nun Johannes oder wie er wolle) zu widerlaufende Deutungen gehören doch wohl derselben spätern Hand an, die das Ideale mehr veräusserlicht, verleiblicht und darin den Synoptikern näher steht" (p. 65).
357. J.H. SCHOLTEN, **Het evangelie naar Johannes**, 1864, p. 58-72 : "Weglatingen en bijvoegsels, waarvan de handschriften geene getuigenis afleggen"; traduction allemande par H. LANG, 1867, p. 55-69.
358. Ibid., p. 67; traduction, p. 64.
359. Ibid., p. 66; traduction, p. 62-63.

2,21-22; à ces deux cas, il ajoute les interpolations en 7,39; 12,33 et 18,32[360].

Delff Parmi les "Interpolationen" de H. DELFF (1890), on trouve plusieurs phrases de type parenthétique: 1,1-5.9-18; 2,1-11.17.21-22; 4,44.46-54; 5,[4].19-29; 6,1-29.37-40.44.54.59; 7,39; [7,53-8,11]; 12,16.25-30.33.38-41; 13,20; 18,19(?); 19,20.35-37; 20,9-10.11-18; 21,1-24[361].

Wendt De son côté, H.H. WENDT (1896, 1900, 1910) a attiré plusieurs fois l'attention sur les "Missdeutungen einzelner Aussprüche Jesu" : 2,21-22; 7,39; 12,33; 18,9.32[362]. Il les considère comme "Anzeichen des Benutztseins einer Quellenschrift im vierten Evangelium"[363]. D'une

Lewis manière analogue à celle de Wendt, F.W. LEWIS (1909-1911) considère les parenthèses en 2,21-22; 5,3b-4; 6,6.64b; 7,39; 11,51-52; 12,6.16.33; 18,9.32; 20,9; 21,19 comme "Misinterpretations"[364]. Ils interrompent le fil de la narration et sont à traiter comme "interpolations by a hand other than the Evangelist's"[365].

---

360. Ibid., p. 67-72; traduction, p. 64-68. Il ne parle pas de 6,71.
361. Voir spécialement H. DELFF, **Das vierte Evangelium. Ein authentischer Bericht über Jesus von Nazareth, wiederhergestellt, übersetzt und erklärt**, 1890, p. 11-16 : "Die fremden eingeschobenen Bestandtheile im vierten Evangelium", et la reconstruction de l'évangile primitif aux p. 30-94 ("Die Evangelienschrift des Hohepriester Johannes"). Comp. **Gründzuge der Entwicklungsgeschichte der Religion**, 1883, p. 334-343; **Die Geschichte des Rabbi Jesus von Nazareth**, 1889, p. 97-112 : "Die unechten Bestandtheile im vierten Evangelium"; **Neue Beiträge zur Kritik und Erklärung des vierten Evangeliums**, 1890; **Noch einmal das vierte Evangelium und seine Authenticität**, dans **TSK** 65 (1892) 72-104.
362. H.H. WENDT, **Das Johannesevangelium**, 1900, p. 45-101, spéc. p. 62-67; comp. **Die Schichten**, 1911, p. 28-30; voir également **Die Lehre Jesu**, ²1901, p. 35 : "Als solche Spuren stellen sich zuerst die Fälle dar, wo der Evangelist einzelnen Aussprüchen Jesu Deutungen giebt, die den aus Wortlaut und Zusammenhang erhellenden ursprünglichen Sinn dieser Aussprüche offenbar nicht treffen (2,19.21; 7,37-39; 12,32f.; 17,12 und 18,8f.)."
363. Voir spéc. **Das Johannesevangelium**, 1900, p. 62-67. A la p. 49, n. 4, il se réfère à Ritschl : "Ritschl hielt das vierte Evangelium im ganzen für ein Werk des Apostels Johannes. Er äusserte im Kolleg, dass er einzelne Sätze darin für interpoliert halte, nämlich 5,25.28f., die Schlussworte in 6,39.40.44.54. 12,48 und, wenn ich mich recht entsinne, auch die Deutungen 2,21; 7,39; 12,33 und 18,9.32. Nach Erscheinen meiner 'Lehre Jesu' I schrieb er mir dann freilich : 'Ihre Erörterung des 4. Evang. bin ich anzunehmen sehr disponiert'."
364. F.W. LEWIS, **Misinterpretations in the Fourth Gospel**, dans **The Interpreter** 6 (1909-1910) 384-391; 7 (1910-1911) 88-97, 201-204.
365. Ibid., p. 384; comp. p. 204 : "the passages stand apart from the rest of the Gospel, and stand together with marked characteristics, all of them misinterpretations and interpolations." Voir encore 21,24.(25?): "an editorial note" (p. 204).

Des ouvrages de J. Wellhausen, E. Schwartz et F. Spitta, mentionnons en premier lieu la publication de J. WELLHAUSEN sur les élargissements et changements dans le quatrième évangile (1907)[366]. D'après Wellhausen il est possible que le quatrième évangéliste ait interrompu de temps en temps le fil de la narration par des explications, "die man jetzt in Fussnoten anbringen würde"[367]. Mais la constatation de "solche Literatengewohnheit" ne peut pas nous empêcher d'accepter des interpolations secondaires : 4,2.44; 6,64-65; 10,7.9.16; 11,2; 18,9.32[368]. Par contre, il n'y a aucune raison d'attribuer les traductions de mots hébreux ou araméens à une main secondaire[369].

Après cette première étude, où il s'occupait surtout des discours d'adieu[370], Wellhausen a envisagé l'évangile tout entier dans **Das Evangelium Johannis** (1908)[371]. A travers les obscurités, les incohérences et les contradictions du texte, il se met à la recherche de la **Grundschrift**[372], qu'il désigne par la lettre A[373]. D'après Wellhausen, il n'est possible de dissocier rigoureusement la **Grundschrift**[374] des additions de la **Bearbeitung**, désignée par la lettre B, dans laquelle on

---

366. J. WELLHAUSEN, **Erweiterungen und Änderungen im vierten Evangelium**, 1907, 32-38 : "Verschiedene kleinere Interpolationen".
367. Ibid., p. 37.
368. Ibid., p. 32-37.
369. Ibid., p. 37.
370. Ibid., p. 7-15.
371. J. WELLHAUSEN, **Das Evangelium Johannis**, 1908, p. 5.
372. Ibid., p. 4-7.
373. Ibid., p. 100-127 : "Ergebnisse der Analyse"; pour la reconstruction des discours en A, voir p. 107-110 (c. 4, 5, 8, 13 et 14).
374. Ibid., p. 7 : "Man kann auch weder sie [die Grundschrift] noch die verschiedenen Schichten der Bearbeitung mit Sicherheit ausscheiden"; comp. p. 101-102 : "Natürlich ist der eigene Bestand von A bei der Vermehrung nicht unangetastet geblieben. Wohl die meisten dazu gehörigen Stücke sind überarbeitet; von einigen haben sich nur Fragmente erhalten (7,3.4). Andere werden ganz ausgelassen oder durch spätere Varianten ersetzt sein. Dies lässt sich freilich schlecht kontrollieren". Voir la note de M. GOGUEL, **Introduction au Nouveau Testament**, t. II, 1923, p. 59, n. 1 : "Il semble que, dans la suite, le scepticisme de Wellhausen n'ait fait que s'accentuer, quant à la possibilité d'aboutir à une analyse littéraire définitive de l'évangile". Goguel cite la réaction de Wellhausen sur son ouvrage **Les sources du récit johannique de la passion** (1910) dans une lettre du 12 mars 1910 : "Auf das Positive lege ich selber kein Gewicht; nur das steht mir fest, dass von Quellenzusammensetzung keine Rede sein kann, sondern nur von nachträglichen Ergänzungen und Bearbeitungen"; comp. la réaction de Wellhausen dans sa recension sur H.H. WENDT, **Die Schichten im vierten Evangelium**, 1911, dans **TLZ** 36 (1911) 747-748, spéc. c. 748 : "Der Ariadnefaden ist noch nicht gefunden, und ob er je gefunden werden wird, wenn nicht ein glücklicher Zufall eintritt, lässt sich vielleicht bezweifeln".

peut discerner plusieurs mains[375]. La plupart des phrases que nous retenons comme des "parenthèses", se trouvent, nous semble-t-il, dans des passages que Wellhausen attribue à la **Bearbeitung**[376]. Il est rare qu'on trouve dans le commentaire des phrases où Wellhausen souligne le caractère parenthétique de l'un ou l'autre verset. Notons cependant les observations suivantes :

2 1. Les versets 2,23-35; 4,1-3; 4,43-45 et 6,22-24, la numérotation des premiers miracles galiléens (2,11; 4,54), la "Schlussbetrachtung über das öffentliche Reden Jesu zu den Juden" (12,37-43) et l'"Explizit des ganzen Buchs" (20,30-31; comp. 19,35) sont qualifiés comme des "redaktionelle Zwischenglieder"[377]. Wellhausen les attribue au rédacteur[378]. De même, "gewisse isolierte Einsätze, die sich wie Fremdkörper in dem Zusammenhange ausnehmen und ihn zerreissen" comme 6,4; 10,6; 10,22-23[379]. Mais, comme dans **Erweiterungen und Änderungen**, Wellhausen souligne de nouveau : "Interpretamente wie in 1,38.42s. dagegen, die man für später eingeschaltet angesehen hat, sind unschuldig und wenig störend"[380].

3 2. Il considère 6,59 comme une "nachgetragene Ortsbestimmung", à comparer avec 8,20[381].

4 3. Les remarques sur l'accomplissement de l'Ecriture sont propres à la **Bearbeitung**[382]; de même les références à un mot de Jésus[383].

---

375. J. WELLHAUSEN, **Das Evangelium Johannis**, 1908, p. 100 : "In der Bearbeitung selber zeigen sich innere Unterschiede, sie ist nach und nach entstanden und das Werk mehrerer Hände : B^1 B^2 u.s.w. Mit einem einzigen ergänzenden und verbessernden Epigonen kommt man nicht aus, wenngleich natürlich Einer den ersten Schritt getan hat und vielleicht die Hauptsache". Voir, par exemple, l'analyse de 11,1-44 (p. 50-53).
376. Voir les notes de la Table III.
377. Ibid., p. 102.
378. Ibid., p. 16 (2,23-25), 20 (4,1-3), 29-30 (6,22-24). Voir spéc. p. 23 (sur 4,43-45) : "Das Stück steht mit 2,23-35. 4,1-3 in einer Reihe und gehört natürlich nicht zur Grundschrift." Voir également p. 24 (2,11; 4,54), 57-58 (12,37-43), 95 (20,30-31), 89 (19,35).
379. Ibid., p. 102 (corriger 10,32.33 : 10,22.23). Voir également p. 28 (6,4), 48 (10,6), 49 (10,22-23). Voir spéc. p. 105 : "B weicht in einem Hauptpunkt stärker von Markus ab als A, nämlich in der Einsetzung der Festreisen", et p. 105, n. 1 : "Wie äusserlich dabei verfahren wird lehren Stellen wie 6,4. 10,22".
380. Ibid., p. 102.
381. Ibid., p. 32 (6,59), 40 (8,20). Comp. p. 21 (4,8.27), 49 (10,22-23).
382. Le **Bearbeiter** a repris la formule ἵνα πληρωθῇ de Mt (p. 106). Voir aussi le commentaire sur 19,24 (p. 87).
383. Ibid., p. 106; comp. p. 80 (18,9), 84 (18,32).

4. Les versets 1,24.28 sont des "Schlüsse", dont l'un appartient à la **Grundschrift** (1,28) et l'autre à la **Bearbeitung** (1,24)[384].

5. Wellhausen compare 13,28-29, qui exprime l'incompréhension des disciples, avec 2,22; 12,16 et 13,7[385].

6. En plus, il utilise de termes comme "die erläuternde parenthetische Anmerkung" (6,64), "die Parenthese" (7,22), "eine Redaktionsbemerkung" (7,39)[386] et parle d'une glose ou d'un glossateur à propos de 3,24 et 11,2[387].

7. Enfin, Wellhausen utilise parfois l'argument du style pour attribuer une phrase de type parenthétique à l'un ou l'autre couche littéraire. Ainsi il se réfère à l'utilisation de τε en 6,17 (comp. 2,15; 4,42)[388], de καίτοι γε en 4,2[389], de κύριος en 4,1; 6,23[390].

Depuis la publication de **Erweiterungen und Änderungen im vierten Evangelium** de Wellhausen, il y avait eu un échange continuel d'idées entre J. Wellhausen en E. Schwartz[391]. Etudiant les "apories" dans le quatrième évangile[392], E. SCHWARTZ (1907-1908) admet également qu'à l'origine de la formation de l'évangile il y a une **Grundschrift**[393]. Cet évangile primitif aurait été retravaillé par deux écrivains postérieurs que Schwartz appelle le rédacteur (**Bearbeiter**) et l'interpolateur (**Interpolator**)[394]. L'un et l'autre auraient élaboré l'évangile primitif dans le même sens : en insérant la tradition synoptique, ils le rendent utilisable pour l'Eglise. Comme Wellhausen, Schwartz insiste sur le fait qu'il n'est presque plus possible de reconstituer la **Grundschrift** ni de

---

384. Ibid., p. 9-10.
385. Ibid., p. 61.
386. Ibid., p. 33 (6,64), 37 et 100 (7,22), 38 et 118 (7,39).
387. Ibid., p. 18-19 (3,24), 52 (11,2). Voir également καὶ νῦν ἐστιν en 5,25 "ein schwacher Harmonisierungsversuch... mit Recht von Blass gestrichen" (p. 26). Sur l'omission de 4,9; 7,50 et 21,25 avec ℵ, voir p. 128 (cf. infra, n. 713)
388. Ibid., p. 29; comp. p. 135 : "nur an späten Stellen".
389. Ibid., p. 20.
390. Ibid., p. 129; comp. p. 20 (4,1), 29 (6,23).
391. Voir J. WELLHAUSEN, **Das Evangelium Johannis**, 1908, p. 7.
392. E. SCHWARTZ, **Aporien im vierten Evangelium**, dans **Nachrichten** (1907) 342-372 (I); (1908) 115-148 (II), 149-188 (III), 497-560 (IV).
393. Voir surtout les conclusions dans **Aporien**, IV, p. 557-560. La **Grundschrift**, avec une structure analogue à celle des évangiles synoptiques, insistait surtout sur les miracles accomplis par Jésus.
394. Ibid., IV, p. 557-560.

définir avec certitude les interventions du rédacteur et de l'interpolateur[395].

1. Il est très rare qu'on trouve une phrase de type parenthétique dans
A l'évangile primitif (A)[396]. Ainsi probablement 7,4ab.5^V; 8,35^V; 10,40b; 11,5^V.16b; 12,6^V; 13,28-29^{VV}; 18,5e; 19,14ab.

2. La plupart des parenthèses sont attribuées par Schwartz soit au rédacteur, soit à l'interpolateur. Parce qu'il ne fait pas toujours une distinction nette entre les deux, nous avons indiqué dans les notes ajoutées à la Table III les parenthèses qui se trouvent dans leurs
B insertions par la lettre B[397].

Noter pourtant que Schwartz semble attribuer les parenthèses suivantes à l'interpolateur, qui ajouta le chapitre 21[398] et introduisit, entre autres, la série des fêtes[399] : 1,14bc; 1,24^V.28^V; 1,39e; 4,6c[400]; 3,24^V; 4,2^V; 5,2c; 6,4^V; 7,1ab; 10,22b; 6,23^V; 11,2^V [401]; 7,39^V; 12,16^V [402];

---

395. Ibid., IV, p. 557 : "Ueber das ursprüngliche Evangelium als Ganzes zu urteilen ist schwer, wenn nicht unmöglich; nur zu oft bleibt die Scheidung zwischen der Grundlage und den Schichten der Ueberarbeitung problematisch, und vor allem ist ein wichtiger Massstab damit verloren gegangen, dass sich nicht oder doch nur zum sehr kleinen Teil ausmachen lässt, was gefehlt, welche Stücke der Ueberlieferung der Verfasser verworfen hat". Comp. I, p. 355 (sur l'interrogatoire de Jésus par Pilate) : "Bearbeiter setzen nicht nur zu, sondern streichen auch, und leere Räume kann auch die schärfste Analyse nicht ausfüllen ohne ins Bodenlose zu geraten".

396. Voir également les notes de la Table III.

397. Comp. Wellhausen (cf. supra, n. 375).

398. Ibid., I, p. 342, 345 n. 1, 353, 361-362, 367, 368, 370 n. 3, 372; II, p. 120, 140; III, p. 179 n. 2, 181 n. 1; IV, p. 514.

399. Ibid., II, p. 140 : "Mit zwingender Notwendigkeit springt der Schluss heraus : die Festreisen und das höhere Alter Iesu sind in das vierte Evangelium interpoliert um die Typologie des Valentinus unmöglich zu machen. Es lässt sich kaum bezweifeln, dass für diese Interpolationen nicht der 'Presbyter' verantwortlich zu machen ist, da in den Briefen kein Spur von antignostischer Polemik zu entdecken ist, sondern der spätere Interpolator, der das 21. Capitel schrieb und das Evangelium auf den Apostel Iohannes stellte".

400. A propos de 4,52-53 Schwartz (IV, p. 511) remarque : "das Datieren nach Stunden scheint eine Eigentümlichkeit des Interpolators zu sein", voir surtout n. 1 : "1,39 ist die Stundenangabe ... geradezu sinnlos; ähnlich steht sie 4,6 nicht bei dem Ereignis das die Handlung in Gang bringt, sondern bei dem Zustand der sie einleitet. Am ersten lässt sich noch 19,14 verteidigen". Sur 4,6, voir également IV, p. 506.

401. Dans ces versets on rencontre le titre ὁ κύριος, qui serait propre à l'interpolateur : "Dieser (der spätere Interpolator) hat die Bezeichnung ὁ κύριος eingeschwärzt, vielleicht mit antignostischer Spitze" (II, p. 140). Voir spéc. II, p. 119-120 : "Das vierte Evangelium pflegt ausserdem Iesus nicht ὁ κύριος zu nennen; diese Bezeichnung ist eigen dem Verfasser des 21. Capitels [12], und er hat sie an den wenigen Stellen wo sie vorkommt, eingeschmugelt".

402. A propos de 12,23, Schwartz remarque (III, p. 183) : "Wie der Interpolator auch sonst in Anmerkungen die er in die Erzählung einschaltet, ἐδοξάσθη einfach für den Tod setzt [7,39; 12,16]".

11,49b.51-52^{VV}; 12,9e; 18,18c.26b; 18,32^V.40d; 19,17b; 19,37 et les parenthèses du c. 21.

A côté de ces remarques de l'interpolateur, Schwartz considère également les remarques suivantes comme secondaires : 1,6-8^{VV}.10b.12c-13^V.15^V; 1,40^V.41d.42e.44^V; 2,9de; 2,11^V; 4,54^V [403]; 2,17^V.21-22^{VV}; 3,16-21^{VV}. 31-36^{VV}; 12,37-43^{VV} [404]; 3,23c.26d; 4,8^V.27^V; 4,22^V.23aβ.23d.25c; 4,45c [405]; 5,13b.18d.25bβ.; 6,17c-18^V; 6,22aβ; 6,39-40^{VV} [406]; 6,59^V; 6,64bcd.71^V [407]; 8,20^V.27^V.30^V; 9,13b.14b.22-23^{VV} [408]; 11,13^V.18-19^{VV}.

---

403. Sur l'inconsistance de la numérotation des signes en 2,11 et 4,54 avec 2,23; 3,2, voir ibid., p. II, p. 116-117, 120-121 et spéc. IV, p. 510 : "Wenn es [4,46-54] also im vierten Evangelium [4,54] als das zweite bezeichnet wird, so ist die Zählung nicht müssige Spielerei, sondern ausdrückliche Polemik gegen Lucas oder die Vorlage des Matthaeus und Lucas : die Zählung ist ausserdem alt, da sie die erste Reise nach Jerusalem ignoriert [vgl. 2,23. 3,2. 4,45] und die Geschichte nahe an die Hochzeit von Kana heranrückt".

404. Schwartz a caractérisé ces passages comme des "Predigten". Sur 3,13-21, voir III, p. 149-152; sur 3,31-36, voir III, p. 152; IV, p. 519; sur 12,47-41.(42-43), voir II, p. 146, n. 2; III, p. 152, 184. Pour la comparaison avec la première épître de Jean, voir surtout I, p. 346, n. 3, 365, n. 3 et 4, 367, n. 1.

405. Ayant proposé que 4,44 est peut-être une "Randbemerkung" qui serait insérée dans le texte (cf. infra, n. 412), Schwartz remarque : "Wem das zu gewaltsam dünkt, der muss annehmen dass vor 4,44 mehreres gestrichen und 4,45 ein falscher Zusatz ist" (II, p. 120).

406. Ibid., I, p. 354, n. 1 (sur 6,39) : "mit der Stelle ist schlecht operieren, da sie höchst wahrscheinlich stark überarbeitet ist"; voir également III, p. 170, n. 1 : "Die 'Auferstehung am jüngsten Tage' ist im vierten Evangelium überall verdächtig. 12,48b ist deutlich Zusatz zu 48a, wo τὸν κρίνοντα nicht futurisch ist, vgl. 3,19ff., und ebenso verdirbt 6,39.40.44 κἀγὼ ἀναστήσω αὐτὸν ἐν τῇ ἐσχάτῃ ἡμέρᾳ den Zusammenhang, der nicht vom Gericht handelt, sondern davon dass Iesus jeden der zu ihm kommt, annimmt".

407. Ibid., I, p. 352 : "ausser den Spuren die ich eben im 13. Capitel aufzudecken versuchte, besonders 13,2.27, und 18,5 sind alle anderen Erwähnungen des Verräters erst in der Ueberarbeitung hinzugekommen". Voir également I, p. 352, n. 3 : "17,12 steht in den Capiteln die Wellhausen als eingeschoben nachgewiesen hat. 6,64 sind die Worte ᾔδει γὰρ - παραδώσων αὐτόν ebenfalls von ihm ... ausgeschieden. Aber auch 6,66-71 sind ein späterer Zusatz : das zeigt die Erwähnung der 'Zwölf'. Diese kennt das vierte Evangelium nicht". Dans la dernière partie de son étude, Schwartz semble attribuer 6,60-71 à l'interpolateur : "Ich hätte nur mit 6,60ff. nicht so schonend umgehen sollen. Das ganze Stück bis zum Schluss ist eine secundäre Interpolation. Denn es wird die Deutung des Lebensbrodes von der Eucharistie vorausgesetzt [6,63] und, was besonders wichtig ist, die nicht ursprüngliche Vereinigung der Reden über das Brod mit denen über die Berufenen [6,64.65]. Es sollte das Zeugnis des Petrus hineingebracht werden, das bei Lucas [9,18f.] unmittelbar auf die Speisung der Fünftausend folgt" (IV, p. 499, n. 1).

408. Ibid., II, p. 146-147, où il attribue les allusions à l'exclusion de la synagogue à l'**Überarbeiter** : "In der Zeit Iustins war die Verfluchung der Christen nach dem Gebet officieller Gebrauch der Synogoge geworden : darauf wird an drei Stellen des Evangeliums angespielt, die jungen Ursprungs sein dürften". Comp. IV, p. 146, n. 2 (9,22-23).

20d.30^V.31bc.38cd; 11,57^V; 12,1bβc.2bc; 12,14c-15^V; 12,50a; 13,11^V [409];
13,30c; 14,22c; 14,26bc; 15,26bc; 16,13b; 17,3^V.6cd; 18,9^V; 18,10e;
18,16c; 19,20c.23de.23gh.24def; 19,27c.28b.29a; 19,31b.d; 19,35^V.36a;
19,38c; 20,17c.24e.30-31^{VV} [410]. Nous pensons que, d'après l'analyse
littéraire de Schwartz, on doit les attribuer à l'**Überarbeiter** (B).

3. Enfin, Schwartz suppose qu'après l'intervention de l'interpolateur,
l'évangile fut élargi encore par quelques petites gloses[411], comme les
parenthèses en 4,44^V; 6,6^V.46^V; 7,22bc; 12,33^V; 13,10cα et 21,23[412].

Bousset Dans son article sur l'unité littéraire du quatrième évangile
(1909)[413], W. BOUSSET conclut que les études de E. Schwartz et
J. Wellhausen ont démontré que "hinter der bisherigen Annahme von der
absoluten Einheit des Johannesevangeliums ein grosses Fragezeichen
aufzurichten ist"[414]. Bousset lui-même suppose que l'évangile serait
composé par plusieurs auteurs. A côté d'un **Überarbeiter** on doit
reconnaître au moins un **Glossator,** "dessen oft sinnlose und ungeschickte

---

409. A propos de 11,4, Schwartz (III, p. 167) remarque : "Die Interpolation gehört zu den in vierten Evangelium häufigen Einschiebseln, die das göttliche Wissen Iesu um die Zukunft in kleinlicher Weise betonen und damit der Erzählung alles Leben nehmen"; il se réfère (III, p. 167, n. 1) à 9,3-4; 13,11.18; 18,9.32; comp. 16,1.4; voir encore 10,18.
410. D'après Schwartz, I, p. 348, l'évangile primitif se termine par la parole de Jésus en 20,17 : "Mit den Worten 'Rühr mich nicht an, ich gehe zum Vater' schloss das ursprüngliche Evangelium, entsprechend der Abschiedsrede am Anfang des 14. Capitels. Nicht nur 20,18 ist ein Zusatz des Bearbeiters, sondern auch die beiden Erscheinungen Iesu in Mitten der Jünger : sie vertragen sich nicht damit dass er zum Vater geht, und sind eine erweiternde Ausführung von Luc. 24,36ff.".
411. Ibid., IV, p. 559 : "mindestens zweimal ist es [das Evangelium] umgestaltet, und höchst wahrscheinlich haben ausserdem noch Retouchen kleineren Umfangs stattgefunden".
412. Sur 4,44, voir II, p. 120 : "Diese Randbemerkung ist, mit einem sinnlosen γάρ versehen, in den Text geraten"; voir également supra, n. 405; 6,6 (III, p. 182, n. 1) : "eine törichte Glosse, die Iesu Allwissenheit um jeden Preis aufrechterhalten will"; 6,46 (I, p. 365, n. 4) : "6,46 ist eine secundäre Correctur zu dem Vorhergehenden", voir également II, p. 119, n. 1, où Schwartz compare la formule d'introduction οὐχ ὅτι de 6,46 avec 7,22; 7,22 (III, p. 158) : "die mit οὐχ ὅτι eingeleitete corrigierende Glosse"; comp. II, p. 119, n. 1; 12,33 (III, p. 182-183) : "trotz der unverständigen Glosse 12,33"; 13,10cα (I, p. 345) : "Der sehr alte... Zusatz"; 21,23 (I, p. 368, n. 6) : "Dagegen muss ich nach wie vor auf das Entschiedenste leugnen das 21,23 von dem Verfasser des 21. Capitels geschrieben ist"; comp. II, p. 120, n. 2, où Schwartz compare la glose de 4,44 avec la "Einschaltung" de 21,23.
413. W. BOUSSET, **Ist das vierte Evangelium eine literarische Einheit?**, dans **TR** 12 (1909) 39-64.
414. Ibid., p. 63.

Glossen über das ganze Evangelium gestreut sind"[415] : 1,15.24.28; 2,17.21-22; 3,2b; 4,44; 6,46; 7,39; 12,16.33; 13,18-19; 15,20; 17,12b; 18,9.32; 19,11b, etc. Au cours de son article, il caractérise les versets 2,25; 6,64b.(70-71?); 13,11.18-19; (19,11b) comme "sichere Interpolationen"[416]. Trois ans plus tard, dans **RGG**, il constate de nouveau : "Am meisten stimmen wohl die neueren Forscher in der Annahme überein, dass das Ev. von einem **Glossator** mit kurzen Sätzen glossiert worden sei. Von solchen Glossen ist es geradezu übersät"[417]. Il donne la liste suivante : 1,15.24.28; 2,17(?).21-22; **3,24**; **4,2.8**; **6,36**. (**39b.40.44b**); 6,64b; 7,39; **10,6(?)**; **11,2.18(?)**; 12,6.33; 13,11.**34-35**; 18,**5b(?)**.9 (cf. 17,12).32; **20,20a(?)** (Les versets en gras n'étaient pas signalés dans l'article de 1909. Ne sont plus mentionnés : 2,25; 3,2b; 4,44; 6,46.70-71; 12,16; 13,18-19; 15,20; 17,12b; 19,11b.) Mais Bousset ajoute que la plupart des exégètes ne se contenteront pas "mit der Annahme eines sochen mit kurzen Zusätzen arbeitenden Glossators"[418]. Selon Bousset, il est possible que "umfangreichere Einschiebungen und Bearbeitungen vorgenommen sind"[419].

Spitta   Partant de l'analyse littéraire du chapitre 21, F. SPITTA (1910)[420]
A lui-aussi suppose une **Grundschrift** (A), reprise et amplifiée par un
   Bearbeiter[421]. L'évangile, dont la rédaction pourrait être antérieure à
   l'an 44, serait probablement de l'apôtre Jean[422]. Le **Bearbeiter** y aurait
   ajouté dans le courant du deuxième siècle d'une part des matériaux en
B provenance de sources diverses (y compris les Synoptiques) (B) et

---

415. Ibid., p. 63-64; voir aussi p. 64, n. 1.
416. Ibid., p. 59, n. 3.
417. W. BOUSSET, **Johannesevangelium**, dans **RGG** 3 (1912) 607-636.
418. Ibid., c. 617.
419. Ibid., c. 617.
420. F. SPITTA, **Das Johannes-Evangelium als Quelle der Geschichte Jesu**, 1910.
421. Ibid., p. 401-466 ("Die Ergebnisse der Untersuchung des Textes"), spéc. p. 401-407 ("Grundschrift und Bearbeitung").
    Spitta offre au lecteur une traduction de l'évangile, distribuée en deux registres (p. IX-XLVIII) : la **Grundschrift** se trouve en haut, la **Bearbeitung** en bas. Dans la traduction du **Bearbeitung**, les explications propres au rédacteur sont imprimées en italiques, tandis que les parties qu'il emprunte à la tradition sont imprimées en lettres romaines (ibid., p. VIII).
422. Ibid., p. 453-460, spéc. p. 457 : "So ergibt sich als nächste Vermutung aus der Untersuchung von A, dass der Verfasser dieser Schrift der Apostel Johannes gewesen ist".

166   LES PARENTHÈSES ET LE STYLE JOHANNIQUE

C   d'autre part des additions de son popre cru (C)[423]. En ce qui concerne
    les parenthèses[424], Spitta fournit les observations suivantes :

1   1. Se réferant à Wendt, il relève surtout les remarques du **Bearbeiter**
    qui contiennent des "Missverständnisse" ou des "Doppelsinnigkeiten" :
    2,21-22; 7,39; 11,51-52; 12,33; 18,9; 21,19.23[425].

2   2. Il caractérise 13,11 comme "eine jener erläuternden Bemerkungen...,
    die auch, wo sie richtig sind, wie dass in v. 11 der Fall ist, deutlich
    als Produkt des Bearbeiters zu erkennen sind an der Stimmungslosigkeit,
    mit der sie einen gespannten Zusammenhang unterbrechen"[426].

3   3. A propos de 7,22, il remarque que "die schulmeisterliche
    Zwischenbemerkung... die Feder des Bearbeiters verrät..., bedarf kaum
    Erwähnung"; comp. 4,2; 6,4.45 (=46)[427].

4   4. En plus, il signale que les "Rückbeziehungen" sont propres au
    Bearbeiter[428], et il compare la notice de conclusion en 6,59 avec celle
    de 8,20[429] et la notice du sabbat en 9,14 avec celle de 5,9[430].

---

423. A la suite de Wellhausen, Spitta (cf. p. 401, n. 1) utilise les
lettres A et B pour indiquer l'évangile primitif (A) et la rédaction
(B). Dans les notes de la Table III, nous utilisons encore la lettre C,
pour indiquer les explications propres au rédacteur; la lettre B y
signifie alors les emprunts du rédacteur à la tradition.
424. A plusieurs reprises Spitta utilise des termes comme 1) "Bemerkung", voir p. 69 (2,11), 75 (2,17), 72 (2,21-22), 91-92 (3,24), 99
(4,8.27), 155 (6,46), 157 (6,59; 8,20), 176 (7,39), 186 (8,30), 206
(9,14, comp. 5,9), 257 (18,13), 262 (12,2), 289 (13,11), 379 (19,20);
etc.; 2) "Zusatz", voir par ex., p. 69-70 (2,6), 205 (9,7), 262 (12,1),
271 (12,17-18), 271 (12,33), 285 (13,1.2), 371 (18,32), 394 (20,16); 3)
"Parenthese", voir par ex., p. 69 (2,9), 161 (6,64), 286 (13,2). Voir
encore "eine Predigt" (p. 80 : 3,13-21); "eine theologische Reflexion"
ou "die dogmatische Ausführung" (p. 87 : 3,31-36); "Reflexion" (p. 271 :
12,16); "Notiz" (p. 112 et 137 : 6,4); "Referat" (p. 186 : 8,27);
"Erläuterung" (p. 223 : 11,51-52).
425. Voir surtout p. 279 (à propos de 12,33) : "Es liegt, wie auch
Wendt richtig erkannt hat, in 12,33 eines der bekannten Missverständ-
nisse, bzw. Doppelsinnigkeiten, vor, die schon so oft als Eigentümlich-
keiten des Bearbeiters nachgewiesen worden sind, vgl. besonders 2,21.
7,39". Comp. p. 403, où Spitta traite de l'activité du **Bearbeiter** : "An
erster Stelle nenne ich die immer wieder auftretenden unrichtigen Deutungen von Worten Jesu oder Zügen der Erzählungen, die dadurch besonders
krass erscheinen, dass sie der im Evangelium selbst geschilderten Situation direkt widersprechen" (il y mentionne 2,21-22; 4,2; 7,39; 8,56-57;
10,7; 12,33; 17,12 et 18,9; 21,19.23); comp. p. 69 : "Dass der Bearbeiter so seine Texte aus- und umdeutet, ergibt sieh aus 21,19 so auch aus
2,21. 7,39. 12,33". Voir encore p. 72 (2,21-22), 4,2 (p. 93-95, spéc. p.
95), 177 (7,39), 223 (11,51-52), 362 (18,9), 8 (21,19), 10 (21,23).
426. Ibid., p. 289.
427. Ibid., p. 127, n. 2.
428. A propos de 18,14 (p. 257).
429. Ibid., p. 157, n. 1.
430. Ibid., p. 206.

Meyer A plusieurs reprises, A. MEYER est revenu sur le problème des interpolations dans l'évangile de Jean [431]. En 1910, il considère comme gloses les versets 1,15 (= v. 27.30).24.28.44; 2,11.21-22; 3,24; 4,2.9.22.44 ou 43-45 (ou 44-46a).54; 6,4.23-25.46.59.64b; 7,3b.5.39; 10,6(?); 11,2.18(?); 12,1.2 (Lazare).6.33; 13,11; de même : 18,5; 13,28-29 (l'incompréhension, comp. 12,6; 18,9 = 17,12; 18,32 = 12,33-34); peut-être aussi 19,35 (et 21,24.25); 20,20a (= 20,24-29). On y trouve "ein Kommentator..., der auch nicht mehr sein und die Rede des Evangelisten nur erklären, nicht fortsetzen will"[432]. Deux ans plus tard, en 1912, Meyer constate que la liste des "einzelne kurze Glossen" de Bousset dans **RGG** 3 (1912) est très semblable à sa propre énumération, mais il met un point d'interrogation après 13,34-35[433]. La même année, il réagit contre C. Clemen[434], qui n'acceptait pas de gloses à l'exception de 10,6. Meyer objecte à Clemen qu'il est plus facile de supposer "eine spätere Glosse" que d'échapper "oft durch blosse Vermutungen" à l'acceptation des gloses[435].

Rappelons ici les hypothèses de J.M. Thompson (1917), de H.J. Flowers (1921), de A.E. Garvie (1922) et de J.H. Bernard (1928)[436]. Comme Wendt et Lewis, Thompson accepte des interprétations erronées ajoutées par un éditeur, Flowers parle d'interpolations par un éditeur, Garvie distingue

---

431. A. MEYER, **Die Behandlung der johanneischen Frage im letzten Jahrzehnt**, dans **TR** 2 (1899) 255-263, 295-305, 333-345; **Johanneische Literatur**, dans **TR** 5 (1902) 316-333, 497-507; 7 (1904) 473-484, 519-531; **Das Johannesevangelium**, dans **TR** 9 (1906) 302-311, 340-359, 381-397; **Johanneische Literatur**, dans **TR** 13 (1910) 15-26, 63-75, 94-100, 151-162; 15 (1912) 239-249, 278-293, 295-305.
432. A. MEYER, **Johanneische Literatur**, dans **TR** 13 (1910) 15-26, spéc. p. 21-22. Il ajoute (p. 22) : "anders als Bousset..., wo ich hinter 'sichere' ein Fragezeichen setzen muss", se référant à **Ist das vierte Evangelium eine literarische Einheit ?**, dans **TR** 12 (1909) 39-64, spéc. p. 59, n. 3. Déjà dans son cours en 1897, A. Meyer a défendu "eine durchgeführte Quellenscheidung", comparable à celles de Schwartz et Wellhausen. Cf. ibid., p. 21 et spéc. p. 18, n. 1.
433. A. MEYER, **Johanneische Literatur**, dans **TR** 15 (1912) 239-249, 278-293, 295-305, spéc. p. 293.
434. C. CLEMEN, **Die Entstehung des Johannesevangeliums**, 1912.
435. A. MEYER, art. cit. (cf. supra, n. 433), p. 300. Il énumère les versets suivants : 1,15.24.44; 4,2; 6,22; 12,2, tous attribués à l'évangéliste par Clemen; cf. **Die Entstehung**, 1912, p. 59, 61, 69, 110, 154, 204-205. Noter à la p. 69 (sur 1,44) : "Dass der Vers etwas nachhinkt, darf nach 24 nicht auffallen; A. MEYER hatte ihn also so wenig wie diesen für eine Glosse erklären sollen"; voir encore p. 204-205 (sur 12,2).
436. Cf. supra, n. 166-167 (Thompson), 168-173 (Flowers), 174-180 (Garvie), 205-217 (Bernard).

entre les réminiscences du témoin et les réflexions de l'évangéliste et Bernard fait une distinction nette entre "non-Johannine glosses" et "evangelistic comments".

MacGregor   Dans l'introduction de son commentaire, G.H. MacGREGOR (1928) affirmait : "There are also unmistakable signs in the Gospel of revision by a later Redactor"[437]. En particulier, il relève, comme Wendt, Lewis et Thompson, les "Parenthetic comments... which so clearly misunderstand the real point of the context as to prove that they are due to a later hand"[438]. Il se réfère aux notes de son commentaire sur 2,21; 6,46; 8,27 et 12,16, où il attribue pourtant ces parenthèses explicatives à l'évangéliste[439].

Bacon   C'était aussi l'opinion de B.W. BACON[440] que l'évangile de Jean n'est pas une oeuvre d'un seul jet[441]. Dans **The Gospel of the Hellenists** (1933)[442], il propose trois étapes dans la composition de l'évangile. Dans une première étape, l'Ancien de la deuxième et troisième épître de Jean aurait écrit les discours, appropriés aux fêtes de l'année juive et précédés par un signe. Puis, le même auteur[443] aurait composé une vie de Jésus, un évangile, en élargissant les discours par des narrations. Il

---

437. G.H.C. MacGREGOR, **The Gospel of John**, 1928, p. xliv.
438. Ibid., p. xliv.
439. Ibid., p. 60 (2,21), 150 (6,46), 216 (8,27), 263 (12,16).
440. B.W. BACON, **The Gospel of the Hellenists** (éd. C.H. KRAELING), 1933. Voir également **An Introduction to the New Testament**, 1900, p. 251-279 ("Chapter XI : The Gospel according to John"); **The Fourth Gospel in Research and Debate**, 1910. Ce dernier ouvrage est basé sur une série d'articles publiés dans **The Hibbert Journal** (1903-1905, 1907), **The Expositor** (1907), **JBL** (1894, 1906) et **American Journal of Theology** (1900) (voir la Bibliographie).
441. Dans **The Fourth Gospel in Research and Debate**, 1910, p. 480-481, Bacon réagit contre W. SANDAY, **The Criticism of the Fourth Gospel**, 1905, p. 24, qui comptait la théorie littéraire de Bacon, avec entre autres celles de Delff et Wendt, parmi les "Partition Theories" (p. 21-25), dans lesquelles, à l'exemple de la critique littéraire du Pentateuque, on s'efforce de reconstruire un document primitif et authentique. Bacon lui-même se compte parmi les "revisionists", qui, d'après ses popres mots, "regard the phenomena as indicating a redactional process, whose latest undulations only are traceable in the textual transmission, but which centers in the Appendix" (op. cit., p. 481).
442. **The Gospel of the Hellenists**, 1933, p. 138-140.
443. Ibid., p. 139 : "The composition of the festal discourses is without doubt the work of the Elder of II and III Jn. There is nothing to indicate that he was not the author of the biographical narrative in its original form".

l'aurait également fait précéder du prologue, aurait écrit une deuxième
ébauche (c. 13-14) des discours d'adieu (c. 15-16) et ajouté le récit de
la passion et de la résurrection. Les versets 20,30-31 auraient formé la
conclusion de son ouvrage. Enfin, dans la troisième étape, un autre
écrivain, le rédacteur, aurait ajouté le chapitre 21, harmonisé
l'évangile de l'Ancien avec la tradition synoptique, inséré la première
ébauche des discours d'adieu après la deuxième (c. 13-14) et il serait
responsable de plusieurs transpositions. Dans sa traduction de
l'évangile[444], Bacon s'efforce de reconstruire l'évangile de l'Ancien
A (la deuxième étape) dans son ordre primitif (A); les additions du
B rédacteur y sont mises en italiques (B), avec les passages que le
rédacteur emprunte à l'héritage littéraire de l'évangéliste en italiques
gras[445].

D'après l'analyse littéraire de Bacon, la plupart des remarques se
trouve déjà dans l'évangile de l'Ancien[446]. Bacon ne porte guère
d'attention au style et à la classification des parenthèses. Mais on
notera qu'il met dans sa traduction les remarques suivantes entre paren-
1 thèses : 1,14.38.41.42; 2,9(οἱ δὲ διάκονοι ... ὕδωρ).21; 4,2.9.25;
5,3c-4; 6,23; 7,22.50; 9,7; 10,35; 11,30; 14,14.22; 19,31d; 21,7. Comme
le dit W.F. Howard, le germe de la théorie littéraire de Bacon se trouve
déjà dans son Introduction au Nouveau Testament (1900)[447]. A partir de
l'exégèse de 19,35 (et 20,20) il reconnaît trois mains dans l'évangile :
"(a) the witness (ἐκεῖνος οἶδεν, 19:35), (b) the original reporter of
the Apostle's testimony, (c) the compiler of our gospel and author of
2 the appendix"[448]. Il y relève surtout que l'auteur du chapitre 21 se
manifeste aussi dans le corps même de l'évangile, entre autres dans les
"misunderstandings" : 18,9, cf. 17,12; 2,21, cf. 2,19[449].

---

444. Ibid., p. 241-302.
445. Voir 3,1-21 (p. 248-250); 15,1-16,33 (p. 283-287).
446. Dans les notes de la Table III nous avons indiqué les remarques
de l'évangile de l'Ancien par la lettre E et celles du rédacteur par la
lettre R; (R) signifie que la parenthèse se trouve dans un passage que
le rédacteur emprunte à l'héritage de l'évangéliste.
447. W.F. HOWARD, **The Fourth Gospel in Recent Criticism and Interpretation,** ^{4}1955 (éd. C.K. BARRETT), p. 30.
448. B.W. BACON, **An Introduction,** 1900, p. 270.
449. Ibid., p. 271. Dans **The Fourth Gospel in Research and Debate,**
1910, p. 488-489, il se réfère pour ces remarques à Scholten. En 1910,
Bacon attribue au rédacteur : 1,6-8.15; 2,1-12.13-24; 3,31-36; 4,43-45.
(46b).(54); 5,28-29; 6,39b.40b.44b.(54b); 7,1.14.37-39; 10,7.8b.9.22.23;
12,29.30.33.42.43.44-50; 13,16.20.36-38; 18,9.14-18.24-27; 19,34.35.37;
20,24-29; c. 21; (7,53-8,12); (12,8); (21,25). Voir surtout p. 472-527;
comp. W.F. HOWARD, op. cit., p. 299.

Hirsch   Dans ses deux ouvrages parus la même année 1936, E. HIRSCH distingue dans la composition de l'évangile au moins deux couches littéraires[450].

E   Il suppose un évangile primitif (E), composé à l'aide de plusieurs sources, vers l'année 100[451]. Puis, cet évangile primitif aurait été

R   déformé par les maladresses d'un rédacteur ecclésiastique (R), auquel Hirsch attribue toute une série d'additions et de changements[452]. La plupart des parenthèses se seraient déjà trouvées dans l'évangile primitif[453]. En ce qui concerne les parenthèses censées être insérées par le rédacteur ecclésiastique (R), Hirsch relève surtout la technique

1 2   de l'insertion (à propos de 4,22-23.44; 18,5)[454], les "Ausgleichungen mit den Synoptikern" (à propos de 1,24; 3,24; 4,2; comp. 4,44; 12,14-

3   16)[455], les références à l'Ecriture dans le style de Matthieu[456],

4 5   l'omniscience de Jésus[457] et les corrections (4,2; 7,22)[458]. Quelques petites gloses auraient été ajoutées après l'intervention du rédacteur : 4,9; 5,4; 21,25[459].

Jeremias   J. JEREMIAS (1941), qui défend l'unité stylistique du quatrième évangile, suppose toutefois qu'un "Überarbeiter" ait remanié l'évangile. Peut-être doit-on l'identifier avec l'auteur de 2-3 Jn. Les **Zusätze** du

---

450. E. HIRSCH, **Das vierte Evangelium in seiner ursprünglichen Gestalt verdeutscht und erklärt**, 1936; nous nous référons à **Studien zum vierten Evangelium**, 1936. Du même auteur : **Stilkritik und Literaranalyse im vierten Evangelium**, dans **ZNW** 43 (1950-51) 128-143 (l'article, rédigé en 1942, contient une réaction contre E. SCHWEIZER, **Ego Eimi**, 1939). Sur la théorie littéraire de Hirsch, voir surtout R. BULTMANN, **Hirsch's Auslegung des Johannes-Evangeliums**, dans **Evangelische Theologie** 4 (1937) 115-142.
451. E. HIRSCH, **Studien**, 1936, p. 130-140 ("Das ursprüngliche Evangelium und die hinter ihm stehende besondere Überlieferung").
452. Voir surtout ibid., p. 42-129 ("Zweiter Teil : Literarkritische Analyse").
453. Voir les notes de la Table III. Dans son texte grec de l'évangile (p. 3-41) Hirsch met les additions du rédacteur ecclésiastique (B) à l'évangile primitif (A) en italique; les textes de l'évangile primitif (A), qui sont déplacés par B sont imprimés en caractères espacés.
454. Ibid., p. 54 (4,22-23), 55 (4,44), 118 (18,5). Pour un dossier complet de la technique de l'insertion chez Hirsch, voir F. NEIRYNCK, **L'epanalepsis et la critique littéraire**, dans **ETL** 56 (1980) 303-338, spéc. p. 306-308 (= **Evangelica**, 1982, p. 143-178, spéc. p. 146-148).
455. Ibid., p. 46 (1,24), 51-52 (3,24), 53 (4,2), 55 (4,44), 95 (12,14-16).
456. Ibid., p. 48 (à propos de 2,17).
457. Ibid., p. 66 (à propos de 6,64).
458. Ibid., p. 53 (4,2), 68 (7,22).
459. Ibid., p. 8 (4,9), 41 (21,25), 129 (21,25; 4,9; 5,4).

réviseur sont 21,24 et probablement aussi 4,2.37-38.44; 6,51c-58; 7,22.39b; 12,16; 19,35[460].

Howard W.F. HOWARD (1952)[461] prend une position comparable à celle de J.H.
1 Bernard (1928)[462]. Les phrases explicatives en 4,1.2; 6,23; 11,2; 21,24 sont des "editorial comments", qu'on ne peut confondre avec "the
2 evangelist's own explanatory comments" en 2,21; 4,9; 6,61.64.71; 7,22.39; 8,27; 11,13.51; 12,6.33.43; 17,3; 18,4, qui sont d'après Howard "marks of Johannine ideosyncrasy"[463].

Les auteurs des récents **Forschungsberichte** sur l'évangile de Jean ont souligné à bon droit que la critique littéraire est de nouveau à l'ordre du jour. H. Thyen (1974)[464] parle d'une "Renaissance der seit Wellhausen und Spitta totgeglaubten johanneischen Literarkritik", R. Schnackenburg (1975, 1977) de la "neu aufblühende Literarkritik"[465], et très récemment, J. Becker, se référant à Thyen et Schnackenburg, écrivit : "Im Gegensatz zu Umstellungsvorschlägen, ... erfreut sich die Literarkritik am Joh zur Zeit besonderer Beliebtheit"[466]. Dans la plupart des travaux récents les phrases explicatives sont attribuées à l'évangéliste[467] (comp. R. Bultmann, R. Schnackenburg et R.E. Brown[468]), alors que d'autres parenthèses sont plutôt attribuées à la source, à la **kirchliche Redaktion** ou à un glossateur. Voyons de plus près quelques théories de la critique littéraire plus récente.

---

460. J. JEREMIAS, **Johanneische Literarkritik**, dans **Theologische Blätter** 20 (1941) 33-46, spéc. c. 46.
461. W.F. HOWARD & A.J. GOSSIP, **The Gospel according to St. John**, 1952, p. 439.
462. Cf. supra, n. 205-217.
463. W.F. HOWARD & A.J. GOSSIP, op. cit., p. 439.
464. H. THYEN, **Aus der Literatur zum Johannesevangelium**, dans **TR** 39 (1974) 1-69, spéc. p. 47.
465. R. SCHNACKENBURG, **Entwicklung und Stand der johanneischen Forschung seit 1955**, dans M. DE JONGE (éd.), **L'évangile de Jean** (BETL, 44), 1977, p. 19-44 (communication à la XXVIe session des Journées Bibliques de Louvain, 20-22 août 1975), spéc. p. 27; = **Das Johannesevangelium**, t. IV, 1984, p. 9-32, spéc. p. 16.
466. J. BECKER, **Aus der Literatur zum Johannesevangelium (1978-1980)**, dans **TR** 47 (1982) 279-301, spéc. p. 294. Voir aussi H.-P. HEEKERENS, **Die Zeichenquelle der johanneischen Redaktion**, (diss. Heidelberg), 1978, p. 2. Cf. F. NEIRYNCK, **John 4,46-54 : Signs Source and/or Synoptic Gospels**, dans **ETL** 60 (1984) 367-375.
467. Cf. supra, n. 218-265 (Bultmann), 290-305 (Schnackenburg), 306-309 (Brown).
468. Cf. supra, n. 218-220.

172 LES PARENTHÈSES ET LE STYLE JOHANNIQUE

Wilkens   Partant d'une thèse non publiée de son père, W. WILKENS (1958) a
proposé de considérer l'évangile comme écrit en trois étapes successives
par le même auteur[469].

A   1. D'abord, Jean aurait composé le **Grundevangelium** (A), que Wilkens
caractérise comme un **Zeichenevangelium**[470]. On y rencontre déjà la
plupart des parenthèses qui se lisent dans les sections narratives[471].
En effet, Wilkens remarque à propos de 11,13 et 13,28-29, que les
"Zwischenbemerkungen" ou les "Anmerkungen" sont propres à l'évangéliste
et qu'elles ne sont pas absentes de l'évangile primitif[472]. Ainsi,
Wilkens réagit à maintes reprises contre les auteurs qui ont traité
d'insertion secondaire l'une ou l'autre parenthèse[473].

---

469. W. WILKENS, **Die Entstehungsgeschichte des vierten Evangeliums**,
1958. Sur la thèse de son père, Pfarrer Lic. Dr. Joh. Wilkens : "Darnach
hat der 4. Evangelist sein Evangelium auf Grund bestimmter theologischer
Erwägungen ganz in die Passionsgeschichte hineingenommen und also zu
einem Passionsevangelium gestaltet. Eben darum begegnen schon in Kapitel
2 die Tempelreinigung und in Kapitel 6 das Abendmahlszeugnis usw."
(p. VI).
470. Ibid., p. 32-93 ("Zweiter Teil : Das johanneische Grundevangelium"), spéc. p. 91-93 ("Ergebnis"), avec un résumé du contenu de
l'évangile primitif. Le **Zeichenevangelium** comportait trois parties : 1)
les signes de Jésus avec la représentation de l'activité de Jésus en
Galilée (éléments des c. 1, 2 et 6) et son voyage unique à Jérusalem
(éléments des c. 5, 7, 9-12); 2) "le Signe de Jésus", qui contient les
récits de la purification du temple, de l'onction, de la Cène et de
l'annonce de la trahison (éléments des c. 2, 12, 13); 3) le véritable
roi d'Israël (éléments des c. 18-20). Noter que Wilkens suppose que ce
premier projet de l'évangile a connu une certaine évolution. Les passages 1) 5,9b-16; 2) 9,18-16.(17-23).24-41; 12,36 et 3) 18,39-19,16 sont
insérés plus tard mais encore "auf der Stufe des Grundevangeliums", voir
p. 50 (5,9b-16), 63-64 (9,18-16.[17-23].24-41; 12,36), 83 (18,39-19,6).
Dans les notes de la Table III nous avons mis les remarques qu'on retrouve dans ces passages entre crochets.
471. Voir les notes de la Table III.
472. Ibid., p. 57 (11,13) : "V. 13 ist nicht zu beanstanden. Solche
Zwischenbemerkungen des Evangelisten haben auch sonst im Grundevangelium
ihren Platz. [n. 124 : Vgl. 2,21; 11,51f.; 12,16 etc.]"; comp. p. 72
(13,28-29) : "In V. 28f. aber haben wir es mit einer der charakteris-
tischen Anmerkungen des Evangelisten zu tun. Sie dürfte bereits dem
Grundevangelium zugehört haben. [n. 271 : Vgl. 2,21; 6,6; 7,39; 11,13;
11,51f.; 12,16]". Noter pourtant que 7,39 est inséré à la deuxième
étape de la formation de l'évangile (p. 101, 103, 131).
473. Voir, par ex., p. 34 (1,28), 40 (2,9), 43, n. 150 (6,6 : contre
Wellhausen), 46 (6,18 : contre Wellhausen et Bultmann), 19, n. 67
(12,1bβc.2bc : contre Spitta), 64 (12,14c-16 : contre Bultmann), 77, n.
290 (18,5e : contre Wellhausen et Spitta), 78 (18,10 : contre
Wellhausen), 79 (18,13b-14.24.28 : contre Wellhausen, Spitta et Hirsch).
De même, contre Faure et Bultmann, il rejette l'attribution à la σημεῖα-
Quelle de 2,11; 4,54 (p. 39, 41, n. 142) et 12,37-38; 20,30-31 (p. 66,
n. 248).

B   2. A une deuxième étape, l'évangéliste aurait repris le **Zeichen-evangelium** en y insérant sept discours (B)[474]. Dans les notes de la Table III nous avons indiqué les versets qu'on y rencontre avec la lettre B[475].

C   3. Dans une troisième rédaction l'évangéliste aurait profondément refondu son oeuvre[476]. Il n'aurait pas seulement inséré de nouveaux matériaux[477], mais il aurait donné surtout une nouvelle structure à l'évangile primitif afin de mettre en évidence l'importance du thème pascal[478]. Le **Zeichenevangelium** serait devenu un **Passionsevangelium** (C)[479]. De nouveau, Wilkens réagit contre les auteurs qui ont attribué les parenthèses qu'on retrouve dans cette étape de la formation de l'évangile à un rédacteur postérieur[480].

Comme on le voit, Wilkens, influencé par les travaux de la critique littéraire, tient également compte des études de ceux qui ont mis en

---

474. Ibid., p. 94-122 ("Dritter Teil : Der Ausbau des Grundevangeliums durch Redepartien"). Les sept discours ont pour thème : 1) le pain de vie : 6,28-35.37-40.47-51b.41-46.59 (p. 94-98); 2) le jugement : 7,21-24; 5,19-29.30-47; 7,15-18; 8,13-20 (p. 98-108); 3) la vraie Lumière du monde : 8,12; 12,44-50; (7,33-36; 8,21-26a.26b-27); 8,28-29; 12,34-36; 10,19-21 (p. 108-111); 4) la résurrection et la vie: 11,5-6.18-31.38a. 39b-40 (p. 111-112); 5) le discours aux Grecs : 12,20-24.27-32 (p. 112-114); 6) le discours d'adieu : c. 14 (p. 114-118); 7) le prologue : 1,1-18 (p. 118-122). Noter que l'évangéliste a utilisé pour le prologue (n° 7) un hymne primitif; voir la reconstruction aux p. 119-120.
475. Voir l'introduction de la Table III.
476. Ibid., p. 123-170 ("Vierter Teil : Die Umgestaltung zum Passionsevangelium"); voir également p. 1-31 ("Erster Teil : Grundlegung"), spéc. p. 9-31 ("B. Der Passarahmen des 4. Evangeliums; C. Der sekundäre Charakter des Passrahmens; D. Der Durchstoss zum johanneischen Grundevangelium").
477. C'est-à-dire : 1) 2,23-25; 3,1-21.31-36 (p. 133-135); 2) 4,43-45 (p. 135-138); 3) 6,60-71 (p. 138-141); 4) 7,31-32.45-52; 12,42-43 (p. 142); 5) 8,30-59 (p. 142-145); 6) 10,1-18 (p. 145-148); 10,22-39 (p. 148-150); 8) 11,7-10 (p. 150-151); 9) 13,6-11 (p. 151-152); 10) c. 15-16 (p. 152-156); 11) c. 17 (p. 156); 12) 20,2-10 (p. 156-157); 13) c. 21 (p. 158-164).
478. Ibid., p. 9-30, 124-126. A cause de la nouvelle structure, l'évangéliste a été obligé de compléter son évangile en insérant : 1) 3,22-30; 4,1.3.44-45 (p. 127-130); 2) 7,14.25-30.37-44 (p. 131); 3) 13,4-5.12-17.20; 13,34-35 (p. 131-132).
479. Voir les notes de la Table III.
480. Voir par exemple, à propos de 1,23c.24 (p. 33, n. 112 : contre Bultmann); 2,24-25 (p. 133, n. 481 : contre S. Mendner, dans **TZ** 8, 1952, 420ss.); 3,31-36 (p. 134, n. 492); 4,22 (p. 137, n. 506 : contre Bultmann); 4,44 (p. 130, n. 474 : contre Jeremias); 10,22b (p. 148, n. 541); 13,2bc (p. 68, n. 254); 12,42-43 (p. 142, n. 517); 18,9.32 (p. 78, n. 292).

évidence l'unité du style du quatrième évangile[481]. Pourtant, il accepte qu'un rédacteur ajouta la conclusion de l'évangile (21,24-25)[482] et quelques petites gloses : 3,24; 20,9; 21,1.14.20[483]. Enfin, les parenthèses en 4,2.9; 6,22.23 (εὐχαριστήσαντος τοῦ κυρίου) et 11,2 sont des gloses[484], ajoutées dans le texte de l'évangile de Jean après l'intervention du rédacteur.

Fortna R.T. FORTNA (1970)[485] est peut-être l'auteur qui le plus souvent attribue des phrases parenthétiques à la source ("The Gospel of
GS Signs")[486]. D'après lui, les parenthèses suivantes sont de la source[487] : 1,6-7a.c.(23d).39e.40^V.44^V; 2,6^V (sauf κατὰ τὸν καθαρισμὸν τῶν Ἰουδαίων).11a.c; 3,(1b).23c.24^V; 4,6d.25c.54a; 5,2c; 6,10c.18^V.(22aβ); (9,8b); 11,2^V.18-19^{VV}.20d.38cd; 12,1bβ.c.2bc.(4c).14c-15^V; 18,2^V.10e. 13bc.16c.18c.26b.28b.(28cd).40d; 19,13d.14aα (ἦν δὲ παρασκευή). 14b.17d. (20c).23de.23gh.24def.28b.29a.31b.36-37^{VV}; 20,9.30-31 (sauf οὖν et αὐτοῦ du v. 30a et 31e); 21,(2c).(2e).(7g).8bc.11d.14a. De ces parenthèses

---

481. Ibid., p. 1-8 ("Geschichte der Literarkritik"), spéc. p. 7 : "Wir bekennen uns damit grundsätzlich zur Grundschriftenhypothese Wellhausens u.a. Freilich haben wir über diese älteren literarkritischen Versuche hinaus Entscheidenes von E. Schweizer und R. Bultmann hinzugelernt : Man darf nicht eine relativ wenig umfangreiche Grundschrift von einer umfangreichen Bearbeitung derselben durch **andere** Hände unterscheiden wollen. Vielmehr trägt die Jetztgestalt des 4. Evangeliums durchaus die Individualität **eines** Verfassers. Insofern ist uns die Einheit des 4. Evangeliums, abgesehen von einigen redaktionellen Eingriffen, durchaus in seiner Jetztgestalt gegeben. Wenn wir uns dennoch zur Grundschriftenhypothese Wellhausens bekennen, so ist das nur unter der Annahme möglich, dass Grundevangelium und Jetztgestalt des 4. Evangeliums auf ein und denselben Verfasser zurückgehen, d.h. dass das 4. Evangelium eine Entstehungsgeschichte unter der Hand **ein und derselben** Person durchlaufen hat".
482. Ibid., p. 159, 162-163, 172.
483. Ibid., p. 128 et 172 (3,24), 87-88 et 156-157 (20,9), 162-163 (21,1.14), 162, n. 600 (21,20).
484. Ibid., p. 129 (4,2; comp. p. 136), 46, n. 56 (6,22), 56, n. 206 (11,2; comp. p. 129, n. 470).
485. R.T. FORTNA, **The Gospel of Signs** (SNTS Monograph Series, 11), 1970.
486. Pour la reconstruction de la Source, voir ibid., p. 235-245 ("Appendix : The Text of the Source"). Sur le style et la rédaction de la source, voir p. 201-218 ("Part Four : Stylistic Tests of the Source's Purity and Integrity") et p. 219-234 ("Part Five : The Character of the Source").
487. Voir également les notes de la Table III. Les parenthèses de la source sont indiquées avec les lettres GS (= **Gospel of Signs**); celles de l'évangéliste avec la lettre E (= **Evangelist**). (GS) signifie que la parenthèse appartient probablement à la source.

L'INTERPRÉTATION DE L'ÉVANGILE DE JEAN   175

a   Fortna relève en particulier : a) la numérotation des signes en 2,11;
b   4,54; 21,14[488]; b) "Parenthetical or explanatory ἦν (δέ)" : 11,2.18;
c   18,10.13.14.28.40; 19,14.23; comp. 19,19[489]; c) les parenthèses avec ὡς + nombre en 1,39; 4,6; 6,10; 11,18; 19,14; 21,8; comp. 6,19; (19,39)[490];
d   d) le formule ὄνομα αὐτῷ en 1,6; 3,1; 18,10[491].
    Egalement d'après Fortna la parenthèse serait caracteristique à
E   l'évangéliste (E). Analysant les critères contextuels de la critique
    littéraire, il note : "A pecularity of the Fourth Gospel is the frequent
    parenthetical comments (**Anmerkungen**) and explanations (**Erläuterungen**)
    which interrupts its narrative (e.g. 1:41; 2:9). Bultmann takes these to
    be John's additions to a source, providing a clearcut contextual
    criterion"[492]. Mais à la critique de Ruckstuhl, qui considère les
    parenthèses comme des remarques de l'évangéliste lui-même à son propre
    texte[493], Fortna répond : "This possibility should be kept in mind, but
    very often the flow of narrative is so disrupted by the comment, and the
    meaning of the context so altered, that only redaction of a source will
    account for it"[494]. Ainsi, il attribue à l'évangéliste[495] les paren-
    thèses en 1,24^V.28^V.38g.41d.42e; 2,9cde.17^V; 4,8^V.9f(?).22^V.23aß.23d.

---

488. D'ailleurs, Fortna propose que tous les miracles de la source étaient numérotés. Voir la critique de F. NEIRYNCK, **Jean et les Synoptiques**, 1979, 121-174, spéc. 154-174 et ID., **De Semeia-bron in het vierde evangelie. Kritiek van een hypothese**, dans **Academiae Analecta** 45 (1983), n° 1, 1-28, spéc. p. 12-17.
489. R.T. FORTNA, op. cit., p. 216; voir également p. 77 (11,2), 80 (11,18), 116 (18,10), 118-119 (18,13.14), 123 (18,28), 124 (18,40), 127 (19,14), 129 (19,23), 129 (19,19). Fortna remarque (p. 216, n. 5) que Jean utilise 5 fois une expression semblable pour introduire les fêtes juives : 5,9; 6,4; 7,2; 9,14; 11,55.
490. Voir spéc. p. 216; comp. p. 183 (1,39), 80, n. 3 (11,18); voir également p. 190 (4,6), 59 (6,10), 127 (19,14), 132 (19,39), 92 (21,8).
491. Ibid., p. 217; voir également p. 164 (1,6), 132 (3,1), 116 (18,10).
492. Ibid., p. 20-21. Sur les "explanatory interruptions", voir par exemple encore p. 58 (à propos de 6,6, comp. 2,9.21; 4,2; etc.), 33 (2,9).
493. Cf. infra, n. 632-634.
494. Ibid., p. 21. Se référant à Hirsch, Fortna mentionne (p. 21) également la technique de l'insertion (comp. p. 31, 41, 53 n. 4, 78, 120), mais elle n'est pas signalée à propos des parenthèses. Voir F. NEIRYNCK, **L'epanalepsis et la critique littéraire**, dans **ETL** 56 (1980) 303-338, spéc. p. 308-309 (= **Evangelica**, 1982, p. 143-178, spéc. p. 148-149).
495. Fortna utilise des termes comme "parenthesis" (p. 72 : 9,7), "explanatory interruption" (p. 58 : 6,6; comp. supra, n. 492), "footnote" (p. 123 : 18,32), "notice" (p. 115 : 18,5), "note of time" (p. 123 : 18,28), "postscript" (p. 52 : 5,9).

$27^V.46b$; $5,9d.13b$; $6,4^V.6^V.17cd$; $9,7c$; $11,5^V.13^V.15b.16b.30^V.31bc.49b$. $51-52^{VV}.57^V$; $12,6^V.16^V$; $18,5e.9^V.14^V.28e.32^V$; $19,27c.31d.35^V(?).38c.39b$. $40c$; $20,8b.16e.17c$; $21,1^V.4c.12cde$. Fortna y distingue les catégories

1 suivantes : 1) Les notices de conclusion : $1,28$; comp. $6,59$; $8,20^{496}$; 2)
2 les traductions d'un mot hébreu ou araméen par le verbe (μεθ)ἑρμηνεύειν :
3 $1,38.41.42$; $9,7$ ou le verbe λέγειν : $1,38$; $20,16^{497}$; 3) les parenthèses exprimant la connaissance ou l'ignorance : $2,9$; $6,6$; $12,16$; $(20,9)$;
4 $21,4^{498}$. En plus, Fortna compare la remarque de $2,17$ avec celles de $2,22$; $12,16^{499}$ et celle de $12,6$ avec celles de $11,51$; $12,33^{500}$. En ce qui concerne les caractéristiques stylistiques des parenthèses, il
5a relève surtout : a) τοῦτο δὲ ἔλεγεν : $6,6$; $7,39$; $11,51$; $12,33$; $21,19^{501}$;
 b) b) αὐτὸς γάρ : $6,6$; comp. $2,25$; $4,44.45$; $13,11$; comp. $6,34$; $16,27^{502}$;
 c) c) μέντοι : $4,27$; $21,4$; comp. $7,13$; $12,42$; $20,5^{503}$.

Enfin, Fortna suppose que les parenthèses en $4,2^V.9f(?)$; $6,23^V(?)$; $19,35^V(?)$ seraient insérées après l'intervention de l'évangéliste[504].

Dauer   A. DAUER (1972), qui estime que le quatrième évangéliste a utilisé pour le récit de la Passion une source influencée par les synoptiques[505], attribue la plupart des explications à la rédaction de l'évangéliste. Ainsi :

1 1. Les explications des mots de Jésus en $18,9.32$; comp. $2,17.21-22$; $6,64.71$; $7,39$; $11,51-52$; $12,16.33^{506}$;

---

496. Ibid., p. 174.
497. Voir spéc. p. 49, n. 2 (à propos de 5,2). Par contre, la formule ὁ λεγόμενος en 4,25; 19,13 et 21,2 est vraisemblablement de la source; elle a été imitée par Jean en 11,16; 20,24. Voir également les "explanations for Gentiles" en 19,40c et 19,42 (τῶν Ἰουδαίων) (p. 132).
498. Voir spéc. p. 33, n. 2 (à propos de 2,9); comp. p. 58 (6,6), 154 (12,16), 90-91 (21,4). Noter pourtant que Fortna attribue 20,9 à la source (p. 138).
499. Ibid., p. 146.
500. Ibid., p. 151.
501. Ibid., p. 58 (à propos de 6,6).
502. Ibid., p. 58 (à propos de 6,6).
503. Ibid., p. 91, n. 1 (21,4), 192, n. 1 (4,27).
504. Ibid., p. 180, n. 1 (4,2; comp. p. 58), 190 (4,9), 68 (6,23), 131 (19,35).
505. A. DAUER, **Die Passionsgeschichte im Johannesevangelium** (SANT, 30), 1972, spéc. p. 334-336 (dissertation Würzburg, 1968-69). Voir la réaction de M. SABBE, **The Arrest of Jesus in Jn 18,1-11 and Its Relation to the Synoptic Gospels. A Critical Evaluation of A. Dauer's Hypothesis**, dans M. DE JONGE (éd.), **L'évangile de Jean** (BETL, 44), 1977, p. 203-234.
506. A. DAUER, op. cit, p. 33 (18,9) : "die Reflexion des Evangelisten"; p. 104 (18,32) : "Eine typisch joh Reflexion" (voir surtout n. 20); comp. p. 144. A propos de 18,9, Dauer souligne encore le caractère

2. Les renvois : 18,14 (cf. 11,50)[507] ; comp. 4,46 (cf. 2,1-11); 7,50 et 19,39 (cf. 3,1ss.); 11,8 (cf. 8,59; 10,31); 12,1 (cf. c. 11); 18,32 (cf. 12,32-33).

3. Les renvois à un mot ou à un dialogue introduit par εἶπον (ὑμῖν) ὅτι[508] : 18,8; comp. 1,50 v.l.; 6,36; 8,24; 11,40 v.l.; 13,33 v.l.; 16,15; sans ὅτι: 3,7; 10,36; 14,28; 15,20; 16,19.

4. Des parenthèses par lesquelles l'évangéliste fournit à ses lecteurs des renseignements supplémentaires, mais en même temps néglige le contexte[509] : 19,26-27; comp. 2,22; 3,24; 7,39; 11,51-52; 13,33.

5. En plus, 18,5 est une "Zwischenbemerkung" qui contribue à retarder la narration[510]; comp. 1,24; 4,8.31-38.

D'autres parenthèses sont déjà présentes dans la source préjohannique. Dauer les énumère dans son commentaire sur 18,31b, qu'il attribue à la source[511] : 18,2b.13.18.28b; 19,23b.31.42[512].

---

johannique de la formule λόγος ὃν εἶπεν (ou expressions comparables) : 2,22; 4,50; 7,36; 12,48 (λαλέω); 15,3 (λαλέω). 20 (v.l.). Sur 18,8-9 comme "a Johannine redactional transposition of an underlying Synoptic pattern", voir M. SABBE, art. cit., p. 221-222.
   507. A. DAUER, op. cit., p. 72 (18,14) : "V. 14 enthält einen Rückverweis, der ganz sicher joh Bildung ist". D'après Dauer, il est frappant que 18,14 a la même structure que 11,2 :
11,2   ἦν δὲ Μαριὰμ ἡ ἀλείψασα...
18,14   ἦν δὲ Καϊάφας ὁ συμβουλεύσας...
En plus, on ne doit pas être surpris que la citation en 18,14 ne répète pas la littéralement le verset 11,50, car, à côte des citations littérales (voir 7,36, cf. v. 34; 4,39, cf. v. 29; 5,11, cf. v. 8; 8,22, cf. v. 21), Jean donne des reproductions libres : 6,65, cf. v. 44; 8,24, cf. v. 21; 8,33, cf. v. 32; 9,11, cf. v. 7; 9,23, cf. v. 21; voir encore 6,36, cf. v. 26 (?).
   Sur les renvois, voir également ID., **Johannes und Lukas** (Forschung zur Bibel, 50), 1984, p. 52 (à propos de 4,46) : "Johannes liebt es, wie in der rückschauenden Notiz 'wo er das Wasser zu Wein machte', an frühere Ereignisse oder früher gesprochene Worte Jesu zu erinnern"; voir 7,50 et 19,39 (cf. 3,1ss.); 12, 1 (cf. c. 11); 10,40 (cf. 1,28); 4,39 (cf. v. 29); 5,11 (cf. v. 8); 6,65 (cf. v. 44); sur 12,1, cf. ibid, p. 156.
   508. A. DAUER, **Die Passionsgeschichte**, p. 32. Voir également **Johannes und Lukas**, 1984, p. 65-66, sur la construction λόγος, ὃν εἶπεν dans 4,50; comp. surtout 2,22; 7,36; 12,38; 15,3.20; 18,9.32; dans 12,48 et 15,3 : λαλεῖν au lieu de εἰπεῖν.
   509. A. DAUER, **Die Passionsgeschichte**, p. 198. Voir également **Johannes und Lukas**, p. 160 (à propos de 12,6) : "Johannes gibt öfters solche nachfolgenden Erklärungen, die mit εἶπεν δὲ τοῦτο o.ä. an den Vordersatz angeschlossen werden"; voir 6,6; 7,39; 11,51; 12,33; (21,19) et 2,21.
   510. A. DAUER, **Die Passionsgeschichte**, p. 36-37. Sur 18,5, voir la réaction de M. SABBE, art. cit., p. 219-220.
   511. A. DAUER, op. cit., p. 145.
   512. Ibid., p. 24-26 (18,2), 71-72 (18,13), 77-78 (18,18), 121-122 (18,28), 183-191 (19,23). Sur 18,2, voir la réaction de M. SABBE, art. cit., p. 208-211.

178   LES PARENTHÈSES ET LE STYLE JOHANNIQUE

Teeple   H.M. TEEPLE (1974) distingue au moins quatre couches littéraires[513].
Deux sources écrites, l'une contenant des signes (S), l'autre d'allure
gnostique ou sémi-gnostique avec de paroles (G), sont à la base de
l'évangile de Jean. Puis, un éditeur (E) a combiné et retravaillé les
deux sources. Enfin, un rédacteur ultérieur (R) a révisé l'oeuvre de
l'éditeur[514].

On retrouve les parenthèses réparties dans les quatre couches
littéraires[515] :

S   S : 1,24^V.38g.39e.41d.42e; 4,6d.25c.27^V; 6,10c.17c-18^V; 7,4ab.9^V;
9,7c.13b.14^V; 11,13^V.15b.57^V; 19,23de.23gh.29a.40c;

G   G : 3,19e(?); 4,22^V(?).23d(?); 6,27d; 7,38b; 10,6^V.27b; 12,50a;
14,26bc.27c; 16,13b.32de; 17,23ab; 18,18c.28bcde;

E   E : 1,6-8^{VV}.6b.10b.15^V.23d; 2,17^V.24-25^{VV}; 3,1b.26d.34c; 4,9f.23aß.44^V;
5,9d.25bß; 6,6^V.22aß.31bc.33^V.46^V; 7,1bc.5^V.39^V.50b; 8,20^V.27^V.30^V.35^V;
9,8b.18cß.22-23^{VV}; 10,40b; 11,20d.49b.51-52^{VV}; 12,1bßc.14c-16^{VV}.33^V.
36de; 13,2bc.30c; 15,5d.26bc; 17,6cde.10ab; 18,2^V.5e.10e.16c.26b;
19,27c.38c.39b;

R   R : 1,28^V; 2,9cde; 3,23c.24^V; 4,8^V.45d.46b; 5,2c.13b.18d; 6,4^V.59^V.
64bcd; 7,22bc; 9,24b; 10,12fg.22b.35b; 11,2^V.5^V.16b.30^V.31bc.38cd;
12,2bc.4c.6^V.9e.21b; 13,11^V.28-29^{VV}; 14,22b; 16,32aß; 18,9^V.32^V.40d;
19,13d.17b.20c.24def.28b.31b.31d.35^V.36-37^{VV}; 20,8b.9^V.24e; 21,1^V.2c.2e.
7g.8bc.14^V.19ab.20efg.23cdefg; 21,24^V.

Teeple distingue plusieurs couches littéraires dans les parenthèses que
voici : S et E : 1,40^V.44^V; 2,6^V.11^V; 4,54^V; 6,71^V; 18,13b-14^V;
20,30-31^{VV}; S er R : 11,18-19^{VV}; 19,14ab; S, E et R : 12,17-18^{VV};
G et E : 3,16-21^{VV}(G?).31-36^{VV}; 6,39-40^{VV}; "Christian Gnostic Hymn"
et E : 1,12c-13^{VV}; E et R : 2,21-22^{VV}; 12,37-43^{VV}.

En plus, Teeple attribue certaines parenthèses des chapitres 1 et 20-21
à des traditions particulières : "Christian Gnostic Hymn" : 1,14bc;
P^2(?) : 20,16e.17c; "Story of Meal" : 21,4c.12cde; "Story of Catching
Fish" : 21,11d.

---

513. H.M. TEEPLE, **The Literary Origin of the Gospel of John**, 1974.
Voir également les notes de la Table III.
514. Ibid., p. 142-163 : "Chapter 11 : The Writers of the Gospel",
spéc. p. 142-143.
515. Ibid., p. 164-248 : "Chapter 12 : The Literary Structure". Teeple
y donne la traduction de l'évangile avec l'indication des couches littéraires.

Enfin, il considère 4,2^V; 6,23^V; 17,3^V; 21,25^V comme de gloses tardives et 5,4^V; 8,6^V comme de gloses très tardives; il ne traduit pas 13,10cα.

En 1975, M. ROBERGE[516] a étudié les notices de conclusion en 1,28; 2,11; 4,54; 6,59; 8,20; 10,6 et 21,24. Selon lui, ils sont "d'un type déterminé, qui servent de conclusion à divers récits et discours"[517]. Après la description des caractéristiques littéraires et des caractéristiques de fond[518], il conclut que "ce genre de notice, avec ses traits littéraires et narratifs caractéristiques remonte à une main rédactionnelle secondaire qui aura été en mesure de préciser cependant, dans plus d'un cas (sauf en X,6) le récit et le discours. Il faut la chercher dans les milieux johanniques. Mais ces préoccupations topographiques et narratives en particulier (ἀρχὴν τῶν σημείων, πάλιν δεύτερον, τρίτον), en soulignent, pensons-nous, le moment récent"[519].

En ce qui concerne la critique littéraire de M.-E. BOISMARD (1977)[520], qui compte "les gloses d'un texte" parmi les clefs de la critique littéraire[521], on peut constater que cet auteur, encore plus que Teeple, attribue les parenthèses à l'évangéliste (Jean II, surtout Jean II-B).

---

516. M. ROBERGE, **Notices de conclusion et rédaction du quatrième évangile**, dans **Laval théologique et philosophique** 31 (1975) 49-53.
517. Ibid., p. 49.
518. Ibid., p. 49-50, 50-52.
519. Ibid., p. 53.
520. M.-E. BOISMARD & A. LAMOUILLE, **L'évangile de Jean**, 1977. Cf. F. NEIRYNCK, **Jean et les Synoptiques** (BETL, 49), 1979, dont une première partie fut publiée dans **ETL** 53 (1977) 363-478. Voir également M. SABBE, **John and the Synoptists : Neirynck vs. Boismard**, dans **ETL** 56 (1980) 125-131; D.M. SMITH, **John and the Synoptics**, dans **Biblica** 63 (1982) 102-114; R. ROBERT, **Un examen critique de l'exégèse de M.-E. Boismard**, dans **Revue Thomiste** 83 (1983) 625-638.
521. Boismard utilise à maintes reprises le terme "glose"; ainsi à propos des parenthèses de Jean II-B, voir par exemple, 1,38.41.42 (p. 86b); 2,9 (p. 102a); 6,10 (p. 181a); 7,5 (p. 210b); 9,7 (p. 248a); 9,22-23 (p. 251b); 12,21 (p. 310b); 12,33 (p. 315a); 13,11 (p. 334b); 18,13b-14 (p. 408a); 18,28 (p. 421b); 18,32 (p. 422a); 19,13 (p. 425a); 19,31d (p. 445a); 20,16 (p. 460b); à propos de celles de Jean III, voir par exemple, 4,2 (p. 130a); 5,25 (p. 168a); 7,22 (p. 157a) : 14,22 (p. 356a); 17,3 (p. 393a); 19,35 (p. 445b-446a); 21,23 (p. 487b). Sur "les gloses d'un texte" comme "clef de la critique littéraire", cf. supra, n. 347. En plus, il utilise les termes "remarque" à propos de 1,39 (p. 86b); 6,10 (p. 181a); 13,30 (p. 341a); "réflexion" : 2,17 (p. 108a) et "parenthèse" : 4,9 (p. 128a); 19,35 (p. 445b).

180   LES PARENTHÈSES ET LE STYLE JOHANNIQUE

Voici la distribution des parenthèses selon les niveaux littéraires distingués par Boismard[522] :

Doc C 1. Document C : 2,6^V (sauf ἐξ κατὰ τὸν καθαρισμὸν τῶν ᾽Ιουδαίων).11a (v. 11bc = Jean II-A); 4,54a (v. 54b = Jean II-B); 7,4ab; 7,9^V (sauf ταῦτα δὲ εἰπών = Jean II-B); 11,38bc; 19,29a; 21,1ab (C^1 : le récit de pêche miraculeuse, sauf μετὰ ταῦτα et τοῖς μαθηταῖς = Jean II-B; v. 1c = Jean II-B).12cd (= C^2 : le récit de repas post-paschal, sauf τῶν μαθητῶν = Jean II-B).14 (= C^1, sauf τοῖς μαθηταῖς ἐγερθεὶς ἐκ νεκρῶν = Jean II-B).25^V.

Jn II-A 2. Jean II-A : 1,6-7a.c (vv. 7b.8^V = Jean II-B).40^V; 3,1b.16cde.18ab (vv. 19-21^{VV} = Jean II-B; vv. 16ab.17^V.18c = Jean III).31b-34^{VV} (31a = Jean III; vv. 35-36^{VV} = Jn II-B); 4,8^V.27a (27bcde = Jean II-B); 6,31bc; 6,39abc; 7,38b; 8,20bc (v. 20a = Jean III); 9,18cß.24b; 10,12fg; 11,31bc; 12,14c-15^V.37-39b (sans πάλιν = Jean II-B).40^V; 13,28^V.29abce (sans ἤ = Jean III); 14,27c; 18,16c; 19,36b.37b (vv. 36a.c.37a = Jean II-B); 20,8b.17c.

Jn II-B 3. Jean II-B : 1,10b.12c-13^V.14bc.15^V.23d.24^V.28^V.38g.39e.41d.42e.44^V; 2,9cde.17^V.21-22^{VV}.24-25^{VV}; 3,23c.24^V.26d; 4,6d.25c.44^V.45d.46b; 5,2c.9d.13b; 6,4^V.6^V.10c.17cd-18^V.22aß.23^V.33^V.40abc.46^V.59^V.64bd.71^V; 7,1bc.5^V.39^V.50b; 8,30^V.35^V; 9,7c.8b.13b.14b.22-23^{VV}; 10,6^V.22b.27b.35b. 40b; 11,2ab (v. 2c = Document C).5^V.16b.18-19^{VV}.20d.30^V.49b.51-52^{VV}.57^V; 12,1bßc.2bc.4c.6^V.9e.16^V.17-18^{VV}.21b.33^V.36de.38^V.39a (avec πάλιν du v. 39b).41-43^{VV}.50a; 13,2bc.11^V.29d.30c; 14,26bc; 15,5d.26bc; 16,13b.32aα.32 de; 17,6cde.10ab.23ab; 18,2^V.5e.9^V.10e.13b-14^V.18c.26b.28bcde.32^V.40d; 19,13d.14ab.17b.20c.23de.23gh.24def.27c.28b.31b.31d.35a.d (v. 35bc = Jean III).38c.39b.40c; 20,9^V.16e.24e.30-31^{VV}; 21,2c.2e.4c.7g.8bc.11d.19ab. 20efg.24^V.

Jn III 4. Jean III : 4,2^V.22^V.23aß.23d; 5,18d.25bß; 6,27d.39d.40d; 7,22bc; 8,20a.27^V; 11,13^V.15b; 14,22c; 17,3^V; 21,23cdefg.

---

522. Comp. les notes de la Table III. On notera que Boismard donne plusieurs fois d'autres leçons que celles de N^{26}. Pour une liste complète des variantes discutées par Boismard, voir F. NEIRYNCK, **Jean et les Synoptiques**, 1979, p. 23-39 ("III. La critique textuelle"), spéc. p. 24-27. Voir également p. 205-226 ("IX. Les caractéristiques stylistiques et la critique textuelle"); sur 2,11, voir ibid., p. 160-166; comp. ID., **De Semeia-bron in het vierde evangelie. Kritiek van een hypothese**, dans **Academiae Analecta** 45 (1983), n° 1, 1-28, spéc. p. 15-16; sur 6,22-24, voir ID., **L'epanalepsis et la critique littéraire. A propos de l'évangile de Jean**, dans ETL 56 (1980) 303-338, spéc. 325-332; = **Evangelica**, 1982, p. 143-178, spéc. p. 165-172.

5. Enfin, il considère 4,9f; 6,64c et 13,10cα comme des gloses.

Du point de vue du contenu, Boismard a relevé surtout quelques catégories de parenthèses propres à Jean II-B :

1. "Les gloses qui donnent le sens grec d'un mot araméen"[523] : 1,38.41.42; 4,25; 5,2; 9,7; 11,16; 19,13.17; 20,16.24; 21,2. Elles contiennent les caractéristiques suivantes[524] : n°s 100 Ἑβραϊστί (Jean II-B : 5,2; 19,13.17; comp. 19,20; 20,16); 144 ἑρμηνεύω (Jean II-B : 1,38[525].42; 9,7); 220 ὃ λέγεται (Jean II-B : 1,38; 19,17; 20,16). Les noms ou mots qui sont traduits sont également comptés parmi les caractéristiques stylistiques de Jean : n°s 89 Δίδυμος (Jean II-B : 11,16; 20,24; 21,2); 166 Θωμᾶς (Jean II-B : 11,16; 20,24; 21,2); 250 Μεσσίας (Jean II-A : 1,41; Jean II-B : 4,25); 360 ῥαββί, vocatif (Jean II-A : 1,38). Boismard remarque en particulier qu'on retrouve la traduction de "Messie" par "Christ" en 1,41 et 4,25[526] et que l'expression ὁ λεγόμενος Δίδυμος se lit trois fois (11,16; 20,24; 21,2; comp. 9,11 : ὁ λεγόμενος Ἰησοῦς)[527]. A propos de 19,13.17, il note : "c'est le mot grec qui est donné en premier, parce que Jean II-B lisait ce mot dans sa source, (ici [19,17] le Document C, mais Jean II-A en 19,13); Jean II-B donne l'équivalent araméen sous l'influence du parallèle de Mc/Mt (cf. Mc 15,22; Mt 27,33)"[528]. On peut également classer dans cette catégorie la précision ὅτι ὕδατα πολλὰ ἦν ἐκεῖ de 3,23, ajoutée par Jean II-B dans le texte en provenance du Document C : "elle est destinée à des lecteurs qui ignorent le pays et ne savent pas que le nom propre 'Aenon' signifie 'Les Sources'"[529].

2. Les indications du temps :

a) Les précisions de l'heure en 1,39 (δεκάτη); 4,6 (ἕκτη) et 19,14 (ἕκτη) sont exprimées d'une manière analogue : on y rencontre la

---

523. Ibid., p. 69a (Introduction, **8p**), 86a (1,38.41.42), 133b (4,25), 157a (5,2), 248a (9,7), 283b (11,16), 425a (19,13), 438a (19,17), 460b (20,16), p. 478a (21,2).
524. Nous les citons dans l'ordre et avec les numéros de la liste des caractéristiques publiée dans F. NEIRYNCK, **Jean et les Synoptiques**, 1979, p. 45-66 et partiellement reproduite dans notre section sur les caractéristiques stylistiques; on y trouvera toutes les références de chaque caractéristique.
525. Noter que Boismard (p. 80b) lit en 1,38 ἑρμηνευόμενον avec ς T au lieu de μεθερμηνευόμενον.
526. Ibid., p. 86b.
527. Ibid., p. 283b.
528. Ibid., p. 438a.
529. Ibid., p. 126a; l'expression ὕδατα πολλά est "un sémitisme qui ne se lit ailleurs que dans l'Apocalypse 1,15; 14,2; 17,1; 19,6".

caractéristique n° 408 ὥρα ἦν ὡς + chiffre, propre à Jean II-B[530]. C'est d'ailleurs Jean II-B qui montre un intérêt spécial pour les chiffres[531].

b) Les données chronologiques en 10,22; 13,30; 18,28; 19,14; comp. 18,18c[532].

c) Dans les précisions de temps en 5,9; 6,4; 9,14; 13,30; 18,28 et 19,14 (comp. 11,55), toutes de Jean II-B, on rencontre la caractéristique stylistique n° 118 ἦν δέ + note temporelle[533]. La mention du sabbat en 9,14 est introduite comme en 5,9; dans les deux cas également, cette mention est placée après la description du miracle[534].

3. Les indications ou descriptions de personnages sont formulées entre autres avec la caractéristique stylistique n° 117 ἦν δέ + nom propre : 1,44; 11,2; 18,14.40 (= Jean II-B)[535]. L'indication du nom avec la caractéristique n° 278 ὄνομα αὐτῷ en 1,6 ('Ιωάννης) et en 3,1 (Νικόδημος) est de Jean II-A; elle est à comparer avec 18,10 (ἦν δὲ ὄνομα τῷ δούλῳ Μάλχος) de Jean II-B. Dans les parenthèses de 6,71; 12,2; 13,23 (= Jean II-B) et celle de 1,40 (= Jean II-A) on lit la caractéristique n° 121 εἷς/δύο ἐκ + génitif[537].

4. Les indications ou descriptions de lieu sont marquées par les caractéristiques stylistiques n°s 101 ἐγγύς + génitif (Jean II-B : 6,23; 11,18)[538]; 102 ἐγγὺς ἦν (Jean II-B : 11,18)[539]; 284 ὅπου ἦν/ἦσαν (Jean II-B : 1,28; 10,40; 12,1)[540]; 380 ὁ τόπος ὅπου (Jean II-B : 6,23; 10,40; 11,30)[541]; 381 εἰμὶ ἐν τῷ τόπῳ (Jean II-B : 5,13; 6,10; 11,30)[542].

---

530. Ibid., p. 86b (1,39), 140b-141a (4,6), 425 (19,14).
531. Ibid., p. 61a-62a (Introduction, **7,1-o**, sur la symbolique des chiffres), 86b (à propos de 1,39) et surtout p. 447b (à propos de 19, 39): "C'est encore lui [Jean II-B] qui ajoute des chiffres précédés de l'adverbe 'environ' (cf. 1,39; 4,6; 6,19; 11,18; 19,14; 21,8)".
532. Ibid., p. 273a (10,22), 341a (13,30), 421b (18,28), 425ab (19,14), 408b (18,18).
533. Voir encore 7,2 (= Document C).
534. Ibid., p. 251a.
535. Ibid., p. 87a (1,44), 279b-280a (11,2), 408a (18,14), 423b (18,40). La même caractéristique n° 117 est utilisée en 11,18 pour l'indication du lieu.
536. Ibid., p. 82a (1,6), 114a (3,2), 404a (18,10).
537. Ibid., p. 207b (6,71), 302a (12,2), 341b (13,23), 88b (1,40).
538. Ibid., p. 195b (sur le texte de 6,23 d'après Boismard, voir supra, n. 522), p. 286a (11,18).
539. Ibid., p. 286a (11,18). On rencontre la même caractéristique pour l'indication du temps en 6,4.
540. Ibid., p. 83b (1,28), 276a (10,40), 301b (12,1).
541. Ibid., p. 195b (6,23), 276a (10,40), 282a (11,30).
542. Ibid., p. 158a (5,13), 181a (6,10), 282a (11,30).

5. Les renvois aux passages qui précèdent : 4,45.46; 7,50; 10,40; 11,31; 12,1.17; 18.9.13b-14.26; 19,39; 21,20, ou qui suivent : 11,2[543].

6. Les remarques exprimant la compréhension tardive des disciples avec le verbe μιμνήσκομαι: 2,17.22; 12,16 (= Jean II-B)[544].

7. L'accomplissement de l'Ecriture (ou d'un mot de Jésus) est exprimé par les caractéristiques n°s 78 γραφή, singulier (Jean II-A : 7,38; 19,36; Jean II-B : 2,22; 10,35; 19,24.28.37; comp. 20,9)[545]; 79 ἵνα ἡ γραφὴ πληρωθῇ (Jean II-A : 19,36; Jean II-B : 19,24)[546]; 80 ἔστιν γεγραμμένον (Jean II-A : 6,31; Jean II-B : 2,17; 12,14.16; comp. 19,20; 20,30)[547]; 81 καθώς ἐστιν γεγραμμένον (Jean II-A : 6,31; 12,14)[548]; 339 ἵνα ὁ λόγος πληρωθῇ (Jean II-B : 12,38; 18,9.32)[549]; 374 τελειόω (Jean II-B : 19,28)[550].

8. Pour les explications des mots de Jésus ou d'autres personnages, Boismard reporte à la caractéristique n° 226 τοῦτο δὲ εἶπεν/ἔλεγεν (Jean II-B : εἶπεν : 7,39; 11,51; 12,6[551]; 21,19; ἔλεγεν : 6,6; 12,33)[552]. En particulier, Boismard compare 12,33 avec 18,32 et 21,19[553].

9. Les corrections et les harmonisations avec les synoptiques : 3,24; 4,44; 6,18 (= Jean II-B); 4,2; 7,22 (= Jean III)[554].

---

543. Ibid., p. 144b (4,45), 148b (4,46), 164a (7,50), 276a (10,40), 282a (11,31), 301b (12,1), 305b (12,17), 408a (18,13b-14), 487ab (21, 20). Voir surtout p. 403b (à propos de 18,9) : "Le v. 9 enfin doit être lui aussi de Jean II-B. Partout ailleurs, en effet, c'est Jean II-B qui renvoie à des paroles prononcées antérieurement"; comp. p. 412b (18, 26) : "cette façon de préciser la personnalité d'un personnage en référence à une situation passée est typique de Jean II-B"; p. 447b (19, 39) : "La façon de préciser la personnalité de quelqu'un en renvoyant à un autre passage de l'évangile, ici à Jn 3,1-2, est aussi dans la manière de Jean II-B". Sur 11,2, voir p. 279b-280a.
544. Ibid., p. 108a (2,17), 108b (2,22), 305b (12,16).
545. Ibid., p. 195a (7,38), 446ab (19,36), 108b (2,22), 273a (10,35), 439a (19,24), 440a (19,28), 446ab (19,37), 454a (20,9).
546. Ibid., p. 439a (19,24), 446ab (19,36).
547. Ibid., p. 108a (2,17), 195a (6,31), 306b (12,14), 305b (12,16), 438b (19,20), 475a (20,30).
548. Ibid., p. 195a (6,31), 306b (12,14).
549. Ibid., p. 327b (12,38), 403b (18,9), 422a (18,32).
550. Ibid., p. 440a (19,28).
551. Noter que Boismard (p. 300b) lit τοῦτο δὲ εἶπεν au lieu de εἶπεν δὲ τοῦτο ; voir la critique de F. NEIRYNCK, **Jean et les Synoptiques**, 1979, p. 216-217.
552. Ibid., p. 221b (7,39), 297a (11,51), 300b (12,6), 486a (21,19), 180b (6,6), 315a (12,33).
553. Ibid., p. 315a.
554. Ibid., p. 126a (3,24), 144b (4,44), 187a (6,18), 130a (4,2), 157a (7,22).

Outre les caractéristiques mentionnées dans l'énumération précédente, la liste de Boismard en contient plusieurs autres qu'on recontre dans les parenthèses. Nous énumérons les plus importantes[555] :

31 οὐχ ὅτι... ἀλλ' ὅτι (Jean II-B : 12,6); 52 ἤμελλεν ἀποθνῄσκειν (Jean II-B : 11,51; 12,33; 18,32); 85 διὰ τοῦτο... ὅτι (Jn II-A : 12,18.39); 86 διὰ τοῦτο + λέγω + ὅτι (Jean II-B : 9,23; 13,11); 103 ἐγείρω ἐκ νεκρῶν (Jean II-B : 2,22; 12,1.9.17; 21,14); 116 ἦν δέ suivi immédiatement du sujet (Document C : 11,38; 18,18; Jean II-B : 1,44; 5,9; 6,10; 9,14; 11,2.18; 13,30; 18,10.14.28.40; 19,14.23); 145 ὁ ἐλθών/ οἱ ἐλθόντες (Jean II-A : 20,8; Jean II-B : 7,50; 19,39); 222 ὁ λόγος ὃν εἶπεν (Jean II-B : 2,22; 12,38; 18,9.32); 224 ταῦτα εἶπεν/εἶπον (Jean II-B : 6,59; 9,22; 12,41); 227 λέγω/εἶπον περί (Jean II-B : 2,21; 7,39; Jean III : 11,13a.b); 244 μέντοι (Jean II-B : 4,27; 12,42; 21,4); 290 οὐδέπω (Jean II-B : 7,39; 20,9); 303 οὔπω γάρ (Jean II-A : 20,17; Jean II-B : 3,24; 7,39); 304 οὔπω ἐληλύθει/ἥκει (Jean II-A : 8,20; Jean II-B : 6,17; 11,30); 336 πολλοὶ ἐπίστευσαν (Jean II-B : 8,30; 12,42); 349 πολλοὶ ἐκ + génitif (Jean II-B : 11,19; 12,42); 363 σημαίνων ποίῳ θανάτῳ (Jean II-B : 12,33; 18,32; 21,19); 413 Définitions : τοῦτό ἐστιν... ἵνα/ὅτι/substantif (Jean II-A : 6,39; Jean II-B : 3,19; 6,40; Jean III : 17,3); 414 Incompréhension des interlocuteurs (Jean II-B : 2,19-21; 6,33-35; 11,11-14).

Enfin, au cours de son commentaire, Boismard relève encore les expressions αὐτὸς γάρ (2,25; 4,44; 6,6; au pluriel : 4,42.45) et ἦν γάρ (3,19; 18,13; 19,31; 21,7)[556], et surtout le procédé rédactionnel de la **Wiederaufnahme**, qu'il a étudié déjà dans une contribution au Colloque biblique de Louvain de 1975[557]. En ce qui concerne les parenthèses, ce procédé est mentionné à propos de 4,22.44; 9,22 et 11,5[558].

---

555. Pour l'énumération de toutes les réferences de chaque catégorie, voir la liste des caractéristiques stylistiques.
556. Ibid., p. 180b (à propos de 6,6), 408a (à propos de 18,13).
557. M.-E. BOISMARD, **Un procédé rédactionnel dans le quatrième évangile : la** Wiederaufnahme, dans M. DE JONGE (éd.), **L'évangile de Jean** (BETL, 44), 1977, 235-241; M.-E. BOISMARD & A. LAMOUILLE, **L'évangile de Jean**, 1977, p. 12b-13a (Introduction, **1f**); **La vie des évangiles. Initiation à la critique des textes**, 1980, p. 16-19 (traduction allemande, 1980, p. 29-34).
558. Noter en 4,45, après la parenthèse de 4,44, la reprise et répétition avec οὖν. Pour un dossier complet de ce procédé redactionnel d'après Boismard, voir F. NEIRYNCK, L'epanalepsis **et la critique littéraire**, dans **ETL** 56 (1980) 303-338, spéc. p. 310-314 (= **Evangelica**, 1982, p. 143-178, spéc. p. 150-154); comp. **Jean et les Synoptiques**, 1979, p. 260-271 ("Reprise et répétition avec οὖν").

Becker J. BECKER (1979-1981)[559] a plutôt la tendance, comme R.T. Fortna, d'attribuer certaines parenthèses aux sources de l'évangéliste[560] :

SQ 1. "Semeiaquelle" (SQ)[561] : 1,23d.24^V.28^V.39e.40^V.44^V; 2,6 (sauf κατὰ τὸν καθαρισμὸν τῶν 'Ιουδαίων = E).11^V; 3,23c.24^V; 4,6d.8^V.27^V.46b.54a (v. 54b = E); 5,2c.9d.13b; 6,10c.17c-18^V; 7,4ab.9^V; 9,8b.13b.14b.18cß. 24b; 10,40b; 11,5^V.15b; 11,18-19^{VV} (sauf ἐκ τῶν 'Ιουδαίων = E).20d.30^V; 12,37-38^{VV}; 20,30.31abcd (v. 30e = E).

PB 2. "Passionsbericht" (PB)[562] : 11,49b.57^V; 12,14c-15^V; 13,30c; 18,2^V. 10e.13b-14^V.18c(?).26b.28bcde.40d; 19,13b.14ab.17b.23de.24def.28b.29a. 31b.d.36-37^{VV}.38c; 20,8.

On notera que d'après Becker les parenthèses avaient une fonction importante dans la **Semeiaquelle** : "Der Verfasser der SQ gab den Stoffen durch Kommentierung und Rahmung klare Aufgaben, die sich u.a. im Aufriss der Quelle widerspiegeln"[563]. Ainsi, il relève surtout la numérotation des signes (2,11; 4,54)[564], la conclusion en 12,37-38; 20,30-31[565], les notices de lieu en 1,28 et 3,23[566] et la "Zwischenbemerkung" de 3,24[567].

---

559. J. BECKER, **Das Evangelium nach Johannes**, 2 tomes, 1979/1981.
560. Voir p. 32-36 ("Die Frage nach den Quellen").
561. Voir spéc. p. 112-120 ("Exkurs 1 : Die Semeiaquelle"); cf. également son article **Wunder und Christologie. Zum literarkritischen und christologischen Problem der Wunder im Johannesevangelium**, dans **NTS** 16 (1969-70) 130-148; = A. SUHL (éd.), **Der Wunderbegriff im Neuen Testament** (Wege der Forschung, 295), 1980, p. 435-461, avec **Nachtrag** (1979) (p. 461-463).
562. Voir spéc. p. 531-539 ("Exkurs 13 : Der joh Passionsbericht").
563. Ibid., p. 115.
564. Ibid., p. 114 : "Die Quelle intendierte offenbar eine Zählung der Wunder. Jedenfalls deuten dies Joh 2,11 und 4,54 (SQ) an, die im Widerspruch zu 2,23; 4,45 (E) stehen (Bultmann)". Contre Bultmann, Schnackenburg et Fortna, Becker n'accepte pas une intervention de l'évangéliste en 2,11 (p. 106-107). Il rejette également l'idée d'une numérotation continue : "Dabei braucht die Quelle nicht fortlaufend gezählt zu haben (gegen Bultmann), weil jeder Leser selbst bis sieben zählen konnte. So sind z.B. auch 2 Mose 4 (vgl 4,8f.) die Anfangszeichen gezählt und so gegenüber der sicherlich nicht zufälligen Zahl der Plagen in 2 Mose 7-14 herausgestellt" (p. 114).
565. Ibid., p. 408-409 (12,37-38), 632-633 (20,30-31); voir spéc. p. 115.
566. Ibid., p. 90 et 92 (1,28), 153 (3,23). Voir surtout p. 114 : "Auch die besonderen Ortstraditionen (Kundsin) im Joh gehören in der Regel dieser Quelle an"; comp. p. 116 : "Ebenso fällt auf, dass die Orte, an denen im Sinne der Quelle Positives geschieht, entgegen der synoptischen Tradition vor allem Samaria (3,23; 4,1ff.; 11,54) und das Jordantal nebst Perea (1,28; 10,40; 11,6) sind. Man darf hierin doch wohl auch einen Reflex der Gemeindesituation der SQ erblicken : Sie setzt sich im geographischen und theologischen Sinn aus 'Randsiedlern' des Judentums zusammen".
567. Ibid., p. 153.

A l'encontre de la plupart des exégètes, il attribue 4,8.27 à la source des signes, car les disciples y jouent un rôle important[568]. D'après Becker, il est également évident que l'auteur de la source a élargi les matériaux traditionnels; ainsi il ajoute 5,9b-16 à 5,2-9a, ce qu'on peut voir dans la notice de temps en 5,9, qui est inséreé après l'accomplissement du miracle[569]. D'une manière analogue, il reprend le récit traditionnel de l'aveugle-né et de la résurrection de Lazare en ajoutant de dialogues[570].

E   3. Les parenthèses suivantes seraient de l'évangéliste (E) : 1,6-8^{VV}.10b. 12c-13^V.14c.(v.14b = Logoslied).15^V.38g.41d.42e; 2,9cde.21-22^{VV}.24-25^{VV}; 3,16-21^{VV} (les vv. 19-21 sont repris de la tradition).26d; 4,23aß.23d. 25c.45d; 5,18d.25bß; 6,6^V.22aß.31bc.33^V.40abc.46^V.59^V.71^V; 7,1bc.5^V. 22bc.38b (ou KR).39^V (ou KR).50b(?); 8,20^V.27^V.30^V.35^V; 9,7c.22-23^{VV}; 10,22b.35b (ou KR); 11,13^V.16b.31bc.38cd; 12,1bßc.2bc.9e.16^V.17-18^{VV}. 21b.33^V.36d; 12,39-42^{VV}; 13,28-29^{VV}; 14,22c. 26bc.27c; 18,5e; 19,20c. 39b.40; 20,16e.17c.24e.

2   De ces parenthèses de l'évangéliste, Becker relève entre autres les traductions de mots araméens[571] et les explications d'usages juifs[572].
3   Il compare la parenthèse de 2,9 avec celles de 6,6; 12,16; 20,9[573]. A
4   propos de 6,6, il parle d'une "unterbrechende Lesehilfe" à comparer avec 11,13; voir également 2,21; 7,39; 9,22-23; 12,16.33[574]. Les transitions
5   en 2,23-25; 4,43-45; 7,1-13; 11,55-57[575] et les références à des
6   passages antérieurs en 3,26d; 7,50; 19,39; 12,1bßc.2bc[576] sont également propres à l'évangéliste.

KR 4. Les parenthèses de la "kirchliche Redaktion" (KR) seraient[577] : 2,17^V; 3,31-36^{VV}; 4,2^V.9f.22^V; 6,4^V.23^V.27d.39.40d.64bcd; 7,38b (ou

---

568. Ibid., p. 166 : "Aber man kann auch anders deuten : 4,8.27 waren vorgegebener Anlass für E, das Jüngergespräch V 31ff. zu konstruieren. Die Jünger haben in der SQ zudem ihren konstitutiven Platz (1,19-50; 2,11f.; 6,5-12.14f.; 20,30f.)".
569. Ibid., p. 229-230.
570. Ibid., p. 315 (chapitre 9), 344-349 (chapitre 11).
571. Ibid., p. 101 (1,38.41.42), 178 (4,25), 316 (9,7), 357 (11,16), 617 (20,16).
572. Ibid., p. 107 (2,6), 603 (19,40). La parenthèse en 4,9 est du rédacteur ecclésiastique.
573. Ibid., p. 107 (2,9).
574. Ibid., p. 191-192 (6,6), p. 316 et 320 (9,22-23), 357 (11,13). Voir également p. 274 (7,39) : "Jedoch zeigen 2,21f.; 11,51f.; 12,16.33, das E die Typik solcher erklärenden 'Nachträge' kennt".
575. Voir spéc. p. 131.
576. Ibid., p. 154 (3,26), 278 (7,50), 373 (12,1.2), 602 (19,39).
577. Ibid., p. 35-36.

E).39^V (ou E); 10,6^V.12fg.27b.35b (ou E); 11,51-52^{VV}; 12,4e.6^V.50a; 13,2bc.11^V; 15,5d.26bc; 16,13b.32aα.32de; 17,6cd.10ab.23ab; 18,9^V.16c. 32^V; 19,27c.35^V; 20,9^V; 21,1^V.2c.2e.7g.14^V.19ab.20efg.23cdefg.24-25^{VV}.

5. Enfin, Becker considère comme des gloses[578] : 4,44^V; 11,2^V; 13,10cα; 17,3.

Evans   Signalons enfin l'article de C.A. EVANS (1982)[579] sur les formules de citations en Jean (1,23; 2,17; 6,31.45; 7,42; 10,34; 12,14.38.39; 13,18; 15,25; 19,24.28.36.37)[580]. A l'exception de 12,38, il les attribue toutes à l'évangéliste : "Almost all of them are the work of the evangelist with the possible exception of Isa 53:1 (John 12:38) which may have been from the **semeia** source"[581].

B. LA PARENTHESE COMME CARACTERISTIQUE DU QUATRIEME EVANGILE

1. Que la parenthèse puisse être une clef de la critique littéraire n'est pas une évidence pour tous les exégètes. Plusieurs auteurs ont réagi contre la tendance d'attribuer les phrases de type parenthétique à un interpolateur ou rédacteur, et contre la manière de voir les parenthèses comme insérées par l'évangéliste dans ses sources.

L'hypothèse de A. Schweizer[582] a été sévèrement critiquée par

hwegler   A. SCHWEGLER (1842)[583]. Celui-ci n'accepte pas la manière de procéder de Schweizer. L'addition du chapitre 21 par une autre main que celle de l'évangéliste ne signifie pas qu'il y ait eu des interpolations dans le

---

578. Ibid., p. 185 (4,44), 345 (11,2), 424 (13,10).
579. C.A. EVANS, **On the Quotation Formulas in the Fourth Gospel**, dans **BZ** 26 (1982) 79-83.
580. Voir encore les formules en 17,12; 18,9.32, qui ne sont pas suivies d'une citation de l'Ancien Testament. En 1,51 et 12,13, on trouve une citation, mais sans formule d'introduction. -- Evans (p. 80) donne la classification suivante : 1) "editorial comments by the Evangelist", 2,17; 12,14-15.38-40; 19,28.36-37; 2) "spoken by Jesus" : 6,45; 10,34; 13,18; 15,25; 3) "spoken by other characters in the gospel" : 1,23; 6,31; 7,42.
581. Ibid., p. 79; comp. p. 80 : "probably comes from the **semeia** source"; p. 81 : "may have been contained in the **semeia** source".
582. Cf. supra, n. 349-356.
583. A. SCHWEGLER, **Die neueste Johanneische Litteratur**, dans **Theologische Jahrbücher** 1 (1842) 140-170, 288-309, spéc. p. 154-170.

corps même de l'évangile[584]. En plus, l'interpolateur ne peut pas être la même personne que le rédacteur du chapitre 21[585]. Schwegler se contente d'examiner 19,35-37[586] et il conclut : "Man wird... aufhören, Sätze wie IX,7 für Glosseme, Typen, wie XIX,36 für Einschiebsel, und Teleologieen, wie XVIII,9 für Anzeichen einer spätern Hand zu erklären, und jede dieser Ausmerzungen mit der Bemerkung zu motiviren, von solcher Liebhaberei zeige **sonst** der Evangelist keine Spur"[587].

Dans son article "Das Johannesevangelium nicht interpolirt" (1868), A. HILGENFELD[588] réagit contre l'hypothèse des interpolations de J.H. Scholten[589] : "Es sei genug, wenn wir dem Johannes-Evangelium seinen apostolischen Ursprung absprechen. Sonst lassen wir dasselbe unbeschnitten! Ich komme immer wieder auf die kritische Ketzerei zurück, welche ich in dem Werke über die Evangelien (1854) vertreten habe, dass das Johannes-Evangelium, wie es vorliegt, ein unzertrennliches Ganzes bildet, oder mit **Strauss** zu reden, auch in dieser Hinsicht der ungenähte Rock des Herrn ist, welcher man wohl verloosen, aber nicht zerschneiden darf"[590].

---

584. Ibid., p. 155-156.
585. "Wäre bei beiden eine und dieselbe Hand thätig gewesen, sie hätte das 21ste Capitel gewiss nicht dem fertigen Buche angehängt, sondern es, wie die andern Zusätze, an einem schicklicheren Orte, etwas zwischen XX, 29 und 30 eingeflochten. Da diess nicht geschieht, so sind wir berechtigt anzunehmen, der Verf. des Anhangs-Capitels habe das übrige Evangelium als ein fertiges Ganzes schon vorgefunden, sei also verschieden von dem Dritten, von dem die übrigen Einschaltungen, wenn deren vorhanden wären, herrühren müssten" (p. 155).
586. Ibid., p. 166-168.
587. Ibid., p. 168.
588. A. HILGENFELD, **Das Johannes-Evangelium nicht interpolirt**, dans **ZWT** 11 (1868) 434-455.
589. Cf. supra, n. 357-360.
590. Ibid., p. 434; voir aussi la conclusion, p. 455. Comp. **Die Evangelien nach ihrer Entstehung und geschichtlichen Bedeutung**, 1854, p. 329-330 : "Nur ist dadurch die Benutzung anderer Quellen, mündlicher oder schriftlicher, nicht geradezu ausgeschlossen. Aber freilich sind die Fugen, welche uns bei allen drei Synoptikern ältere Quellenschriften verriethen, in einem Evangelium nicht erkennbar, welches allen überkommenen Geschichtsstoff so kunstvoll zu einer innern Einheit verarbeitet hat. Der schöpferische Geist, aus welchem diese Einheit erzeugt ist, führt uns von selbst auf die dogmatische und kirchliche Stellung des Evangelisten". Hilgenfeld y note également que "die zahlreichen Zwischenbemerkungen des Evangelisten" sont caractéristiques pour la subjectivité de l'évangéliste (p. 329, n. 1); il énumère les parenthèses suivantes : 2,21-22; 6,6.64; 11,51-52; 12,6.16.37-38; 19,35-36; 20,30-31; peut-être aussi 21,24-25. En ce qui concerne 7,22, il remarque :

Jülicher D'après A. JÜLICHER (1894)[591], l'évangile de Jean est un ouvrage artistique plus encore que l'évangile de Matthieu, marqué par l'unité de style. Jülicher caractérise le quatrième évangile comme un drame, dans lequel l'évangéliste renvoie aux passages précédents, comme en 4,45 (cf. 2,23); 4,46.54 (cf. 2,1-11); 7,23 (cf. 5,9); 13,33 (cf. 7,33-34; 8,21-22); 15,20 (cf. 13,6); 18,14 (cf. 11,49-50)[592]. En plus, Jülicher estime que Jn comme "**Ausleger** der Geschichte (statt als Erzähler)" se manifeste clairement dans les additions qu'il insère dans ses rapports, voir 2,21-22.24-25; comp. 7,39; 10,6; 11,13; 12,16.33.41. Ces additions correspondent aux discours de Jésus et on ne peut les isoler. Parfois, on ne voit pas clairement si c'est Jésus ou l'évangéliste qui parle; ce qui prouve, d'après Jülicher, que Jean a élaboré la matière évangélique d'une manière très personnelle[593]. Même les prétendues contradictions en 11,2 (cf. 12,1ss.); 16,2 (cf. 9,22) doivent être attribuées à l'évangéliste, qui ne veut que décrire sa compréhension de Jésus[594].

Wrede C'est surtout W. WREDE (1903)[595] qui a souligné que les parenthèses (par ex. 2,21-22; 12,33; 11,51-52) sont l'oeuvre de l'évangéliste même : "Der Evangelist liebt es, gewissen Erzählungsmomenten, namentlich Worten Jesu, in kurzen Zusätzen eine Auslegung beizufügen"[596]; et Wrede insiste : "Solche Erläuterungen lesen wir überaus häufig. Es wäre das Allerverkehrteste, sie als spätere Zusätze auszumerzen"[597].

"Einmal (7,22) fällt es sogar schwer, eine ähnliche Bestimmung zur Rede Jesu zu rechnen". Voir également **Historisch-kritische Einleitung in das Neue Testament**, 1875, p. 734 (contre A. Schweizer), et **Das Johannes-Evangelium und seine gegenwärtigen Auffassungen**, dans **ZWT** 2 (1859) 281-348, 385-448, spéc. p. 406-426, où Hilgenfeld réagit contre la critique littéraire d'un auteur anonyme : **Die Evangelienfrage im Allgemeinen und die Johannisfrage insbesondere,** 1858.

La référence à la tunique sans couture, pour indiquer l'unité littéraire du quatrième évangile, se trouve dans D.F. STRAUSS, **Vorrede zu den Gesprächen von Ulrich von Hutten,** t. VII, p. 556; le texte est cité dans W.F. HOWARD, **The Fourth Gospel in Recent Criticism and Interpretation,** [4]1955 (éd. C.K. BARRETT), p. 297.

591. A. JÜLICHER, **Einleitung in das Neue Testament,** [1-2]1894, p. 242-243 ([3-4]1901, p. 308-309; [5-6]1906, p. 349; [7]1931, p. 377-378).
592. Ibid., p. 242.
593. Ibid., p. 242-243.
594. Ibid., p. 243.
595. W. WREDE, **Charakter und Tendenz des Johannesevangeliums,** 1903 ([2]1933), p. 14-15.
596. Ibid., p. 14.
597. Ibid., p. 15.

Heinrici	C.F.G. HEINRICI (1908)[598], quoiqu'il ait noté que "manche erläuternde Bemerkungen" semblent être ajoutées de seconde main[599], défend l'unité littéraire de l'évangile de Jean : "Überhaupt zeigt das Evangelium im Vergleich mit den Synoptikern ein wesentlich einheitlicheres Gepräge. Es ist keine Sammelarbeit, sondern es ist das Werk eines Autors, der seine Sprache, seinen Begriffskreis, seine Methode sich geistesmächtig erarbeitet hat"[600].
Wright 1 2	Sans tenir compte de la critique littéraire, A. WRIGHT (1916) attribue les "editorial comments" en 21,19; 18,9; 12,33; 19,36-37; 2,21-22 et les remarques sur la connaissance surnaturelle de Jésus en 2,22 et 18,4 à l'évangéliste lui-même[601]. Telle est également la position de
Jacquier	E. JACQUIER ([3]1908) qui traite les parenthèses parmi "les caractéristiques les plus remarquables" du style du quatrième évangéliste[602]. Il énumère : les parenthèses ou les "sentences intermédiaires explicatives" (2,21; 7,39; 8,27; 11,13; 12,16.33), "les sentences indicatrices du temps" (1,40; 5,9); "d'un lieu" (1,44), "traduisant un terme hébreu" (1,38.41.42). Pour Jacquier, tout cela représente "des réflexions de l'auteur" (comp. 12,6)[603].

A côté des réactions de E. Stange (1915)[604] et T. Bromboszcz (1927)[605]

---

598. C.F.G. HEINRICI, **Der litterarische Charakter der neutestamentlichen Schriften**, 1908, p. 52-53.
599. "Dass nur eine Auswahl gegeben werden soll, sagt das Evangelium selbst (20,30.31. 21,24.25). Darum stehen die einzelnen Abschnitte desselben in lockerem Zusammenhange, bisweilen ohne alle Überleitung, nebeneinander. Sie machen den Eindruck, von zweiter Hand aneinandergefügt zu sein. Manche erläuternde Bemerkung des Referenten weist darauf, auch manche Unstimmigkeiten in der Aufeinanderfolge der einzelnen Abschnitte, wie c. 4.5.6. oder c. 14.15" (p. 52).
600. Ibid., p. 52-53.
601. A. WRIGHT, **Some Editorial Notes in the Fourth Gospel**, dans **The Interpreter** 12 (1916) 55-63.
602. E. JACQUIER, **Histoire des livres du Nouveau Testament**, t. 4, [3]1908, p. 269; [5]1921, p. 269.
603. Ibid., p. 271.
604. Cf. supra, n. 151-165.
605. Cf. supra, n. 189-204. — Mentionnons en passant que C.R. Gregory (1910), T. Zahn (1911), A. Juncker (1912) et B. Weiss (1912) n'ont pas étudié d'une manière systématique les parenthèses dans leurs études sur la critique littéraire du début du vingtième siècle. Mais à maintes reprises ils réagissent contre l'attribution de l'un ou l'autre verset de type parenthétique à une main secondaire. Voir C.G. GREGORY, **Wellhausen und Johannes**, 1910; T. ZAHN, **Das Evangelium des Johannes unter den Händen seiner neuesten Kritiker**, dans **Neue Kirchliche Zeitschrift** 22

contre la critique littéraire de Wendt, Wellhausen, Schwartz et Spitta, il faut mentionner également la position de M.-J. LAGRANGE (1924) : "Nous n'éprouvons aucun embarras à déclarer que nous tenons pour l'unité littéraire, en la personne de l'auteur, Jean, fils de Zébédée"[606]. A la fin de son article, Lagrange décrit comme suit cette unité littéraire : "Quelques lacunes dans les récits, quelque va-et-vient dans les discours dialogués, du décousu dans un enseignement haché par les interruptions de contradicteurs passionnés et tumultueux, une certaine inintelligence des disciples, des paroles au sens profond différemment comprises, un auteur qui se corrige et s'explique lui-même (IV,2), ce sont autant d'indices que son art est dépendant de la nature, que le témoin qu'il prétend être se préoccupe plus de la réalité des faits que de sa réputation d'écrivain"[607]. Au sujet des prétendues contradictions, Lagrange objecte à Spitta : "S'il y avait vraiment dans le texte de Jo. des contradictions, et qu'on ne puisse les attribuer à un seul auteur, il serait, nous l'avons dit, très invraisemblable de les attribuer à un éditeur-arrangeur, dont ce serait le métier de les faire disparaître, non de les introduire, et il faudrait en effet regarder les deux passages comme appartenant à deux documents"[608]. Critiquant A. Loisy au sujet des "petites gloses" (6,39 : ἀλλὰ ἀναστήσω αὐτὸ [ἐν] τῇ ἐσχάτῃ ἡμέρᾳ, comp. 6,40.44.54), Lagrange se demande : "Ne serait-ce pas plutôt comme un refrain, un fil apparent dans un tissu, et en somme le dernier mot de la doctrine?"[609].

D'après M. DIBELIUS (1926), on peut considérer les "erklärende Anmerkungen" à la fin des versets 6,39.40.44 et la remarque de 7,39 (peut-être aussi 1,15; 4,2; etc) comme "einzig auffallende Zeichen einer Überarbeitung", mais, au moins dans la plupart des cas, il s'agit d'une "Ergänzung durch den Verfasser selbst"[610]. En 1927, Dibelius estime que

---

(1911) 28-58, 83-115, spéc. p. 110-111; A. JUNCKER, **Zur neuesten Johanneskritik**, 1912; B. WEISS, **Das Johannesevangelium als einheitliches Werk geschichtlich erklärt**, 1912.

606. M.-J. LAGRANGE, **Où en est la dissection littéraire du quatrième évangile ?**, dans **RB** 33 (1924) 321-342, spéc. p. 323. Sur Lagrange, voir également supra, n. 181-187.

607. Ibid., p. 342.

608. Ibid., p. 329.

609. Ibid., p. 337.

610. M. DIBELIUS, **Geschichte der urchristlichen Literatur**, 1926, p. 80; 1975 (Neudruck, éd. F. HAHN), p. 71.

l'évangile de Jean témoigne d'un style plus personnel que les évangiles synoptiques[611]. Quoique Jean ait utilisé une tradition qui appartient au genre littéraire de la "Novelle", "the evangelist has thrown upon it all a peculiar illumination, lending significance to miraculous occurrences, after his manner, by means of parentheses and appended dialogues"[612]. Deux ans plus tard, dans **RGG**^{2}, Dibelius admet que le chapitre 21 n'est pas de la même main que les chapitres précédents[613]. Dans ceux-ci, il ne trouve pas de traces aussi frappantes d'interventions étendues. Pourtant, on y rencontre des "Unstimmigkeiten" : 1) On peut expliquer certaines apories (par ex., 13,2-5 et 11,1-5), "aus der Spannung zwischen Stoff und Erzählung"[614]. 2) Les corrections (comme 4,2, cf. 3,22; 7,39) et les "kommentierende Verse" (1,24-25.28; 6,46; 10,15a; 15,15b.20a; 16,5b; 17,10a; 12,33; 13,11; 18,9.32) sont plus difficiles à interpréter. En 7,39, on peut attribuer la correction à l'évangéliste : "freilich ist eine solche Richtigstellung, die so durchaus dem Geist des Ganzen entspricht, auch als Werk des Evangelisten verständlich"[615]. Après l'énumération d'autres inconsistances, Dibelius remarque que "alle diese möglichen oder wirklichen Erweiterungen den Charakter des Evangeliums nicht berühren; die religionsgeschichtliche Einheitlichkeit des J.s bleibt also auf alle Fälle gewahrt"[616].

Hoffmann   Sous le titre "Tempo des Denkens", G. HOFFMANN (1933)[617] traite les

---

611. ID., **The Structure and Literary Character of the Gospels**, dans **HTR** 20 (1927) 151-170, spéc. p. 168-170.
612. Ibid., p. 169.
613. ID., **Johannesevangelium**, dans **RGG**^{2} 3 (1929) 349-363, spéc. c. 355-356.
614. Ibid., c. 355.
615. Ibid., c. 356.
616. Voir, par exemple, le discours qui se termine dans une homélie en 3,16-21.31-36, l'insertion du discours sur le vrai pasteur entre le chapitre 9 et le verset 10,19 (voir aussi la reprise en 10,26-29), et les passages parallèles en 5,34ss. et 5,41ss.; 6,28s. e. 6,30ss.; 6,60-65 et 6,66-71; 8,33ss. et 8,37ss.; 8,52ss. et 8,56ss.; 10,33ss. et 10,37s. Mais d'après Dibelius, la fréquence de ces passages indique qu'il s'agit d'une caractéristique de l'évangéliste. Par contre, Dibelius accepte une élaboration en 7,20-24. En plus, il présume qu'on peut expliquer la répétition de certaines promesses "vielleicht durch kultischen Gebrauch entstandene Erweiterung" (c. 356); voir 6,54, qui est bien situé dans le contexte; par contre en 6,39.40.44, la pensée est isolée; comp. 14,13.14; 15,7.16; 16,23.26.
617. G. HOFFMANN, **Das Johannesevangelium als Alterswerk**, 1933, p. 113-115; voir spéc. p. 113 : "Das Denken des Evangelisten ist ungewöhnlich langsam. Sein Stil ist breit. Diese Breite beruht auf langsamer Bildung

renvois[618] et les "erklärende Zwischenbemerkungen"[619]. Il y voit une caractéristique de l'évangile de Jean comme "Alterswerk", dont, entre autre, la progression de la pensée est lente, comme on le voit par ex. en 1,1-5[620].

Il est significatif que R.H. STRACHAN, après avoir distingué deux couches littéraires (J = "Johannine material" et R = "Redactor")[621], ait changé de position en 1941 : "All attempts... to discover the work of different hands in the Gospel, have reached hardly any agreement, and are open to the charge of oversubtlety"[622]. Et l'auteur ajoute : "As one who has made the attempt, I would like to state frankly that, after further reflection on the style and thought of the Evangelist, I have abandoned my own theory of redaction, adopted in previous editions of this book, and described in **The Fourth Evangelist**, Chapter III"[623]. D'après Strachan le quatrième évangile est caractérisé par une unité littéraire[624]. Les brusques références à Jean-Baptiste dans le prologue,

---

der Gedanken, auf langem Verweilen bei einem Gedanken, auf langsamem Gedankenfortschritt, auf vielfacher Rückkehr zu früheren Gedanken und auf der Häufigkeit erklärender Zwischenbemerkungen."

618. "Vielfach **kehren** die Gedanken zu Früherem **zurück**, sei es unwillkürlich infolge Assoziation, sei es durch ausdrücklichen Hinweis auf früher Gesagtes" (p. 114). Il cite 18,9 (cf. 17,12); 18,14 (cf. 11,49-50); 18,32 (cf. 12,33); 21,20 (cf. 13,23) comme exemples.

619. "Mit Vorliebe verweilt der Evangelist auch bei dem Zweck und Sinn dessen was er gesagt hat, indem er **erklärende Zwischenbemerkungen** macht" (p. 114). Voir les remarques explicatives sur l'activité de Jésus faites a) par l'auteur en 2,17.21; 6,6.64.71; 7,1b.39; 11,5.13; 12,14-15.33; 13,11; 18,9; 19,28.36-37; 21,19a; b) par d'autres personnages : 5,34b; 11,42; 12,27; 13,18; 13,14 = 14,25 = 14,29 = 16,1 = 16,4; 14,31; 15,11. 15.25; 16,16.25.33; 17,13; les explications sur l'activité d'autres personnages faites a) par l'auteur : 4,9; 7,5.30b; 8,20b.27; 9,22; 10,6; 11,30.51-52; 12,6.16.18.37-43; 18,32; 19,24; 20,9; b) par les personnages eux-mêmes : 19,4; l'intention de l'auteur lui-même : 20,30-31.

620. Ibid., p. 114.

621. R.H. STRACHAN, **Is the Fourth Gospel a Literary Unity ?**, dans ExpT 27 (1915-16) 22-26, 232-237, 280-282, 330-333; **The Fourth Gospel : Its Significance and Environment**, 1917; ²1920; comp. **The Fourth Evangelist : Dramatist or Historian ?**, 1925, p. 84-112 : "Chapter III : Is the Gospel a Literary Unity ?"; p. 113-115 : "Appendix to Chapter III : Grammatical and Linguistic Points in Chapter II-X, Peculiar to R"; voir aussi p. 228-240 (Jn 11) et p. 280-319 (Jn 10).

622. ID., **The Fourth Gospel : Its Significance and Environment**, ³1941, p. 81; voir aussi le préface, p. V (cf. infra, n. 624).

623. Ibid., p. 81, n. 1.

624. "I have found it necessary to join the ranks of those who are convinced that the Gospel is essentially a literary unity, and have withdrawn my previous attempt to isolate certain portions as editorial revisions or insertions. The theory also, that in certain places the

par exemple, sont compréhensibles, car l'évangéliste a l'habitude d'interrompre le déroulement continu de sa pensée[625]. Cependant, Strachan accepte encore des signes de révision en 4,1-4 et 6,22-24, spécialement les versets 4,1-2 et 6,23, où on trouve des parenthèses, et peut-être encore 11,2[626].

Schweizer

E. SCHWEIZER (1939), qui a vérifié l'hypothèse des sources à l'aide de 33 caractéristiques johanniques, conclut qu'il règne une unité stylistique complète dans le quatrième évangile[627]. Il n'est pas certain que le chapitre 21 ait été ajouté par une autre main que celle de l'évangéliste, mais il n'exclut pas qu'il y ait des "kleinere Glossen und Zutaten" dans ce chapitre[628]. Cependant il ne serait pas possible d'isoler des caractéristiques propres aux parties explicatives de l'évangile[629].

---

sequence of thought has been disturbed owing to dislocations caused by disarrangement of pages in an original codex, I find unconvincing" (Ibid., p. V : "Preface"). Comp. p. 82 : "How much or how little the present text of the Gospel owes to subsequent revision by another hand, it is difficult to say".

625. S'opposant aux théories des déplacements, Strachan écrit : "The Evangelist has a habit of interrupting the immediate flow of his thought. Note the two sudden references to the Baptist in the Prologue" (p. 81).

626. Ibid., p. 80. Comp. p. 147-148 (4,1-4); p. 182 (6,22-24). Noter toutefois que Strachan, dans son commentaire, n'attribue pas le verset 11,2 au rédacteur, mais à l'évangéliste, qui l'insère dans une source : "The awkwardness of verse 2 has led some critics to regard it as editorial. A more likely supposition is that the Evangelist is making use of some written source describing certain events in Bethany, the raising of a man called Lazarus from the dead, and the anointing" (p. 230).

627. E. SCHWEIZER, **Ego Eimi**, 1939, p. 82-112 : "Die Frage nach den Quellen des Johannes-Evangeliums".

628. "Kleinere Glossen und Zutaten sind natürlich hier wie im ganzen Evangelium mit unseren Feststellungen nicht ausgeschlossen" (p. 108, n. 158, à la p. 109).

629. A divers endroits, Schweizer souligne la possibilité que l'évangéliste ait utilisé des sources, mais les a glosées et remaniées : "Möglich ist, dass er für erzählenden Teile eine besondere Quelle benutzt, jedoch auch diese glossiert und überarbeitet" (p. 108); "Anderseits ist die Konzeption des Buches - abgesehen vielleicht von gelegentlichen Glossen und Zusätzen - eine einheitliche" (p. 87); "Gewiss hat er sein Werk nicht ohne Anhaltspunkte geschrieben. Dass nun auch sonst schriftlich vorliegende Quellen benutzt und glossiert weiter überliefert oder auch - manchmal ohne wesentlichen Änderungen, manchmal aber auch mehr oder weniger stark überarbeitet - einem neuen Werk eingefügt werden, dafür haben wir sehr viele Beispiele" (p. 107).

Nous avons signalé que Bultmann (et Wellhausen) évoquait la notion de "Footnote" au sujet des insertions opérées par l'évangéliste dans le prologue[630]. A cette application de la notion "Footnote"[631] E. RUCKSTUHL (1951) fait objection[632] : tout auteur, dit-il, ajoute habituellement des remarques à son propre texte, mais quand quelqu'un édite le texte d'une source, ses considérations personnelles ou critiques se distinguent clairement du texte édité. Tel n'est pas le cas en Jean[633]. Selon Ruckstuhl, la technique des "notes" ne peut être appliquée comme critère de critique littéraire. Il présume qu'il faut interpréter les parenthèses dans les discours comme de simples "Erläuterungen" ou "Begründungen" en accord avec la pensée logique de l'auteur. En effet, c'est une caractéristique des discours de l'évangile que les proverbes et les phrases apodictiques appellent des motivations et des explications. En outre, le caractère rythmique des versets, qui se manifeste dans toutes les parties du discours, s'oppose à la dissection littéraire proposée par Bultmann. Enfin, Ruckstuhl objecte que la reconstruction des **Offenbarungsreden** contient encore 13 phrases avec ὅτι, 12 phrases avec ἵνα et 6 phrases avec γάρ, ce qui prouve que "begründende und begründete Sätze in den Reden ex natura rei miteinander verbunden sind"[634].

Le même point de vue est défendu par C.K. BARRETT. Dans la première édition de son commentaire (1955), il note à propos de 17,3 : "This verse must be regarded as parenthetical; John felt the necessity of a definition of eternal life, and being unable to use a footnote incorporated it into the prayer, to which it is grammatically attached (σὲ... ἀπέστειλας)"[635]. Barrett reprend cette phrase dans la deuxième édition (1978), mais, après le mot "parenthetical", il ajoute : "but

---

630. Cf. supra, n. 219 (Bultmann), 367 (Wellhausen).
631. Cf. supra, n. 267.
632. E. RUCKSTUHL, **Die literarische Einheit**, 1951, p. 54-56 : "Das Kriterium der Erläuterungstechnik".
633. "Im vierten Ev aber kann man keinen Unterschied machen zwischen dem Anliegen einer Quelle und dem des Evglisten. Er stellt nicht einen Text zur freien Verfügung der Leser, sondern das eine Ziel der Jesusreden ist der einzige Gegenstand seiner Verkündigung, der Inhalt seines eigenen Zeugnisses" (p. 55).
634. Ibid., p. 56.
635. C.K. BARRETT, **The Gospel according to John**, 1955, p. 419.

this does not mean that it is a gloss"[636]. D'ailleurs, pour Barrett, les phrases du type parenthétique sont de l'évangéliste lui-même. Ainsi, par exemple, les traductions des mots hébreux ou araméens[637], les insertions dans le prologue (1,6-8.15)[638]. Il parle également de "parentheses" à propos de 1,24; 6,23; 10,12.35; 17,10; comp. 17,3[639]. Voir également 1,6; 3,1; 2,13; 4,2.9; 6,1; 7,5.49.50; comp. 19,39; 12,1.37-50; 13,1. 11.30; 14,22; 19,14; 21,20.23.24, où il utilise des termes tels que "gloss", "comment", "explanation", "note", "remark"[640].

---

636. ²1978, p. 503. Dans les notes suivantes, les pages de la deuxième édition sont mises entre parenthèses.
637. Ibid., p. 9 (9). Voir le commentaire sur les versets 1,38 : p. 150 (181); 1,41 : p. 152 (182); 1,42 : p. 152 (182-183); 4,25 : p. 200 (239); 9,7 : p. 297 (358); 11,16 : p. 327 (393); 19,13 : p. 453 (544); 19,17 : p. 456 (548); 20,16 : p. 469-470 (565); 20,24 : p. 475 (571-572); 21,2 : p. 481 (578).
638. Sur 1,6-8, p. 132 (159) : "There is no need to suspect interpolation here; John occupies an important place in the gospel, and it is quite natural that he should be introduced into the Prologue"; comp. 1,15, p. 140 (167) : "It is true that v. 16 can be read without difficulty immediately after v. 14, but it is unnecessary for that reason to suppose that v. 15 is an interpolation".
639. 1,24 : p. 145 (174); 6,23 : p. 236 (285); 10,12 : p. 131 (375); 10,35 : p. 320 (385); 17,10 : p. 423 (507). Pour 17,3, cf. supra, n. 635.
640. 1,6 ὄνομα αὐτῷ Ἰωάννης : "The clause is parenthetical; cf. 3,1", p. 133 (159); 2,13 : "John's habit to set 'the Jews'", p. 164 (197); 4,9 : p. 194-195 (232-233; cf. infra, n. 735); 6,1 τῆς Τιβεριάδος : "a further explanation", p. 227 (272); 7,5 : "an explanatory comment", p. 257 (312); 7,39 : "The comment is John's", p. 271 (329); 19,39 : "John himself supplies the cross-reference", p. 465 (559); 11,2 : "John points forward to the incident he describes in 12.1-8", p. 324 (390); 11,5 : "This verse corrects a possible misinterpretation of v. 6", p. 324 (390); 12,37-50 : "a comment on the unbelief of Judaism", p. 358 (429); 13,1 πρὸ δὲ τῆς ἑορτῆς τοῦ πάσχα : "this note", p. 364 (437); 13,30 : "his remark", p. 374 (449); 19,14 : "the note of time", p. 454 (545); 21,20 : "The reference", p. 488 (586); 21,23 : "The writer of the present chapter explains carefully that Jesus had made no prediction", p. 488 (587).
En ce qui concerne les parenthèses en 4,2; 7,50; 12,1; 13,11; 14,22, Barrett les considère, non sans hésitation, comme des gloses ou comme des additions par un éditeur 4,2 : "may be an insertion by a editor ... but there is no textual evidence for its omission", p. 192 (230); 7,50 : "perhaps a gloss", p. 274 (332); 12,1 : "After the name Lazarus, ὁ τεθνηκώς is added by P^{66} D θ Ω vg; this is a gloss. It is not impossible that ὃν ἤγειρεν ἐκ νεκρῶν Ἰησοῦς is another", p. 342 (411); 13,11 διὰ ... ἐστε : "may possibly have entered the text as a marginal gloss", p. 369 (442); 14,22 : "it seems not impossible that the original text read simply Judas. This however cannot be concluded with certainty", p. 389 (465-466); 21,24 : "The best hypothesis seems to be that 21.24 was composed with 19.35 as model and inserted by those who published the gospel and claimed for it (no doubt in good faith) the authority of the

Dans son compte-rendu du commentaire de M.-E. Boismard et A. Lamouille, E. COTHENET (1978) réagit contre l'opinion que "divers passages font penser à des notes ajoutées après coup pour l'intelligence du texte" et contre "l'élimination de certains heurts"[641] (ainsi 4,2, comp. 3,22.26; 4,1; voir également 4,9; 18,28). Plus particulièrement, Cothenet objecte à Boismard l'attribution de "la glose" en 4,22 (ὅτι ἡ σωτηρία ἐκ τῶν Ἰουδαίων ἐστίν) à Jean III[642] : "Une étude plus respectueuse du texte montre que la remarque n'est pas hors de propos : face à la Samaritaine qui se fait l'écho des traditions particulières de son peuple, Jésus ne rappelle-t-il pas que les Juifs ont reçu une tradition plus englobante (Loi + Prophètes) et que l'heure est venue où les oracles sur le culte intérieur (spécialement **Jer.** xxxi) vont s'accomplir?"[643].

Enfin, étudiant le procédé du "malentendu", D.A. CARSON (1982)[644] a souligné l'importance des remarques explicatives pour l'évangile de Jean

---

beloved disciple", p. 489; comp. ²1978, p. 587 : "The present verse was probably modelled upon 19.35 (unless that verse is to be regarded as a gloss by the author of ch. 21)".
O.E. EVANS, **The Gospel according to St John,** 1965, est sans doute l'auteur qui a utilisé le plus souvent le terme "parenthesis" ou d'expressions semblables, sans penser à un éditeur ou un glossateur : "parenthesis", à propos des versets 1,14; 1,15; 2,21; 4,9; 4,44; 7,39; 9,7; 11,2; 12,33; "parenthetical comment" : 4,2; 8,27; "John explains parenthetically" : 12,16; "to explain" : 2,21; 4,9; 6,6; 7,39; 9,7; 21, 23; "comment" : 4,2; 8,27; 10,35; 17,3; 12,37-50; "to comment" : 9,22-23; 18,9; 20,9; "note" : 1,39; 5,9; 19,27; "to note" : 19,13-14; "to add" : 2,17; "The evangelist's own inspired meditation" : 3,31-36. Voir encore 6,1 τῆς Τιβεριάδος : "John adds this explanation" (p. 63) et spéc. 11,51-52 : "As is often the case, John discovers in the words he records a deep symbolical meaning".
Voir également A.M. HUNTER, **The Gospel according to John. Commentary,** 1965, qui donne la traduction de la **New English Bible**; elle utilise les parenthèses en 1,38.41.42; 4,9.25; 6,1; 7,22.50; 9,7; 11,2; 18,9.10.40; 19,13.17.39; 20,16; 21,7 et les tirets en 10,15.35; 12,4; 14,17.22; 15, 26; 21,20. En plus, Hunter décrit les versets 2,21; 2,24-25; 4,9; 8,20; 9,22-23; 11,51; 17,3; 18,15; 21,19; 21,23 comme phrases de type parenthétique en utilisant des termes comme "note", "comment", "to comment", "to explain". Voir également 3,16-21 : "Theses verses are the evangelist's soliquy... rather than words of Jesus"; 3,31-36 : "Comment by the evangelist"; "John adds a comment"; 4,2 : "correction"; 12,47-50: "epilogue"; 21,24-25 : "postscript".
641. E. COTHENET, **L'évangile de Jean,** dans **Revue Thomiste** 78 (1978) 625-633, spéc. p. 627. Sur Cothenet, voir également supra, n. 347; sur Boismard, voir supra, n. 520-558.
642. M.-E. BOISMARD & A. LAMOUILLE, **L'évangile de Jean,** 1977, p. 12a.b, 133a, 144a.b.
643. E. COTHENET, art. cit., p. 627.
644. D.A. CARSON, **Understanding Misunderstandings in the Fourth Gospel,** dans **Tyndale Bulletin** 33 (1982) 59-91.

en indiquant dans la colonne 20 de son tableau les "explanatory asides by the evangelist in context of misunderstanding"[645], voir 2,9-10.19-22; 7,33-36; 8,18-20; 11,49-53; 12,12-17.32-33.37-43; 13,27-30; 20,3-9.24-31; 21,18-19.20-23. Pour les autres "asides", Carson se réfère aux articles de Tenney (1960) et de O'Rourke (1979)[646].

2. A côté de ces réactions contre l'utilisation des parenthèses en critique littéraire, il nous faut également mentionner l'article de R.A. Culpepper, **The Narrator in the Fourth Gospel** (1982)[647], repris avec quelques modifications dans son étude **The Anatomy of the Fourth Gospel** (1983)[648], dans lequel il a étudié l'art narratif du quatrième évangile et spécialement "la localisation et la fonction des remarques explicatives du narrateur, son point de vue et ses relations avec les acteurs et avec l'auteur"[649].

Culpepper n'est pas le premier exégète qui ait traité l'évangile de Jean avec la méthode de la critique littéraire moderne, c'est-à-dire la narratologie. Il se réfère[650] lui-même à D.W. WEAD, qui dans le premier

---

645. Ibid., p. 91.
646. Ibid., p. 71, n. 23.
647. R.A. CULPEPPER, **The Narrator in the Fourth Gospel : Intertextual Relationships**, dans K.H. RICHARDS (éd.), **SBL 1982 Seminar Papers**, 1982, p. 81-96.
648. ID, **Anatomy of the Fourth Gospel. A Study in Literary Design**, 1983, p. 13-49 ("Chapter Two : Narrator and Point of View").
649. **The Narrator**, p. 81; **Anatomy**, p. 18. Pour la définition du terme "narrateur", voir **Anatomy**, p. 16-17, spéc. p. 17 : "In John, the narrator is the one who speaks in the prologue, tells the story, introduces the dialogue, provides explanations, translates terms, and tells us what various characters knew or did not know".
En ce qui concerne les "remarques", Culpepper (voir l'**Index**, p. 263) fait distinction entre "implicit commentary" (p. 6, 7, 151-202, 233-234) et "overt commentary" (p. 7, 17, 19, 206, 208, 224, 225, 234). Le commentaire explicite est traité dans son article **The Narrator** et dans le deuxième chapitre de **Anatomy** (p. 13-49). Dans le chapitre 6 de **Anatomy**, Culpepper analyse "le commentaire implicite" (p. 149-202), qu'on retrouve dans des passages dans lesquelles "the reader finds that the evangelist says a great deal without actually saying it" (p. 151). En particulier, il y mentionne trois procédés littéraires du quatrième évangéliste : "Misunderstanding" (p. 152-165), "Irony" (p. 165-180) et "Symbolism" (p. 180-198), dont la première catégorie est importante pour notre étude sur les parenthèses. Voir la liste dans **Anatomy**, p. 161-162 (les passages dans lesquels on rencontre une parenthèse sont indiqués par l'obelus) : 2,19-21†; 3,3-5; 4,10-15; 4,31-34; 6,32-35; 6,51-53; 7,33-36; 8,21-22; 8,31-35; 8,51-53; 8,56-58; 11,11-15†; 11,23-25; 12,32-34†; 13,36-38; 14,4-6.7-9; 16,16-19.
650. **The Narrator**, p. 81, n. 2; comp. 84, n. 18; **Anatomy**, p. 17, n. 10; comp. 28, n. 31.

chapitre de son ouvrage "The Literary Devices in John's Gospel" (1970) à étudié "le point de vue" du quatrième évangile sous le titre "The Post Resurrection Point of View"[651]. Surtout dans les versets 2,17.22; 12,16; 20,9, que nous avons considérés comme des phrases de type parenthétique, "the post resurrection point of view" de l'auteur est accentué. L'auteur, se situant dans le temps après la résurrection, regarde le temps précédent et il souligne l'incapacité des disciples de comprendre la vraie perspective des événements au moment où ceux-ci se déroulaient. Par contre, les lecteurs peuvent les comprendre, s'ils reconnaissent la résurrection et sa signification[652]. D'après Wead, l'auteur qui nous raconte les événements de ce point de vue, est également un auteur "omniscient", qui se soucie d'expliquer son texte à ses lecteurs de

Wead différentes manières[653] :

1 1. Pour l'auteur, la situation dans laquelle Jésus vivait est importante. Sachant que son auditoire n'etait peut-être pas au courant des coutumes et du temps dans lequel Jésus vivait en Palestine, il donne plusieurs explications : 1,28; 2,6; 4,9; 12,42-43; 19,40.

2 2. A plusieurs reprises, il note la compréhension ou l'incompréhension des disciples : 2,11; 13,28-29; 20,9; 21,14.

3 3. En plus, il explique la signification des mots de Jésus : 2,22; 11,13; 7,39; 12,33; 13,11; 21,23.

4 4. Enfin, il donne des informations historiques sur les acteurs, comme par exemple en 11,2 (Marie); 12,6 (Judas); 18,14 (Caïphe). En 11,2 cette information est donnée avant que le fait auquel l'auteur se refère ait eu lieu (12,4)[654], tandis qu'en 18,14 il se réfère à sa propre note explicative de 11,52-53.

---

651. D.W. WEAD, **The Literary Devices in John's Gospel** (Theologische Dissertationen, 4), 1970, p. 1-11. Nous n'avons pas pu consulter son article **Johannine Irony as a Key to the Author-Audience Relationship in John's Gospel**, dans F.O. FRANCIS (éd.), **Biblical Literature 1974**, 1974, p. 33-44, cité par G.C. NICHOLSON, **Death as Departure** (cf. infra, n. 668), 1983, p. 176, n. 22 (cf. p. 213).
652. Wead (p. 5) cite F. McCOOL, **Problemata Johannaea**, 1965, p. 35-36: "Rursus resurrectio removebit omnem umbram incomprehensionis... E contra Iohannes non videtur attribuere magnum momentum huic facto; simpliciter asserit discipulos qui haec loca scripturistica in tempore ministerii non comprehenderint, post resurrectionem ea intellexissse."
653. Ibid., p. 5-6.
654. A propos de 11,2, Wead note : "This total lack of concern for orderly procession of the events would be decried by the modern author" (p. 6).

Dans sa conclusion, Wead affirme qu'une telle exploration du point de vue de l'évangile de Jean nous guide vers l'acceptation de l'unité littéraire totale de l'évangile : "Following the unity of grammatical style as has been demonstrated by Eduard Schweizer, Ruckstuhl, and Noack, the literary point of view becomes another factor which speaks for the one mind composition of the Gospel. If the author has used sources, written or oral, they were so molded by him and he was so selective in his choice of material that he composed a work distinctly his own. There would be no mere compilation of material which did not involve the complete analysis by the author before its inclusion"[655].

R.A. CULPEPPER (1982), qui a traité l'art narratif du quatrième évangile d'une manière plus élaborée, aboutit à une considération semblable : "The narrator's intrusive and interpretative comments cannot easily be attributed to an editor unless the editor is given a significant formative role in the gospel's composition or is virtually indistinguishable from the evangelist in his perspective. There is no evidence that they are later (or scribal) glosses, for they express a consistent point of view. Moreover, the correspondence in point of view between the narrator and the farewell discourse may be a significant indicator of a common origin for the farewell discourse and narrative material in the gospel. At least it renders problematic any theory which attributes either type of material to a source drawn outside the Johannine community. In its present form, if not in its origin, the gospel must be approached as a unity, a literary whole"[656].

---

655. Ibid., p. 9, se référant à R. BULTMANN, **Johannesevangelium**, dans **RGG**³ 3 (1959) 840-850, spéc. c. 843 : "... hat das J. den Stoff zu umfassenderen, von einem leitenden Thema bestimmten Einheiten geformt und die ganze Darstellung kunstvoll gegliedert... Das zeigt klar, dass nicht eine Grundschrift am Anfang des Evangeliums steht, sondern dass die Einheit des Ganzen, der Organismus der Komposition, die Arbeit des Evangelisten ist, der über seine Quellen mit souveränen Kunst verfügt".
656. R.A. CULPEPPER, **The Narrator**, p. 96, n. 42; **Anatomy**, p. 49, n. 65. Culpepper note (**The Narrator**, p. 81, n. 2) qu'il n'y a presque guère de littérature au sujet du narrateur en Jean; il ne peut se référer qu'à M.C. TENNEY, **Footnotes**, 1960; J.J. O'ROURKE, **Asides**, 1979 (voir le résumé de ces deux articles dans **Anatomy**, p. 17-18) et à D.W. WEAD, **The Literary Devices**, 1970, p. 1-11. Il mentionne également "a SNTS Seminar Paper" de W. WUELLNER, **Narrative Criticism and the Lazarus Story**; cette contribution est pour Culpepper "the most sophisticated analysis" (**The Narrator**, p. 81, n. 2; **Anatomy**, p. 17, n. 10).

D'après Culpepper, le narrateur johannique se manifeste clairement par des **intrusions** dans la narration[657]. En effet, les remarques explicatives du narrateur sont réparties un peu partout dans la narration. Généralement elles sont employées comme introductions ou conclusions d'une scène ou d'une section entière. Dès le prologue, il partage son avantage "omniscient" avec le lecteur afin que celui-ci sache tout ce qui est nécessaire pour comprendre la narration et, plus tard, les remarques explicatives renforcent l'exposition initiale. Par conséquent, comme le narrateur, le lecteur sait plus que les acteurs qui entrent en scène avec Jésus.

En ce qui concerne **le point de vue**[658], Culpepper souligne en premier lieu que le narrateur johannique se manifeste comme "omniscient"[659]. Ainsi, il connaît d'avance ce qui va se passer dans l'histoire et il donne plusieurs perceptions internes ("inside views") des acteurs qu'il met en scène :

- Jésus : 2,24 (la connaissance surnaturelle); voir également 1,43; 4,1; 5,6; 6,6.15.61.64; 11,5.33.38; 13,11.21; 16,19; 18,4; 19,28;
- les disciples comme groupe : 2,11.17.22; 4,27; 12,16; 13,28-29; 20,9; 21,4;
- un disciple particulier, le disciple bien-aimé : 20,8; Judas : 12,4.6; 18,2; cf. 13,2;
- les acteurs secondaires : 4,53 (le fonctionnaire royal); 5,13 (l'homme à la piscine de Bézatha); 7,5 (les frères de Jésus); 9,22 (les parents de l'aveugle-né); 19,8 (Pilate); 19,38 (Joseph d'Arimathie); 20,14-15 (Marie de Magdala);
- la foule et les Juifs : 5,16.18; 7,15; 8,27.30; 11,45; 12,9.10.11.18.42.43.

En plus, le narrateur johannique ne se limite pas à raconter les faits d'un endroit particulier, ou d'un groupe d'acteurs particuliers, mais il est capable de se déplacer et de donner une vue de l'action dégagée de tout obstacle, comme on le voit dans le récit de la rencontre de Jésus avec la Samaritaine[660].

---

657. **The Narrator**, p. 81-82; **Anatomy**, p. 18-20 ("Expositional Mode").
658. **The Narrator**, p. 82-86; **Anatomy**, p. 20-34 ("Point of View").
659. **The Narrator**, p. 83-84; **Anatomy**, p. 21-26 ("Psychological Point of View : omniscient").
660. **The Narrator**, p. 84 ("Spatial point of view : omnipresent"). Dans **Anatomy**, p. 26-27, il donne encore comme exemples : 4,51ss.; 5,15; 6,22-25; les chapitres 9, 11 et 18-19.

2   Se référant à Wead, Culpepper souligne que les remarques explicatives en 7,39 et 2,22; 12,16; 13,7; 20,9 suggèrent que la perspective de la communauté d'après la résurrection est absolument nécessaire si le lecteur veut bien comprendre les paroles[661].

Dans l'analyse de **la relation du narrateur avec Jésus**[662], Culpepper souligne en premier lieu que le narrateur connaît Jésus et qu'il sait tout ce que Jésus sait. Les deux, le narrateur et Jésus, savent tout : ils sont omniscients. Ainsi le narrateur se présente comme interprète
3   des paroles de Jésus : 2,21 (cf. v. 22); 6,6.71; 7,39 (cf. 19,30; 20,22); 8,27; 11,13; 12,33; 13,11; 18,32; 21,19.23. Parfois, l'interprétation ne se trouve pas dans le contexte immédiat de la parole, comme en 12,43 où le narrateur interprète la parole de 5,44. D'une manière analogue, le narrateur interprète les paroles d'autres personnes : 9,22 (les parents de l'aveugle-né); 11,51-53 (Caïphe); 12,6 (Judas); 12,41 (Isaïe); 21,23 (les frères).

Afin de définir plus précisément la relation entre le narrateur et Jésus, Culpepper compare le point de vue de Jésus dans le discours d'adieu avec celui du narrateur, et il aboutit à la conclusion que les deux révèlent un même point de vue "omniscient, retrospective, and ideologically and phraseologically indistinguishable"[663]. Culpepper[664] démontre qu'il n'y a pas de différence entre l'idiome ou les modes d'expression de Jésus et du narrateur. L'auteur contrôle les deux. En plus des versets cités plus haut[665], qui interprètent les mots de Jésus ou d'une autre personne, il y a encore trois phrases explicatives, qui
4   ne concernent pas une parole de Jésus : 7,30; 8,20; 12,16.

Culpepper relève en premier lieu la corrélation frappante des phrases explicatives avec celles du discours d'adieu. Il s'agit de Judas (6,71; 12,6; 13,11), de l'heure de Jésus (7,30; 8,20), de sa glorification (7,39; 12,16), du don de l'Esprit (7,39), de l'exclusion de la synagogue (9,22; 12,42), du Père (8,27), de la signification de la mort de Jésus

---

661. **The Narrator**, p. 84-85; **Anatomy**, p. 27-32 ("Temporal point of view : retrospective"). Dans **Anatomy**, p. 29, Culpepper ajoute 12,36b-43.
662. **The Narrator**, p. 86-96, spéc. p. 86-92; **Anatomy**, p. 34-49, spéc. p. 34-43 ("Relationships within the text : The Narrator and Jesus").
663. **The Narrator**, p. 87-92, spéc. p. 87; **Anatomy**, p. 35-43, spéc. p. 36.
664. **The Narrator**, p. 89-91; **Anatomy**, p. 38-43.
665. Voir 2,21 (cf. 2,22); 6,6.71; 7,39 (cf. 19,30; 20,22); 8,27; 11,13; 12,33; 13,11; 18,32; 21,19.23.

(11,51-53) et du genre de sa mort (12,33; 18,32). Les parenthèses ne mentionnent pas le départ de Jésus, ni l'unité et l'amour réciproque des disciples. A ces exceptions, les phrases explicatives et interprétatives traitent tous les thèmes importants du discours d'adieu, et à l'exception de deux cas (11,13, et peut-être 12,41) tous les points qui sont interprétés par le narrateur ont de l'intérêt pour le discours d'adieu.

En plus, les remarques interprétatives sont des instruments pour le développement du récit. Leur effet est de faire converger l'attention du lecteur sur la trahison, la mort et la glorification du Christ et d'éveiller en même temps chez le lecteur un intérêt dramatique pour la manière du développement de ces événements. A ce propos, l'auteur est particulièrement habile : jamais il ne dévoile d'emblée sa main, mais, en même temps, il ne donne jamais l'impression qu'il cache quelque chose pour le lecteur. Comparant l'anticipation des événements qui se rapportent à la mort de Jésus dans les remarques explicatives du narrateur et dans le discours d'adieu de Jésus, on voit clairement que les deux partagent le même vocabulaire et utilisent les mêmes termes avec une signification voilée, ou double, comme il ressort du tableau suivant :

	Narrateur	Discours d'adieu
ὥρα	7,30; 8,20; 13,1	16,32; 17,1; cf. 16,2
δοξάζω	12,16	13,31.32; 14,13; 15,8; 16,14; 17,1.4.5.10.
πνεῦμα	7,39; cf. 11,33; 13,21	14,17.26; 15,26; 16,13
ἀποσυνάγωγος	9,22; 12,42	16,2

Le tableau montre une uniformité remarquable dans l'idiome du narrateur et de Jésus. Il reste, certes, théoriquement possible que l'auteur ait adapté le mode d'expression de sa narration à l'idiome de Jésus, mais d'après Culpepper, il est plus probable que le discours de Jésus soit contaminé par le mode d'expression de l'auteur. En Jn, les points de vue phraséologiques ou les caractéristiques du discours du narrateur et de Jésus, sont si proches les uns des autres que le point de vue du narrateur semble être imposé à Jésus. En plus, la différence entre l'idiome du Jésus johannique et celui du Jésus synoptique d'une part, et la similitude de l'idiome du Jésus johannique avec le langage des épîtres johanniques d'autre part, confirment que Jésus, quand il parle, parle le langage de l'auteur et du narrateur.

A cause de la similitude des modes d'expression de Jésus et du narrateur, et à cause de l'influence du narrateur sur le dialogue, il est parfois impossible de décider à quel moment Jésus ou Jean-Baptiste finissent leur discours dans le chapitre 3 et à quel moment le narrateur commence à parler[666].

Culpepper conclut[667] que l'effet total, c'est-à-dire celui de la similitude des points de vue du narrateur et de Jésus, celui de la relation entre la narration et le discours d'adieu, celui de l'influence du narrateur sur les dialogues des acteurs, et celui du mélange des voix ("the blending of voices") en Jn 3, révèle une relation complexe entre Jésus et le narrateur. En effet, les deux, le narrateur et l'acteur (Jésus), peuvent être des véhicules de l'idéologie de l'auteur implicite. Dans l'évangile, il semble que le narrateur adopte le point de vue idéologique et phraséologique de Jésus, mais ceci n'est que l'impression que le lecteur reçoit de la situation. En réalité, l'auteur, probablement informé par la tradition transmise dans la communauté johannique, "fabriquait" l'acteur Jésus, quand il le décrivait et l'interprétait à travers les dialogues et les phrases explicatives du narrateur. Pour Culpepper, la consonance entre Jésus et le narrateur est le résultat du point de vue de l'auteur à travers le point de vue de l'acteur central (Jésus) et du narrateur.

Dans sa dissertation sur "The Johannine Descent-Ascent Schema", G.C. NICHOLSON (1983) a également traité l'évangile comme unité littéraire et texte narratif[668]. Plus particulièrement, il répond, dans le paragraphe "The Author and His Readers", aux deux questions suivantes : "What is it that he [l'auteur] wants to communicate to his readers and how does he express and develop his relationships to them?"[669]. Pour répondre à ces deux questions, on ne doit pas seulement examiner les déclarations explicites du contenu, comme 20,30-31, "but also the more subtle ways in which this relationship is developed : the use of language which includes the reader along with the author, the places where the Evangelist appears to be directing an aside to the readers, and the Evangelist's use of the technique of misunderstanding"[670].

---

666. **The Narrator**, p. 91; **Anatomy**, p. 41-42.
667. **The Narrator**, p. 91-92; **Anatomy**, p. 42-43.
668. G.C. NICHOLSON, **Death as Departure. The Johannine Descent-Ascent Schema** (SBL Dissertation Series, 63), 1983 (Diss. Vanderbilt University, 1980, sous la direction de J.R. Donahue), spéc. p. 13-18 : "Some Reflections upon the Procedure Adopted in this Study".
669. Ibid., p. 29-41, spéc. p. 29.
670. Ibid., p. 29.

En ce qui concerne les "authorial asides"[671], Nicholson, comme Wead et Culpepper, souligne leur caractère johannique : "One characteristic of the Fourth Gospel is the frequency with which the text is 'interpolated' with comments from the author. We must begin by assuming that this characteristic goes back to the author rather than to a later redactor or a glossator. Each suggestion of a later addition must be argued on its own merits. Similarly, we are not assuming that such activity is caused by the author glossing earlier, traditional material. On the contrary, the indications seem to be that both in his use of synoptic-like traditional material, the Evangelist exercises great freedom over his material, changing it rather than interpolating it. We **are** making the assumption that such 'authorial asides' are a characteristic of Johannine style"[672]. Se référant à Tenney, Olsson et O'Rourke, Nicholson a classé 105 "authorial asides to the readers" sous huit catégories, en y distinguant chaque fois, s'il y a lieu : a) "most clearly distinguishable remarks" (69 cas); b) "less clearly distinguishable remarks" (17 cas); c) "other possible remarks" (19 cas). Voici sa liste[673].

1. "Translations" : a) 1,38.41.42; 4,25; 9,7; 11,16; 19,13.17; 20,16.24; (21,2);
2. "Identity of an individual" : a) 1,40.44; 6,71; 7,50; 11,2; 18,13-14.40; b) 1,24; c) 12,4; 14,22; 18,2.5;
3. "Data of time, place or customs" : a) 1,28.39; 4,9; 6,59; 8,20; 11,30; b) 6,4; 9,14; c) 7,2; 10,22-23; 11,18; 19,14.31.42;
4. "Summarizing comments" : 4,54; (21,14);
5. "Explanations of speeches and events" : a) 3,24; 4,2; 5,16.18; 6,6.64.71; 7,1.5.39.50; 9,22-23; 11,2.51-52; 12,6; 13,11.28; 20,30-31; 21,19; b) 2,9.25; c) 6,23; (21,7.8);
6. "Fulfillment sayings" : a) 12,37ss.; 18,9.32; 19,36-37; b) 1,23; 6,31; 7,38; c) 12,14; 13,18; 15,25; 19,24b.28;

---

671. Ibid., p. 33-36 : "Authorial asides within the Fourth Gospel"; voir également p. 43-45 (comme les "asides", le prologue donne de l'information aux lecteurs), 47 ("clear examples of intrusions into the story from the level of the Evangelist's 'overlay'"; comp. "the Evangelist's comments" dans 13,19; 14,29; 16,4), 61 (1,51 : "the first major 'aside'").

672. Ibid., p. 176; pour les interpolations, Nicholson se réfère à l'article de H.J. "Powers" (lire : Flowers; cf. supra, n. 168).

673. Ibid., p. 33.

7 7. "Knew/did not kown" : a) 2,21-22; 6,64; 8,27; 10,6; 12,16; 13,11.28; 20,9;

8 8. "Miscellaneous asides" : a) 1,51; 5,2; 6,1.39; [8,6]; 11,5.13; 12,21. 33; 19,35.38.39; (21,20.23.24-25); b) 2,6.17; 3,14.23b; 4,44; 5,9; 6,10; 7,22; 9,8; c) 4,8.45; [5,4]; 18,10.

Ce sont surtout les remarques explicatives par lesquelles l'auteur s'adresse directement aux lecteurs, et non pas aux acteurs du récit, qui sont d'un intérêt particulier. Elles ont pour but d'assurer que les lecteurs ne manquent pas de saisir la signification de ce qui se passe au plan johannique. Il s'agit surtout des remarques classées dans les catégories 5 et 7. Dans la catégorie 7, l'auteur raconte qu'à ce point du récit, les juifs ou les disciples ne comprennent pas ce qui se passe. Par contre, le lecteur, aidé par les renseignements de l'évangéliste, reconnaît la signification des événements[674].

C. CONCLUSION

La recherche récente sur l'art narratif et plus particulièrement l'appréciation du style parenthétique donne à l'exégèse johannique une orientation fort semblable à celle des exégètes anciens. En effet, Wead, Culpepper et Nicholson[675] se réfèrent à la classification des parenthèses de Tenney et O'Rourke[676], mais cette classification n'est qu'un résumé de ce que les exégètes de l'évangile de Jean ont toujours souligné : par toutes sortes d'explications, l'évangéliste aide ses lecteurs à bien comprendre les événements qu'il raconte et les idées qu'il enseigne[677]. En plus, les représentants de la narratologie consi-

---

674. Ibid., p. 32-33.
675. Cf. supra, n. 650-655 (Wead), 656-667 (Culpepper), 668-674 (Nicholson).
676. Cf. supra, n. 266-289 (Tenney et O'Rourke).
677. Cf. supra, n. 13 (Théodore de Bèze), 16 (Lucas de Bruges), 98-99 (Bengel), 100-108 (Henke), 109-119 (Schulze), 120-126 (Wegscheider), 128 (Bornemann), 129-134 (Weber), 135 (Credner), 136 (Kaiser), 137-140 (Luthardt), 141-142 (Knabenbauer). Pour les auteurs plus proches de nous, voir n. 143-150 (Abbott), 151-165 (Stange), 181-187, 604-609 (Lagrange), 188-204 (Bromboszcz), 205-217 (Bernard), 310-331 (Konings), 332-339 (Olsson). Voir également les auteurs qui ont réagi contre la critique littéraire : n. 582-587 (Schwegler), 588-590 (Hilgenfeld), 591-594 (Jülicher), 595-597 (Wrede), 598-600 (Heinrici), 601 (Wright), 602-603 (Jacquier), 610-616 (Dibelius), 617-620 (Hoffmann), 621-626 (Strachan), 627-631 (E. Schweizer), 632-634 (Ruckstuhl), 635-640 (Barrett), 641-643 (Cothenet), 644-646 (Carson). Voir également n. 640 (Evans et Hunter).

dèrent le quatrième évangile comme une unité littéraire : il soulignent qu'il est difficile de reconstruire des sources et, en ce qui concerne les parenthèses, ils refusent à bon droit de les attribuer à un éditeur éventuel[678]. A ce point aussi, ils s'accordent avec les auteurs qui ont réagi contre les partisans de la critique littéraire[679]. Voyons de plus près les indices qui ont été avancés pour traiter la parenthèse parmi les caractéristiques les plus remarquables du quatrième évangéliste.

1. Relevons en premier lieu l'homogénéité du style des parenthèses[680]. Elles sont marquées de formules d'introduction[681], de mots et de tournures dont la plupart sont des caractéristiques qui sont propres à Jean, car elles contiennent le même vocabulaire et les mêmes tournures que le reste de l'évangile, tant dans les parties narratives que dans les discours[682]. D'où la difficulté en 3,16-21 et 31-36 d'indiquer si c'est l'évangéliste qui présente une réflexion ou si c'est Jésus ou Jean-Baptiste qui poursuivent leur discours[683].

En outre, le recours fréquent aux parenthèses n'est pas un phénomène isolé dans le quatrième évangile, mais relève d'une manière d'écrire qui comporte d'autres aspects analogues. Nous pensons surtout aux différents genres de répétition et de variation[684], soit sous forme de parallélisme ou d'antithèse, soit sous forme de chiasme ou d'inclusion. Ce seraient autant de moyens par lesquels l'évangéliste guide ses lecteurs à bien comprendre son écrit.

En plus, plusieurs phrases parenthétiques sont liées à d'autres procédés littéraires que l'évangéliste utilise fréquemment, notamment la "Wiederaufnahme"[685], l'emploi des mots à double sens, le procédé du malentendu[686], l'ironie et l'effet dramatique[687].

---

678. Cf. supra, n. 655 (Wead), 656 (Culpepper), 672 (Nicholson).
679. Cf. supra, n. 582-646.
680. Voir la liste des caractéristiques stylistiques.
681. Voir surtout les tournures signalées dans notre classification des parenthèses.
682. Voir la liste des caractéristiques stylistique et surtout les tournures qui sont signalées par le signe •.
683. Cf. supra, n. 666.
684. Cf. F. NEIRYNCK, L'epanalepsis **et la critique littéraire. A propos de l'évangile de Jean**, dans **ETL** 56 (1980) 303-338, spéc. p. 335; = **Evangelica**, 1982, 143-178, spéc. p. 175.
685. Voir la catégorie B26.
686. Voir les catégories A8 et A9. Cf. NTS 31 (1985) 96-112 (E. RICHARD).
687. Sur l'ironie, voir récemment A. CULPEPPER, **Anatomy of the Fourth Gospel**, 1983, p. 165-180; sur l'effet dramatique, voir par exemple Dauer 5 et notre analyse de la structure dramatique du chapitre 4.

On objectera que l'homogénéité du vocabulaire et du style ne permet pas de distinguer l'**Idiolekt** de l'auteur individuel et le **Sociolekt** de l'école johannique et qu'elle ne prouve donc pas l'unité de l'évangile[688]. En effet, l'argument du style doit être manié avec prudence, car l'unité stylistique peut être interprétée de diverses manières. Lorsqu'un auteur utilise des sources, il peut les retoucher en imposant son style et vocabulaire propre, ou il peut reprendre un écrit plus ancien et le développer dans la même ligne de pensée, parce qu'il se trouve dans un même milieu déterminé; ou encore, le même auteur peut modifier et amplifier son propre texte. En plus, il peut arriver qu'un éditeur ou un glossateur ait imité le style de l'évangéliste[689].

2. Mais l'homogénéité du style des parenthèses avec le reste de l'évangile n'est pas le seul argument qui nous empêche de les attribuer à une autre main que celle de l'évangéliste. Les remarques explicatives contiennent les principaux thèmes de la théologie johannique : la foi comme but de l'évangile[690], l'incompréhension et l'incroyance du monde[691], la compréhension rétrospective[692] et le don de l'Esprit[693], la connaissance surnaturelle de Jésus[694], l'anticipation de la passion et la glorification du Christ[695], la typologie pascale[696] et l'accomplissement de l'Ecriture[697].

Au surplus, il existe encore du point de vue du continu une triple connexion mutuelle des brefs commentaires et réflexions. Par les parenthèses, l'évangéliste fournit à ses lecteurs des informations supplémentaires. 1) Ainsi il traduit pour ses lecteurs non juifs les mots hébreux ou araméens et il donne des explications des usages juifs[698]. 2) Pour rendre son récit plus vivant et plus concret, il insère des indications et des descriptions des personnages, du lieu et

---

688. H. THYEN, **Aus der Literatur zum Johannesevangelium**, dans **TR**, N.F. 42 (1977) 211-270, spéc. p. 214.
689. M.-E. BOISMARD & A. LAMOUILLE, **L'évangile de Jean**, 1977, p. 15a-16a (Introduction, lx-w).
690. Cf. Konings 36.
691. Cf. la catégorie **A**8.
692. Cf. la catégorie **A**9.
693. Cf. Konings 31.
694. Cf. la catégorie **A**17.
695. Cf. Konings 33.
696. Cf. Konings 35.
697. Cf. la catégorie **A**10.
698. Cf. les catégories **A**1 et **A**2.

du temps[699]. 3) Parce qu'il parle d'un point de vue situé dans le temps d'après la résurrection, l'évangéliste est "omniscient" et par conséquent capable d'interpréter les mots et les actes de Jésus et d'autres personnages, de souligner la connaissance surnaturelle de Jésus, l'incompréhension et la compréhension tardive des disciples et d'interpréter la vie de Jésus à la lumière de l'accomplissement de l'Ecriture[700].

3. En plus, on doit souligner que les parenthèses ont un rôle dans la structure de l'évangile. Par des réflexions plus longues, l'évangéliste décrit le but de l'évangile (20,30-31; 21,24-25), et il résume sa doctrine (3,16-21.31-36; 12,37-43)[701]. Plusieurs parenthèses relient les divers événements : d'une part, sachant ce qui va se passer, l'auteur annonce les événements, et d'autre part, il renvoie aux passages qui précèdent[702]. D'une manière analogue, l'évangéliste revient à ce qu'il a écrit en faisant des corrections[703]. Par des notices de conclusion, il indique la fin d'une péricope ou d'un épisode[704], et par plusieurs insertions après coup, fournissant des informations supplémentaires[705], il marque les divisions dans une péricope.

4. Enfin, on doit souligner avec Ruckstuhl[706] que l'utilisation des parenthèses est en accord avec la pensée logique de l'homme et de toute communication humaine. Un auteur, et surtout Jean, dont la progression de pensée est lente[707], explique et répète ce qu'il a dit, fait des corrections et des connexions avec d'autres partie de l'évangile dans le but d'avertir ses lecteurs de bien comprendre ce qu'il a écrit.

Il est difficile, semble-t-il, d'attribuer les parenthèses à une autre main qu'à celle de l'évangéliste. Qui veut les attribuer à un éditeur éventuel, devra concéder que celui-ci aurait joué un rôle important dans la composition de tout l'évangile et que son propre point de vue aurait

---

699. Cf. les catégories A3, A4 et A5.
700. Cf. les catégories A6, A7, A8, A9, A10, et A17.
701. Cf. la catégorie A15.
702. Cf. la catégorie A11.
703. Cf. la catégorie A12.
704. Cf. la catégorie A13.
705. Cf. la catégorie A14.
706. Cf. supra, n. 632-634.
707. Voir Hoffmann; cf. supra, n. 617.

été le même que celui de l'évangéliste[708]. Mais l'homogénéité du style et du contenu des parenthèses ainsi que la consistance de celles-ci avec le reste de l'évangile nous dissuadent d'accepter une telle méthode de travail. En effet, les parenthèses de l'auteur dans la narration et dans les discours ne nous fournissent pas "une clef de la critique littéraire"[709] mais plutôt une clef d'interprétation. C'est ce que nous voulons illustrer dans la section suivante à propos de la parenthèse en 4,9.

---

[708]. Même les soi-disant additions sur l'heure actuelle de l'eschatologie (6,39.40.44.54) peuvent être attribuées à l'évangéliste; cf. supra, n. 609 (Lagrange).

[709]. Cf. supra, n. 347 (M.-E. Boismard). — Dans son histoire de la **Gattungskritik** des années 1968-1980 (publiée en 1985), J. Beutler fait état des études sur le style johannique. Le travail de O'Rourke sur les **Zwischenbemerkungen ("asides")** y reçoit une mention. Cf. J. BEUTLER, **Literarische Gattungen im Johannesevangelium. Ein Forschungsbericht 1919-1980**, dans H. TEMPORINI & W. HAASE (éd.), **Aufstieg und Niedergang der römischen Welt**, II/25,3, 1985, p. 2506-2568, spéc. p. 2537.

VII. LA PARENTHESE EN 4,9 : οὐ γὰρ συγχρῶνται Ἰουδαῖοι Σαμαρίταις

1. La critique externe

A l'aide de l'apparat critique de N^{26} l'on peut dresser une liste de parenthèses qui sont omises par certains témoins du texte : 4,9.23; 5,25; 6,4^V; 7,50; 9,18; 13,10.11; 18,5; 19,20.28.35^V; 21,4.25^V [710]. Toutes les phrases sont imprimées dans N^{26} [711]. Westcott-Hort et Nestle$^{1-25}$ ont mis 4,9 et 13,10 entre crochets[712], alors que Tischendorf (^{8}1869) rejetait de son texte 4,9; 7,50; 13,10 et 21,25 à cause de leur omission dans ℵ* [713].

La phrase explicative οὐ γὰρ συγχρῶνται Ἰουδαῖοι Σαμαρίταις en 4,9 nous intéresse particulièrement. Elle est omise par deux onciaux (D ℵ*), par certains témoins de l'ancienne version latine (a b d e j), par de manuscrits coptes (cop^{fay}) et par le traité **De physicis,** mais elle est attestée par la plupart des manuscrits.

1. Toutes les éditions du Nouveau Testament avant Tischendorf (^{8}1869) ont imprimé la parenthèse. Nous ne connaissons que E. Wassenbergh (1815), qui voulait la supprimer à cause de l'omission dans D et d. Il la considérait comme une note tardive : "Non reperiuntur ista in

---

710. Noter en plus l'omission de 1,24 par conjecture (P. Schmiedel), signalée depuis N^{13} (1927) et l'omission de 1,40 (avec les vv. 41-42) : "Alogi **apud** Epiph.". Nous n'avons pas signalé les mots ou tournures qui sont omises à l'intérieur des parenthèses.
711. Comp. Weiss, von Soden, Vogels, Merk et Bover.
712. Noter que la **Synopsis** ne reproduit pas les crochets du texte de Nestle-Aland.
713. 4,9 : voir infra, n. 725; 7,50 : "προσ αυτους sine ο ελθων etc ita ℵ*(:: ita rectissime edi videtur. Confirmatur autem Sinaitici codicis auctoritas quum eo quod vix credibile est Iohannem utroque loco, quo nocturnam Iesu conversationem Nicodemum commemoravit, 7,50 et 19,39, illius conversationis mentionem fecisse, tum quod additamentum brevissimum mira scripturae varietate laborat. Videntur autem primum aliena manu haec fere adnotata esse : ο ελθων πρ. αυτον προτερον. Haec alii post accuratius ad 19,39, ubi lectio tantum non fluctuat, conformanda duxerunt. Ceterum alieni suspicionem auget etiam quod D et Syrus verbis εισ ων εξ αυτων postposuere, nonnulli vero codices (al^3 et e) in ipsum locum horum verborum substituerunt" (p. 825); 13,10 : "νιψασθαι sine additam (Gb') cum ℵ C fu for fos gat harl mm" (p. 891); 21,25 : "Non addimus hunc versum cum ℵ*" (p. 965).

Cantabr. Cod. videnturque omnino serioris aevi annotatio"[714]. L'omission avait déjà été signalée dans la collation de Ussher, publiée par B. Walton (1657) : "οὐ usque ad finem versus Cant. desunt"[715], puis par J. Mill (1707): "Haec desunt in Cant."[716]. J. Wettstein (1751) y ajoute "Codices Latini"[717], rejoignant ainsi J. Blanchinus (1749)[718] : outre le Codex Cantabrigiensis (d), le Vercellensis (a) et le Veronensis omettent la parenthèse. J.J. Griesbach (^{2}1796), D. Schulz (^{3}1827), I.M.A. Scholz (1830) et C. Lachmann (1842) citent encore les mêmes témoins[719]. Tischendorf apporte à cette liste deux additions : dans sa cinquième édition (1849, editio Lipsiensis secunda), il mentionne le Palatinus (e), qu'il avait lui-même édité en 1847[720]; dans son editio octava (1869), il ajoute encore le Codex Sinaiticus, publié en 1863[721]. A ces témoins d'omission s'ajoutera le Sarzanensis (j), édité par G. Godu en 1936; voir l'édition de Nestle[17] (1941) : " ℵ*; D a b d e j"[722]. Plus récemment, le GNT (depuis ^{1}1966) signale l'omission dans cop^{fay} [723], et

---

714. E. WASSENBERGH, **Dissertatio**, 1815, p. 48 (cf. supra, n. 127-128).
715. B. WALTON, **Biblia Sacra polyglotta**. VI. **Appendix**, 1657, n° XVI, p. 17a.
716. J. MILL, **Novum Testamentum cum lectionibus variantibus**, 1707; ed. L. KUSTERUS, 1710, p. 207.
717. J. WETTSTEIN, ʽΗ ΚΑΙΝΗ ΔΙΑΘΗΚΗ. **Novum Testamentum Graecum**, t. I, 1751, p. 859.
718. J. BLANCHINUS, **Evangeliarium quadruplex Latinae Versionis Antiquae seu Veteris Italicae**, 1749, t. I, CCXCII-CCXCIII. Noter que P. SABATIER, **Bibliorum Sacrorum Latinae Versiones Antiquae seu Vetus Italica**, t. III, 1743, p. 400, ne citait que le Codex Cantabrigiensis pour l'omission.
719. J.J. GRIESBACH, **Novum Testamentum**, ^{2}1796, t. I, p. 442; éd. D. SCHULZ, ^{3}1827, p. 513 : "D Cant. Ver. Verc."; I.M.A. SCHOLZ, **Novum Testamentum Graece**, t. I, 1830, p. 357 : "D Cant. Ver. Verc."; C. LACHMANN, **Novum Testamentum Graece et Latine**, t. I, 1842, p. 566 : "om D a b".
720. Comp. S.P. TREGELLES, **The Greek New Testament**, 1861 (Lc - Jn), p. 390 : "om. D.a.b.e.". Cf. C. TISCHENDORF, **Evangelium Palatinum ineditum sive reliquiae textus evangeliorum Latini ante Hieronymum versi ex Codice Palatino purpureo ... edidit**, 1847.
721. C. TISCHENDORF, **Novum Testamentum Sinaiticum sive Novum Testamentum cum Epistula Barnabae et Fragmentis Pastoris ex Codice Sinaitico...**, 1863.
722. Comp. A. MERK, **Novum Testamentum Graece et Latine**, ^{5}1944. Voir G. GODU, **Codex Sarzanensis**, 1936, p. 113; comp. p. 42; A. JÜLICHER (éd.), **Itala**, t. IV (éd. W. MATZKOW et K. ALAND), 1963, p$_1$-29.
723. L'omission dans cop^{fay} est signalée par GNT$^{1-3}$ et K. ALAND, **Neue neutestamentliche Papyri II**, dans **NTS** 12 (1965-66) 193-202, spéc. p. 204 (cf. infra, n. 732). Voir W. TILL, **Faijumische Bruchstücke des Neuen Testamentes**, dans **Le Muséon** 51 (1938) 227-238, spéc. p. 229-230 : le manuscrit Wien, K 10112, qui contient Jn 4,3-14.

G.D. Kilpatrick (1968) mentionne le traité **De physicis**, ouvrage apocryphe de Marius Victorinus Afer[724].

Dans son editio octava (1869), Tischendorf, s'appuyant sur l'autorité de Codex Sinaiticus, rejette la parenthèse : "Praeterea ... non addidimus ου γαρ etc. cum ℵ* D a b e", et il ajoute entre parenthèses : "pro glossa habuit Wassenbg[48]"[725]. Westcott et Hort (1881) imprimèrent la parenthèse entre crochets, y voyant un exemple d'une catégorie intermédiaire d'omissions occidentales, proches des "Western non-interpolations"[726]. N[1-25] la met aussi entre crochets (R.F. Weymouth et B. Weiss acceptent l'authenticité). F. Blass (1902), lui aussi, utilise les crochets[727]. Il en donne la raison dans sa préface. D'une part, il souligne l'inauthenticité : "verba οὐ γὰρ συγχρῶνται Ἰουδαῖοι Σαμαρίταις .non est dubium quin delenda sint, et propter testes et propter συγχρῶνται; alienum enim id verbum est a NT°., neque χρᾶσθαί

14,39; Lc 5,39; 10,41-42; 12,19.21.39; 22,62; (24,9); Jn 3,32; 4,9. Dans l'édition du texte elles sont mises entre crochets.
Les autres non-interpolations occidentales, qui se trouvent principalement dans les derniers chapitres de Lc (22,12.19b-20; 24,3.6.36.40.51.52), sauf une dans Mt (27,49), sont mises entre doubles crochets.
Sur les "Western non-interpolations", voir F. NEIRYNCK, **Lc XXIV.12 : Les témoins du texte occidental**, dans T. BAARDA, A.F.J. KLIJN et W.C. VAN UNNIK (éd.), **Miscellanea Neotestamentica**. I (Supplements to Novum Testamentum, 47), 1978, p. 45-65; = **Evangelica**, 1982, 313-334 et
724. G.D. KILPATRICK, **John 4,9**, dans **JBL** 87 (1968) 327-328, spéc. p. 327; comp. **TLZ** 104 (1979) 260-270, spéc. c. 263. Voir **Marii Victorini Afri De physicis Liber**, dans **PL**, t. VIII, c. 1295-1320, spéc. c. 1308; H.J. VOGELS, **Der Bibeltext der Schrift "De physicis"**, dans **Revue Bénédictine** 37 (1925) 224-238, spéc. p. 234-235. Sur l'origine et la date du traité, voir ibid., p. 237 : "Mit ziemlich grosser Wahrscheinlichkeit dürfen wir Afrika als Heimatland des Traktates De Phys. bezeichnen, und als Abfassungszeit kommt wohl nur die 2. Hälfte des 4. Jahrh. in Frage".
725. C. TISCHENDORF, **Novum Testamentum Graece**, [8]1969, p. 772. Pour Wassenbergh, cf. supra, n. 714.
726. B.F. WESTCOTT & F.J.A. HORT, **The New Testament in Original Greek**. II. **Introduction. Appendix**, 1881, p. 175-177 (§ 240-242) et p. 294-295 (§ 383); voir spéc. p. 176 (§ 240) : "An intermediate class of Western omissions that may perhaps be non-interpolations must be admitted"; Hort énumère : Mt (6,15.25); 9,34; (13,33); 21,44; (23,26); Mc 2,22; (10,2); la littérature y citée (surtout n. 3).
727. Notons que "le texte que Blass propose est un texte relativement court et fort différent de Nestle, se basant surtout sur les versions latines et syriaques et sur les citations de quelques Pères, en particulier Chrysostome et Nonnus" (cf. F. NEIRYNCK, **Jean et les Synoptiques**, 1979, p. 29; sur le texte de Blass, voir son **Philology of the Gospels**, 1898, p. 219-243 : "Chapter XII : Textual Condition of Gospel").

τινι valde usitatum". Mais il paraît se reprendre en évoquant l'habitude de l'évangéliste d'éclaircir des passages difficiles à l'intention de ses lecteurs non-juifs : "Mirum tamen est, si Ephesi haec scripsit Iohannes, non ipsum tale quid adiecisse; nempe alias lectorum commodo serviens diserte explicat quae illi parum intellecturi essent (velut 2,21sq.), neque scire poterant Asiani homines Iudaeis cum Samaritanis inimicitiam intercedere"; mais à cette supposition il répond : "Nisi quidam (id quod numquam obliviscendum est) iam aliorum evangeliorum lectione imbuti erant; non enim iis scripsit Iohannes, qui Iesu rerum rudes essent, sed iam per alia et scripta et dicta initiatis"[728].

Parmi les commentateurs de l'évangile de Jean, les auteurs suivants ont admis la possibilité d'une glose : A. Loisy, J.M.S. Baljon, J. Wellhausen, T. Zahn, W. Bauer, M. Goguel, H. Windisch, E.L. Smelik, D. Mollat, E. Schick, W. Wilkens, A. Richardson, J. Jeremias, J.N. Sanders et B.A. Mastin, J.N. Birdsall, M.-E. Boismard et C.F. Molla[729]. De tous

---

728. F. BLASS, **Evangelium secundum Iohannem cum variae lectionis delectu**, 1902, p. XVIII. Comme témoins de l'omission il cite ℵ D a b e. Voir également F. BLASS, **Grammatik**, 1896, § 37,6, p. 112 : "unechter Zusatz"; § 46,12, p. 150 : "J 4,9 unecht"; comp. A. DEBRUNNER, ^{4}1913, § 193, n. 5, p. 116 : "4,9 ist unechter Zusatz"; § 262, n. 3, p. 153 : "J 4,9 unecht"; comp. R. FUNK, 1961, § 193, n. 5, p. 104 et § 262, n. 3, p. 138 : "the spurious addition". Mais F. REHKOPF, $_{14}$1976, § 262, n. 1 : "nicht in ℵ*D; ursprüngliche Glosse ?". Voir également F. BLASS, **Philology of the Gospels**, 1898, p. 232 : "here [4,9] again the interpolation is evident, as συγχρῆσθαί τινι is foreign to New Testament Greek".

729. A. LOISY, **La Samaritaine. Jean, IV, 1–42**, dans **Revue d'histoire et de littérature religieuses** 5 (1900) 355-366, spéc. p. 342-343; = **Jean**, 1902, p. 344-370, spéc. p. 349-350; J.M.S. BALJON, **Johannes**, 1902, p. 64; J. WELLHAUSEN, **Das Evangelium Johannis**, 1908, p. 128; T. ZAHN, **Johannes**, $^{1-2}$1908, p. 234; W. BAUER, **Das Johannesevangelium**, 1912, p. 43; M. GOGUEL, **Introduction au Nouveau Testament**, t. II, 1923, p. 236; H. WINDISCH, **Der Johanneische Erzählungsstil**, 1923, p. 178, n. 3; E.L. SMELIK, **Johannes**, 1948, p. 96, n. 5; D. MOLLAT, **L'évangile de saint Jean**, 1935, p. 85 (la **Bible de Jérusalem**, 1974, p. 1543, note seulement: "Om. de la parenthèse"); E. SCHICK, **Johannes**, 1956, ^{2}1965, p. 51-52; W. WILKENS, **Die Enstehungsgeschichte des vierten Evangeliums**, 1958, p. 136; A. RICHARDSON, **John**, 1959, p. 81; J. JEREMIAS, **Jerusalem zur Zeit Jesu**, ^{3}1962, p. 394 (Jeremias a changé d'avis sous l'influence de l'article de D. Daube; cf. infra, n. 744); J.N. SANDERS & B.A. MASTIN, **John**, 1968, p. 140, n. 4; J.N. BIRDSALL, **The New Testament Text**, dans P.R. ACKROYD & C.F. EVANS (éd.), **The Cambridge History of the Bible**, t. I, 1970, p. 308-377, spéc. p. 375-376; M.-E. BOISMARD & A. LAMOUILLE, **L'évangile de Jean**, 1977, p. 128a, 130b (cf. infra, n. 735); C.F. MOLLA, **Le quatrième évangile**, 1977, p. 64 (corriger : "La fin du verset 9 manque dans de nombreux manuscrits"). Voir également infra, n. 735, pour les auteurs qui hésitent d'attribuer la parenthèse à un glossateur.

ces auteurs, T. Zahn est sans doute le plus précis dans la description de la glose : "eine uralte, wohl schon vor der Mitte des 2. Jahrhunderts und vor allseitiger Verbreitung des 4. Ev. in den Text eingedrungene Glosse"[730].

2. Toutes les autres éditions modernes impriment la parenthèse sans crochets dans leur texte (H. von Soden, H.J. Vogels, A. Merk, J.M. Bover, R.V.G. Tasker, G.D. Kilpatrick, GNT$^{1-2}$) et maintenant aussi N^{26} et GNT^3 (contre N^{25})[731]. En effet, elle est attestée par la plupart des manuscrits. Les éditeurs du **Greek New Testament** nous fournissent une liste des témoins[732]. Ils ont marqué la leçon de la parenthèse avec la lettre C, ce qui signifie "that there is a considerable degree of doubt whether the text or the apparatus contains the superior reading"[733]. Ce doute avait déjà été exprimé dans le commentaire de B.F. Westcott. Notant que la phrase est omise par "an important group of ancient authorities", il la considère comme "an explanatory note of the Evangelist", mais il ajoute tout de même "if genuine"[734]. On peut lire une semblable hésitation chez M.-J. Lagrange, R. Bultmann, C.K. Barrett, R. Schnackenburg, R.T. Fortna et même chez M.-E. Boismard, qui considère la phrase comme "une glose de scribe"[735].

---

730. T. ZAHN, **Johannes**, $^{1-2}$1908, p. 234. Dans son **Einleitung**, t. II, ^{2}1900, p. 552, n. 13, il la considère comme authentique : "Ob 4,9... zu streichen oder... beizuhalten ist, kann fraglich sein. Die klassische Kürze des Interpretaments spricht für dessen Echtheit"; comp. p. 560 : "Ob 4,9 Interpolation sei mag zweifelhaft bleiben".
731. Noter que la phrase est mise entre parenthèses dans l'édition de Tasker et dans GNT$^{1-3}$ (voir supra, n. 23). Comp. J.J. Griesbach (^{2}1796; ^{3}1827, éd. D. Schulz); P.A. Gratz (1827), J.M.A. Scholz (1830), S.T. Bloomfield (^{3}1839), G.C. Knapp (^{5}1840), F.X. Reithmayr (1847). Voir également Beza (cf. infra, n. 778).
732. Comp. K. ALAND, **Neue neutestamentliche Papyri II**, dans **NTS** 12 (1965-66) 193-210, spéc. p. 204 ; repris et retravaillé dans **Studien zur Überlieferung des Neuen Testamentes und seines Textes** (Arbeiten zur neutestamentlichen Textforschung, 2), 1967, p. 155-172, spéc. p. 161-162, sous le titre : **Die Bedeutung des P^{75} für den Text des Neuen Testaments. Ein Beitrag zur Frage des "Western non-Interpolations"**.
733. Même cote dans GNT$^{1-2}$.
734. B.F. WESTCOTT, **The Gospel according to John**, 1881, p. 68-69. Comp. E.A. ABBOTT, **Johannine Grammar**, 1906, p. ix; comp. C.K. BARRETT, **John**, 1955, p. 194; ^{2}1978, p. 232.
735. M.-J. LAGRANGE, **Jean**, 1925, p. 105; R. BULTMANN, **Johannes**, 1941, p. 130, n. 5; C.K. BARRETT, **John**, 1955, p. 194; ^{2}1978, p. 232-233; R. SCHNACKENBURG, **Das Johannesevangelium**, t. I, 1965, p. 461; R.T. FORTNA, **The Gospel of Signs**, 1972, p. 190; M.-E. BOISMARD, **L'évangile de Jean**, 1977, p. 128a.

Les commentateurs qui interprètent la parenthèse comme une glose du scribe invoquent, avec Tischendorf, Westcott et Blass, l'importance des manuscrits qui omettent la parenthèse[736]. Selon J. Wellhausen, le fait que, dans l'évangile de Jean, le manuscrit א s'accorde plus souvent que le Vaticanus(B) avec les versions latines ne signifie pas que le Codex Sinaiticus soit de moindre importance; par contre, on doit préférer souvent la leçon de א à celle de B, surtout quand il s'agit d'omissions comme celles de 4,9[737]. Plus proche de nous, M.-E. Boismard considère la parenthèse de 4,9 comme "une glose de scribe" en raison d'une préférence donnée au "texte SD" (comp. Blass)[738]. Mais le texte de 4,9 semble remonter très haut : nous le trouvons dès le commencement du troisième siècle ($P^{66.75}$). Quant à l'autorité des témoins de l'omission[739], l'on peut noter avec P. Schanz : "Diese Handschriften haben gern Auslassungen und Änderungen"[740].

2. "Transcriptional probability"

En ce qui concerne la "transcriptional probability", les exégètes qui conjecturent une glose marginale font valoir la règle "lectio brevior potior". Si ce membre de phrase est une glose, "on s'explique très bien les raisons qui ont déterminé son addition, tandis qu'on ne peut pas comprendre pourquoi il aurait été supprimé"[741]. Mais, ces commentateurs doivent expliquer, comme l'a remarqué K. Aland[742], comment la parenthèse peut être attestée non seulement dans toute la tradition du texte grec mais aussi dans les versions, à l'exception de certains témoins de

---

736. Voir par exemple T. ZAHN, **Johannes**, [1-2]1908, p. 234 : "... ihre Tilgung in sehr ansehnlichen griech. und lat. Hss"; comp. R.E. BROWN, **John**, t. I, 1966, p. 170 : "There is a respectable Western evidence for the omission of this whole parenthetical clause in vs. 9".
737. J. WELLHAUSEN, **Das Evangelium Johannis**, 1908, p. 128. Voir également 7,59; 9,39; 16,15; 21,25.
738. M.-E. BOISMARD & A. LAMOUILLE, **L'évangile de Jean**, 1977, p. 128a; comp. p. 130b : "la glose de copiste". Sur le texte א et D ("SD"), voir M.-E. BOISMARD, **Le Papyrus Bodmer II**, dans RB 64 (1957) 363-398, spéc. p. 367; cf. F. NEIRYNCK, **Jean et les Synoptiques**, 1979, p. 33.
739. H. ALFORD, **The Greek New Testament**, t. I, 1874, repr. 1958, **ad.loc.** : "The authority is not enough".
740. P. SCHANZ, **Johannes**, 1885, p. 202, n. * (sur l'omission dans א D a b c).
741. M. GOGUEL, **Introduction au Nouveau Testament**, t. II, 1923, p. 236.
742. K. ALAND, art. cit. (cf. supra, n. 732), p. 166.

l'ancienne version latine et de la version copte. Pour Aland, il s'agit d'une omission intentionnelle : "es handelt sich um die Streichung eines originalen Textstückes, und zwar auf Grund bewusster Reflexion. Dieses Mal hielt man das Textstück für überflüssig, andere Male nahm man an ihm Anstoss"[743]. D'après D. Daube également, l'omission doit être interprété comme intentionnelle. Il traduit la phrase par "Jews do not use vessels together with Samaritans"[744], et il suppose que les scribes

---

743. Ibid., p. 166.
744. D. DAUBE, **Jesus and the Samaritan Woman : The Meaning of** συγχράομαι, dans **JBL** 69 (1950) 137-147, spéc. p. 139, 144; repris dans **The New Testament and Rabbinic Judaism**, 1956, p. 373-382. Daube constate qu'il n'y a pas d'attestations du verbe συγχράομαι dans le sens "to be intimate" (p. 140). Les exemples cités par J.H. MOULTON & G. MILLIGAN, **The Vocabulary**, 1930, s.v. (p. 616), ne sont pas convaincants (voir EPICT., I.2,7; IGN., **Magn.** 3; DIOG. OENOAND. fr. 64, iii, 9). D'après Daube on doit relier le préfixe συν- avec le datif Σαμαρίταις (p. 140) et traduire "les juifs ne servent pas (d'ustensiles) avec les Samaritains" (p. 144). Quoique la régulation citée par Mishnah Niddah 4,1 ("Les Samaritaines sont tenues pour des mentruées dès le berceau") fut ordonnée en 65-66 A.D., on peut conjecturer d'après Daube "that, in more rigid circles, this view had been prevalent, and acted upon, long before 65 and 66" (p. 137). Jésus se souillerait donc en buvant l'eau de la cruche.
La traduction de Daube a été acceptée par C.K. BARRETT, **John**, 1955, p. 194-195; ²1978, p. 232-233; R.H. LIGHTFOOT, **John**, 1956, p. 134; J. JEREMIAS, recension de D. DAUBE, **The New Testament and Rabbinic Judaism**, dans **TZL** 83 (1958) 348-352, spéc. c. 351; ID., s.v. Σαμάρεια , dans **TWNT** 7 (1964) 88-94, spéc. p. 92 (et n. 25); R.V.G. TASKER, **John**, 1960, p. 79; O.E. EVANS, **John**, 1965, p. 41; R.E. BROWN, **John**, t. I, 1966, p. 170; J. MARSH, **John**, 1968, p. 210, 213; J.N. BIRDSALL, **The New Testament Text**, dans P.R. ACKROYD & C.F. EVANS (éd.), **The Cambridge History of the Bible**, t. 1, 1970, p. 308-377, spéc. p. 375-376; L. MORRIS, **John**, 1971, p. 259, spéc. n. 25; B. OLSSON, **Structure and Meaning**, 1974, p. 154-155; A. JAUBERT, **Approches de l'évangile de Jean**, 1976, p. 62, n. 18; J. SCHNEIDER, **Johannes**, 1976; ²1978, p. 110-111. Voir également NEB; G.D. KILPATRICK, **John. A Greek English Diglot**, 1960, p. 9 (en note comme alternative); GNB et TEV; cf. B.W. NEWMAN & E.A. NIDA, **John**, 1980, p. 113-114.
Récemment, T.E. POLLARD, **Jesus and the Samaritan Woman**, dans **ExpT** 92 (1980-81) 147-148, a signalé que "Augustine, writing about AD 410-420, either himself invented this interpretation which Daube has proposed over 1500 years later or simply drew on a traditional interpretation with which he was familiar and which he took for granted" (p. 148). Pollard cite **Tractatus** XV, ch. 4, par. 11 : "Videtis alienigenas : omnino vasculis eorum Judaei non utebantur. Et quia ferebat secum mulier vasculum unde aquam hauriret, eo mirata est, quia Judaeus petebat ab ea bibere, quod non solebant facere Judaei" (**PL** 35, c. 1514; voir également l'édition de R. WILLEMS, dans **Corpus Christianorum, Series Latina**, t. 36, 1954, p. 154 et la traduction française de M.F. BERROUARD, dans **Oeuvres de saint Augustin**, t. 71, 1969, p. 773). Mais l'on peut lire déjà la référence à l'interprétation de S. Augustin chez les commentateurs anciens. Voir J. MALDONATUS, **Commentarii**, 1597; éd. C.

ont supprimé la parenthèse parce qu'ils ne comprenaient plus le sens exact du verbe συγχράομαι⁷⁴⁵. B.M. Metzger interprète l'omission d'une

---

MARTIN, t. II, 1854, p. 517 : "Existimabant Judaei, ut D. Augustinus [Tract. 15] adnotavit, omnia vasa Gentilium immunda esse, quia multas saepe res immundas attingebant, ideo ea non tangere poterant"; F. LUCAS BRUGENSIS, **Commentarius**, 1616; éd. 1712, t. II, p. 79a ` : "Non loquitur Samaritana de quavis consuetudine aut commercio, sed nec simpliciter agit de cibo et potu, quasi aqua hausta ex fonte, aut cibo emto ab hominibus regionis Samaritanorum, Judaei nollent uti; ... sed quod nollent simul edere aut bibere, ex eadem mensa aut catino cibum, ex eadem hydria aut calice potum sumere. Quare Augustinus in hunc locum scribit : **omnino vasculis eorum Judaei non utebantur**. Similiter Richelius : **Communionem cum illis in cibis et potibus seu utensilibus habere contemnunt**; nempe, Samaritanorum vasa immunda judicant"; C. JANSENIUS, **Tetrateuchus**, 1639; éd. 1853, t. II, p. 325 : "Intellige, in mensa, cibis, potu et vasculis, quibus illa ministrantur, ut notat August. Nam Judaei Samaritanos habebant pro Gentilibus, cum quibus quidem civiliter versabantur, contractusque miscebant (unde et hic discipuli a Samaritanis emunt cibus) : non tamen comedebant, aut bibebant cum illis". D'après G.D. KYPKE, **Observationes**, t. I, 1755, p. 360, c'est également l'interprétation de Millius : "Cel. Millius **Dissert. de caussis odii Iudaeos inter et Samar.** Trai. 1725. edita §. 20. verbum συγχρῶνται explicat : **Non utuntur Iudaei Samaritanis**, et sensum subesse putat : quod vasis Samaritanorum Iudaei usi non sint, adeoque mulier hic mirata sit, Iesum e vase suo bibere velle", mais Kypke lui-même préfère l'interpretation de Grotius : "Malim tamen tenere explicationem Grotii et aliorum, iuxta quos verto : **Non enim amice utuntur Iudaei Samaritanis**. Ita ut nullam Iudaeos inter et Samaritanos intercessisse familiaritatem afferatur". Voir encore P. SCHANZ, **Johannes**, 1885, p. 202, qui rejette l'interprétation de S. Augustin : "Es kann also nicht bloss auf die Nichtbenützung samaritanischer Gefässe (Aug., Mald.), oder auf Gaben im Unterschied zum Gekäuften (Mald., Grot., Lightf.) gehen, ist überhaupt nicht exclusiv zu nehmen".

De ces auteurs, il nous semble que J. Maldonat et C. Jansénius ont bien vu la nuance que S. Augustin donnait à la parenthèse. Les Juifs ne se servaient à aucun prix des vases des Samaritains, parce qu'ils considèrent les Samaritains comme des étrangers : "Videtis alienigenas; omnino vasculis eorum Iudaei non utebantur" (**Tractatus** XV, 11). En effet, dans le paragraphe précédent S. Augustin souligne que les Juifs considèrent les Samaritains comme des étrangers : "Samaritani ad Iudaeorum gentem non pertinebant : alienigenae enim fuerunt, quamvis vicinas terras incolerent. Longum est originem Samaritanorum retexere, ne nos multa teneant, et necessaria non loquamur; sufficit ergo ut Samaritanos inter alienigenas depetemus" (XV, 10).

Ont rejeté l'hypothèse de Daube : R. SCHNACKENBURG, **Das Johannesevangelium**, t. I, 1965, p. 461, n. 1; J.N. SANDERS & B.A. MASTIN, **John**, 1968, p. 140, n. 4; B. LINDARS, **John**, 1972, p. 181; E. HAENCHEN, **Das Evangelium nach Johannes**, 1980, p. 240. Voir spécialement la réaction sévère de D.R. HALL, **The Meaning of** συγχραόμαι **in John 4:9**, dans **ExpT** 83 (1971) 56-57.

745. D. DAUBE, art. cit., p. 144-145 : "Yet the easier explanation seems to be that we have before us a comment by John himself. As remarked above, that anti-Samaritan decree of A.D. 65 or 66 formed part of a famous legislation. The reason for the absence of the clause from

manière analogue, mais il tient compte aussi de la possibilité que l'omission soit involontaire : "The omission, if not accidental, may reflect scribal opinion that the statement is not literally exact and therefore should be deleted"[746]. Comme le propose J. Jeremias, on peut supposer une omission "infolge Versehens beim Abschreiben"[747]. Plus particulièrement, G.D. Kilpatrick parle d'une omission par homoioteleuton[748].

3. La critique interne

Au niveau de la critique interne, on objecte contre l'authenticité que la langue de la parenthèse explicative serait contraire au style de Jean : συγχράομαι est un **hapax** dans le Nouveau Testament[749] et les adjectifs substantivés Ἰουδαῖοι et Σαμαρίταις ne portent pas l'article, bien qu'ils soient définis, ce qui serait un cas unique dans l'évangile de Jean[750]. On retrouve les mêmes arguments chez J. Becker pour attribuer la parenthèse à la **kirchliche Redaktion** : "Der Satz is ein typisch nachträglicher Kommentar, fehlt in einiger Handschriften, sein Verb ist hapax legomenon im NT und der artikellose Gebrauch der Plurale 'Juden' bzw. 'Samaritaner' im Joh nicht üblich (einzige Ausnahme : 3,25 als sekundäre Lesart)"[751]. Boismard, qui regarde la parenthèse comme "une glose de scribe", prend également en compte cette possibilité : "Si l'on voulait la maintenir dans le texte johannique, il faudrait

---

the manuscripts named probably is that it was no longer understood when they were written. We ought to remember that, if the thesis submitted is correct, the interpretation of συγχράομαι as meaning 'to associate on friendly terms' was not known to ancient editors and scribes; so the passage must have been sounded very queer to them." Comp. J. JEREMIAS, dans **TLZ** 83 (1958) 348-352, spéc. c. 351.

746. B.M. METZGER, **A Textual Commentary**, 1971, p. 206.
747. J. JEREMIAS, s.v. Σαμάρεια, dans **TWNT** 7 (1964) 88-94, p. 92, n. 25.
748. G.D. KILPATRICK, **John 4,9**, dans **JBL** 87 (1968) 327-328.
749. En plus de F. Blass (cf. supra, n. 728), voir entre autres J.M.S. BALJON, **Johannes**, 1902, p. 64; T. ZAHN, **Johannes**, $^{1-2}$1908, p. 234 : "Andrerseits befremdet nicht nur der in der Bibel unerhörte Ausdruck συγχρῆσθαι für den geselligen und geschäftlichen Verkehr, sondern auch die unbestimmte Allgemeinheit der Angabe, welche weder auf den besonderen, vorliegenden Fall bezug nimmt, noch den sehr mannigfaltigen Urteilen und Verhaltensweisen der Juden in Bezug auf die Samariter entspricht".
750. Voir M.-E. BOISMARD & A. LAMOUILLE, **L'évangile de Jean**, 1977, p. 128a.
751. J. BECKER, **Das Evangelium des Johannes**, t. I, 1979, p. 166.

l'attribuer à Jean III, puisqu'elle est contraire au style de Jean II et ne peut pas remonter au Document C"[752].

1. Le verbe συγχράομαι est un **hapax** dans le Nouveau Testament, mais la rareté du mot ne dit rien sur le caractère johannique ou non johannique de la parenthèse entière[753]. C'est peut-être la seule fois où l'évangéliste a l'occasion d'utiliser le verbe et on peut l'attribuer aussi bien à l'évangéliste qu'à un glossateur ou à la rédaction ecclésiastique. En outre, quoique Jean n'utilise pas fréquemment les verbes composés avec συν-, ils ne sont pas absents[754]. Certains verbes composés avec συν- lui sont propres, d'autres sont repris des synoptiques ou résultent de la rédaction johannique de textes synoptiques qui n'ont pas ce verbe composé. Considérons quelques exemples de plus près.

---

752. M.-E. BOISMARD & A. LAMOUILLE, **L'évangile de Jean**, 1977, p. 128a. Sans mentionner le style non-johannique, H.-M. Schenke considère la parenthèse comme addition de la rédaction post-johannique; cf. H.-M. SCHENKE, **Jacobsbrunnen – Jacobsgrab – Sychar**, dans **Zeitschrift des Deutschen Palästina-Vereins** 84 (1968) 159-184, spéc. p. 159. Sur la critique littéraire de Jn 4,1-42, cf. infra, n. 783.

753. Comp. la critique de D.A. CARSON, **Current Source Criticism of the Fourth Gospel**, dans **JBL** 97 (1978) 411-429, spéc. p. 425, contre les critères stylistiques de Fortna : "the occurrence of an occasional word proves nothing. The sample is too small". Carson se réfère à W.G. KÜMMEL, **Einleitung in das Neue Testament**, [17]1973, p. 180, n. 78 (traduction anglaise, p. 214, n. 78) : "Ein grosser Teil der von FORTNA, **Gospel of Signs**, 205ff genannten joh. Charakteristika fehlt im rekonstruierten Text der Quelle darum, weil die Quelle keine Reden Jesu enthalten haben soll, und die Liste der nur in der Quelle begegnenden Stilmerkmale (ebd., 214ff) beweist entweder darum nichts, weil das ganz gelegentliche Vorkommen eines Wortes kein Stilmerkmal ist, oder weil die meisten der aufgeführten Worte durch den jeweiligen Kontext bedingt oder überhaupt nicht charakteristisch sind". Voir également M. SABBE, **The Arrest of Jesus in Jn 18,1-11**, dans M. DE JONGE (éd.), **L'évangile de Jean**, 1977, p. 203-234, spéc. p. 210 (contre Dauer sur πολλάκις de Jn 18,2) : "We cannot deny John the right occasionally to use a hapax".

754. Voici la liste avec la fréquence des occurrences dans les livres du N.T. (cf. F. NEIRYNCK & F. VAN SEGBROECK, **New Testament Vocabulary**, 1984, p. 62-66) :

	Mt	Mc	Lc	Jn	Ac	1-3 Jn	Ap	NT	
συγχράομαι	0	0	0	1	0	0	0	1	4,9
συλλαμβάνω	1	1	7	1	4	0	0	16	18,12
συμβουλεύω	1	0	0	1	1	0	1	4	11,53; 18,14
συμφέρω	4	0	0	3	2	0	0	15	11,50; 16,7; 18,14
συνάγω	24	5	6	7	11	0	5	59	4,36; 6,12.13; 11,47.52; 15,6; 18,2; 20,19 (v.l.)
συνεισέρχομαι	0	0	0	2	0	0	0	2	6,22; 18,15
συνέρχομαι	1	2	2	2	16	0	0	30	11,33; 18,20
συντίθημι	0	0	1	1	1	0	0	3	9,22
συντρίβω	1	2	1	1	0	0	1	7	19,36
συσταυρόω	1	1	0	1	0	0	0	5	19,32

Voir encore συνανάκειμαι : 12,2 (v.l.).

a) Jn est également le seul écrivain du Nouveau Testament qui utilise le verbe συνεισέρχομαι en 6,22 et 18,15. La phrase συνεισῆλθεν τῷ Ἰησοῦ en 18,15 rappelle le εἰσελθών de Mt 26,58, mais Jn a ajouté συν- τῷ Ἰησοῦ "pour décrire la démarche du parfait disciple qui suit Jésus 'là' où les autres, même Pierre, ne peuvent suivre"[755]. Le même verbe συνεισέρχομαι + datif se trouve en 6,22 : οὐ συνεισῆλθεν τοῖς μαθηταῖς αὐτοῦ[756].

b) Ces deux emplois de συνεισέρχομαι + datif peuvent être rapprochés de συνέρχομαι + datif dans le sens de "venir avec" en 11,33 : τοὺς συνελθόντας αὐτῇ Ἰουδαίους κλαίοντας[757].

c) Le verbe συλλαμβάνω en 18,12 est utilisé par Jn sous l'influence de Lc 22,54 (comp. Ac 1,16; Mc 14,48; Mt 26,55)[758].

d) Dans la parenthèse de 18,14, Jn se réfère au conseil donné par Pilate en 11,49-50. Le participe ὁ συμβουλεύσας peut rappeler le συνεβουλεύσαντο de Mt 26,4[759].

e) C'est d'ailleurs dans le même contexte qu'on trouve le verbe συνάγω (Mt 26,3) : τότε συνήχθησαν οἱ ἀρχιερεῖς καὶ οἱ πρεσβύτεροι τοῦ λαοῦ..., qu'on rapprochera de Jn 11,47 : συνήγαγον οὖν οἱ ἀρχιερεῖς καὶ οἱ Φαρισαῖοι συνέδριον[760].

f) En 18,2 on peut interpréter la seule occurrence du moyen de συνάγω (πολλάκις συνήχθη Ἰησοῦς) comme une rédaction de Jn en dépendance de Lc 22,39-40a[761].

---

755. Cf. F. NEIRYNCK, **Jean et les Synoptiques**, 1979, p. 80, en réaction contre la reconstruction du **Document C** par Boismard.
756. Ibid., p. 80; le verbe est supprimé par Boismard dans son texte de l'évangile de Jean (voir ibid., p. 25).
757. Ibid., p. 80 et 151. Dans les autres instances le verbe συνέρχομαι signifie "se rassembler". Dans le sens de "venir avec", voir outre Jn 11,33 : Lc 23,55; Ac 1,21; 9,39; 10,23.45; 11,12; 15,38; cf. M.-E. BOISMARD & A. LAMOUILLE, **L'évangile de Jean**, 1977, p. 65b-66a (expressions propres à Jean II-B et Lc/Ac); comp. F. NEIRYNCK, **Jean et les Synoptiques**, 1979, p. 80, n. 129.
758. Voir par exemple A. DAUER, **Die Passionsgeschichte im Johannesevangelium**, 1972, p. 59, 72, et spéc. p. 97; Dauer suppose que la source de Jean a été influencée par les Synoptiques (cf. supra, n. 505-512).
759. Voir F. NEIRYNCK, **John and the Synoptics**, dans M. DE JONGE (éd.), **L'évangile de Jean**, 1977, p. 73-106, spéc. p. 92, n. 80; = **Jean et les Synoptiques**, 1979, p. 363-374, spéc. p. 373, n. 80; **Evangelica**, 1982, p. 365-400, spéc. p. 384, n. 80. Sur la dépendance de Jean vis-à-vis des synoptiques, voir également ID., **John and the Synoptics : The Empty Tomb Stories**, dans **NTS**, t. 30, 1984, 161-187.
760. Voir la note précédente.
761. Cf. M. SABBE, **The Arrest of Jesus in Jn 18,1-11** (cf. supra, n. 753), p. 211.

g) De plus, il a repris de Mc 15,32 (Mt 27,44) le verbe συσταυρόω, mais il n'y ajoute pas σὺν αὐτῷ mais seulement le datif[762]. D'ailleurs, Jn n'utilise jamais σύν après un verbe composé de συν-[763] :

4,9   οὐ γὰρ συγχρῶνται Ἰουδαῖοι Σαμαρίταις
6,22 ὅτι οὐ συνεισῆλθεν τοῖς μαθηταῖς αὐτοῦ ὁ Ἰησοῦς
11,33 τοὺς συνελθόντας αὐτῇ Ἰουδαίους κλαίοντας
18,2 συνήχθη Ἰησοῦς ἐκεῖ μετὰ τῶν μαθητῶν
18,14 ὁ συμβουλεύσας τοῖς Ἰουδαίοις
18,15 καὶ συνεισῆλθεν τῷ Ἰησοῦ
19,32 καὶ τοῦ ἄλλου τοῦ συσταυρωθέντος αὐτῷ.

h) Notons enfin que les verbes composés de συν- se rencontrent plusieurs fois dans des parenthèses : voir 9,22 (συντίθημι); 18,2 (συνάγω); 18,14 (συμβουλεύω).

2. L'omission de l'article devant les deux adjectifs substantivés Ἰουδαῖοι et Σαμαρίταις est frappant dans l'évangile de Jn. Mais ne peut-on supposer que la parenthèse en 4,9 exprime une pensée générale et qu'elle soit une espèce de γνώμη, qui, comme dans des proverbes, laisse les noms indéfinis[764]?

3. L'argument décisif en faveur de l'authenticité de la parenthèse οὐ γὰρ συγχρῶνται Ἰουδαῖοι Σαμαρίταις relève, d'après B.M. Metzger, de la

---

762. Les verbes composées de συν-, sont le plus souvent construits avec le datif; voir B. WINER, **Grammatik**, [5]1844, § 56, 4, 14, p. 511; [6]1855, § 52₁,4, 15, p. 384; comp. F. BLASS, A. DEBRUNNER & F. REHKOPF, **Grammatik**, [14]1976, § 202, 1, p. 164; § 202, n. 8 (p. 165).

763. Voir surtout B. OLSSON, **Structure and Meaning**, 1974, p. 155, n. 23. Jean n'emploie σύν qu'en 12,2; 18,1; 21,3; cf. F. NEIRYNCK, **Jean et les Synoptiques**, 1979, p. 147-151.

764. Cf. J. CARRIERE, **Stylistique grecque**, 1967, p. 4 : "Les pensées générales, les proverbes, les sentences ou γνῶμαι, dont la frappe doit être nette (et où rien ne limite sensiblement l'extension des idées qui recouvrent les termes), laissent les noms indéfinis"; il donne comme exemples : τίκτει κόρος ὕβριν (la satiété engendre la démesure); κρεῖττόν ἐστιν ἐμφανὴς φίλος ἢ πλοῦτος ἀφανής (Mén., **Dyscolos**, 811-812; mieux vaut ami visible que trésor invisible); κόραξ κόρακι φίλος (le corbeau est l'ami du corbeau). Comp. R. KÜHNER & B. GERTH, **Ausführliche Grammatik der griechischen Sprache. Satzlehre**, t. 1, [3]1955 (=1904), § 462, c, p. 604 : "Üblich ist die Weglassung des Artikels in manchen **formelhaften** Wendungen, die der Gesetzes- oder der technischen Sprache angehören." -- R. BULTMANN, **Johannes**, 1941, p. 130, n. 5, note : "Beide Bezeichnungen Ἰουδ. und Σαμ. sind als determiniert gedacht"; il se réfère à F. BLASS & A. DEBRUNNER, **Grammatik**, [4]1913, § 362, 3, p. 153. -- Noter que les minuscules 1009 1646 ont ajouté l'article devant Ἰουδαῖοι.

critique interne : "Although some have thought... that the words are an early marginal gloss that eventually got into the text of most witnesses, such comments are typical of the evangelist"[765]. Avant Metzger, l'argument de la parenthèse johannique fut invoqué par R.V.G. Tasker (1964) : "Though they may have been added to the text

---

765. B.M. METZGER, **A Textual Commentary**, 1971, p. 206. Il se réfère à la grammaire de Blass-Debrunner-Funk (§ 193,5) où la phrase explicative en 4,9 est interprétée comme une glose (voir supra, n. 728). Pour Metzger le style de l'écrivain joue un rôle important dans l'examen des leçons variantes; cf. F. NEIRYNCK, **Jean et les Synoptiques**, 1979, p. 215, spéc. n. 563.
  Sur l'importance des parenthèses comme caractéristique du quatrième évangile dans la critique textuelle, voir également G.D. FEE, **Once More – John 7,37–39**, dans ExpT 89 (1977-78) 116-117. A propos de 7,39 il note que "the stylistic feature τοῦτο δὲ εἶπεν is typically Johannine". Il mentionne 7 autres cas "where the author (or redactor) similarly comments on or interprets what has been said" (p. 116) : 2,21; 6,6.71; 12,33; 21,19 (les paroles de Jésus); 11,51 (Caïphe); 12,6 (Judas). Il exclut 11,13 "because it lacks τοῦτο and has the perfect εἰρήκει" et 13,11.28 "where the formula is a part of the 'knowing/not knowing' editorial comments"; cf. 2,22; 4,53; 8,27; 10,6; 11,13; 12,16; 16,19 (p. 118, n. 8). — Sur τοῦτο δὲ εἶπεν comme formule d'introduction des parenthèses, voir également F. NEIRYNCK, **Jean et les Synoptiques**, 1979, p. 216-217 (en réaction contre Boismard, qui lit en 12,6 τοῦτο δὲ εἶπεν au lieu de εἶπεν δὲ τοῦτο).
  Examinant les leçons variantes de 1,15 (οὗτος ἦν ὃν εἶπον et οὗτος ἦν ὁ εἰπών), J.R. MICHAELS, **Origen and the Text of John 1,15**, dans E.J. EPP & G.D. FEE (éd.), **The New Testament Textual Criticism** (FS B.M. Metzger), 1981, p. 87-104, spéc. 98-101 attire également l'attention sur le caractère johannique des parenthèses. Mais du point de vue du style de Jean, il est difficile de décider pour l'une ou l'autre variante en 1,15, car les deux leçons représentent une caractéristique johannique. 1) La variante οὗτος ἦν ὃν εἶπον est à classer sous la catégorie des "self-citations" (p. 98-99). En effet, dans l'évangile de Jean, Jésus se réfère 15 fois à sa propre parole (7 fois dans le contexte immédiat : 1,50; 3,7; 4,10; 8,24; 16,15.19; 18,8; 4 fois dans un contexte plus éloigné : 6,65; 13,33; 14,28; 15,20; 4 fois, où la référence n'est pas claire : 6,36; 10,36; 11,40; 14,2). A côté de Jésus, Jean-Baptiste est le seul personnage qui se réfère à sa propre parole; voir à côte de 1,15 : 1,30; 3,38. 2) La deuxième leçon, οὗτος ἦν ὁ εἰπών forme "a parenthetical remark by the evangelist identifying John the Baptist as the one about to testify" (p. 99). Se référant à M.C. Tenney, Michaels affirme : "If self-citations are characteristic of the fourth evangelist's usage, parenthetical remarks of this kind are no less so. Again and again, this Gospel breaks the flow of its narrative to introduce brief explanations" (p. 99). Voir, par exemple 1,24.28.39; 4,2.9; 6,23. D'après Michaels, la parenthèse de 1,15, c'est-à-dire la formule d'introduction (οὗτος ἦν ὁ εἰπών) avec la citation (ὁ ὀπίσω μου ... πρῶτός μου ἦν), est à comparer avec 11,2 et surtout avec 21,20 : "in essence it [the identifying comment] is preliminary to what the Baptist says **now** (i.e. v.16) just as 21:20 is preliminary to information about the beloved disciple's future (vv. 21-3), and 11:2 is preliminary to the role that Mary will play in the story of Lazarus (vv. 28-32)."

later, such informative notes are characteristic of this author"[766].
E. Leidig (1979) l'affirme également : "Es gibt aber m.E. mehr Argumente, die für eine spätere Auslassung sprechen. Ein sachliches Argument sind die vielen erklärenden Anmerkungen im Johannesevangelium über die Juden und ihre Bräuche"[767].

a) Selon le contenu, la parenthèse doit être classée dans la catégorie des explications des usages juifs, qu'on rencontre également en 2,6; 18,28 et 19,40[768]. On peut encore comparer ces parenthèses avec les traductions de mots hébreux ou araméens[769] et avec l'emploi de τῶν Ἰουδαίων ajouté aux mentions des fêtes juives (ou expressions analogues)[770].

b) Du point de vue grammatical, l'on constate que la parenthèse est introduite par la particule γάρ[771]. Quoique la conjonction soit moins fréquente dans le quatrième évangile que dans les trois autres[772], on peut observer avec E.A. Abbott que Jean l'emploie pour introduire des parenthèses[773]. Nous avons compté 30 occurrences de γάρ introduisant une parenthèse, à savoir 23 fois dans la narration[774] et 7 fois dans le

---

766. R.V.G. TASKER, **The Greek New Testament**, 1964, p. 425.
767. E. LEIDIG, **Jesu Gespräch mit der Samaritanerin**, 1979, p. 26.
768. Cf. la catégorie **A2**; comparer encore les explications en 18,39; 19,31.42, que nous n'avons pas mises entre parenthèses.
769. Cf. la catégorie **A1**.
770. Avec ἑορτή (cf. la catégorie **C139**) : 5,1; 6,4 (τὸ πάσχα, ἡ ἑορτὴ τῶν Ἰ.); 7,2 ἡ ἑορτὴ τ. Ἰ. ἡ σκηνοπηγία ; πάσχα : 2,13; 11,55; παρασκευή : 19,42; καθαρισμος : 2,6; ἄρχων; 3,1; ἀρχιερεῖς : 19,21; ὑπηρέται : 18,12. Comp. 19,40 : κατὰ τὸ ἔθος τοῖς Ἰουδαίοις ; 18,20 : ἐν συναγωγῇ καὶ ἐν τῷ ἱερῷ , ὅπου πάντες οἱ Ἰουδαῖοι συνέρχονται. Cf. la catégorie **C179I**.
771. Cf. la catégorie **B1**.
772. Voici la fréquence : Mt : 124; Mc: 66; Lc : 97; Jn : 64; Ac : 80; 1-3 Jn : 6; Ap : 16; NT : 1041 (voir F. NEIRYNCK & F. VAN SEGBROECK, **New Testament Vocabulary**, 1984, p. 86). Cf. F. BLASS, **Grammatik**, 1896, § 78,6, p. 268 : "verhältnismässig am wenigstens bei Joh."; A. DEBRUNNER, ^{4}1913, § 452, p. 264 : "verhältnismässig am seltensten im Joh.ev."; F. REHKOPF, ^{14}1976, § 452, n. 1, p. 382 : "verhältnismässig selten in Jh". Comp. A.T. ROBERTSON, **A Grammar**, ^{3}1919, p. 1190; N. TURNER, **Syntax** (A Grammar, t. 3), 1963, p. 331. Observant "the comparative infrequency of γάρ in Jn", C.F. BURNEY, **The Aramaic Origin**, 1922, p. 69, supposait que plusieurs emplois de γάρ représentent des conjonctions araméens ou suppléent à l'absence de liaison. Mais cette supposition est rejetée par M.-J. LAGRANGE, **Jean**, 1925, p. CV ("une pure conjecture") et E.C. COLWELL, **The Greek of the Fourth Gospel**, 1931, p. 91-92.
773. E.A. ABBOTT, **Johannine Grammar**, 1906, p. 102 (§ 2066).
774. 2,25; 3,24; 4,8.9.44.45; 5,4*.13; 6,6.64.71; 7,1.5.39; 9,22; 13,11.29; 18,13; 19,31.36; 20,9; 21,7.8.

discours[775]. Comme en 4,9, plusieurs de ces parenthèses sont accompagnées d'une négation[776].

c) L'exégèse ancienne soutenait généralement que οὐ γὰρ συγχρῶνται Ἰουδαῖοι Σαμαρίταις en 4,9 est une réflexion de la Samaritaine[777], mais aujourd'hui cette supposition est rejetée presque unanimement[778]. En

---

775. 3,16.34; 4,23; 6,27.33; 7,4; 20,17. Voir encore les parenthèses à l'intérieur des réflexions plus longues : 3,17.19.20.34a.c; 6,40; 12,43.
776. οὐ γάρ : 3,17.34; 4,9; 7,1; 21,8; comp. 10,26*; 12,47; 16,13; οὐδὲ γάρ : 7,5; comp. 5,22; 8,42; οὔπω γάρ : 3,24; 7,39; 20,17; οὐδέπω γάρ : 20,9; οὐδεὶς γάρ : 7,4; comp. 3,2; voir encore μὴ γάρ (interrogatif) : 7,41. Cf. les caractéristiques C70IIIc, f, g, 290, 303.
777. Cf. J. KNABENBAUER, **Evangelium secundum Iohannem**, ^{2}1906, p. 174 : "verba esse mulieris olim aliqui existimabant". On peut se référer entre autres à Origène, Chrysostome, Théodore de Mopsueste, Théophylacte, Euthymius, Tolet, Maldonat, Barrade, J. Lightfoot, A. Calmet, H.G.A. Ewald (pour les références voir les commentaires de F. LÜCKE, ^{2}1833, t. 2, p. 516; P. SCHANZ, 1885, p. 202; J. KNABENBAUER, ^{2}1906, p. 174; W. BAUER, 1912, p. 43).
J. MALDONATUS, **Commentarii**, 1597; éd. C. MARTIN, t. II, 1854, p. 517, note qu'on peut douter si la parenthèse est de la femme ou de l'évangéliste : "Dubium, cujus haec verba sint, mulierisne Samaritanae, quae hoc tunc dixerit, ut sententiae suae rationem redderet, an Evangelistae causam afferentis, quare mulier dixerit : **Quomodo tu Judaeus cum sis, bibere a me poscis?**". Les deux interprétations sont possibles, mais Maldonat préfère la première, pour laquelle il se réfère à Théodore de Mopsueste, Chrysostome et Théophylacte : "Est quidem utrumque probabile, sed illud prius aliquanto probabilius"; il en donne deux raisons : "et quia habet plures auctores, et quia Evangelista potius dixisset οὐ συνεχρῶντο, **non coutebantur, quam non coutuntur Judaei Samaritanis**". Pour la deuxième interprétation, Maldonat ne peut que se référer à Rupert de Deutz : "Rupertus solus, quantum equidem memini, Evangelistae tribuit". En effet, Rupert de Deutz écrit dans son commentaire : "Non mulier Iesum, sed mulierem Iesus prior alloquitur, et dum ab illa bibere poscit, non se illam vel ullum hominem communem aut immundum aestimare profitetur, cum utique et ipse causam eandem ignorare non posset, propter quam mulier mirata est, quam et evangelista subnectens : **Non enim**, inquit, **coutuntur Iudaei Samaritanis**, in quo parva quidem dignationis eius scintilla praelucet, sed eius indicio gratiae eius immensitas, quae postmodum in cunctis gentibus eadem dignatione diffusa est, praesignata est" (éd. R. HAACKE, dans **Corpus Christianorum. Continuatio mediaevalis**, t. 9, 1969, p. 196-197).
A la liste des auteurs anciens qui ont attribué la parenthèse à la Samaritaine, l'on peut ajouter : F. LUCAS BRUGENSIS, **Commentarius**, 1616; éd. 1712, t. II, p. 79a : "Docent quidam haec Evangelistae verba esse; alii melius, Samaritanae"; C. JANSENIUS, **Tetrateuchus**, 1639; éd. 1863, t. II, 325 : "Verba sunt mulieris tacite exprobrantis Christo transgressionem Judaicae consuetudinis, et aversationem Judaeorum a Samaritanis : q.d. Qua fronte petis a me bibere, cum Judaei non habeant commercium cum Samaritanis ?". Cornelius a Lapide note seulement les deux possibilités, sans prendre position : "Haec verba accipi possunt, vel ut sint Evangelistae, vel ut sint Samaritanae, utrumque aptum, utrumque probabile" (**Commentarius**, éd. A. CRAMPON, t. 16, 1860, p. 356a; cité dans le commentaire de L. KLOTUFAR, 1862, p. 83).
778. Ont attribué la parenthèse à l'évangéliste, comme Rupert de Deutz (cf. supra, n. 777) : T. DE BEZE, **Annotationes maiores**, éd. 1594, p.

effet le quatrième évangéliste nous offre au moins trois autres parenthèses à la fin d'un discours direct, dont on peut à peine douter qu'il s'agit d'une explication que l'évangéliste ajoute aux paroles citées :

1,41 εὑρήκαμεν τὸν Μεσσίαν,| ὅ ἐστιν μεθερμηνευόμενον χριστός
1,42 ... σὺ κληθήσῃ Κηφᾶς,| ὃ ἑρμηνεύεται Πέτρος
4,9 πῶς... οὔσης;| οὐ γὰρ συγχρῶνται Ἰουδαῖοι Σαμαρίταις
9,7 ὕπαγε νίψαι εἰς τὴν κολυμβήθραν τοῦ Σιλωάμ,| ὃ ἑρμηνεύεται ἀπεσταλμένος.

La parenthèse est insérée à l'intérieur du discours direct en
1,38 ῥαββί,| ὃ λέγεται μεθερμηνευόμενον διδάσκαλε,| ποῦ μένεις.
Selon les grammaires[779], seul 1,38 est une parenthèse du point de vue grammatical (les remarques en 1,41.42; 4,9 et 9,7 ne le sont pas). On peut comparer 1,38 avec 4,25 : οἶδα ὅτι Μεσσίας ἔρχεται| ὁ λεγόμενος χριστός· | ὅταν ἔλθῃ ἐκεῖνος...

d) On a écrit que l'explication en 4,9 est "presque superflue après que la Samaritaine s'est elle-même désignée comme telle"[780]. Après l'opposi-

---

368 : "Sunt autem haec fortassis Evangelistae potius quam huius Samaritanae verba... Idcirco illa inclusi parenthesi"; J.C. WOLFIUS, **Curae**, t.I, 1725, p. 826; J.A. BENGEL, **Gnomon**, 1742; ³1862, p. 305; F. LÜCKE, **Johannes**, t. I, ²1833, p. 526; C.T. KUINOEL, **Commentarius**, t. III, ³1825, p. 267; A. THOLUCK, **Commentar zu dem Evangelio Iohannis**, ²1828; ⁵1827, p. 108; S.T. BLOOMFIELD, 'Η ΚΑΙΝΗ ΔΙΑΘΗΚΗ, t. I, ³1839, p. 409; A. MAIER, **Johannes**, t. I, 1843, p. 333; H. ALFORD, **The Greek New Testament**, t. I, 1849, p. 518; H.A.W. MEYER, **Johannes**, ⁵1869, p. 190; J. CORLUY, **Commentarius**, 1878, p. 87; B. WEISS, **Johannes**, ⁶1880, p. 182; C.F. KEIL, **Johannes**, 1881, p. 191; B.F. WESTCOTT, **John**, 1881, p. 68-69; P. SCHANZ, **Johannes**, 1885, p. 202; L.C. FILLION, **Jean**, 1897; 1904, p. 72; F. GODET, **Jean**, 1864-65; t. II, ⁴1903, p. 300; F.C. CEULEMANS, **Commentarius**, 1901, p. 59; T. CALMES, **Jean**, 1904, p. 205; I. KNABENBAUER, **Commentarius**, ₃1898; ²1906, p. 174; F. TILLMANN, **Das Johannesevangelium**, 1921; ³1922, p. 82; M.-J. LAGRANGE, **Jean**, 1925, p. 105; J.H. BERNARD, **John**, t. I, 1928, p. 138; comp. p. xxxiii-xxxiv (cf. supra, n. 206); C. BOUMA, **Johannes**, 1927; ²1933, p. 122; A. DURAND, **Jean**, 1927; ⁴1930, p. 115; F.-M. BRAUN, **Jean**, 1935, p. 342; J. KEULERS, **Joannes**, 1936, p. 98; ²1951, p. 85-86; R.F. BAILEY, **John**, 1940; ²1946, p. 73; R.C.H. LENSKI, **John**, 1942, p. 303; A. WIKENHAUSER, **Johannes**, 1948, p. 86; W.F. HOWARD & A.J. GOSSIP, **John**, 1952, p. 522; W. BARCLAY, **John**, 1955; revised edition, 1975, p. 148; R.V.G. TASKER, **John**, 1960, p. 79; O.E. EVANS, **John**, 1965, p. 41; A.H. HUNTER, **John**, 1968, p. 213; J. MARSH, **John**, 1968, p. 213; W. DE BOOR, **Johannes**, 1966; ⁵1975, p. 132; W.E. HULL, **John**, 1970, p. 215; L. MORRIS, **John**, 1971, p. 258-259; B. LINDARS, **John**, 1972, p. 181; J. SCHNEIDER, **Johannes**, 1976; ²1978, p. 110; S. SCHULZ, **Johannes**, 1972; ³1978, p. 73.
779. Cf. supra, n. 49-55.
780. A. LOISY, **La Samaritaine**, 1900, p. 342; comp. **Jean**, 1905, p. 349. Remarquant que l'ancienne version syriaque du Sinaï a omis les mots γυναικὸς Σαμαρίτιδος οὔσης (elle traduit la parenthèse), Loisy note qu' "il aurait presque lieu de conjecturer que l'évangéliste avait d'abord écrit : 'Comment toi qui es juif me demandes-tu à boire ?' On aurait

tion presque parfaite qui règne dans la réponse de la femme[781], la parenthèse semble seulement répéter cette réponse :

4,9	4,9
πῶς	οὐ γὰρ συγχρῶνται
σὺ Ἰουδαῖος ὢν	Ἰουδαῖοι
παρ' ἐμοῦ πεῖν αἰτεῖς γυναικὸς Σαμαρίτιδος οὔσης;	Σαμαρίταις.

Mais la parenthèse n'est pas une simple répétition. Elle met en évidence ce qui ressort déjà de la réponse de la Samaritaine : l'identification de Jésus comme juif et l'opposition entre Juifs en Samaritains. Ce sont deux thèmes qui jouent un rôle important dans la suite de l'épisode de la Samaritaine.

e) La péricope de Jn 4,1-42 présente une structure dramatique remarquable[782]. Elle est rédigée avec le plus grand soin et comprend deux dialogues encadrés par des versets narratifs[783] :

---

ajouté, dans un exemplaire, par manière d'explication : '(A moi) qui suis une femme samaritaine', et dans un autre : 'Car les Juifs n'ont pas de commerce avec les Samaritains.' Les deux explications auraient été réunies dans le texte ordinaire"; mais il rejette cette conjecture : "Néanmoins la formule : 'Moi qui suis samaritaine', paraît faire pendant à : 'toi qui es juif', et toutes les omissions de la version syriaque ne semblent pas correspondre à des lacunes semblables dans son original grec" (cf. A. LOISY, **La Samaritaine**, 1900, p. 342-343; **Jean**, 1905, p. 350).

781. Comp. L.C. FILLION, **Evangile selon Saint Jean**, 1904, p. 72. Comp. B. OLSSON, **Structure and Meaning in the Fourth Gospel**, 1974, p. 117 : "The participial constructions give a certain symmetry".

782. Sur la structure dramatique en Jn 4, voir spécialement : H. WINDISCH, **Der Johanneische Erzählungsstil**, dans ΕΥΧΑΡΙΣΤΗΡΙΟΝ (FS H. Gunkel; FRLANT, 36; NF 19), 1923, t. II, p. 174-213, spéc. p. 178-181; L. SCHMID, **Die Komposition der Samaria-Szene Joh 4,1-42. Ein Beitrag zur Charakteristik des 4. Evangelisten als Schriftsteller**, dans **ZNW** 28 (1929) 148-158 (voir la réaction de R. BULTMANN, **Johannes**, 1941, p. 127, n. 7 : "Die von L. SCHMID, ... gegebene Analyse der Komposition von 4,1-42 will das Ganze als eine planvolle Einheit erweisen, ist aber keine kritische Analyse"); J. MUILENBURG, **Literary Form in the Fourth Gospel**, dans **JBL** 51 (1932) 40-53, spéc. p. 42; C.H. DODD, **The Interpretation**, 1953, p. 311; J. BLIGH, **Jesus in Samaria**, dans **The Heythrop Journal** 3 (1962) 329-346, spéc. p. 329; R. SCHNACKENBURG, **Das Johannesevangelium**, t. 1, 1965, p. 97-98, spéc. p. 456; R.E. BROWN, **John**, t. I, 1966, p. 176; G. FRIEDRICH, **Wer ist Jesus ?**, 1967, p. 19-22 (traduction néerlandaise, 1971, p. 18-22); A. DAUER, **Die Passionsgeschichte im Johannesevangelium**, 1972, p. 101-104; B. OLSSON, **Structure and Meaning**, 1974, p. 115-116, spéc. p. 115. Plus récemment, E. LEIDIG, **Jesu Gespräch mit der Samaritanerin**, 1979, a décrit la péricope comme un "Glaubensgespräch", à comparer avec 1,35-42.45-51; 3,1-21; 5,1-16; 6,1-71; 9,1-41; 11,1-45; 12,20-36; 18,33-38; 20,11-18; 20,24-29 (voir p. 161-265 : "Dritter Hauptteil : Gespräche mit Jesus").

783. Voir surtout I. DE LA POTTERIE, **Jésus et les Samaritains. Jn 4,5-42**, dans **Assemblées du Seigneur**, n° 16 (1971) 34-49, p. 35; comp. B. OLSSON, **Structure and Meaning in the Fourth Gospel**, 1974, 159-161.

1. Introduction : 4,1-9

   a) Itinéraire : 4,1-6

   b) Jésus demande la Samaritaine à boire : 4,7-9

      Départ des disciples : 4,8

Malgré l'unité de composition, les partisans de la critique littéraire croient qu'il est possible de reconstituer une forme ancienne de l'épisode de la Samaritaine. Ils aboutissent à peu près à une même reconstruction de la forme primitive, qu'ils attribuent soit à la σημεῖα-**Quelle** (R. Bultmann; comp. R.T. Fortna, W. Nicol, J. Becker), soit au Document C (M.-E. Boismard) ou à une **Grundperikope** (W. Wilkens) ou une **Urschicht** (H.-M. Schenke; comp. E. Haenchen), comme l'indique le tableau ci-joint :

Bultmann (1941)	4	5-7	9a-e	16-19	25-26 ?	28-30a	40b
σημεῖα-**Quelle**							
Wilkens (1958)		5-7	9a-e	10-26		28-30	40
Grundperikope							
Schenke (1969)		5-7	9a-e	16-19		28-30	40
Urform							
Fortna (1970)	4	5-7	9a-e	16-19	25-26	28-30	40.42
Gospel of Signs							
Nicol (1972)		5-8	9a-f	16-19	25-26 ?	28-30	40
The Sēmeia Traditions							
Boismard (1977)		5-7	9a-e	16-18		28-30	40
Document C							
Becker (1979)		5-7a	7b-9e	16-19		27-30	40-42
Semeiaquelle							
Haenchen (1980)	4	5-7	9a-e	10-18		28-30	39-42
Vorlage							

Comme on le voit, le récit primitif ne contiendrait que la rencontre de Jésus avec la Samaritaine et les Samaritains au puits de Jacob. On peut le diviser en trois partie : 1) la demande de Jésus à boire, suivie de l'étonnement de la Samaritaine (4,5-7.9); 2) la révélation de Jésus comme prophète (4,16-18), et 3) la venue des Samaritains (4,28-30.40).

Deux dialogues auraient été insérés plus tard : le dialogue de Jésus avec la Samaritaine sur l'eau vive et sur la vraie adoration (4,10-15.20-26); le dialogue de Jésus avec les disciples sur la vraie nourriture et sur la mission messianique (4,31-34.35-38); le second dialogue est préparé par les versets 4,8.27, qui seraient également secondaires (mais voir Becker!).

La parenthèse οὐ γὰρ συγχρῶνται Ἰουδαῖοι Σαμαρίταις , si elle n'est pas considérée comme une addition par un glossateur (Wilkens, Boismard), est attribuée soit à l'évangéliste (Bultmann, Fortna, Haenchen ?), soit à la **kirchliche Redaktion** (Schenke, Becker). Noter que Bultmann et Fortna hésitent d'attribuer la parenthèse à l'évangéliste. Boismard de son côté prend en considération le fait que la parenthèse peut être de Jean III.

Cf. R. BULTMANN, **Das Evangelium des Johannes**, 1941, p. 127-149, spéc. p. 127-128, 131; W. WILKENS, **Die Entstehungsgeschichte**, 1958, p. 135-138; H.-M. SCHENKE, **Jacobsbrunnen - Josephsgrab - Sychar**, spéc. p. 159-162; R.T. FORTNA, **The Gospel of Signs**, 1970, p. 189-195, comp. p. 239; W. NICOL, **The Sēmeia**, 1972, p. 39-40, spéc. p. 40; M.-E. BOISMARD & A. LAMOUILLE, **L'évangile de Jean**, 1977, p. 128a-144b, spéc.

2. Dialogue avec la Samaritaine : 4,10-26

   a) Jésus promet l'eau vive : 4,10-15

   b) Jésus se révèle comme **prophète** : 4,16-20

   c) La révélation de l'heure - Jésus comme **Messie** : 4,21-26

3. Transition : 4,27-30

   a) **Retour des disciples** : 4,27

   b) Départ de la femme et arrivée des Samaritains : 4,28-30

4. **Dialogue avec les disciples** : 4,31-38

   a) La nourriture de Jésus : 4,31-34

   b) La moisson messianique : 4,31-38

5. Conclusion : 4,39-42

   Les Samaritains croient en Jésus comme **Sauveur du monde**.

Examinons de plus près la structure dramatique.

En premier lieu, différents groupes de personnes sont mis en scène : Jésus et la Samaritaine (4,7-26), Jésus et les disciples (4,8.27.31-38), Jésus et les Samaritains (4,39-42), et, enfin, la Samaritaine et les Samaritains (4,28-30.39-42). La transition en 4,27-30 et la conclusion en 4,39-42 rassemblent tous les personnages du drame : Jésus, la Samaritaine, les disciples, les Samaritains.

Puis, la péricope se déroule en deux endroits : au puits de Jacob (4,7-26.27.31-38), puis dans la ville (4,28-30.41-42; comp. 4,8)[784]. Les

---

p. 128b-135b; J. BECKER, **Johannes**, t. I, 1979, p. 163-184; E. HAENCHEN, **Das Johannesevangelium**, 1980, p. 234-256, spéc. p. 252-256.
Sur l'unité littéraire, voir surtout les articles de L. SCHMID, **Die Komposition der Samaria-Szene Joh 4,1-42**, dans **ZNW** 28 (1929) 148-158; H. BOERS, **Discourse Structure and Macro-Structure in the Interpretation of Texts**, dans P.J. ACHTEMEIER (éd.), **SBL 1980 Seminar Paper**, 1980, p. 159-182 (il accepte seulement "two probable interpolations" : 4,22 et 4,37-38); C. HUDRY-CLERGEON, **De Judée en Galilée. Etude de Jean 4,1-45**, dans **NRT** 103 (1981) 818-830 (il présente une structure chiastique : a: 4,1-6a; b: 4,6b-15; c: 4,14-19; d: 4,20-26; c': 4,27-30; b': 4,31-38; a': 4,39-45); P.J. CAHILL, **Narrative Art in John IV**, dans **Religious Studies Bulletin** 2 (1982) 41-48. Voir également E. RUCKSTUHL, **Die literarische Einheit**, 1951, p. 113-117 (contre R. Bultmann) et les études de B. OLSSON, **Structure and Meaning**, 1974, p. 115-257; E. LEIDIG, **Jesu Gespräch mit der Samaritanerin**, 1979, p. 1-160.

784. C.H. DODD, **Historical Tradition**, 1963, p. 96, commentant 18,28-19,16, appelle cette technique "the device of two stages upon which the action is exhibited, a front stage and a back"; voir l'explication A. DAUER, **Die Passionsgeschichte im Johannesevangelium**, 1972, p. 102 : "d.h., der Evangelist führt verschiedene Schauplätze und (oder) Gesprächsgruppen ein und stellt dann - bildlich gesprochen - die Kamera bald auf die eine, bald auf die andere Szene ein. Dadurch

versets 4,39-40 marquent la liaison entre les deux scènes. Les Samaritains dans la ville croient la parole de la femme (4,39), ils arrivent près de Jésus au puits (comp. 4,30) et Jésus demeure deux jours parmi eux en ville (4,40).

En outre, on doit observer la simultanéité du dialogue de Jésus avec les disciples (4,31 : ἐν τῷ μεταξύ) et la venue des Samaritains (v. 30, comp. 39-40). En plus, le dialogue de Jésus n'est pas inattendu; il est préparé dans la péricope par les versets 4,8 et 4,27[785]. Ainsi, les versets qui parlent des disciples et ceux qui parlent de la Samaritaine (et des Samaritains) se relaient[786] :

4,7.9 Première entrevue avec la Samaritaine

    4,8 Départ des disciples

4,10-26 Dialogue avec la Samaritaine

    4,27 Retour des disciples

4,28-30 La Samaritaine et les Samaritains

    4,31-38 Dialogue avec les disciples

4,39-42 Jésus et les Samaritains.

On retrouve dans les deux dialogues (4,10-26 en 31-38) le procédé du "malentendu"[787] : a) La promesse de Jésus à la Samaritaine de donner de

---

entsteht ein bewegtes Hin und Her, das eine gewisse Spannung und Dramatik in die Erzählung bringt". Voir encore B. OLSSON, **Structure and Meaning**, 1974, p. 138-147, et spéc. p. 161 : "a complete **two scene composition**, marked chiefly by spatial and temporal features in the text", et plus récemment R.A. CULPEPPER, **The Narrator in the Fourth Gospel**, dans K.H. RICHARDS (éd.), **SBL 1982 Seminar Papers**, 1982, p. 81-96, spéc. p. 84 (= **Anatomy of the Fourth Gospel**, 1983, p. 26), qui donne le chapitre 4 comme exemple de l'omniprésence du narrateur johannique. (Sur Culpepper, cf. supra, n. 656-667.)

785. Noter l'usage de οὖν resumptivum en 4,9 et 28 après les parenthèses de 4,8 et 4,27. Cf. F. NEIRYNCK, **Jean et les Synoptiques**, 1979, p. 272, 281. Voir la catégorie B27.

786. Voir surtout C.K. BARRETT, **John**, 1955, p. 192 ; ²1978, p. 229 : "For the form of the section, in which the main narrative is split into two and made to enclose a second block of material, cf. several Marcan sections, e.g. Mark 3.20-35; 5.21-43; 11.12-25"; B. OLSSON, **Structure and Meaning**, 1974, p. 159 et 161 : "There is even a doubleness in the body of the text : vv. 8, 27 and 31-38 are linked in several ways, as are vv. 7, 9-26 and 28-30. The one series of events concerns Jesus and his disciples, the other Jesus and the Samaritan woman. The latter is continued in vv. 39-42 but not the former".

787. H. LEROY, **Rätsel und Missverständnis** (Bonner biblische Beiträge, 30), 1968, p. 88-99 (4,10-15), 147-155 (4,31-34); ID., **Das johanneische Missverständnis als literarische Form**, dans **Bibel und Leben** 9 (1968) 196-207. Voir également D.W. WEAD, **The Literary Devices**, 1970, p. 69-70; R.E. BROWN, **John**, t. I, 1966, p. CXXXV-CXXXVI. Comp. W.C. VAN MANEN, **Het**

l'eau vive (4,10) suscite un malentendu. La femme comprend l'expression ὕδωρ ζῶν au sens matériel et pense uniquement à l'eau du puits (4,10), même après la précision donnée par Jésus (4,13-14.15). b) De même, dans le dialogue de Jésus avec les disciples. Quand ils lui offrent à manger (4,31), Jésus répond : "J'ai à manger un aliment que vous ne connaissez pas". Mais les disciples pensent à la nourriture matérielle (4,33), tandis que pour Jésus sa nourriture consiste en l'accomplissement de la volonté et de l'oeuvre de celui qui l'a envoyé (4,34).

En plus, les deux dialogues contiennent certains parallélismes[788]. Le thème de la nourriture (4,31-34) fait pendant à celui de l'eau (4,10-15), et la proclamation du temps du moisson messianique (4,35-38) à la révélation de l'heure (4,21-26).

Enfin, tout l'épisode est dominé par la question : "Qui est Jésus ?" (cf. 4,10 : τίς ἐστιν ὁ λέγων σοι· δός μοι πεῖν; 4,26 : ἐγώ εἰμι, ὁ λαλῶν σοι). Progressivement, la femme de Samarie découvre la vraie nature de Jésus. En 4,9 elle reconnaît dans ce voyageur inconnu un Juif, et un Juif bien particulier, car il ne se soucie pas des lois qui règlent les relations entre Juifs et Samaritains. Puis, elle découvre que celui qui parle est "plus grand que notre père Jacob" (v. 12) et qu'il est prophète (v. 19). Enfin, elle accepte la révélation décisive : ce Messie qui doit venir (4,25) est Jésus (4,26; comp. 4,29). Et dans la conclusion, les Samaritains professent en choeur leur foi en Jésus comme Sauveur du monde. Voici les différentes formules utilisées pour l'identification de Jésus[789] :

---

misverstand in het vierde evangelie, dans **Theologisch Tijdschrift** 25 (1891) 407-432; Pfarrer RÜDEL, **Das Missverständnis im Johannes-evangelium**, dans **NKZ** 32 (1921) 351-361.

Leroy donne la liste suivante des malentendus en Jn : 2,19-22; 3,3-5; 4,10-15.31-34; 6,32-35.41-42.51-53; 7,33-36; 8,21-22.31-33.51-53.56-58; 14,4-6; comp. la caractéristique B10, C414. Voir aussi la liste plus étendue de D.A. CARSON, **Understanding Misunderstandings in the Fourth Gospel**, dans **Tyndale Bulletin** 33 (1982) 59-91 (cf. supra, n. 644-646) et de R.A. CULPEPPER, **Anatomy of the Fourth Gospel**, 1983, p. 152-180 (cf. supra, n. 649).

788. F. ROUSTANG, **Les moments de l'acte de foi et ses conditions de possibilité**, dans **Recherches de science religieuse** 46 (1958) 344-378, spéc. p. 345 : "Dans tout ce passage la Samaritaine et les disciples ont donc des positions semblables. Le parallélisme est d'ailleurs souligné par le fait que le boire et le manger, la soif et la faim, l'eau et la nourriture sont les images qui se répondent d'un dialogue à l'autre".

789. Voir surtout L. SCHMID, **Die Komposition**, 1929, p. 152 : "Entscheidend für die richtige Deutung des ganzen Abschnitts ist meines Erachtens die Beobachtung, dass die beiden Sätze τίς ἐστιν ὁ λέγων σοι

4,9   σὺ Ἰουδαῖος ὤν...

4,11 κύριε, ... 12 μὴ σὺ μείζων εἶ τοῦ πατρὸς ἡμῶν Ἰακώβ...;

4,19 κύριε, θεωρῶ ὅτι προφήτης εἶ σύ

4,25 οἶδα ὅτι Μεσσίας ἔρχεται, ὁ λεγόμενος χριστός

4,26 (Jésus) ἐγώ εἰμι, ὁ λαλῶν σοι

4,29 μήτι οὗτός ἐστιν ὁ χριστός;

4,42 καὶ οἴδαμεν ὅτι οὗτός ἐστιν ἀληθῶς ὁ σωτὴρ τοῦ κόσμου.

La parenthèse de 4,9 cadre bien dans le contexte. Elle fait partie de l'introduction de l'épisode et de la description de la première rencontre entre Jésus et la Samaritaine (4,1-9), qui nous offrent le cadre narratif et les thèmes que l'évangéliste va développer :

1. Le thème de **l'eau vive** (4,10-15) est introduit au v. 7 (cf. v. 6) : ἀντλῆσαι ὕδωρ et δός μοι πεῖν.

a) ὕδωρ (v. 7) : ὕδωρ ζῶν (v. 10), τὸ ὕδωρ τὸ ζῶν (v. 11), ἐκ τοῦ ὕδατος τούτου (v. 13), ἐκ τοῦ ὕδατος οὗ ἐγὼ δώσω αὐτῷ (v. 14), τὸ ὕδωρ ὃ δώσω αὐτῷ (v. 14), πηγὴ ὕδατος ἁλλομένου εἰς ζωὴν αἰώνιον (v. 14), τοῦτο τὸ ὕδωρ (v. 15);

b) πίνω : δός μοι πεῖν (v. 7), παρ' ἐμοῦ πεῖν αἰτεῖς (v. 9), δός μοι πεῖν (v. 10), καὶ αὐτὸς ἐξ αὐτοῦ ἔπιεν καὶ οἱ... (v. 12), πᾶς ὁ πίνων (v. 13), ὃς δ'ἂν πίῃ (v. 14); comparer διψάω : διψήσει πάλιν (v. 13), οὐ μὴ διψήσει εἰς τὸν αἰῶνα (v. 14), ἵνα μὴ διψῶ (v. 15);

c) ἀντλέω : ἔρχεται... ἀντλῆσαι ὕδωρ (v. 7), ἵνα... μηδὲ διέρχωμαι ἐνθάδε ἀντλεῖν(v. 15); comp. ἄντλημα (v. 11), ὑδρία (v. 28);

d) πηγή et le synonyme φρέαρ: πηγὴ τοῦ Ἰακώβ (v. 6)[790], ἐπὶ τῇ πηγῇ (v. 6), πηγὴ ὕδατος... (v. 14), καὶ τὸ φρέαρ ἐστὶν βαθύ (v. 11), τὸ φρέαρ (v.12).

2. Le thème de **la nourriture** (4,31-34) est anticipé au v. 8 : les disciples sont allés en ville ἵνα τροφὰς ἀγοράσωσιν. En même temps,

---

(10) und ἐγώ εἰμι (ergänze : ὁ Μεσσίας) ὁ λαλῶν σοι (26) die Klammer bilden, die das Gespräch mit der Samariterin zusammenhält. So aufgefasst ist das Gespräch durchaus eine Einheit". Comp. I. DE LA POTTERIE, **Jésus et les Samaritains**, 1971, p. 34-35 : "Le point de vue de l'auteur est essentiellement christologique; il présente ici un aspect du thème fondamental de son évangile : la réponse à la question 'Qui est Jésus ?' et l'accession des hommes à la foi en lui" (cf. p. 49). Voir également R. SCHNACKENBURG, **Das Johannesevangelium**, t. 1, 1965, p. 456; J.M. BOICE, **Witness and Revelation in the Gospel of John**, 1970, p. 139; M. DE JONGE, **Jesus : Stranger from Heaven and Son of God**, 1977, p. 102-106.

790. 4,6 πηγὴ τοῦ Ἰακώβ (cf. v. 5 τοῦ χωρίου ὃ ἔδωκεν Ἰακώβ...)
       4,12 Ἰακώβ, ὃς ἔδωκεν ἡμῖν τὸ φρέαρ...

l'évangéliste nous explique la requête adressée par Jésus à la femme. La nourriture est le thème de la première partie du dialogue de Jésus avec ses disciples (4,31-38) : ῥαββί, φάγε (v. 31), ἐγὼ βρῶσιν ἔχω φαγεῖν (v. 32), μή τις ἤνεγκεν αὐτῷ φαγεῖν (v. 33), ἐμὸν βρῶμά ἐστιν ἵνα... (v. 34). Mentionnons en plus que la description de la fatigue de Jésus (4,6) anticipe la parole de Jésus au v. 38 :

4,6   ὁ οὖν Ἰησοῦς κεκοπιακὼς ἐκ τῆς ὁδοιπορίας...
4,38 ἐγὼ ἀπέστειλα ὑμᾶς θερίζειν
      ὃ οὐχ ὑμεῖς κεκοπιάκατε·
      ἄλλοι κεκοπιάκασιν
      καὶ ὑμεῖς εἰς τὸν κόπον αὐτῶν εἰσεληλύθατε.

3. Le thème de **l'identification de Jésus** est présent dès sa première recontre avec la femme. Comme ailleurs en Jean, Jésus prend l'initiative du dialogue[791], s'adressant à la Samaritaine : "Donne moi à boire". Celle-ci, étonnée de la demande de Jésus, lui répond : "Comment! tu es Juif, et tu me demandes à boire à moi une femme Samaritaine?" Or, dans sa réponse, elle nous fait savoir qu'elle a reconnu en ce voyageur inconnu un Juif singulier. C'est sur cela que l'évangéliste attire l'attention des lecteurs. La femme découvre en Jésus un Juif qui ne se soucie pas des prescriptions rituelles juives. Il semble donc, que l'évangéliste n'explique pas seulement la réponse de la femme en vue de lecteurs qui ne seraient pas au courant des relations entre Juifs et Samaritains, mais met en évidence également la découverte de la femme. C'est le commencement d'une reconnaissance de Jésus qui va s'approfondir dans la suite de la péricope.

4. La découverte de la femme est encore liée à un autre thème : **l'opposition entre Juifs et Samaritains**[792]. Cette opposition, exprimée

---

791. Voir 3,3; 4,7.10; 5,17 (ou 19); 6,26; 7,16.37; 8,12.21.31; 9,39; 13,31; 14,1-3; 16,16; comp. Mc. 8,15ss. Par contre, un autre que Jésus prend l'initiative en **3,26; 4,31;** 7,3; **9,2; 10,24;** 13,6; 12,21-22 (les versets en gras sont comparables avec le schème synoptique). Cf. C.H. DODD, **The Dialogue Form in the Gospel**, dans **Bulletin of the John Rylands Library** 37 (1954-55) 54-67, spéc. p. 62-63; **Historical Tradition**, 1963, p. 317, n. 2.

792. Voir surtout E. HAENCHEN, **Das Johannesevangelium**, 1980, p. 253 : "Für die Leser, die das gespannte Verhältnis zwischen Juden und Samaritern nicht kennen, gibt V. 9b... die nötige Aufklärung : Zwischen Juden und Samaritanern ist jeder Verkehr abgebrochen. Damit wird - neben dem bisher angedeuteten Thema 'Wasser' - ein Nebenthema eingeführt : Juden/Samaritaner. Beide Themen vermischen sich von nun an bis V. 42, wenn auch nicht mit gleicher Betonung und Deutlichkeit". Comp. L. CANTWELL, **Immortal Longings in Sermone Humili : A Study of John**

déjà dans la réponse de la femme par le parallélisme σὺ Ἰουδαῖος ὤν ' et ἐμοῦ... γυναικὸς Σαμαρίτιδος οὔσης (cf. v. 7 γυνὴ ἐκ τῆς Σαμαρείας, 9a ἡ γυνὴ ἡ Σαμαρῖτις), est mise en évidence par la parenthèse explicative οὐ γὰρ συγχρῶνται Ἰουδαῖοι Σαμαρίταις. La femme, qui constate plus tard que Jésus est un prophète (4,19), lui soumet alors le vieux problème qui divisait Juifs et Samaritains : Faut-il adorer Dieu sur le mont Garizim ou au temple de Jérusalem (4,20)? Mais ce problème n'existe plus. Avec Jésus "une époque s'achève, une autre commence : le temps est révolu d'un culte rivé à une montagne, périmé le conflit des temples"[793]. Désormais, les véritables adorateurs adoreront le Père en esprit et en vérité (4,21-24). Mais les Samaritains doivent accepter que "le salut vient des Juifs" (4,22) et que Jésus, étant Juif, est le Messie (4,25. 26.29) et le Sauveur du monde (4,42)[794].

4:5-26, dans **The Scottish Journal of Theology** 36 (1983) 73-86, p. 77 : "With this small item of information [la parenthèse] they [les lecteurs] can now see that Jesus is unassertively, but quite deliberately, ignoring the religious and racial barriers that separate Jews from non-Jews".

793. D. MOLLAT, **Les puits de Jacob (Jean 4,1-42)**, dans **La Bible et la vie chrétienne**, n° 6 (1954) 83-91, spéc. p. 88.

794. A noter cependant que R. BULTMANN, **Das Evangelium des Johannes**, 1941, p. 139, n. 6 considérait le verset 4,22 ou au moins la phrase ὅτι ἡ σωτηρία ἐκ τῶν Ἰουδαίων ἐστίν comme glose insérée par le rédacteur ecclésiastique. Dans son **Ergänzungsheft**, (1957) 1966, p. 27, il se réfère à W. GRUNDMANN, **Jesus der Galiläer und das Judentum**, 1940, p. 299ss. Voir déjà J. KREYENBÜHL, **Das Evangelium der Wahrheit**, t. II, 1905, p. 410-411 : "Eine der abgeschmacktesten und unmöglichsten Glossen". Voir encore G. DEHN, **Jesus und die Samariter**, 1956, p. 34; comp. G. FRIEDRICH, **Wer ist Jesus**, 1967 (traduction néerlandaise, 1971, p. 45) et plus récemment M.-E. BOISMARD & A. LAMOUILLE, **L'évangile de Jean**, 1977, p. 133a; comp. p. 12b, 144ab (le v. 22 est une insertion de Jean III); J. BECKER, **Johannes**, t. I, 1979, p. 167 : "eine Ergänzung der KR (gegen Hahn, Heil)"; H. BOERS, **Discourse Structure and Macro-Structure in the Interpretation of Texts**, dans P.J. ACHTEMEIER (éd.), **SBL 1980 Seminar Papers**, 1980, p. 159-182, spéc. p. 159 : 4,22 et 37-38 sont "two probable interpolations" (comp. p. 179).

Par contre, H. THYEN, **Das Heil kommt von den Juden**, dans D. LÜHRMANN & G. STRECKER (éd.), **Kirche. FS G. Bornkamm**, 1980, p. 163-184, spéc. p. 169, ne peut pas trouver des raisons valables pour considérer le verset 22 comme une interpolation : "Ein einleuchtendes Motiv für seine Interpolation lässt sich nicht benennen und die gerade durch ihn erreichte hohe Komplexität der Erzählung macht sie vollends unwahrscheinlich"; il propose qu'il s'agit de "eine der 'Erzählzeit des Autors entstammende Reflexion der christlichen Anfänge in Samaria..., so dass sich in dem 'Wir' die Glaubenden mit Jesus zusammenschliessen" (p. 170).

Voir également la réaction contre Bultmann de C.K. BARRETT, **John**, 1955, p. 198; comp. ²1978, p. 237; comp. R. SCHNACKENBURG, **Das Johannesevangelium**, t. I, 1965, p. 471; R.E. BROWN, **John**, t. I, 1966, p. 172; B. LINDARS, **John**, 1972, p. 189. Voir également la réaction de E.

Concluons. Les crochets en 4,9 ont été omis à juste titre dans N^{26}, car la parenthèse est vraisemblablement authentique. Elle est attestée par la plupart des manuscrits, y compris les plus anciens, et par presque toutes les versions anciennes. Le style parenthétique s'accorde avec d'autres phrases explicatives qui sont propres à Jn. On peut à peine isoler la phrase du contexte. Elle met en évidence deux thèmes du chapitre 4: l'identité de Jésus comme Juif et l'opposition entre Juifs et Samaritains. Il n'y a pas de raison pour l'attribuer à la rédaction ecclésiastique, car les deux traits stylistiques, le hapax συγχράομαι et l'omission de l'article devant Ἰουδαῖοι et Σαμαρίταις, restent des indications trop faibles, vu le style parenthétique de la phrase entière.

COTHENET, **L'évangile de Jean**, dans **Revue Thomiste** 78 (1978) 625-633, spéc. p. 627 (cf. supra, n. 641-643).
  Sur ce problème, voir surtout F. HAHN, **"Das Heil kommt von den Juden". Erwägungen zu Joh 4,22b**, dans B. BENZING, O. BÖCHER & G. MAYER (éd.), **Wort und Wirklichkeit. FS E. Rapp**, 1976, p. 66-84, et K. HAACKER, **Gottesdienst ohne Gotteserkenntnis. Joh 4,22 vor dem Hintergrund der jüdisch-samaritanischen Auseinandersetzung**, dans **ibid.**, p. 110-126. Ils acceptent l'authenticité de 4,22. Hahn considère la phrase comme "genuin johanneisch" (p. 82) : elle est insérée par l'évangéliste dans sa source, tandis que Haacker suppose que la phrase était un argument de la source (cf. Gn 49,8-12) que l'évangéliste corrige par l'addition des vv. 21.23-24. Les deux auteurs considèrent la phrase comme une partie du dialogue de Jésus avec la Samaritaine.
  Sur la signification de σωτηρία, voir R. LOEWE, **'Salvation' is not of the Jews**, dans **JTS**, N.S. 32 (1981) 341-368; sur l'histoire de l'interprétation du v. 22, voir récemment I. DE LA POTTERIE, **"Nous adorons, nous, ce que nous connaissons, car le salut vient des Juifs". Histoire de l'exégèse et interprétation de Jn 4,22**, dans **Biblica** 64 (1983) 74-115.

TROISIÈME PARTIE

TEXTE GREC DE L'ÉVANGILE DE JEAN

INTRODUCTION

Le texte grec de l'évangile de Jean, reproduit ici, est celui de Nestle-Aland, 26e édition. Dans l'appendice[1], on trouve les leçons variantes de N^{25}, comparées avec le Textus Receptus et les éditions modernes, dans l'ordre suivant : T (Tischendorf), H (Westcott-Hort), W (Weiss)| ς (Textus Receptus), S (von Soden)| V (Vogels), M (Merk), B (Bover)| GNT^{1-2} (UBS-Text).

La ponctuation que nous suivons est celle de $N^{26}(=N^{25})$. Mais pour indiquer les versets que nous considérons de type parenthétique[2], nous faisons une utilisation plus fréquente des parenthèses[3]. A la suite de G.C. Knapp, S.T. Bloomfield, B.F. Westcott & F.J.A. Hort[4], nous nous servons encore de tirets pour indiquer une parenthèse à l'intérieur d'une parenthèse ou pour indiquer la deuxième partie d'une parenthèse double[5].

Le texte de l'évangile n'est pas imprimé en "continua scriptura" comme dans les éditions courantes. Compte tenu du style propre de Jean, nous avons disposé le texte de manière à rendre visible d'un seul coup d'oeil la construction de la phrase et la structure de la péricope. La même présentation a été appliquée par F. Neirynck au texte de l'évangile de Marc. Elle peut être partiellement comparée à la présentation "colométrique", que E. Norden[7] estima plus convenable que la "continua scriptura" pour l'édition du texte du Nouveau Testament, et qui est develop-

---

1. Cf. Appendix.
2. Voir les versets indiqués par l'obèle dans la Table III.
3. N^{26} a des parenthèses en 9,7 et 20,16 et des tirets en 4,2; 7,22; 10,12 (cf. supra, n. 23).
4. Cf. supra, n. 8 (Knapp), 15 (Bloomfield), 20 (Westcott-Hort).
5. Voir la catégorie **B28**.
6. F. NEIRYNCK, **Mark in Greek**, dans **ETL** 47 (1971) 144-198; reproduit dans **Duality in Mark**, 1972, p. 137-191 : "Part III : Mark in Greek".
7. E. NORDEN, **Agnostos Theos**, 1913, p. 360-364 : "Vorschläge zu einer kolometrischen Ausgabe des N.T."; comp. plus récemment, F.M. BREUKELMAN, **Bijbelse theologie**, t. I, 1 : **Een verhandeling over de kolometrische weergave van bijbelse teksten**, 1980. Pour une bibliographie sur la colométrie voir, entre autres, M. FITZPATRICK, **The Structure of St Mark's Gospel**, diss. Leuven, 1975, t. 2, p. 13*-17*.

pée entre autres par R. Schütz[8] (2 Jn et Jac), J.A. Kleist[9] (Mc) et plus récemment par A. Polag pour la reconstruction du texte de Q^{10}.

Les sections de l'évangile sont séparées par un blanc (voir aussi 7,53-8,11). A l'intérieur des sections, les sous-sections et les péricopes sont signalées par une majuscule lorsque la division du texte n'est pas évidente déjà par sa disposition typographique. Voici la division de l'évangile en sections et en péricopes que nous avons adoptée :

---

8. R. SCHÜTZ, **Der parallele Bau der Satzglieder im Neuen Testament und seine Verwertung für die Textkritik**, 1920; **Die Bedeutung der Kolometrie für das Neue Testament**, dans ZNW 21 (1922) 161-184 (avec une réproduction colométrique du texte grec de 2 Jn : p. 175-176); **Der Jacobusbrief kolometrisch übersetzt**, dans Theologische Blätter 1 (1922) 25-32.
9. J.A. KLEIST, **The Memoirs of St. Peter or the Gospel According to St. Mark, Translated into English Sense-Lines**, 1932; **The Gospel of Saint Mark Presented in Greek Thought-Units and Sense-Lines**, 1936.
10. A. POLAG, **Fragmenta Q. Textheft zur Logienquelle**, 1979.

TEXTE GREC DE L'ÉVANGILE DE JEAN 241

Sections	Péricopes
1,1-18	1,1-5.6-8.9-13.14-18.
1,19-2,11	1,19-28.29-34.35-42.43-51; 2,1-11.
2,12-4,54	2,12;
	2,13-22.23-25; 3,1-15.16-21;
	3,22-30.31-36;
	4,1-42.43-45.46-54.
5,1-47	5,1-9c.9d-18.19-47.
6,1-71	6,1-15.16-21;
	6,22-59.60-71.
7,1-10,21	7,1-9.10-13.14-36.37-44.45-52; [7,53-8,11]; 8,12-20.
	21-30.31-59;
	9,1-39;
	9,40-10,6.7-21.
10,22-39	10,22-30.31-39.
10,40-11,54	10,40-42;
	11,1-44.45-54.
11,55-12,50	11,55-57; 12,1-11.12-19.20-36;
	12,37-43.44-50.
13,1-30	13,1-11.12-30.
13,31-14,31	13,31-35.36-38; 14,1-14.15-31.
15,1-16,33	15,1-10.11-17.18-25.26-27; 16,1-4a;
	16,4b-11.12-15.16-24.25-33.
17,1-25	17,1-5.6-19.20-26.
18,1-19,42	18,1-11.12-14.15-18.19-24.25-27.28-19,16b;
	19,16c-22.23-27.28-30.31-37.38-42.
20,1-29	20,1-18.19-23.24-29.
20,30-31	
21,1-25	21,1-14.15-23;
	21,24-25

KATA ΙΩΑΝΝΗΝ

1,1   Ἐν ἀρχῇ ἦν ὁ λόγος,
              καὶ ὁ λόγος ἦν   πρὸς τὸν θεόν,
      καὶ θεὸς ἦν ὁ λόγος.
2   οὗτος ἦν ἐν ἀρχῇ πρὸς τὸν θεόν.
3   πάντα   δι' αὐτοῦ ἐγένετο,
      καὶ χωρὶς αὐτοῦ ἐγένετο οὐδὲ ἕν.
4   ὃ γέγονεν| ἐν αὐτῷ ζωὴ ἦν,
              καὶ ἡ ζωὴ ἦν τὸ φῶς τῶν ἀνθρώπων·
5   καὶ τὸ φῶς ἐν τῇ σκοτίᾳ φαίνει,
                              καὶ ἡ σκοτία αὐτὸ οὐ κατέλαβεν.
6   (Ἐγένετο ἄνθρωπος, ἀπεσταλμένος παρὰ θεοῦ,
                      —ὄνομα αὐτῷ Ἰωάννης·—
7   οὗτος ἦλθεν εἰς μαρτυρίαν
              ἵνα μαρτυρήσῃ περὶ τοῦ φωτός,
                      ἵνα πάντες πιστεύσωσιν δι' αὐτοῦ.
8   οὐκ ἦν ἐκεῖνος   τὸ φῶς,
              ἀλλ' ἵνα μαρτυρήσῃ περὶ τοῦ φωτός.)
9   Ἦν τὸ φῶς τὸ ἀληθινόν,
              ὃ φωτίζει πάντα ἄνθρωπον,
      ἐρχόμενον εἰς τὸν κόσμον.
10   ἐν τῷ κόσμῳ ἦν,
         (καὶ ὁ κόσμος δι' αὐτοῦ ἐγένετο,)
      καὶ ὁ κόσμος αὐτὸν οὐκ ἔγνω.
11   εἰς τὰ ἴδια   ἦλθεν,
      καὶ οἱ ἴδιοι αὐτὸν   οὐ παρέλαβον.
12   ὅσοι δὲ ἔλαβον αὐτόν,
              ἔδωκεν αὐτοῖς ἐξουσίαν τέκνα θεοῦ γενέσθαι,
                      (τοῖς πιστεύουσιν εἰς τὸ ὄνομα αὐτοῦ,
13   οἳ οὐκ ἐξ αἱμάτων
                              οὐδὲ ἐκ θελήματος σαρκὸς
                              οὐδὲ ἐκ θελήματος ἀνδρὸς
                              ἀλλ' ἐκ θεοῦ ἐγεννήθησαν.)
14   Καὶ ὁ λόγος σὰρξ ἐγένετο καὶ ἐσκήνωσεν ἐν ἡμῖν,
         (καὶ ἐθεασάμεθα τὴν δόξαν αὐτοῦ,
                 δόξαν ὡς μονογενοῦς παρὰ πατρός,)

πλήρης χάριτος καὶ ἀληθείας.
15   (Ἰωάννης μαρτυρεῖ περὶ αὐτοῦ καὶ κέκραγεν λέγων·
         οὗτος ἦν ὃν εἶπον·
             ὁ ὀπίσω μου ἐρχόμενος
                 ἔμπροσθέν μου γέγονεν,
                     ὅτι πρῶτός μου ἦν.)
16   ὅτι ἐκ τοῦ πληρώματος αὐτοῦ
         ἡμεῖς πάντες ἐλάβομεν καὶ χάριν ἀντὶ χάριτος·
17   ὅτι ὁ νόμος   διὰ Μωϋσέως   ἐδόθη,
         ἡ χάρις καὶ ἡ ἀλήθεια διὰ Ἰησοῦ Χριστοῦ ἐγένετο.
18   θεὸν οὐδεὶς ἑώρακεν πώποτε·
         μονογενὴς θεὸς ὁ ὢν εἰς τὸν κόλπον τοῦ πατρὸς
         ἐκεῖνος ἐξηγήσατο.

19   Καὶ αὕτη ἐστὶν ἡ μαρτυρία τοῦ Ἰωάννου,
     ὅτε ἀπέστειλαν [πρὸς αὐτὸν] οἱ Ἰουδαῖοι ἐξ Ἱεροσολύμων ἱερεῖς καὶ Λευίτας
         ἵνα ἐρωτήσωσιν αὐτόν·
             σὺ τίς εἶ;
20   καὶ ὡμολόγησεν καὶ οὐκ ἠρνήσατο,
     καὶ ὡμολόγησεν ὅτι
         ἐγὼ οὐκ εἰμὶ ὁ χριστός.
21   καὶ ἠρώτησαν αὐτόν·
         τί οὖν; σὺ Ἡλίας εἶ;
     καὶ λέγει·
         οὐκ εἰμί.
             ὁ προφήτης εἶ σύ;
     καὶ ἀπεκρίθη·
         οὔ.
22   εἶπαν οὖν αὐτῷ·
         τίς εἶ;
             ἵνα ἀπόκρισιν δῶμεν τοῖς πέμψασιν ἡμᾶς·
         τί λέγεις περὶ σεαυτοῦ;
23   ἔφη·
         ἐγὼ φωνὴ βοῶντος ἐν τῇ ἐρήμῳ·
         εὐθύνατε τὴν ὁδὸν κυρίου,
             (καθὼς εἶπεν Ἡσαΐας ὁ προφήτης.)
24   (καὶ ἀπεσταλμένοι ἦσαν ἐκ τῶν Φαρισαίων.)
25   καὶ ἠρώτησαν αὐτὸν καὶ εἶπαν αὐτῷ·

τί οὖν βαπτίζεις
εἰ σὺ οὐκ εἶ ὁ χριστὸς οὐδὲ Ἠλίας οὐδὲ ὁ προφήτης;
26 ἀπεκρίθη αὐτοῖς ὁ Ἰωάννης λέγων·
ἐγὼ βαπτίζω ἐν ὕδατι·
μέσος ὑμῶν ἕστηκεν ὃν ὑμεῖς οὐκ οἴδατε,
27 ὁ ὀπίσω μου ἐρχόμενος,
οὗ οὐκ εἰμὶ [ἐγὼ] ἄξιος
ἵνα λύσω αὐτοῦ τὸν ἱμάντα τοῦ ὑποδήματος.
28 (ταῦτα ἐν Βηθανίᾳ ἐγένετο πέραν τοῦ Ἰορδάνου,
ὅπου ἦν ὁ Ἰωάννης βαπτίζων.)
29 Τῇ ἐπαύριον βλέπει τὸν Ἰησοῦν ἐρχόμενον πρὸς αὐτὸν
καὶ λέγει·
ἴδε ὁ ἀμνὸς τοῦ θεοῦ
ὁ αἴρων τὴν ἁμαρτίαν τοῦ κόσμου.
30 οὗτός ἐστιν ὑπὲρ οὗ ἐγὼ εἶπον·
ὀπίσω μου ἔρχεται ἀνὴρ
ὃς ἔμπροσθέν μου γέγονεν,
ὅτι πρῶτός μου ἦν.
31 κἀγὼ οὐκ ᾔδειν αὐτόν,
ἀλλ᾽ ἵνα φανερωθῇ τῷ Ἰσραὴλ
διὰ τοῦτο ἦλθον ἐγὼ ἐν ὕδατι βαπτίζων.
32 καὶ ἐμαρτύρησεν Ἰωάννης λέγων ὅτι
τεθέαμαι τὸ πνεῦμα καταβαῖνον ὡς περιστερὰν ἐξ οὐρανοῦ
καὶ ἔμεινεν ἐπ᾽ αὐτόν.
33 κἀγὼ οὐκ ᾔδειν αὐτόν,
ἀλλ᾽ ὁ πέμψας με βαπτίζειν ἐν ὕδατι
ἐκεῖνός μοι εἶπεν·
ἐφ᾽ ὃν ἂν ἴδῃς τὸ πνεῦμα καταβαῖνον
καὶ μένον ἐπ᾽ αὐτόν,
οὗτός ἐστιν ὁ βαπτίζων ἐν πνεύματι ἁγίῳ.
34 κἀγὼ ἑώρακα καὶ μεμαρτύρηκα ὅτι
οὗτός ἐστιν ὁ υἱὸς τοῦ θεοῦ.
35 Τῇ ἐπαύριον πάλιν εἱστήκει ὁ Ἰωάννης
καὶ ἐκ τῶν μαθητῶν αὐτοῦ δύο
36 καὶ ἐμβλέψας τῷ Ἰησοῦ περιπατοῦντι λέγει·
ἴδε ὁ ἀμνὸς τοῦ θεοῦ.
37 καὶ ἤκουσαν οἱ δύο μαθηταὶ αὐτοῦ λαλοῦντος

καὶ ἠκολούθησαν τῷ Ἰησοῦ.
38 στραφεὶς δὲ ὁ Ἰησοῦς
καὶ θεασάμενος αὐτοὺς ἀκολουθοῦντας
λέγει αὐτοῖς·
τί ζητεῖτε;
οἱ δὲ εἶπαν αὐτῷ·
ῥαββί,
(ὃ λέγεται μεθερμηνευόμενον διδάσκαλε,)
ποῦ μένεις;
39 λέγει αὐτοῖς·
ἔρχεσθε καὶ ὄψεσθε.
ἦλθαν οὖν καὶ εἶδαν ποῦ μένει
καὶ παρ' αὐτῷ ἔμειναν τὴν ἡμέραν ἐκείνην·
(ὥρα ἦν ὡς δεκάτη.)
40 (ἦν Ἀνδρέας ὁ ἀδελφὸς Σίμωνος Πέτρου
εἷς ἐκ τῶν δύο τῶν ἀκουσάντων παρὰ Ἰωάννου
καὶ ἀκολουθησάντων αὐτῷ·)
41 εὑρίσκει οὗτος πρῶτον τὸν ἀδελφὸν τὸν ἴδιον Σίμωνα
καὶ λέγει αὐτῷ·
εὑρήκαμεν τὸν Μεσσίαν,
(ὅ ἐστιν μεθερμηνευόμενον χριστός.)
42 ἤγαγεν αὐτὸν πρὸς τὸν Ἰησοῦν.
ἐμβλέψας αὐτῷ ὁ Ἰησοῦς εἶπεν·
σὺ εἶ Σίμων ὁ υἱὸς Ἰωάννου,
σὺ κληθήσῃ Κηφᾶς,
(ὃ ἑρμηνεύεται Πέτρος.)
43 Τῇ ἐπαύριον ἠθέλησεν ἐξελθεῖν εἰς τὴν Γαλιλαίαν
καὶ εὑρίσκει Φίλιππον.
καὶ λέγει αὐτῷ ὁ Ἰησοῦς·
ἀκολούθει μοι.
44 (ἦν δὲ ὁ Φίλιππος ἀπὸ Βηθσαϊδά,
ἐκ τῆς πόλεως Ἀνδρέου καὶ Πέτρου.)
45 εὑρίσκει Φίλιππος τὸν Ναθαναὴλ
καὶ λέγει αὐτῷ·
ὃν ἔγραψεν Μωϋσῆς ἐν τῷ νόμῳ
καὶ οἱ προφῆται
εὑρήκαμεν,

Ἰησοῦν υἱὸν τοῦ Ἰωσὴφ
τὸν ἀπὸ Ναζαρέτ.
46 καὶ εἶπεν αὐτῷ Ναθαναήλ·
ἐκ Ναζαρὲτ δύναταί τι ἀγαθὸν εἶναι;
λέγει αὐτῷ [ὁ] Φίλιππος·
ἔρχου καὶ ἴδε.
47 εἶδεν ὁ Ἰησοῦς τὸν Ναθαναὴλ ἐρχόμενον πρὸς αὐτὸν
καὶ λέγει περὶ αὐτοῦ·
ἴδε ἀληθῶς Ἰσραηλίτης
ἐν ᾧ δόλος οὐκ ἔστιν.
48 λέγει αὐτῷ Ναθαναήλ·
πόθεν με γινώσκεις;
ἀπεκρίθη Ἰησοῦς καὶ εἶπεν αὐτῷ·
πρὸ τοῦ σε Φίλιππον φωνῆσαι
ὄντα ὑπὸ τὴν συκῆν εἶδόν σε.
49 ἀπεκρίθη αὐτῷ Ναθαναήλ·
ῥαββί,
σὺ εἶ ὁ υἱὸς τοῦ θεοῦ,
σὺ βασιλεὺς εἶ τοῦ Ἰσραήλ.
50 ἀπεκρίθη Ἰησοῦς καὶ εἶπεν αὐτῷ·
ὅτι εἶπόν σοι ὅτι
εἶδόν σε ὑποκάτω τῆς συκῆς,
πιστεύεις;
μείζω τούτων ὄψῃ.
51 καὶ λέγει αὐτῷ·
ἀμὴν ἀμὴν λέγω ὑμῖν,
ὄψεσθε τὸν οὐρανὸν ἀνεῳγότα
καὶ τοὺς ἀγγέλους τοῦ θεοῦ ἀναβαίνοντας
καὶ καταβαίνοντας ἐπὶ τὸν υἱὸν τοῦ ἀνθρώπου.
2,1 Καὶ τῇ ἡμέρᾳ τῇ τρίτῃ γάμος ἐγένετο ἐν Κανὰ τῆς Γαλιλαίας,
καὶ ἦν ἡ μήτηρ τοῦ Ἰησοῦ ἐκεῖ·
2 ἐκλήθη δὲ καὶ ὁ Ἰησοῦς
καὶ οἱ μαθηταὶ αὐτοῦ εἰς τὸν γάμον.
3 καὶ ὑστερήσαντος οἴνου
λέγει ἡ μήτηρ τοῦ Ἰησοῦ πρὸς αὐτόν·
οἶνον οὐκ ἔχουσιν.
4 [καὶ] λέγει αὐτῇ ὁ Ἰησοῦς·

τί ἐμοὶ καὶ σοί, γύναι;
οὔπω ἥκει ἡ ὥρα μου.
5 λέγει ἡ μήτηρ αὐτοῦ τοῖς διακόνοις·
ὅ τι ἂν λέγῃ ὑμῖν ποιήσατε.
6 (ἦσαν δὲ ἐκεῖ λίθιναι ὑδρίαι ἓξ
κατὰ τὸν καθαρισμὸν τῶν Ἰουδαίων κείμεναι,
χωροῦσαι ἀνὰ μετρητὰς δύο ἢ τρεῖς.)
7 λέγει αὐτοῖς ὁ Ἰησοῦς·
γεμίσατε τὰς ὑδρίας ὕδατος.
καὶ ἐγέμισαν αὐτὰς ἕως ἄνω.
8 καὶ λέγει αὐτοῖς·
ἀντλήσατε νῦν
καὶ φέρετε τῷ ἀρχιτρικλίνῳ·
οἱ δὲ ἤνεγκαν.
9 ὡς δὲ ἐγεύσατο ὁ ἀρχιτρίκλινος τὸ ὕδωρ
οἶνον γεγενημένον
(καὶ οὐκ ᾔδει πόθεν ἐστίν,
—οἱ δὲ διάκονοι ᾔδεισαν
οἱ ἠντληκότες τὸ ὕδωρ,)
φωνεῖ τὸν νυμφίον ὁ ἀρχιτρίκλινος
10 καὶ λέγει αὐτῷ·
πᾶς ἄνθρωπος πρῶτον τὸν καλὸν οἶνον τίθησιν
καὶ ὅταν μεθυσθῶσιν τὸν ἐλάσσω·
σὺ τετήρηκας τὸν καλὸν οἶνον ἕως ἄρτι.
11 (ταύτην ἐποίησεν ἀρχὴν τῶν σημείων ὁ Ἰησοῦς ἐν Κανᾷ τῆς Γαλιλαίας
καὶ ἐφανέρωσεν τὴν δόξαν αὐτοῦ,
καὶ ἐπίστευσαν εἰς αὐτὸν οἱ μαθηταὶ αὐτοῦ.)

12 Μετὰ τοῦτο κατέβη εἰς Καφαρναοὺμ αὐτὸς
καὶ ἡ μήτηρ αὐτοῦ
καὶ οἱ ἀδελφοὶ [αὐτοῦ]
καὶ οἱ μαθηταὶ αὐτοῦ
καὶ ἐκεῖ ἔμειναν οὐ πολλὰς ἡμέρας.
13 Καὶ ἐγγὺς ἦν τὸ πάσχα τῶν Ἰουδαίων,
καὶ ἀνέβη εἰς Ἱεροσόλυμα ὁ Ἰησοῦς.
14 καὶ εὗρεν ἐν τῷ ἱερῷ
τοὺς πωλοῦντας βόας καὶ πρόβατα καὶ περιστερὰς

καὶ τοὺς κερματιστὰς καθημένους,
15 καὶ ποιήσας φραγέλλιον ἐκ σχοινίων
πάντας ἐξέβαλεν ἐκ τοῦ ἱεροῦ
τά τε πρόβατα καὶ τοὺς βόας,
καὶ τῶν κολλυβιστῶν ἐξέχεεν τὸ κέρμα
καὶ τὰς τραπέζας ἀνέτρεψεν,
16 καὶ τοῖς τὰς περιστερὰς πωλοῦσιν εἶπεν·
ἄρατε ταῦτα ἐντεῦθεν,
μὴ ποιεῖτε τὸν οἶκον τοῦ πατρός μου
οἶκον ἐμπορίου.
17 (ἐμνήσθησαν οἱ μαθηταὶ αὐτοῦ ὅτι γεγραμμένον ἐστίν·
ὁ ζῆλος τοῦ οἴκου σου καταφάγεταί με.)
18 ἀπεκρίθησαν οὖν οἱ Ἰουδαῖοι καὶ εἶπαν αὐτῷ·
τί σημεῖον δεικνύεις ἡμῖν
ὅτι ταῦτα ποιεῖς;
19 ἀπεκρίθη Ἰησοῦς καὶ εἶπεν αὐτοῖς·
λύσατε τὸν ναὸν τοῦτον
καὶ ἐν τρισὶν ἡμέραις ἐγερῶ αὐτόν.
20 εἶπαν οὖν οἱ Ἰουδαῖοι·
τεσσεράκοντα καὶ ἓξ ἔτεσιν οἰκοδομήθη ὁ ναὸς οὗτος,
καὶ σὺ ἐν τρισὶν ἡμέραις ἐγερεῖς αὐτόν;
21 (ἐκεῖνος δὲ ἔλεγεν περὶ τοῦ ναοῦ τοῦ σώματος αὐτοῦ.
22 —ὅτε οὖν ἠγέρθη ἐκ νεκρῶν,
ἐμνήσθησαν οἱ μαθηταὶ αὐτοῦ ὅτι τοῦτο ἔλεγεν,
καὶ ἐπίστευσαν τῇ γραφῇ
καὶ τῷ λόγῳ ὃν εἶπεν ὁ Ἰησοῦς.)
23 Ὡς δὲ ἦν ἐν τοῖς Ἱεροσολύμοις ἐν τῷ πάσχα
ἐν τῇ ἑορτῇ,
πολλοὶ ἐπίστευσαν εἰς τὸ ὄνομα αὐτοῦ
θεωροῦντες αὐτοῦ τὰ σημεῖα ἃ ἐποίει·
24 (αὐτὸς δὲ Ἰησοῦς οὐκ ἐπίστευεν αὐτὸν αὐτοῖς
διὰ τὸ αὐτὸν γινώσκειν πάντας
25 καὶ ὅτι οὐ χρείαν εἶχεν
ἵνα τις μαρτυρήσῃ περὶ τοῦ ἀνθρώπου·
—αὐτὸς γὰρ ἐγίνωσκεν τί ἦν ἐν τῷ ἀνθρώπῳ.)
3,1 Ἦν δὲ ἄνθρωπος ἐκ τῶν Φαρισαίων,
(Νικόδημος ὄνομα αὐτῷ,)

ἄρχων τῶν Ἰουδαίων·
2   οὗτος ἦλθεν πρὸς αὐτὸν νυκτὸς
    καὶ εἶπεν αὐτῷ·
        ῥαββί,
        οἴδαμεν ὅτι ἀπὸ θεοῦ ἐλήλυθας διδάσκαλος·
            οὐδεὶς γὰρ δύναται ταῦτα τὰ σημεῖα ποιεῖν
                    ἃ σὺ ποιεῖς,
            ἐὰν μὴ ᾖ ὁ θεὸς μετ' αὐτοῦ.
3   ἀπεκρίθη Ἰησοῦς καὶ εἶπεν αὐτῷ·
        ἀμὴν ἀμὴν λέγω σοι,
        ἐὰν μή τις γεννηθῇ ἄνωθεν,
        οὐ δύναται ἰδεῖν τὴν βασιλείαν τοῦ θεοῦ.
4   λέγει πρὸς αὐτὸν [ὁ] Νικόδημος·
        πῶς δύναται ἄνθρωπος γεννηθῆναι
                    γέρων ὤν;
        μὴ δύναται εἰς τὴν κοιλίαν τῆς μητρὸς αὐτοῦ δεύτερον εἰσελθεῖν
                    καὶ γεννηθῆναι;
5   ἀπεκρίθη Ἰησοῦς·
        ἀμὴν ἀμὴν λέγω σοι,
        ἐὰν μή τις γεννηθῇ ἐξ ὕδατος καὶ πνεύματος,
        οὐ δύναται εἰσελθεῖν εἰς τὴν βασιλείαν τοῦ θεοῦ.
6   τὸ γεγεννημένον ἐκ τῆς σαρκὸς σάρξ ἐστιν,
    καὶ τὸ γεγεννημένον ἐκ τοῦ πνεύματος πνεῦμά ἐστιν.
7   μὴ θαυμάσῃς ὅτι εἶπόν σοι·
        δεῖ ὑμᾶς γεννηθῆναι ἄνωθεν.
8   τὸ πνεῦμα ὅπου θέλει πνεῖ
        καὶ τὴν φωνὴν αὐτοῦ ἀκούεις,
        ἀλλ' οὐκ οἶδας πόθεν ἔρχεται
                    καὶ ποῦ ὑπάγει·
        οὕτως ἐστὶν πᾶς ὁ γεγεννημένος ἐκ τοῦ πνεύματος.
9   ἀπεκρίθη Νικόδημος καὶ εἶπεν αὐτῷ·
        πῶς δύναται ταῦτα γενέσθαι;
10 ἀπεκρίθη Ἰησοῦς καὶ εἶπεν αὐτῷ·
        σὺ εἶ ὁ διδάσκαλος τοῦ Ἰσραὴλ
        καὶ ταῦτα οὐ γινώσκεις;
11 ἀμὴν ἀμὴν λέγω σοι ὅτι
        ὃ οἴδαμεν λαλοῦμεν

καὶ ὃ ἑωράκαμεν μαρτυροῦμεν,
  καὶ τὴν μαρτυρίαν ἡμῶν οὐ λαμβάνετε.
12 εἰ τὰ ἐπίγεια εἶπον ὑμῖν
 καὶ οὐ πιστεύετε,
πῶς ἐὰν εἴπω ὑμῖν τὰ ἐπουράνια
 πιστεύσετε;
13 καὶ οὐδεὶς ἀναβέβηκεν εἰς τὸν οὐρανὸν
 εἰ μὴ ὁ ἐκ τοῦ οὐρανοῦ καταβάς,
  ὁ υἱὸς τοῦ ἀνθρώπου.
14 καὶ καθὼς Μωϋσῆς ὕψωσεν τὸν ὄφιν ἐν τῇ ἐρήμῳ,
 οὕτως ὑψωθῆναι δεῖ τὸν υἱὸν τοῦ ἀνθρώπου,
15   ἵνα πᾶς ὁ πιστεύων ἐν αὐτῷ ἔχῃ ζωὴν αἰώνιον.
16 (Οὕτως γὰρ ἠγάπησεν ὁ θεὸς τὸν κόσμον,
 ὥστε τὸν υἱὸν τὸν μονογενῆ ἔδωκεν,
  ἵνα πᾶς ὁ πιστεύων εἰς αὐτὸν
   μὴ ἀπόληται
  ἀλλ' ἔχῃ ζωὴν αἰώνιον.
17 οὐ γὰρ ἀπέστειλεν ὁ θεὸς τὸν υἱὸν εἰς τὸν κόσμον
  ἵνα κρίνῃ τὸν κόσμον,
 ἀλλ' ἵνα σωθῇ ὁ κόσμος δι' αὐτοῦ.
18 ὁ πιστεύων εἰς αὐτὸν οὐ κρίνεται·
ὁ δὲ μὴ πιστεύων ἤδη κέκριται,
 ὅτι μὴ πεπίστευκεν εἰς τὸ ὄνομα τοῦ μονογενοῦς υἱοῦ τοῦ θεοῦ.
19 αὕτη δέ ἐστιν ἡ κρίσις
 ὅτι τὸ φῶς ἐλήλυθεν εἰς τὸν κόσμον
 καὶ ἠγάπησαν οἱ ἄνθρωποι μᾶλλον τὸ σκότος
   ἢ τὸ φῶς·
 —ἦν γὰρ αὐτῶν πονηρὰ τὰ ἔργα.—
20 πᾶς γὰρ ὁ φαῦλα πράσσων
  μισεῖ τὸ φῶς
 καὶ οὐκ ἔρχεται πρὸς τὸ φῶς,
  ἵνα μὴ ἐλεγχθῇ τὰ ἔργα αὐτοῦ·
21 ὁ δὲ ποιῶν τὴν ἀλήθειαν
 ἔρχεται πρὸς τὸ φῶς,
  ἵνα φανερωθῇ αὐτοῦ τὰ ἔργα
   ὅτι ἐν θεῷ ἐστιν εἰργασμένα.)

22 Μετὰ ταῦτα ἦλθεν ὁ Ἰησοῦς
             καὶ οἱ μαθηταὶ αὐτοῦ
       εἰς τὴν Ἰουδαίαν γῆν
    καὶ ἐκεῖ διέτριβεν μετ' αὐτῶν
    καὶ ἐβάπτιζεν.
23 ἦν δὲ καὶ ὁ Ἰωάννης βαπτίζων ἐν Αἰνὼν
                        ἐγγὺς τοῦ Σαλείμ,
       (ὅτι ὕδατα πολλὰ ἦν ἐκεῖ,)
       καὶ παρεγίνοντο
       καὶ ἐβαπτίζοντο·
24 (οὔπω γὰρ ἦν βεβλημένος εἰς τὴν φυλακὴν ὁ Ἰωάννης.)
25 ἐγένετο οὖν ζήτησις ἐκ τῶν μαθητῶν Ἰωάννου
                 μετὰ Ἰουδαίου περὶ καθαρισμοῦ.
26 καὶ ἦλθον πρὸς τὸν Ἰωάννην καὶ εἶπαν αὐτῷ·
       ῥαββί,
       ὃς ἦν μετὰ σοῦ πέραν τοῦ Ἰορδάνου,
          (ᾧ σὺ μεμαρτύρηκας,)
       ἴδε οὗτος βαπτίζει
          καὶ πάντες ἔρχονται πρὸς αὐτόν.
27 ἀπεκρίθη Ἰωάννης καὶ εἶπεν·
       οὐ δύναται ἄνθρωπος λαμβάνειν οὐδὲ ἓν
          ἐὰν μὴ ᾖ δεδομένον αὐτῷ ἐκ τοῦ οὐρανοῦ.
28 αὐτοὶ ὑμεῖς μοι μαρτυρεῖτε ὅτι εἶπον [ὅτι]
       οὐκ εἰμὶ ἐγὼ ὁ χριστός,
       ἀλλ' ὅτι ἀπεσταλμένος εἰμὶ ἔμπροσθεν ἐκείνου.
29   ὁ ἔχων τὴν νύμφην νυμφίος ἐστίν·
       ὁ δὲ φίλος τοῦ νυμφίου ὁ ἑστηκὼς
                    καὶ ἀκούων αὐτοῦ
          χαρᾷ χαίρει διὰ τὴν φωνὴν τοῦ νυμφίου.
       αὕτη οὖν ἡ χαρὰ ἡ ἐμὴ πεπλήρωται.
30   ἐκεῖνον δεῖ αὐξάνειν,
          ἐμὲ δὲ ἐλαττοῦσθαι.
31   (Ὁ ἄνωθεν ἐρχόμενος ἐπάνω πάντων ἐστίν·
       ὁ ὢν ἐκ τῆς γῆς ἐκ τῆς γῆς ἐστιν
             καὶ ἐκ τῆς γῆς λαλεῖ.
       ὁ ἐκ τοῦ οὐρανοῦ ἐρχόμενος [ἐπάνω πάντων ἐστίν]·
32   ὃ ἑώρακεν καὶ ἤκουσεν
          τοῦτο μαρτυρεῖ,

καὶ τὴν μαρτυρίαν αὐτοῦ οὐδεὶς λαμβάνει.
33   ὁ λαβὼν αὐτοῦ τὴν μαρτυρίαν
         ἐσφράγισεν ὅτι ὁ θεὸς ἀληθής ἐστιν.
34   ὃν γὰρ ἀπέστειλεν ὁ θεὸς
         τὰ ῥήματα τοῦ θεοῦ λαλεῖ,
            —οὐ γὰρ ἐκ μέτρου δίδωσιν τὸ πνεῦμα—.
35   ὁ πατὴρ ἀγαπᾷ τὸν υἱὸν
         καὶ πάντα δέδωκεν ἐν τῇ χειρὶ αὐτοῦ.
36   ὁ πιστεύων εἰς τὸν υἱὸν
         ἔχει ζωὴν αἰώνιον·
      ὁ δὲ ἀπειθῶν τῷ υἱῷ
         οὐκ ὄψεται ζωήν,
            ἀλλ' ἡ ὀργὴ τοῦ θεοῦ μένει ἐπ' αὐτόν.)
4,1 Ὡς οὖν ἔγνω ὁ Ἰησοῦς ὅτι
      ἤκουσαν οἱ Φαρισαῖοι ὅτι
         Ἰησοῦς πλείονας μαθητὰς ποιεῖ καὶ βαπτίζει
      ἢ Ἰωάννης
2   (καίτοιγε Ἰησοῦς αὐτὸς οὐκ ἐβάπτιζεν
               ἀλλ' οἱ μαθηταὶ αὐτοῦ)
3   ἀφῆκεν τὴν Ἰουδαίαν
      καὶ ἀπῆλθεν πάλιν εἰς τὴν Γαλιλαίαν.
4   ἔδει δὲ αὐτὸν διέρχεσθαι διὰ τῆς Σαμαρείας.
5   ἔρχεται οὖν εἰς πόλιν τῆς Σαμαρείας
         λεγομένην Συχὰρ
            πλησίον τοῦ χωρίου ὃ ἔδωκεν Ἰακὼβ [τῷ] Ἰωσὴφ
                                           τῷ υἱῷ αὐτοῦ·
6   ἦν δὲ ἐκεῖ πηγὴ τοῦ Ἰακώβ.
      ὁ οὖν Ἰησοῦς κεκοπιακὼς ἐκ τῆς ὁδοιπορίας
      ἐκαθέζετο οὕτως ἐπὶ τῇ πηγῇ·
         (ὥρα ἦν ὡς ἕκτη.)
7   ἔρχεται γυνὴ ἐκ τῆς Σαμαρείας ἀντλῆσαι ὕδωρ.
      λέγει αὐτῇ ὁ Ἰησοῦς·
         δός μοι πεῖν·
8   (οἱ γὰρ μαθηταὶ αὐτοῦ ἀπεληλύθεισαν εἰς τὴν πόλιν
               ἵνα τροφὰς ἀγοράσωσιν.)
9   λέγει οὖν αὐτῷ ἡ γυνὴ ἡ Σαμαρῖτις·
         πῶς σὺ

Ἰουδαῖος ὤν
παρ' ἐμοῦ πεῖν αἰτεῖς
γυναικὸς Σαμαρίτιδος οὔσης;
(οὐ γὰρ συγχρῶνται Ἰουδαῖοι Σαμαρίταις.)
10 ἀπεκρίθη Ἰησοῦς καὶ εἶπεν αὐτῇ·
εἰ ᾔδεις τὴν δωρεὰν τοῦ θεοῦ
καὶ τίς ἐστιν ὁ λέγων σοι·
δός μοι πεῖν,
σὺ ἂν ᾔτησας αὐτὸν
καὶ ἔδωκεν ἄν σοι ὕδωρ ζῶν.
11 λέγει αὐτῷ [ἡ γυνή]·
κύριε,
οὔτε ἄντλημα ἔχεις
καὶ τὸ φρέαρ ἐστὶν βαθύ·
πόθεν οὖν ἔχεις τὸ ὕδωρ τὸ ζῶν;
12 μὴ σὺ μείζων εἶ τοῦ πατρὸς ἡμῶν Ἰακώβ,
ὃς ἔδωκεν ἡμῖν τὸ φρέαρ
καὶ αὐτὸς ἐξ αὐτοῦ ἔπιεν
καὶ οἱ υἱοὶ αὐτοῦ
καὶ τὰ θρέμματα αὐτοῦ;
13 ἀπεκρίθη Ἰησοῦς καὶ εἶπεν αὐτῇ·
πᾶς ὁ πίνων ἐκ τοῦ ὕδατος τούτου
διψήσει πάλιν·
14 ὃς δ' ἂν πίῃ ἐκ τοῦ ὕδατος οὗ ἐγὼ δώσω αὐτῷ,
οὐ μὴ διψήσει εἰς τὸν αἰῶνα,
ἀλλὰ τὸ ὕδωρ ὃ δώσω αὐτῷ
γενήσεται ἐν αὐτῷ πηγὴ ὕδατος ἁλλομένου εἰς ζωὴν αἰώνιον.
15 λέγει πρὸς αὐτὸν ἡ γυνή·
κύριε,
δός μοι τοῦτο τὸ ὕδωρ,
ἵνα μὴ διψῶ
μηδὲ διέρχωμαι ἐνθάδε ἀντλεῖν.
16 λέγει αὐτῇ·
ὕπαγε φώνησον τὸν ἄνδρα σου
καὶ ἐλθὲ ἐνθάδε.
17 ἀπεκρίθη ἡ γυνὴ καὶ εἶπεν αὐτῷ·
οὐκ ἔχω ἄνδρα.

       λέγει αὐτῇ ὁ Ἰησοῦς·
         καλῶς εἶπας ὅτι
           ἄνδρα οὐκ ἔχω·
18   πέντε γὰρ ἄνδρας ἔσχες
             καὶ νῦν ὃν ἔχεις οὐκ ἔστιν σου ἀνήρ·
         τοῦτο ἀληθὲς εἴρηκας.
19   λέγει αὐτῷ ἡ γυνή·
         κύριε,
         θεωρῶ ὅτι προφήτης εἶ σύ.
20   οἱ πατέρες ἡμῶν
           ἐν τῷ ὄρει τούτῳ προσεκύνησαν·
         καὶ ὑμεῖς λέγετε ὅτι
           ἐν Ἱεροσολύμοις ἐστὶν ὁ τόπος ὅπου προσκυνεῖν δεῖ.
21   λέγει αὐτῇ ὁ Ἰησοῦς·
         πίστευέ μοι, γύναι, ὅτι
         ἔρχεται ὥρα
           ὅτε οὔτε ἐν τῷ ὄρει τούτῳ
             οὔτε ἐν Ἱεροσολύμοις προσκυνήσετε τῷ πατρί.
22   (ὑμεῖς προσκυνεῖτε ὃ οὐκ οἴδατε·
           ἡμεῖς προσκυνοῦμεν ὃ οἴδαμεν,
             ὅτι ἡ σωτηρία ἐκ τῶν Ἰουδαίων ἐστίν.)
23   ἀλλὰ ἔρχεται ὥρα (καὶ νῦν ἐστιν,)
         ὅτε οἱ ἀληθινοὶ προσκυνηταὶ προσκυνήσουσιν τῷ πατρὶ
             ἐν πνεύματι καὶ ἀληθείᾳ·
         (καὶ γὰρ ὁ πατὴρ τοιούτους ζητεῖ τοὺς προσκυνοῦντας αὐτόν.)
24   πνεῦμα ὁ θεός,
         καὶ τοὺς προσκυνοῦντας αὐτὸν
             ἐν πνεύματι καὶ ἀληθείᾳ δεῖ προσκυνεῖν.
25   λέγει αὐτῷ ἡ γυνή·
         οἶδα ὅτι Μεσσίας ἔρχεται
             (ὁ λεγόμενος χριστός·)
         ὅταν ἔλθῃ ἐκεῖνος,
           ἀναγγελεῖ ἡμῖν ἅπαντα.
26   λέγει αὐτῇ ὁ Ἰησοῦς·
         ἐγώ εἰμι, ὁ λαλῶν σοι.
27   (καὶ ἐπὶ τούτῳ ἦλθαν οἱ μαθηταὶ αὐτοῦ
           καὶ ἐθαύμαζον ὅτι μετὰ γυναικὸς ἐλάλει·

    —οὐδεὶς μέντοι εἶπεν·
        τί ζητεῖς
        ἢ τί λαλεῖς μετ' αὐτῆς;)
28 ἀφῆκεν οὖν τὴν ὑδρίαν αὐτῆς ἡ γυνὴ
    καὶ ἀπῆλθεν εἰς τὴν πόλιν
    καὶ λέγει τοῖς ἀνθρώποις·
29   δεῦτε ἴδετε ἄνθρωπον
            ὃς εἶπέν μοι πάντα ὅσα ἐποίησα,
        μήτι οὗτός ἐστιν ὁ χριστός;
30 ἐξῆλθον ἐκ τῆς πόλεως καὶ ἤρχοντο πρὸς αὐτόν.
31 ἐν τῷ μεταξὺ ἠρώτων αὐτὸν οἱ μαθηταὶ λέγοντες·
        ῥαββί, φάγε.
32 ὁ δὲ εἶπεν αὐτοῖς·
        ἐγὼ βρῶσιν ἔχω φαγεῖν
            ἣν ὑμεῖς οὐκ οἴδατε.
33 ἔλεγον οὖν οἱ μαθηταὶ πρὸς ἀλλήλους·
        μή τις ἤνεγκεν αὐτῷ φαγεῖν;
34 λέγει αὐτοῖς ὁ Ἰησοῦς·
        ἐμὸν βρῶμά ἐστιν
            ἵνα ποιήσω τὸ θέλημα τοῦ πέμψαντός με
            καὶ τελειώσω αὐτοῦ τὸ ἔργον.
35 οὐχ ὑμεῖς λέγετε ὅτι
        ἔτι τετράμηνός ἐστιν καὶ ὁ θερισμὸς ἔρχεται;
    ἰδοὺ λέγω ὑμῖν,
        ἐπάρατε τοὺς ὀφθαλμοὺς ὑμῶν
        καὶ θεάσασθε τὰς χώρας
            ὅτι λευκαί εἰσιν πρὸς θερισμόν.
36 ἤδη| ὁ θερίζων μισθὸν λαμβάνει
                καὶ συνάγει καρπὸν εἰς ζωὴν αἰώνιον,
        ἵνα ὁ σπείρων ὁμοῦ χαίρῃ καὶ ὁ θερίζων.
37 ἐν γὰρ τούτῳ ὁ λόγος ἐστὶν ἀληθινὸς ὅτι
        ἄλλος ἐστὶν ὁ σπείρων
        καὶ ἄλλος ὁ θερίζων.
38 ἐγὼ ἀπέστειλα ὑμᾶς θερίζειν
        ὃ οὐχ ὑμεῖς κεκοπιάκατε·
        ἄλλοι κεκοπιάκασιν
            καὶ ὑμεῖς εἰς τὸν κόπον αὐτῶν εἰσεληλύθατε.

39 ἐκ δὲ τῆς πόλεως ἐκείνης πολλοὶ ἐπίστευσαν εἰς αὐτὸν
                    τῶν Σαμαριτῶν
        διὰ τὸν λόγον τῆς γυναικὸς μαρτυρούσης ὅτι
            εἶπέν μοι πάντα ἃ ἐποίησα.
40 ὡς οὖν ἦλθον πρὸς αὐτὸν οἱ Σαμαρῖται,
        ἠρώτων αὐτὸν μεῖναι παρ' αὐτοῖς·
    καὶ ἔμεινεν ἐκεῖ δύο ἡμέρας.
41 καὶ πολλῷ πλείους ἐπίστευσαν
        διὰ τὸν λόγον αὐτοῦ,
42 τῇ τε γυναικὶ ἔλεγον ὅτι
        οὐκέτι διὰ τὴν σὴν λαλιὰν πιστεύομεν,
            αὐτοὶ γὰρ ἀκηκόαμεν καὶ οἴδαμεν ὅτι
                οὗτός ἐστιν ἀληθῶς ὁ σωτὴρ τοῦ κόσμου.
43 Μετὰ δὲ τὰς δύο ἡμέρας ἐξῆλθεν ἐκεῖθεν εἰς τὴν Γαλιλαίαν·
44 (αὐτὸς γὰρ Ἰησοῦς ἐμαρτύρησεν ὅτι
        προφήτης ἐν τῇ ἰδίᾳ πατρίδι τιμὴν οὐκ ἔχει.)
45 ὅτε οὖν ἦλθεν εἰς τὴν Γαλιλαίαν,
        ἐδέξαντο αὐτὸν οἱ Γαλιλαῖοι πάντα ἑωρακότες
        ὅσα ἐποίησεν ἐν Ἱεροσολύμοις ἐν τῇ ἑορτῇ,
            (καὶ αὐτοὶ γὰρ ἦλθον εἰς τὴν ἑορτήν.)
46 Ἦλθεν οὖν πάλιν εἰς τὴν Κανὰ τῆς Γαλιλαίας,
                    (ὅπου ἐποίησεν τὸ ὕδωρ οἶνον.)
        καὶ ἦν τις βασιλικὸς
            οὗ ὁ υἱὸς ἠσθένει ἐν Καφαρναούμ.
47 οὗτος ἀκούσας ὅτι
        Ἰησοῦς ἥκει ἐκ τῆς Ἰουδαίας εἰς τὴν Γαλιλαίαν
    ἀπῆλθεν πρὸς αὐτὸν καὶ ἠρώτα
        ἵνα καταβῇ καὶ ἰάσηται αὐτοῦ τὸν υἱόν,
        ἤμελλεν γὰρ ἀποθνῄσκειν.
48 εἶπεν οὖν ὁ Ἰησοῦς πρὸς αὐτόν·
        ἐὰν μὴ σημεῖα καὶ τέρατα ἴδητε,
        οὐ μὴ πιστεύσητε.
49 λέγει πρὸς αὐτὸν ὁ βασιλικός·
        κύριε,
        κατάβηθι
            πρὶν ἀποθανεῖν τὸ παιδίον μου.
50 λέγει αὐτῷ ὁ Ἰησοῦς·

πορεύου,
    ὁ υἱός σου ζῇ.
ἐπίστευσεν ὁ ἄνθρωπος τῷ λόγῳ
            ὃν εἶπεν αὐτῷ ὁ Ἰησοῦς
καὶ ἐπορεύετο.
51 ἤδη δὲ αὐτοῦ καταβαίνοντος
οἱ δοῦλοι αὐτοῦ ὑπήντησαν αὐτῷ λέγοντες ὅτι
    ὁ παῖς αὐτοῦ ζῇ.
52 ἐπύθετο οὖν τὴν ὥραν παρ' αὐτῶν
        ἐν ᾗ κομψότερον ἔσχεν·
εἶπαν οὖν αὐτῷ ὅτι
    ἐχθὲς ὥραν ἑβδόμην ἀφῆκεν αὐτὸν ὁ πυρετός.
53 ἔγνω οὖν ὁ πατὴρ ὅτι
    [ἐν] ἐκείνῃ τῇ ὥρᾳ ἐν ᾗ εἶπεν αὐτῷ ὁ Ἰησοῦς·
    ὁ υἱός σου ζῇ,
καὶ ἐπίστευσεν αὐτὸς
        καὶ ἡ οἰκία αὐτοῦ ὅλη.
54 (τοῦτο [δὲ] πάλιν δεύτερον σημεῖον ἐποίησεν ὁ Ἰησοῦς
    ἐλθὼν ἐκ τῆς Ἰουδαίας εἰς τὴν Γαλιλαίαν.)

5,1 Μετὰ ταῦτα ἦν ἑορτὴ τῶν Ἰουδαίων
    καὶ ἀνέβη Ἰησοῦς εἰς Ἱεροσόλυμα.
2 ἔστιν δὲ ἐν τοῖς Ἱεροσολύμοις
        ἐπὶ τῇ προβατικῇ κολυμβήθρα
            (ἡ ἐπιλεγομένη Ἑβραϊστὶ Βηθζαθά)
        πέντε στοὰς ἔχουσα.
3 ἐν ταύταις κατέκειτο πλῆθος τῶν ἀσθενούντων,
                τυφλῶν, χωλῶν, ξηρῶν,
            [[ἐκδεχομένων τὴν τοῦ ὕδατος κίνησιν.
4 ἄγγελος γὰρ κυρίου κατὰ καιρὸν κατέβαινεν ἐν τῇ κολυμβήθρᾳ
    καὶ ἐταράσσετο τὸ ὕδωρ·
    ὁ οὖν πρῶτος ἐμβὰς μετὰ τὴν ταραχὴν τοῦ ὕδατος
        ὑγιὴς ἐγίνετο οἵῳ δήποτ' οὖν κατείχετο νοσήματι.]]
5 ἦν δέ τις ἄνθρωπος ἐκεῖ
        τριάκοντα [καὶ] ὀκτὼ ἔτη ἔχων ἐν τῇ ἀσθενείᾳ αὐτοῦ·
6 τοῦτον ἰδὼν ὁ Ἰησοῦς κατακείμενον
    καὶ γνοὺς ὅτι πολὺν ἤδη χρόνον ἔχει,

       λέγει αὐτῷ·
         θέλεις ὑγιὴς γενέσθαι;
7   ἀπεκρίθη αὐτῷ ὁ ἀσθενῶν·
         κύριε,
         ἄνθρωπον οὐκ ἔχω
            ἵνα ὅταν ταραχθῇ τὸ ὕδωρ
               βάλῃ με εἰς τὴν κολυμβήθραν·
         ἐν ᾧ δὲ ἔρχομαι ἐγώ,
         ἄλλος πρὸ ἐμοῦ καταβαίνει.
8   λέγει αὐτῷ ὁ Ἰησοῦς·
         ἔγειρε ἆρον τὸν κράβαττόν σου
           καὶ περιπάτει.
9   καὶ εὐθέως ἐγένετο ὑγιὴς ὁ ἄνθρωπος
         καὶ ἦρεν τὸν κράβαττον αὐτοῦ
         καὶ περιεπάτει.
    (ἦν δὲ σάββατον ἐν ἐκείνῃ τῇ ἡμέρᾳ.)
10   ἔλεγον οὖν οἱ Ἰουδαῖοι τῷ τεθεραπευμένῳ·
         σάββατόν ἐστιν,
         καὶ οὐκ ἔξεστίν σοι ἆραι τὸν κράβαττόν σου.
11   ὁ δὲ ἀπεκρίθη αὐτοῖς·
         ὁ ποιήσας με ὑγιῆ ἐκεῖνός μοι εἶπεν·
         ἆρον τὸν κράβαττόν σου
         καὶ περιπάτει.
12   ἠρώτησαν αὐτόν·
         τίς ἐστιν ὁ ἄνθρωπος ὁ εἰπών σοι·
           ἆρον
           καὶ περιπάτει;
13   ὁ δὲ ἰαθεὶς οὐκ ᾔδει τίς ἐστιν,
      (ὁ γὰρ Ἰησοῦς ἐξένευσεν ὄχλου ὄντος ἐν τῷ τόπῳ.)
14   μετὰ ταῦτα εὑρίσκει αὐτὸν ὁ Ἰησοῦς ἐν τῷ ἱερῷ
         καὶ εἶπεν αὐτῷ·
         ἴδε ὑγιὴς γέγονας,
         μηκέτι ἁμάρτανε,
           ἵνα μὴ χεῖρόν σού τι γένηται.
15   ἀπῆλθεν ὁ ἄνθρωπος
         καὶ ἀνήγγειλεν τοῖς Ἰουδαίοις ὅτι
           Ἰησοῦς ἐστιν ὁ ποιήσας αὐτὸν ὑγιῆ.

16 καὶ διὰ τοῦτο ἐδίωκον οἱ Ἰουδαῖοι τὸν Ἰησοῦν,
    ὅτι ταῦτα ἐποίει ἐν σαββάτῳ.
17 ὁ δὲ [Ἰησοῦς] ἀπεκρίνατο αὐτοῖς·
    ὁ πατήρ μου ἕως ἄρτι ἐργάζεται
    κἀγὼ ἐργάζομαι·
18 διὰ τοῦτο οὖν μᾶλλον ἐζήτουν αὐτὸν οἱ Ἰουδαῖοι ἀποκτεῖναι,
    ὅτι οὐ μόνον ἔλυεν τὸ σάββατον,
    ἀλλὰ καὶ πατέρα ἴδιον ἔλεγεν τὸν θεὸν
        (ἴσον ἑαυτὸν ποιῶν τῷ θεῷ.)
19 ἀπεκρίνατο οὖν ὁ Ἰησοῦς καὶ ἔλεγεν αὐτοῖς·
    ἀμὴν ἀμὴν λέγω ὑμῖν,
    οὐ δύναται ὁ υἱὸς ποιεῖν ἀφ' ἑαυτοῦ οὐδὲν
    ἐὰν μή τι βλέπῃ τὸν πατέρα ποιοῦντα·
    ἃ γὰρ ἂν ἐκεῖνος ποιῇ,
    ταῦτα καὶ ὁ υἱὸς ὁμοίως ποιεῖ.
20   ὁ γὰρ πατὴρ φιλεῖ τὸν υἱὸν
        καὶ πάντα δείκνυσιν αὐτῷ ἃ αὐτὸς ποιεῖ,
        καὶ μείζονα τούτων δείξει αὐτῷ ἔργα,
            ἵνα ὑμεῖς θαυμάζητε.
21 ὥσπερ γὰρ ὁ πατὴρ ἐγείρει τοὺς νεκροὺς καὶ ζῳοποιεῖ,
    οὕτως καὶ ὁ υἱὸς οὓς θέλει ζῳοποιεῖ.
22 οὐδὲ γὰρ ὁ πατὴρ κρίνει οὐδένα,
    ἀλλὰ τὴν κρίσιν πᾶσαν δέδωκεν τῷ υἱῷ,
23   ἵνα πάντες τιμῶσι τὸν υἱὸν
            καθὼς τιμῶσι τὸν πατέρα.
        ὁ μὴ τιμῶν τὸν υἱὸν
            οὐ τιμᾷ τὸν πατέρα τὸν πέμψαντα αὐτόν.
24 ἀμὴν ἀμὴν λέγω ὑμῖν ὅτι
    ὁ τὸν λόγον μου ἀκούων καὶ πιστεύων τῷ πέμψαντί με
    ἔχει ζωὴν αἰώνιον
        καὶ εἰς κρίσιν οὐκ ἔρχεται,
        ἀλλὰ μεταβέβηκεν ἐκ τοῦ θανάτου εἰς τὴν ζωήν.
25 ἀμὴν ἀμὴν λέγω ὑμῖν ὅτι
    ἔρχεται ὥρα (καὶ νῦν ἐστιν)
        ὅτε οἱ νεκροὶ ἀκούσουσιν τῆς φωνῆς τοῦ υἱοῦ τοῦ θεοῦ
        καὶ οἱ ἀκούσαντες ζήσουσιν.
26   ὥσπερ γὰρ ὁ πατὴρ ἔχει ζωὴν ἐν ἑαυτῷ,

οὕτως καὶ τῷ υἱῷ ἔδωκεν ζωὴν ἔχειν ἐν ἑαυτῷ.
27 καὶ ἐξουσίαν ἔδωκεν αὐτῷ κρίσιν ποιεῖν,
ὅτι υἱὸς ἀνθρώπου ἐστίν.
28 μὴ θαυμάζετε τοῦτο, ὅτι
ἔρχεται ὥρα
ἐν ᾗ πάντες οἱ ἐν τοῖς μνημείοις ἀκούσουσιν τῆς φωνῆς αὐτοῦ
29 καὶ ἐκπορεύσονται οἱ τὰ ἀγαθὰ ποιήσαντες εἰς ἀνάστασιν ζωῆς,
οἱ δὲ τὰ φαῦλα πράξαντες εἰς ἀνάστασιν κρίσεως.
30 οὐ δύναμαι ἐγὼ ποιεῖν ἀπ' ἐμαυτοῦ οὐδέν·
καθὼς ἀκούω κρίνω,
καὶ ἡ κρίσις ἡ ἐμὴ δικαία ἐστίν,
ὅτι οὐ ζητῶ τὸ θέλημα τὸ ἐμὸν
ἀλλὰ τὸ θέλημα τοῦ πέμψαντός με.
31 ἐὰν ἐγὼ μαρτυρῶ περὶ ἐμαυτοῦ,
ἡ μαρτυρία μου οὐκ ἔστιν ἀληθής·
32 ἄλλος ἐστὶν ὁ μαρτυρῶν περὶ ἐμοῦ,
καὶ οἶδα ὅτι ἀληθής ἐστιν ἡ μαρτυρία
ἣν μαρτυρεῖ περὶ ἐμοῦ.
33 ὑμεῖς ἀπεστάλκατε πρὸς Ἰωάννην,
καὶ μεμαρτύρηκεν τῇ ἀληθείᾳ·
34 ἐγὼ δὲ οὐ παρὰ ἀνθρώπου τὴν μαρτυρίαν λαμβάνω,
ἀλλὰ ταῦτα λέγω
ἵνα ὑμεῖς σωθῆτε.
35 ἐκεῖνος ἦν ὁ λύχνος ὁ καιόμενος καὶ φαίνων,
ὑμεῖς δὲ ἠθελήσατε ἀγαλλιαθῆναι πρὸς ὥραν ἐν τῷ φωτὶ αὐτοῦ.
36 ἐγὼ δὲ ἔχω τὴν μαρτυρίαν μείζω τοῦ Ἰωάννου·
τὰ γὰρ ἔργα ἃ δέδωκέν μοι ὁ πατὴρ
ἵνα τελειώσω αὐτά,
αὐτὰ τὰ ἔργα ἃ ποιῶ μαρτυρεῖ περὶ ἐμοῦ
ὅτι ὁ πατήρ με ἀπέσταλκεν.
37 καὶ ὁ πέμψας με πατὴρ
ἐκεῖνος μεμαρτύρηκεν περὶ ἐμοῦ.
οὔτε φωνὴν αὐτοῦ πώποτε ἀκηκόατε
οὔτε εἶδος αὐτοῦ ἑωράκατε,
38 καὶ τὸν λόγον αὐτοῦ οὐκ ἔχετε ἐν ὑμῖν μένοντα,
ὅτι ὃν ἀπέστειλεν ἐκεῖνος,
τούτῳ ὑμεῖς οὐ πιστεύετε.

39   ἐραυνᾶτε τὰς γραφάς,
                ὅτι ὑμεῖς δοκεῖτε ἐν αὐταῖς ζωὴν αἰώνιον ἔχειν·
                καὶ ἐκεῖναί εἰσιν αἱ μαρτυροῦσαι περὶ ἐμοῦ·
40   καὶ οὐ θέλετε ἐλθεῖν πρός με
                ἵνα ζωὴν ἔχητε.
41   δόξαν παρὰ ἀνθρώπων οὐ λαμβάνω,
42   ἀλλὰ ἔγνωκα ὑμᾶς
                ὅτι τὴν ἀγάπην τοῦ θεοῦ οὐκ ἔχετε ἐν ἑαυτοῖς.
43   ἐγὼ ἐλήλυθα ἐν τῷ ὀνόματι τοῦ πατρός μου,
            καὶ οὐ λαμβάνετέ με·
        ἐὰν ἄλλος ἔλθῃ ἐν τῷ ὀνόματι τῷ ἰδίῳ,
            ἐκεῖνον λήμψεσθε.
44   πῶς δύνασθε ὑμεῖς πιστεῦσαι δόξαν παρὰ ἀλλήλων λαμβάνοντες,
            καὶ τὴν δόξαν τὴν παρὰ τοῦ μόνου θεοῦ οὐ ζητεῖτε;
45   μὴ δοκεῖτε ὅτι ἐγὼ κατηγορήσω ὑμῶν πρὸς τὸν πατέρα·
            ἔστιν ὁ κατηγορῶν ὑμῶν Μωϋσῆς,
                εἰς ὃν ὑμεῖς ἠλπίκατε.
46   εἰ γὰρ ἐπιστεύετε Μωϋσεῖ,
            ἐπιστεύετε ἂν ἐμοί·
                περὶ γὰρ ἐμοῦ ἐκεῖνος ἔγραψεν.
47   εἰ δὲ τοῖς ἐκείνου γράμμασιν οὐ πιστεύετε,
                πῶς τοῖς ἐμοῖς ῥήμασιν πιστεύσετε;

6,1 Μετὰ ταῦτα ἀπῆλθεν ὁ Ἰησοῦς πέραν τῆς θαλάσσης τῆς Γαλιλαίας
                                                    τῆς Τιβεριάδος.
  2   ἠκολούθει δὲ αὐτῷ ὄχλος πολύς,
            ὅτι ἐθεώρουν τὰ σημεῖα ἃ ἐποίει ἐπὶ τῶν ἀσθενούντων.
  3   ἀνῆλθεν δὲ εἰς τὸ ὄρος Ἰησοῦς
        καὶ ἐκεῖ ἐκάθητο μετὰ τῶν μαθητῶν αὐτοῦ.
  4   (ἦν δὲ ἐγγὺς τὸ πάσχα, ἡ ἑορτὴ τῶν Ἰουδαίων.)
  5   ἐπάρας οὖν τοὺς ὀφθαλμοὺς ὁ Ἰησοῦς
        καὶ θεασάμενος ὅτι πολὺς ὄχλος ἔρχεται πρὸς αὐτὸν
        λέγει πρὸς Φίλιππον·
            πόθεν ἀγοράσωμεν ἄρτους ἵνα φάγωσιν οὗτοι;
  6   (τοῦτο δὲ ἔλεγεν πειράζων αὐτόν·
            —αὐτὸς γὰρ ᾔδει τί ἔμελλεν ποιεῖν.)
  7   ἀπεκρίθη αὐτῷ [ὁ] Φίλιππος·

διακοσίων δηναρίων ἄρτοι οὐκ ἀρκοῦσιν αὐτοῖς
ἵνα ἕκαστος βραχύ [τι] λάβῃ.
8 λέγει αὐτῷ εἷς ἐκ τῶν μαθητῶν αὐτοῦ,
Ἀνδρέας ὁ ἀδελφὸς Σίμωνος Πέτρου·
9 ἔστιν παιδάριον ὧδε
ὃς ἔχει πέντε ἄρτους κριθίνους
καὶ δύο ὀψάρια·
ἀλλὰ ταῦτα τί ἐστιν εἰς τοσούτους;
10 εἶπεν ὁ Ἰησοῦς·
ποιήσατε τοὺς ἀνθρώπους ἀναπεσεῖν.
(ἦν δὲ χόρτος πολὺς ἐν τῷ τόπῳ.)
ἀνέπεσαν οὖν οἱ ἄνδρες τὸν ἀριθμὸν ὡς πεντακισχίλιοι.
11 ἔλαβεν οὖν τοὺς ἄρτους ὁ Ἰησοῦς
καὶ εὐχαριστήσας διέδωκεν τοῖς ἀνακειμένοις
ὁμοίως καὶ ἐκ τῶν ὀψαρίων ὅσον ἤθελον.
12 ὡς δὲ ἐνεπλήσθησαν,
λέγει τοῖς μαθηταῖς αὐτοῦ·
συναγάγετε τὰ περισσεύσαντα κλάσματα,
ἵνα μή τι ἀπόληται.
13 συνήγαγον οὖν
καὶ ἐγέμισαν δώδεκα κοφίνους κλασμάτων ἐκ τῶν πέντε ἄρτων τῶν κριθίνων
ἃ ἐπερίσσευσαν τοῖς βεβρωκόσιν.
14 οἱ οὖν ἄνθρωποι ἰδόντες ὃ ἐποίησεν σημεῖον
ἔλεγον ὅτι
οὗτός ἐστιν ἀληθῶς ὁ προφήτης
ὁ ἐρχόμενος εἰς τὸν κόσμον.
15 Ἰησοῦς οὖν γνοὺς ὅτι
μέλλουσιν ἔρχεσθαι καὶ ἁρπάζειν αὐτὸν
ἵνα ποιήσωσιν βασιλέα,
ἀνεχώρησεν πάλιν εἰς τὸ ὄρος αὐτὸς μόνος.
16 Ὡς δὲ ὀψία ἐγένετο
κατέβησαν οἱ μαθηταὶ αὐτοῦ ἐπὶ τὴν θάλασσαν
17 καὶ ἐμβάντες εἰς πλοῖον
ἤρχοντο πέραν τῆς θαλάσσης εἰς Καφαρναούμ.
(καὶ σκοτία ἤδη ἐγεγόνει
καὶ οὔπω ἐληλύθει πρὸς αὐτοὺς ὁ Ἰησοῦς,
18 —ἥ τε θάλασσα ἀνέμου μεγάλου πνέοντος διεγείρετο.)

19   ἐληλακότες οὖν ὡς σταδίους εἴκοσι πέντε ἢ τριάκοντα
        θεωροῦσιν τὸν Ἰησοῦν περιπατοῦντα ἐπὶ τῆς θαλάσσης
                καὶ ἐγγὺς τοῦ πλοίου γινόμενον,
    καὶ ἐφοβήθησαν.
20   ὁ δὲ λέγει αὐτοῖς·
        ἐγώ εἰμι,
        μὴ φοβεῖσθε.
21   ἤθελον οὖν λαβεῖν αὐτὸν εἰς τὸ πλοῖον,
    καὶ εὐθέως ἐγένετο τὸ πλοῖον ἐπὶ τῆς γῆς εἰς ἣν ὑπῆγον.
22   Τῇ ἐπαύριον ὁ ὄχλος (ὁ ἑστηκὼς πέραν τῆς θαλάσσης)
    εἶδον ὅτι πλοιάριον ἄλλο οὐκ ἦν ἐκεῖ
            εἰ μὴ ἕν
    καὶ ὅτι οὐ συνεισῆλθεν τοῖς μαθηταῖς αὐτοῦ ὁ Ἰησοῦς εἰς τὸ πλοῖον
        ἀλλὰ μόνοι οἱ μαθηταὶ αὐτοῦ ἀπῆλθον·
23   (ἄλλα ἦλθεν πλοι[άρι]α ἐκ τῆς Τιβεριάδος
            ἐγγὺς τοῦ τόπου ὅπου ἔφαγον τὸν ἄρτον
                    εὐχαριστήσαντος τοῦ κυρίου.)
24   ὅτε οὖν εἶδεν ὁ ὄχλος ὅτι Ἰησοῦς οὐκ ἔστιν ἐκεῖ
            οὐδὲ οἱ μαθηταὶ αὐτοῦ,
    ἐνέβησαν αὐτοὶ εἰς τὰ πλοιάρια
    καὶ ἦλθον εἰς Καφαρναοὺμ ζητοῦντες τὸν Ἰησοῦν.
25   καὶ εὑρόντες αὐτὸν πέραν τῆς θαλάσσης
    εἶπον αὐτῷ· ῥαββί,
        πότε ὧδε γέγονας;
26   ἀπεκρίθη αὐτοῖς ὁ Ἰησοῦς καὶ εἶπεν·
        ἀμὴν ἀμὴν λέγω ὑμῖν,
        ζητεῖτέ με οὐχ ὅτι εἴδετε σημεῖα,
            ἀλλ' ὅτι ἐφάγετε ἐκ τῶν ἄρτων
                καὶ ἐχορτάσθητε.
27   ἐργάζεσθε μὴ τὴν βρῶσιν τὴν ἀπολλυμένην
            ἀλλὰ τὴν βρῶσιν τὴν μένουσαν εἰς ζωὴν αἰώνιον,
                ἣν ὁ υἱὸς τοῦ ἀνθρώπου ὑμῖν δώσει·
                (τοῦτον γὰρ ὁ πατὴρ ἐσφράγισεν ὁ θεός.)
28   εἶπον οὖν πρὸς αὐτόν·
        τί ποιῶμεν
            ἵνα ἐργαζώμεθα τὰ ἔργα τοῦ θεοῦ;
29   ἀπεκρίθη [ὁ] Ἰησοῦς καὶ εἶπεν αὐτοῖς·

τοῦτό ἐστιν τὸ ἔργον τοῦ θεοῦ,
ἵνα πιστεύητε εἰς ὃν ἀπέστειλεν ἐκεῖνος.
30 εἶπον οὖν αὐτῷ·
τί οὖν ποιεῖς σὺ σημεῖον,
ἵνα ἴδωμεν καὶ πιστεύσωμέν σοι;
τί ἐργάζῃ;
31 οἱ πατέρες ἡμῶν τὸ μάννα ἔφαγον ἐν τῇ ἐρήμῳ,
(καθώς ἐστιν γεγραμμένον·
ἄρτον ἐκ τοῦ οὐρανοῦ ἔδωκεν αὐτοῖς φαγεῖν.)
32 εἶπεν οὖν αὐτοῖς ὁ Ἰησοῦς·
ἀμὴν ἀμὴν λέγω ὑμῖν,
οὐ Μωϋσῆς δέδωκεν ὑμῖν τὸν ἄρτον ἐκ τοῦ οὐρανοῦ,
ἀλλ' ὁ πατήρ μου δίδωσιν ὑμῖν τὸν ἄρτον ἐκ τοῦ οὐρανοῦ τὸν ἀληθινόν·
33 (ὁ γὰρ ἄρτος τοῦ θεοῦ ἐστιν
ὁ καταβαίνων ἐκ τοῦ οὐρανοῦ
καὶ ζωὴν διδοὺς τῷ κόσμῳ.)
34 εἶπον οὖν πρὸς αὐτόν·
κύριε,
πάντοτε δὸς ἡμῖν τὸν ἄρτον τοῦτον.
35 εἶπεν αὐτοῖς ὁ Ἰησοῦς·
ἐγώ εἰμι ὁ ἄρτος τῆς ζωῆς·
ὁ ἐρχόμενος πρὸς ἐμὲ οὐ μὴ πεινάσῃ,
καὶ ὁ πιστεύων εἰς ἐμὲ οὐ μὴ διψήσει πώποτε.
36 ἀλλ' εἶπον ὑμῖν ὅτι
καὶ ἑωράκατέ [με] καὶ οὐ πιστεύετε.
37 πᾶν ὃ δίδωσίν μοι ὁ πατὴρ πρὸς ἐμὲ ἥξει,
καὶ τὸν ἐρχόμενον πρός ἐμὲ οὐ μὴ ἐκβάλω ἔξω,
38 ὅτι καταβέβηκα ἀπὸ τοῦ οὐρανοῦ
οὐχ ἵνα ποιῶ τὸ θέλημα τὸ ἐμὸν
ἀλλὰ τὸ θέλημα τοῦ πέμψαντός με.
39 (τοῦτο δέ ἐστιν τὸ θέλημα τοῦ πέμψαντός με,
ἵνα πᾶν ὃ δέδωκέν μοι
μὴ ἀπολέσω ἐξ αὐτοῦ,
ἀλλὰ ἀναστήσω αὐτὸ [ἐν] τῇ ἐσχάτῃ ἡμέρᾳ.
40 —τοῦτο γάρ ἐστιν τὸ θέλημα τοῦ πατρός μου,
ἵνα πᾶς ὁ θεωρῶν τὸν υἱὸν καὶ πιστεύων εἰς αὐτὸν
ἔχῃ ζωὴν αἰώνιον,

καὶ ἀναστήσω αὐτὸν ἐγὼ [ἐν] τῇ ἐσχάτῃ ἡμέρᾳ.)
41 ἐγόγγυζον οὖν οἱ Ἰουδαῖοι περὶ αὐτοῦ
  ὅτι εἶπεν·
    ἐγώ εἰμι ὁ ἄρτος ὁ καταβὰς ἐκ τοῦ οὐρανοῦ,
42 καὶ ἔλεγον·
    οὐχ οὗτός ἐστιν Ἰησοῦς ὁ υἱὸς Ἰωσήφ,
            οὗ ἡμεῖς οἴδαμεν τὸν πατέρα
                  καὶ τὴν μητέρα;
    πῶς νῦν λέγει ὅτι ἐκ τοῦ οὐρανοῦ καταβέβηκα;
43 ἀπεκρίθη Ἰησοῦς καὶ εἶπεν αὐτοῖς·
    μὴ γογγύζετε μετ' ἀλλήλων.
44 οὐδεὶς δύναται ἐλθεῖν πρός με
    ἐὰν μὴ ὁ πατὴρ ὁ πέμψας με ἑλκύσῃ αὐτόν,
        κἀγὼ ἀναστήσω αὐτὸν ἐν τῇ ἐσχάτῃ ἡμέρᾳ.
45   ἔστιν γεγραμμένον ἐν τοῖς προφήταις·
        καὶ ἔσονται πάντες διδακτοὶ θεοῦ·
      πᾶς ὁ ἀκούσας παρὰ τοῦ πατρὸς καὶ μαθὼν
        ἔρχεται πρός ἐμέ.
46   (οὐχ ὅτι τὸν πατέρα ἑώρακέν τις
        εἰ μὴ ὁ ὢν παρὰ τοῦ θεοῦ,
        οὗτος ἑώρακεν τὸν πατέρα.)
47 ἀμὴν ἀμὴν λέγω ὑμῖν,
    ὁ πιστεύων ἔχει ζωὴν αἰώνιον.
48 ἐγώ εἰμι ὁ ἄρτος τῆς ζωῆς.
49   οἱ πατέρες ὑμῶν ἔφαγον ἐν τῇ ἐρήμῳ τὸ μάννα καὶ ἀπέθανον·
50   οὗτός ἐστιν ὁ ἄρτος ὁ ἐκ τοῦ οὐρανοῦ καταβαίνων,
      ἵνα τις ἐξ αὐτοῦ φάγῃ καὶ μὴ ἀποθάνῃ.
51 ἐγώ εἰμι ὁ ἄρτος ὁ ζῶν ὁ ἐκ τοῦ οὐρανοῦ καταβάς·
    ἐάν τις φάγῃ ἐκ τούτου τοῦ ἄρτου ζήσει εἰς τὸν αἰῶνα,
    καὶ ὁ ἄρτος δὲ ὃν ἐγὼ δώσω ἡ σάρξ μού ἐστιν ὑπὲρ τῆς τοῦ κόσμου ζωῆς.
52 ἐμάχοντο οὖν πρὸς ἀλλήλους οἱ Ἰουδαῖοι
  λέγοντες·
    πῶς δύναται οὗτος ἡμῖν δοῦναι τὴν σάρκα [αὐτοῦ] φαγεῖν;
53 εἶπεν οὖν αὐτοῖς ὁ Ἰησοῦς·
  ἀμὴν ἀμὴν λέγω ὑμῖν,
    ἐὰν μὴ φάγητε τὴν σάρκα τοῦ υἱοῦ τοῦ ἀνθρώπου
      καὶ πίητε αὐτοῦ τὸ αἷμα,

οὐκ ἔχετε ζωὴν ἐν ἑαυτοῖς.
54 ὁ τρώγων μου τὴν σάρκα
καὶ πίνων μου τὸ αἷμα
ἔχει ζωὴν αἰώνιον,
κἀγὼ ἀναστήσω αὐτὸν τῇ ἐσχάτῃ ἡμέρᾳ.
55 ἡ γὰρ σάρξ μου ἀληθής ἐστιν βρῶσις,
καὶ τὸ αἷμά μου ἀληθής ἐστιν πόσις.
56 ὁ τρώγων μου τὴν σάρκα
καὶ πίνων μου τὸ αἷμα
ἐν ἐμοὶ μένει κἀγὼ ἐν αὐτῷ.
57 καθὼς ἀπέστειλέν με ὁ ζῶν πατὴρ
κἀγὼ ζῶ διὰ τὸν πατέρα,
καὶ ὁ τρώγων με κἀκεῖνος ζήσει δι' ἐμέ.
58 οὗτός ἐστιν ὁ ἄρτος ὁ ἐξ οὐρανοῦ καταβάς,
οὐ καθὼς ἔφαγον οἱ πατέρες καὶ ἀπέθανον·
ὁ τρώγων τοῦτον τὸν ἄρτον ζήσει εἰς τὸν αἰῶνα.
59 (ταῦτα εἶπεν ἐν συναγωγῇ διδάσκων ἐν Καφαρναούμ.)
60 πολλοὶ οὖν ἀκούσαντες ἐκ τῶν μαθητῶν αὐτοῦ εἶπαν·
σκληρός ἐστιν ὁ λόγος οὗτος·
τίς δύναται αὐτοῦ ἀκούειν;
61 εἰδὼς δὲ ὁ Ἰησοῦς ἐν ἑαυτῷ ὅτι
γογγύζουσιν περὶ τούτου οἱ μαθηταὶ αὐτοῦ
εἶπεν αὐτοῖς·
τοῦτο ὑμᾶς σκανδαλίζει;
62 ἐὰν οὖν θεωρῆτε τὸν υἱὸν τοῦ ἀνθρώπου ἀναβαίνοντα ὅπου ἦν τὸ πρότερον;
63 τὸ πνεῦμά ἐστιν τὸ ζῳοποιοῦν,
ἡ σὰρξ οὐκ ὠφελεῖ οὐδέν·
τὰ ῥήματα ἃ ἐγὼ λελάληκα ὑμῖν πνεῦμά ἐστιν
καὶ ζωή ἐστιν.
64 ἀλλ' εἰσὶν ἐξ ὑμῶν τινες οἳ οὐ πιστεύουσιν.
(ᾔδει γὰρ ἐξ ἀρχῆς ὁ Ἰησοῦς
τίνες εἰσὶν οἱ μὴ πιστεύοντες
καὶ τίς ἐστιν ὁ παραδώσων αὐτόν.)
65 καὶ ἔλεγεν·
διὰ τοῦτο εἴρηκα ὑμῖν ὅτι
οὐδεὶς δύναται ἐλθεῖν πρός με
ἐὰν μὴ ᾖ δεδομένον αὐτῷ ἐκ τοῦ πατρός.

66 ἐκ τούτου πολλοὶ [ἐκ] τῶν μαθητῶν αὐτοῦ ἀπῆλθον εἰς τὰ ὀπίσω
    καὶ οὐκέτι μετ' αὐτοῦ περιεπάτουν.
67 εἶπεν οὖν ὁ Ἰησοῦς τοῖς δώδεκα·
    μὴ καὶ ὑμεῖς θέλετε ὑπάγειν;
68 ἀπεκρίθη αὐτῷ Σίμων Πέτρος·
    κύριε,
    πρὸς τίνα ἀπελευσόμεθα;
    ῥήματα ζωῆς αἰωνίου ἔχεις,
69 καὶ ἡμεῖς πεπιστεύκαμεν καὶ ἐγνώκαμεν ὅτι
    σὺ εἶ ὁ ἅγιος τοῦ θεοῦ.
70 ἀπεκρίθη αὐτοῖς ὁ Ἰησοῦς·
    οὐκ ἐγὼ ὑμᾶς τοὺς δώδεκα ἐξελεξάμην;
    καὶ ἐξ ὑμῶν εἷς διάβολός ἐστιν.
71   (ἔλεγεν δὲ τὸν Ἰούδαν Σίμωνος Ἰσκαριώτου·
        –οὗτος γὰρ ἔμελλεν παραδιδόναι αὐτόν,
        εἷς ἐκ τῶν δώδεκα.)

7,1 Καὶ μετὰ ταῦτα περιεπάτει ὁ Ἰησοῦς ἐν τῇ Γαλιλαίᾳ·
    (οὐ γὰρ ἤθελεν ἐν τῇ Ἰουδαίᾳ περιπατεῖν,
    ὅτι ἐζήτουν αὐτὸν οἱ Ἰουδαῖοι ἀποκτεῖναι.)
2 ἦν δὲ ἐγγὺς ἡ ἑορτὴ τῶν Ἰουδαίων ἡ σκηνοπηγία.
3 εἶπον οὖν πρὸς αὐτὸν οἱ ἀδελφοὶ αὐτοῦ·
    μετάβηθι ἐντεῦθεν
    καὶ ὕπαγε εἰς τὴν Ἰουδαίαν,
    ἵνα καὶ οἱ μαθηταί σου θεωρήσουσιν σοῦ τὰ ἔργα ἃ ποιεῖς·
4   (οὐδεὶς γάρ τι ἐν κρυπτῷ ποιεῖ
        καὶ ζητεῖ αὐτὸς ἐν παρρησίᾳ εἶναι.)
    εἰ ταῦτα ποιεῖς,
        φανέρωσον σεαυτὸν τῷ κόσμῳ.
5   (οὐδὲ γὰρ οἱ ἀδελφοὶ αὐτοῦ ἐπίστευον εἰς αὐτόν.)
6 λέγει οὖν αὐτοῖς ὁ Ἰησοῦς·
    ὁ καιρὸς ὁ ἐμὸς οὔπω πάρεστιν,
    ὁ δὲ καιρὸς ὁ ὑμέτερος πάντοτέ ἐστιν ἕτοιμος.
7 οὐ δύναται ὁ κόσμος μισεῖν ὑμᾶς,
    ἐμὲ δὲ μισεῖ,
    ὅτι ἐγὼ μαρτυρῶ περὶ αὐτοῦ ὅτι
        τὰ ἔργα αὐτοῦ πονηρά ἐστιν.

8   ὑμεῖς ἀνάβητε εἰς τὴν ἑορτήν·
    ἐγὼ οὐκ ἀναβαίνω εἰς τὴν ἑορτὴν ταύτην,
    ὅτι ὁ ἐμὸς καιρὸς οὔπω πεπλήρωται.
9   (ταῦτα δὲ εἰπὼν αὐτὸς ἔμεινεν ἐν τῇ Γαλιλαίᾳ.)
10 Ὡς δὲ ἀνέβησαν οἱ ἀδελφοὶ αὐτοῦ εἰς τὴν ἑορτήν,
    τότε καὶ αὐτὸς ἀνέβη οὐ φανερῶς
                    ἀλλὰ [ὡς] ἐν κρυπτῷ.
11 οἱ οὖν Ἰουδαῖοι ἐζήτουν αὐτὸν ἐν τῇ ἑορτῇ
    καὶ ἔλεγον·
        ποῦ ἐστιν ἐκεῖνος;
12 καὶ γογγυσμὸς περὶ αὐτοῦ ἦν πολὺς ἐν τοῖς ὄχλοις·
    οἱ μὲν ἔλεγον ὅτι
        ἀγαθός ἐστιν,
    ἄλλοι [δὲ] ἔλεγον·
        οὔ, ἀλλὰ πλανᾷ τὸν ὄχλον.
13 οὐδεὶς μέντοι παρρησίᾳ ἐλάλει περὶ αὐτοῦ διὰ τὸν φόβον τῶν Ἰουδαίων.
14 Ἤδη δὲ τῆς ἑορτῆς μεσούσης ἀνέβη Ἰησοῦς εἰς τὸ ἱερὸν
    καὶ ἐδίδασκεν.
15 ἐθαύμαζον οὖν οἱ Ἰουδαῖοι λέγοντες·
        πῶς οὗτος γράμματα οἶδεν
            μὴ μεμαθηκώς;
16 ἀπεκρίθη οὖν αὐτοῖς [ὁ] Ἰησοῦς καὶ εἶπεν·
    ἡ ἐμὴ διδαχὴ οὐκ ἔστιν ἐμὴ
            ἀλλὰ τοῦ πέμψαντός με·
17 ἐάν τις θέλῃ τὸ θέλημα αὐτοῦ ποιεῖν,
        γνώσεται περὶ τῆς διδαχῆς πότερον ἐκ τοῦ θεοῦ ἐστιν
                    ἢ ἐγὼ ἀπ' ἐμαυτοῦ λαλῶ.
18   ὁ ἀφ' ἑαυτοῦ λαλῶν
                τὴν δόξαν τὴν ἰδίαν ζητεῖ·
            ὁ δὲ ζητῶν τὴν δόξαν τοῦ πέμψαντος αὐτὸν
                οὗτος ἀληθής ἐστιν
                    καὶ ἀδικία ἐν αὐτῷ οὐκ ἔστιν.
19 οὐ Μωϋσῆς δέδωκεν ὑμῖν τὸν νόμον;
    καὶ οὐδεὶς ἐξ ὑμῶν ποιεῖ τὸν νόμον.
        τί με ζητεῖτε ἀποκτεῖναι;
20 ἀπεκρίθη ὁ ὄχλος·
        δαιμόνιον ἔχεις·

τίς σε ζητεῖ ἀποκτεῖναι;
21 ἀπεκρίθη Ἰησοῦς καὶ εἶπεν αὐτοῖς·
Ἓν ἔργον ἐποίησα
καὶ πάντες θαυμάζετε.
22 διὰ τοῦτο Μωϋσῆς δέδωκεν ὑμῖν τὴν περιτομήν
(οὐχ ὅτι ἐκ τοῦ Μωϋσέως ἐστὶν
ἀλλ' ἐκ τῶν πατέρων)
καὶ ἐν σαββάτῳ περιτέμνετε ἄνθρωπον.
23 εἰ περιτομὴν λαμβάνει ἄνθρωπος ἐν σαββάτῳ
ἵνα μὴ λυθῇ ὁ νόμος Μωϋσέως,
ἐμοὶ χολᾶτε
ὅτι ὅλον ἄνθρωπον ὑγιῆ ἐποίησα ἐν σαββάτῳ;
24 μὴ κρίνετε κατ' ὄψιν,
ἀλλὰ τὴν δικαίαν κρίσιν κρίνετε.
25 ἔλεγον οὖν τινες ἐκ τῶν Ἱεροσολυμιτῶν·
οὐχ οὗτός ἐστιν ὃν ζητοῦσιν ἀποκτεῖναι;
26 καὶ ἴδε παρρησίᾳ λαλεῖ
καὶ οὐδὲν αὐτῷ λέγουσιν.
μήποτε ἀληθῶς ἔγνωσαν οἱ ἄρχοντες ὅτι
οὗτός ἐστιν ὁ χριστός;
27 ἀλλὰ τοῦτον
οἴδαμεν πόθεν ἐστίν·
ὁ δὲ χριστὸς ὅταν ἔρχηται
οὐδεὶς γινώσκει πόθεν ἐστίν.
28 ἔκραξεν οὖν ἐν τῷ ἱερῷ διδάσκων ὁ Ἰησοῦς καὶ λέγων·
κἀμὲ οἴδατε
καὶ οἴδατε πόθεν εἰμί·
καὶ ἀπ' ἐμαυτοῦ οὐκ ἐλήλυθα,
ἀλλ' ἔστιν ἀληθινὸς ὁ πέμψας με,
ὃν ὑμεῖς οὐκ οἴδατε·
29 ἐγὼ οἶδα αὐτόν,
ὅτι παρ' αὐτοῦ εἰμι
κἀκεῖνός με ἀπέστειλεν.
30 ἐζήτουν οὖν αὐτὸν πιάσαι,
καὶ οὐδεὶς ἐπέβαλεν ἐπ' αὐτὸν τὴν χεῖρα,
ὅτι οὔπω ἐληλύθει ἡ ὥρα αὐτοῦ.
31 ἐκ τοῦ ὄχλου δὲ πολλοὶ ἐπίστευσαν εἰς αὐτὸν

καὶ ἔλεγον·
    ὁ χριστὸς ὅταν ἔλθῃ
    μὴ πλείονα σημεῖα ποιήσει ὧν οὗτος ἐποίησεν;
32 ἤκουσαν οἱ Φαρισαῖοι τοῦ ὄχλου γογγύζοντος περὶ αὐτοῦ ταῦτα,
    καὶ ἀπέστειλαν οἱ ἀρχιερεῖς καὶ οἱ Φαρισαῖοι ὑπηρέτας
        ἵνα πιάσωσιν αὐτόν.
33 εἶπεν οὖν ὁ Ἰησοῦς·
    ἔτι χρόνον μικρὸν μεθ' ὑμῶν εἰμι
    καὶ ὑπάγω πρὸς τὸν πέμψαντά με.
34 ζητήσετέ με καὶ οὐχ εὑρήσετέ [με],
    καὶ ὅπου εἰμὶ ἐγὼ ὑμεῖς οὐ δύνασθε ἐλθεῖν.
35 εἶπον οὖν οἱ Ἰουδαῖοι πρὸς ἑαυτούς·
    ποῦ οὗτος μέλλει πορεύεσθαι
        ὅτι ἡμεῖς οὐχ εὑρήσομεν αὐτόν;
    μὴ εἰς τὴν διασπορὰν τῶν Ἑλλήνων μέλλει πορεύεσθαι
    καὶ διδάσκειν τοὺς Ἕλληνας;
36 τίς ἐστιν ὁ λόγος οὗτος ὃν εἶπεν·
    ζητήσετέ με καὶ οὐχ εὑρήσετέ [με],
    καὶ ὅπου εἰμὶ ἐγὼ ὑμεῖς οὐ δύνασθε ἐλθεῖν;
37 Ἐν δὲ τῇ ἐσχάτῃ ἡμέρᾳ
    τῇ μεγάλῃ τῆς ἑορτῆς
εἱστήκει ὁ Ἰησοῦς καὶ ἔκραξεν λέγων·
    ἐάν τις διψᾷ
        ἐρχέσθω πρός με καὶ πινέτω.
38 ὁ πιστεύων εἰς ἐμέ,
        (καθὼς εἶπεν ἡ γραφή,)
    ποταμοὶ ἐκ τῆς κοιλίας αὐτοῦ ῥεύσουσιν ὕδατος ζῶντος.
39 (τοῦτο δὲ εἶπεν περὶ τοῦ πνεύματος
        ὃ ἔμελλον λαμβάνειν οἱ πιστεύσαντες εἰς αὐτόν·
    —οὔπω γὰρ ἦν πνεῦμα,
        ὅτι Ἰησοῦς οὐδέπω ἐδοξάσθη.)
40 ἐκ τοῦ ὄχλου οὖν ἀκούσαντες τῶν λόγων τούτων
    ἔλεγον·
    οὗτός ἐστιν ἀληθῶς ὁ προφήτης·
41 ἄλλοι ἔλεγον·
    οὗτός ἐστιν ὁ χριστός,
    οἱ δὲ ἔλεγον·

μὴ γὰρ ἐκ τῆς Γαλιλαίας ὁ χριστὸς ἔρχεται;
42 οὐχ ἡ γραφὴ εἶπεν ὅτι
ἐκ τοῦ σπέρματος Δαυὶδ
καὶ ἀπὸ Βηθλέεμ
τῆς κώμης ὅπου ἦν Δαυὶδ
ἔρχεται ὁ χριστός;
43 σχίσμα οὖν ἐγένετο ἐν τῷ ὄχλῳ δι' αὐτόν·
44 τινὲς δὲ ἤθελον ἐξ αὐτῶν πιάσαι αὐτόν,
ἀλλ' οὐδεὶς ἐπέβαλεν ἐπ' αὐτὸν τὰς χεῖρας.
45 Ἦλθον οὖν οἱ ὑπηρέται πρὸς τοὺς ἀρχιερεῖς καὶ Φαρισαίους,
καὶ εἶπον αὐτοῖς ἐκεῖνοι·
διὰ τί οὐκ ἠγάγετε αὐτόν;
46 ἀπεκρίθησαν οἱ ὑπηρέται·
οὐδέποτε ἐλάλησεν οὕτως ἄνθρωπος.
47 ἀπεκρίθησαν οὖν αὐτοῖς οἱ Φαρισαῖοι·
μὴ καὶ ὑμεῖς πεπλάνησθε;
48 μή τις ἐκ τῶν ἀρχόντων ἐπίστευσεν εἰς αὐτὸν
ἢ ἐκ τῶν Φαρισαίων;
49 ἀλλὰ ὁ ὄχλος οὗτος
ὁ μὴ γινώσκων τὸν νόμον
ἐπάρατοί εἰσιν.
50 λέγει Νικόδημος πρὸς αὐτούς,
(ὁ ἐλθὼν πρὸς αὐτὸν [τὸ] πρότερον,)
εἷς ὢν ἐξ αὐτῶν·
51 μὴ ὁ νόμος ἡμῶν κρίνει τὸν ἄνθρωπον
ἐὰν μὴ ἀκούσῃ πρῶτον παρ' αὐτοῦ
καὶ γνῷ τί ποιεῖ;
52 ἀπεκρίθησαν καὶ εἶπαν αὐτῷ·
μὴ καὶ σὺ ἐκ τῆς Γαλιλαίας εἶ;
ἐραύνησον καὶ ἴδε ὅτι
ἐκ τῆς Γαλιλαίας προφήτης οὐκ ἐγείρεται.

53 ⟦Καὶ ἐπορεύθησαν ἕκαστος εἰς τὸν οἶκον αὐτοῦ,
8,1 Ἰησοῦς δὲ ἐπορεύθη εἰς τὸ ὄρος τῶν ἐλαιῶν.
2 ὄρθρου δὲ πάλιν παρεγένετο εἰς τὸ ἱερὸν
καὶ πᾶς ὁ λαὸς ἤρχετο πρὸς αὐτόν,
καὶ καθίσας ἐδίδασκεν αὐτούς.
3 ἄγουσιν δὲ οἱ γραμματεῖς καὶ οἱ Φαρισαῖοι
γυναῖκα ἐπὶ μοιχείᾳ κατειλημμένην

και στήσαντες αὐτὴν ἐν μέσῳ
4 λέγουσιν αὐτῷ·
   διδάσκαλε,
   αὕτη ἡ γυνὴ κατείληπται ἐπ' αὐτοφώρῳ μοιχευομένη·
5 ἐν δὲ τῷ νόμῳ ἡμῖν Μωϋσῆς ἐνετείλατο τὰς τοιαύτας λιθάζειν.
   σὺ οὖν τί λέγεις;
6 (τοῦτο δὲ ἔλεγον πειράζοντες αὐτόν,
   ἵνα ἔχωσιν κατηγορεῖν αὐτοῦ.)
   ὁ δὲ Ἰησοῦς κάτω κύψας τῷ δακτύλῳ κατέγραφεν εἰς τὴν γῆν.
7 ὡς δὲ ἐπέμενον ἐρωτῶντες αὐτόν,
   ἀνέκυψεν καὶ εἶπεν αὐτοῖς·
   ὁ ἀναμάρτητος ὑμῶν
   πρῶτος ἐπ' αὐτὴν βαλέτω λίθον.
8 καὶ πάλιν κατακύψας ἔγραφεν εἰς τὴν γῆν.
9 οἱ δὲ ἀκούσαντες ἐξήρχοντο εἷς καθ' εἷς
   ἀρξάμενοι ἀπὸ τῶν πρεσβυτέρων
   καὶ κατελείφθη μόνος
   καὶ ἡ γυνὴ ἐν μέσῳ οὖσα.
10 ἀνακύψας δὲ ὁ Ἰησοῦς εἶπεν αὐτῇ·
   γύναι,
   ποῦ εἰσιν;
   οὐδείς σε κατέκρινεν;
11 ἡ δὲ εἶπεν·
   οὐδείς,
   κύριε.
   εἶπεν δὲ ὁ Ἰησοῦς·
   οὐδὲ ἐγώ σε κατακρίνω·
   πορεύου,
   [καὶ] ἀπὸ τοῦ νῦν μηκέτι ἁμάρτανε.]]

12 Πάλιν οὖν αὐτοῖς ἐλάλησεν ὁ Ἰησοῦς λέγων·
   ἐγώ εἰμι τὸ φῶς τοῦ κόσμου·
   ὁ ἀκολουθῶν ἐμοὶ
   οὐ μὴ περιπατήσῃ ἐν τῇ σκοτίᾳ,
   ἀλλ' ἕξει τὸ φῶς τῆς ζωῆς.
13 εἶπον οὖν αὐτῷ οἱ Φαρισαῖοι·
   σὺ περὶ σεαυτοῦ μαρτυρεῖς·
   ἡ μαρτυρία σου οὐκ ἔστιν ἀληθής.
14 ἀπεκρίθη Ἰησοῦς καὶ εἶπεν αὐτοῖς·

κἂν ἐγὼ μαρτυρῶ περὶ ἐμαυτοῦ,
ἀληθής ἐστιν ἡ μαρτυρία μου,
ὅτι οἶδα πόθεν ἦλθον
καὶ ποῦ ὑπάγω·
ὑμεῖς δὲ οὐκ οἴδατε πόθεν ἔρχομαι
ἢ ποῦ ὑπάγω.
15 ὑμεῖς κατὰ τὴν σάρκα κρίνετε,
ἐγὼ οὐ κρίνω οὐδένα.
16 καὶ ἐὰν κρίνω δὲ ἐγώ,
ἡ κρίσις ἡ ἐμὴ ἀληθινή ἐστιν,
ὅτι μόνος οὐκ εἰμί,
ἀλλ' ἐγὼ καὶ ὁ πέμψας με πατήρ.
17 καὶ ἐν τῷ νόμῳ δὲ τῷ ὑμετέρῳ γέγραπται ὅτι
δύο ἀνθρώπων ἡ μαρτυρία ἀληθής ἐστιν.
18 ἐγώ εἰμι ὁ μαρτυρῶν περὶ ἐμαυτοῦ
καὶ μαρτυρεῖ περὶ ἐμοῦ ὁ πέμψας με πατήρ.
19 ἔλεγον οὖν αὐτῷ·
ποῦ ἐστιν ὁ πατήρ σου;
ἀπεκρίθη Ἰησοῦς·
οὔτε ἐμὲ οἴδατε
οὔτε τὸν πατέρα μου·
εἰ ἐμὲ ᾔδειτε,
καὶ τὸν πατέρα ἂν ᾔδειτε.
20 (ταῦτα τὰ ῥήματα ἐλάλησεν ἐν τῷ γαζοφυλακίῳ διδάσκων ἐν τῷ ἱερῷ·
—καὶ οὐδεὶς ἐπίασεν αὐτόν,
ὅτι οὔπω ἐληλύθει ἡ ὥρα αὐτοῦ.)
21 Εἶπεν οὖν πάλιν αὐτοῖς·
ἐγὼ ὑπάγω
καὶ ζητήσετέ με,
καὶ ἐν τῇ ἁμαρτίᾳ ὑμῶν ἀποθανεῖσθε·
ὅπου ἐγὼ ὑπάγω
ὑμεῖς οὐ δύνασθε ἐλθεῖν.
22 ἔλεγον οὖν οἱ Ἰουδαῖοι·
μήτι ἀποκτενεῖ ἑαυτόν,
ὅτι λέγει·
ὅπου ἐγὼ ὑπάγω
ὑμεῖς οὐ δύνασθε ἐλθεῖν;
23 καὶ ἔλεγεν αὐτοῖς·
ὑμεῖς ἐκ τῶν κάτω ἐστέ,
ἐγὼ ἐκ τῶν ἄνω εἰμί·

ὑμεῖς ἐκ τούτου τοῦ κόσμου ἐστέ,
ἐγὼ οὐκ εἰμὶ ἐκ τοῦ κόσμου τούτου.
24 εἶπον οὖν ὑμῖν ὅτι
ἀποθανεῖσθε ἐν ταῖς ἁμαρτίαις ὑμῶν·
ἐὰν γὰρ μὴ πιστεύσητε ὅτι ἐγώ εἰμι,
ἀποθανεῖσθε ἐν ταῖς ἁμαρτίαις ὑμῶν.
25 ἔλεγον οὖν αὐτῷ·
σὺ τίς εἶ;
εἶπεν αὐτοῖς ὁ Ἰησοῦς·
τὴν ἀρχὴν ὅ τι καὶ λαλῶ ὑμῖν;
26 πολλὰ ἔχω περὶ ὑμῶν λαλεῖν καὶ κρίνειν,
ἀλλ' ὁ πέμψας με ἀληθής ἐστιν,
κἀγὼ ἃ ἤκουσα παρ' αὐτοῦ
ταῦτα λαλῶ εἰς τὸν κόσμον.
27 (οὐκ ἔγνωσαν ὅτι τὸν πατέρα αὐτοῖς ἔλεγεν.)
28 εἶπεν οὖν [αὐτοῖς] ὁ Ἰησοῦς·
ὅταν ὑψώσητε τὸν υἱὸν τοῦ ἀνθρώπου,
τότε γνώσεσθε ὅτι ἐγώ εἰμι,
καὶ ἀπ' ἐμαυτοῦ ποιῶ οὐδέν,
ἀλλὰ καθὼς ἐδίδαξέν με ὁ πατὴρ
ταῦτα λαλῶ.
29 καὶ ὁ πέμψας με μετ' ἐμοῦ ἐστιν·
οὐκ ἀφῆκέν με μόνον,
ὅτι ἐγὼ τὰ ἀρεστὰ αὐτῷ ποιῶ πάντοτε.
30 (ταῦτα αὐτοῦ λαλοῦντος πολλοὶ ἐπίστευσαν εἰς αὐτόν.)
31 Ἔλεγεν οὖν ὁ Ἰησοῦς πρὸς τοὺς πεπιστευκότας αὐτῷ Ἰουδαίους·
ἐὰν ὑμεῖς μείνητε ἐν τῷ λόγῳ τῷ ἐμῷ,
ἀληθῶς μαθηταί μού ἐστε
32 καὶ γνώσεσθε τὴν ἀλήθειαν,
καὶ ἡ ἀλήθεια ἐλευθερώσει ὑμᾶς.
33 ἀπεκρίθησαν πρὸς αὐτόν·
σπέρμα Ἀβραάμ ἐσμεν
καὶ οὐδενὶ δεδουλεύκαμεν πώποτε·
πῶς σὺ λέγεις ὅτι
ἐλεύθεροι γενήσεσθε;
34 ἀπεκρίθη αὐτοῖς ὁ Ἰησοῦς·
ἀμὴν ἀμὴν λέγω ὑμῖν ὅτι
πᾶς ὁ ποιῶν τὴν ἁμαρτίαν

δοῦλός ἐστιν τῆς ἁμαρτίας.
35 (ὁ δὲ δοῦλος οὐ μένει ἐν τῇ οἰκίᾳ εἰς τὸν αἰῶνα,
ὁ υἱὸς μένει εἰς τὸν αἰῶνα.)
36 ἐὰν οὖν ὁ υἱὸς ὑμᾶς ἐλευθερώσῃ,
ὄντως ἐλεύθεροι ἔσεσθε.
37 οἶδα ὅτι σπέρμα Ἀβραάμ ἐστε·
ἀλλὰ ζητεῖτέ με ἀποκτεῖναι,
ὅτι ὁ λόγος ὁ ἐμὸς οὐ χωρεῖ ἐν ὑμῖν.
38 ἃ ἐγὼ ἑώρακα παρὰ τῷ πατρὶ
λαλῶ·
καὶ ὑμεῖς οὖν ἃ ἠκούσατε παρὰ τοῦ πατρὸς
ποιεῖτε.
39 ἀπεκρίθησαν καὶ εἶπαν αὐτῷ·
ὁ πατὴρ ἡμῶν Ἀβραάμ ἐστιν.
λέγει αὐτοῖς ὁ Ἰησοῦς·
εἰ τέκνα τοῦ Ἀβραάμ ἐστε,
τὰ ἔργα τοῦ Ἀβραάμ ἐποιεῖτε·
40 νῦν δὲ ζητεῖτέ με ἀποκτεῖναι
ἄνθρωπον ὃς τὴν ἀλήθειαν ὑμῖν λελάληκα
ἣν ἤκουσα παρὰ τοῦ θεοῦ·
τοῦτο Ἀβραὰμ οὐκ ἐποίησεν.
41 ὑμεῖς ποιεῖτε τὰ ἔργα τοῦ πατρὸς ὑμῶν.
εἶπαν [οὖν] αὐτῷ·
ἡμεῖς ἐκ πορνείας οὐ γεγεννήμεθα,
ἕνα πατέρα ἔχομεν τὸν θεόν.
42 εἶπεν αὐτοῖς ὁ Ἰησοῦς·
εἰ ὁ θεὸς πατὴρ ὑμῶν ἦν
ἠγαπᾶτε ἂν ἐμέ,
ἐγὼ γὰρ ἐκ τοῦ θεοῦ ἐξῆλθον καὶ ἥκω·
οὐδὲ γὰρ ἀπ' ἐμαυτοῦ ἐλήλυθα,
ἀλλ' ἐκεῖνός με ἀπέστειλεν.
43 διὰ τί τὴν λαλιὰν τὴν ἐμὴν οὐ γινώσκετε;
ὅτι οὐ δύνασθε ἀκούειν τὸν λόγον τὸν ἐμόν.
44 ὑμεῖς ἐκ τοῦ πατρὸς τοῦ διαβόλου ἐστὲ
καὶ τὰς ἐπιθυμίας τοῦ πατρὸς ὑμῶν θέλετε ποιεῖν.
ἐκεῖνος ἀνθρωποκτόνος ἦν ἀπ' ἀρχῆς
καὶ ἐν τῇ ἀληθείᾳ οὐκ ἔστηκεν,
ὅτι οὐκ ἔστιν ἀλήθεια ἐν αὐτῷ.
ὅταν λαλῇ τὸ ψεῦδος,

ἐκ τῶν ἰδίων λαλεῖ,
ὅτι ψεύστης ἐστὶν καὶ ὁ πατὴρ αὐτοῦ.
45 ἐγὼ δὲ ὅτι τὴν ἀλήθειαν λέγω,
οὐ πιστεύετέ μοι.
46 τίς ἐξ ὑμῶν ἐλέγχει με περὶ ἁμαρτίας;
εἰ ἀλήθειαν λέγω,
διὰ τί ὑμεῖς οὐ πιστεύετέ μοι;
47 ὁ ὢν ἐκ τοῦ θεοῦ
τὰ ῥήματα τοῦ θεοῦ ἀκούει·
διὰ τοῦτο ὑμεῖς οὐκ ἀκούετε,
ὅτι ἐκ τοῦ θεοῦ οὐκ ἐστέ.
48 ἀπεκρίθησαν οἱ Ἰουδαῖοι καὶ εἶπαν αὐτῷ·
οὐ καλῶς λέγομεν ἡμεῖς ὅτι
Σαμαρίτης εἶ σὺ
καὶ δαιμόνιον ἔχεις;
49 ἀπεκρίθη Ἰησοῦς·
ἐγὼ δαιμόνιον οὐκ ἔχω,
ἀλλὰ τιμῶ τὸν πατέρα μου,
καὶ ὑμεῖς ἀτιμάζετέ με.
50 ἐγὼ δὲ οὐ ζητῶ τὴν δόξαν μου·
ἔστιν ὁ ζητῶν καὶ κρίνων.
51 ἀμὴν ἀμὴν λέγω ὑμῖν,
ἐάν τις τὸν ἐμὸν λόγον τηρήσῃ,
θάνατον οὐ μὴ θεωρήσῃ εἰς τὸν αἰῶνα.
52 εἶπον [οὖν] αὐτῷ οἱ Ἰουδαῖοι·
νῦν ἐγνώκαμεν ὅτι
δαιμόνιον ἔχεις.
Ἀβραὰμ ἀπέθανεν
καὶ οἱ προφῆται,
καὶ σὺ λέγεις·
ἐάν τις τὸν λόγον μου τηρήσῃ,
οὐ μὴ γεύσηται θανάτου εἰς τὸν αἰῶνα.
53 μὴ σὺ μείζων εἶ τοῦ πατρὸς ἡμῶν Ἀβραάμ,
ὅστις ἀπέθανεν;
καὶ οἱ προφῆται ἀπέθανον.
τίνα σεαυτὸν ποιεῖς;
54 ἀπεκρίθη Ἰησοῦς·
ἐὰν ἐγὼ δοξάσω ἐμαυτόν,

ἡ δόξα μου οὐδέν ἐστιν·
ἔστιν ὁ πατήρ μου ὁ δοξάζων με,
ὃν ὑμεῖς λέγετε ὅτι
θεὸς ἡμῶν ἐστιν,
55 καὶ οὐκ ἐγνώκατε αὐτόν,
ἐγὼ δὲ οἶδα αὐτόν.
κἂν εἴπω ὅτι
οὐκ οἶδα αὐτόν,
ἔσομαι ὅμοιος ὑμῖν ψεύστης·
ἀλλὰ οἶδα αὐτὸν
καὶ τὸν λόγον αὐτοῦ τηρῶ.
56 Ἀβραὰμ ὁ πατὴρ ὑμῶν ἠγαλλιάσατο
ἵνα ἴδῃ τὴν ἡμέραν τὴν ἐμήν,
καὶ εἶδεν καὶ ἐχάρη.
57 εἶπον οὖν οἱ Ἰουδαῖοι πρὸς αὐτόν·
πεντήκοντα ἔτη οὔπω ἔχεις
καὶ Ἀβραὰμ ἑώρακας;
58 εἶπεν αὐτοῖς Ἰησοῦς·
ἀμὴν ἀμὴν λέγω ὑμῖν,
πρὶν Ἀβραὰμ γενέσθαι ἐγὼ εἰμί.
59 ἦραν οὖν λίθους
ἵνα βάλωσιν ἐπ' αὐτόν.
Ἰησοῦς δὲ ἐκρύβη καὶ ἐξῆλθεν ἐκ τοῦ ἱεροῦ.
9,1 Καὶ παράγων εἶδεν ἄνθρωπον τυφλὸν ἐκ γενετῆς.
2 καὶ ἠρώτησαν αὐτὸν οἱ μαθηταὶ αὐτοῦ λέγοντες·
ῥαββί,
τίς ἥμαρτεν,
οὗτος ἢ οἱ γονεῖς αὐτοῦ,
ἵνα τυφλὸς γεννηθῇ;
3 ἀπεκρίθη Ἰησοῦς·
οὔτε οὗτος ἥμαρτεν οὔτε οἱ γονεῖς αὐτοῦ,
ἀλλ' ἵνα φανερωθῇ τὰ ἔργα τοῦ θεοῦ ἐν αὐτῷ.
4 ἡμᾶς δεῖ ἐργάζεσθαι τὰ ἔργα τοῦ πέμψαντός με
ἕως ἡμέρα ἐστίν·
ἔρχεται νὺξ ὅτε οὐδεὶς δύναται ἐργάζεσθαι.
5 ὅταν ἐν τῷ κόσμῳ ὦ, φῶς εἰμι τοῦ κόσμου.
6 ταῦτα εἰπὼν ἔπτυσεν χαμαὶ
καὶ ἐποίησεν πηλὸν ἐκ τοῦ πτύσματος

καὶ ἐπέχρισεν αὐτοῦ τὸν πηλὸν ἐπὶ τοὺς ὀφθαλμοὺς
7 καὶ εἶπεν αὐτῷ·
ὕπαγε νίψαι εἰς τὴν κολυμβήθραν τοῦ Σιλωάμ
(ὃ ἑρμηνεύεται ἀπεσταλμένος.)
ἀπῆλθεν οὖν καὶ ἐνίψατο
καὶ ἦλθεν βλέπων.
8 οἱ οὖν γείτονες καὶ οἱ θεωροῦντες αὐτὸν τὸ πρότερον
(ὅτι προσαίτης ἦν)
ἔλεγον·
οὐχ οὗτός ἐστιν ὁ καθήμενος καὶ προσαιτῶν;
9 ἄλλοι ἔλεγον ὅτι
οὗτός ἐστιν,
ἄλλοι ἔλεγον·
οὐχί, ἀλλὰ ὅμοιος αὐτῷ ἐστιν.
ἐκεῖνος ἔλεγεν ὅτι
ἐγώ εἰμι.
10 ἔλεγον οὖν αὐτῷ·
πῶς [οὖν] ἠνεῴχθησάν σου οἱ ὀφθαλμοί;
11 ἀπεκρίθη ἐκεῖνος·
ὁ ἄνθρωπος ὁ λεγόμενος Ἰησοῦς
πηλὸν ἐποίησεν
καὶ ἐπέχρισέν μου τοὺς ὀφθαλμοὺς
καὶ εἶπέν μοι ὅτι
ὕπαγε εἰς τὸν Σιλωὰμ καὶ νίψαι·
ἀπελθὼν οὖν καὶ νιψάμενος
ἀνέβλεψα.
12 καὶ εἶπαν αὐτῷ·
ποῦ ἐστιν ἐκεῖνος;
λέγει·
οὐκ οἶδα.
13 ἄγουσιν αὐτὸν πρὸς τοὺς Φαρισαίους
(τόν ποτε τυφλόν.)
14 (ἦν δὲ σάββατον ἐν ᾗ ἡμέρᾳ τὸν πηλὸν ἐποίησεν ὁ Ἰησοῦς
καὶ ἀνέῳξεν αὐτοῦ τοὺς ὀφθαλμούς.)
15 πάλιν οὖν ἠρώτων αὐτὸν καὶ οἱ Φαρισαῖοι
πῶς ἀνέβλεψεν.
ὁ δὲ εἶπεν αὐτοῖς·
πηλὸν ἐπέθηκέν μου ἐπὶ τοὺς ὀφθαλμοὺς

καὶ ἐνιψάμην
καὶ βλέπω.
16 ἔλεγον οὖν ἐκ τῶν Φαρισαίων τινές·
οὐκ ἔστιν οὗτος παρὰ θεοῦ ὁ ἄνθρωπος,
ὅτι τὸ σάββατον οὐ τηρεῖ.
ἄλλοι [δὲ] ἔλεγον·
πῶς δύναται ἄνθρωπος ἁμαρτωλὸς τοιαῦτα σημεῖα ποιεῖν;
καὶ σχίσμα ἦν ἐν αὐτοῖς.
17 λέγουσιν οὖν τῷ τυφλῷ πάλιν·
τί σὺ λέγεις περὶ αὐτοῦ,
ὅτι ἠνέῳξέν σου τοὺς ὀφθαλμούς;
ὁ δὲ εἶπεν ὅτι
προφήτης ἐστίν.
18 οὐκ ἐπίστευσαν οὖν οἱ Ἰουδαῖοι περὶ αὐτοῦ ὅτι
ἦν τυφλὸς καὶ ἀνέβλεψεν
ἕως ὅτου ἐφώνησαν τοὺς γονεῖς αὐτοῦ (τοῦ ἀναβλέψαντος)
19 καὶ ἠρώτησαν αὐτοὺς λέγοντες·
οὗτός ἐστιν ὁ υἱὸς ὑμῶν,
ὃν ὑμεῖς λέγετε ὅτι
τυφλὸς ἐγεννήθη;
πῶς οὖν βλέπει ἄρτι;
20 ἀπεκρίθησαν οὖν οἱ γονεῖς αὐτοῦ καὶ εἶπαν·
οἴδαμεν ὅτι οὗτός ἐστιν ὁ υἱὸς ἡμῶν
καὶ ὅτι τυφλὸς ἐγεννήθη·
21 πῶς δὲ νῦν βλέπει οὐκ οἴδαμεν,
ἢ τίς ἤνοιξεν αὐτοῦ τοὺς ὀφθαλμοὺς ἡμεῖς οὐκ οἴδαμεν·
αὐτὸν ἐρωτήσατε,
ἡλικίαν ἔχει,
αὐτὸς περὶ ἑαυτοῦ λαλήσει.
22 (ταῦτα εἶπαν οἱ γονεῖς αὐτοῦ
ὅτι ἐφοβοῦντο τοὺς Ἰουδαίους·
—ἤδη γὰρ συνετέθειντο οἱ Ἰουδαῖοι
ἵνα ἐάν τις αὐτὸν ὁμολογήσῃ χριστόν,
ἀποσυνάγωγος γένηται.—
23 διὰ τοῦτο οἱ γονεῖς αὐτοῦ εἶπαν ὅτι
ἡλικίαν ἔχει,
αὐτὸν ἐπερωτήσατε.)
24 ἐφώνησαν οὖν τὸν ἄνθρωπον ἐκ δευτέρου

(ὃς ἦν τυφλὸς)
    καὶ εἶπαν αὐτῷ·
        δὸς δόξαν τῷ θεῷ·
        ἡμεῖς οἴδαμεν ὅτι
            οὗτος ὁ ἄνθρωπος ἁμαρτωλός ἐστιν.

25 ἀπεκρίθη οὖν ἐκεῖνος·
        εἰ ἁμαρτωλός ἐστιν
            οὐκ οἶδα·
        ἓν οἶδα ὅτι
            τυφλὸς ὢν ἄρτι βλέπω.

26 εἶπον οὖν αὐτῷ·
        τί ἐποίησέν σοι;
        πῶς ἤνοιξέν σου τοὺς ὀφθαλμούς;

27 ἀπεκρίθη αὐτοῖς·
        εἶπον ὑμῖν ἤδη
            καὶ οὐκ ἠκούσατε·
        τί πάλιν θέλετε ἀκούειν;
        μὴ καὶ ὑμεῖς θέλετε αὐτοῦ μαθηταὶ γενέσθαι;

28 καὶ ἐλοιδόρησαν αὐτὸν καὶ εἶπον·
        σὺ μαθητὴς εἶ ἐκείνου,
        ἡμεῖς δὲ τοῦ Μωϋσέως ἐσμὲν μαθηταί·

29   ἡμεῖς οἴδαμεν ὅτι Μωϋσεῖ λελάληκεν ὁ θεός,
        τοῦτον δὲ οὐκ οἴδαμεν πόθεν ἐστίν.

30 ἀπεκρίθη ὁ ἄνθρωπος καὶ εἶπεν αὐτοῖς·
        ἐν τούτῳ γὰρ τὸ θαυμαστόν ἐστιν, ὅτι
            ὑμεῖς οὐκ οἴδατε πόθεν ἐστίν,
            καὶ ἤνοιξέν μου τοὺς ὀφθαλμούς.

31 οἴδαμεν ὅτι
        ἁμαρτωλῶν ὁ θεὸς οὐκ ἀκούει,
        ἀλλ᾽ ἐάν τις θεοσεβὴς ᾖ
            καὶ τὸ θέλημα αὐτοῦ ποιῇ
        τούτου ἀκούει.

32   ἐκ τοῦ αἰῶνος οὐκ ἠκούσθη ὅτι
        ἠνέῳξέν τις ὀφθαλμοὺς τυφλοῦ γεγεννημένου·

33   εἰ μὴ ἦν οὗτος παρὰ θεοῦ,
        οὐκ ἠδύνατο ποιεῖν οὐδέν.

34 ἀπεκρίθησαν καὶ εἶπαν αὐτῷ·
        ἐν ἁμαρτίαις σὺ ἐγεννήθης ὅλος
        καὶ σὺ διδάσκεις ἡμᾶς;

καὶ ἐξέβαλον αὐτὸν ἔξω.
35 ἤκουσεν Ἰησοῦς ὅτι
    ἐξέβαλον αὐτὸν ἔξω
καὶ εὑρὼν αὐτὸν εἶπεν·
    σὺ πιστεύεις εἰς τὸν υἱὸν τοῦ ἀνθρώπου;
36 ἀπεκρίθη ἐκεῖνος καὶ εἶπεν·
    καὶ τίς ἐστιν,
    κύριε,
    ἵνα πιστεύσω εἰς αὐτόν;
37 εἶπεν αὐτῷ ὁ Ἰησοῦς·
    καὶ ἑώρακας αὐτὸν
    καὶ ὁ λαλῶν μετὰ σοῦ
    ἐκεῖνός ἐστιν.
38 ὁ δὲ ἔφη·
    πιστεύω,
    κύριε·
καὶ προσεκύνησεν αὐτῷ.
39 καὶ εἶπεν ὁ Ἰησοῦς·
    εἰς κρίμα ἐγὼ εἰς τὸν κόσμον τοῦτον ἦλθον,
    ἵνα οἱ μὴ βλέποντες βλέπωσιν
    καὶ οἱ βλέποντες τυφλοὶ γένωνται.
40 ἤκουσαν ἐκ τῶν Φαρισαίων ταῦτα
    οἱ μετ' αὐτοῦ ὄντες
καὶ εἶπον αὐτῷ·
    μὴ καὶ ἡμεῖς τυφλοί ἐσμεν;
41 εἶπεν αὐτοῖς ὁ Ἰησοῦς·
    εἰ τυφλοὶ ἦτε,
    οὐκ ἂν εἴχετε ἁμαρτίαν·
    νῦν δὲ λέγετε ὅτι
        βλέπομεν,
    ἡ ἁμαρτία ὑμῶν μένει.
10,1 ἀμὴν ἀμὴν λέγω ὑμῖν,
    ὁ μὴ εἰσερχόμενος διὰ τῆς θύρας εἰς τὴν αὐλὴν τῶν προβάτων
    ἀλλὰ ἀναβαίνων ἀλλαχόθεν
    ἐκεῖνος κλέπτης ἐστὶν καὶ λῃστής·
2   ὁ δὲ εἰσερχόμενος διὰ τῆς θύρας
    ποιμήν ἐστιν τῶν προβάτων.

3   τούτῳ ὁ θυρωρὸς ἀνοίγει
        καὶ τὰ πρόβατα τῆς φωνῆς αὐτοῦ ἀκούει
        καὶ τὰ ἴδια πρόβατα φωνεῖ κατ' ὄνομα
                καὶ ἐξάγει αὐτά.
4   ὅταν τὰ ἴδια πάντα ἐκβάλῃ,
        ἔμπροσθεν αὐτῶν πορεύεται
        καὶ τὰ πρόβατα αὐτῷ ἀκολουθεῖ,
        ὅτι οἴδασιν τὴν φωνὴν αὐτοῦ·
5   ἀλλοτρίῳ δὲ οὐ μὴ ἀκολουθήσουσιν,
            ἀλλὰ φεύξονται ἀπ' αὐτοῦ,
            ὅτι οὐκ οἴδασιν τῶν ἀλλοτρίων τὴν φωνήν.
6   (ταύτην τὴν παροιμίαν εἶπεν αὐτοῖς ὁ Ἰησοῦς,
        —ἐκεῖνοι δὲ οὐκ ἔγνωσαν τίνα ἦν ἃ ἐλάλει αὐτοῖς.)
7   Εἶπεν οὖν πάλιν ὁ Ἰησοῦς·
    ἀμὴν ἀμὴν λέγω ὑμῖν ὅτι
    ἐγώ εἰμι ἡ θύρα τῶν προβάτων.
8   πάντες ὅσοι ἦλθον [πρὸ ἐμοῦ] κλέπται εἰσὶν καὶ λῃσταί,
        ἀλλ' οὐκ ἤκουσαν αὐτῶν τὰ πρόβατα.
9   ἐγώ εἰμι ἡ θύρα·
        δι' ἐμοῦ ἐάν τις εἰσέλθῃ
            σωθήσεται
            καὶ εἰσελεύσεται καὶ ἐξελεύσεται
            καὶ νομὴν εὑρήσει.
10 ὁ κλέπτης οὐκ ἔρχεται εἰ μὴ
        ἵνα κλέψῃ καὶ θύσῃ καὶ ἀπολέσῃ·
    ἐγὼ ἦλθον
        ἵνα ζωὴν ἔχωσιν καὶ περισσὸν ἔχωσιν.
11 ἐγώ εἰμι ὁ ποιμὴν ὁ καλός.
    ὁ ποιμὴν ὁ καλὸς
        τὴν ψυχὴν αὐτοῦ τίθησιν ὑπὲρ τῶν προβάτων·
12 ὁ μισθωτὸς
        καὶ οὐκ ὢν ποιμήν,
        οὗ οὐκ ἔστιν τὰ πρόβατα ἴδια,
        θεωρεῖ τὸν λύκον ἐρχόμενον
        καὶ ἀφίησιν τὰ πρόβατα καὶ φεύγει
            (καὶ ὁ λύκος ἁρπάζει αὐτὰ
                καὶ σκορπίζει)

13 ὅτι μισθωτός ἐστιν
καὶ οὐ μέλει αὐτῷ περὶ τῶν προβάτων.
14 ἐγώ εἰμι ὁ ποιμὴν ὁ καλὸς
καὶ γινώσκω τὰ ἐμὰ
καὶ γινώσκουσί με τὰ ἐμά,
15 καθὼς γινώσκει με ὁ πατὴρ
κἀγὼ γινώσκω τὸν πατέρα,
καὶ τὴν ψυχήν μου τίθημι ὑπὲρ τῶν προβάτων.
16 καὶ ἄλλα πρόβατα ἔχω
ἃ οὐκ ἔστιν ἐκ τῆς αὐλῆς ταύτης·
κἀκεῖνα δεῖ με ἀγαγεῖν
καὶ τῆς φωνῆς μου ἀκούσουσιν,
καὶ γενήσονται μία ποίμνη,
εἷς ποιμήν.
17 διὰ τοῦτό με ὁ πατὴρ ἀγαπᾷ
ὅτι ἐγὼ τίθημι τὴν ψυχήν μου,
ἵνα πάλιν λάβω αὐτήν.
18 οὐδεὶς αἴρει αὐτὴν ἀπ' ἐμοῦ,
ἀλλ' ἐγὼ τίθημι αὐτὴν ἀπ' ἐμαυτοῦ.
ἐξουσίαν ἔχω θεῖναι αὐτήν,
καὶ ἐξουσίαν ἔχω πάλιν λαβεῖν αὐτήν·
ταύτην τὴν ἐντολὴν ἔλαβον παρὰ τοῦ πατρός μου.
19 σχίσμα πάλιν ἐγένετο ἐν τοῖς Ἰουδαίοις διὰ τοὺς λόγους τούτους.
20 ἔλεγον δὲ πολλοὶ ἐξ αὐτῶν·
δαιμόνιον ἔχει καὶ μαίνεται·
τί αὐτοῦ ἀκούετε;
21 ἄλλοι ἔλεγον·
ταῦτα τὰ ῥήματα οὐκ ἔστιν δαιμονιζομένου·
μὴ δαιμόνιον δύναται τυφλῶν ὀφθαλμοὺς ἀνοῖξαι;

22 Ἐγένετο τότε τὰ ἐγκαίνια ἐν τοῖς Ἱεροσολύμοις,
(χειμὼν ἦν,)
23 καὶ περιεπάτει ὁ Ἰησοῦς ἐν τῷ ἱερῷ
ἐν τῇ στοᾷ τοῦ Σολομῶνος.
24 ἐκύκλωσαν οὖν αὐτὸν οἱ Ἰουδαῖοι
καὶ ἔλεγον αὐτῷ·
ἕως πότε τὴν ψυχὴν ἡμῶν αἴρεις;

εἰ σὺ εἶ ὁ χριστός,
εἰπὲ ἡμῖν παρρησίᾳ.
25 ἀπεκρίθη αὐτοῖς ὁ Ἰησοῦς·
εἶπον ὑμῖν καὶ οὐ πιστεύετε·
τὰ ἔργα ἃ ἐγὼ ποιῶ ἐν τῷ ὀνόματι τοῦ πατρός μου
ταῦτα μαρτυρεῖ περὶ ἐμοῦ·
26 ἀλλὰ ὑμεῖς οὐ πιστεύετε,
ὅτι οὐκ ἐστὲ ἐκ τῶν προβάτων τῶν ἐμῶν.
27 τὰ πρόβατα τὰ ἐμὰ τῆς φωνῆς μου ἀκούουσιν,
(κἀγὼ γινώσκω αὐτὰ)
καὶ ἀκολουθοῦσίν μοι,
28 κἀγὼ δίδωμι αὐτοῖς ζωὴν αἰώνιον
καὶ οὐ μὴ ἀπόλωνται εἰς τὸν αἰῶνα
καὶ οὐχ ἁρπάσει τις αὐτὰ ἐκ τῆς χειρός μου.
29 ὁ πατήρ μου ὃ δέδωκέν μοι πάντων μεῖζόν ἐστιν,
καὶ οὐδεὶς δύναται ἁρπάζειν ἐκ τῆς χειρὸς τοῦ πατρός.
30 ἐγὼ καὶ ὁ πατὴρ ἕν ἐσμεν.
31 Ἐβάστασαν πάλιν λίθους οἱ Ἰουδαῖοι
ἵνα λιθάσωσιν αὐτόν.
32 ἀπεκρίθη αὐτοῖς ὁ Ἰησοῦς·
πολλὰ ἔργα καλὰ ἔδειξα ὑμῖν ἐκ τοῦ πατρός·
διὰ ποῖον αὐτῶν ἔργον ἐμὲ λιθάζετε;
33 ἀπεκρίθησαν αὐτῷ οἱ Ἰουδαῖοι·
περὶ καλοῦ ἔργου οὐ λιθάζομέν σε
ἀλλὰ περὶ βλασφημίας,
καὶ ὅτι σὺ ἄνθρωπος ὢν
ποιεῖς σεαυτὸν θεόν.
34 ἀπεκρίθη αὐτοῖς [ὁ] Ἰησοῦς·
οὐκ ἔστιν γεγραμμένον ἐν τῷ νόμῳ ὑμῶν ὅτι
ἐγὼ εἶπα· θεοί ἐστε;
35 εἰ ἐκείνους εἶπεν θεοὺς πρὸς οὓς ὁ λόγος τοῦ θεοῦ ἐγένετο,
(καὶ οὐ δύναται λυθῆναι ἡ γραφή,)
36 ὃν ὁ πατὴρ ἡγίασεν
καὶ ἀπέστειλεν εἰς τὸν κόσμον
ὑμεῖς λέγετε ὅτι
βλασφημεῖς,
ὅτι εἶπον·

υἱὸς τοῦ θεοῦ εἰμι;
37 εἰ οὐ ποιῶ τὰ ἔργα τοῦ πατρός μου,
μὴ πιστεύετέ μοι·
38 εἰ δὲ ποιῶ,
κἂν ἐμοὶ μὴ πιστεύητε,
τοῖς ἔργοις πιστεύετε,
ἵνα γνῶτε καὶ γινώσκητε ὅτι
ἐν ἐμοὶ ὁ πατὴρ
κἀγὼ ἐν τῷ πατρί.
39 ἐζήτουν [οὖν] αὐτὸν πάλιν πιάσαι,
καὶ ἐξῆλθεν ἐκ τῆς χειρὸς αὐτῶν.

40 Καὶ ἀπῆλθεν πάλιν πέραν τοῦ Ἰορδάνου
(εἰς τὸν τόπον ὅπου ἦν Ἰωάννης τὸ πρῶτον βαπτίζων)
καὶ ἔμεινεν ἐκεῖ.
41 καὶ πολλοὶ ἦλθον πρὸς αὐτὸν
καὶ ἔλεγον ὅτι
Ἰωάννης μὲν σημεῖον ἐποίησεν οὐδέν,
πάντα δὲ ὅσα εἶπεν Ἰωάννης περὶ τούτου ἀληθῆ ἦν.
42 καὶ πολλοὶ ἐπίστευσαν εἰς αὐτὸν ἐκεῖ.
11,1 Ἦν δέ τις ἀσθενῶν,
Λάζαρος ἀπὸ Βηθανίας,
ἐκ τῆς κώμης Μαρίας
καὶ Μάρθας τῆς ἀδελφῆς αὐτῆς.
2 (ἦν δὲ Μαριὰμ ἡ ἀλείψασα τὸν κύριον μύρῳ
καὶ ἐκμάξασα τοὺς πόδας αὐτοῦ ταῖς θριξὶν αὐτῆς,
ἧς ὁ ἀδελφὸς Λάζαρος ἠσθένει.)
3 ἀπέστειλαν οὖν αἱ ἀδελφαὶ πρὸς αὐτὸν λέγουσαι·
κύριε,
ἴδε ὃν φιλεῖς ἀσθενεῖ.
4 ἀκούσας δὲ ὁ Ἰησοῦς εἶπεν·
αὕτη ἡ ἀσθένεια οὐκ ἔστιν πρὸς θάνατον
ἀλλ' ὑπὲρ τῆς δόξης τοῦ θεοῦ,
ἵνα δοξασθῇ ὁ υἱὸς τοῦ θεοῦ δι' αὐτῆς.
5 (ἠγάπα δὲ ὁ Ἰησοῦς τὴν Μάρθαν
καὶ τὴν ἀδελφὴν αὐτῆς
καὶ τὸν Λάζαρον.)

6   ὡς οὖν ἤκουσεν ὅτι ἀσθενεῖ,
        τότε μὲν ἔμεινεν ἐν ᾧ ἦν τόπῳ δύο ἡμέρας,
7   ἔπειτα μετὰ τοῦτο λέγει τοῖς μαθηταῖς·
        ἄγωμεν εἰς τὴν Ἰουδαίαν πάλιν.
8   λέγουσιν αὐτῷ οἱ μαθηταί·
        ῥαββί,
        νῦν ἐζήτουν σε λιθάσαι οἱ Ἰουδαῖοι,
        καὶ πάλιν ὑπάγεις ἐκεῖ;
9   ἀπεκρίθη Ἰησοῦς·
        οὐχὶ δώδεκα ὧραί εἰσιν τῆς ἡμέρας;
        ἐάν τις περιπατῇ ἐν τῇ ἡμέρᾳ,
            οὐ προσκόπτει,
                ὅτι τὸ φῶς τοῦ κόσμου τούτου βλέπει·
10   ἐὰν δέ τις περιπατῇ ἐν τῇ νυκτί,
            προσκόπτει,
                ὅτι τὸ φῶς οὐκ ἔστιν ἐν αὐτῷ.
11 ταῦτα εἶπεν,
    καὶ μετὰ τοῦτο λέγει αὐτοῖς·
        Λάζαρος ὁ φίλος ἡμῶν κεκοίμηται·
            ἀλλὰ πορεύομαι
                ἵνα ἐξυπνίσω αὐτόν.
12 εἶπαν οὖν οἱ μαθηταὶ αὐτῷ·
        κύριε,
        εἰ κεκοίμηται σωθήσεται.
13   (εἰρήκει δὲ ὁ Ἰησοῦς περὶ τοῦ θανάτου αὐτοῦ,
            —ἐκεῖνοι δὲ ἔδοξαν ὅτι περὶ τῆς κοιμήσεως τοῦ ὕπνου λέγει.)
14 τότε οὖν εἶπεν αὐτοῖς ὁ Ἰησοῦς παρρησίᾳ·
        Λάζαρος ἀπέθανεν,
15   καὶ χαίρω δι' ὑμᾶς
                (ἵνα πιστεύσητε,)
                    ὅτι οὐκ ἤμην ἐκεῖ·
        ἀλλὰ ἄγωμεν πρὸς αὐτόν.
16 εἶπεν οὖν Θωμᾶς
                (ὁ λεγόμενος Δίδυμος)
                    τοῖς συμμαθηταῖς·
        ἄγωμεν καὶ ἡμεῖς
            ἵνα ἀποθάνωμεν μετ' αὐτοῦ.

17   ἐλθὼν οὖν ὁ Ἰησοῦς εὗρεν αὐτὸν
                 τέσσαρας ἤδη ἡμέρας ἔχοντα ἐν τῷ μνημείῳ.
18   (ἦν δὲ ἡ Βηθανία ἐγγὺς τῶν Ἱεροσολύμων
                 ὡς ἀπὸ σταδίων δεκαπέντε.
19   —πολλοὶ δὲ ἐκ τῶν Ἰουδαίων ἐληλύθεισαν πρὸς τὴν Μάρθαν
                                                  καὶ Μαριὰμ
         ἵνα παραμυθήσωνται αὐτὰς περὶ τοῦ ἀδελφοῦ.)
20   ἡ οὖν Μάρθα
         ὡς ἤκουσεν ὅτι Ἰησοῦς ἔρχεται
     ὑπήντησεν αὐτῷ·
         (Μαριὰμ δὲ ἐν τῷ οἴκῳ ἐκαθέζετο.)
21   εἶπεν οὖν ἡ Μάρθα πρὸς τὸν Ἰησοῦν·
         κύριε,
         εἰ ἦς ὧδε
             οὐκ ἂν ἀπέθανεν ὁ ἀδελφός μου·
22   [ἀλλὰ] καὶ νῦν οἶδα ὅτι
             ὅσα ἂν αἰτήσῃ τὸν θεὸν
             δώσει σοι ὁ θεός.
23   λέγει αὐτῇ ὁ Ἰησοῦς·
         ἀναστήσεται ὁ ἀδελφός σου.
24   λέγει αὐτῷ ἡ Μάρθα·
         οἶδα ὅτι
             ἀναστήσεται ἐν τῇ ἀναστάσει ἐν τῇ ἐσχάτῃ ἡμέρᾳ.
25   εἶπεν αὐτῇ ὁ Ἰησοῦς·
         ἐγώ εἰμι ἡ ἀνάστασις καὶ ἡ ζωή·
             ὁ πιστεύων εἰς ἐμὲ
                 κἂν ἀποθάνῃ
                     ζήσεται,
26   καὶ πᾶς ὁ ζῶν
                 καὶ πιστεύων εἰς ἐμὲ
                     οὐ μὴ ἀποθάνῃ εἰς τὸν αἰῶνα.
         πιστεύεις τοῦτο;
27   λέγει αὐτῷ·
         ναί, κύριε,
         ἐγὼ πεπίστευκα ὅτι
             σὺ εἶ ὁ χριστὸς
                 ὁ υἱὸς τοῦ θεοῦ
                 ὁ εἰς τὸν κόσμον ἐρχόμενος.

28 καὶ τοῦτο εἰποῦσα
    ἀπῆλθεν
    καὶ ἐφώνησεν Μαριὰμ τὴν ἀδελφὴν αὐτῆς λάθρᾳ εἰποῦσα·
        ὁ διδάσκαλος πάρεστιν
        καὶ φωνεῖ σε.
29 ἐκείνη δὲ ὡς ἤκουσεν
        ἠγέρθη ταχὺ καὶ ἤρχετο πρὸς αὐτόν.
30   (οὔπω δὲ ἐληλύθει ὁ Ἰησοῦς εἰς τὴν κώμην,
        ἀλλ' ἦν ἔτι ἐν τῷ τόπῳ ὅπου ὑπήντησεν αὐτῷ ἡ Μάρθα.)
31 οἱ οὖν Ἰουδαῖοι
        (οἱ ὄντες μετ' αὐτῆς ἐν τῇ οἰκίᾳ
        καὶ παραμυθούμενοι αὐτήν,)
    ἰδόντες τὴν Μαριὰμ ὅτι
        ταχέως ἀνέστη καὶ ἐξῆλθεν,
    ἠκολούθησαν αὐτῇ
        δόξαντες ὅτι ὑπάγει εἰς τὸ μνημεῖον
                ἵνα κλαύσῃ ἐκεῖ.
32 ἡ οὖν Μαριὰμ
        ὡς ἦλθεν ὅπου ἦν Ἰησοῦς
    ἰδοῦσα αὐτὸν
    ἔπεσεν αὐτοῦ πρὸς τοὺς πόδας λέγουσα αὐτῷ·
        κύριε,
        εἰ ἦς ὧδε
        οὐκ ἄν μου ἀπέθανεν ὁ ἀδελφός.
33 Ἰησοῦς οὖν
        ὡς εἶδεν αὐτὴν κλαίουσαν
        καὶ τοὺς συνελθόντας αὐτῇ Ἰουδαίους κλαίοντας,
    ἐνεβριμήσατο τῷ πνεύματι
    καὶ ἐτάραξεν ἑαυτὸν
34 καὶ εἶπεν·
        ποῦ τεθείκατε αὐτόν;
    λέγουσιν αὐτῷ·
        κύριε,
        ἔρχου καὶ ἴδε.
35 ἐδάκρυσεν ὁ Ἰησοῦς.
36 ἔλεγον οὖν οἱ Ἰουδαῖοι·
        ἴδε πῶς ἐφίλει αὐτόν.
37 τινὲς δὲ ἐξ αὐτῶν εἶπαν·

οὐκ ἐδύνατο οὗτος ὁ ἀνοίξας τοὺς ὀφθαλμοὺς τοῦ τυφλοῦ
ποιῆσαι ἵνα καὶ οὗτος μὴ ἀποθάνῃ;
38 Ἰησοῦς οὖν πάλιν ἐμβριμώμενος ἐν ἑαυτῷ
ἔρχεται εἰς τὸ μνημεῖον·
(ἦν δὲ σπήλαιον
καὶ λίθος ἐπέκειτο ἐπ' αὐτῷ.)
39 λέγει ὁ Ἰησοῦς·
ἄρατε τὸν λίθον.
λέγει αὐτῷ ἡ ἀδελφὴ τοῦ τετελευτηκότος
Μάρθα·
κύριε,
ἤδη ὄζει,
τεταρταῖος γάρ ἐστιν.
40 λέγει αὐτῇ ὁ Ἰησοῦς·
οὐκ εἶπόν σοι ὅτι
ἐὰν πιστεύσῃς
ὄψῃ τὴν δόξαν τοῦ θεοῦ;
41 ἦραν οὖν τὸν λίθον.
ὁ δὲ Ἰησοῦς ἦρεν τοὺς ὀφθαλμοὺς ἄνω
καὶ εἶπεν·
πάτερ,
εὐχαριστῶ σοι
ὅτι ἤκουσάς μου.
42 ἐγὼ δὲ ᾔδειν ὅτι πάντοτέ μου ἀκούεις,
ἀλλὰ διὰ τὸν ὄχλον τὸν περιεστῶτα εἶπον,
ἵνα πιστεύσωσιν ὅτι σύ με ἀπέστειλας.
43 καὶ ταῦτα εἰπὼν
φωνῇ μεγάλῃ ἐκραύγασεν·
Λάζαρε,
δεῦρο ἔξω.
44 ἐξῆλθεν ὁ τεθνηκὼς
δεδεμένος τοὺς πόδας καὶ τὰς χεῖρας κειρίαις
καὶ ἡ ὄψις αὐτοῦ σουδαρίῳ περιεδέδετο.
λέγει αὐτοῖς ὁ Ἰησοῦς·
λύσατε αὐτὸν
καὶ ἄφετε αὐτὸν ὑπάγειν.
45 Πολλοὶ οὖν ἐκ τῶν Ἰουδαίων
οἱ ἐλθόντες πρὸς τὴν Μαριὰμ
καὶ θεασάμενοι ἃ ἐποίησεν
ἐπίστευσαν εἰς αὐτόν·

46   τινὲς δὲ ἐξ αὐτῶν
          ἀπῆλθον πρὸς τοὺς Φαρισαίους
          καὶ εἶπαν αὐτοῖς ἃ ἐποίησεν Ἰησοῦς.
47   συνήγαγον οὖν οἱ ἀρχιερεῖς καὶ οἱ Φαρισαῖοι συνέδριον
          καὶ ἔλεγον·
              τί ποιοῦμεν
                  ὅτι οὗτος ὁ ἄνθρωπος πολλὰ ποιεῖ σημεῖα;
48   ἐὰν ἀφῶμεν αὐτὸν οὕτως,
              πάντες πιστεύσουσιν εἰς αὐτόν,
              καὶ ἐλεύσονται οἱ Ῥωμαῖοι
              καὶ ἀροῦσιν ἡμῶν καὶ τὸν τόπον καὶ τὸ ἔθνος.
49   εἷς δέ τις ἐξ αὐτῶν Καϊάφας,
                  (ἀρχιερεὺς ὢν τοῦ ἐνιαυτοῦ ἐκείνου,)
          εἶπεν αὐτοῖς·
              ὑμεῖς οὐκ οἴδατε οὐδέν,
50   οὐδὲ λογίζεσθε ὅτι
                  συμφέρει ὑμῖν
                      ἵνα εἷς ἄνθρωπος ἀποθάνῃ ὑπὲρ τοῦ λαοῦ
                      καὶ μὴ ὅλον τὸ ἔθνος ἀπόληται.
51   (τοῦτο δὲ ἀφ' ἑαυτοῦ οὐκ εἶπεν,
                  ἀλλὰ ἀρχιερεὺς ὢν τοῦ ἐνιαυτοῦ ἐκείνου ἐπροφήτευσεν ὅτι
                      ἔμελλεν Ἰησοῦς ἀποθνήσκειν ὑπὲρ τοῦ ἔθνους,
52   —καὶ οὐχ ὑπὲρ τοῦ ἔθνους μόνον
                          ἀλλ' ἵνα καὶ τὰ τέκνα τοῦ θεοῦ
                              τὰ διεσκορπισμένα συναγάγῃ εἰς ἕν.)
53   ἀπ' ἐκείνης οὖν τῆς ἡμέρας ἐβουλεύσαντο
          ἵνα ἀποκτείνωσιν αὐτόν.
54   ὁ οὖν Ἰησοῦς οὐκέτι παρρησίᾳ περιεπάτει ἐν τοῖς Ἰουδαίοις,
          ἀλλὰ ἀπῆλθεν ἐκεῖθεν εἰς τὴν χώραν ἐγγὺς τῆς ἐρήμου,
                  εἰς Ἐφραὶμ λεγομένην πόλιν,
          κἀκεῖ ἔμεινεν μετὰ τῶν μαθητῶν.

55   Ἦν δὲ ἐγγὺς τὸ πάσχα τῶν Ἰουδαίων,
          καὶ ἀνέβησαν πολλοὶ εἰς Ἱεροσόλυμα ἐκ τῆς χώρας
                  πρὸ τοῦ πάσχα
          ἵνα ἁγνίσωσιν ἑαυτούς.
56   ἐζήτουν οὖν τὸν Ἰησοῦν
          καὶ ἔλεγον μετ' ἀλλήλων ἐν τῷ ἱερῷ ἑστηκότες·
              τί δοκεῖ ὑμῖν;

ὅτι οὐ μὴ ἔλθῃ εἰς τὴν ἑορτήν;
57 (δεδώκεισαν δὲ οἱ ἀρχιερεῖς καὶ οἱ Φαρισαῖοι ἐντολὰς
ἵνα ἐάν τις γνῷ ποῦ ἐστιν
μηνύσῃ,
ὅπως πιάσωσιν αὐτόν.)
12,1 Ὁ οὖν Ἰησοῦς πρὸ ἓξ ἡμερῶν τοῦ πάσχα
ἦλθεν εἰς Βηθανίαν, (ὅπου ἦν Λάζαρος,
ὃν ἤγειρεν ἐκ νεκρῶν Ἰησοῦς.)
2 ἐποίησαν οὖν αὐτῷ δεῖπνον ἐκεῖ,
(καὶ ἡ Μάρθα διηκόνει,
ὁ δὲ Λάζαρος εἷς ἦν ἐκ τῶν ἀνακειμένων σὺν αὐτῷ.)
3 ἡ οὖν Μαριὰμ λαβοῦσα λίτραν μύρου νάρδου πιστικῆς πολυτίμου
ἤλειψεν τοὺς πόδας τοῦ Ἰησοῦ
καὶ ἐξέμαξεν ταῖς θριξὶν αὐτῆς τοὺς πόδας αὐτοῦ·
ἡ δὲ οἰκία ἐπληρώθη ἐκ τῆς ὀσμῆς τοῦ μύρου.
4 λέγει δὲ Ἰούδας ὁ Ἰσκαριώτης
εἷς [ἐκ] τῶν μαθητῶν αὐτοῦ,
(ὁ μέλλων αὐτὸν παραδιδόναι·)
5 διὰ τί τοῦτο τὸ μύρον οὐκ ἐπράθη τριακοσίων δηναρίων
καὶ ἐδόθη πτωχοῖς;
6 (εἶπεν δὲ τοῦτο
οὐχ ὅτι περὶ τῶν πτωχῶν ἔμελεν αὐτῷ,
ἀλλ' ὅτι κλέπτης ἦν
καὶ τὸ γλωσσόκομον ἔχων
τὰ βαλλόμενα ἐβάσταζεν.)
7 εἶπεν οὖν ὁ Ἰησοῦς·
ἄφες αὐτήν,
ἵνα εἰς τὴν ἡμέραν τοῦ ἐνταφιασμοῦ μου τηρήσῃ αὐτό·
8 τοὺς πτωχοὺς γὰρ πάντοτε ἔχετε μεθ' ἑαυτῶν,
ἐμὲ δὲ οὐ πάντοτε ἔχετε.
9 ἔγνω οὖν [ὁ] ὄχλος πολὺς ἐκ τῶν Ἰουδαίων ὅτι
ἐκεῖ ἐστιν
καὶ ἦλθον οὐ διὰ τὸν Ἰησοῦν μόνον,
ἀλλ' ἵνα καὶ τὸν Λάζαρον ἴδωσιν
(ὃν ἤγειρεν ἐκ νεκρῶν.)
10 ἐβουλεύσαντο δὲ οἱ ἀρχιερεῖς
ἵνα καὶ τὸν Λάζαρον ἀποκτείνωσιν,
11 ὅτι πολλοὶ δι' αὐτὸν ὑπῆγον τῶν Ἰουδαίων
καὶ ἐπίστευον εἰς τὸν Ἰησοῦν.

12 Τῇ ἐπαύριον ὁ ὄχλος πολὺς
            ὁ ἐλθὼν εἰς τὴν ἑορτήν,
       ἀκούσαντες ὅτι ἔρχεται ὁ Ἰησοῦς εἰς Ἱεροσόλυμα
13 ἔλαβον τὰ βαΐα τῶν φοινίκων
    καὶ ἐξῆλθον εἰς ὑπάντησιν αὐτῷ
    καὶ ἐκραύγαζον·
       ὡσαννά·
       εὐλογημένος ὁ ἐρχόμενος ἐν ὀνόματι κυρίου,
       [καὶ] ὁ βασιλεὺς τοῦ Ἰσραήλ.
14 εὑρὼν δὲ ὁ Ἰησοῦς ὀνάριον
       ἐκάθισεν ἐπ' αὐτό,
          (καθώς ἐστιν γεγραμμένον·
15   μὴ φοβοῦ, θυγάτηρ Σιών·
           ἰδοὺ ὁ βασιλεύς σου ἔρχεται,
           καθήμενος ἐπὶ πῶλον ὄνου.
16   —ταῦτα οὐκ ἔγνωσαν αὐτοῦ οἱ μαθηταὶ τὸ πρῶτον,
         ἀλλ' ὅτε ἐδοξάσθη Ἰησοῦς
           τότε ἐμνήσθησαν ὅτι
              ταῦτα ἦν ἐπ' αὐτῷ γεγραμμένα
              καὶ ταῦτα ἐποίησαν αὐτῷ.)
17 (ἐμαρτύρει οὖν ὁ ὄχλος
       ὁ ὢν μετ' αὐτοῦ ὅτε τὸν Λάζαρον ἐφώνησεν ἐκ τοῦ μνημείου
                και ἤγειρεν αὐτὸν ἐκ νεκρῶν.
18   —διὰ τοῦτο [καὶ] ὑπήντησεν αὐτῷ ὁ ὄχλος,
        ὅτι ἤκουσαν τοῦτο αὐτὸν πεποιηκέναι τὸ σημεῖον.)
19 οἱ οὖν Φαρισαῖοι εἶπαν πρὸς ἑαυτούς·
       θεωρεῖτε ὅτι οὐκ ὠφελεῖτε οὐδέν·
       ἴδε ὁ κόσμος ὀπίσω αὐτοῦ ἀπῆλθεν.
20 Ἦσαν δὲ Ἕλληνές τινες
       ἐκ τῶν ἀναβαινόντων ἵνα προσκυνήσωσιν ἐν τῇ ἑορτῇ·
21 οὗτοι οὖν προσῆλθον Φιλίππῳ
              (τῷ ἀπὸ Βηθσαϊδὰ τῆς Γαλιλαίας)
    καὶ ἠρώτων αὐτὸν λέγοντες·
       κύριε,
       θέλομεν τὸν Ἰησοῦν ἰδεῖν.
22 ἔρχεται ὁ Φίλιππος καὶ λέγει τῷ Ἀνδρέᾳ,
    ἔρχεται Ἀνδρέας καὶ Φίλιππος καὶ λέγουσιν τῷ Ἰησοῦ.

23   ὁ δὲ Ἰησοῦς ἀπεκρίνεται αὐτοῖς λέγων·
        ἐλήλυθεν ἡ ὥρα
            ἵνα δοξασθῇ ὁ υἱὸς τοῦ ἀνθρώπου.
24   ἀμὴν ἀμὴν λέγω ὑμῖν,
        ἐὰν μὴ ὁ κόκκος τοῦ σίτου πεσὼν εἰς τὴν γῆν ἀποθάνῃ,
            αὐτὸς μόνος μένει·
            ἐὰν δὲ ἀποθάνῃ,
                πολὺν καρπὸν φέρει.
        ὁ φιλῶν τὴν ψυχὴν αὐτοῦ
            ἀπολλύει αὐτήν,
            καὶ ὁ μισῶν τὴν ψυχὴν αὐτοῦ ἐν τῷ κόσμῳ τούτῳ
            εἰς ζωὴν αἰώνιον φυλάξει αὐτήν.
26   ἐάν ἐμοί τις διακονῇ,
            ἐμοὶ ἀκολουθείτω,
            καὶ ὅπου εἰμὶ ἐγὼ
                ἐκεῖ καὶ ὁ διάκονος ὁ ἐμὸς ἔσται·
        ἐάν τις ἐμοὶ διακονῇ
            τιμήσει αὐτὸν ὁ πατήρ.
27   νῦν ἡ ψυχή μου τετάρακται,
        καὶ τί εἴπω;
            πάτερ,
            σῶσόν με ἐκ τῆς ὥρας ταύτης;
        ἀλλὰ διὰ τοῦτο ἦλθον εἰς τὴν ὥραν ταύτην.
28   πάτερ,
        δόξασόν σου τὸ ὄνομα.
    ἦλθεν οὖν φωνὴ ἐκ τοῦ οὐρανοῦ·
        καὶ ἐδόξασα
        καὶ πάλιν δοξάσω.
29   ὁ οὖν ὄχλος ὁ ἑστὼς καὶ ἀκούσας
        ἔλεγεν βροντὴν γεγονέναι,
    ἄλλοι ἔλεγον·
        ἄγγελος αὐτῷ λελάληκεν.
30   ἀπεκρίθη Ἰησοῦς καὶ εἶπεν·
        οὐ δι' ἐμὲ ἡ φωνὴ αὕτη γέγονεν
            ἀλλὰ δι' ὑμᾶς.
31   νῦν κρίσις ἐστὶν τοῦ κόσμου τούτου,
        νῦν ὁ ἄρχων τοῦ κόσμου τούτου ἐκβληθήσεται ἔξω·

32   κἀγὼ ἐὰν ὑψωθῶ ἐκ τῆς γῆς,
                    πάντας ἑλκύσω πρὸς ἐμαυτόν.
33   (τοῦτο δὲ ἔλεγεν σημαίνων ποίῳ θανάτῳ ἤμελλεν ἀποθνῄσκειν.)
34   ἀπεκρίθη οὖν αὐτῷ ὁ ὄχλος·
            ἡμεῖς ἠκούσαμεν ἐκ τοῦ νόμου ὅτι
                ὁ χριστὸς μένει εἰς τὸν αἰῶνα,
            καὶ πῶς λέγεις σὺ ὅτι
                δεῖ ὑψωθῆναι τὸν υἱὸν τοῦ ἀνθρώπου;
            τίς ἐστιν οὗτος ὁ υἱὸς τοῦ ἀνθρώπου;
35   εἶπεν οὖν αὐτοῖς ὁ Ἰησοῦς·
            ἔτι μικρὸν χρόνον τὸ φῶς ἐν ὑμῖν ἐστιν.
            περιπατεῖτε ὡς τὸ φῶς ἔχετε,
                    ἵνα μὴ ἡ σκοτία ὑμᾶς καταλάβῃ·
                καὶ ὁ περιπατῶν ἐν τῇ σκοτίᾳ
                        οὐκ οἶδεν ποῦ ὑπάγει.
36   ὡς τὸ φῶς ἔχετε,
                πιστεύετε εἰς τὸ φῶς,
                    ἵνα υἱοὶ φωτὸς γένησθε.
     (ταῦτα ἐλάλησεν Ἰησοῦς,
       καὶ ἀπελθὼν ἐκρύβη ἀπ' αὐτῶν.)
37 (Τοσαῦτα δὲ αὐτοῦ σημεῖα πεποιηκότος ἔμπροσθεν αὐτῶν
        οὐκ ἐπίστευον εἰς αὐτόν,
38   ἵνα ὁ λόγος Ἠσαΐου τοῦ προφήτου πληρωθῇ
            ὃν εἶπεν·
                κύριε,
                τίς ἐπίστευσεν τῇ ἀκοῇ ἡμῶν;
                καὶ ὁ βραχίων κυρίου τίνι ἀπεκαλύφθη;
39   διὰ τοῦτο οὐκ ἠδύναντο πιστεύειν,
            ὅτι πάλιν εἶπεν Ἠσαΐας·
40   τετύφλωκεν αὐτῶν τοὺς ὀφθαλμοὺς
                καὶ ἐπώρωσεν αὐτῶν τὴν καρδίαν,
                    ἵνα μὴ ἴδωσιν τοῖς ὀφθαλμοῖς
                        καὶ νοήσωσιν τῇ καρδίᾳ
                        καὶ στραφῶσιν,
                    καὶ ἰάσομαι αὐτούς.
41   ταῦτα εἶπεν Ἠσαΐας
            ὅτι εἶδεν τὴν δόξαν αὐτοῦ,

καὶ ἐλάλησεν περὶ αὐτοῦ.
42   ὅμως μέντοι καὶ ἐκ τῶν ἀρχόντων πολλοὶ ἐπίστευσαν εἰς αὐτόν,
        ἀλλὰ διὰ τοὺς Φαρισαίους οὐχ ὡμολόγουν
            ἵνα μὴ ἀποσυνάγωγοι γένωνται·
43   ἠγάπησαν γὰρ τὴν δόξαν τῶν ἀνθρώπων
                    μᾶλλον ἤπερ τὴν δόξαν τοῦ θεοῦ.)
44   Ἰησοῦς δὲ ἔκραξεν καὶ εἶπεν·
        ὁ πιστεύων εἰς ἐμὲ
            οὐ πιστεύει εἰς ἐμὲ
            ἀλλὰ εἰς τὸν πέμψαντά με,
45   καὶ ὁ θεωρῶν ἐμὲ
            θεωρεῖ τὸν πέμψαντά με.
46   ἐγὼ φῶς εἰς τὸν κόσμον ἐλήλυθα,
        ἵνα πᾶς ὁ πιστεύων εἰς ἐμὲ
                ἐν τῇ σκοτίᾳ μὴ μείνῃ.
47   καὶ ἐάν τίς μου ἀκούσῃ τῶν ῥημάτων
            καὶ μὴ φυλάξῃ,
        ἐγὼ οὐ κρίνω αὐτόν·
            οὐ γὰρ ἦλθον ἵνα κρίνω τὸν κόσμον,
                ἀλλ' ἵνα σώσω τὸ κόσμον.
48   ὁ ἀθετῶν ἐμὲ καὶ μὴ λαμβάνων τὰ ῥήματά μου
        ἔχει τὸν κρίνοντα αὐτόν·
            ὁ λόγος ὃν ἐλάλησα
            ἐκεῖνος κρινεῖ αὐτὸν ἐν τῇ ἐσχάτῃ ἡμέρᾳ.
49   ὅτι ἐγὼ ἐξ ἐμαυτοῦ οὐκ ἐλάλησα,
            ἀλλ' ὁ πέμψας με πατὴρ
                αὐτός μοι ἐντολὴν δέδωκεν
                    τί εἴπω
                    καὶ τί λαλήσω.
50   (καὶ οἶδα ὅτι ἡ ἐντολὴ αὐτοῦ ζωὴ αἰώνιός ἐστιν.)
            ἃ οὖν ἐγὼ λαλῶ,
                καθὼς εἴρηκέν μοι ὁ πατήρ,
                οὕτως λαλῶ.

13,1 Πρὸ δὲ τῆς ἑορτῆς τοῦ πάσχα
        εἰδὼς ὁ Ἰησοῦς ὅτι
            ἦλθεν αὐτοῦ ἡ ὥρα
                ἵνα μεταβῇ ἐκ τοῦ κόσμου τούτου πρὸς τὸν πατέρα,

ἀγαπήσας τοὺς ἰδίους τοὺς ἐν τῷ κόσμῳ
εἰς τέλος ἠγάπησεν αὐτούς.
2 καὶ δείπνου γινομένου,
(τοῦ διαβόλου ἤδη βεβληκότος εἰς τὴν καρδίαν
ἵνα παραδοῖ αὐτὸν Ἰούδας Σίμωνος Ἰσκαριώτου,)
3 εἰδὼς ὅτι πάντα ἔδωκεν αὐτῷ ὁ πατὴρ εἰς τὰς χεῖρας
καὶ ὅτι ἀπὸ θεοῦ ἐξῆλθεν
καὶ πρὸς τὸν θεὸν ὑπάγει,
4 ἐγείρεται ἐκ τοῦ δείπνου
καὶ τίθησιν τὰ ἱμάτια
καὶ λαβὼν λέντιον διέζωσεν ἑαυτόν·
5 εἶτα βάλλει ὕδωρ εἰς τὸν νιπτῆρα
καὶ ἤρξατο νίπτειν τοὺς πόδας τῶν μαθητῶν
καὶ ἐκμάσσειν τῷ λεντίῳ
ᾧ ἦν διεζωσμένος.
6 ἔρχεται οὖν πρὸς Σίμωνα Πέτρον·
λέγει αὐτῷ·
κύριε,
σύ μου νίπτεις τοὺς πόδας;
7 ἀπεκρίθη Ἰησοῦς καὶ εἶπεν αὐτῷ·
ὃ ἐγὼ ποιῶ σὺ οὐκ οἶδας ἄρτι,
γνώσῃ δὲ μετὰ ταῦτα.
8 λέγει αὐτῷ Πέτρος·
οὐ μὴ νίψῃς μου τοὺς πόδας εἰς τὸν αἰῶνα.
ἀπεκρίθη Ἰησοῦς αὐτῷ·
ἐὰν μὴ νίψω σε,
οὐκ ἔχεις μέρος μετ' ἐμοῦ.
9 λέγει αὐτῷ Σίμων Πέτρος·
κύριε,
μὴ τοὺς πόδας μου μόνον
ἀλλὰ καὶ τὰς χεῖρας καὶ τὴν κεφαλήν.
10 λέγει αὐτῷ ὁ Ἰησοῦς·
ὁ λελουμένος οὐκ ἔχει χρείαν
(εἰ μὴ τοὺς πόδας) νίψασθαι,
ἀλλ' ἔστιν καθαρὸς ὅλος·
καὶ ὑμεῖς καθαροί ἐστε,
ἀλλ' οὐχὶ πάντες.

11   (ᾔδει γὰρ τὸν παραδιδόντα αὐτόν·
             —διὰ τοῦτο εἶπεν ὅτι
                 οὐχὶ πάντες καθαροί ἐστε.)
12   Ὅτε οὖν ἔνιψεν τοὺς πόδας αὐτῶν
         [καὶ] ἔλαβεν τὰ ἱμάτια αὐτοῦ
         καὶ ἀνέπεσεν πάλιν,
     εἶπεν αὐτοῖς·
         γινώσκετε τί πεποίηκα ὑμῖν;
13   ὑμεῖς φωνεῖτέ με·
             ὁ διδάσκαλος,
             καί· ὁ κύριος,
             καὶ καλῶς λέγετε·
                 εἰμὶ γάρ.
14   εἰ οὖν ἐγὼ ἔνιψα ὑμῶν τοὺς πόδας
             ὁ κύριος
             καὶ ὁ διδάσκαλος,
             καὶ ὑμεῖς ὀφείλετε ἀλλήλων νίπτειν τοὺς πόδας·
15   ὑπόδειγμα γὰρ ἔδωκα ὑμῖν
                 ἵνα καθὼς ἐγὼ ἐποίησα ὑμῖν
                 καὶ ὑμεῖς ποιῆτε.
16   ἀμὴν ἀμὴν λέγω ὑμῖν,
         οὐκ ἔστιν δοῦλος μείζων τοῦ κυρίου αὐτοῦ
         οὐδὲ ἀπόστολος μείζων τοῦ πέμψαντος αὐτόν.
17   εἰ ταῦτα οἴδατε,
             μακάριοί ἐστε ἐὰν ποιῆτε αὐτά.
18   οὐ περὶ πάντων ὑμῶν λέγω·
                 ἐγὼ οἶδα τίνας ἐξελεξάμην·
             ἀλλ' ἵνα ἡ γραφὴ πληρωθῇ·
                 ὁ τρώγων μου τὸν ἄρτον
                     ἐπῆρεν ἐπ' ἐμὲ τὴν πτέρναν αὐτοῦ.
19   ἀπ' ἄρτι λέγω ὑμῖν πρὸ τοῦ γενέσθαι,
                 ἵνα πιστεύσητε ὅταν γένηται
                 ὅτι ἐγώ εἰμι.
20   ἀμὴν ἀμὴν λέγω ὑμῖν,
                 ὁ λαμβάνων ἄν τινα πέμψω
                     ἐμὲ λαμβάνει,
                 ὁ δὲ ἐμὲ λαμβάνων

λαμβάνει τὸν πέμψαντά με.
21 ταῦτα εἰπὼν [ὁ] Ἰησοῦς
ἐταράχθη τῷ πνεύματι
καὶ ἐμαρτύρησεν καὶ εἶπεν·
ἀμὴν ἀμὴν λέγω ὑμῖν ὅτι
εἷς ἐξ ὑμῶν παραδώσει με.
22 ἔβλεπον εἰς ἀλλήλους οἱ μαθηταὶ
ἀπορούμενοι περὶ τίνος λέγει.
23 ἦν ἀνακείμενος εἷς ἐκ τῶν μαθητῶν αὐτοῦ ἐν τῷ κόλπῳ τοῦ Ἰησοῦ,
ὃν ἠγάπα ὁ Ἰησοῦς.
24 νεύει οὖν τούτῳ Σίμων Πέτρος πυθέσθαι
τίς ἂν εἴη περὶ οὗ λέγει.
25 ἀναπεσὼν οὖν ἐκεῖνος οὕτως ἐπὶ τὸ στῆθος τοῦ Ἰησοῦ
λέγει αὐτῷ·
κύριε,
τίς ἐστιν;
26 ἀποκρίνεται [ὁ] Ἰησοῦς·
ἐκεῖνός ἐστιν ᾧ ἐγὼ βάψω τὸ ψωμίον
καὶ δώσω αὐτῷ.
βάψας οὖν τὸ ψωμίον
[λαμβάνει
καὶ] δίδωσιν Ἰούδᾳ Σίμωνος Ἰσκαριώτου.
27 καὶ μετὰ τὸ ψωμίον
τότε εἰσῆλθεν εἰς ἐκεῖνον ὁ σατανᾶς.
λέγει οὖν αὐτῷ ὁ Ἰησοῦς·
ὃ ποιεῖς ποίησον τάχιον.
28 (τοῦτο [δὲ] οὐδεὶς ἔγνω τῶν ἀνακειμένων
πρὸς τί εἶπεν αὐτῷ·
29 —τινὲς γὰρ ἐδόκουν,
ἐπεὶ τὸ γλωσσόκομον εἶχεν Ἰούδας,
ὅτι λέγει αὐτῷ [ὁ] Ἰησοῦς·
ἀγόρασον ὧν χρείαν ἔχομεν εἰς τὴν ἑορτήν,
ἢ τοῖς πτωχοῖς ἵνα τι δῷ.)
30 λαβὼν οὖν τὸ ψωμίον
ἐκεῖνος ἐξῆλθεν εὐθύς.
(ἦν δὲ νύξ.)

31 Ὅτε οὖν ἐξῆλθεν,
    λέγει Ἰησοῦς·
        νῦν ἐδοξάσθη ὁ υἱὸς τοῦ ἀνθρώπου
            καὶ ὁ θεὸς ἐδοξάσθη ἐν αὐτῷ·
32   [εἰ ὁ θεὸς ἐδοξάσθη ἐν αὐτῷ,]
            καὶ ὁ θεὸς δοξάσει αὐτὸν ἐν αὐτῷ,
            καὶ εὐθὺς δοξάσει αὐτόν.
33   τεκνία,
        ἔτι μικρὸν μεθ᾿ ὑμῶν εἰμι·
        ζητήσετέ με,
            καὶ καθὼς εἶπον τοῖς Ἰουδαίοις ὅτι
                ὅπου ἐγὼ ὑπάγω
                    ὑμεῖς οὐ δύνασθε ἐλθεῖν,
            καὶ ὑμῖν λέγω ἄρτι.
34   ἐντολὴν καινὴν δίδωμι ὑμῖν,
            ἵνα ἀγαπᾶτε ἀλλήλους,
        καθὼς ἠγάπησα ὑμᾶς
            ἵνα καὶ ὑμεῖς ἀγαπᾶτε ἀλλήλους.
35   ἐν τούτῳ γνώσονται πάντες ὅτι ἐμοὶ μαθηταί ἐστε,
            ἐὰν ἀγάπην ἔχητε ἐν ἀλλήλοις.
36   λέγει αὐτῷ Σίμων Πέτρος·
            κύριε,
            ποῦ ὑπάγεις;
        ἀπεκρίθη [αὐτῷ] Ἰησοῦς·
            ὅπου ὑπάγω
                οὐ δύνασαί μοι νῦν ἀκολουθῆσαι,
                ἀκολουθήσεις δὲ ὕστερον.
37   λέγει αὐτῷ ὁ Πέτρος·
            κύριε,
            διὰ τί οὐ δύναμαί σοι ἀκολουθῆσαι ἄρτι;
            τὴν ψυχήν μου ὑπὲρ σοῦ θήσω.
38   ἀποκρίνεται Ἰησοῦς·
            τὴν ψυχήν σου ὑπὲρ ἐμοῦ θήσεις;
            ἀμὴν ἀμὴν λέγω σοι,
            οὐ μὴ ἀλέκτωρ φωνήσῃ
                ἕως οὗ ἀρνήσῃ με τρίς.
14,1   μὴ ταρασσέσθω ὑμῶν ἡ καρδία·

πιστεύετε εἰς τὸν θεὸν
   καὶ εἰς ἐμὲ πιστεύετε.
2 ἐν τῇ οἰκίᾳ τοῦ πατρός μου μοναὶ πολλαί εἰσιν·
   εἰ δὲ μή,
     εἶπον ἂν ὑμῖν ὅτι
       πορεύομαι ἑτοιμάσαι τόπον ὑμῖν;
3 καὶ ἐὰν πορευθῶ καὶ ἑτοιμάσω τόπον ὑμῖν,
   πάλιν ἔρχομαι καὶ παραλήμψομαι ὑμᾶς πρὸς ἐμαυτόν,
   ἵνα ὅπου εἰμὶ ἐγὼ καὶ ὑμεῖς ἦτε.
4 καὶ ὅπου [ἐγὼ] ὑπάγω οἴδατε τὴν ὁδόν.
5 λέγει αὐτῷ Θωμᾶς·
   κύριε,
   οὐκ οἴδαμεν ποῦ ὑπάγεις·
   πῶς δυνάμεθα τὴν ὁδὸν εἰδέναι;
6 λέγει αὐτῷ [ὁ] Ἰησοῦς·
   ἐγώ εἰμι ἡ ὁδὸς καὶ ἡ ἀλήθεια καὶ ἡ ζωή·
   οὐδεὶς ἔρχεται πρὸς τὸν πατέρα
     εἰ μὴ δι' ἐμοῦ.
7 εἰ ἐγνώκατέ με,
   καὶ τὸν πατέρα μου γνώσεσθε.
    καὶ ἀπ' ἄρτι γινώσκετε αὐτὸν καὶ ἑωράκατε αὐτόν.
8 λέγει αὐτῷ Φίλιππος·
   κύριε,
   δεῖξον ἡμῖν τὸν πατέρα,
   καὶ ἀρκεῖ ἡμῖν.
9 λέγει αὐτῷ ὁ Ἰησοῦς·
   τοσούτῳ χρόνῳ μεθ' ὑμῶν εἰμι
   καὶ οὐκ ἔγνωκάς με, Φίλιππε;
   ὁ ἑωρακὼς ἐμὲ
     ἑώρακεν τὸν πατέρα·
   πῶς σὺ λέγεις·
     δεῖξον ἡμῖν τὸν πατέρα;
10 οὐ πιστεύεις ὅτι
   ἐγὼ ἐν τῷ πατρὶ
   καὶ ὁ πατὴρ ἐν ἐμοί ἐστιν;
   τὰ ῥήματα ἃ ἐγὼ λέγω ὑμῖν
     ἀπ' ἐμαυτοῦ οὐ λαλῶ,

ὁ δὲ πατὴρ ἐν ἐμοὶ μένων
ποιεῖ τὰ ἔργα αὐτοῦ.
11 πιστεύετέ μοι ὅτι
ἐγὼ ἐν τῷ πατρὶ
καὶ ὁ πατὴρ ἐν ἐμοί·
εἰ δὲ μή,
διὰ τὰ ἔργα αὐτὰ πιστεύετε.
12 ἀμὴν ἀμὴν λέγω ὑμῖν,
ὁ πιστεύων εἰς ἐμὲ
τὰ ἔργα ἃ ἐγὼ ποιῶ
κἀκεῖνος ποιήσει
καὶ μείζονα τούτων ποιήσει,
ὅτι ἐγὼ πρὸς τὸν πατέρα πορεύομαι·
13 καὶ ὅ τι ἂν αἰτήσητε ἐν τῷ ὀνόματί μου
τοῦτο ποιήσω,
ἵνα δοξασθῇ ὁ πατὴρ ἐν τῷ υἱῷ.
14 ἐάν τι αἰτήσητέ με ἐν τῷ ὀνόματί μου
ἐγὼ ποιήσω.
15 ἐὰν ἀγαπᾶτέ με,
τὰς ἐντολὰς τὰς ἐμὰς τηρήσετε·
16 κἀγὼ ἐρωτήσω τὸν πατέρα
καὶ ἄλλον παράκλητον δώσει ὑμῖν,
ἵνα μεθ' ὑμῶν εἰς τὸν αἰῶνα ᾖ,
17 τὸ πνεῦμα τῆς ἀληθείας,
ὃ ὁ κόσμος οὐ δύναται λαβεῖν,
ὅτι οὐ θεωρεῖ αὐτὸ
οὐδὲ γινώσκει·
ὑμεῖς γινώσκετε αὐτό,
ὅτι παρ' ὑμῖν μένει
καὶ ἐν ὑμῖν ἔσται.
18 οὐκ ἀφήσω ὑμᾶς ὀρφανούς,
ἔρχομαι πρὸς ὑμᾶς.
19 ἔτι μικρὸν καὶ ὁ κόσμος με οὐκέτι θεωρεῖ,
ὑμεῖς δὲ θεωρεῖτέ με,
ὅτι ἐγὼ ζῶ
καὶ ὑμεῖς ζήσετε.
20 ἐν ἐκείνῃ τῇ ἡμέρᾳ γνώσεσθε ὑμεῖς ὅτι
ἐγὼ ἐν τῷ πατρί μου

καὶ ὑμεῖς ἐν ἐμοὶ
κἀγὼ ἐν ὑμῖν.
21 ὁ ἔχων τὰς ἐντολάς μου
καὶ τηρῶν αὐτὰς
ἐκεῖνός ἐστιν ὁ ἀγαπῶν με·
ὁ δὲ ἀγαπῶν με
ἀγαπηθήσεται ὑπὸ τοῦ πατρός μου,
κἀγὼ ἀγαπήσω αὐτὸν
καὶ ἐμφανίσω αὐτῷ ἐμαυτόν.
22 λέγει αὐτῷ Ἰούδας,
(οὐχ ὁ Ἰσκαριώτης·)
κύριε,
[καὶ] τί γέγονεν
ὅτι ἡμῖν μέλλεις ἐμφανίζειν σεαυτὸν
καὶ οὐχὶ τῷ κόσμῳ;
23 ἀπεκρίθη Ἰησοῦς καὶ εἶπεν αὐτῷ·
ἐάν τις ἀγαπᾷ με
τὸν λόγον μου τηρήσει,
καὶ ὁ πατήρ μου ἀγαπήσει αὐτὸν
καὶ πρὸς αὐτὸν ἐλευσόμεθα
καὶ μονὴν παρ' αὐτῷ ποιησόμεθα.
24 ὁ μὴ ἀγαπῶν με
τοὺς λόγους μου οὐ τηρεῖ·
καὶ ὁ λόγος ὃν ἀκούετε
οὐκ ἔστιν ἐμὸς
ἀλλὰ τοῦ πέμψαντός με πατρός.
25 ταῦτα λελάληκα ὑμῖν παρ' ὑμῖν μένων·
26 ὁ δὲ παράκλητος,
(τὸ πνεῦμα τὸ ἅγιον,
ὃ πέμψει ὁ πατὴρ ἐν τῷ ὀνόματί μου,)
ἐκεῖνος ὑμᾶς διδάξει πάντα
καὶ ὑπομνήσει ὑμᾶς πάντα ἃ εἶπον ὑμῖν [ἐγώ].
27 εἰρήνην ἀφίημι ὑμῖν,
εἰρήνην τὴν ἐμὴν δίδωμι ὑμῖν·
(οὐ καθὼς ὁ κόσμος δίδωσιν ἐγὼ δίδωμι ὑμῖν.)
μὴ ταρασσέσθω ὑμῶν ἡ καρδία
μηδὲ δειλιάτω.

28   ἠκούσατε ὅτι ἐγὼ εἶπον ὑμῖν·
            ὑπάγω καὶ ἔρχομαι πρὸς ὑμᾶς.
        εἰ ἠγαπᾶτέ με
            ἐχάρητε ἂν ὅτι πορεύομαι πρὸς τὸν πατέρα,
            ὅτι ὁ πατὴρ μείζων μού ἐστιν.
29   καὶ νῦν εἴρηκα ὑμῖν πρὶν γενέσθαι,
            ἵνα ὅταν γένηται πιστεύσητε.
30   οὐκέτι πολλὰ λαλήσω μεθ' ὑμῶν,
            ἔρχεται γὰρ ὁ τοῦ κόσμου ἄρχων·
            καὶ ἐν ἐμοὶ οὐκ ἔχει οὐδέν,
31   ἀλλ' ἵνα γνῷ ὁ κόσμος ὅτι
                ἀγαπῶ τὸν πατέρα,
                καὶ καθὼς ἐνετείλατό μοι ὁ πατήρ,
                    οὕτως ποιῶ.
        ἐγείρεσθε,
        ἄγωμεν ἐντεῦθεν.

15,1   Ἐγώ εἰμι ἡ ἄμπελος ἡ ἀληθινὴ
        καὶ ὁ πατήρ μου ὁ γεωργός ἐστιν.
2   πᾶν κλῆμα ἐν ἐμοὶ μὴ φέρον καρπὸν
                αἴρει αὐτό,
            καὶ πᾶν τὸ καρπὸν φέρον
                καθαίρει αὐτὸ
                    ἵνα καρπὸν πλείονα φέρῃ.
3   ἤδη ὑμεῖς καθαροί ἐστε
            διὰ τὸν λόγον ὃν λελάληκα ὑμῖν·
4   μείνατε ἐν ἐμοί,
        κἀγὼ ἐν ὑμῖν.
        καθὼς τὸ κλῆμα οὐ δύναται καρπὸν φέρειν ἀφ' ἑαυτοῦ
            ἐὰν μὴ μένῃ ἐν τῇ ἀμπέλῳ,
            οὕτως οὐδὲ ὑμεῖς
                ἐὰν μὴ ἐν ἐμοὶ μένητε.
5   ἐγώ εἰμι ἡ ἄμπελος,
        ὑμεῖς τὰ κλήματα.
            ὁ μένων ἐν ἐμοὶ
                (κἀγὼ ἐν αὐτῷ)
                οὗτος φέρει καρπὸν πολύν,

ὅτι χωρὶς ἐμοῦ οὐ δύνασθε ποιεῖν οὐδέν.
6 ἐὰν μή τις μένῃ ἐν ἐμοί,
ἐβλήθη ἔξω ὡς τὸ κλῆμα καὶ ἐξηράνθη
καὶ συνάγουσιν αὐτὰ καὶ εἰς τὸ πῦρ βάλλουσιν
καὶ καίεται.
7 ἐὰν μείνητε ἐν ἐμοὶ
καὶ τὰ ῥήματά μου ἐν ὑμῖν μείνῃ,
ὃ ἐὰν θέλητε αἰτήσασθε,
καὶ γενήσεται ὑμῖν.
8 ἐν τούτῳ ἐδοξάσθη ὁ πατήρ μου,
ἵνα καρπὸν πολὺν φέρητε
καὶ γένησθε ἐμοὶ μαθηταί.
9 καθὼς ἠγάπησέν με ὁ πατήρ,
κἀγὼ ὑμᾶς ἠγάπησα·
μείνατε ἐν τῇ ἀγάπῃ τῇ ἐμῇ.
10 ἐὰν τὰς ἐντολάς μου τηρήσητε,
μενεῖτε ἐν τῇ ἀγάπῃ μου,
καθὼς ἐγὼ τὰς ἐντολὰς τοῦ πατρός μου τετήρηκα
καὶ μένω αὐτοῦ ἐν τῇ ἀγάπῃ.
11 ταῦτα λελάληκα ὑμῖν
ἵνα ἡ χαρὰ ἡ ἐμὴ ἐν ὑμῖν ᾖ
καὶ ἡ χαρὰ ὑμῶν πληρωθῇ.
12 αὕτη ἐστὶν ἡ ἐντολὴ ἡ ἐμή,
ἵνα ἀγαπᾶτε ἀλλήλους
καθὼς ἠγάπησα ὑμᾶς.
13 μείζονα ταύτης ἀγάπην οὐδεὶς ἔχει,
ἵνα τις τὴν ψυχὴν αὐτοῦ θῇ ὑπὲρ τῶν φίλων αὐτοῦ.
14 ὑμεῖς φίλοι μού ἐστε
ἐὰν ποιῆτε ἃ ἐγὼ ἐντέλλομαι ὑμῖν.
15 οὐκέτι λέγω ὑμᾶς δούλους,
ὅτι ὁ δοῦλος οὐκ οἶδεν τί ποιεῖ αὐτοῦ ὁ κύριος·
ὑμᾶς δὲ εἴρηκα φίλους,
ὅτι πάντα ἃ ἤκουσα παρὰ τοῦ πατρός μου ἐγνώρισα ὑμῖν.
16 οὐχ ὑμεῖς με ἐξελέξασθε,
ἀλλ' ἐγὼ ἐξελεξάμην ὑμᾶς
καὶ ἔθηκα ὑμᾶς
ἵνα ὑμεῖς ὑπάγητε

και καρπὸν φέρητε
και ὁ καρπὸς ὑμῶν μένῃ,
ἵνα ὅ τι ἂν αἰτήσητε τὸν πατέρα ἐν τῷ ὀνόματί μου
δῷ ὑμῖν.
17 ταῦτα ἐντέλλομαι ὑμῖν,
ἵνα ἀγαπᾶτε ἀλλήλους.
18 εἰ ὁ κόσμος ὑμᾶς μισεῖ,
γινώσκετε ὅτι
ἐμὲ πρῶτον ὑμῶν μεμίσηκεν.
19 εἰ ἐκ τοῦ κόσμου ἦτε,
ὁ κόσμος ἂν τὸ ἴδιον ἐφίλει·
ὅτι δὲ ἐκ τοῦ κόσμου οὐκ ἐστέ,
ἀλλ' ἐγὼ ἐξελεξάμην ὑμᾶς ἐκ τοῦ κόσμου,
διὰ τοῦτο μισεῖ ὑμᾶς ὁ κόσμος.
20 μνημονεύετε τοῦ λόγου οὗ ἐγὼ εἶπον ὑμῖν·
οὐκ ἔστιν δοῦλος μείζων τοῦ κυρίου αὐτοῦ.
εἰ ἐμὲ ἐδίωξαν,
καὶ ὑμᾶς διώξουσιν·
εἰ τὸν λόγον μου ἐτήρησαν,
καὶ τὸν ὑμέτερον τηρήσουσιν.
21 ἀλλὰ ταῦτα πάντα ποιήσουσιν εἰς ὑμᾶς διὰ τὸ ὄνομά μου,
ὅτι οὐκ οἴδασιν τὸν πέμψαντά με.
22 εἰ μὴ ἦλθον καὶ ἐλάλησα αὐτοῖς,
ἁμαρτίαν οὐκ εἴχοσαν·
νῦν δὲ πρόφασιν οὐκ ἔχουσιν περὶ τῆς ἁμαρτίας αὐτῶν.
23 ὁ ἐμὲ μισῶν
καὶ τὸν πατέρα μου μισεῖ.
24 εἰ τὰ ἔργα μὴ ἐποίησα ἐν αὐτοῖς
ἃ οὐδεὶς ἄλλος ἐποίησεν,
ἁμαρτίαν οὐκ εἴχοσαν·
νῦν δὲ καὶ ἑωράκασιν καὶ μεμισήκασιν
καὶ ἐμὲ
καὶ τὸν πατέρα μου.
25 ἀλλ' ἵνα πληρωθῇ ὁ λόγος ὁ ἐν τῷ νόμῳ αὐτῶν γεγραμμένος ὅτι
ἐμίσησάν με δωρεάν.
26 ὅταν ἔλθῃ ὁ παράκλητος ὃν ἐγὼ πέμψω ὑμῖν παρὰ τοῦ πατρός,
(τὸ πνεῦμα τῆς ἀληθείας

ὃ παρὰ τοῦ πατρὸς ἐκπορεύεται,)
ἐκεῖνος μαρτυρήσει περὶ ἐμοῦ·
27 καὶ ὑμεῖς δὲ μαρτυρεῖτε,
ὅτι ἀπ' ἀρχῆς μετ' ἐμοῦ ἐστε.
16,1 ταῦτα λελάληκα ὑμῖν
ἵνα μὴ σκανδαλισθῆτε.
2 ἀποσυναγώγους ποιήσουσιν ὑμᾶς·
ἀλλ' ἔρχεται ὥρα
ἵνα πᾶς ὁ ἀποκτείνας ὑμᾶς
δόξῃ λατρείαν προσφέρειν τῷ θεῷ.
3 καὶ ταῦτα ποιήσουσιν
ὅτι οὐκ ἔγνωσαν τὸν πατέρα οὐδὲ ἐμέ.
4 ἀλλὰ ταῦτα λελάληκα ὑμῖν
ἵνα ὅταν ἔλθῃ ἡ ὥρα αὐτῶν
μνημονεύητε αὐτῶν ὅτι ἐγὼ εἶπον ὑμῖν.
ταῦτα δὲ ὑμῖν ἐξ ἀρχῆς οὐκ εἶπον,
ὅτι μεθ' ὑμῶν ἤμην.
5 νῦν δὲ ὑπάγω πρὸς τὸν πέμψαντά με,
καὶ οὐδεὶς ἐξ ὑμῶν ἐρωτᾷ με·
ποῦ ὑπάγεις;
6 ἀλλ' ὅτι ταῦτα λελάληκα ὑμῖν
ἡ λύπη πεπλήρωκεν ὑμῶν τὴν καρδίαν.
7 ἀλλ' ἐγὼ τὴν ἀλήθειαν λέγω ὑμῖν,
συμφέρει ὑμῖν
ἵνα ἐγὼ ἀπέλθω.
ἐὰν γὰρ μὴ ἀπέλθω,
ὁ παράκλητος οὐκ ἐλεύσεται πρὸς ὑμᾶς·
ἐὰν δὲ πορευθῶ,
πέμψω αὐτὸν πρὸς ὑμᾶς.
8 καὶ ἐλθὼν ἐκεῖνος ἐλέγξει τὸν κόσμον
περὶ ἁμαρτίας καὶ περὶ δικαιοσύνης καὶ περὶ κρίσεως·
9 περὶ ἁμαρτίας μέν,
ὅτι οὐ πιστεύουσιν εἰς ἐμέ·
10 περὶ δικαιοσύνης δέ,
ὅτι πρὸς τὸν πατέρα ὑπάγω
καὶ οὐκέτι θεωρεῖτέ με·
11 περὶ δὲ κρίσεως,

ὅτι ὁ ἄρχων τοῦ κόσμου τούτου κέκριται.
12 ἔτι πολλὰ ἔχω ὑμῖν λέγειν,
ἀλλ' οὐ δύνασθε βαστάζειν ἄρτι·
13 ὅταν δὲ ἔλθῃ ἐκεῖνος, (τὸ πνεῦμα τῆς ἀληθείας,)
ὁδηγήσει ὑμᾶς ἐν τῇ ἀληθείᾳ πάσῃ·
οὐ γὰρ λαλήσει ἀφ' ἑαυτοῦ,
ἀλλ' ὅσα ἀκούσει λαλήσει
καὶ τὰ ἐρχόμενα ἀναγγελεῖ ὑμῖν.
14 ἐκεῖνος ἐμὲ δοξάσει,
ὅτι ἐκ τοῦ ἐμοῦ λήμψεται
καὶ ἀναγγελεῖ ὑμῖν.
15 πάντα ὅσα ἔχει ὁ πατὴρ ἐμά ἐστιν·
διὰ τοῦτο εἶπον ὅτι
ἐκ τοῦ ἐμοῦ λαμβάνει
καὶ ἀναγγελεῖ ὑμῖν.
16 μικρὸν καὶ οὐκέτι θεωρεῖτέ με,
καὶ πάλιν μικρὸν καὶ ὄψεσθέ με.
17 εἶπαν οὖν ἐκ τῶν μαθητῶν αὐτοῦ πρὸς ἀλλήλους·
τί ἐστιν τοῦτο ὃ λέγει ἡμῖν·
μικρὸν καὶ οὐ θεωρεῖτέ με,
καὶ πάλιν μικρὸν καὶ ὄψεσθέ με;
καί· ὅτι
ὑπάγω πρὸς τὸν πατέρα;
18 ἔλεγον οὖν·
τί ἐστιν τοῦτο [ὃ λέγει]
τὸ μικρόν;
οὐκ οἴδαμεν τί λαλεῖ.
19 ἔγνω [ὁ] Ἰησοῦς ὅτι
ἤθελον αὐτὸν ἐρωτᾶν,
καὶ εἶπεν αὐτοῖς·
περὶ τούτου ζητεῖτε μετ' ἀλλήλων ὅτι εἶπον·
μικρὸν καὶ οὐ θεωρεῖτέ με,
καὶ πάλιν μικρὸν καὶ ὄψεσθέ με;
20 ἀμὴν ἀμὴν λέγω ὑμῖν ὅτι
κλαύσετε καὶ θρηνήσετε ὑμεῖς,
ὁ δὲ κόσμος χαρήσεται·
ὑμεῖς λυπηθήσεσθε,

    ἀλλ' ἡ λύπη ὑμῶν εἰς χαρὰν γενήσεται.
21   ἡ γυνὴ ὅταν τίκτῃ
    λύπην ἔχει,
      ὅτι ἦλθεν ἡ ὥρα αὐτῆς·
    ὅταν δὲ γεννήσῃ τὸ παιδίον,
      οὐκέτι μνημονεύει τῆς θλίψεως διὰ τὴν χαρὰν
      ὅτι ἐγεννήθη ἄνθρωπος εἰς τὸν κόσμον.
22   καὶ ὑμεῖς οὖν νῦν μὲν λύπην ἔχετε·
   πάλιν δὲ ὄψομαι ὑμᾶς,
    καὶ χαρήσεται ὑμῶν ἡ καρδία,
    καὶ τὴν χαρὰν ὑμῶν οὐδεὶς αἴρει ἀφ' ὑμῶν.
23   καὶ ἐν ἐκείνῃ τῇ ἡμέρᾳ ἐμὲ οὐκ ἐρωτήσετε οὐδέν.
   ἀμὴν ἀμὴν λέγω ὑμῖν,
    ἄν τι αἰτήσητε τὸν πατέρα ἐν τῷ ὀνόματί μου
    δώσει ὑμῖν.
24   ἕως ἄρτι οὐκ ᾐτήσατε οὐδὲν ἐν τῷ ὀνόματί μου·
   αἰτεῖτε καὶ λήμψεσθε,
    ἵνα ἡ χαρὰ ὑμῶν ᾖ πεπληρωμένη.
25   ταῦτα ἐν παροιμίαις λελάληκα ὑμῖν·
   ἔρχεται ὥρα
    ὅτε οὐκέτι ἐν παροιμίαις λαλήσω ὑμῖν,
    ἀλλὰ παρρησίᾳ περὶ τοῦ πατρὸς ἀπαγγελῶ ὑμῖν.
26   ἐν ἐκείνῃ τῇ ἡμέρᾳ ἐν τῷ ὀνόματί μου αἰτήσεσθε,
   καὶ οὐ λέγω ὑμῖν ὅτι
    ἐγὼ ἐρωτήσω τὸν πατέρα περὶ ὑμῶν·
27   αὐτὸς γὰρ ὁ πατὴρ φιλεῖ ὑμᾶς,
    ὅτι ὑμεῖς ἐμὲ πεφιλήκατε
      καὶ πεπιστεύκατε ὅτι
       ἐγὼ παρὰ [τοῦ] θεοῦ ἐξῆλθον.
28   ἐξῆλθον παρὰ τοῦ πατρὸς
    καὶ ἐλήλυθα εἰς τὸν κόσμον·
    πάλιν ἀφίημι τὸν κόσμον
    καὶ πορεύομαι πρὸς τὸν πατέρα.
29 λέγουσιν οἱ μαθηταὶ αὐτοῦ·
   ἴδε νῦν ἐν παρρησίᾳ λαλεῖς
   καὶ παροιμίαν οὐδεμίαν λέγεις.
30   νῦν οἴδαμεν ὅτι οἶδας πάντα

καὶ οὐ χρείαν ἔχεις ἵνα τίς σε ἐρωτᾷ·
ἐν τούτῳ πιστεύομεν ὅτι ἀπὸ θεοῦ ἐξῆλθες.
31 ἀπεκρίθη αὐτοῖς Ἰησοῦς·
ἄρτι πιστεύετε;
32 ἰδοὺ ἔρχεται ὥρα (καὶ ἐλήλυθεν)
ἵνα σκορπισθῆτε ἕκαστος εἰς τὰ ἴδια
κἀμὲ μόνον ἀφῆτε·
(καὶ οὐκ εἰμὶ μόνος,
ὅτι ὁ πατὴρ μετ' ἐμοῦ ἐστιν.)
33 ταῦτα λελάληκα ὑμῖν
ἵνα ἐν ἐμοὶ εἰρήνην ἔχητε.
ἐν τῷ κόσμῳ θλῖψιν ἔχετε·
ἀλλὰ θαρσεῖτε,
ἐγὼ νενίκηκα τὸν κόσμον.

17,1 Ταῦτα ἐλάλησεν Ἰησοῦς
καὶ ἐπάρας τοὺς ὀφθαλμοὺς αὐτοῦ εἰς τὸν οὐρανὸν
εἶπεν·
πάτερ,
ἐλήλυθεν ἡ ὥρα·
δόξασόν σου τὸν υἱόν,
ἵνα ὁ υἱὸς δοξάσῃ σέ,
2 καθὼς ἔδωκας αὐτῷ ἐξουσίαν πάσης σαρκός,
ἵνα πᾶν ὃ δέδωκας αὐτῷ
δώσῃ αὐτοῖς ζωὴν αἰώνιον.
3 (αὕτη δέ ἐστιν ἡ αἰώνιος ζωὴ
ἵνα γινώσκωσιν σὲ τὸν μόνον ἀληθινὸν θεὸν
καὶ ὃν ἀπέστειλας
Ἰησοῦν Χριστόν.)
4 ἐγώ σε ἐδόξασα ἐπὶ τῆς γῆς
τὸ ἔργον τελειώσας
ὃ δέδωκάς μοι
ἵνα ποιήσω·
5 καὶ νῦν δόξασόν με σύ, πάτερ,
παρὰ σεαυτῷ τῇ δόξῃ
ᾗ εἶχον πρὸ τοῦ τὸν κόσμον εἶναι παρὰ σοί.
6 ἐφανέρωσά σου τὸ ὄνομα τοῖς ἀνθρώποις

οὓς ἔδωκάς μοι ἐκ τοῦ κόσμου.
(σοὶ ἦσαν
κἀμοὶ αὐτοὺς ἔδωκας)
καὶ τὸν λόγον σου τετήρηκαν.
7 νῦν ἔγνωκαν ὅτι
πάντα ὅσα δέδωκάς μοι
παρὰ σοῦ εἰσιν·
8 ὅτι τὰ ῥήματα ἃ ἔδωκάς μοι
δέδωκα αὐτοῖς,
καὶ αὐτοὶ ἔλαβον
καὶ ἔγνωσαν ἀληθῶς ὅτι παρὰ σοῦ ἐξῆλθον,
καὶ ἐπίστευσαν ὅτι
σύ με ἀπέστειλας.
9 ἐγὼ περὶ αὐτῶν ἐρωτῶ,
οὐ περὶ τοῦ κόσμου ἐρωτῶ
ἀλλὰ περὶ ὧν δέδωκάς μοι,
ὅτι σοί εἰσιν,
10 (καὶ τὰ ἐμὰ πάντα σά ἐστιν
καὶ τὰ σὰ ἐμά,)
καὶ δεδόξασμαι ἐν αὐτοῖς.
11 καὶ οὐκέτι εἰμὶ ἐν τῷ κόσμῳ,
καὶ αὐτοὶ ἐν τῷ κόσμῳ εἰσίν,
κἀγὼ πρὸς σὲ ἔρχομαι.
πάτερ ἅγιε,
τήρησον αὐτοὺς ἐν τῷ ὀνόματί σου
ᾧ δέδωκάς μοι,
ἵνα ὦσιν ἓν
καθὼς ἡμεῖς.
12 ὅτε ἤμην μετ' αὐτῶν
ἐγὼ ἐτήρουν αὐτοὺς ἐν τῷ ὀνόματί σου
ᾧ δέδωκάς μοι,
καὶ ἐφύλαξα,
καὶ οὐδεὶς ἐξ αὐτῶν ἀπώλετο
εἰ μὴ ὁ υἱὸς τῆς ἀπωλείας,
ἵνα ἡ γραφὴ πληρωθῇ.
13 νῦν δὲ πρὸς σὲ ἔρχομαι
καὶ ταῦτα λαλῶ ἐν τῷ κόσμῳ

ἵνα ἔχωσιν τὴν χαρὰν τὴν ἐμὴν πεπληρωμένην ἐν ἑαυτοῖς.
14   ἐγὼ δέδωκα αὐτοῖς τὸν λόγον σου
     καὶ ὁ κόσμος ἐμίσησεν αὐτούς,
       ὅτι οὐκ εἰσὶν ἐκ τοῦ κόσμου
         καθὼς ἐγὼ οὐκ εἰμὶ ἐκ τοῦ κόσμου.
15   οὐκ ἐρωτῶ
       ἵνα ἄρῃς αὐτοὺς ἐκ τοῦ κόσμου,
       ἀλλ' ἵνα τηρήσῃς αὐτοὺς ἐκ τοῦ πονηροῦ.
16   ἐκ τοῦ κόσμου οὐκ εἰσὶν
         καθὼς ἐγὼ οὐκ εἰμὶ ἐκ τοῦ κόσμου.
17   ἁγίασον αὐτοὺς ἐν τῇ ἀληθείᾳ·
     ὁ λόγος ὁ σὸς ἀλήθειά ἐστιν.
18   καθὼς ἐμὲ ἀπέστειλας εἰς τὸν κόσμον,
     κἀγὼ ἀπέστειλα αὐτοὺς εἰς τὸν κόσμον·
19   καὶ ὑπὲρ αὐτῶν ἐγὼ ἁγιάζω ἐμαυτόν,
     ἵνα ὦσιν καὶ αὐτοὶ ἡγιασμένοι ἐν ἀληθείᾳ.
20   οὐ περὶ τούτων δὲ ἐρωτῶ μόνον,
     ἀλλὰ καὶ περὶ τῶν πιστευόντων διὰ τοῦ λόγου αὐτῶν εἰς ἐμέ,
21   ἵνα πάντες ἓν ὦσιν,
         καθὼς σύ, πάτερ, ἐν ἐμοὶ
           κἀγὼ ἐν σοί,
       ἵνα καὶ αὐτοὶ ἐν ἡμῖν ὦσιν,
       ἵνα ὁ κόσμος πιστεύῃ ὅτι
         σύ με ἀπέστειλας.
22   κἀγὼ τὴν δόξαν ἣν δέδωκάς μοι
     δέδωκα αὐτοῖς,
       ἵνα ὦσιν ἓν
       καθὼς ἡμεῖς ἕν·
23   (ἐγὼ ἐν αὐτοῖς
         καὶ σὺ ἐν ἐμοί,)
       ἵνα ὦσιν τετελειωμένοι εἰς ἕν,
       ἵνα γινώσκῃ ὁ κόσμος ὅτι
         σύ με ἀπέστειλας
           καὶ ἠγάπησας αὐτοὺς
           καθὼς ἐμὲ ἠγάπησας.
24   πάτερ,
     ὃ δέδωκάς μοι,

θέλω ἵνα ὅπου εἰμὶ ἐγὼ
    κἀκεῖνοι ὦσιν μετ' ἐμοῦ,
        ἵνα θεωρῶσιν τὴν δόξαν τὴν ἐμήν,
            ἣν δέδωκάς μοι
        ὅτι ἠγάπασάς με πρὸ καταβολῆς κόσμου.
25 πάτερ δίκαιε,
    καὶ ὁ κόσμος σε οὐκ ἔγνω,
        ἐγὼ δέ σε ἔγνων,
        καὶ οὗτοι ἔγνωσαν ὅτι
            σύ με ἀπέστειλας·
26 καὶ ἐγνώρισα αὐτοῖς τὸ ὄνομά σου
        καὶ γνωρίσω,
            ἵνα ἡ ἀγάπη ἣν ἠγάπησάς με
                ἐν αὐτοῖς ᾖ
        κἀγὼ ἐν αὐτοῖς.

18,1 Ταῦτα εἰπὼν
    Ἰησοῦς ἐξῆλθεν σὺν τοῖς μαθηταῖς αὐτοῦ
        πέραν τοῦ χειμάρρου τοῦ Κεδρὼν ὅπου ἦν κῆπος,
            εἰς ὃν εἰσῆλθεν αὐτὸς
                καὶ οἱ μαθηταὶ αὐτοῦ.
2   (ᾔδει δὲ καὶ Ἰούδας ὁ παραδιδοὺς αὐτὸν τὸν τόπον,
    ὅτι πολλάκις συνήχθη Ἰησοῦς ἐκεῖ μετὰ τῶν μαθητῶν αὐτοῦ.)
3   ὁ οὖν Ἰούδας λαβὼν τὴν σπεῖραν
            καὶ ἐκ τῶν ἀρχιερέων καὶ ἐκ τῶν Φαρισαίων ὑπηρέτας
        ἔρχεται ἐκεῖ μετὰ φανῶν καὶ λαμπάδων καὶ ὅπλων.
4   Ἰησοῦς οὖν εἰδὼς πάντα τὰ ἐρχόμενα ἐπ' αὐτὸν
        ἐξῆλθεν καὶ λέγει αὐτοῖς·
            τίνα ζητεῖτε;
5   ἀπεκρίθησαν αὐτῷ·
        Ἰησοῦν τὸν Ναζωραῖον.
    λέγει αὐτοῖς·
        ἐγώ εἰμι.
            (εἰστήκει δὲ καὶ Ἰούδας ὁ παραδιδοὺς αὐτὸν μετ' αὐτῶν.)
6   ὡς οὖν εἶπεν αὐτοῖς·
        ἐγώ εἰμι,
    ἀπῆλθον εἰς τὰ ὀπίσω

καὶ ἔπεσαν χαμαί.
7   πάλιν οὖν ἐπηρώτησεν αὐτούς·
        τίνα ζητεῖτε;
    οἱ δὲ εἶπαν·
        Ἰησοῦν τὸν Ναζωραῖον.
8   ἀπεκρίθη Ἰησοῦς·
        εἶπον ὑμῖν ὅτι ἐγώ εἰμι.
        εἰ οὖν ἐμὲ ζητεῖτε,
        ἄφετε τούτους ὑπάγειν·
9   (ἵνα πληρωθῇ ὁ λόγος ὃν εἶπεν ὅτι
                οὓς δέδωκάς μοι
                    οὐκ ἀπώλεσα ἐξ αὐτῶν οὐδένα.)
10 Σίμων οὖν Πέτρος ἔχων μάχαιραν
        εἵλκυσεν αὐτὴν
        καὶ ἔπαισεν τὸν τοῦ ἀρχιερέως δοῦλον
        καὶ ἀπέκοψεν αὐτοῦ τὸ ὠτάριον τὸ δεξιόν·
        (ἦν δὲ ὄνομα τῷ δούλῳ Μάλχος.)
11 εἶπεν οὖν ὁ Ἰησοῦς τῷ Πέτρῳ·
        βάλε τὴν μάχαιραν εἰς τὴν θήκην·
        τὸ ποτήριον ὃ δέδωκέν μοι ὁ πατὴρ
        οὐ μὴ πίω αὐτό;
12 ἡ οὖν σπεῖρα καὶ ὁ χιλίαρχος καὶ οἱ ὑπηρέται τῶν Ἰουδαίων
    συνέλαβον τὸν Ἰησοῦν
    καὶ ἔδησαν αὐτὸν
13 καὶ ἤγαγον πρὸς Ἄνναν πρῶτον·
        (ἦν γὰρ πενθερὸς τοῦ Καϊάφα,
        ὃς ἦν ἀρχιερεὺς τοῦ ἐνιαυτοῦ ἐκείνου·
14   —ἦν δὲ Καϊάφας ὁ συμβουλεύσας τοῖς Ἰουδαίοις ὅτι
            συμφέρει ἕνα ἄνθρωπον ἀποθανεῖν ὑπὲρ τοῦ λαοῦ.)
15 ἠκολούθει δὲ τῷ Ἰησοῦ Σίμων Πέτρος καὶ ἄλλος μαθητής.
        ὁ δὲ μαθητὴς ἐκεῖνος ἦν γνωστὸς τῷ ἀρχιερεῖ
            καὶ συνεισῆλθεν τῷ Ἰησοῦ εἰς τὴν αὐλὴν τοῦ ἀρχιερέως,
16   ὁ δὲ Πέτρος εἱστήκει πρὸς τῇ θύρᾳ ἔξω.
        ἐξῆλθεν οὖν ὁ μαθητὴς ὁ ἄλλος
                        (ὁ γνωστὸς τοῦ ἀρχιερέως)
            καὶ εἶπεν τῇ θυρωρῷ
            καὶ εἰσήγαγεν τὸν Πέτρον.

17   λέγει οὖν τῷ Πέτρῳ ἡ παιδίσκη ἡ θυρωρός·
        μὴ καὶ σὺ ἐκ τῶν μαθητῶν εἶ τοῦ ἀνθρώπου τούτου;
        λέγει ἐκεῖνος·
        οὐκ εἰμί.
18   εἱστήκεισαν δὲ οἱ δοῦλοι καὶ οἱ ὑπηρέται
        ἀνθρακιὰν πεποιηκότες,
            (ὅτι ψῦχος ἦν,)
        καὶ ἐθερμαίνοντο·
        ἦν δὲ καὶ ὁ Πέτρος μετ' αὐτῶν ἑστὼς καὶ θερμαινόμενος.
19 ὁ οὖν ἀρχιερεὺς ἠρώτησεν τὸν Ἰησοῦν περὶ τῶν μαθητῶν αὐτοῦ
                    καὶ περὶ τῆς διδαχῆς αὐτοῦ.
20   ἀπεκρίθη αὐτῷ Ἰησοῦς·
        ἐγὼ παρρησίᾳ λελάληκα τῷ κόσμῳ,
        ἐγὼ πάντοτε ἐδίδαξα ἐν συναγωγῇ
                    καὶ ἐν τῷ ἱερῷ, ὅπου πάντες οἱ Ἰουδαῖοι συνέρχονται,
        καὶ ἐν κρυπτῷ ἐλάλησα οὐδέν.
21   τί με ἐρωτᾷς;
        ἐρώτησον τοὺς ἀκηκοότας τί ἐλάλησα αὐτοῖς·
        ἴδε οὗτοι οἴδασιν ἃ εἶπον ἐγώ.
22   ταῦτα δὲ αὐτοῦ εἰπόντος
        εἷς παρεστηκὼς τῶν ὑπηρετῶν ἔδωκεν ῥάπισμα τῷ Ἰησοῦ
        εἰπών·
        οὕτως ἀποκρίνῃ τῷ ἀρχιερεῖ;
23   ἀπεκρίθη αὐτῷ Ἰησοῦς·
        εἰ κακῶς ἐλάλησα,
        μαρτύρησον περὶ τοῦ κακοῦ·
        εἰ δὲ καλῶς,
        τί με δέρεις;
24   ἀπέστειλεν οὖν αὐτὸν ὁ Ἄννας δεδεμένον πρὸς Καϊάφαν τὸν ἀρχιερέα.
25   ἦν δὲ Σίμων Πέτρος ἑστὼς καὶ θερμαινόμενος.
        εἶπον οὖν αὐτῷ·
        μὴ καὶ σὺ ἐκ τῶν μαθητῶν αὐτοῦ εἶ;
        ἠρνήσατο ἐκεῖνος καὶ εἶπεν·
        οὐκ εἰμί.
26   λέγει εἷς ἐκ τῶν δούλων τοῦ ἀρχιερέως,
            (συγγενὴς ὢν οὗ ἀπέκοψεν Πέτρος τὸ ὠτίον·)
        οὐκ ἐγώ σε εἶδον ἐν τῷ κήπῳ μετ' αὐτοῦ;

27 πάλιν οὖν ἠρνήσατο Πέτρος,
    καὶ εὐθέως ἀλέκτωρ ἐφώνησεν.
28 ἄγουσιν οὖν τὸν Ἰησοῦν ἀπὸ Καϊάφα εἰς τὸ πραιτώριον·
    (ἦν δὲ πρωΐ·
    —καὶ αὐτοὶ οὐκ εἰσῆλθον εἰς τὸ πραιτώριον,
        ἵνα μὴ μιανθῶσιν
            ἀλλὰ φάγωσιν τὸ πάσχα.)
29 ἐξῆλθεν οὖν ὁ Πιλᾶτος ἔξω πρὸς αὐτοὺς
    καὶ φησίν·
        τίνα κατηγορίαν φέρετε [κατὰ] τοῦ ἀνθρώπου τούτου;
30 ἀπεκρίθησαν καὶ εἶπαν αὐτῷ·
        εἰ μὴ ἦν οὗτος κακὸν ποιῶν,
        οὐκ ἄν σοι παρεδώκαμεν αὐτόν.
31 εἶπεν οὖν αὐτοῖς ὁ Πιλᾶτος·
    λάβετε αὐτὸν ὑμεῖς
    καὶ κατὰ τὸν νόμον ὑμῶν κρίνατε αὐτόν.
    εἶπον αὐτῷ οἱ Ἰουδαῖοι·
        ἡμῖν οὐκ ἔξεστιν ἀποκτεῖναι οὐδένα·
32   (ἵνα ὁ λόγος τοῦ Ἰησοῦ πληρωθῇ ὃν εἶπεν
                σημαίνων ποίῳ θανάτῳ ἤμελλεν ἀποθνῄσκειν.)
33 εἰσῆλθεν οὖν πάλιν εἰς τὸ πραιτώριον ὁ Πιλᾶτος
    καὶ ἐφώνησεν τὸν Ἰησοῦν καὶ εἶπεν αὐτῷ·
        σὺ εἶ ὁ βασιλεὺς τῶν Ἰουδαίων;
34 ἀπεκρίθη Ἰησοῦς·
        ἀπὸ σεαυτοῦ σὺ τοῦτο λέγεις
        ἢ ἄλλοι εἶπόν σοι περὶ ἐμοῦ;
35 ἀπεκρίθη ὁ Πιλᾶτος·
        μήτι ἐγὼ Ἰουδαῖός εἰμι;
        τὸ ἔθνος τὸ σὸν καὶ οἱ ἀρχιερεῖς παρέδωκάν σε ἐμοί·
        τί ἐποίησας;
36 ἀπεκρίθη Ἰησοῦς·
        ἡ βασιλεία ἡ ἐμὴ οὐκ ἔστιν ἐκ τοῦ κόσμου τούτου·
            εἰ ἐκ τοῦ κόσμου τούτου ἦν ἡ βασιλεία ἡ ἐμή,
            οἱ ὑπηρέται οἱ ἐμοὶ ἠγωνίζοντο [ἂν]
                ἵνα μὴ παραδοθῶ τοῖς Ἰουδαίοις·
        νῦν δὲ ἡ βασιλεία ἡ ἐμὴ οὐκ ἔστιν ἐντεῦθεν.
37 εἶπεν οὖν αὐτῷ ὁ Πιλᾶτος·

οὐκοῦν βασιλεὺς εἶ σύ;
ἀπεκρίθη ὁ Ἰησοῦς·
 σὺ λέγεις ὅτι
  βασιλεύς εἰμι.
 ἐγὼ εἰς τοῦτο γεγέννημαι
 καὶ εἰς τοῦτο ἐλήλυθα εἰς τὸν κόσμον,
  ἵνα μαρτυρήσω τῇ ἀληθείᾳ·
 πᾶς ὁ ὢν ἐκ τῆς ἀληθείας
  ἀκούει μου τῆς φωνῆς.

38 λέγει αὐτῷ ὁ Πιλᾶτος·
 τί ἐστιν ἀλήθεια;
καὶ τοῦτο εἰπὼν πάλιν ἐξῆλθεν πρὸς τοὺς Ἰουδαίους
 καὶ λέγει αὐτοῖς·
  ἐγὼ οὐδεμίαν εὑρίσκω ἐν αὐτῷ αἰτίαν.
39 ἔστιν δὲ συνήθεια ὑμῖν
   ἵνα ἕνα ἀπολύσω ὑμῖν ἐν τῷ πάσχα·
  βούλεσθε οὖν ἀπολύσω ὑμῖν τὸν βασιλέα τῶν Ἰουδαίων;
40 ἐκραύγασαν οὖν πάλιν λέγοντες·
 μὴ τοῦτον
 ἀλλὰ τὸν Βαραββᾶν.
 (ἦν δὲ ὁ Βαραββᾶς λῃστής.)

19,1 τότε οὖν ἔλαβεν ὁ Πιλᾶτος τὸν Ἰησοῦν
 καὶ ἐμαστίγωσεν.
2 καὶ οἱ στρατιῶται πλέξαντες στέφανον ἐξ ἀκανθῶν
 ἐπέθηκαν αὐτοῦ τῇ κεφαλῇ
 καὶ ἱμάτιον πορφυροῦν περιέβαλον αὐτὸν
3 καὶ ἤρχοντο πρὸς αὐτὸν καὶ ἔλεγον·
 χαῖρε ὁ βασιλεὺς τῶν Ἰουδαίων·
 καὶ ἐδίδοσαν αὐτῷ ῥαπίσματα.
4 καὶ ἐξῆλθεν πάλιν ἔξω ὁ Πιλᾶτος
 καὶ λέγει αὐτοῖς·
  ἴδε ἄγω ὑμῖν αὐτὸν ἔξω,
   ἵνα γνῶτε ὅτι
    οὐδεμίαν αἰτίαν εὑρίσκω ἐν αὐτῷ.
5 ἐξῆλθεν οὖν ὁ Ἰησοῦς ἔξω,
 φορῶν τὸν ἀκάνθινον στέφανον καὶ τὸ πορφυροῦν ἱμάτιον.
 καὶ λέγει αὐτοῖς·

ἰδοὺ ὁ ἄνθρωπος.
6 ὅτε οὖν εἶδον αὐτὸν οἱ ἀρχιερεῖς καὶ οἱ ὑπηρέται
ἐκραύγασαν λέγοντες·
σταύρωσον σταύρωσον.
λέγει αὐτοῖς ὁ Πιλᾶτος·
λάβετε αὐτὸν ὑμεῖς καὶ σταυρώσατε·
ἐγὼ γὰρ οὐχ εὑρίσκω ἐν αὐτῷ αἰτίαν.
7 ἀπεκρίθησαν αὐτῷ οἱ Ἰουδαῖοι·
ἡμεῖς νόμον ἔχομεν
καὶ κατὰ τὸν νόμον ὀφείλει ἀποθανεῖν,
ὅτι υἱὸν θεοῦ ἑαυτὸν ἐποίησεν.
8 ὅτε οὖν ἤκουσεν ὁ Πιλᾶτος τοῦτον τὸν λόγον,
μᾶλλον ἐφοβήθη,
9 καὶ εἰσῆλθεν εἰς τὸ πραιτώριον πάλιν
καὶ λέγει τῷ Ἰησοῦ·
πόθεν εἶ σύ;
ὁ δὲ Ἰησοῦς ἀπόκρισιν οὐκ ἔδωκεν αὐτῷ.
10 λέγει οὖν αὐτῷ ὁ Πιλᾶτος·
ἐμοὶ οὐ λαλεῖς;
οὐκ οἶδας ὅτι
ἐξουσίαν ἔχω ἀπολῦσαί σε
καὶ ἐξουσίαν ἔχω σταυρῶσαί σε;
11 ἀπεκρίθη [αὐτῷ] Ἰησοῦς·
οὐκ εἶχες ἐξουσίαν κατ' ἐμοῦ οὐδεμίαν
εἰ μὴ ἦν δεδομένον σοι ἄνωθεν·
διὰ τοῦτο ὁ παραδιδούς μέ σοι μείζονα ἁμαρτίαν ἔχει.
12 ἐκ τούτου ὁ Πιλᾶτος ἐζήτει ἀπολῦσαι αὐτόν·
οἱ δὲ Ἰουδαῖοι ἐκραύγασαν λέγοντες·
ἐὰν τοῦτον ἀπολύσῃς,
οὐκ εἶ φίλος τοῦ Καίσαρος·
πᾶς ὁ βασιλέα ἑαυτὸν ποιῶν ἀντιλέγει τῷ Καίσαρι.
13 ὁ οὖν Πιλᾶτος ἀκούσας τῶν λόγων τούτων
ἤγαγεν ἔξω τὸν Ἰησοῦν
καὶ ἐκάθισεν ἐπὶ βήματος εἰς τόπον λεγόμενον Λιθόστρωτον,
(Ἑβραϊστὶ δὲ Γαββαθά.)
14 (ἦν δὲ παρασκευὴ τοῦ πάσχα,
—ὥρα ἦν ὡς ἕκτη·)

καὶ λέγει τοῖς Ἰουδαίοις·
ἴδε ὁ βασιλεὺς ὑμῶν.
15 ἐκραύγασαν οὖν ἐκεῖνοι·
ἆρον ἆρον,
σταύρωσον αὐτόν.
λέγει αὐτοῖς ὁ Πιλᾶτος·
τὸν βασιλέα ὑμῶν σταυρώσω;
ἀπεκρίθησαν οἱ ἀρχιερεῖς·
οὐκ ἔχομεν βασιλέα
εἰ μὴ Καίσαρα.
16 τότε οὖν παρέδωκεν αὐτὸν αὐτοῖς
ἵνα σταυρωθῇ.
Παρέλαβον οὖν τὸν Ἰησοῦν,
17 καὶ βαστάζων ἑαυτῷ τὸν σταυρὸν
ἐξῆλθεν εἰς τὸν τόπον λεγόμενον Κρανίου Τόπον,
(ὃ λέγεται Ἑβραϊστὶ Γολγοθα,)
18 ὅπου αὐτὸν ἐσταύρωσαν,
καὶ μετ' αὐτοῦ ἄλλους δύο ἐντεῦθεν καὶ ἐντεῦθεν,
μέσον δὲ τὸν Ἰησοῦν.
19 ἔγραψεν δὲ καὶ τίτλον ὁ Πιλᾶτος
καὶ ἔθηκεν ἐπὶ τοῦ σταυροῦ·
ἦν δὲ γεγραμμένον·
Ἰησοῦς ὁ Ναζωραῖος
ὁ βασιλεὺς τῶν Ἰουδαίων.
20 τοῦτον οὖν τὸν τίτλον πολλοὶ ἀνέγνωσαν τῶν Ἰουδαίων,
ὅτι ἐγγὺς ἦν ὁ τόπος τῆς πόλεως ὅπου ἐσταυρώθη ὁ Ἰησοῦς·
(καὶ ἦν γεγραμμένον Ἑβραϊστί, Ῥωμαϊστί, Ἑλληνιστί.)
21 ἔλεγον οὖν τῷ Πιλάτῳ οἱ ἀρχιερεῖς τῶν Ἰουδαίων·
μὴ γράφε·
ὁ βασιλεὺς τῶν Ἰουδαίων,
ἀλλ' ὅτι ἐκεῖνος εἶπεν·
βασιλεύς εἰμι τῶν Ἰουδαίων.
22 ἀπεκρίθη ὁ Πιλᾶτος·
ὃ γέγραφα, γέγραφα.
23 οἱ οὖν στρατιῶται,
ὅτε ἐσταύρωσαν τὸν Ἰησοῦν,
ἔλαβον τὰ ἱμάτια αὐτοῦ

(καὶ ἐποίησαν τέσσαρα μέρη,
        ἑκάστῳ στρατιώτῃ μέρος,)
    καὶ τὸν χιτῶνα.
        (ἦν δὲ ὁ χιτὼν ἄραφος,
                ἐκ τῶν ἄνωθεν ὑφαντὸς δι' ὅλου.)
24 εἶπαν οὖν πρὸς ἀλλήλους·
    μὴ σχίσωμεν αὐτόν,
    ἀλλὰ λάχωμεν περὶ αὐτοῦ τίνος ἔσται·
        (ἵνα ἡ γραφὴ πληρωθῇ [ἡ λέγουσα]·
            διεμερίσαντο τὰ ἱμάτιά μου ἑαυτοῖς
            καὶ ἐπὶ τὸν ἱματισμόν μου ἔβαλον κλῆρον.)
    οἱ μὲν οὖν στρατιῶται ταῦτα ἐποίησαν.
25 εἱστήκεισαν δὲ παρὰ τῷ σταυρῷ τοῦ Ἰησοῦ
    ἡ μήτηρ αὐτοῦ
    καὶ ἡ ἀδελφὴ τῆς μητρὸς αὐτοῦ,
    Μαρία ἡ τοῦ Κλωπᾶ
    καὶ Μαρία ἡ Μαγδαληνή.
26 Ἰησοῦς οὖν ἰδὼν τὴν μητέρα καὶ τὸν μαθητὴν παρεστῶτα
                                ὃν ἠγάπα,
    λέγει τῇ μητρί·
        γύναι,
        ἴδε ὁ υἱός σου.
27 εἶτα λέγει τῷ μαθητῇ·
        ἴδε ἡ μήτηρ σου.
    (καὶ ἀπ' ἐκείνης τῆς ὥρας ἔλαβεν ὁ μαθητὴς αὐτὴν εἰς τὰ ἴδια.)
28 μετὰ τοῦτο εἰδὼς ὁ Ἰησοῦς ὅτι ἤδη πάντα τετέλεσται,
        (ἵνα τελειωθῇ ἡ γραφή,)
    λέγει·
        διψῶ.
29 (σκεῦος ἔκειτο ὄξους μεστόν·)
    σπόγγον οὖν μεστὸν τοῦ ὄξους ὑσσώπῳ περιθέντες
        προσήνεγκαν αὐτοῦ τῷ στόματι.
30 ὅτε οὖν ἔλαβεν τὸ ὄξος [ὁ] Ἰησοῦς εἶπεν·
        τετέλεσται,
    καὶ κλίνας τὴν κεφαλὴν
        παρέδωκεν τὸ πνεῦμα.
31 οἱ οὖν Ἰουδαῖοι,

          (ἐπεὶ παρασκευὴ ἦν,)
          ἵνα μὴ μείνῃ ἐπὶ τοῦ σταυροῦ τὰ σώματα ἐν τῷ σαββάτῳ,
          (ἦν γὰρ μεγάλη ἡ ἡμέρα ἐκείνου τοῦ σαββάτου,)
       ἠρώτησαν τὸν Πιλᾶτον
          ἵνα κατεαγῶσιν αὐτῶν τὰ σκέλη
          καὶ ἀρθῶσιν.
32   ἦλθον οὖν οἱ στρατιῶται
          καὶ τοῦ μὲν πρώτου κατέαξαν τὰ σκέλη
          καὶ τοῦ ἄλλου συσταυρωθέντος αὐτῷ·
33   ἐπὶ δὲ τὸν Ἰησοῦν ἐλθόντες,
          ὡς εἶδον ἤδη αὐτὸν τεθνηκότα,
          οὐ κατέαξαν αὐτοῦ τὰ σκέλη,
34   ἀλλ' εἷς τῶν στρατιωτῶν λόγχῃ αὐτοῦ τὴν πλευρὰν ἔνυξεν,
          καὶ ἐξῆλθεν εὐθὺς αἷμα καὶ ὕδωρ.
35   (καὶ ὁ ἑωρακὼς μεμαρτύρηκεν,
            —καὶ ἀληθινὴ αὐτοῦ ἐστιν ἡ μαρτυρία,—
            καὶ ἐκεῖνος οἶδεν ὅτι ἀληθῆ λέγει,
                ἵνα καὶ ὑμεῖς πιστεύ[σ]ητε.)
36   (ἐγένετο γὰρ ταῦτα
          ἵνα ἡ γραφὴ πληρωθῇ·
          ὀστοῦν οὐ συντριβήσεται αὐτοῦ.
37   —καὶ πάλιν ἑτέρα γραφὴ λέγει·
          ὄψονται εἰς ὃν ἐξεκέντησαν.)
38   μετὰ δὲ ταῦτα ἠρώτησεν τὸν Πιλᾶτον Ἰωσὴφ [ὁ] ἀπὸ Ἀριμαθαίας,
          ὢν μαθητὴς τοῦ Ἰησοῦ
              (κεκρυμμένος δὲ διὰ τὸν φόβον τῶν Ἰουδαίων,)
          ἵνα ἄρῃ τὸ σῶμα τοῦ Ἰησοῦ·
       καὶ ἐπέτρεψεν ὁ Πιλᾶτος.
       ἦλθεν οὖν καὶ ἦρεν τὸ σῶμα αὐτοῦ.
39   ἦλθεν δὲ καὶ Νικόδημος,
              (ὁ ἐλθὼν πρὸς αὐτὸν νυκτὸς τὸ πρῶτον,)
          φέρων μίγμα σμύρνης καὶ ἀλόης ὡς λίτρας ἑκατόν.
40   ἔλαβον οὖν τὸ σῶμα τοῦ Ἰησοῦ
          καὶ ἔδησαν αὐτὸ ὀθονίοις μετὰ τῶν ἀρωμάτων,
              (καθὼς ἔθος ἐστὶν τοῖς Ἰουδαίοις ἐνταφιάζειν.)
41   ἦν δὲ ἐν τῷ τόπῳ ὅπου ἐσταυρώθη κῆπος,
          καὶ ἐν τῷ κήπῳ μνημεῖον καινὸν

      ἐν ᾧ οὐδέπω οὐδεὶς ἦν τεθειμένος·
42 ἐκεῖ οὖν
    διὰ τὴν παρασκευὴν τῶν Ἰουδαίων,
    ὅτι ἐγγὺς ἦν τὸ μνημεῖον,
  ἔθηκαν τὸν Ἰησοῦν.

20,1 Τῇ δὲ μιᾷ τῶν σαββάτων
  Μαρία ἡ Μαγδαληνὴ ἔρχεται πρωῒ
      σκοτίας ἔτι οὔσης
   εἰς τὸ μνημεῖον
   καὶ βλέπει τὸν λίθον ἠρμένον ἐκ τοῦ μνημείου.
2 τρέχει οὖν καὶ ἔρχεται πρὸς Σίμωνα Πέτρον
     καὶ πρὸς τὸν ἄλλον μαθητὴν ὃν ἐφίλει ὁ Ἰησοῦς
  καὶ λέγει αὐτοῖς·
    ἦραν τὸν κύριον ἐκ τοῦ μνημείου
    καὶ οὐκ οἴδαμεν ποῦ ἔθηκαν αὐτόν.
3 ἐξῆλθεν οὖν ὁ Πέτρος καὶ ὁ ἄλλος μαθητὴς
  καὶ ἤρχοντο εἰς τὸ μνημεῖον.
4 ἔτρεχον δὲ οἱ δύο ὁμοῦ·
  καὶ ὁ ἄλλος μαθητὴς προέδραμεν τάχιον τοῦ Πέτρου
   καὶ ἦλθεν πρῶτος εἰς τὸ μνημεῖον,
5   καὶ παρακύψας βλέπει κείμενα τὰ ὀθόνια,
   οὐ μέντοι εἰσῆλθεν.
6 ἔρχεται οὖν καὶ Σίμων Πέτρος ἀκολουθῶν αὐτῷ
  καὶ εἰσῆλθεν εἰς τὸ μνημεῖον,
  καὶ θεωρεῖ τὰ ὀθόνια κείμενα,
7   καὶ τὸ σουδάριον, ὃ ἦν ἐπὶ τῆς κεφαλῆς αὐτοῦ,
   οὐ μετὰ τῶν ὀθονίων κείμενον
   ἀλλὰ χωρὶς ἐντετυλιγμένον εἰς ἕνα τόπον.
8 τότε οὖν εἰσῆλθεν καὶ ὁ ἄλλος μαθητὴς
    (ὁ ἐλθὼν πρῶτος εἰς τὸ μνημεῖον)
  καὶ εἶδεν καὶ ἐπίστευσεν·
9   (οὐδέπω γὰρ ᾔδεισαν τὴν γραφὴν
   ὅτι δεῖ αὐτὸν ἐκ νεκρῶν ἀναστῆναι.)
10 ἀπῆλθον οὖν πάλιν πρὸς αὐτοὺς οἱ μαθηταί.
11 Μαρία δὲ εἱστήκει πρὸς τῷ μνημείῳ ἔξω κλαίουσα.
  ὡς οὖν ἔκλαιεν,

παρέκυψεν εἰς τὸ μνημεῖον
12 καὶ θεωρεῖ δύο ἀγγέλους ἐν λευκοῖς καθεζομένους,
    ἕνα πρὸς τῇ κεφαλῇ
    καὶ ἕνα πρὸς τοῖς ποσίν,
    ὅπου ἔκειτο τὸ σῶμα τοῦ Ἰησοῦ.
13 καὶ λέγουσιν αὐτῇ ἐκεῖνοι·
    γύναι,
    τί κλαίεις;
λέγει αὐτοῖς ὅτι
    ἦραν τὸν κύριόν μου,
    καὶ οὐκ οἶδα ποῦ ἔθηκαν αὐτόν.
14 ταῦτα εἰποῦσα ἐστράφη εἰς τὰ ὀπίσω,
    καὶ θεωρεῖ τὸν Ἰησοῦν ἑστῶτα
    καὶ οὐκ ᾔδει ὅτι Ἰησοῦς ἐστιν.
15 λέγει αὐτῇ Ἰησοῦς·
    γύναι,
    τί κλαίεις;
    τίνα ζητεῖς;
ἐκείνη δοκοῦσα ὅτι ὁ κηπουρός ἐστιν
    λέγει αὐτῷ·
        κύριε,
        εἰ σὺ ἐβάστασας αὐτόν,
        εἰπέ μοι ποῦ ἔθηκας αὐτόν,
            κἀγὼ αὐτὸν ἀρῶ.
16 λέγει αὐτῇ Ἰησοῦς·
    Μαριάμ.
στραφεῖσα ἐκείνη λέγει αὐτῷ Ἑβραϊστί·
    ῥαββουνί
        (ὃ λέγεται διδάσκαλε).
17 λέγει αὐτῇ Ἰησοῦς·
    μή μου ἅπτου,
        (οὔπω γὰρ ἀναβέβηκα πρὸς τὸν πατέρα·)
    πορεύου δὲ πρὸς τοὺς ἀδελφούς μου
        καὶ εἰπὲ αὐτοῖς·
            ἀναβαίνω πρὸς τὸν πατέρα μου καὶ πατέρα ὑμῶν
                καὶ θεόν μου καὶ θεόν ὑμῶν.
18 ἔρχεται Μαριὰμ ἡ Μαγδαληνὴ ἀγγέλλουσα τοῖς μαθηταῖς ὅτι

>   ἑώρακα τὸν κύριον,
>   καὶ ταῦτα εἶπεν αὐτῇ.

19 οὔσης οὖν ὀψίας τῇ ἡμέρᾳ ἐκείνῃ τῇ μιᾷ σαββάτων
>   καὶ τῶν θυρῶν κεκλεισμένων ὅπου ἦσαν οἱ μαθηταὶ
>   διὰ τὸν φόβον τῶν Ἰουδαίων,
>   ἦλθεν ὁ Ἰησοῦς
>   καὶ ἔστη εἰς τὸ μέσον
>   καὶ λέγει αὐτοῖς·
>   εἰρήνη ὑμῖν.

20 καὶ τοῦτο εἰπὼν
>   ἔδειξεν τὰς χεῖρας καὶ τὴν πλευρὰν αὐτοῖς.
>   ἐχάρησαν οὖν οἱ μαθηταὶ ἰδόντες τὸν κύριον.

21 εἶπεν οὖν αὐτοῖς [ὁ Ἰησοῦς] πάλιν·
>   εἰρήνη ὑμῖν·
>   καθὼς ἀπέσταλκέν με ὁ πατήρ,
>   κἀγὼ πέμπω ὑμᾶς.

22 καὶ τοῦτο εἰπὼν
>   ἐνεφύσησεν
>   καὶ λέγει αὐτοῖς·
>   λάβετε πνεῦμα ἅγιον·
23   ἄν τινων ἀφῆτε τὰς ἁμαρτίας
>   ἀφέωνται αὐτοῖς,
>   ἄν τινων κρατῆτε
>   κεκράτηνται.

24 Θωμᾶς δὲ εἷς ἐκ τῶν δώδεκα,
>   (ὁ λεγόμενος Δίδυμος,)
>   οὐκ ἦν μετ' αὐτῶν
>   ὅτε ἦλθεν Ἰησοῦς.
25 ἔλεγον οὖν αὐτῷ οἱ ἄλλοι μαθηταί·
>   ἑωράκαμεν τὸν κύριον.
>   ὁ δὲ εἶπεν αὐτοῖς·
>   ἐὰν μὴ ἴδω ἐν ταῖς χερσὶν αὐτοῦ τὸν τύπον τῶν ἥλων
>   καὶ βάλω τὸν δάκτυλόν μου εἰς τὸν τύπον τῶν ἥλων
>   καὶ βάλω μου τὴν χεῖρα εἰς τὴν πλευρὰν αὐτοῦ,
>   οὐ μὴ πιστεύσω.
26 καὶ μεθ' ἡμέρας ὀκτὼ πάλιν ἦσαν ἔσω οἱ μαθηταὶ αὐτοῦ
>   καὶ Θωμᾶς μετ' αὐτῶν.

ἔρχεται ὁ Ἰησοῦς
 τῶν θυρῶν κεκλεισμένων
καὶ ἔστη εἰς τὸ μέσον
καὶ εἶπεν·
 εἰρήνη ὑμῖν.
27 εἶτα λέγει τῷ Θωμᾷ·
 φέρε τὸν δάκτυλόν σου ὧδε
  καὶ ἴδε τὰς χεῖράς μου
  καὶ φέρε τὴν χεῖρά σου
  καὶ βάλε εἰς τὴν πλευράν μου,
 καὶ μὴ γίνου ἄπιστος
  ἀλλὰ πιστός
28 ἀπεκρίθη Θωμᾶς καὶ εἶπεν αὐτῷ·
 ὁ κύριός μου
 καὶ ὁ θεός μου.
29 λέγει αὐτῷ ὁ Ἰησοῦς·
 ὅτι ἑώρακάς με πεπίστευκας;
 μακάριοι οἱ μὴ ἰδόντες καὶ πιστεύσαντες.

30 (Πολλὰ μὲν οὖν καὶ ἄλλα σημεῖα ἐποίησεν ὁ Ἰησοῦς ἐνώπιων τῶν μαθητῶν [αὐτοῦ],
 ἃ οὐκ ἔστιν γεγραμμένα ἐν τῷ βιβλίῳ τούτῳ·
31 —ταῦτα δὲ γέγραπται
 ἵνα πιστεύ[σ]ητε ὅτι
  Ἰησοῦς ἐστιν ὁ χριστὸς
   ὁ υἱὸς τοῦ θεοῦ,
 καὶ ἵνα πιστεύοντες ζωὴν ἔχητε ἐν τῷ ὀνόματι αὐτοῦ.)

21,1 (Μετὰ ταῦτα ἐφανέρωσεν ἑαυτὸν πάλιν ὁ Ἰησοῦς τοῖς μαθηταῖς
  ἐπὶ τῆς θαλάσσης τῆς Τιβεριάδος·
 ἐφανέρωσεν δὲ οὕτως.)
2 ἦσαν ὁμοῦ Σίμων Πέτρος
  καὶ Θωμᾶς
   (ὁ λεγόμενος Δίδυμος)
  καὶ Ναθαναὴλ
   (ὁ ἀπὸ Κανᾶ τῆς Γαλιλαίας)
  καὶ οἱ τοῦ Ζεβεδαίου
  καὶ ἄλλοι ἐκ τῶν μαθητῶν αὐτοῦ δύο.

3   λέγει αὐτοῖς Σίμων Πέτρος·
        ὑπάγω ἁλιεύειν.
    λέγουσιν αὐτῷ·
        ἐρχόμεθα καὶ ἡμεῖς σὺν σοί.
    ἐξῆλθον καὶ ἐνέβησαν εἰς τὸ πλοῖον,
        καὶ ἐν ἐκείνῃ τῇ νυκτὶ ἐπίασεν οὐδέν.
4   πρωΐας δὲ ἤδη γενομένης
        ἔστη Ἰησοῦς εἰς τὸ αἰγιαλόν,
            (οὐ μέντοι ᾔδεισαν οἱ μαθηταὶ ὅτι Ἰησοῦς ἐστιν.)
5   λέγει οὖν αὐτοῖς [ὁ] Ἰησοῦς·
        παιδία,
        μή τι προσφάγιον ἔχετε;
    ἀπεκρίθησαν αὐτῷ·
        οὔ.
6   ὁ δὲ εἶπεν αὐτοῖς·
        βάλετε εἰς τὰ δεξιὰ μέρη τοῦ πλοίου τὸ δίκτυον,
        καὶ εὑρήσετε.
    ἔβαλον οὖν,
        καὶ οὐκέτι αὐτὸ ἑλκύσαι ἴσχυον ἀπὸ τοῦ πλήθους τῶν ἰχθύων.
7   λέγει οὖν ὁ μαθητὴς ἐκεῖνος
                    ὃν ἠγάπα ὁ Ἰησοῦς
        τῷ Πέτρῳ·
            ὁ κύριός ἐστιν.
    Σίμων οὖν Πέτρος ἀκούσας ὅτι ὁ κύριός ἐστιν
        τὸν ἐπενδύτην διεζώσατο,
            (ἦν γὰρ γυμνός,)
        καὶ ἔβαλεν ἑαυτὸν εἰς τὴν θάλασσαν,
8   οἱ δὲ ἄλλοι μαθηταὶ τῷ πλοιαρίῳ ἦλθον,
            (οὐ γὰρ ἦσαν μακρὰν ἀπὸ τῆς γῆς
            ἀλλὰ ὡς ἀπὸ πηχῶν διακοσίων,)
        σύροντες τὸ δίκτυον τῶν ἰχθύων.
9   ὡς οὖν ἀπέβησαν εἰς τὴν γῆν
        βλέπουσιν ἀνθρακιὰν κειμένην
            καὶ ὀψάριον ἐπικείμενον
            καὶ ἄρτον.
10 λέγει αὐτοῖς ὁ Ἰησοῦς·
        ἐνέγκατε ἀπὸ τῶν ὀψαρίων ὧν ἐπιάσατε νῦν.

11   ἀνέβη οὖν Σίμων Πέτρος
            καὶ εἵλκυσεν τὸ δίκτυον εἰς τὴν γῆν
                        μεστὸν ἰχθύων μεγάλων ἑκατὸν πεντήκοντα τριῶν·
            (καὶ τοσούτων ὄντων οὐκ ἐσχίσθη τὸ δίκτυον.)
12   λέγει αὐτοῖς ὁ Ἰησοῦς·
            δεῦτε ἀριστήσατε.
            (οὐδεὶς δὲ ἐτόλμα τῶν μαθητῶν ἐξετάσαι αὐτόν·
               σὺ τίς εἶ;
            —εἰδότες ὅτι ὁ κύριός ἐστιν.)
13   ἔρχεται Ἰησοῦς
            καὶ λαμβάνει τὸν ἄρτον καὶ δίδωσιν αὐτοῖς,
            καὶ τὸ ὀψάριον ὁμοίως.
14   (τοῦτο ἤδη τρίτον ἐφανερώθη Ἰησοῦς τοῖς μαθηταῖς
                        ἐγερθεὶς ἐκ νεκρῶν.)
15   Ὅτε οὖν ἠρίστησαν
         λέγει τῷ Σίμωνι Πέτρῳ ὁ Ἰησοῦς·
            Σίμων Ἰωάννου,
            ἀγαπᾷς με πλέον τούτων;
         λέγει αὐτῷ·
            ναί, κύριε,
            σὺ οἶδας ὅτι φιλῶ σε.
         λέγει αὐτῷ·
            βόσκε τὰ ἀρνία μου.
16   λέγει αὐτῷ πάλιν δεύτερον·
            Σίμων Ἰωάννου,
            ἀγαπᾷς με;
         λέγει αὐτῷ·
            ναί, κύριε,
            σὺ οἶδας ὅτι φιλῶ σε.
         λέγει αὐτῷ·
            ποίμαινε τὰ πρόβατά μου.
17   λέγει αὐτῷ τὸ τρίτον·
            Σίμων Ἰωάννου,
            φιλεῖς με;
         ἐλυπήθη ὁ Πέτρος
            ὅτι εἶπεν αὐτῷ τὸ τρίτον·
               φιλεῖς με;

   καὶ λέγει αὐτῷ·
    κύριε,
    πάντα σὺ οἶδας,
     σὺ γινώσκεις ὅτι φιλῶ σε.
  λέγει αὐτῷ [ὁ Ἰησοῦς]·
    βόσκε τὰ πρόβατά μου.
18   ἀμὴν ἀμὴν λέγω σοι,
    ὅτε ἦς νεώτερος,
     ἐζώννυες σεαυτὸν
     καὶ περιεπάτεις ὅπου ἤθελες·
    ὅταν δὲ γηράσῃς,
     ἐκτενεῖς τὰς χεῖράς σου,
      καὶ ἄλλος σε ζώσει
      καὶ οἴσει ὅπου οὐ θέλεις.
19   (τοῦτο δὲ εἶπεν
       σημαίνων ποίῳ θανάτῳ δοξάσει τὸν θεόν.)
  καὶ τοῦτο εἰπὼν
   λέγει αὐτῷ·
    ἀκολούθει μοι.
20 ἐπιστραφεὶς ὁ Πέτρος
   βλέπει τὸν μαθητὴν
    ὃν ἠγάπα ὁ Ἰησοῦς
   ἀκολουθοῦντα,
    (ὃς καὶ ἀνέπεσεν ἐν τῷ δείπνῳ ἐπὶ τὸ στῆθος αὐτοῦ
    καὶ εἶπεν· κύριε,
     τίς ἐστιν ὁ παραδιδούς σε;)
21 τοῦτον οὖν ἰδὼν ὁ Πέτρος
   λέγει τῷ Ἰησοῦ·
    κύριε,
    οὗτος δὲ τί;
22 λέγει αὐτῷ ὁ Ἰησοῦς·
   ἐὰν αὐτὸν θέλω μένειν ἕως ἔρχομαι,
   τί πρὸς σέ;
   σύ μοι ἀκολούθει.
23 ἐξῆλθεν οὖν οὗτος ὁ λόγος εἰς τοὺς ἀδελφοὺς ὅτι
   ὁ μαθητὴς ἐκεῖνος οὐκ ἀποθνήσκει·
    (οὐκ εἶπεν δὲ αὐτῷ ὁ Ἰησοῦς ὅτι

οὐκ ἀποθνῄσκει
ἀλλ᾽·
ἐὰν αὐτὸν θέλω μένειν ἕως ἔρχομαι,
[τί πρὸς σέ];)
24 (Οὗτός ἐστιν ὁ μαθητὴς ὁ μαρτυρῶν περὶ τούτων
καὶ ὁ γράψας ταῦτα,
—καὶ οἴδαμεν ὅτι ἀληθὴς αὐτοῦ ἡ μαρτυρία ἐστίν.
25 —ἔστιν δὲ καὶ ἄλλα πολλὰ ἃ ἐποίησεν ὁ Ἰησοῦς,
ἅτινα ἐὰν γράφηται καθ᾽ ἕν,
οὐδ᾽ αὐτὸν οἶμαι τὸν κόσμον χωρῆσαι τὰ γραφόμενα βιβλία.)

APPENDIX

THE TEXT OF JOHN IN N[26]

The purpose of this article is to give a full description of the N[26] text of the Gospel of John. In a second contribution I intend to study some of the new readings under the aspect of Johannine style.

Changes to the text of N[25] are marked with † in the critical Apparatus of Nestle-Aland[26], and a collation of Tischendorf, Westcott-Hort, von Soden, Vogels, Merk, Bover and Nestle (T H S V M B N) is provided in Appendix II, *Textuum differentiae*. Our list contains only the readings that differ from N[25]. It includes a number of changes which are not noted in the Apparatus (minor changes such as εἶπον for εἶπαν, the use of brackets, orthography, accentuation). They are marked with an asterisk. In all instances the N[26] text is compared with N[25] and T H S V M B, and also with ς (Textus Receptus), W (B. Weiss) and GNT[1.2] (the UBS text, 1966, 1968). The editions are presented in three groups: T H W (the basis of the Nestle text), ς S (relation to the Koine text), V M B (recent manual editions). The GNT[1.2] readings are identical with N[26], unless otherwise indicated. Metzger's *Textual Commentary* is referred to with the letter m (m! for readings not noted in the apparatus of GNT[3])[1].

The readings are presented in the following order[2]: List 1, The new readings; List 2-5, The use of brackets; List 6, Orthography and accentuation; List 7, Pericopa de adultera[3]. The list of the differences between GNT[3] (= N[26]) and GNT[1.2] is added in the Appendix.

---

* Reprinted from *ETL* 56 (1980) 417-425.

1. For the text of the Synoptic Gospels and especially the text of Mark, see F. NEIRYNCK, *The Synoptic Gospels according to the New Textus Receptus*, in *ETL* 52 (1976) 364-379; *The New Nestle-Aland. The Text of Mark in N[26]*, in *ETL* 55 (1979) 331-356.

2. For the distinction between «new» readings «in the sense of being completely different from the N[25] text» and the use of brackets, cf. F. NEIRYNCK, *The New Nestle-Aland*, p. 333.

3. The readings are found in 1,3[1].19[2].21[1].26[1].27[2].45[6].46[6].46[2].47[1]; 2,4[2].12[4].15[1].24[6]; 3,4[2].18[1].23[1].23[6].24[1].27[1].28[4].31[2]; 4,1[1].2[6].9[3].11[4].17[1].17[1].24[1].29[1].34[1].51[1].53[4]; 5,5[2].8[6].9[6]. 10[6].10[1].11[1].11[6].15[1].17[4].19[1].21[6].21[6].29[1].39[6]; 6,2[1].7[2].7[2].18[6].23[2].29[4].37[1].39[2].40[2].52[4].63[6]. 66[4]; 7,3[1].9[1].10[2].16[4].19[1].23[5].24[1].34[4].36[4].39[1].40[5].46[1].50[4].52[6]; [8,2[7].5[7].6[7].7[7].7[7].11[7]]; 8,12[1].16[1].20[6].28[4].39[1].41[4].41[1].52[1].52[4].57[1]; 9,6[1].26[1].28[1].31[1].40[1]; 10,8[2].16[1].18[1].24[1].32[1]. 34[2].39[2].40[1]; 11,18[1].21[1].22[4].28[6].29[1].45[1].49[6].54[6]; 12,4[4].9[2].12[1].13[2].18[2]; 13,2[1].10[1].10[3].12[2]. 19[1].21[4].24[1].25[1].26[1].26[2].26[3].26[2].27[1].29[4].32[2].36[4].37[3]; 14,4[2].5[1].6[4].7[1].7[1].7[1].7[1].9[1].16[1].22[2]. 26[2]; 15,8[1].10[1].14[1]; 16,7[1].13[1].13[1].18[1].18[2].19[4].23[1].27[2].28[1]; 17,19[3].21[1].24[1].25[1]; 18,3[3].6[1]. 13[6].14[6].24[6].28[6].29[4].34[1].36[1.2].37[3]; 19,11[4].17[6].23[6].24[4].35[4].38[4].38[3]; 20,10[6].20[1].25[1].30[4].31[4]; 21,1[1].4[1].5[4].11[1].12[1].16[1].17[1].17[2.4].17[1].18[1].23[2].25[1]. The exponent refers to one of the seven lists.

APPENDIX

List 1: New Readings[4]

		N^{25}	N^{26}							
1,3	m	οὐδὲ ἕν ὃ γέγονεν.	οὐδὲ ἕν. ὃ γέγονεν	(H)		S	V			
21	m	τί οὖν; Ἠλίας εἶ σύ;	1 2; 5 3 4;	[H]		s			†	
26	m	στήκει	ἕστηκεν			ς				
47		Ἰησοῦς	pr ὁ		W	ς	S	V	B	
2,15		τὰ κέρματα	τὸ κέρμα	T		ς (S)	V	M	B	
3,18		ὁ²	+ δέ			ς	S	V	M	B	[GNT^{1.2}]
23		Ἰωάννης	pr ὁ	[H]						
24		Ἰωάννης	pr ὁ			ς	S	V	M	B
27		οὐδέν	οὐδὲ ἕν							
4,1	m	κύριος	Ἰησοῦς¹	T					B	†
17		εἶπεν	+ αὐτῷ	[H]		[S]	[V]	M	B	
17*		εἶπες GNT^{1.2}	εἶπας		W	ς	S	V	B	
24		προσκυνοῦντας	+ αὐτόν	H		ς	S	V	M	B
29		ἅ	ὅσα			ς		V		
34		ποιῶ	ποιήσω	H			S		M	B
51		δοῦλοι	+ αὐτοῦ	H		ς			B	
5,10		κράβατον	+ σου							
11		ὃς δέ	ὁ δέ				S		B om ς T V
15		εἶπεν	ἀνήγγειλεν	h	W	ς	S	V	B	
19		ἄν¹	ἐάν			ς	S		B	
29		οἵ²	+ δέ	h		ς	S	V	B	
6,2		ἑώρων	ἐθεώρουν	H			S		M	B	†
37		με	ἐμέ²	T						†
7,3		τὰ ἔργα σου	3 1 2	(H)	W					†
9	m	αὐτοῖς	αὐτός	T	h		S		B	
19		ἔδωκεν	δέδωκεν	T	h	ς	S	V	M	B
24		κρίνατε	κρίνετε²	H						
39		οὐ	ὅ	h	W					
46	m	ὡς οὗτος λαλεῖ ὁ ἄνθρωπος	om	H						†
8,12		μοι	ἐμοί	T		ς	S	V	B	
16	m	ὁ πέμψας με	+ πατήρ	[H]		ς	S	V	M	B
39	m	ποιεῖτε	ἐποιεῖτε	T	h	ς	S	V	M	B	†
41		οὐκ ἐγεννήθημεν	οὐ γεγεννήμεθα	T	h	ς		V	M	B	†
52*		εἶπαν	εἶπον			ς	S	V		
57*		εἶπαν	εἶπον			ς	S	V		
9,6	m	ἐπέθηκεν	ἐπέχρισεν	T	h	ς	S	V	M	B
26*		εἶπαν	εἶπον	T		ς	S	V		
28*		εἶπαν	εἶπον			ς	S	V		
31		ὁ θεὸς ἁμαρτωλῶν	3 1 2	T		ς	S	V		
40*		εἶπαν	εἶπον			ς	S	V		

4. The obelus refers to the notes.
1,21 T *1 2; 3 4;* H *1 2;* [5] *3 4;* h = GNT^{1.2} *1 2 5; 3 4;* W *5 2 1; 3 4;* | 4,1 Ἰησοῦς N^{25}: ! (i.e. probably the original text); compare 6,2¹; 10,16¹ | 6,2 ἐθεώρουν N^{25}: ! (compare 4,1¹; 10,16¹) | 6,37 με *Synopsis*^{9.10} *Vollständige Konkordanz*, p. 292b.294a = N^{25} | 7,3 [σου] τὰ ἔργα (H) GNT^{1.2}, h = N^{25} | 7,46 om λαλεῖ ς S V B | 8,39 ἐποιεῖτε ἄν ς S V M | 8,41 οὐ γεγενήθημεν S, but see *Vollständige Konkordanz*, p. 117b: «οὐ (ἐγεννήθημεν N S! H)»

THE TEXT OF JOHN IN N²⁶

		N²⁵	N²⁶								
10,16	m	γενήσεται	γενήσονται	H		S		M	B	†	
18	m	ἦρεν	αἴρει	T	h	ς	S	V	M	B	
24*		εἰπόν	εἰπέ		W	ς	S	V	M	B	
32		ἔργα ἔδειξα ὑμῖν καλά	1 4 2 3	T	h		S	V		B	4 1-3 ς
40		ἔμενεν	ἔμεινεν	T	h	ς	S	V	M	B	
11,18		Βηθανία	pr ἡ			ς	S	V	M	B	
21		Ἰησοῦν	pr τόν		W	ς	S	V		B	
29		ἐγείρεται	ἠγέρθη	H			S			B	
45	m	ὅ	ἅ	T	h	ς	s				
12,12		Ἰησοῦς	pr ὁ			ς	[S]				
13,2	m	Ἰσκαριώτης	Ἰσκαριώτου			ς					
10		Ἰησοῦς	pr ὁ		W	ς	S	V		B	
19		πιστεύητε	πιστεύσητε	T		ς	S	V	M	B	
24	m	καὶ λέγει αὐτῷ· εἰπὲ τίς ἐστιν	πυθέσθαι τίς ἂν εἴη			ς					
25		ἀναπεσών	+ οὖν	T			s	V		B	† + δέ ς S
26		οὖν¹	om	T		ς					
27		Ἰησοῦς	pr ὁ		W	ς	S	V		B	
14,5		οἴδαμεν τὴν ὁδόν	δυνάμεθα τ. ὁ. εἰδέναι			ς	S	V	M		
7	m	ἐγνώκειτέ (με)	ἐγνώκατέ (με)	T						B	†
7	m	ἂν ᾔδειτε	γνώσεσθε	T						B	†
7		ἀπ᾽ ἄρτι	pr καί	T		ς		V		B	†
7		ἑωράκατε	+ αὐτόν	T	h	ς	S	V		B	
9		τοσοῦτον χρόνον	τοσούτῳ χρόνῳ	T	h						
16		ἢ μεθ᾽ ὑμῶν εἰς τὸν αἰῶνα	2-6 1		h W						2 3 1 4-6 T
15,8	m	γενήσεσθε	γένησθε	(H)							
10		τοῦ πατρός μου τὰς ἐντολάς	4 5 1-3			ς		V			1 2 4 5 (H)
14		ὅ	ἅ	T	h		S	V	M	B	ὅσα ς
16,7		οὐ μὴ ἔλθῃ	οὐκ ἐλεύσεται	T		ς	(S)	V	M	B	
13	m	εἰς τὴν ἀλήθειαν πᾶσαν	ἐν τῇ ἀληθείᾳ πάσῃ	T	h		S			B	†
13	m!	ἀκούει	ἀκούσει		h		(S)	V		B	†
18		τοῦτο τί ἐστιν	2 3 1	H						B	
23	m	δώσει ὑμῖν ἐν τῷ ὀνόματί μου	3-6 1 2			ς					
28	m	ἐκ τοῦ πατρός	παρὰ τ. π.			ς		V			
17,21		πατήρ	πάτερ			ς	S	V			
24		Πατήρ	Πάτερ			ς	S	V			
25		πατήρ	πάτερ			ς	S				
18,6	*	ἀπῆλθαν	ἀπῆλθον		W	ς	S	V	M	B	
34		ἀφ᾽ ἑαυτοῦ	ἀπὸ σεαυτοῦ	H			(S)	V	M	B	
36		ἂν οἱ ἐμοὶ ἠγωνίζοντο	2-4 1	H			S			B	†

10,16 γενήσονται N²⁵ : ! (compare 4,1¹; 6,2¹) | 13,25 ἐπιπεσών ς T S | 14,7a ἐγνώκατε ἐμέ T, με rell | 14,7b ἐγνώκειτε ἂν ς S | 14,7c [καί] Synopsis⁹·¹⁰ *Vollständige Konkordanz*, p. 621a | 16,13a εἰς πᾶσαν τὴν ἀλήθειαν ς V | 16,13b ἂν ἀκούσῃ ς | 18,36 Cf. List 2

		N^{25}	N^{26}						
20,20		καί²	om	T		ς S V		B + αὐτοῖς ς	
25		τόπον	τύπον²	H		ς S V			
21,1		Ἰησοῦς	pr ὁ			ς S V M B			
4		γινομένης	γενομένης			ς s			
11		ἀνέβη	+ οὖν	H		S [V] M B			
12		οὐδείς	+ δέ	T		ς S V M B			
16		προβάτια	πρόβατα	h		ς S V M B			
17		εἶπεν²	λέγει²	T					
17		προβάτια	πρόβατα	h		ς S V M B			
18	m	ἄλλος ζώσει σε	1 3 2	T		ς V B †			
25		χωρήσειν	χωρῆσαι			ς S V B †			

List 2 : Addition of Brackets

N^{26}

1,19*		[πρὸς αὐτόν]	H W S V M B	
27*		[ἐγώ]	T [H] W ς S V M B	
46*		[ὁ]	H W M	om GNT[1.2]
2,4 *		[καί¹]	H W S V M B	
3,4 *		[ὁ]	T [H] W ς [S] [V] M B	
31*	m	[ἐπάνω πάντων ἐστίν²]	(H) W ς [S] V M B	om h
5,5 *		[καί]	T [H] W S V M B	
6,7 *		[ὁ]	T W M	GNT[1.2]
7 *		[τι]	T W ς S V M B	GNT[1.2]
23*	m	πλοι[άρι]α	T W ς S V M B †	πλοῖα GNT[1.2]
39*		[ἐν]	T W ς V M B	
40*		[ἐν]	T W V M B	
7,10*	m	[ὥς²]	H W ς S V M	om GNT[1.2]
10,8 *	m	[πρὸ ἐμοῦ]	H W ς S V M B	
34*		[ὁ]	T [H] W ς S V M B	
39*		[οὖν]	T [H] W ς S V M B	
12,9 *	m	[ὁ]	T H S V M B	
13*		[καί³]	T H W S V M B	GNT[1.2]
18*		[καί]	T H ς S V M B	
13,12*		[καί¹]	T H W ς S V M B	
26*		[ὁ]	T [H] W ς S V M B	om GNT[1.2]
26*	m	[λαμβάνει καί]	T H W S V M B	
32*	m	[εἰ ὁ θεὸς ἐδοξάσθη ἐν αὐτῷ]	T W ς [S] V M B	
14,4 *		[ἐγώ]	T H W ς S V M B	
22*	m!	[καί¹]	T W S V M B	
26*	m!	[ἐγώ]	H W M	
16,18*		[ὃ λέγει]	T H W ς V M B	
27*	m	[τοῦ]	T H ς S V M B	τοῦ πατρός H
18,36*		[ἄν]	T H W ς S V M B †	
21,17*		[Ἰησοῦς]	H W ς S V M B †	om GNT[1.2]
23*	m!	[τί πρὸς σέ]	H W ς V M B	

21,18 ἄλλοι ζώσουσί σε S | 21,25 om ν. T, χωρήσειν Synopsis[9.10] Vollständige Konkordanz, p. 193a (s.v. γράφω) = N^{25}
6,23 πλοιά[ρια] Synopsis[9-10] | 18,36 Cf. List 1 | 21,17 Cf. List 4

List 3 : Removal of Brackets

	N²⁶								
4,9 * m	οὐ... Σαμαρίταις	[H]	W	ς	S	V	M	B	
13,10* m	εἰ μὴ τοὺς πόδας	[H]	W	ς	S	V	M	B	ἢ τοὺς πόδας ς
26*	τό²	T [H]		ς	S	V	M	B	
37*	ὁ	[H]	W	ς	S		M	B	
17,19*	ἐγώ	[H]	W	ς	S	V	M	B	[GNT¹·²]
18,3 *	ἐκ²	T [H]			[S]	V	M	B	[GNT¹·²] ἐκ τῶν om ς [S]
37*	ὁ²	T [H]		ς	S	V	M	B	
19,38*	τοῦ¹	T [H]		ς	S	V	M	B	

List 4 : Addition of Bracketed Words

	N²⁶								
2,12	[αὐτοῦ²]	T		ς		V		B	
3,28	[ὅτι²]								[ἐγώ] H
4,11 m	[ἡ γυνή]	T	h	ς	S	V	M	B	GNT¹·²
53	[ἐν¹]			ς					GNT¹·²
5,17 m	[Ἰησοῦς]			ς	S	V	M	B	GNT¹·²
6,29	[ὁ]		H	ς	S	[V]		B	GNT¹·²
52 m	[αὐτοῦ]	[H]							
66	[ἐκ²]		H					B	GNT¹·²
7,16	[ὁ]		W	ς	S	V	M	B	
34	[με²]		H					B	
36	[με²]		H					B	
50	[τό]				S	V	M	B †	GNT¹·²
8,28	[αὐτοῖς]			ς					
41	[οὖν]			ς		V			
52	[οὖν]			ς		V			
11,22	[ἀλλά]			ς		V			
12,4 * m	[ἐκ]	T		ς	S	V	M	B	om GNT¹·²
13,21	[ὁ]			ς	S	V	M	B	GNT¹·²
29	[ὁ]			ς	S	V	M	B	
36	[αὐτῷ²]			ς	[S]	V	M		
14,6	[ὁ]		W	ς	S	V		B	GNT¹·²
16,19	[ὁ]		W	ς	S	V		B	
18,29	[κατά]			ς	S	V	M	B	GNT¹·²
19,11	[αὐτῷ]		H		S			B	GNT¹·²
24	[ἡ λέγουσα]			ς	[S]	V	[M]	B	GNT¹·²
35 m!	πιστεύ[σ]ητε		W	ς	[S]	V		B	GNT¹·²
38	[ὁ¹]	T		ς	[S]	V	M	B	GNT¹·²
20,30 m	[αὐτοῦ]		h	ς					om H
31 m	πιστεύ[σ]ητε		W	ς	S	V			GNT¹·²
21,5	[ὁ]		W	ς	S			B	
17	[ὁ²]		W	ς	S	V	M	B †	

7,50 om ὁ ἐλθών... πρότερον T, ὁ ἐλθὼν νυκτὸς πρὸς αὐτόν ς | 21,17 Cf. List 2

List 5 : Removal of Bracketed Words

	N²⁶	
7,23	om [ὁ¹]	[H] W
40	om [ὅτι]	[H] W

List 6 : Changes in Orthography and Accentuation

N* indicates instances where N²⁶ returns to earlier Nestle readings (before N¹³, 1927).

1. Orthography

N²⁵	N²⁶									
* καίτοι γε (4,2) GNT¹·²	καίτοιγε	N*	T	H	W		S	V	M	B	καί τοιγε ς
* ζῳοποιέω (5,21.21; 6,63)	ῳ									
* λάθρᾳ (11,28)	ᾳ	N*		H			S	V	M		
* διηγείρετο (6,18)	ε	N*		H	W						
* Ναζαρέθ (1,45.46)	τ	N*	T	H	W	ς	S	V	M		
* ἐρευνάω (5,39)	αυ	N*	T	H	W				M		
(7,52)	αυ	N*	T	H					M	B	
* Σαλίμ (3,23)	εί	N*	T	H	W	ς	S				
* γαζοφυλακεῖον (8,20)	άκιον	N*	T	H	W	ς	S	V	M	B	
* ἄρραφος (19,23)	ρ	N*	T	H			S	V	M		
* κράβατος (5,8.9.10.11)	ττ	N*	T	H	W		S	V	M	B	κράββατον ς

2. Accentuation

N²⁵	N²⁶									
* Καϊαφᾶς (11,49; 18,13.14. 24.28)	Καϊάφας	N*	T		W	ς	S	V	M	B	Καιάφας H
* Ἐφραΐμ (11,54)	Ἐφραίμ	N*	T	H	W		S	V	M		Ἐφραῖμ ς / Ἐφράιμ B
* Γολγοθά (19,17)	Γολγοθα† -ᾶ		T		W	ς	S	V	M	B	Γολγόθ h
*m! αὑτόν (2,24) GNT¹·²	αὐτόν		T				ἑαυτόν W ς S				
*m! αὑτούς (20,10) GNT¹·²	αὐτούς		T				ἑαυτούς W ς S M B				

List 7 : Pericopa de Adultera (7,53-8,11)

1. Position

post 7,52
   in textu ς S ˡⁱᵗᵗ·ᵐⁱⁿ·[V] M B [N²⁶ GNT³]
   in apparatu T W [N²⁵]

post 21,15
   in textu [H GNT¹·²]

19,17 Γολγοθά *Synopsis*⁹⁻¹⁰ *Vollständige Konkordanz*, p. 190c. Cf. F. NEIRYNCK, *The New Nestle-Aland*, p. 336.

2. Variant Readings

The text of ς is printed in T (in parallel with D) and W.
The text of H is printed in N²⁵ and, with omission of the single brackets, in V and B.

1. Omission of brackets (cf. List 3)

8,2*m καί¹... αὐτούς	[H]	ς S V M B		
5* ἡμῖν	[H]	ς S V M B		
6* τοῦτο... αὐτοῦ	[H]	ς S V M B	σχῶσι S	
7* αὐτόν	[H]	ς S V M B	[GNT¹·²]	
7* αὐτοῖς	[H]	S V B	πρὸς αὐτούς ς M	

2. Addition of a bracketed word (cf. List 4)

8,11 [καί]   ς   M   †

NOTES

Among the «new» readings of N²⁶ (List 1), two are found in no other edition than GNT¹·². They are both⁵ attested in the Papyri P⁶⁶·⁷⁵:

3,27 οὐδὲ ἕν P⁶⁶·⁷⁵ B *pc*; cf. Blass (1902), Kilpatrick (*Diglot*, 1960)
     rell οὐδέν
5,10 + σου P⁶⁶·⁷⁵ ℵ C* D L N Wˢ Θ Ψ f^{13} 892.1010.1241 *al* lat sy
     rell om

Other readings (total 88) agree with:

Tischendorf	30	
Westcott-Hort	20† + 20 h	† 4 [H] and 3 (H) included
Weiss	11	
Textus Receptus	57	
von Soden	58† + 4 s (45 = ς; 19 = T; 18 = H; 8 = W)	
		† 2 [S] and 4 (S) included
Vogels	54† (46 = S)	† 2 [V] included
Merk	28 (26 = S)	
Bover	54 (45 = S)	

To give an insight into the variety of the readings we may classify them as follows (the exponent refers to the Lists 1-5 and 7):

1. The use of the article: 1,46².47¹; 3,4².23¹.24¹; 5,11¹; 6,7a².29⁴; 7,16⁴.23⁵.50⁴; 10,34²; 11,18¹.21¹; 12,9².12¹; 13,10¹.21⁴.26².26³.27¹.29⁴.37³; 14,6⁴; 16,19⁴. 27²; 18,37³; 19,38⁴.38³; 21,1¹.5⁴.17⁴.

8,11 In *Appendix II* the reference to M om («H M ut D») should be corrected. Cf. *Vollständige Konkordanz*, p. 619a.
   5. J. K. ELLIOTT, in *NT* 15 (1973), p. 293-294 (on 3,27 in GNT¹·²) and in *RB* 84 (1977), p. 14 (on 3,27 with «un faible appui externe»). Correct P⁴⁶ in P⁶⁶ (*NT*) and 474 in 472 (*RB*); cf. *Synopsis*, p. 43.

2. The use of the substantive:
   a) Substitution: $6,23^2$; $20,25^1$; $21,16^1.17b^1$; compare $4,1^1$.
   b) The singular for the plural: $2,15^1$.
3. The use of the pronoun:
   a) Omission or addition: αὐτός $1,19^2$; $2,12^4$; $4,17a^1.24^1.51^1$; $6,52^4$; [[$8,7^7.7^7$]]; $8,28^4$; $13,36^4$; $14,7d^1$; $19,11^4$; $20,30^4$; ἐγώ $1,27^2$; $7,34^4.36^4$; $10,8^2$; $14,4^2$. 26^2; $17,19^3$; ἡμεῖς [[$8,5^7$]]; σύ $5,10^1$; τις $6,7b^2$.
   b) Other changes: the plural relative pronoun for the singular $11,45^1$; $15,14^1$; ὅσα for ἅ $4,29^1$; ὁ for ὅς $5,11^1$; ἐμέ/ἐμοί for με/μοι $6,37^1$; $8,12^1$; ἀπὸ σεαυτοῦ for ἀφ᾽ ἑαυτοῦ $18,34^1$; οὐδὲ ἕν for οὐδέν $3,27^1$.
4. The use of the conjunction:
   a) Omission or addition: ἀλλά $11,22^4$; ἄν $18,36^{1.2}$; δέ $3,18^1$; $5,29^1$; $21,12^1$; καί $2,4^2$; $5,5^2$; [[$8,11^7$]]; $12,13^2.18^2$; $13,12^2$; $14,7c^1.22^2$; $20,20^1$; οὖν $8,41^4.52^4$; $10,39^2$; $13,25^1.26^1$; $21,11^1$; ὡς $7,10^2$.
   b) Other changes: ἐάν for ἄν: $5,19^1$; the use of ὅτι recitativum: $3,28^4$; $7,40^5$.
5. The use of the preposition:
   a) Omission or addition: ἐκ $6,66^4$; $12,4^4$; $18,3^3$; ἐν $4,53^4$; $6,39^2.40^2$; κατά $18,29^4$; πρό $10,8^2$; πρός $1,19^2$.
   b) Other changes: παρά for ἐκ $16,28^1$; ἐν for εἰς $16,13a^1$.
6. The use of the verb:
   a) Changes involving the tense and mood: 2nd aorist for 1st aorist ($4,17b^1$); $8,52^1.57^1$; $9,26^1.28^1.40^1$; $10,24^1$; $18,6^1$; other changes $1,26^1$; $4,34^1$; $7,19^1$. 24^1; $8,39^1.41^1$; $10,18^1.40^1$; $11,29^1$; $13,19^1$; $14,7a^1$; $15,8^1$; $16,7^1.13b$; $19,35^4$; $20,31^4$; $21,4^1.25^1$.
   b) Other changes: plural for the singular $10,16^1$; changes in the choice of the verb $5,15^1$; $6,2^1$; $9,6^1$; $14,7b^1$; $21,17^1$.
7. Changes in word order: $1,21^1$; $7,3^1$; $9,31^1$; $10,32^1$; $14,16^1$; $15,10^1$; $16,18^1.23^1$; $18,36^{1.2}$; $21,18^1$.
8. Changes in declination: $7,9^1$ (αὐτός for αὐτοῖς); $7,39^1$; $13,2^1$; $14,9^1$; $17,21^1$. $24^1.25^1$.
9. Explicitation of the subject: $4,11^4$; $5,17^4$; $8,16^1$; $21,17^2$; see also the addition of the pronoun ἐγώ (in the nominative): $1,27^2$; $14,4^2.26^2$; $17,19^3$.
10. Changes in the construction: $13,24^1$; $14,5^1.7b^1$; $16,7^1$.
11. Addition or omission of a sentence: $3,31^2$; $4,9^3$; $7,46^1$; [[$8,2^7.6^7$]]; $13,10^3$. $26^2.32^2$; $16,18^2$; $19,24^4$; $21,23^2$.
12. Changes in the punctuation: $1,3^1$.

Appendix

CHANGES OF GNT$^{1.2}$ IN GNT^3 (= N^{26})

1. GNT$^{1.2}$ is identical with N^{25}:
   $2,24^6$; $4,2^6.17^1$; $6,7a^2.7b^2$; [[$8,7^7$]]; $12,4^4.13^2$; $17,19^3$; $18,3^3$; $20,10^6$.
2. GNT$^{1.2}$ differs from N^{25} and from N^{26} as well:
   $1,21^1.46^2$; $3,18^1$; $4,11^4.53^4$; $5,17^4$; $6,23^2.29^4.66^4$; $7,3^1.10^2.50^4$; [[$7,53$-$8,11$]]^7; $13,21^4.26^2$; $14,6^4$; $18,29^4$; $19,11^4.24^4.35^4.38^4$; $20,31^4$; $21,17^2$.
3. GNT$^{1.2}$ differs from N^{25} = N^{26}.
The classes 1 and 2 are noted in the preceding lists. The changes of class 3 are added here.

THE TEXT OF JOHN IN N²⁶

		GNT¹⁻²	GNT³ = N²⁵⁻²⁶								
4,39		ὅσα	ἅ	T	H	W		S		M	B
6,23	m	[εὐχ. τ. κυρίου]	εὐχ. τ κυρίου	T	H	W	ς	S	V	M	B
58		ἐκ τοῦ	ἐξ	T	H	W			V	M	
66		ἐκ τούτου [οὖν]	ἐκ τούτου		H	W	ς	S	V	M	B	+ οὖν T
71		εἰς [ὄν]	εἰς		H	W				M	B	+ ὄν T ς S V
7,12		περὶ αὐτοῦ ἦν [πολύς]	π. αὐτ. ἦν πολύς		H	W			V	M		†
12	m	τῷ ὄχλῳ	τοῖς ὄχλοις		H	W	ς	S	V	M	B
42		ὁ Χριστὸς ἔρχεται	3 1 2		H	W		S	V	M	B
52		προφήτης ἐκ τῆς Γαλιλαίας	2-4 1		H	W		S	V	M	B
8,34	m	[τῆς ἁμαρτίας]	τῆς ἁμαρτίας	T	[H]	W	ς	S	V	M	B
9,32		ἤνοιξεν	ἠνέῳξεν		H	W				M	
35		εἶπεν [αὐτῷ]	εἶπεν	T	H	W		s			B	+ αὐτῷ ς V M
10,36		[τοῦ]	τοῦ		H	W	ς	S	V	M	B	om τοῦ T
39		πάλιν αὐτόν	2 1		(H)			S	V	M	B † om πάλιν T
11,28		ταῦτα	τοῦτο	T	H	W		S	V	M	
54		διέτριβεν	ἔμεινεν		H	W		s			
57		ἐντολήν	ἐντολάς	T	H	W		S	V	M	B
12,30		ἀπεκρίθη καὶ εἶπεν Ἰησοῦς	1 4 2 3	T		W		S	V	M	B	ἀπ. ὁ Ἰ. κ. εἶπ. ς
34		σὺ λέγεις ὅτι	2 1 3	T		W		(S)	V	M	B
13,15		δώδεκα	ἔδωκα		H	W	ς	S	V	M	B
14,10		λαλῶ¹	λέγω	T	H	W			V	M	B
17	m	ἐστιν	ἔσται	T	h	W	ς	(S)	V	M	B
18,31		εἶπον [οὖν]	εἶπον		H	W				M		+ οὖν T ς S V B
19,12		ἐκραύγαζον	ἐκραύγασαν		H	W			V	M		ἔκραζον ς
27		αὐτὴν ὁ μαθητής	2 3 1		H	W		S	V	M	B
20,16		Μαρία	Μαριάμ	T	H					M	B
18		Μαρία	Μαριάμ	T	H					M	
21		αὐτοῖς	+[ὁ Ἰησοῦς]		[H]	W	ς		V	M	
21,24		καί¹	καὶ ὁ		(H)	W			V	M	B	[ὁ] καί h ὁ καί S

7,12 περὶ αὐτοῦ ἦν πολύς: 3 1 2 4 T S B, 4 1 2 3 ς | 10,39 [πάλιν] αὐτόν h

ADDITIONAL NOTE

THE TEXT OF JOHN IN GREEVEN'S SYNOPSIS

The following lists contain the numerous differences between N^{26} and Greeven's Text (= G) of John[1]. They are presented in the following order : List 1, The new readings, Lists 2-3, The removal of brackets and bracketed words, List 4, Changes in orthography and accentuation[2]. The G = N^{25} readings are marked with a dagger (†).

List 1 : New Readings

N^{26}		G
1,20	ἐγὼ οὐκ εἰμί	2 3 1
1,21	σὺ Ἠλίας εἶ;	† 2 3 1
1,26	ἕστηκεν	† στήκει
1,31	ἐν	+ τῷ
4,1	Ἰησοῦς[1]	† κύριος
4,51	αὐτοῦ[2]	† om
4,52	εἶπαν	εἶπον
5,10	σου	† om
6,2	ἐθεώρουν	† ἑώρων
6,3	ἐκάθητο	ἐκαθέζετο
6,6	ἔμελλεν	ἤμελλεν
6,7	ἀπεκρίθη	ἀποκρίνεται
6,58	ἐξ	ἐκ τοῦ
6,58	οἱ πατέρες	+ ὑμῶν

---

1. A. HUCK, *Synopse der drei ersten Evangelien mit Beigabe der johanneischen Parallelstellen*, 13. Auflage, völlig neu bearbeitet von / *Synopsis of the First Three Gospels with the Addition of the Johannine Parallels*, 13th edition, fundamentally revised by H. GREEVEN, Tübingen, 1981.
For the text of the Synoptic Gospels, see F. NEIRYNCK & F. VAN SEGBROECK, *Greeven's Text of the Synoptic Gospels*, in *ETL* 58 (1982) 123-134; see also J. DELOBEL, *Greeven's Critical Apparatus*, in *ibid.*, p. 135-139.
List of the texts printed from John in Greeven's *Synopsis* (cf. p. 298): 1,6.14-15.19-21.23.25-27.30-34.38-39.42.49;   2,12-16.18-19;   3,2-3.5.29.25; 4,1-3.35.44.46-53;   5,8-10.23.29.46;   6,1-13.15-21.30.42.51.53-58.68-71; 7,1.14-15.30-31.41-42.46;   8,[1-2].12.39;   9,1-7;   10,15.24-25.39; 11,16.47-53;   12,1-8.12-15.25-27.31.39-40.44-45;   13,2.4-5.12-14.16.18-27.30.36-38;   14,9.13-14.26.29.31;   15,5-7.14.19-21.23.27;   16,2.4.6.23-24.32;   17,2.10.25-26;   18,1-40;   19,1-42;   20,1-23;   21,1-11.

THE TEXT OF JOHN IN GREEVEN'S SYNOPSIS 341

	N²⁶	G
6,71	εἶς	+ ὤν
7,42	οὐχ	οὐχί
7,42	ἔρχεται ὁ χριστός	2 3 1
7,46	ἄνθρωπος	(†) + ὡς οὗτος ὁ ἄνθρωπος
12,3	Μαριάμ	Μαρία
12,4	δέ	οὖν
12,4	Ἰούδας ὁ Ἰσκαριώτης εἶς [ἐκ] τῶν μαθητῶν αὐτοῦ	4-8 1-3. Cf. List 3.
12,12	ὁ¹	om
12,12	ὁ³	om
12,13	ἔλαβον	ἔλαβαν
12,39	ἠδύναντο	ἐδύναντο
13,2	παραδοῖ	παραδῷ
13,18	μου	μετ' ἐμοῦ
13,22	ἔβλεπον	+ οὖν
13,23	ἦν	+ δέ
13,24	πυθέσθαι τίς ἂν εἴη	† καὶ λέγει αὐτῷ· εἰπὲ τίς ἐστιν
13,25	ἀνεπεσών	ἐπιπεσών
13,26	βάψω... καὶ δώσω	βάψας... ἐπιδώσω
13,26	βάψας οὖν	καὶ ἐμβάψας
13,27	ὁ²	† om
13,37	ὁ	om
14,9	τοσούτῳ χρόνῳ	† τοσοῦτον χρόνον
15,6	αὐτά	αὐτό
16,23	ἐν τῷ ὀνόματί μου δώσει ὑμῖν	+ 5 6 1-4
18,1	Ἰησοῦς	pr ὁ
18,3	ἐκ τῶν²	om
18,5	λέγει αὐτοῖς	+ ὁ Ἰησοῦς
18,6	ἀπῆλθον	† ἀπῆλθαν
18,7	ἐπηρώτησεν αὐτοῖς	2 1
18,21	ἐρωτᾷς	ἐπερωτᾷς
18,25	εἶπον	εἶπαν
18,27	εὐθέως	εὐθύς
18,30	κακὸν ποιῶν	κακοποιός
18,31	αὐτόν	om
18,31	εἶπον	+ οὖν

N²⁶	G
18,34 ἀποκρίθη	ἀπεκρίνατο
18,34 Ἰησοῦς	pr ὁ
18,34 ἀπὸ σεαυτοῦ	† ἀφ' ἑαυτοῦ
18,34 εἶπόν σοι	2 1
18,36 βασιλεία ἡ ἐμή²	2 3 1
18,38 εὑρίσκω ἐν αὐτῷ αἰτίαν	4 1-3
18,40 πάλιν	+ πάντες
19,4 καί¹	om
19,4 οὐδεμίαν αἰτίαν εὑρίσκω ἐν αὐτῷ	4-5 1-3
19,7 αὐτῷ	om
19,10 οὖν	om
19,11 εἶχες	ἔχεις
19,11 παραδούς	παραδιδούς
19,12 ἐκραύγασαν	ἐκραύγαζον
19,17 ὅ	ὅς
19,24 εἶπαν	εἶπον
19,25 Μαρία¹	Μαριαμ¹
19,25 Μαρία²	Μαριαμ²
19,29 σκεῦος	+ οὖν
19,32 ἦλθον	ἦλθαν
19,33 ἤδη αὐτόν	2 1
19,35 καὶ ἐκεῖνος	κἀκεῖνος
19,39 αὐτόν	τὸν Ἰησοῦν
19,41 ἦν τεθειμένος	ἐτέθη
20,1 Μαρία	Μαριαμ
20,6 καί¹	om
20,10 αὐτούς	ἑαυτούς
20,11 Μαρία	Μαριαμ
20,15 Ἰησοῦς	pr ὁ
20,16 Ἰησοῦς	pr ὁ
20,17 Ἰησοῦς	pr ὁ
21,3 ἐνέβησαν	ἀνέβησαν
21,4 γενομένης	† γινομένης
21,4 εἰς	ἐπί
21,11 οὖν	† om

List 2 : Removal of Brackets

	G			G
1,27	† ἐγώ		18,29	κατά
6,7	† ὁ		18,36	† ἄν
6,7	† τι		19,24	ἡ λέγουσα
10,39	† οὖν		19,30	ὁ
12,4	ἐκ. Cf. List 1.		19,35	πιστεύσητε
13,12	† καί¹		19,38	ὁ
13,26	† ὁ		21,5	ὁ
13,36	† λαμβάνει καί			

List 3 : Removal of Bracketed Words

	G			G
1,19	om [πρὸς αὐτόν]		13,36	† om [αὐτῷ²]
2,12	† om [αὐτοῦ²]		14,26	om [ἐγώ]
4,53	† om [ἐν¹]		19,11	† om [αὐτῷ]
12,13	om [καί³]		20,21	om [ὁ Ἰησοῦς]

List 4 : Changes in Orthography and Accentuation

1. Orthography

	N²⁶	G
1,34	ἑώρακα	ἑόρακα
6,18	διεγείρετο	διηγείρετο
12,44	ἀλλὰ εἰς	ἀλλ' εἰς
19,23	ἄραφος	ἄρραφος
19,35	ἑωρακώς	ἑορακώς
20,18	ἑώρακα	ἑόρακα
21,8	ἀλλὰ ὡς	ἀλλ' ὡς

2. Accentuation

In Greeven's Synopsis, non-Greek words which are not declined are printed without accents and breathings (comp. Rahlf's edition of the Septuagint):

Αβρααμ: 8,39; αμην αμην: 3,3; 6,53; 13,16.21.38, 16,23; Βηθλεεμ: 7,42; Γαββαθα: 19,13; Γολγοθα (= Ν²⁶): 19,17; Δαυιδ: 7,42.42; Ισραηλ: 1,49; 12,13; Ιωσηφ: 6,42; 19,38; Κανα: 4,46; 21,2; Καφαρναουμ: 2,12; 4,46;

6,17; Κεδρων: 18,1; Μαριαμ: 19,25.25; 20,1.16.18; Ναθαναηλ: 1,49; 21,2; πασχα: 6,4; 18,28.39; 19,14; ραββι: 1,38.49; 3,2; 9,2; ραββουνι: 20,16; Σιλωαμ: 9,7; Σιων: 12,15; ωσαννα: 12,13.

See also 5,46 Μωυσεῖ (N[26]: Μωϋσεῖ); 12,13 βᾶϊα (N[26]: βαΐα).

BIBLIOGRAPHIE

L'astérisque (*) indique les ouvrages analysés dans notre étude.

I. EDITIONS DU TEXTE

ALAND, Kurt, **Synopsis quattuor evangeliorum locis parallelis evangeliorum apocryphorum et patrum adhibitis**, Stuttgart, 1963; ^{4}1967 ("revidierte Auflage").
Editio nona et recognita ad textum editionum ^{26}Nestle-Aland et ^{3}Greek New Testament aptata, ^{9}1976; ^{12}1982 ("durchgesehene Auflage").

-, **Synopsis of the Four Gospels. Greek-English Edition of the Synopsis Quattuor Evangeliorum**, Stuttgart, 1970 (= RSV, 1946); ^{2}1974 (= RSV, ^{2}1971).

BENGEL, Johann Albrecht, Η ΚΑΙΝΗ ΔΙΑΘΗΚΗ. **Novum Testamentum Graecum ita adornatum ut in textu medulla editionum probatarum retineatur, atque in margine ad discernendas lectiones genuinas, ancipites, sequiores, ansa detur**, Tübingen, 1753.

BEZA, Theodorus, **Jesu Christi Domini Nostri Novum Testamentum**, sive Novum Foedus, cujus graeco contextui respondent interpretationes duae, ..., Genève, 1565; Cambridge, 1642.

Biblia ad vetustissima exemplaria nunc recens castigata. Hebraea, Chaldaea, Graeca & Latina nomina... restituta, cum Latina interpretatione, ac locorum e cosmographis descriptione. Quid in horum Bibliorum castigatione praestitum sit, subsequens praefatio latius indicabit, Leuven, 1547.

Biblia Sacra. Quid, in hac editione, a Theologis Lovaniensibus, praestitum sit, paulo post indicatur, Antwerpen, 1574.

Biblia Sacra, Antwerpen, 1583.

Biblia Sacra Vulgatae editionis ad Concilii Tridentini praescriptum emendata et a Sixto V. P.M. recognita et approbata, Roma, 1590 ("Vulgata Sixtina").

Biblia Sacra Vulgatae editionis Sixto Quinto Quinto Pont. Max. iussu

recognita atque edita, Roma, 1592 ("Vulgata Clementina").

Biblia Sacra juxta Vulgatae exemplaria et correctoria Romana. Denuo edidit divisionibus logicis analysique continua sensum illustrantibus ornavit Aloisius Claudius FILLION, Paris, ^{7}1911; ^{9}1925.

BLANCHINUS, Josephus, **Evangeliarium quadruplex Latinae Versionis Antiquae seu Veteris Italicae**. Nunc primum in lucem editum ex codicibus manuscriptis aureis, argentis purpureis, aliisque plusquam millenariae antiquitatis, 2 vol., Roma, 1749.

BLASS, Friedrich, **Evangelium secundum Iohannem cum variae lectionis delectu**, Leipzig, 1902.

BLOOMFIELD, Samuel Thomas, Ή ΚΑΙΝΗ ΔΙΑΘΗΚΗ. **The Greek Testament, with English Notes, Critical, Philological, and Explanatory**, 2 vol., London, 1832; ^{2}1832; 1837 (1e éd. américaine, Boston); ^{3}1839; ^{5}1843; ^{9}1855.

BOVER, Ioseph M., **Novi Testamenti Biblia Graeca et Latina critico apparatu aucta**, Madrid, 1943; ^{5}1968.

ERASMUS, Desiderius, **Novum Instrumentum omne, diligenter ab Erasmo Roterodamo recognitum et emendatum**, Basel, 1516; ^{2}1519 (**Novum Testamentum omne...**); ^{3}1522; ^{4}1527; ^{5}1535.

—, Testamentum Novum totum ex Graecorum codicum fide iuxta tertiam aeditionem Erasmi Roterodami diligenter recognitum et emendatum, cum alijs nonnullis novis, ..., Basel, 1522.

—, Des. Erasmi Roter. Operum Sextus Tomus Novum Testamentum complectens iam quintum ac postremum accuratissima cura recognitum ab autore, cum Annotationibus eiusdem ita locupletatis, ut propemodum opus novum videri possit, Basel, 1541.

—, Desiderii Erasmi Roterodami Opera Omnia emendatiora et auctiora, ad optimas editiones, praecipue quas ipse Erasmus postremo curavit, summa fide exacte, doctorumque virorum notis illustrata. Tomus Sextus, complectens Novum Testamentum, cui in hac editione, subjectae sunt singulis paginis Adnotationes, Leiden, 1705.

GIBAUD, Henri, **Un inédit d'Erasme : la première version du Nouveau Testament. Copiée par Pierre Menghen 1506-1509. Contribution à l'établissement d'une édition critique du Novum Testamentum**, Angers, 1982.

GODU, Gaston, **Codex Sarzanensis. Fragments d'ancienne version latine du quatrième évangile** (Spicilegium Casinense complectens Analecta sacra et profana, 2), Montecassino, 1936.

GRATZ, Petrus Alexander, **Novum Testamentum Graece et Latine exhibens textum Graecum ad exemplar complutense expressum cum Vulgata interpretatione Latina editionis Clementis VIII. Edidit et loca parallela uberiora selectamque lectionis varietatem subministravit...**, 2 vol., München, 1827 ("editio nova").

The Greek New Testament. Edited by Kurt ALAND, Matthew BLACK, Bruce M. METZGER, and Allen WIKGREN, in cooperation with the Institute for New Testament Textual Research Münster/Westphalia, United Bible Societies, Stuttgart, 1966; ^{2}1968 (+ Carlo M. MARTINI); ^{3}1975.

GREEVEN, Heinrich, **Albert Huck – Synopse der drei ersten Evangelien mit Beigabe der johanneischen Parallelstellen,** 13. Auflage, völlig neu bearbeitet – **Synopsis of the First Three Gospels with the Addition of the Johannine Parallels,** 13th edition, fundamentally revised, Tübingen, 1981.

*GRIESBACH, Johann Jacob, **Novum Testamentum Graece. Textum ad fidem codicum versionum et patrum recensuit et lectionis varietatem adjecit,** 2 vol., Halle, ^{2}1796/1806; Berlin, ^{3}1827 (éd. David SCHULZ).

*HETZENAUER, Michael, **Biblia Sacra Vulgatae editionis. Ex ipsis exemplaribus Vaticanis inter se atque cum indice errorum corrigendorum collatis critice edidit,** Innsbruck, 1906.

Itala. Das Neue Testament in altlateinischen Überlieferung nach dem Handschriften. Herausgegeben von Adolf JÜLICHER. Durchgesehen und zum Druck besorgt von W. MATZKOW und K. ALAND. IV. **Johannes-Evangelium,** Berlin, 1963.

*Τῆς καινῆς Διαθήκης ἅπαντα. **Novum Testamentum. Ex Bibliotheca Regia,** Paris, Ex officina Roberti Stephani typographi Regii, 1546; ^{2}1549; ^{3}1550.

*Η ΚΑΙΝΗ ΔΙΑΘΗΚΗ. **Novum Testamentum, ex regiis aliisque optimis editionibus cum cura expressum,** Leiden, Ex officina Elzeviriana, 1624; autres éditions : 1633, 1641, 1656, 1662, 1670, 1678.

[KILPATRICK, George Dunbar], **John. A Greek-English Diglot for the Use of Translators,** London, 1960.

*KNAPP, Gregorius Christianus, Η ΚΑΙΝΗ ΔΙΑΘΗΚΗ. **Novum Testamentum Graece. Recognovit atque insignioris lectionum varietatis et argumentorum notationes subiunxit,** 2 vol., Halle, 1797; ^{2}1813;

^{3}1824; ^{4}1829; ^{5}1840.

*LACHMANN, Carolus, **Novum Testamentum Graece et Latine**. Carolus Lachmannus recensuit. Philippus Buttmannus Ph.F. Graecae lectionis auctoritates apposuit, 2 vol., Berlin, 1842/1850.

-, **Novum Testamentum Graece**. Editio stereotypa, Berlin, s.d.

MERK, August, **Novum Testamentum Graece et Latine apparatu critico instructum**, Roma, 1933; ^{6}1948 (éd. S. LYONNET); ^{8}1957 (éd. J.P. SMITH); ^{9}1964 (éd. C.M. MARTINI).

MILLIUS, Joannes, **Novum Testamentum Graecum cum lectionibus variantibus** mss. exemplarium, versionum, editionum, S.S. Patrum et Scriptorum Ecclesiasticorum, et in easdem notis. Accedunt loca Scripturae parallela, aliaque exegetica. Praemittitur dissertatio De libris N.T. et canonis constitutione, et S. Textus N. Foederis ad nostra usque tempora historia. Edidit Ludolphus KUSTERUS, Rotterdam, 1710.

*NESTLE, Eberhard, **Novum Testamentum Graece cum apparatu critico ex editionibus et libris manu scriptis collecto**, Stuttgart, 1898; ^{3}1901; ^{10}1914 (éd. Erwin NESTLE); ^{13}1927 ("neubearbeitet"); ^{22}1956 (éd. Erwin NESTLE & Kurt ALAND); ^{25}1963.

*NESTLE-ALAND. **Novum Testamentum Graece post Eberhard Nestle et Erwin Nestle communiter ediderunt Kurt Aland, Matthew Black, Carlo M. Martini, Bruce M. Metzger, Allen Wikgren; apparatum criticum recensuerunt et editionem novis curis elaboraverunt Kurt Aland et Barbara Aland una cum Instituto studiorum textus Novi Testamenti Monasteriensi (Westphalia)**, Stuttgart, 26. neubearbeitete Auflage, 1979; 4. revidierter Druck, 1981; 7. revidierter Druck, 1983.

Greek English New Testament. The 2nd Edition of the Revised Standard Version..., Stuttgart, 1981.

Novum Testamentum Graece et Latine. ... Textus Latinus Novae Vulgatae Bibliorum Sacrorum ..., Stuttgart, 1984.

Nova Vulgata. Bibliorum Sacrorum Editio. Sacros. Oecum. Concilii Vaticani II ratione habita, iussu Pauli Pp. VI recognita, auctoritate Ioannis Pauli Pp. II promulgata, Città del Vaticano, 1979.

REITHMAYR, Franciscus Xaverius, **Novum Testamentum Graece et Latine**. Textum Graecum recognovit et Vulgatam Latinam Clementis VIII. jussu editam addidit..., München, 1847.

RIEU, E.V., **The Four Gospels. A New Translation from the Greek**. (The

Penguin Classics, L 32), London, 1952.

SABATIER, Petrus, **Bibliorum Sacrorum Latinae Versiones Antiquae, seu Vetus Italica**, ..., 3 vol., Reims, 1739-1743.

SCHOLZ, I. Martinus Augustinus, **Novum Testamentum Graece. Textum ad fidem testium criticorum recensuit**, 2 vol., Leipzig, 1830/1836.

SODEN, Hermann von, **Die Schriften des Neuen Testaments in ihrer ältesten erreichbaren Textgestalt hergestellt auf Grund ihrer Textgeschichte. II. Text mit Apparat**, Göttingen, 1913.

TASKER, R.V.G., **The Greek New Testament Being the Text Translated in the New English Bible**, Cambridge, 1964.

TILL, Walter, **Faijumische Bruchstücke des Neuen Testamentes**, dans Le Muséon 51 (1938) 227-238.

*TISCHENDORF, Constantinus, **Novum Testamentum Graece ad antiquissimos testes denuo recensuit, apparatum criticum omni studio perfectum apposuit, commentationem isagogicam praetexuit**, Leipzig, 1841; ^{2}1849; ^{7}1859 (2 vol.); ^{8}1869/1872 (2 vol.; "editio octava critica maior"); repr. Graz, 1965.

-, **Evangelium Palatinum ineditum sive reliquiae textus evangeliorum Latini ante Hieronymum versi ex Codice Palatino purpureo quarti vel quinti p. Chr. saeculi nunc primum eruit atque edidit**, Leipzig, 1847.

-, **Novum Testamentum Sinaiticum sive Novum Testamentum cum Epistula Barnabae et Fragmentis Pastoris ex Codice Sinaitico auspiciis Alexandri II. omnium Russiarum imperatoris ex tenebris protracto orbique litterarum tradito accurate descripsit**, Leipzig, 1863.

TREGELLES, Samuel Prideaux, **The Greek New Testament. Edited from Ancient Authorities, with the Latin Version of Jerome, from the Codex Amiatinus**, London, 1857-1872 (Lc & Jn : 1861).

VOGELS, Heinrich Joseph, **Novum Testamentum Graece. Textum recensuit, apparatum criticum ex editionibus et codicibus manuscriptis collectum addidit**, Düsseldorf, 1920; ^{2}1922.

-, **Novum Testamentum Graece et Latine**, 2 vol., Freiburg i. Br., 1922; ^{3}1949/50; ^{4}1955.

WALTON, Brianus, **Biblia Sacra Polyglotta complectentia textus originales, Hebraicum, cum Pentateucho Samaritano, Chaldaicum, Graecum, versionumque antiquarum Samaritanae, Graecae LXXII Interp., Chaldaicae, Syriacae, Arabicae, Aethiopicae, Persicae, Vulg. Lat.**,

..., 6 vol., London, 1653-1657.

WEBER, R. et al., **Biblia Sacra iuxta Vulgatam versionem**, 2 vol., 1969.

WEISS, Bernhard, **Die vier Evangelien im berichtigten Text mit kurzer Erläuterung zum Handgebrauch bei der Schriftlektüre**, Leipzig, 1900.

-, **Das Neue Testament. Handausgabe. Erster Band : Die vier Evangelien**, Leipzig, ^{2}1902.

*WESTCOTT, Brooke Foss & HORT, Fenton John Anthony, **The New Testament in the Original Greek. Vol. 1 : Text; Vol. 2 : Introduction, Appendix**, Cambridge - London, 1881; vol. 2, ^{2}1896 ("reprinted with additions").

WETSTENIUS, Joannes Jacobus, Ἡ ΚΑΙΝΗ ΔΙΑΘΗΚΗ. **Novum Testamentum Graecum editionis receptae cum lectionibus variantibus codicum MSS., editionum aliarum, versionum et Patrum nec non commentario pleniore ex scriptoribus veteribus Hebraeis, Graecis et Latinis historiam et vim verborum illustrante opera et studio...**, 2 vol., 1751/1752.

WEYMOUTH, R.F., **The Resultant Greek Testament Exhibiting the Text in Which the Majority of Modern Editors are Agreed and Containing All the Readings of Stephens (1550), Lachmann,...**, London, 1886.

WORDSWORTH, Christophorus, **The New Testament of Our Lord and Saviour Jesus Christ, in the Original Greek. With Introductions and Notes. New edition**, 2 vol., London, 1874/1872.

II. GRAMMAIRES

*ABBOTT, Edwin A., **Johannine Grammar** (Diatessarica, 6), London, 1906.

*BLASS, Friedrich, **Grammatik des neutestamentlichen Griechisch**, Göttingen, 1896; ^{2}1902; ^{3}1911; ^{4}1913 (Albert DEBRUNNER); ^{5}1921; ^{6}1931; ^{7}1943 (Teil I : **Hauptteil**; Teil II : **Anhang**); ^{8}1949 (+ **Anhang**, 1950); ^{9}1954; ^{10}1959; ^{11}1961; ^{12}1965 (& David TABACHOWITZ, **Ergänzungsheft**); ^{13}1970; ^{14}1976 (Friedrich REHKOPF); ^{15}1979.

Traduction anglaise : BLASS, Friedrich & DEBRUNNER, Albert, **A Greek Grammar of the New Testament and Other Early Christian Literature. A Translation and Revision of the Ninth-Tenth German Edition Incorporating Supplementary Notes of A. Debrunner**, by Robert W. FUNK, Chicago - London, 1961.

*BORNEMANN, Fredericus Augustinus, **De glossematis Novi Testamenti**, dans

Scholia in Lucae Evangelium ad supplendos reliquorum interpretum
commentarios. Accesserunt curae secundae ad Actorum Capt. XIX. sqq.
et de glossematis Novi Testamenti caute diiudicandis dissertatio,
Leipzig, 1830, p. IX-LXVIII.

CARRIERE, Jean, **Stylistique grecque. L'usage de la prose attique.**
Nouvelle édition (Tradition de l'humanisme, 6), Paris, 1967.

*HIRT, J.F., **Dissertatio de parenthesi et generatim et speciatim sacra,**
Jena, 1745.

*KAISER, Theophilus Philippus Christianus, **Dissertationes de speciali
Joannis apostoli grammatica culpa negligentiae liberanda,** Erlangen,
1842.

KÜHNER, Raphael & GERTH, Bernhard, **Ausführliche Grammatik der
griechischen Sprache. Satzlehre,** 2 vol., Hannover, ^{3}1904 ($=^4$1955).

*LINDNER, J.G., **Commentatio I.II. de parenthesibus Johanneis,** Arnstadt,
1765.

LIPSIUS, Karl Heinrich Adelbert, **Grammatische Untersuchungen über die
biblische Gräcität. Über die Lesezeichen,** éd. Richard Adelbert
LIPSIUS, Leipzig, 1863.

MAYSER, Eduard, **Grammatik der griechischen Papyri aus der Ptolemäerzeit, mit Einschluss der gleichzeitigen Ostraka und der in Aegypten
verfassten Inschriften.** Band II/3 : Satzlehre. Synthetischer Teil,
Berlin-Leipzig, 1934.

MOULTON, James Hope, **A Grammar of New Testament Greek. Vol. I :
Prolegomena,** Edinburgh, 1906; ^{2}1906; ^{3}1908; & HOWARD, Wilbert
Francis, Vol. II : **Accidence and Word-Formation with an Appendix on
Semitisms in the New Testament,** Edinburgh, 1919/1920/1929; ^{2}1956;
TURNER, Nigel, Vol. III : **Syntax,** Edinburgh, 1963; TURNER, Nigel,
Vol. IV : **Style,** Edinburgh, 1976.
Traduction allemande du vol. I : MOULTON, James Hope, **Einleitung in
die Sprache des Neuen Testaments. Auf Grund der vom Verfasser neu
bearbeitete 3. englischen Auflage übersetzte deutsche Ausgabe**
(Indogermanische Bibliothek. I. Reihe. Grammatiken, 9), Heidelberg,
1911.

ROBERTSON, Archibald Thomas, **A Grammar of the Greek New Testament in
the Light of Historical Research,** London, 1914; ^{3}1919; ^{5}1931;
repr. 1947.

*RUDBERG, Gunnar, **Parentesen i Nya Testamentet,** dans **Svensk Exegetisk**

Årsbok 5 (1940) 126-138.

SCHIRLITZ, Samuel Christoph, **Gründzüge der neutestamentlichen Gräcität nach den besten Quellen für Studirende der Theologie und Philologie**, Giessen, 1861.

*SCHWYZER, Eduard, **Die Parenthese im engern und im weitern Sinne** (Abhandlungen der Preussischen Akademie der Wissenschaften. Philosophisch-historische Klasse, 6), Berlin, 1939.

- & DEBRUNNER, Albert, **Griechische Grammatik auf der Grundlage von Karl Brugmanns griechischer Grammatik.** Zweiter Band : **Syntax und syntaktische Stilistik** (Handbuch der Altertumswissenschaft, II, 1/2), München, 1950; ^{5}1959.

*SPITZNER, Adam Benedict, **Commentatio philologica de parenthesi libris sacris Veteris et Novi Testamenti accommodata**, Leipzig, 1773.

*WILKE, Christian Gottlob, **Die neutestamentliche Rhetorik, ein Seitenstück zur Grammatik des neutestamentlichen Sprachidioms**, Dresden - Leipzig, 1843.

*-, **Die Hermeneutik des Neuen Testaments systematisch dargestellt.** Erster Theil : **Die hermeneutische Grundlehre.** Zweiter Teil : **Die hermeneutische Methodenlehre**, Leipzig, 1843/1844.

*WINER, Georg Benedict, **Grammatik des neutestamentlichen Sprachidioms als sichere Grundlage der neutestamentlichen Exegese bearbeitet**, Leipzig, 1822; ^{2}1830; ^{4}1836; ^{5}1844; ^{6}1855; ^{7}1867 (Gottlieb LÜNEMANN); ^{8}1894-1898 (Paul Wilhelm SCHMIEDEL). Traduction anglaise : **A Treatise on the Grammar of New Testament Greek Regarded as the Basis of the New Testament Exegesis.** Translated from the German, with Large Additions and Full Indices by W.F. MOULTON, Edinburgh, 1870; ^{2}1876; ^{3}1883.

*WOLLE, C., **Commentatio philologica de parenthesi sacra. Accedunt duae dissertationes, prior de usu et abusu nominum divinorum sacrae, posterior de loco Dan., Genes. XIV. contra Spinozam.** Praefationem praemisit Christian Frider. BOERNERUS, Leipzig, 1726.

III. COMMENTAIRES SUR L'EVANGILE DE JEAN

ALFORD, Henry, **The Greek Testament : With a Critically Revised Text : A Digest of Various Readings : Marginal References to Verbal and Idiomatic Usage : Prolegomena : And a Critical and Exegetical Commentary**. Vol. I : The Four Gospels, London, 1849; ^{7}1874 (reprint : Chicago, 1958).

AUGUSTINUS, **Sancti Aurelii Augustini In Iohannis Evangelium Tractatus CXXIV**. Post Maurinos textum edendum curavit D. Radbodus WILLEMS (Corpus Christianorium. Series Latina, 36; Aurelii Augustini Opera, 8), Turnhout, 1954.

–, **Oeuvres de saint Augustin. 71. Homélies sur l'évangile de saint Jean I-XVI**. Traduction, introduction et notes par M.-F. BERROUARD (Bibliothèque augustinienne), Paris, 1969.

BAILEY, R.F., **Saint John's Gospel. An Introductory Commentary**, London, 1940; ^{2}1946.

BALJON, Johannes Marinus Simon, **Commentaar op het evangelie van Johannes**, Utrecht, 1902.

BARCLAY, William, **The Gospel of John. Translated with Introduction and Interpretation** (The Daily Study Bible), 2 vol., Edinburgh, 1955; revised edition, 1975.

*BARRETT, Charles Kingsley, **The Gospel according to St John. An Introduction with Commentary and Notes on the Greek Text**, London, 1955; ^{2}1978.

BAUER, Walter, **Das Johannesevangelium erklärt** (Handbuch zum Neuen Testament, 2), Tübingen, 1912; ^{2}1925; ^{3}1933.

*BECKER, Jürgen, **Das Evangelium nach Johannes**. (Ökumenischer Taschenbuch-Kommentar zum Neuen Testament, 4/1-2; Gütersloher Taschenbücher/Siebenstern, 505-506), 2 vol., Gütersloh - Würzburg, 1979/1981.

*BENGEL, Johann Albrecht, **Gnomon Novi Testamenti in quo ex nativa verborum vi simplicitas, profunditas, concinnitas, salubritas sensuum coelestium indicatur**, Tübingen, 1742; ^{2}1759; ^{3}1773 (éd. Ernest BENGEL); ^{4}1788; ^{5}1838; ^{6}1858; repr. London, 1862 (éd. Johann STEUDEL).

*BERNARD, John Henry, **A Critical and Exegetical Commentary on the Gospel according to St. John** (The International Critical Commentary),

2 vol., Edinburgh, 1928.

BEZA, Theodorus, **Theodori Bezae Annotationes maiores in Novum Dn. Nostri Iesu Christi Testamentum. In duas distinctae partes**, ..., s.l., 1556; nouvelle édition, 1594.

*BOISMARD, Marie-Emile & LAMOUILLE, Arnaud, avec la collaboration de Gérard ROCHAIS, **L'évangile de Jean** (Synopse des quatre évangiles en français, 3), Paris, 1977.

BOUMA, C., **Het evangelie naar Johannes** (Korte verklaring der Heilige Schrift met nieuwe vertaling), 2 vol., Kampen, 1927; ^{2}1933.

BRAUN, François-Marie, **Evangile selon saint Jean traduit et commenté** (La sainte Bible, 10), Paris, 1935; ^{2}1946.

*BROWN, Raymond E., **The Gospel according to John. Introduction, Translation, and Notes** (The Anchor Bible, 29-29a), 2 vol., New York, 1966/1972.

*BULTMANN, Rudolf, **Das Evangelium des Johannes** (Kritisch-exegetischer Kommentar über das Neue Testament, 2), Göttingen, 1941 (10e édition dans la série); ^{11}1950; ^{12}1952; ^{13}1953; ^{14}1956; ^{15}1957; ^{16}1959; ^{17}1962; ^{18}1964; ^{19}1968; ^{20}1978.
Ergänzungsheft, 1950; ^{2}1957; reprint 1966.

CALMES, T., **L'évangile selon saint Jean. Traduction critique, introduction et commentaire** (Etudes bibliques), Paris - Rome, 1904.

CEULEMANS, Franciscus Cornelius, **Commentarius in Evangelium secundum Joannem cui succedit synopsis chronologica quatuor evangeliorum**, Mechelen, 1901.

CORLUY, Josephus, **Commentarius in Evangelium S. Joannis in usum praelectionum**, Gent, 1878; ^{2}1880; ^{3}1889.

CORNELIUS A LAPIDE, **Commentaria in Scripturam Sacram**. Accurate recognovit ac notis illustravit Augustinus CRAMPON. Tomus XVI : **In SS. Lucam et Joannem**, Paris, 1840.

DE BOOR, Werner, **Das Evangelium des Johannes erklärt** (Wuppertaler Studienbibel. Neues Testament, 4), 2 vol., Wuppertal, 1968/1970.

DURAND, Alfred, **Evangile selon saint Jean traduit et commenté** (Verbum Salutis), Paris, $^{1-12}$1927; ^{14}1930.

*EVANS, Owen E., **The Gospel according to St John** (Epworth Preacher's Commentaries), London, 1965.

FILLION, Louis-Claude, **Evangile selon S. Jean. Introduction critique et commentaire** (La sainte Bible, texte de la Vulgate, traduction française en regard, avec commentaires), Paris, 1893; 1904.

GODET, Fréderic Louis, **Commentaire sur l'évangile de saint Jean** (Bibliothèque théologique), 2 vol., Paris, 1864/1865; 3 vol., Neuchâtel, ^{4}1902/1903.

Traduction anglaise: **Commentary on John's Gospel**. Reprint of the 1886 ed. published by Funk & Wagnalls (New York, 1886), Grand Rapids (Mich.), 1978.

HAENCHEN, Ernst, **Das Johannesevangelium**. Ein Kommentar aus den nachgelassenen Manuskripten herausgegeben von Ulrich BUSSE mit einem Vorwort von James M. ROBINSON, Tübingen, 1980.

Traduction anglaise: **John 1/2. A Commentary on the Gospel of John Chapter 1–6/7–21**. Translated by Robert W. FUNK. Edited by R.W. FUNK with Ulrich BUSSE (Hermeneia. A Critical and Historical Commentary on the Bible), 2 vol., Philadelphia, 1984.

HOLTZMANN, Heinrich Julius, **Evangelium, Briefe und Offenbarung des Johannes** (Handcommentar zum Neuen Testament, 4), Freiburg i. Br., 1891; ^{2}1893 (Tübingen); ^{3}1908 (**Evangelium des Johannes**, éd. W. BAUER).

*HOWARD, Wilbert Francis & GOSSIP, Arthur John, **The Gospel according to St. John**. Introduction and Exegesis by F.W. HOWARD. Exposition by A.J. GOSSIP (The Interpreter's Bible, 8), New York – Nashville, 1952.

HULL, William E., **John** (The Broadman Bible Commentary, 9), London, 1971.

*HUNTER, Archibald M., **The Gospel according to John. Commentary** (The Cambridge Bible Commentary. New English Bible), Cambridge, 1965.

JANSENIUS, Cornelius, **Tetrateuchus sive Commentarius in Sancta Jesu Christi Evangelia**, Leuven, 1639; 2 vol., Avignon, 1853.

KEIL, Carl Friedrich, **Commentar über das Evangelium des Johannes**, Leipzig, 1881.

KEULERS, Jozef, **Het evangelie van Joannes** (De boeken van het Nieuwe Testament, 3), Roermond – Maaseik, 1936; ^{2}1951.

KLOTUFAR, L., **Commentarius in Evangelium Sancti Joannis concinnatus**, Wien, 1862.

*KNABENBAUER, Iosephus, **Commentarius in Quatuor S. Evangelia Domini N. Iesu Christi. IV. Evangelium secundum Ioannem** (Cursus Scripturae Sacrae, I/4), Paris, 1898; ^{2}1906.

KUINOEL, Christianus Theophilus, **Commentarius in libros Novi Testamenti historicos**. Volumen III : **Evangelium Johannis**, Leipzig, 1807; ^{2}1817; ^{3}1825.

*LAGRANGE, Marie-Joseph, **Evangile selon saint Jean** (Etudes bibliques), Paris, 1925.

LENSKI, R.C.H., **The Interpretation of St. John's Gospel**, Columbus (Ohio), 1942.

LIGHTFOOT, Robert Henry, **St. John's Gospel. A Commentary**. Edited by C.F. EVANS with the Text of the Revised Version, London, 1956.

LINDARS, Barnabas, **The Gospel of John** (The New Century Bible), London, 1972.

LOISY, Alfred, **Le quatrième évangile**, Paris, 1902; deuxième édition refondue, 1921.

LUCAS BRUGENSIS, Franciscus, **Commentarius in sanctum Jesu Christi Evangelium secundum Johannem** (Commentarius in sacrosancta quatuor Iesu Christi Evangelia, 4), Antwerpen, 1616; ^{2}1712.

LÜCKE, Friedrich, **Commentar über das Evangelium des Johannes** (Commentar über die Schriften des Evangelisten Johannes), 2 vol., Bonn, 1820/1824; ^{2}1833/1834; ^{3}1840/1843.

*LUTHARDT, Christian Ernst, **Das johanneische Evangelium nach seiner Eigentümlichkeit geschildert und erklärt**. Erste Abteilung, Nürnberg, 1852.

*MacGREGOR, G.H.C. **The Gospel of John** (The Moffatt New Testament Commentary), London, 1928.

MAIER, Adalbert, **Commentar über das Evangelium des Johannes**, 2 vol., Carlsruhe - Freiburg i. Br., 1843/1845.

MALDONATUS, Joannes, **Joannis Maldonati Commentarii in Quatuor Evangelistas**. Ad optimorum librorum fidem accuratissime recudi curavit Conradus MARTIN. Tomus II : **Qui complectitur Evangelium Lucae et Joannis integrum**, München - London - Paris, 1854.

MARSH, John, **The Gospel of John** (The Pelican Gospel Commentaries), Harmondsworth, 1968.

MEYER, Heinrich August Wilhelm, **Kritisch-exegetisches Handbuch über das Evangelium des Johannes** (Kritisch-exegetischer Kommentar über das Neue Testament, 2), Göttingen, 1834; ^{2}1852; ^{3}1856; ^{4}1862; ^{5}1869. Traduction anglaise : **Critical and Exegetical Handbook to the Gospel of John**. Translated from the Fifth Edition of the German by William

URWICK. The Translation Revised and Edited by Frederick CROMBIE (Critical and Exegetical Commentary on the New Testament, 2), 2 vol., Edinburgh, ^{2}1883-1884.

MOLLA, Claude F., **Le quatrième évangile**, Genève, 1977.

MOLLAT, Donatien, **L'évangile selon saint Jean**, dans D. MOLLAT & F.-M. BRAUN, **L'évangile et les épîtres de S. Jean** (La Sainte Bible traduite en français sous la direction de l'Ecole biblique de Jérusalem), Paris, 1953, p. 7-198; ^{2}1960, p. 7-193; ^{3}1973, p. 7-227.

MORRIS, Leon, **The Gospel according to John. The English Text with Introduction, Exposition and Notes** (The New International Commentary on the New Testament), Grand Rapids, 1971.

RICHARDSON, Alan, **The Gospel according to Saint John. Introduction and Commentary** (Torch Bible Commentaries), London, 1959.

RUPERTUS TUITIENSIS, **Ruperti Tuitiensis Commentaria in Evangelium Sancti Iohannis**. Edidit Rhabanus HAACKE (Corpus Christianorum. Continuatio Mediaevalis, 9), Turnhout, 1969.

SANDERS, J.N. & MASTIN, B.A. **A Commentary on the Gospel according to St John** (Black's New Testament Commentaries), London, 1968.

SCHANZ, Paul, **Commentar über das Evangelium des heiligen Johannes**, Tübingen, 1885.

SCHICK, Eduard, **Das Evangelium nach Johannes** (Echter Bibel), Würzburg, 1956; ^{2}1965.

*SCHNACKENBURG, Rudolf, **Das Johannesevangelium** (Herders theologischer Kommentar zum Neuen Testament, 4/1-4), 4 vol., Freiburg - Basel - Wien, 1965/1971/1975/1984.

I. Teil : **Einleitung und Kommentar zu Kap. 1-4**, 1965; ^{2}1967; ^{3}1972 (p. 525-535 : "Erster Nachtrag zum I. Band"); ^{4}1978 (p. 537-548 : "Zweiter Nachtrag zum I. Band"); ^{5}1981; II. Teil : **Kommentar zu Kap 5-12**, 1971; ^{2}1977 (p. 545-557 : "Nachtrag zum II. Band"); ^{3}1980; III. Teil : **Kommentar zu Kap. 13-21**, 1975; ^{2}1976; ^{3}1979; ^{4}1982 (p. 471-484 : "Nachtrag zum III. Band"); IV. Teil : **Ergänzende Auslegungen und Exkurse**, 1984.

SCHNEIDER, Johannes, **Das Evangelium nach Johannes**. Aus dem Nachlass herausgegeben unter Leitung von Erich FASCHER (Theologischer Handkommentar zum Neuen Testament. Sonderband), Berlin, 1976; ^{2}1978.

SCHULZ, Siegfried, **Das Evangelium nach Johannes übersetzt und erklärt** (Das Neue Testament Deutsch, 4), Göttingen, 1972 (12e éd. de la série); ^{3}1978.

SMELIK, E.L., **Het evangelie naar Johannes. De weg van het Woord** (De prediking van het Nieuwe Testament), Nijkerk, 1948; ^{2}1956; ^{3}1965; ^{4}1973; ^{5}1977.

TASKER, R.V.G., **The Gospel according to St. John. An Introduction and Commentary** (The Tyndale New Testament Commentaries), London, 1960.

TENNEY, Merrill C., **John : The Gospel of Belief. An Analytic Study of the Text**, Grand Rapids (Mich.), 1948; ^{3}1953.

THOLUCK, August F., **Commentar zu dem Evangelio Johannis**, Hamburg, 1827; ^{2}1828; ^{5}1837.

TILLMANN, Fritz, **Das Johannesevangelium übersetzt und erklärt** (Die Heilige Schrift des Neuen Testamentes, 3), Bonn, 1916; ^{2}1921; ^{3}1922; ^{4}1931.

TOLETUS, Franciscus, **Francisci Toleti In sacrosanctum Ioannis Evangelium Commentarii**, Keulen, 1589.

WEISS, Bernhard, **Kritisch exegetisches Handbuch über das Evangelium des Johannes** (Kritisch exegetischer Kommentar über das Neue Testament, 2), Göttingen, 1880 (6e éd. dans la série); ^{7}1886; ^{8}1893; ^{9}1902.

*WELLHAUSEN, Julius, **Das Evangelium Johannis**, Berlin, 1908.

WESTCOTT, Brooke Foss, **The Gospel according to St. John. The Authorized Version with Introduction and Notes** (The Speaker's Commentary), London, 1881; repr. 1889; 1958 (Grand Rapids); 2 vol., 1908 (... **The Greek Text with...** Edited by A. WESTCOTT); repr. 1980 (Thornapple Commentaries, Grand Rapids).

WIKENHAUSER, Alfred, **Das Evangelium nach Johannes übersetzt und erklärt** (Regensburger Neues Testament, 4), Regensburg, 1948; ^{2}1957; ^{3}1961. Traduction néerlandaise : **Het evangelie volgens Johannes**. Uit het Duits vertaald door L. WITSENBURG (Het Nieuwe Testament met Commentaar, 4), Antwerpen, 1964.

WOLFIUS, Johannes Christophorus, **Curae Philologicae et Criticae in IV. SS. Evangelia et Actus Apostolicos**, Hamburg, 1725; Basel, ^{2}1741.

ZAHN, Theodor, **Das Evangelium des Johannes ausgelegt** (Kommentar zum Neuen Testament, 4), Leipzig, $^{1-2}$1908; $^{3-4}$1912; $^{5-6}$1921.

IV. AUTRES ETUDES

ALAND, Kurt, **Neue neutestamentliche Papyri**, dans **NTS** 12 (1965-66)
193-210; repris et retravaillé dans **Studien zur Überlieferung des Neuen Testaments und seines Textes** (Arbeiten zur neutestamentlichen Textforschung, 2), Berlin, 1967, p. 155-172 : **Die Bedeutung des P^{75} für den Text des Neuen Testaments. Ein Beitrag zur Frage der "Western Non-Interpolations"**.

BACON, Benjamin Wisner, **The Displacement of John xiv**, dans **JBL** 13 (1894) 64-76.

*-, **An Introduction to the New Testament**, New York, 1900.

-, **Tatian's Rearrangement of the Fourth Gospel**, dans **The American Journal of Theology** 4 (1900) 770-795.

-, **Recent Aspects of the Johannine Problem. I. The External Evidence. II. Direct Internal Evidence. III. Indirect Internal Evidence**, dans **The Hibbert Journal** 1 (1902-03) 510-531; 2 (1903-04) 323-346; 3 (1904-05) 353-375.

-, **Lucan versus Johannine Chronology**, dans **The Expositor**, 7th ser., 3 (1907) 206-220.

-, **The Disciple Whom Jesus Loved**, dans **The Expositor**, 7th ser., 4 (1907) 324-339.

-, **The "Defense" of the Fourth Gospel**, dans **The Hibbert Journal** 6 (1907-08) 118-141.

-, **The Elder John, Papias, Irenaeus, Eusebius and the Syriac Translator**, dans **JBL** 27 (1908) 1-23.

-, **The Fourth Gospel in Research and Debate. A Series of Essays on Problems concerning the Origin and Value of the Anonymous Writings Attributed to the Apostle John**, London - Leipzig, 1910.

*-, **The Gospel of the Hellenists**. Edited by C.H. KRAELING, New York, 1933.

BECKER, Jürgen, **Wunder und Christologie. Zum literarkritischen und christologischen Problem der Wunder im Johannesevangelium**, dans **NTS** 16 (1969-70) 130-148; = A. SUHL (éd.), **Der Wunderbegriff im Neuen Testament** (Wege der Forschung, 295), Darmstadt, 1980, p. 435-461 (avec **Nachtrag**, p. 461-463).

-, **Aus der Literatur zum Johannesevangelium (1978-1980)**, dans **TR**, N.F. 47 (1982) 279-301, 305-347.

BIRDSALL, J. Neville, **The New Testament Text**, dans P.R. ACKROYD & C.F.

EVANS, **The Cambridge History of the Bible. Vol. 1 : From the Beginning to Jerome,** Cambridge, 1970, p. 308-377.

BLASS, Friedrich, **Philology of the Gospels,** London, 1898.

BLIGH, John, **Jesus in Samaria,** dans **The Heythrop Journal** 3 (1962) 329-346.

BOERS, Hendrikus, **Discourse and Macro-Structure in the Interpretation of Texts : John 4:1-42 as an Example,** dans P.J. ACHTEMEIER (éd.), **SBL 1980 Seminar Papers** (SBL Seminar Papers Series, 19), Chico (Calif.), 1980, p. 159-182.

BOICE, James Montgomery, **Witness and Revelation in the Gospel of John** (The Christian Student's Library, 8), Grand Rapids (Mich.), 1970.

BOISMARD, Marie-Emile, **Le Papyrus Bodmer II,** dans **RB** 64 (1957) 363-398.

*-, Un procédé rédactionnel dans le quatrième évangile : la Wiederaufnahme, dans M. DE JONGE (éd.), **L'évangile de Jean. Sources, rédaction, théologie** (BETL, 44), Gembloux - Leuven, 1977, p. 235-241.

- & LAMOUILLE, Arnaud, **La vie des évangiles. Initiation à la critique des textes** (Initiations), Paris, 1980.
Traduction allemande : **Aus der Werkstatt der Evangelisten. Einführung in die Literarkritik.** Ins Deutsche übertragen von M.-T. WACKER, München, 1980.

BOLTON, John Adrian, **Der Bericht des Johannis von Jesu dem Messia. Übersetzt und mit Bemerkungen begleitet,** Altona, 1797.

*BOUSSET, Wilhelm, **Ist das vierte Evangelium eine literarische Einheit ?,** dans **TR** 12 (1909) 39-64.

*-, **Johannesevangelium,** dans **RGG** 3 (1912) 607-636.

BREUKELMAN, Frans H., **Bijbelse theologie. Deel I, 1 : Schrift-lezing over de kolometrische weergave van bijbelse teksten als hulp bij het lezen en als grondslag voor de exegese,** Kampen, 1980.

*BROMBOSZCZ, Theodor, **Die Einheit des Johannes-Evangeliums,** Katowice, 1927.

BULTMANN, Rudolf, Recension de E. STANGE, **Die Eigenart,** 1915, dans **TLZ** 41 (1916) 532-534.

-, Analyse des ersten Johannesbriefes, dans Festgabe für Adolf Jülicher zum 70. Geburtstag, Tübingen, 1927, p. 138-158;
= **Exegetica. Aufsätze zur Erforschung des Neuen Testaments,** éd. E. DINKLER, 1967, p. 105-123.

-, Hirsch's Auslegung des Johannes-Evangeliums, dans Evangelische Theologie 4 (1937) 115-142.

-, Johannesevangelium, dans RGG³ 3 (1959) 840-850.

-, Die drei ersten Johannesbriefe (Kritisch-exegetischer Kommentar über das Neue Testament, 14), Göttingen, 1967 (7e éd. dans la série).

BURNEY, Charles Fox, The Aramaic Origin of the Fourth Gospel, Oxford, 1922.

CAHILL, P. Joseph, Narrative Art in John IV, dans Religious Studies Bulletin 2 (1982) 41-48.

CANTWELL, Laurence, Immortal Longings in Sermone Humili : A Study of John 4.5-26, dans Scottish Journal of Theology 36 (1983) 73-86.

CARSON, Donald A., Current Source Criticism of the Fourth Gospel : Some Methodological Questions, dans JBL 97 (1978) 411-427.

*-, Understanding Misunderstandings in the Fourth Gospel, dans Tyndale Bulletin 33 (1982) 59-91.

CLEMEN, Carl, Die Entstehung des Johannesevangeliums, Halle a. S., 1912.

COLWELL, Ernst Cadman, The Greek of the Fourth Gospel. A Study of Its Aramaisms in the Light of Hellenistic Greek, Chicago, 1931.

*COTHENET, Eduard, Le quatrième évangile, dans A. GEORGE & P. GRELOT, Introduction à la Bible. Edition nouvelle. Tome III : Introduction critique au Nouveau Testament, Vol. IV, Paris, 1977, p. 95-292.

*-, L'évangile de Jean, dans Revue Thomiste 78 (1978) 625-633.

*CREDNER, Karl August, Einleitung in das Neue Testament. Erster Theil, Halle, 1836.

*CULPEPPER, R. Alan, The Narrator in the Fourth Gospel : Intratextual Relationships, dans K.H. RICHARDS (ed.), SBL 1982 Seminar Papers (SBL Seminar Papers Series, 21), Chico (Calif.), 1982, p. 81-96.

*-, Anatomy of the Fourth Gospel. A Study in Literary Design. Foreword by Frank KERMODE (Foundations and Facets : New Testament), Philadelphia, 1983.

-, Story and History in the Gospels, dans Review and Expositor 81 (1984) 467-478.

DAUBE, David, Jesus and the Samaritan Woman : The Meaning of συγχράομαι, dans JBL 69 (1950) 137-147; = The New Testament and Rabbinic Judaism, London, 1956, p. 373-382.

*DAUER, Anton, Die Passionsgeschichte im Johannes-Evangelium. Eine traditionsgeschichtliche und theologische Untersuchung zu Joh 18,1-19,30 (Studien zum Alten und Neuen Testament, 30), München, 1972.

-, Johannes und Lukas. Untersuchungen zu den johanneisch-lukanischen Parallelperikopen. Joh 4,46-54/Lk 7,1-10 - Joh 12,1-8/Lk 7,36-50; 10,38-42 - Joh 20,19-29/Lk 24,36-49 (Forschung zur Bibel, 50), Würzburg, 1984.

DAVIDSON, Samuel, **An Introduction to the New Testament. Containing an Examination of the Most Important Questions Relating to the Authority, Interpretation and Integrity of the Canonical Books, with Reference to the Latest Inquiries.** Volume II: **The Acts of the Apostles to the Second Epistle to the Thessalonians**, London, 1849.

DEHN, Günther, **Jesus und die Samariter. Eine Auslegung von Johannes 4,1-42** (Biblische Studien, 13), Neukirchen, 1956.

DE JONGE, Henk Jan, **Jeremias Hoelzlin : Editor of the "Textus Receptus" Printed by Elzeviers Leiden 1633**, dans T. BAARDA, A.F.J. KLIJN & W.C. VAN UNNIK (éd.), **Miscellanea Neotestamentica**, I (Supplements to NT, 47), Leiden, 1978, p. 105-128.

DE JONGE, Marinus (éd.), **L'évangile de Jean. Sources, rédaction, théologie** (BETL, 44), Gembloux - Leuven, 1977.

-, **Jesus : Stranger from Heaven and Son of God. Jesus Christ and the Christians in Johannine Perspective** (SBL Sources for Biblical Study, 11), Missoula (Mont.), 1977.

DE LA POTTERIE, Ignace, **Jésus et les Samaritains. Jn 4,5-42**, dans **Assemblées du Seigneur** 16 (1971) 34-49.

-, **"Nous adorons, nous, ce que nous connaissons, car le salut vient des Juifs". Histoire de l'exégèse et interprétation de Jn 4,22**, dans **Biblica** 64 (1983) 74-115.

DELFF, Hugo, **Grundzüge der Entwicklungsgeschichte der Religion dargestellt**, Leipzig, 1883.

-, **Die Geschichte des Rabbi Jesus von Nazareth. Kritisch begründet, dargestellt und erklärt**, Leipzig, 1889.

*-, **Das vierte Evangelium. Ein authentischer Bericht über Jesus von Nazareth, wiederhergestellt, übersetzt und erklärt**, Husum, 1890.

-, **Neue Beiträge zur Kritik und Erklärung des vierten Evangeliums. Supplement zu der Schrift "Das vierte Evangelium, ein authentischer Bericht über Jesus von Nazareth"**, Husum, 1890.

-, **Noch einmal das vierte Evangelium und seine Authenticität**, dans **TSK** 65 (1892) 72-104.

DE RHOER, Jac., **Animadversiones ad sermones Domini Christi et aliorum,** in Evangeliis obvios, utque eos interpretati sint Scriptores sacri, Groningen, 1782.

DE WETTE, Wilhelm Martin Leberecht, **Lehrbuch der historisch-kritischen Einleitung in die kanonischen Bücher des Neuen Testaments** (Lehrbuch der historisch-kritischen Einleitung in die Bibel Alten und Neuen Testaments, 2), Berlin, ^{6}1960 (éd. H. MESSNER et G. LÜNEMANN).

*DIBELIUS, Martin, **Geschichte der urchristlichen Literatur**. Neudruck der Erstausgabe von 1926 unter Berücksichtigung der Änderungen der englischen Übersetzung von 1936. Herausgegeben von Ferdinand HAHN (Theologische Bücherei. Neues Testament, 58), München, 1975.

-, **The Structure and Literary Character of the Gospels**, dans **HTR** 20 (1927) 151-168.

-, **Johannesevangelium**, dans **RGG**^{2} 3 (1929) 349-363.

DODD, Charles H., **The Dialogue Form in the Gospel**, dans **Bulletin of the John Rylands Library** 37 (1954) 34-67.

-, **The Interpretation of the Fourth Gospel**, Cambridge, 1953.

-, **Historical Tradition in the Fourth Gospel**, Cambridge, 1963.

ELLIOTT, J.K., **The United Bible Societies Greek New Testament : An Evaluation**, dans **NT** 15 (1973) 278-300.

-, **Plaidoyer pour éclectisme intégral appliqué à la critique textuelle du Nouveau Testament**, dans **RB** 84 (1977) 5-25.

Die Evangelienfrage im Allgemeinen und die Johannesfrage insbesondere. Eine Denkschrift zur Erinnerung an den 25. jährigen Bestand der Universität Zürich (der hochw. theolog. Facultät an der Univ. Zürich gewidmet von einem dankbaren Schüler), Zürich, 1858.

*EVANS, Craig A., **On the Quotation Formulas in the Fourth Gospel**, dans **BZ** 26 (1982) 79-83.

*FEE, Gordon D., **Once more - John 7,37-39**, dans **ExpT** 89 (1977-78) 116-117.

FITZPATRICK, Michael, **The Structure of St Mark's Gospel. With a Reconsideration of the Hypothesis of Pre-Markan Collections in Mk 1-10**, 2 vol., diss. Leuven, 1975.

*FLOWERS, H.J., **Interpretations in the Fourth Gospel**, dans **JBL** 40 (1921) 146-158.

*FORTNA, Robert Thomson, **The Gospel of Signs. A Reconstruction of the Narrative Source Underlying the Fourth Gospel** (SNTS Monograph Series, 11), Cambridge, 1970.

*FOSTON, Hubert M., **Two Johannine Parentheses**, dans **ExpT** 32 (1920-21) 520-523.

FRIEDRICH, Gerhard, **Wer ist Jesus ? Die Verkündigung des vierten Evangelisten dargestellt an Joh 4,4-42**, Stuttgart, 1967.
Traduction néerlandaise : **Wie is Jezus ? De verkondiging van het vierde evangelie. Johannes 4,4-42**, Antwerpen, 1971.

GABLER, J.B., **Die Einschränkung der kanonischen Autorität der Apostel auf wesentliche Religionswahrheiten**, dans **Neuestes theologisches Journal** 2 (1797), 1 Stück.

GARVIE, Alfred E. **Notes on the Fourth Gospel**, dans **The Expositor**, 8th ser., 7 (1914) 148-159, 233-244, 335-346, 453-464, 558-568; 8 (1914) 60-72, 155-166, 367-379, 445-457, 499-510.

*-, **The Prologue to the Fourth Gospel and the Evangelist's Theological Reflexions**, dans **The Expositor**, 8th ser., 10 (1915) 163-172.

*-, **The Evangelist's Experimental Reflexions in the Fourth Gospel**, dans **The Expositor**, 8th ser., 10 (1915) 255-264.

-, **The Synoptic Echoes and Second-Hand Reports in the Fourth Gospel**, dans **The Expositor**, 8th ser., 10 (1915) 316-326.

-, **The Witness in the Fourth Gospel**, dans **The Expositor**, 8th ser., 10 (1915) 466-475.

*-, **The Beloved Disciple. Studies of the Fourth Gospel**, London, 1922.

Gespräche von Ulrich von Hütten. Übersetzt und erläutert von David Friedrich STRAUSS, Leipzig, 1860.

GOGUEL, Maurice, **Les sources du récit de la passion**, Paris, 1910.

-, **Introduction au Nouveau Testament. Tome II : Le quatrième évangile**, Paris, 1923.

GREGORY, Caspar René, **Wellhausen und Johannes** (Versuche und Entwürfe, 3), Leipzig, 1910.

GRUNDMANN, Walter, **Jesus der Galiläer und das Judentum**, Leipzig, 1940.

GUERICKE, Heinrich Ernst Ferdinand, **Historisch-kritische Einleitung in das Neue Testament**, Leipzig, 1843.

HAACKER, Klaus, **Gottesdienst ohne Gotteserkenntnis. Joh 4,22 vor dem Hintergrund der jüdisch-samaritanischen Auseinandersetzung**, dans B. BENZING, O. BÖCHER & G. MAYER (éd.), **Wort und Wirklichkeit. Festschrift für E.L. Rapp**, Meisenheim am Glan, 1976, p. 110-126.

HAHN, Ferdinand, **"Das Heil kommt von den Juden". Erwägungen zu Johannes 4,22b**, dans **ibid.**, p. 67-84.

HALL, D.R., **The Meaning of** συγχράομαι **in John 4:9**, dans **ExpT** 83 (1971-72) 56-57.

HEEKERENS, Hans-Peter, **Die Zeichen-Quelle der johanneischen Redaktion. Ein Beitrag zur Entstehungsgeschichte des vierten Evangeliums** (Stuttgarter Bibelstudien, 113), Stuttgart, 1984. - Diss. Heidelberg, 1978.

HEINRICI, Carl Friedrich Georg, **Der litterarische Charakter der neutestamentlichen Schriften**, Leipzig, 1908.

*HENKE, Henricus Philippus Conradus, **Iohannes Apostolus nonnullorum Iesu apophthegmatum in evangelio suo et ipse interpretes. Commentatio, occasionem praebente novi Doctoris Theologi renunciatione, Helmstadt, 1798**, dans D.I. POTT & G.A. RUPERTI (éd.), **Sylloge commentationum theologicarum**, vol. 1, Helmstadt, 1800, 1-22.

HILGENFELD, Adolf, **Die Evangelien nach ihrer Entstehung und geschichtlichen Bedeutung**, Leipzig, 1854.

-, **Das Johannes-Evangelium und seine gegenwärtigen Auffassungen**, dans **ZWT** 2 (1859) 281-348, 385-448.

*-, **Das Johannes-Evangelium nicht interpolirt**, dans **ZWT** 11 (1868) 434-455.

-, **Historisch-kritische Einleitung in das Neue Testament**, Leipzig, 1875.

*HIRSCH, Emanuel, **Studien zum vierten Evangelium. (Text/Literarkritik/ Entstehungsgeschichte)** (Beiträge zur historischen Theologie, 11), Tübingen, 1936.

-, **Das vierte Evangelium in seiner ursprünglichen Gestalt verdeutscht und erklärt**, Tübingen, 1936.

-, **Stilkritik und Literaranalyse im vierten Evangelium**, dans **ZNW** 43 (1950-51) 128-143.

*HOFFMANN, Gerhard, **Das Johannesevangelium als Alterswerk. Eine psychologische Untersuchung** (Neutestamentliche Forschungen. Vierte Reihe : Evangelienprobleme, 1), Gütersloh, 1933.

HOWARD, Wilbert Francis, **The Fourth Gospel in Recent Criticism and Interpretation**, London, 1931; ^{2}1935; ^{3}1945; ^{4}1955 (éd. C.K. BARRETT).

HUDRY-CLERGEON, Charles, **De Judée en Galilée. Etude de Jean 4,1-45**, dans **NRT** 103 (1981) 818-830.

*JACQUIER, Eugène, **Histoire des livres du Nouveau Testament. Tome** quatrième : **Les écrits johanniques**, Paris, ^{3}1908; ^{5}1923.

JAUBERT, Annie, **Approches de l'évangile de Jean** (Parole de Dieu), Paris, 1976.

*JEREMIAS, Joachim, **Johanneische Literarkritik**, dans Theologische Blätter 20 (1941) 33-46.

-, Recension de D. DAUBE, **The New Testament and Rabbinic Judaism**, London, 1956, dans **TLZ** 83 (1958) 348-352.

-, **Jerusalem zur Zeit Jesu. Eine kulturgeschichtliche Untersuchung zur neutestamentlichen Zeitgeschichte**, 3. neubearbeitete Auflage, Göttingen, 1962.

-, Σαμάρεια, Σαμαρίτης, Σαμαρῖτις, dans **TWNT** 7 (1964) 88-94.

*JÜLICHER, Adolf, **Einleitung in das Neue Testament** (Grundriss der theologischen Wissenschaften. Dritter Teil, 1), Freiburg - Leipzig, $^{1-2}$1894; $^{3-4}$1901; $^{5-6}$1906; ^{7}1931 (éd. E. FASCHER).

JUNCKER, Alfred, **Zur neuesten Johanneskritik. Vortrag gehalten auf dem theologischen Ferienkursus in Königsberg i. Pr. am 17 Oktober 1911**, Halle a. S., 1912.

KILPATRICK, George Dunbar, **John 4,9**, dans **JBL** 87 (1968) 327-328.

-, Recension de **The Greek New Testament**, ^{3}1976, et de B.M. METZGER, **A Textual Commentary**, 1971, dans **TLZ** 104 (1979) 260-270.

KLEIST, James A., **The Memoirs of St. Peter or the Gospel according to St. Mark, Translated into English Sense-Lines** (Science and Culture Series), New York - Chicago, 1932.

-, **The Gospel of Saint Mark. Presented in Greek Thought Units and Sense-Lines. With Commentary** (Science and Culture Texts), New York - Milwaukee - Chicago, 1936.

*KONINGS, Johan, **De bemerkingsstof in het evangelie volgens Johannes**, diss. lic., Leuven, 1967.

*-, **Het johanneïsch verhaal in de literaire kritiek. Historiek. Dossier van Joh., I-X. Redactiestudie van Joh., VI, 1-21**, 3 tomes (6 vol.), diss. doct., Leuven, 1972.

KREYENBÜHL, Johannes, **Das Evangelium der Wahrheit, neue Lösung der johanneischen Frage**, 2 vol., Berlin, 1900/1905.

KÜMMEL, Werner Georg, **Einleitung in das Neue Testament begründet von Paul Feine und Johannes Behm**, Heidelberg, ^{12}1963; ^{13}1964; ^{16}1969; ^{17}1973; ^{21}1983.

Traduction anglaise : **Introduction to The New Testament**, London -

New York, 1966; ²1970.

KYPKE, Gregorius David, **Observationes sacrae in Novi Foederis Libros ex auctoribus potissimum Graecis et antiquitatibus**. Tomus I : **Quatuor Evangelistas complexus**, Wratislavia, 1755.

*LAGRANGE, Marie-Joseph, **Où en est la dissection littéraire du quatrième évangile ?**, dans RB 33 (1924) 321-342.

LANGE, Samuel Gottlieb, **Die drey Briefe Johannis nebst drey Abhandlungen über Johannis Charakter, Schreibart und Theologie** (Die Schriften Johannis des vertrauten Schülers Jesu, übersetzt und erklärt, 3), Weimar, 1797.

LEIDIG, Edeltraud, **Jesu Gespräch mit der Samaritanerin und weitere Gespräche im Johannesevangelium** (Theologische Dissertation, 15), Basel, 1979.

LEROY, Herbert, **Rätsel und Missverständnis. Ein Beitrag zur Formgeschichte des Johannesevangeliums** (Bonner biblische Beiträge, 30), Bonn, 1968.

-, **Das johanneische Missverständnis als literarische Form**, dans **Bibel und Leben** 9 (1968) 196-207.

*LEWIS, F. Warburton, **Misinterpretations in the Fourth Gospel**, dans **The Interpreter** 6 (1909-10) 384-391; 7 (1910-11) 88-97, 201-204.

LOEWE, R., **'Salvation' is not of the Jews**, dans JTS, N.S. 32 (1981) 341-368.

LOISY, Alfred, **La Samaritaine. Jean, IV,1-42**, dans **Revue d'histoire et de littérature religieuses** 5 (1900) 335-366.

MARIUS VICTORINUS AFER, **Marii Victorini Afri De physicis Liber**, dans PL 8 (1844) 1295-1310.

McCOOL, Francis, **Problemata Johannaea (Introductio in Novum Testamentum)**, Roma, 1965.

MENDNER, Siegfried, **Johanneische Literarkritik**, dans TZ 8 (1952) 418-434.

METZGER, Bruce M., **A Textual Commentary on the Greek New Testament. A Companion Volume to the United Bible Societies' Greek New Testament (Third Edition)**, London - New York, 1971.

*MEYER, Arnold, **Die Behandlung der johanneischen Frage im letzten Jahrzehnt**, dans TR 2 (1899) 255-263, 295-305, 333-345.

-, **Johanneische Literatur**, dans TR 5 (1902) 316-333, 497-507; 7 (1904) 473-484, 519-531.

-, **Das Johannesevangelium**, dans **TR** 9 (1906) 302-311, 340-359, 381-397.

-, **Die Johanneische Literatur**, dans **TR** 13 (1910) 15-26, 63-75, 94-100, 151-162; 15 (1912) 239-249, 278-293, 295-305.

MICHAELS, J. Ramsay, **Origen and the Text of John 1:15**, dans E.J. EPP & G.D. FEE (éd.), **New Testament Textual Criticism. Its Significance for Exegesis. Essays in Honour of Bruce M. Metzger**, Oxford, 1981, p. 87-104.

MOLLAT, Donatien, **Les puits de Jacob (Jean 4,1-42)**, dans **Bible et vie chrétienne** 6 (1954) 83-91.

MUILENBURG, James, **Literary Form in the Fourth Gospel**, dans **JBL** 51 (1932) 40-53.

NEIRYNCK, Frans, **Duality in Mark. Contributions to the Study of the Markan Redaktion** (BETL, 31), Leuven, 1972; = **ETL** 47 (1971) 144-198, 394-463; 48 (1972) 150-209 (= **Evangelica**, p. 83-142).

-, **The 'Other Disciple' in Jn 18,15-16**, dans **ETL** 51 (1975) 113-141; = **Evangelica**, p. 335-364.

-, **The Synoptic Gospels according to the New Textus Receptus**, dans **ETL** 52 (1976) 364-379; = **Evangelica**, p. 883-898.

-, **John and the Synoptics**, dans M. DE JONGE (éd.), **L'évangile de Jean. Sources, rédaction, théologie** (BETL, 44), Gembloux - Leuven, 1977, p. 73-106; = **Evangelica**, p. 365-400.

-, **Lc xxiv.12. Les témoins du texte occidental**, dans T. BAARDA, A.F.J. KLIJN & W.C. VAN UNNIK (éd.), **Miscellanea Neotestamentica**, I (Supplements to NT, 47), Leiden, 1978, p. 54-60; = **Evangelica**, p. 313-328.

-, **The New Nestle-Aland : The Text of Mark in N^{26}**, dans **ETL** 55 (1979) 331-356; = **Evangelica**, p. 899-924.

-, avec la collaboration de Joël DELOBEL, Thierry SNOY, Gilbert VAN BELLE et Frans VAN SEGBROECK, **Jean et les Synoptiques. Examen critique de l'exégèse de M.-E. Boismard** (BETL, 4^), Leuven, 1979 (p. 3-120 = **ETL** 53 [1977] 363-478).

-, **L'édition du texte de Q**, dans **ETL** 55 (1979) 373-381; = **Evangelica**, p. 925-933.

*-, **L'epanalepsis et la critique littéraire. A propos de l'évangile de Jean**, dans **ETL** 56 (1980) 303-338; = **Evangelica**, p. 143-178.

-, **Evangelica. Gospel Studies - Etudes d'évangile. Collected Essays.** Edited by Frans VAN SEGBROECK (BETL, 60), Leuven, 1982.

—, De Semeia-bron in het vierde evangelie. Kritiek van een hypothese, dans **Academiae Analecta. Mededelingen van de Koninklijke Academie voor Wetenschappen, Letteren en Schone Kunsten van België** 45 (1983), n° 1, 1-28.

— & VAN SEGBROECK, Frans, with the collaboration of Henri LECLERCQ, **New Testament Vocabulary. A Companion Volume to the Concordance** (BETL, 65), Leuven, 1984.

—, **John and the Synoptics : The Empty Tomb Stories**, dans **NTS** 30 (1984) 161-187.

—, **John 4,46-54 : Signs Source and/or Synoptic Gospels,** dans **ETL** 60 (1984) 367-375.

NEWMAN, Barclay M. & NIDA, Eugene A., **A Translator's Handbook on the Gospel of John** (Helps for Translators), London, 1980.

*NICHOLSON, Godfrey C., **Death as Departure. The Johannine Descent-Ascent Schema** (SBL Dissertation Series, 63), Chico (Calif.), 1983. - Diss. Vanderbilt University, 1980.

NICOL, Willem, **The Sēmeia in the Fourth Gospel. Tradition and Redaction** (Supplements to NT, 32), Leiden, 1972.

NIEMEYER, August Hermann, **Charakteristik der Bibel**. Vol. I, Halle, 1775.

NOACK, Bent, **Zur johanneischen Tradition. Beiträge zur Kritik an der literarkritischen Analyse des vierten Evangeliums** (Publications de la Société des Sciences et des Lettres d'Aarhus. Série de théologie, 3). København, 1954.

NORDEN, Eduard, **Agnostos Theos. Untersuchungen zur Formengeschichte religiöser Rede**, Leipzig - Berlin, 1913.

*OLSSON, Birger, **Structure and Meaning in the Fourth Gospel. A Text-Linguistic Analysis of John 2:1-11 and 4:1-42** (Coniectanea Biblica. New Testament Series, 6), Lund, 1974.

*O'ROURKE, John J., **John's Fulfillment Texts**, dans **Sciences ecclésiastiques** 19 (1967) 433-443.

*—, **Asides in the Gospel of John**, dans **NT** 21 (1979) 210-219.

POLAG, Athanasius, **Fragmenta Q. Textheft zur Logienquelle**, Neukirchen, 1979.

POLLARD, T.E., **Jesus and the Samaritan Woman**, dans **ExpT** 92 (1980-81) 147-148.

*ROBERGE, Michel, **Notices de conclusion et rédaction du quatrième** évangile, dans **Laval théologique et philosophique** 31 (1975) 49-53.

ROBERT, René, **Un examen critique de l'exégèse de M.-E. Boismard**, dans **Revue Thomiste** 83 (1983) 625-638.

ROUSTANG, F., **Les moments de l'acte de foi et ses conditions de possibilité. Essai d'interprétation du dialogue avec la Samaritaine**, dans **Recherches de science religieuse** 46 (1958) 344-378.

RUCKSTUHL, Eugen, **Die literarische Einheit des Johannesevangeliums. Der gegenwärtige Stand der einschlägigen Forschungen** (Studia Friburgensia, N.F. 3), Freiburg (Schweiz), 1951.

RÜDEL (Pfarrer), **Das Missverständnis im Johannesevangelium**, dans **NKZ** 32 (1921) 351-361.

SABBE, Maurits, **The Arrest of Jesus in Jn 18,1-11 and Its Relation to the Synoptic Gospels. A Critical Evaluation of A. Dauer's Hypothesis**, dans M. DE JONGE (éd.), **L'évangile de Jean. Sources, rédaction, théologie** (BETL, 44), Gembloux - Leuven, 1977, p. 203-234.

-, **John and the Synoptists : Neirynck vs. Boismard**, dans **ETL** 56 (1980) 125-131.

SANDAY, William, **The Criticism of the Fourth Gospel. Eight Lectures on the Morse Foundation, Delivered in the Union Seminary, New York in October and November, 1904**, Oxford - London, 1905.

SCHENKE, Hans-Martin, **Jacobsbrunnen - Jacobsgrab - Sychar. Topographische Untersuchungen und Erwägungen in der Perspektive von Joh. 4,5-6**, dans **Zeitschrift des Deutschen Palästina-Vereins** 84 (1968) 159-184.

SCHMID, Lothar, **Die Komposition der Samaria-Szene Joh 4,1-42. Ein Beitrag zur Charakteristik des 4. Evangelisten als Schriftsteller**, dans **ZNW** 28 (1929) 148-158.

SCHNACKENBURG, Rudolf, **Entwicklung und Stand der johanneischen Forschung seit 1955**, dans M. DE JONGE (éd.), **L'évangile de Jean. Sources, rédaction, théologie** (BETL, 44), Gembloux - Leuven, 1977, p. 19-44; = **Das Johannesevangelium**, t. IV, 1984, p. 9-32.

*SCHOLTEN, Jan Hendrik, **Het evangelie naar Johannes. Kritisch historisch onderzoek**, Leiden, 1864.

Traduction allemande : **Das Evangelium nach Johannes. Kritisch-historische Untersuchung**. Aus dem Holländischen übersetzt von H. LANG, Berlin, 1867.

SCHÜTZ, Roland, **Der parallele Bau der Satzglieder im Neuen Testament und seine Verwertung für die Textkritik und Exegese** (FRLANT, N.F. 11), Göttingen, 1920.

–, **Die Bedeutung der Kolometrie für das Neue Testament**, dans **ZNW** 21 (1922) 161-184.

–, **Der Jakobusbrief kolometrisch übersetzt**, dans **Theologische Blätter** 1 (1922) 25-32.

*SCHULZE, Johann Daniel, **Der schriftstellerische Charakter und Werth des Johannes, zum Behuf der Specialhermeneutik seiner Schriften untersucht und bestimmt. Voran ein Nachtrag über die Quellen der Briefe von Petrus, Jakobus und Judas, und über das Verhältniss dieser Briefe zu andern neutestamentlichen Schriften**, Weissenfels – Leipzig, 1803; ^{2}1811.

*SCHWARTZ, Eduard, **Aporien im vierten Evangelium**, dans **Nachrichten der Akademie der Wissenschaften zu Göttingen. Philologisch-historische Klasse** (1907) 342-372 (I); (1908) 115-148 (II), 149-188 (III), 497-560 (IV).

*SCHWEGLER, Albert, **Die neueste Johanneische Litteratur**, dans **Theologische Jahrbücher** 1 (1842) 140-170, 288-309.

*SCHWEIZER, Alexander, **Das Evangelium Johannes nach seinem innern Werthe und seiner Bedeutung für das Leben Jesu kritisch untersucht**, Leipzig, 1841.

SCHWEIZER, Eduard, **Ego Eimi... Die religionsgeschichtliche Herkunft und theologische Bedeutung der johanneischen Bildreden, zugleich ein Beitrag zur Quellenfrage des vierten Evangeliums** (FRLANT, N.F. 38), Göttingen, 1939; ^{2}1965.

SMITH, Dwight Moody, **The Composition and Order of the Fourth Gospel. Bultmann's Literary Theory** (Yale Publications in Religion, 10), New Haven – London, 1965.

–, **John and the Synoptics**, dans **Biblica** 63 (1982) 102-114.

*SPITTA, Friedrich, **Das Johannes-Evangelium als Quelle der Geschichte Jesu**, Göttingen, 1910.

*STANGE, Erich, **Die Eigenart der johanneischen Produktion. Ein Beitrag zur Kritik der neueren Quellenscheidungshypothesen und zur Charakteristik der johanneischen Psyche**, Dresden, 1915.

STRACHAN, Robert Harvey, **Is the Fourth Gospel a Literary Unity ?**, dans **ExpT** 27 (1915-16) 22-26, 232-237, 280-282, 330-333.

*-, **The Fourth Gospel. Its Significance and Environment**, London, 1917; ^{2}1920; ^{3}1942 ("revised").

-, **The Development of Thought within the Fourth Gospel**, dans **ExpT** 34 (1922-23) 228-232, 246-249.

*-, **The Fourth Evangelist : Dramatist or Historian ?** London, 1925.

*TEEPLE, Howard M., **The Literary Origin of the Gospel of John**, Evanston, 1974.

*TENNEY, Merrill C., **The Footnotes of John's Gospel**, dans **BS** 117 (1960) 350-364.

-, **Topics from the Gospel of John. I. The Person of the Father. II. The Meaning of the Signs. III. The Meaning of the "Witness" in John. IV. The Growth of Belief**, dans **BS** 132 (1975) 37-46, 145-160, 229-241, 343-357.

-, **Literary Keys to the Fourth Gospel. I. The Symphonic Structure of John. II. The Author's Testimony of Himself. III. The Old Testament and the Fourth Gospel. IV. The Imagery of John**, dans **BS** 120 (1963) 117-125, 214-223, 300-308; 121 (1964) 13-21.

*THOMPSON, James H., **Some Editorial Elements in the Fourth Gospel**, dans **The Expositor**, 8th ser., 14 (1917) 214-231.

THYEN, Hartwig, **Aus der Literatur zum Johannesevangelium**, dans **TR**, N.F. 39 (1974) 1-69, 222-259, 289-330; 42 (1977) 211-270; 43 (1978) 328-359; 44 (1979) 99-134.

-, **"Das Heil kommt von den Juden"**, dans D. LÜHRMANN & G. STRECKER (éd.), **Kirche. Festschrift für G. Bornkamm**, Tübingen, 1980, p. 163-184.

VAN BELLE, Gilbert, **De Semeia-bron in het vierde evangelie. Ontstaan en groei van een hypothese** (Studiorum Novi Testamenti Auxilia, 10), Leuven, 1975.

-, **The Text of John in N^{26}**, dans **ETL** 56 (1980) 417-425. Cf. **supra**, p. 331-339.

VAN MANEN, W.C., **Het misverstand in het vierde evangelie**, dans **Theologisch Tijdschrift** 25 (1891) 407-432.

VOGELS, Heinrich Joseph, **Der Bibeltext der Schrift "De physicis"**, dans **Revue Bénédictine** 37 (1925) 224-238.

*WAHLDE, Urban C. von, **A Redactional Technique in the Fourth Gospel**, dans **CBQ** 38 (1976) 520-533.

*-, **Wiederaufnahme as a Marker of Redaction in Jn 6,51-58**, dans **Biblica** 64 (1983) 542-549.

*WASSENBERGH, Everwinus, **Dissertatio de glossis Novi Testamenti**, dans **Selecta e scholis Lud. Casp. Valckenarii in libros quosdam Novi Testamenti**. Editore discipulo Ev. Wassenbergh, qui dissertationem praemisit de glossis Novi Testamenti. Tomus I, Amsterdam, 1815. (82 p.)

*WEAD, David W., **The Literary Devices in John's Gospel** (Theologische Dissertationen, 4), Basel, 1970.

-, Johannine Irony as a Key to the Author-Audience Relationship in John's Gospel, dans Fred O. FRANCIS (éd.), **Biblical Literature : 1974**, Tallahassee, 1974, p. 33-44.

*WEBER, Michael, **Authentia capitis ultimi evangelii Johannei, hujusque evangelii totius, argumentorum internorum usu, vindicata**, Halle, 1823.

*WEGSCHEIDER, Julius August Ludwig, **Versuch einer vollständigen Einleitung in das Evangelium des Johannes**, Göttingen, 1806.

WEISS, Berhard, **Das Johannesevangelium als einheitliches Werk geschichtlich erklärt**, Berlin, 1912.

*WELLHAUSEN, Julius, **Erweiterungen und Änderungen im vierten Evangelium**, Berlin, 1907.

-, Recension de H.H. WENDT, **Die Schichten**, 1911, dans **TLZ** 36 (1911) 747-748.

WENDT, Hans Hinrich, **Die Lehre Jesu**, Göttingen, 1896; ^{2}1901.

*-, **Das Johannesevangelium. Eine Untersuchung seiner Entstehung und seines geschichtlichen Wertes**, Göttingen, 1900.

*-, **Die Schichten im vierten Evangelium**, Göttingen, 1911.

*WILKENS, Wilhelm, **Die Entstehungsgeschichte des vierten Evangeliums**, Zollikon, 1958.

WINDISCH, Hans, **Der johanneische Erzählungsstil**, dans ΕΥΧΑΡΙΣΤΗΡΙΟΝ. **Studien zur Religion und Literatur des Alten und Neuen Testaments, Hermann Gunkel zum 60. Geburtstage... dargebracht** (FRLANT, 36/1-2), Göttingen, 1923, t. II, p. 174-213.

*WREDE, William, **Charakter und Tendenz des Johannesevangeliums** (Sammlung gemeinverständlicher Vorträge aus dem Gebiet der Theologie und Religionsgeschichte, 37), Tübingen, 1903; ^{2}1933.

*WRIGHT, Arthur, **Some Editorial Notes in the Fourth Gospel**, dans **The Interpreter** 12 (1916) 55-63.

WUELLNER, Wilhelm, **Narrative Criticism and the Lazarus Story.** Unpublished SNTS Seminar Paper.

ZAHN, Theodor, **Einleitung in das Neue Testament,** 2 vol., Leipzig, 1897/1899; ²1900; ³1906-1907; ⁴1924.

-, **Das Evangelium des Johannes unter den Händen seiner neuesten Kritiker,** dans **NKZ** 22 (1911) 28-58, 83-115.

ANNEXE

BEUTLER, Johannes, **Literarische Gattungen im Johannesevangelium. Ein Forschungsbericht 1919-1980,** dans H. TEMPORINI & W. HAASE (éd.), **Aufstieg und Niedergang der römischen Welt,** II/25,3, Berlin - New York, 1985, p. 2506-2568.

RICHARD, E. **Expressions of Double Meaning and Their Function in the Gospel of John,** dans **NTS** 31 (1985) 96-112.

INDEX DES AUTEURS CITES

L'Index se rapporte à l'exposé des pages 1-57, 156-241, 331-384 et à la *Bibliographie* (p. 345-374).
L'astérisque (*) signale les auteurs dont les ouvrages ont été analysés (voir les pages indiqués en italique).

*Abbott, E.A.   18, *26-27*, 206^{677}, 215^{734}, 224, 350.
Achtemeier, P.J.   360.
Ackroyd, P.R.   359.
Aland, B.   348.
*Aland, K.   6^{21}, 7^{23}, 211-212, 215-217, *331-343*, 345, 347, 348, 359.
Alford, H.   6^{19}, 216^{739}, 226^{778}, 353.
Augustin   217^{744}, 353.

Baarda, T.   362, 368.
*Bacon, B.W.   *168-169*, 359.
Bailey, R.F.   226^{778}, 353.
Baljon, J.M.S.   214, 219^{749}, 353.
Barclay, W.   226^{778}, 353.
Barradius, S.   225^{777}.
*Barrett, C.K.   *195-196*, 206^{677}, 215, 217^{744}, 230^{786}, 234^{794}, 353, 365.
Bauer, W.   214, 225^{777}, 353, 355.
*Becker, J.   171, *185-187*, 219, 228^{783}, 234^{794}, 353, 359.
Behm, J.   366.
Bengel, E.   353.

*Bengel, J.A.   3, 6, 18, *19*, 156^{346}, 206^{677}, 226^{778}, 345, 353.
Benzing, B.   364.
*Bernard, J.H.   6, *34-35*, 52$^{312\ 316}$, 105, 156, 167-168, 206^{677}, 226^{778}, 353.
Berrouard, M.-F.   217^{744}, 353.
Beutler, J.   210^{709}, 374.
Bèze, T. de   3^{6}, 4^{13}, 206^{677}, 215^{731}, 225^{778}, 345, 354.
Birdsall, J.N.   214, 217^{744}, 359.
Black, M.   347, 348.
Blanchinus, J.   212, 346.
*Blass, F.   *10-18*, 213-214, 216, 219^{749}, 222$^{762\ 764}$, 223^{765}, 224^{772}, 337, 346, 350, 360.
Bligh, J.   227^{782}, 360.
*Bloomfield, S.T.   *3-9*, 215^{731}, 226^{778}, 226^{778}, 239, 346.
Böcher, O.   364.
Boernerus, C.F.   352.
Boers, H.   229^{783}, 234^{794}, 360.
Boice, J.M.   232^{789}, 360.
*Boismard, M.-E.   156^{347}, *178-184*, 197, 208^{689}, 210^{709}, 214-216,

219-220, 221, 228[780], 234[794], 354, 360.
Bolton, J.A. 21[113], 360.
*Bornemann, F.A. *23-24*[128], 206[677], 350.
Bouma, C. 226[778], 354.
*Bousset, W. *164-165*, 167, 360.
*Bover, J.M. 6, 211[711], 215, 239, *331-339*, 346.
Braun, F.-M. 52[312], 226[778], 354, 357.
Breukelman, F.H. 239[7], 360.
*Bromboszcz, T. *32-34*, 190, 206, 360.
*Brown, R.E. 43[267], 47[291], *50-51*, 156, 171, 206[677], 216[736], 217[744], 227[782], 230[787], 234[794], 354.
Brugmann, K. 352.
*Bultmann, R. 27[151], *35-42*, 43[267], 47, 52[312], 56, 156, 170[450], 171, 172[473], 173[480], 174[481], 175, 185[564], 195, 200[655], 215, 222[764], 227[782], 228[783], 234[794], 354, 360-361.
Burkius, J.A. 18[95].
Burney, C.F. 224[772], 361.
Busse, U. 355.
Buttmann, P. 348.

Cahill, P.J. 229[783], 360.
Calmes, T. 226[778], 454.
Calmet, A. 225[777].
Cantwell, L. 233[792], 361.
Carrière, J. 222[764], 351.
*Carson, D.A. *197-198*, 206[677], 220[753], 231[787], 361.
Ceulemans, F.C. 226[778], 354.
Clemen, C. 167, 361.
Colwell, E.C. 224[772], 361.

Corluy, J. 226[778], 354.
Cornelius a Lapide 225[777], 354.
*Cothenet, E. 156[347], *197*, 206[677], 235[794], 361.
Crampon, A. 354.
*Credner, K.A. *24-25*, 156[346], 206[677], 361.
Crombie, F. 357.
*Culpepper, R.A. 198, *200-204*, 205, 206, 207[678 687], 230[784], 231[787], 361.

Daube, D. 217-218, 361, 366.
*Dauer, A. *176-177*, 221[758], 227[782], 229[783], 361-362.
Davidson, S. 24[135], 362.
De Boor, W. 226[778], 354.
*Debrunner, A. *10-18*, 214[728], 222[762 764], 223[765], 224[772], 350, 352.
Dehn, G. 234[794], 362.
de Jonge, H.J. 4[13], 362.
de Jonge, M. 232[789], 360, 362, 368, 370.
de la Potterie, I. 227[783], 232[789], 235[794], 362.
*Delff, H. *158*, 168[441], 362.
Delobel, J. 340[1], 368.
de Rhoer, J. 20[109], 362-363.
de Wette, W.M.L. 24[135], 362.
*Dibelius, M. *191-192*, 206[677], 363.
Dinkler, E. 360.
Dodd, C.H. 227[782], 229[783], 233[791], 363.
Donahue, J.R. 204[668].
Durand, A. 226[778], 354.

Elliott, J.K. 337[5], 363.
Epp, E.J. 368.

Erasme, D. 4^{13}, 346.
Euthyme Zigabène 225^{277}.
*Evans, C.A. *187*, 363.
Evans, C.F. 356, 360.
*Evans, O.E. *197*^{640}, 206^{677}, 217^{744}, 226^{778}, 354.
Ewald, H.G.A. 225^{777}.

Fascher, E. 357, 366.
Faure, A. 172^{473}.
*Fee, G.D. *223*^{765}, 363, 368.
Feine, P. 366.
Fillion, A.C. 5^{16}, 346.
Fillion, L.-C. 226^{778}, 227^{781}, 354.
Fitzpatrick, M. 239^7, 363.
*Flowers, H.J. *29*, 156, 167, 205^{672}, 363.
*Fortna, R.T. *174-176*, 185, 215, 220^{753}, 228^{783}, 363.
*Foston, H.M. *30*^{173}, 364.
Francis, F.O. 373.
Friedrich, G. 227^{782}, 234^{794}, 364.
Funk, R.W. 12, 214^{728}, 223^{765}, 350, 355.

Gabler, J.B. 20^{109}, 364.
*Garvie, A.E. *30*, 156, 167-168, 364.
George, A. 361.
Gerth, B. 11^{44}, 222^{764}, 351.
Gibaud, H. 4^{13}, 346.
Godet, F.L. 226^{778}, 355.
Godu, G. 212, 346.
Goguel, M. 159^{374}, 214, 216^{741}, 364.
Gossip, A.J. 355.

Gratz, P.A. 215^{731}, 347.
*Greeven, H. *340-344*, 347.
Gregory, C.R. 6^{19}, 190^{605}, 364.
Grelot, P. 361.
*Griesbach, J.J. *3-9*, 212, 215^{731}, 347.
Grotius, H. 218^{744}.
Grundmann, W. 234^{794}, 364.
Guericke, H.E.F. 24^{135}, 364.

Haacke, R. 225^{777}, 357.
Haacker, K. 364.
Haase, W. 235^{794}, 364.
Haenchen, E. 218^{744}, 228^{783}, 233^{792}, 355.
Hahn, F. 235^{794}, 363, 364.
Hall, D.R. 218^{744}, 364.
Heekerens, H.-P. 171^{466}, 365.
*Heinrici, C.F.G. *190*, 206^{677}, 365.
*Henke, H.P.C. *19-20*, 22, 156^{346}, 206^{677}, 365.
Henten, J. 5^{16}.
Hetzenauer, M. 5^{16}, 347.
*Hilgenfeld, A. *188*, 206^{677}, 365.
*Hirsch, E. *170*, 172^{473}, 175^{494}, 365.
Hirt, J.F. 10^{27}, 351.
*Hoffmann, G. *192-193*, 206^{677}, 209^{707}, 365.
Holtzmann, H.J. 355.
*Hort, F.J.A. *3-9*, 211, 213, 239, *331-339*, 350.
*Howard, W.F. 169, *171*, 189^{590}, 226^{778}, 351, 355, 365.
Huck, A. 340^1, 347.
Hudry-Clergeon, C. 229^{783}, 365.
Hütten, U. von 189^{590}, 364.

Hull, W.E. 226^{778}, 355.
*Hunter, A.M. 197^{640}, 206^{677}, 266^{778}, 355.

*Jacquier, E. *190*, 206^{677}, 365.
Jansénius, C. 218^{744}, 225^{777}, 355.
Jaubert, A. 217^{744}, 366.
Jean Chrysostome 225^{777}.
*Jeremias, J. *170-171*, 173^{480}, 214, 217^{744}, 219, 366.
*Jülicher, A. *189*, 206^{677}, 212^{722}, 347, 366.
Juncker, A. 190^{605}, 366.

*Kaiser, T.P.C. *25*, 156^{346}, 206^{677}, 351.
Keil, C.F. 226^{778}, 355.
Kermode, F. 361.
Keulers, J. 226^{778}, 355.
Kilpatrick, G.D. 6, 213, 215, 217^{744}, 219, 337, 347, 366.
Kleist, J.A. 240, 366.
Klijn, A.F.J. 362, 368.
Klotufar, L. 225^{777}, 355.
*Knabenbauer, J. *26*, 156^{346}, 206^{677}, 225^{777}, 226^{778}, 355.
*Knapp, G.C. *3-9*, 11, 215^{731}, 239, 347.
*Konings, J. VII, *51-56*, 206^{677}, 208, 366.
Kraeling, C.H. 359.
Kreyenbühl, J. 234^{794}, 366.
Kühner, R. 11^{44}, 14^{64}, 222^{764}, 351.
Kümmel, W.G. 220^{753}, 366.
Kuinoel, C.T. 226^{778}, 356.

Kundsin, K. 185^{566}.
Kusterus, L. 348.
Kypke, G.D. 218^{744}, 367.

*Lachmann, K. *3-9*, 14^{68}, 212, 348.
*Lagrange, M.-J. 6, *30-31*, *190-191*, 206^{677}, 210^{708}, 215, 224^{772}, 226^{777}, 356, 367.
Lamouille, A. 156^{347}, 354, 360.
Lang, H. 157^{357}, 370.
Leclercq, H. 369.
Leidig, E. 224, 227^{782}, 229^{783}, 367.
Lenski, R.C.H. 226^{778}, 356.
Leroy, H. 230^{787}, 367.
*Lewis, F.W. *158*, 167, 168, 367.
Lightfoot, R.H. 217^{744}, 356.
Lindars, B. 218^{744}, 226^{778}, 234^{794}, 356.
Lindner, J.C. 10^{27}, 351.
Lipsius, R.A. 351.
Lipsius, K.H.A. 4^{11}, 351.
Loewe, R. 235^{794}, 367.
Loisy, A. 191, 214, 226^{780}, 356, 367.
Lucas de Bruges, F. 5^{16}, 206^{677}, 218^{744}, 225^{777}, 356.
Lücke, F. 225^{777}, 226^{778}, 356.
Lührmann, D. 372.
Lünemann, G. 352, 363.
*Luthardt, C.E. 20^{109}, *25-26*, 156^{346}, 206^{677}, 356.
Lyonnet, S. 348.

*MacGregor, G.H.C. *168*, 356.
Maier, A. 226^{778}, 356.
Maldonat, J. 217^{744}, 255^{777}, 356.

INDEX DES AUTEURS CITÉS

Marius Victorinus Afer 213, 367.
Marsh, J. 217^{744}, 226^{778}, 356.
Martin, C. 356.
Martini, C.M. 6^{22}, 347, 348.
Mastin, B.A. 214, 218^{744}, 357.
Matzkow, W. 212^{722}, 347.
Mayer, G. 364.
Mayser, E. 11^{44}, 13^{59}, 15^{73}, 16^{88}, 17^{90}, 351.
McCool, F. 199^{652}, 367.
Mendner, S. 173^{480}, 367.
Menghen, P. 4^{13}, 346.
*Merk, A. 6^{22}, 211^{711}, 212^{722}, 215, 239, *331-339*, 348.
Messner, H. 363.
*Metzger, B.M. 218-219, 222-223, *331-339*, 347, 348, 366, 367.
*Meyer, A. *167*, 367-368.
Meyer, H.A.W. 226^{778}, 356.
Michaels, J.R. 223^{765}, 368.
Milligan, G. 217^{744}.
Millius, J. 212, 218^{744}, 348.
Molla, C.F. 214, 357.
Mollat, D. 214, 234^{793}, 357, 368.
Morris, L. 217^{744}, 226^{778}, 357.
Moulton, J.H. 217^{744}, 351.
Moulton, W.F. 10^{35}, 352.
Muilenburg, J. 227^{782}, 368.

Neirynck, F. VII-VIII, 170^{454}, 171^{466}, $175^{488\ 494}$, 179^{520}, 180^{522}, 181^{524}, 183^{551}, 184^{558}, 207^{684}, $213^{723\ 727}$, 216^{738}, 220^{754}, $221^{755\ 757\ 759}$, 222^{763}, 223^{765}, 224^{772}, 230^{785}, 239, $331^{1\ 2}$, 336, 340^{1}, 368-369.
*Nestle, Eberhard *3-9*, 211, 348.
*Nestle, Erwin *3-9*, 211, 212, *331-339*, *340-344*, 348.
Newman, B.M. 217^{744}, 369.
*Nicholson, G.C. *204-206*, 207^{678}, 369.
Nicol, W. 228^{783}, 369.
Nida, E.A. 217^{744}, 369.
Niemeyer, A.H. 20^{109}, 369.
Noack, B. 36^{221}, 200, 369.
Norden, E. 239, 369.

*Olsson, B. *56-57*, 205, 206^{677}, 217^{744}, 222^{763}, $227^{781\ 782}$, 229^{783}, $230^{784\ 786}$, 369.
Origène 225^{777}.
*O'Rourke, J.J. *42-47*, 198, 205, 206, 210^{709}, 369.

Polag, A. 240, 369.
Pollard, T.E. 217^{744}, 369.
Pott, D.I. 365.

*Rehkopf, F. *10-18*, 214^{728}, 222^{762}, 224^{772}, 350.
Reithmayr, F.X. 215^{731}, 348.
Richard, E. 207^{686}, 374.
Richards, K.H. 361.
Richardson, A. 214, 357.
*Rieu, E.V. 43^{267}, 50^{307}, 348.
Ritschl, A. 158^{363}.
*Roberge, M. *179*, 369.
Robert, R. 179^{520}, 370.
Robertson, A.T. 7^{25}, 13^{54}, 224^{772}, 351.
Robinson, J.M. 355.
Rochais, G. 354.
Roustang, F. 231^{788}, 370.
*Ruckstuhl, E. 36^{224}, 43^{267}, 52^{317}, 174, *195*, 200, 206^{677}, 209, 229^{783},

370.

*Rudberg, G. *10-18*, 351.

Rüdel (Pfarrer) 231[786], 370.

Rupert de Deutz 225[777 778], 357.

Ruperti, G.A. 365.

Sabatier, P. 212[718], 349.

Sabbe, M. 176[505], 177[506 510 512], 179[520], 220[753], 221[761], 370.

Sanday, W. 168[441], 370.

Sanders, J.N. 214, 218[744], 357.

Schanz, P. 216, 218[744], 225[777], 226[778], 357.

Schenke, H.M. 220[752], 228[783], 370.

Schick, E. 214, 357.

Schirlitz, S.C. 6[18], 352.

Schmid, L. 227[782], 229[783], 231[789], 370.

Schmiedel, P. 221[710], 352.

*Schnackenburg, R. *47-50*, 52[312], 156, 171, 185[564], 215, 218[744], 227[782], 232[789], 234[794], 357, 370.

Schneider, J. 217[744], 226[778], 357.

*Scholten, J.H. *157-158*, 169[449], 188, 370.

Scholz, I.M.A. 212, 215[731], 349.

Schütz, R. 240, 371.

*Schulz, D. *3-9*, 212, 215[731], 347.

Schulz, S. 226[778], 357.

*Schulze, J.D. *20-22*, 23, 24[135], 25[137], 156[346], 206[677], 371.

*Schwartz, E. 27, *161-164*, 167[432], 191, 371.

*Schwegler, A. *187-188*, 206[677], 371.

*Schweizer, A. *156-157*, 187, 189[590], 371.

*Schweizer, E. 170[450], 174[481], *194*, 200, 206[677], 371.

*Schwyzer, E. 4[11], *10-18*, 352.

Smelik, E.L. 214[729], 358.

Smith, D.M. 179[520], 371.

Smith, J.P. 348.

Snoy, T. VIII, 368.

*Soden, H. von *6*, 211[711], 215, 239, *331-339*, 349.

*Spitta, F. 27, 38[232], *165-166*, 171, 172[473], 191, 371.

*Spitzner, A.B. *10-18*, 352.

*Stange, E. *27-29*, 32, 190, 206, 360, 371.

*Stephanus, R. *3-9*, 10[32], 347.

Steudel, J. 353.

*Strachan, R.H. *193-194*, 206[677], 371-372.

Strauss, D.F. 188, 364.

Strecker, G. 372.

Suhl, A. 359.

Tabachowitz, D. 11[43], 350.

Tasker, R.V.G. 215, 217[744], 223-224, 226[778], 349, 358.

*Teeple, H.M. *178-179*, 372.

Temporini, H. 374.

*Tenney, M.C. *42-47*, 50[307], 52[312], 56, 198, 200[656], 205, 206, 223[765], 358, 372.

Théodore de Mopsueste 225[777].

Théophylacte 225[777].

Tholuck, A.F. 226[778], 358.

*Thompson, J.H. *29*, 52[312], 156, 167, 168, 372.

Thyen, H. 171, 208[688], 234[794], 372.

Till, W. 212[723], 349.

Tillmann, F. 226[778], 358.

INDEX DES AUTEURS CITÉS

*Tischendorf, C. *3-9*, 14⁶⁸, 23¹²⁸, 211-213, 216, 239, *331-339*, 349.
Tolet, F. 225⁷⁷⁷, 358.
Tregelles, S.P. 6¹⁹, 212⁷²⁰, 349.
Turner, N. 224⁷⁷², 351.
Tzsucke, K.H. 22¹¹⁸, 23¹²⁵.

Urwick, W. 357

Van Belle, G. 368, 372.
van Manen, W.C. 230⁷⁸⁷, 372.
Van Segbroeck, F. 220⁷⁵⁴, 224⁷⁷², 340¹, 368, 369.
van Unnik, W.C. 362, 368.
*Vogels, H.J. 6²², 211⁷¹¹, 213⁷²⁴, 215, 239, *331-339*, 349, 372.

Wacker, M.-T. 360.
Wahlde, U. von 119, 372.
Walton, B. 212, 349.
*Wassenbergh, E. *23*, 211, 213, 373.
*Wead, D.W. *198-200*, 205, 206, 207⁶⁷⁸, 230⁷⁸⁷, 373.
*Weber, M. *24*, 156³⁴⁶, 206⁶⁷⁷, 373.
Weber, R. 5¹⁶, 350.
*Wegscheider, J.A.L. *22-23*, 24¹³⁵, 156³⁴⁶, 206⁶⁷⁷, 373.
*Weiss, B. 6²¹, 190⁶⁰⁵, 211⁷¹¹, 213, 226⁷⁷⁸, 239, *331-339*, 350, 358, 373.
*Wellhausen, J. 27, 38²³², 43²⁶⁷, *159-*

161, 162³⁹⁷, 164, 167⁴³², 171, 172⁴⁷³, 174⁴⁸¹, 191, 195, 214, 216, 358, 373.
*Wendt, H.H. 27, *158*, 159³⁷⁴, 166-168, 191, 373.
Westcott, A. 358.
*Westcott, B.F. *3-9*, 211, 213, 215, 216, 226⁷⁷⁸, 239, *331-339*, 350, 358.
Wettstein, J.J. 212, 350.
Weymouth, R.F. 213, 350.
Wikenhauser, A. 226⁷⁷⁸, 358.
Wikgren, A. 347, 348.
*Wilke, C.G. 7²⁶, *10-18*, 352.
Wilkens, J. 172⁴⁶⁹.
*Wilkens, W. *172-174*, 214, 228⁷⁸³, 373.
Willems, R. 217⁷⁴⁴, 353.
Windisch, H. 214, 227⁷⁸²; 373.
*Winer, G.B. 6¹⁸, *10-18*, 222⁷⁶², 352.
Witsenburg, L. 358.
Wolf, J.C. (Wolfius) 226⁷⁷⁸, 358.
*Wolle, C. *10*²⁷, 352.
Wordsworth, C. 6¹⁹, 350.
*Wrede, W. *189*, 206⁶⁷⁷, 373.
*Wright, A. *190*, 206⁶⁷⁷, 373.
Wuellner, W. 200⁶⁵⁶, 374.

Zahn, T. 190⁶⁰⁵, 214, 215, 216⁷³⁶, 219⁷⁴⁹, 358, 374.

ORIENTALISTE, P.B. 41, B-3000 Leuven